BIJUS - Thèses

www.revuegeneraledudroit.eu

Série Manuels

Collection dirigée par Philippe Cossalter

Agrégé des facultés de droit

Chaire de droit public français de l'Université de la Sarre

http://lfoer.cjfa.eu

Madeleine Lasserre

Unteilbarkeit in der Verfassung der V. Republik

Zur Entwicklung eines französischen Föderalismus

Editions juridiques franco-allemandes

Imprint
Any brand names and product names mentioned in this book are subject to trademark, brand or patent protection and are trademarks or registered trademarks of their respective holders. The use of brand names, product names, common names, trade names, product descriptions etc. even without a particular marking in this work is in no way to be construed to mean that such names may be regarded as unrestricted in respect of trademark and brand protection legislation and could thus be used by anyone.

Cover image: www.ingimage.com

Publisher:
Editions juridiques franco-allemandes
is a trademark of
Dodo Books Indian Ocean Ltd. and OmniScriptum S.R.L publishing group

120 High Road, East Finchley, London, N2 9ED, United Kingdom
Str. Armeneasca 28/1, office 1, Chisinau MD-2012, Republic of Moldova, Europe
Managing Directors: Ieva Konstantinova, Victoria Ursu
info@omniscriptum.com

Printed at: see last page
ISBN: 978-620-2-43585-7

Zugl. / Approved by: Paris, Université Paris Nanterre, Diss., 2025

Parus chez le même éditeur
Im gleichen Verlag erschienen

Dans la collection / in der Schriftenreihe *Revue générale du droit*

Série « Colloques » / Serie „Kolloquien“

- RENARD F. (dir.), *Droit et Handicap dans la Grande Région - De l'enfance à l'âge adulte, état des lieux. Interreg VA Grande Région Eur&Qua 2014-2020*, 2021.
- COSSALTER Ph. (dir.), *Die grenzüberschreitende Zusammenarbeit in der Großregion / La coopération transfrontalière dans la Grande Région*, 2016.
- N'DIAYE F. (dir.), *Le crowdfunding ou financement participatif : état des lieux en Europe*, 2016.

Série « Manuels » / Serie „Handbücher“

- CAILLE P., *Contentieux administratif*, 3ème édition, 2018 (1ère édition).
- DE BERNARDINIS C., *La protection des droits fondamentaux en France*, 2de édition, 2023.
- HLAWON M. et JAILLET L., *Staatsrecht I – Droit constitutionnel allemand I*, 2de édition, 2017.
- MANCOSU G., *La transparence publique à l'ère de l'Open Data*, 2019.
- de NANTOIS Ch., *Approche empirique de la science politique*, 2de édition 2019 (1ère édition, 2016).
- TIFINE P., *Droit administratif français*, 7ème édition 2023 (1ère édition, 2014).

Dans la collection / in der Schriftenreihe BIJUS

Série « Manuels » / Serie „Handbücher“

- HLAWON M., *Droit international privé allemand et européen du patrimoine - Guide pour la pratique notariale franco-allemande*, 2018.

Série « Thèses » / Serie „Dissertationen“

- KORDEVA M., *Le principe de séparation des pouvoirs en droit allemand : étude doctrinale et jurisprudentielle*, 2019.

L'ensemble des œuvres publiées dans les collections « Revue générale du droit » et « BIJUS » est également consultable gratuitement sur www.revuegeneraledudroit.eu_et www.bijus.eu

Alle Veröffentlichungen der Schriftenreihen „Revue générale du droit“ und „BIJUS“ sind auf www.revuegeneraledudroit.com bzw. www.bijus.eu kostenlos abrufbar

Dans la collection / in der Schriftenreihe Études et Documents du CJFA (EDCJFA)

- EDCJFA n°1 : AUTEXIER Ch., FLAUSS J.-F., FROMONT M., GREWE C., KOENIG P., RIEG A., *Le Glossaire de la Loi fondamentale allemande*, 1987.
- EDCJFA n°2 : AUTEXIER Ch., *La Loi relative à la Cour constitutionnelle fédérale*, 1987.
- EDCJFA n°3 : AUTEXIER Ch., *La Loi fondamentale*, 1996.
- EDCJFA n°4 : AUTEXIER Ch., *Constitution du 4 octobre 1958*, 7ème éd., 2009.
- EDCJFA n°5 : AUTEXIER Ch., *Traité d'Union*, 1991.
- EDCJFA n°6 : AUTEXIER Ch., *Gemeinsame lothringisch-saarländische administrative Einrichtungen und Verfahrensweisen – Rechtsgutachten*, 1993.
- EDCJFA n°7 : AUTEXIER Ch., CATHALY A., *Loi sur la juridiction administrative*, 1995.
- EDCJFA n°8 : FRIED K., QUECKENSCHEID D., HOSER A., KUDER A., WOLF M., *Etudes comparatives : droit d'asile, le statut constitutionnel du juge en France, la condition juridique de la femme mariée, l'acquisition de la nationalité en France et en Allemagne*, 1995.
- EDCJFA n°9 : AUTEXIER Ch., *La Constitution du* Land *de Sarre*, 1995.
- EDCJFA n°10 : AUTEXIER Ch., CATHALY-STELKENS A., *Loi sur la procedure administrative non contentieuse*, 1996.
- EDCJFA n°11 : LANGE C., *Le Statut constitutionnel de l'enseignement privé en France, éléments de comparaison avec le droit allemand*, 1997.
- EDCJFA n°12 : AUTEXIER Ch., GLAAB K., *Einführung in das französische Verfassungsrecht*, 1998.
- EDCJFA n°13 : GROSSHANS R., WERNET M., *Le droit au travail – son développement et sa portée actuelle en France et en Allemagne*, 2000.
- EDCJA n°14 : HLAWON M., JAILLET L., *Deutsches Staatsrecht / Droit constitutionnel allemand I*, 2nde éd., 2017 (1ère édition, 2015).

L'ensemble des EDCJFA est consultable gratuitement sur www.bijus.eu.

Alle Veröffentlichungen der EDCJFA sind auf www.bijus.eu kostenlos abrufbar.

Dans la collection / in der Schriftenreihe Cahiers juridiques franco-allemands

- WITZ Cl., *La coopération commerciale dans la convention ACP – CEE du 31 octobre 1979 de Lomé I à Lomé II,* 1979.
- HUET-WEILLER D., *Bilan de 10 ans d'application de la réforme de la filiation, conférence du 15 mai 1983 dans le cadre du "Dialogue franco-allemand"*, 1983.
- PRADEL J., *Le médecin devant la loi pénale, conférence du 18 novembre 1983 dans le cadre du "Dialogue franco-allemand"*, 1984.
- AUTEXIER Ch., *L'action extérieure des régions*, 1984.
- ROUDAUT R., *Les relations commerciales et industrielles franco-allemandes, conférence du 25 avril 1984 au Centre d'Études Juridiques Françaises de l'Université de la Sarre dans le cadre du "Dialogue franco-allemand"*, 1984.
- JUNG H., *Le système des sanctions dans le droit pénal des mineurs en R.F.A., conference du 30 septembre 1983 à la* Richterakademie *de Trèves à l'occasion d'un session de formation continue sur le système des sanctions*, traduction : HAUPTMANN J.-M., 1985.
- BRIGOULEIX B., *L'opinion publique française et l'Allemagne dans la perspective européenne*, résumé de la conférence prononcée le 22 novembre 1984 à l'Université de la Sarre, 1985.
- FERRETTI R., *La nouvelle décentralisation et les finances locales*, 1985.
- VITU A., *Les traits caractéristiques de la procédure pénale française, conférence du 10 mai 1985 à l'Université de la Sarre dans le cadre du "Dialogue franco-allemand"*, 1985.
- MENUDIER H., *L'Allemagne à la télévision française*, 1985.
- VARII AUCTORES, *Le trentenaire du Centre d'Études Juridiques Françaises (15–25 novembre 1985)*, 1985.
- FLAUSS J.-F., *Le règlement amiable devant la CEDH*, 1986.
- BRUNET A., *Le sort des créanciers dans le nouveau droit français de la faillite*, 1987.
- PRADEL J., *Trente ans de politique pénitentiaire française*, 1987.
- AVRIL P., *L'influence des institutions sur les partis politiques - Der Einfluß der*
- *Verfassungsordnung auf die politischen Parteien*, 1988.
- ROBERT J., *Terrorisme et libertés publiques - Terrorismus und Freiheitsrechte*, 1988.
- TUNC A., *La loi Badinter après cinq ans d'application*, 1991.
- FROMONT M., *Asylrecht in Frankreich*, 1993.
- LUCHAIRE F., *L'Europe et la souveraineté des États*, 1994.

Les Cahiers juridiques franco-allemands sont consultables gratuitement sur www.bijus.eu.
Die Cahiers juridiques franco-allemand sind auf www.bijus.eu kostenlos abrufbar

Madeleine LASSERRE

Unteilbarkeit in der Verfassung der V. Republik
Zur Entwicklung eines französischen Föderalismus

(Indivisibilité dans la constitution de la Vème République – Vers un fédéralisme français)

Die vorliegende Arbeit wurde im April 2025 von der Rechtswissenschaftlichen Fakultät der Universität Münster und der Université Paris Nanterre (Paris X) als Dissertation im Rahmen eines Cotutelle-de-thèse-Verfahrens angenommen. Die Betreuung erfolgte durch Herrn Prof. Dr. Gernot Sydow und Herrn Prof. Dr. Thomas Hochmann.

Vorwort

Meinen beiden Betreuern gilt mein herzlicher Dank für die stets offene und konstruktive Begleitung sowie für das Vertrauen, das sie mir während des gesamten Promotionsprozesses entgegengebracht haben. Für die wissenschaftliche Förderung – auch im Rahmen der Doktorandenseminare des Lehrstuhls für Europäisches Verwaltungsrecht der Universität Münster – sowie für ihr großes persönliches Engagement, das weit über das übliche Maß hinausging, bin ich ihnen zu großem Dank verpflichtet.

Die Arbeit wurde durch das Deutsch-Französische Doktorandenkolleg sowie die Deutsch-Französische Hochschule gefördert. Mein Dank gilt insbesondere Dr. Maria Kordeva, die mit großem Engagement die Seminare des Doktorandenkollegs organisiert und mich zudem bei der Veröffentlichung meiner Arbeit tatkräftig unterstützt hat. Die Seminare, ebenso wie meine Teilnahme am Doktorandenseminar von Frau Prof. Dr. Aurore Gaillet in Toulouse, und der dadurch geförderte deutsch-französische Austausch haben entscheidend dazu beigetragen, dass diese Dissertation in ihrer jetzigen Form entstehen konnte. Dem Deutsch-Französischen Doktorandenkolleg und der Deutsch-Französischen Hochschule danke ich für die Förderung, die meine Forschungsaufenthalte an der Université Paris Nanterre ermöglicht hat.

Ebenso danke ich meinem Promotionskolleg, das mich seit 2022 kontinuierlich begleitet hat. Anna Kohte, Dr. Gregor Laudage, Dr. Quang Vu, Dr. Caroline Lasserre, Sophie Dreßler und Nicolas Bosbach haben durch gemeinsame Diskussionen, kritische Rückmeldungen und kollegiale Unterstützung wesentlich zum Gelingen dieser Arbeit beigetragen. Gleiches gilt für meine Kolleg:innen am Lehrstuhl für Europäisches Verwaltungsrecht.

Von Herzen danke ich schließlich meiner Familie, die mich während der gesamten Promotionszeit gestützt und ermutigt hat. Besonders hervorheben möchte ich meine Schwester Dr. Caroline Lasserre, die nicht nur wiederholt meine Arbeit Korrektur gelesen, sondern auch mit Ratschlägen und zahlreichen Diskussionen die wertvollste Unterstützerin meiner Arbeit war. Meinem Partner Giorgio Leali danke ich für die zahlreichen Gespräche zum französischen Verfassungsrecht, die den europäischen Austausch, auf dem diese Arbeit gründet, widerspiegeln.

Paris, im August 2025 Madeleine Lasserre

Inhaltsübersicht

Inhaltsverzeichnis

Abkürzungen

Abs.	Absatz
Art.	Artikel
Aufl.	Auflage
BVerfG	Bundesverfassungsgericht
bspw.	beispielsweise
CF	Constitution française
DDHC	Déclaration des Droits de l'Homme et du Citoyen
EuGH	Gerichtshof der Europäischen Union
Éd.	Éditeur
ggf.	gegebenenfalls
Hrsg.	Herausgeber
Hs.	Halbsatz
iVm	in Verbindung mit
Nr.	Nummer
Rn.	Randnummer
S.	Satz
S.	Seite
sog.	sogenannt
u.a.	unter anderem
vgl.	vergleiche
z.B.	zum Beispiel

Einleitung

I. Ausgangsbefund

Im französischen Verfassungsstaat zeichnet sich seit Beginn der V. Republik ein Föderalismus ab.[1] Ob mit der Übertragung von Legislativbefugnissen auf den neukaledonischen Kongress,[2] der extensiven Übertragung von Exekutivbefugnissen auf die Gebietskörperschaften[3] oder bei der Anerkennung einer korsischen „Autonomie"[4], Frankreich reagiert auf ein Bedürfnis nach stärkerer regionaler Selbständigkeit, das unter der Verfassung der V. Republik sowohl in der Metropol- als auch in der Überseekörperschaft stärker denn je zum Ausdruck kommt.[5] Der französische Staat erfuhr 2024 in noch nie dagewesener Weise gewaltvolle Ausschreitungen in Neukaledonien,[6] anlässlich einer Wahlrechtsreform, die in den Augen der Aufständischen die autonome Willensbildung in der neukaledonischen Region beeinträchtigen könnte.[7] Auch in der Metropolregion sind Unabhängigkeits- und Autonomiebestrebungen dauernd präsent. Zu nennen sind die Regionen Korsikas, der Bretagne, des Baskenlands und des Elsass, in der sich aufgrund unterschiedlicher historischer Gegebenheiten ein Spannungsverhältnis mit dem französischen

---

[1] Vgl. hierzu *F. Faberon* Revue française de droit constitutionnel 2015, 53; *Michalon* Revue du Droit Public 1982, 623; zum Föderalismus als Teil der Identität der Französischen Republik, vgl. *Carrier/Barillé* Revue interdisciplinaire d'études juridiques 2021, 327 (346); dazu, dass seit der Dezentralisierungsreform von 1982 föderalistische Ansätze in der Staatsorganisation Frankreichs zu finden sind, äußert sich auch *Heraud* in Moderne (Hrsg.), La nouvelle décentralisation, 1983 (429ff.).

[2] Loi constitutionnelle n°98-610 Journal Officiel de la République française 1998, 11143.

[3] Loi constitutionnelle n°2003-276 Journal Officiel de la République française 2003, 5568.

[4] *Macron,* Déclaration de M. Emmanuel Macron, président de la République, sur l'inscription dans la Constitution de la Corse et sa future autonomie, à Ajaccio le 28 septembre 2023, 28.09.2023.

[5] Dies ist u.a. damit zu begründen, dass das Gleichheitsrecht erst seit der Verfassung von 1946 auf das gesamte Staatsgebiet Frankreichs, inklusive der ehemaligen Kolonien, anwendbar ist, vgl. die Präambel der Verfassung von 1946: Constitution de 1946, IVe République, https://www.conseil-constitutionnel.fr/les-constitutions-dans-l-histoire/constitution-de-1946-ive-republique; hierzu auch *J.-Y. Faberon* Pouvoirs 2005, 5 (6); erst die Verfassung der V. Republik schaffte hingegen die Möglichkeit für Überseekörperschaften, beruhend auf Abs. 2 der Präambel der Verfassung sowie Art. 53, 76 und 86, 91 CF, sich territorial vom französischen Staatsgebiet abzukoppeln, vgl. *Gründler* Revue du Droit Public 2007, 445 (449); vgl. hierzu auch bereits *M. Lasserre* in Sydow (Hrsg.), Französisches Verfassungsrecht im 21. Jahrhundert, 2022, S. 23 (43).

[6] *Libération/AFP,* Nouvelle-Calédonie : un neuvième mort, décédé des suites de ses blessures causées par un gendarme, https://www.liberation.fr/societe/nouvelle-caledonie-un-neuvieme-mort-decede-des-suites-de-ses-blessures-causees-par-un-gendarme-20240611_V7YIFHVDNVBADIFT4JGI6NNWJM/; *Guibert,* Nouvelle-Calédonie : l'insécurité persiste, les radicaux continuent de donner le tempo de la crise, https://www.lemonde.fr/politique/article/2024/06/04/nouvelle-caledonie-des-troubles-demeurent-loin-du-retour-progressif-a-la-normale-vante-par-l-executif_6237304_823448.html.

[7] *Le monde/AFP,* Nouvelle-Calédonie : Emmanuel Macron va « suspendre » la réforme constitutionnelle qui a mis le feu à l'archipel, https://www.lemonde.fr/politique/article/2024/06/12/nouvelle-caledonie-emmanuel-macron-affirme-suspendre-la-reforme-constitutionnelle-modifiant-le-corps-electoral_6239154_823448.html.

Einheitsstaat offenbart.[8] Erst im September 2023 rief *Emmanuel Macron* dazu auf „den Mut [zu] haben, Korsika eine Autonomie in der Republik zu verschaffen."[9] Wie aber kann dieser evidente gesellschaftliche, politische und normative Wandel mit den Bestimmungen der französischen Verfassung – die im Jahr 1958 noch von einem zentralen Einheitsstaat ausging – in Einklang gebracht werden? Art. 1 Abs. 1 S. 1 Constitution française (CF) lautet bis heute unverändert „Frankreich ist eine unteilbare Republik […]."[10] Die Formulierung, die einst auch für den Zentralismus Frankreichs stand, stellt noch bis heute die normative Verankerung der (dezentralen) Einheitsstaatlichkeit Frankreichs dar.[11] Sie zeigt, dass die verfassungsgebende Gewalt bei Erlass der Verfassung der V. Republik im Jahr 1958 eine Grundentscheidung für das Prinzip der Unteilbarkeit traf und es – entsprechend einer verfassungsrechtlichen Tradition – weiterhin als Teil des positiven Rechts sieht. Bereits mehrere Autor:innen beschäftigten sich in den letzten Jahrzehnten mit dem Umstand, dass das Unteilbarkeitsprinzip unter der Verfassung der V. Republik an normativer Tragweite verloren hat.[12] Es tut sich daher die Frage auf, worin nach der Unabhängigkeitsbewegung der Überseekörperschaften der 1960er-Jahre,[13] der Übertragung von Rechtsetzungsbefugnissen auf regionale Entscheidungsträger[14] und dem Urteil des *Conseil constitutionnel* zur Verfassungsmäßigkeit eines Lokalrechts der Region Elsass-Mosel[15] noch der normative Gehalt des Verfassungsprinzips besteht. Welche Auswirkungen hat dies auf Frankreichs Organisationsform als Einheitsstaat?

Neben der Feststellung, dass das Unteilbarkeitsprinzip an normativem Einfluss verloren habe, lassen sich in der Literatur auch Behauptungen finden, die dem Unteilbarkeitsprinzip mangels normativer Tragkraft, eine rein mythologische[16] oder symbolische[17] Funktion zuschreiben. Diese Symbolfunktion wird an einer revolutionären oder republikanischen „Tradition festgemacht.[18] Im Grunde meint diese Zuschreibung einer mythologischen und symbolischen Funktion des

---

[8] Vgl. *Vallet* French Politics, Culture & Society 2004, 51 (65).

[9] *Macron,* Déclaration de M. Emmanuel Macron, président de la République, sur l'inscription dans la Constitution de la Corse et sa future autonomie, à Ajaccio le 28 septembre 2023., 28.09.2023, hier erklärte *Macron*: „fond, ayons l'audace de bâtir une autonomie à la Corse, dans la République".

[10] Im Original lautet Art. 1 Abs. 1 S. 1 CF: „La France est une République indivisible", Journal Officiel de la République française 1958, 9151.

[11] Hamon/Troper, Droit constitutionnel, 45. Aufl. 2025, 525; *Gründler*, Revue du droit public 2007, 445 (455).

[12] Vgl. hierzu u.a. *Gründler* Revue du Droit Public 2007, 445.

[13] *Vallet French Politics, Culture & Society 2004, 51* (65).

[14] Loi constitutionnelle n°2003-276 Journal Officiel de la République française 2003, 5568.

[15] Conseil constitutionnel, 5.8.2011, Décision n° 2011-157 QPC.

[16] *F. Lemaire,* Le principe d'indivisibilité de la République, 2010; bezogen auf das Prinzip der Einheit, vgl. auch *F. Lemaire* Civitas Europa 2003, 59 (61).

[17] *F. Lemaire,* Le principe d'indivisibilité de la République, 2010, 11, 22; *Daly* European Constitutional Law Review 2015, 458 (459).

[18] *Gueydan* Revue française de droit constitutionnel 2013 (857); *Daly* European Constitutional Law Review 2015, 458 (459); *F. Lemaire,* Le principe d'indivisibilité de la République, 2010, S. 11.

Unteilbarkeitsprinzips nichts anderes als, dass dieses sinnhaft für die revolutionäre Tradition Frankreichs stehe.[19] Die „symbolische Repräsentation von Sinngehalten"[20] kann, wie bereits *Smend* es erkannte[21], im verfassungsrechtlichen Kontext dazu führen, dass ein kollektives Aneignen bestimmter historisch verwurzelter Verfassungswerte einen gesellschaftlich und politisch integrativen Effekt ausübt.[22] Ein verfassungsrechtlich normierter Wert wird zur „Identität"[23] eines Verfassungsstaats und erschafft darüber ein Gemeinschaftsgefühl.[24] Ein solcher integrierender Effekt könnte auch vom Symbolismus des Unteilbarkeitsprinzips ausgehen.

In der Tat taucht das Verfassungsprinzip der „Unteilbarkeit der Republik" seit 1793 in den republikanischen Verfassungstexten auf[25] und wird als identitätsprägender Aspekt,[26] als „Leitmotiv"[27] der französischen Republiken angesehen.[28] Dies ist auch darauf zurückzuführen, dass das Unteilbarkeitsprinzip als Symbol für eine jakobinische Tradition steht.[29] Ihr wird ein Gehalt zugesprochen, der repräsentativ für die Staatsform der Republik und die Abwendung von der Werteordnung des *Ancien Régimes* steht.[30] Inwiefern die Werte der Revolution, die mit dem Prinzip der Unteilbarkeit verknüpft werden,[31] aber unter der heutigen Verfassung noch tragfähig sind, ist nicht eindeutig. Auch ergibt sich hieraus die Frage, ob der Symbolismus des Unteilbarkeitsprinzips auch in Frankreich zu einer identitätsstiftenden und

---

19 *Burdeau,* Liberté, Libertés Locales Chéries !, 1983, S. 36ff.; zum Abgrenzungswillen der Revolutionäre und später Republikaner gegenüber dem *Ancien Régime* vgl. außerdem S. 34ff.; sowie darüber hinaus: *F. Lemaire,* Le principe d'indivisibilité de la République, 2010, S. 50.

20 *Vorländer* in Vorländer (Hrsg.), Integration durch Verfassung, 2002, S. 9 (17).

21 *Smend,* Verfassung und Verfassungsrecht, 1928, S. 28.

22 *Obermeyer,* Integrationsfunktion der Verfassung und Verfassungsnormativität. Die Verfassungstheorie Rudolf Smends im Lichte einer transdisziplinären Rechtstheorie, 2008, S. 67; *Vorländer* in Vorländer (Hrsg.), Integration durch Verfassung, 2002, S. 9 (17).

23 *Daly* European Constitutional Law Review 2015 (458f.); in diesem Sinne auch: *F. Lemaire,* Le principe d'indivisibilité de la République, 2010, S. 11.

24 *Grimm* Leviathan 2004, (448); auch *Korioth* sieht die Begriffe Identität und Integration im Zusammenhang, vgl. *Korioth* in Bogdandy/Burgi/Heintzen u. a. (Hrsg.), Leistungsgrenzen des Verfassungsrechts. Öffentliche Gemeinwohlverantwortung im Wandel, Reprint 2013 2003, S. 117 (118).

25 Vgl. Déclaration du 25 septembre 1792: Constitution du 24. juin 1793; in der Präambel in Constitution de 1848, IIe République; in Art. 1 in Constitution de 1946, IVe République, https://www.conseil-constitutionnel.fr/les-constitutions-dans-l-histoire/constitution-de-1946-ive-republique.

26 *Daly* European Constitutional Law Review 2015 (458).

27 *Brunet* in Krulic (Hrsg.), La République en perspective, 2009, S. 99.

28 Vgl. zum Begriff der „Republiken", *Verpeaux* in Mathieu/Verpeaux (Hrsg.), La République en droit français, 1996, S. 19 (34f.).

29 *Gueydan* Revue française de droit constitutionnel 2013 (857).

30 *F. Lemaire,* Le principe d'indivisibilité de la République, 2010, S. 11; *Daly* European Constitutional Law Review 2015, 458 (459); *Debbasch,* Le principe révolutionnaire d'unité et d'indivisibilité de la République, 1988, S. 115.

31 *Burdeau,* Liberté, Libertés Locales Chéries !, 1983, S. 36ff, zum Abgrenzungswillen der Revolutionäre und später Republikaner gegenüber dem *Ancien Régime*, vgl. außerdem S. 34ff.; außerdem: *F. Lemaire,* Le principe d'indivisibilité de la République, 2010, S. 50.

integrativen Wirkung entsprechend der Weiterentwicklung der Lehren *Smends* führen kann.[32]

Das Unteilbarkeitsprinzip zeigt damit wie kein anderes Verfassungsprinzip die Wechselwirkungen zwischen der normativen und der meta-normativen Wirkung von Verfassungsrecht auf. Verfassungsnormen können einerseits präskriptiv und imperativ wirken,[33] auf der anderen Seite können sie meta-normativ die Identität eines Verfassungsstaats formen und ihm als gemeinsamer „Fluchtpunkt"[34] zur Verfügung stehen, der die Intention einer juristischen Norm deutlich macht.[35] Es geht darum, dass ein „juristische[r] Gegenstan[d]" eine „nicht-juristische Wirkung" hat.[36] Nicht nur lässt die beschriebene Verknüpfung der Unteilbarkeit mit einer revolutionären Identität des Landes[37] darauf schließen, dass die Unteilbarkeit nicht losgelöst vom Gedanken der Integrationskraft gesehen werden kann. Zudem soll das Unteilbarkeitsprinzips gesellschaftliche Einheit durch rechtliche Vereinheitlichung bewirken.[38]

Etwa ist das Unteilbarkeitsprinzip (als Mittel) darauf gerichtet den Einheitsstaat (das Ziel) herbeizuführen.[39] In seiner aktuellen Auslegung in Verbindung mit einer territorialen Anwendung des Gleichheitssatzes[40] ist das Unteilbarkeitsprinzip auf eine Assimilation der Bevölkerung im französischen Hoheitsgebiet gerichtet.[41] Damit entspricht das juristische Instrument des Einheitsstaats – erreicht über die

---

[32] *Smend,* Verfassung und Verfassungsrecht, 1928; in der moderneren Literatur befassen sich u.a. folgende Autor:innen mit den Integrationswirkungen von Verfassungen: *Obermeyer,* Integrationsfunktion der Verfassung und Verfassungsnormativität. Die Verfassungstheorie *Rudolf Smends* im Lichte einer transdisziplinären Rechtstheorie, 2008; *Grimm* Leviathan 2004, 448; *Korioth* in Bogdandy/Burgi/Heintzen u. a. (Hrsg.), Leistungsgrenzen des Verfassungsrechts. Öffentliche Gemeinwohlverantwortung im Wandel, Reprint 2013, S. 117; *Korioth,* Integration und Bundesstaat, 2019; in der französischen Literatur ist es insbesondere *Troper,* der von die Gedanken *Smends* in das französische Recht einfließen lässt, vgl. *Troper,* Pour une théorie juridique de l'État, 2015, S. 213; vgl. auch *Hamon/Troper,* Droit constitutionnel, 45. Aufl. 2025, S. 62.

[33] *Fallon* Lexsociété 2023 (3ff.); vgl. auch Conseil constitutionnel, 21.4.2005, Décision n° 2005-512 DC.

[34] *Obermeyer,* Integrationsfunktion der Verfassung und Verfassungsnormativität. Die Verfassungstheorie Rudolf Smends im Lichte einer transdisziplinären Rechtstheorie, 2008, S. 11.

[35] *Obermeyer,* Integrationsfunktion der Verfassung und Verfassungsnormativität. Die Verfassungstheorie Rudolf Smends im Lichte einer transdisziplinären Rechtstheorie, 2008, S. 34; *Broekman,* Recht und Anthropologie, 1979, S. 36ff.

[36] *Grimm* Leviathan 2004, (448).

[37] *Burdeau,* Liberté, Libertés Locales Chéries !, 1983, S. 36ff. zum Abgrenzungswillen der Revolutionär:innen und später der Republikaner:innen gegenüber dem *Ancien Régime*, vgl. außerdem S. 34ff.; außerdem: *F. Lemaire,* Le principe d'indivisibilité de la République, 2010, S. 50.

[38] Vgl. Gliederungspunkt C.

[39] In diesem Sinne: *Gründler* Revue du Droit Public 2007, 445 (447f.); *Debbasch* in Mathieu/Verpeaux (Hrsg.), La République en droit français, 1996 (75); in diesem Sinne auch schon: *M. Lasserre* in Sydow (Hrsg.), Französisches Verfassungsrecht im 21. Jahrhundert, 2022, S. 23 (33).

[40] *Gründler* Revue du Droit Public 2007, 445 (462).

[41] *F. Lemaire* Les Nouveaux Cahiers du Conseil constitutionnel 2012, 95 (101), hier lautet es im Original: „En s'extrayant de la dualité institutionnelle quelque peu manichéenne entre l'assimilation et l'organisation particulière des TOM, la voie en définitive choisie est celle de la consécration d'une différenciation réelle des statuts".

Durchsetzung von Unteilbarkeit – der soziologischen Wirkung der Integration.[42] Integration kann als „Intentionalität“[43] des „rechtlichen Mechanismus“[44] der Einheitsstaatlichkeit verstanden werden. Es kann sinnvoll sein die „nicht-juristische Wirkung eines juristischen Gegenstands“[45] näher in Betracht zu nehmen, um die normative Sinnhaftigkeit einer Verfassungsnorm zu überprüfen. Ein rechtssoziologischer Blickwinkel macht es möglich eine Verfassungsnorm losgelöst von der Effektivität seiner Regelungskraft[46] bezogen auf seine soziale Wirkung zu betrachten.[47] Nicht immer ist das Ziel der sozialen Integration geeignet, um den Bedürfnissen einer Gesellschaft auf gewalt- und konfliktarmes Zusammenleben gerecht zu werden.[48] *Isensee* etwa geht davon aus, dass ein Föderalstaat in Staaten mit einer stark ausgeprägten regionalen Identität vorzugswürdig sei.[49] Gerade die aktuell in Frankreich schwelenden Konflikte,[50] die aus lokalen Differenzen erwachsen, lassen die Fragen aufkommen, ob die Unteilbarkeit als „rechtlicher Mechanismus“[51] überhaupt noch zur Integration der französischen Bevölkerung in der Lage ist, also ob sie noch zur Erreichung des Einheitsstaats führen kann. Auch stellt sich die Frage, ob dieses Ziel der Erreichung des Einheitsstaats mit Blick auf die Unabhängigkeits- und Autonomiebestrebungen in gesamt Frankreich noch wünschenswert ist.[52]

Diese Arbeit möchte durch eine rechtsvergleichende und interdisziplinäre Analyse eine ganzheitliche Antwort darauf finden, welche Funktionen das Unteilbarkeitsprinzip noch erfüllt. Neben der Betrachtung ihrer im Rahmen der V. Republik

---

42 Während es bei der Frage nach Normativität um die Frage nach der Wirksamkeit der Verfassungsnorm geht, stellt sich bei ihrer integrativen Wirkung die Frage nach der Wirkung der Verfassung, vgl. *Obermeyer,* Integrationsfunktion der Verfassung und Verfassungsnormativität. Die Verfassungstheorie Rudolf Smends im Lichte einer transdisziplinären Rechtstheorie, 2008, S. 34f.; *Grimm* Leviathan 2004, (448).

43 *Obermeyer,* Integrationsfunktion der Verfassung und Verfassungsnormativität. Die Verfassungstheorie Rudolf Smends im Lichte einer transdisziplinären Rechtstheorie, 2008, S. 34; *Broekman,* Recht und Anthropologie, 1979, S. 36ff.

44 *Gerhards/Lengfeld,* Wir, ein europäisches Volk?, 2013, S. 24f.

45 *Grimm* Leviathan 2004, 448 (448).

46 *Mathieu* Cahiers du Conseil Constitutionnel 2007, https://www.conseil-constitutionnel.fr/nouveaux-cahiers-du-conseil-constitutionnel/la-normativite-de-la-loi-une-exigence-democratique; Conseil constitutionnel, 21.4.2005, Décision n° 2005-512 DC.

47 *Kißler,* Recht und Gesellschaft: Einführung in die Rechtssoziologie, 1984, S. 9.

48 *Heitmeiyer* in Heitmeyer (Hrsg.), Was hält die Gesellschaft zusammen?, 4. Aufl. 2015, S. 26.

49 *Isensee* Archiv des öffentlichen Rechts 1990, 248 (249ff.).

50 *Libération/AFP,* Nouvelle-Calédonie : un neuvième mort, décédé des suites de ses blessures causées par un gendarme, https://www.liberation.fr/societe/nouvelle-caledonie-un-neuvieme-mort-decede-des-suites-de-ses-blessures-causees-par-un-gendarme-20240611_V7YIFHVDNVBADIFT4JGI6NNWJM/; *Macron,* Déclaration de M. Emmanuel Macron, président de la République, sur l'inscription dans la Constitution de la Corse et sa future autonomie, à Ajaccio le 28 septembre 2023., 28.09.2023.

51 *Gerhards/Lengfeld,* Wir, ein europäisches Volk?, 2013, S. 24f.

52 Vgl. *Vallet* French Politics, Culture & Society 2004, 51 (65); *Macron,* Déclaration de M. Emmanuel Macron, président de la République, sur l'inscription dans la Constitution de la Corse et sa future autonomie, à Ajaccio le 28 septembre 2023., 28.09.2023; *Le monde/AFP,* Nouvelle-Calédonie : Emmanuel Macron va « suspendre » la réforme constitutionnelle qui a mis le feu à l'archipel, https://www.lemonde.fr/politique/article/2024/06/12/nouvelle-caledonie-emmanuel-macron-affirme-suspendre-la-reforme-constitutionnelle-modifiant-le-corps-electoral_6239154_823448.html.

erfolgten normativen Einschränkungen (B.) wird auch eine etwaige meta-normative Funktion des Unteilbarkeitsprinzips beleuchtet (C.). Es wird damit die Frage beantwortet, wie die Normierung des Prinzips an erster Stelle der Verfassung in Art. 1 Abs. 1 S. 1 CF noch zu rechtfertigen ist.

II. Erkenntnisinteresse und Methodik

1. Erkenntnisinteresse

Die Arbeit erfüllt ein verfassungsdogmatisches sowie ein verfassungstheoretisches Ziel.[53] Verfassungsdogmatisch wird beurteilt, in welcher Hinsicht das Verfassungsprinzip der Unteilbarkeit noch von Bedeutung ist. Die Arbeit soll einerseits deutschsprachigen Leser:innen ein Verständnis für den Stand des Unteilbarkeitsprinzips (und damit auch des Einheitsstaats) vermitteln. Hierfür werden die maßgeblichen verfassungsrechtlichen Hintergründe, die bei der Lektüre französischer Texte vorausgesetzt werden, aufgearbeitet und eingeordnet. Um einem deutschen Publikum eine französische Rechtsfrage näherzubringen, muss zwingend ein Transfer stattfinden, der „die Vermittlung der notwendigen Hintergründe und Zusammenhänge, die sich […] französischen Jurist[:inn]en sofort offenbaren, de[n] nicht-französischen Leser[:innen] aber verschlossen bleiben"[54] liefert. Zum anderen soll die Arbeit auch aus französischer Perspektive gewinnbringend sein, indem das Rechtssystem nicht nur objektiv, von außen betrachtet wird, sondern in der Arbeit eigene Aussagen zum Verbleib des Unteilbarkeitsprinzips getroffen werden.

Neben diesem ersten verfassungsdogmatischen Erkenntnisinteresse der Arbeit steht also ein zweites (übergeordnetes) verfassungstheoretisches Erkenntnisinteresse: eine Analyse der Funktion der Unteilbarkeit als Verfassungsprinzip. Die Funktionen von Verfassungen sowie – eine Ebene darunter – die Funktion von Verfassungsprinzipien sind von grundlegender Bedeutung für den Verfassungsvergleich und damit den verfassungsrechtlichen Diskurs zwischen Deutschland und Frankreich.[55] Die nicht normativen Funktionen von Verfassungsprinzipien werden

---

[53] Zur Unterscheidung von Verfassungsdogmatik und Verfassungstheorie, siehe: *Jestaedt* in Krüper/Merten/Poguntke (Hrsg.), Parteienwissenschaften, 2015, S. 83 (84ff.); Zur Abgrenzung von Verfassungsdogmatik und Verfassungstheorie führt *Morlok* aus: „Damit ist das Theorie / Praxis-Verhältnis angesprochen. Wenn Theorie gegenüber der Praxis eine eigenständige Aufgabe hat, dann die, die dort latent bleibenden Problemgehalte und Möglichkeiten aufzugreifen – durchaus im Interesse einer besseren Praxis. […] Neben der anwendungsorientierten Systematisierung des geltenden Rechts [also der Verfassungsdogmatik] tritt eine Behandlung des Rechts, die sich von vornherein nicht der Restriktion der Anwendungskontexte unterwirft", vgl. *Morlok,* Was heißt und zu welchem Ende studiert man Verfassungstheorie?, 1988, S. 43.

[54] *Preußler,* Question prioritaire de constitutionnalité, 2015, S. 22; im Folgenden wird die Arbeit, sofern nicht ausschließlich Männer gemeint sind, in Zitaten die inklusive Form verwenden, vgl. zu diesem Vorgehen auch *Heinzel/C. Lasserre* in Aberkane/Dewey/Heinzel u. a. (Hrsg.), Gendern in der Dissertation, 2023, https://openrewi.pubpub.org/pub/w5h2p411/release/2?readingCollection=8c354619.

[55] Vgl. hierzu etwa *Jung,* Verfassungsvergleichung als Postulat, 2022, S. 7ff.

beim Unteilbarkeitsprinzip besonders deutlich, denn es wurde über die vergangenen Jahrhunderte mit Blick auf seinen normativen Inhalt maßgeblich und wiederholt verändert.[56] Die Beurteilung des aktuellen Status des Unteilbarkeitsprinzips dient also als Beispiel für die Ermittlung der Funktionen der Verfassung und ihrer Verfassungsprinzipien.

Insgesamt profitiert die Arbeit von einem rechtsvergleichenden Blickwinkel. Das wissenschaftliche Erkenntnisinteresse liegt darin eine Rechtsfigur, eine Institution oder ein Prinzip einer fremden Rechtsordnung zu verstehen.[57] Das gilt hier bezogen auf das Unteilbarkeitsprinzip, das in Deutschland nicht vorhanden ist, sowie den Einheitsstaat. Zudem kann der Rechtsvergleich die Unterschiede und gemeinsamen Betrachtungsweisen zwischen Elementen aufzeigen, die in beiden Nationalstaaten vorhanden sind (etwa bezogen auf das Republikprinzip[58] oder das oberste Verfassungsgericht[59]). Durch den Abstand zur eigenen Rechtsordnung, den der Rechtsvergleich hervorruft, kann die eigene Rechtsordnung (mittelbar) reflektiert werden.[60] Der Vergleich kann überdies auch mittelbar für wissenschaftliche Erkenntnisse in anderen Disziplinen sorgen, wie etwa der Verfassungsgeschichte (mit Blick auf die historische Verwurzelung der Unteilbarkeit in der Revolution[61]), der Rechtssoziologie (bezogen auf die Integrationswirkung von Verfassungen[62]) oder der Allgemeinen Staatslehre.[63]

2. Anwendbarkeit rechtsvergleichender Methodik: zur Abgrenzung von Auslandsrechtskunde und Rechtsvergleichung im Rahmen der Forschungsarbeit

Bevor das methodische Vorgehen elaboriert werden kann, muss – mit Blick auf das Erkenntnisinteresse dieser Arbeit – zunächst geklärt werden, ob es sich vorliegend um einen Rechtsvergleich handelt und ob demzufolge die Methodik der Rechtsvergleichung angewendet werden kann.

---

[56] Vgl. hierzu u.a. *F. Lemaire,* Le principe d'indivisibilité de la République, 2010; *Gründler* Revue du Droit Public 2007, 445.

[57] *Starck* JuristenZeitung 1997, 1021 (1023); *Weber,* Europäische Verfassungsvergleichung, 2010, S. 5f.

[58] Vgl. hierzu insbesondere die Gliederungspunkte A., IV. sowie C., III., 4., c), aa).

[59] Vgl. hierzu im Detail Gliederungspunkt B., I., 2., b), aa).

[60] *Starck* JuristenZeitung 1997, 1021 (1023).

[61] *Gueydan* Revue française de droit constitutionnel 2013, 857 (857); *Yoan* in Marsch/Vilain/Wendel, Verfassungsrecht, 81; *Brard,* Revue Juridique Polynésienne 2001, 47 (56).

[62] Vgl. hierzu etwa *Smend,* Verfassung und Verfassungsrecht, 1928; *Obermeyer,* Integrationsfunktion der Verfassung und Verfassungsnormativität. Die Verfassungstheorie Rudolf Smends im Lichte einer transdisziplinären Rechtstheorie, 2008; *Hennis* JuristenZeitung 1999, 485.

[63] *Starck* JuristenZeitung 1997, 1021 (1023f.); *Gamper* Zeitschrift für öffentliches Recht 2008, 359 (361); *Weber,* Europäische Verfassungsvergleichung, 2010, S. 5f.; zu den Überschneidungen von Verfassungstheorie und Allgemeiner Staatslehre, siehe: *Morlok,* Was heißt und zu welchem Ende studiert man Verfassungstheorie?, 1988, S. 23ff., insbesondere S. 28.

Der weit verbreiteten Auffassung, dass zwischen einem rechtsvergleichenden Vorgehen – das auf die Gegenüberstellung maßgeblicher Elemente eines Verfassungsstaats abzielt[64] – und einem Vorgehen im Sinne der Auslandsrechtskunde – bezogen auf die Darstellung des ausländischen Rechts[65] – unterschieden werden muss, wird hier nicht gefolgt.[66] Auch die Darstellung eines ausländischen Rechtssystems für die deutsche Rechtswissenschaft macht eine zeitliche (verfassungsgeschichtliche) und eine räumliche Abgrenzung (sog. Komparistik)[67] vom eigenen Rechts- und Verfassungsverständnis notwendig, damit die ausländische Rechtsordnung begriffen werden kann. Eine „dogmatische Betrachtung des positiven Rechts einer jeweils bestimmten fremden Rechtsordnung"[68], also Auslandsrechtskunde, wird stets mit Blick auf eine „stillschweigend angenommene [...] Ausgansrechtsordnung"[69] betrachtet (meist die Heimatrechtsordnung[70]). Der Auslandsrechtskunde wohnt daher denknotwendig ein Rechtsvergleich inne, auch wenn dieser teilweise implizit erfolgt.[71]

Definiert man Auslandsrechtskunde als „deskriptive Methode"[72], die „keine Wertungen"[73] vornimmt, geht diese Arbeit über eine bloße Auslandsrechtskunde hinaus. Die ausländische Rechtsordnung wird nicht bloß von außen betrachtet. Ziel der Arbeit ist nicht lediglich die Darlegung des aktuellen Diskussionsstandes in Frankreich zu der Relevanz des Unteilbarkeitsprinzips aus Beobachterinnenperspektive. Vielmehr hat diese Arbeit den Anspruch selbst zu beurteilen ob dem Unteilbarkeitsprinzip noch ein Restgehalt zukommt.[74] Ob in dieser Arbeit aber tatsächlich Auslandsrechtskunde betrieben wird oder es sich um Rechtsvergleichung im engeren Sinne handelt, kann insofern dahinstehen, da beide Vorgehensweisen

---

[64] *Weber,* Europäische Verfassungsvergleichung, 2010, 3, 10.

[65] *Zajtay* in Caemmerer/Nikisch/Zweigert (Hrsg.), Vom Deutschen zum Europäischen Recht, 1963, S. 451 (468); *Jung,* Verfassungsvergleichung als Postulat, 2022, S. 3; in *B. Aubin/Zweigert,* Rechtsvergleichung im Deutschen Hochschulunterricht, 1952, S. 24, wird die Auslandsrechtkunde als „die notwendige Vorstufe der vergleichenden Rechtslehre" beschrieben.

[66] So auch: *Zweigert* in Kreuzer (Hrsg.), Beiträge zur Rechtsvergleichung, S. IV (XV).; *Zweigert* in Schlochauer (Hrsg.), Wörterbuch des Völkerrechts, 1962 (79).

[67] So, bezogen auf eine europäische Verfassungsvergleichung bzw. Verfassungslehre: *Häberle,* Europäische Verfassungslehre, 7. Aufl. 2011, S. 9; *Weber,* Europäische Verfassungsvergleichung, 2010, S. 3.

[68] *Zajtay* in Caemmerer/Nikisch/Zweigert (Hrsg.), Vom Deutschen zum Europäischen Recht, 1963, S. 451 (468); anders noch: *B. Aubin/Zweigert,* Rechtsvergleichung im Deutschen Hochschulunterricht, 1952, S. 24.

[69] *Zweigert* in Kreuzer (Hrsg.), Beiträge zur Rechtsvergleichung, S.IV (XV).

[70] *Zweigert* in Kreuzer (Hrsg.), Beiträge zur Rechtsvergleichung, S. IV (XV).

[71] *Jung,* Verfassungsvergleichung als Postulat, 2022, S. 3; *Zweigert* in Schlochauer (Hrsg.), Wörterbuch des Völkerrechts, 1962 (79).

[72] *Trantas,* Die Anwendung der Rechtsvergleichung bei der Untersuchung des öffentlichen Rechts, 1998, S. 43.

[73] *Trantas,* Die Anwendung der Rechtsvergleichung bei der Untersuchung des öffentlichen Rechts, 1998, S. 43.

[74] Dieser Ansatz ist gerechtfertigt, da die Arbeit als Cotutelle-Promotion auch an der Universität Paris-Nanterre betreut wird und damit nicht nur für den deutschen Leser:innen-Kreis bestimmt ist, sondern auch für französische Leser ein Erkenntnisinteresse bieten soll.

bei der Bearbeitung eines fremden Rechtsgebiets ihre Daseinsberechtigung haben. Die Auslandsrechtskunde hat das gleiche wissenschaftliche Erkenntnisinteresse wie die Rechtsvergleichung (im engeren Sinne), nämlich dem Erkenntnisgewinn über eine ausländische *und* die eigene Rechtsordnung. Eine Differenzierung zwischen den beiden Vorgehensweisen braucht es nicht, als auch die Auslandsrechtskunde bei der Reflektion der Vorannahmen aus der eigenen Rechtsordnung den methodologischen Unterbau der Rechtsvergleichung anwenden muss. Vorliegend kann jedenfalls gesagt werden, dass nicht bloß „deskriptiv [...] eine ausländische Rechtsordnung isoliert dar[ge]stell[t]"[75] wird, sondern eine eigene Antwort auf eine Frage einer ausländischen Rechtsordnung gesucht wird.

Auch erfolgt vorliegend zuweilen ein expliziter Rechtsvergleich. Die explizite Darlegung einzelner Fragen, zunächst aus deutscher Perspektive, birgt den Vorteil, dass der deutsche *Status quo* sowie die Möglichkeit der Abweichung hiervon vergegenwärtigt wird. So wird vermieden, dass verfestigte Grundannahmen, die aus dem deutschen Rechtssystem als selbstverständlich hingenommen werden, blind auf das ausländische System übertragen werden. Denn trotz begrifflicher Übereinstimmung sind auch im Verfassungsrecht begriffliche und konzeptionelle Unterschiede denkbar.[76] Dies wird in dieser Arbeit etwa bei der Beurteilung des Republikprinzips sichtbar, der anders als im deutschen Recht, im französischen Verfassungssystem kein rein formeller Gehalt zukommt.[77]

3. Zur Methodik der Verfassungsvergleichung

Der Rechtsvergleich im öffentlichen Recht wird vielfach unter der Überschrift „Besonderheiten des Rechtsvergleichs im öffentlichen Recht" geführt, wobei die zivilrechtliche Rechtsvergleichung den Ausgangspunkt darstellt.[78] Für die Grundlagen, wie etwa bei der Erläuterung des funktionellen Rechtsvergleichs, wird noch heute auf die Literatur aus dem Zivilrecht verwiesen.[79] Statt des im Zivilrecht oft allein angewendeten funktionalen Rechtsvergleichs (der insbesondere für den Vergleich einzelner Rechtsinstitute nützlich ist), müssen im Verfassungsrecht aufgrund nationaler und kultureller Besonderheiten, die sich in Verfassungen niederschlagen,

---

75 *Zweigert* in Schlochauer (Hrsg.), Wörterbuch des Völkerrechts, 1962 (79).

76 *Weber,* Europäische Verfassungsvergleichung, 2010, S. 11.

77 *Vilain* in Marsch/Vilain/Wendel (Hrsg.), Französisches und Deutsches Verfassungsrecht, 2015 (51ff.).

78 Vgl. *Bernhardt* Zeitschrift für ausländisches öffentliches Recht und Völkerrecht 1964, 431 (432); *F. Münch* Zeitschrift für ausländisches öffentliches Recht und Völkerrecht 1973 (126); *Krüger* in Ziemske (Hrsg.), Staatsphilosophie und Rechtspolitik, 1997, S. 1393 (1396ff.).

79 So wird auch im Bereich der öffentlich-rechtlichen Rechtsvergleichung zum Teil auf die Standardwerke des Zivilrechts verwiesen, etwa auf *Rossi/Sacco,* Einführung in die Rechtsvergleichung, 3. Aufl. 2017; *Zweigert* Studium Generale 1960; vgl. etwa den Verweis in *Starck* JuristenZeitung 1997, (1021); in *Krüger* in Ziemske (Hrsg.), Staatsphilosophie und Rechtspolitik, 1997, S. 1393 (1403); in *Bernhardt* Zeitschrift für ausländisches öffentliches Recht und Völkerrecht 1964, 431 (434); oder auch in *Trantas,* Die Anwendung der Rechtsvergleichung bei der Untersuchung des öffentlichen Rechts, 1998, S. 80f.

verschiedene Methoden kombiniert werden.[80] Nur so können die Besonderheiten von Verfassungen mit ihrer meta-normativen Bedeutung berücksichtigt werden,[81] die aus der Stellung der Verfassung zwischen Gesellschaft und Politik folgen.[82]

Als „Eigenarten" des Verfassungsvergleichs, die auch im hier angeführten Vergleich zu beachten sind, zählt *Bernhardt* (wiederaufgegriffen durch *Krüger*) die Folgenden auf: Erstens weist das öffentliche Recht als Ganzes eine „eigene Blickrichtung"[83] auf, da es das Verhältnis zwischen staatlicher Gewalt und Einzelnen regelt.[84] Die Verflechtungen von geschriebenem und ungeschriebenem Recht ergibts sich daraus, dass die Auslegung der Verfassung durch anwendende Richter:innen maßgeblich ist.[85] Verfassungsvorschriften sind offen formuliert und somit einer Auslegung besonders zugänglich. Drittens steht das Verfassungsrecht mehr als jedes andere Rechtsgebiet im Konfliktbereich politischer Entscheidungsträger:innen.[86] Somit ist die Berücksichtigung von Faktoren, die nicht rechtlicher Natur sind („außerrechtliche Faktoren"[87]) im Verfassungsvergleich besonders wichtig. Denn in den Bestrebungen politischer Kräfte sowie der Auslegungen durch die Rechtsprechung spiegeln sich kulturelle, politische und historische Besonderheiten eines Landes wider. So hat „Verfassungsrecht die rechtliche Ordnung des politischen Gemeinwesens zum Gegenstand."[88] Der Inhalt einer Verfassung kann deshalb aufgrund des politischen Wandels eines Landes anders auszulegen sein, als es der Text der Verfassung vermuten ließe.[89] In diesem Sinne schlägt auch *Baer* vor, im Bereich der Verfassungsvergleichung Methoden der Genderstudies, der sog. *critical race theory*, postkolonialer Theorien sowie interkultureller Gegebenheiten auf die Verfassungsrechtsvergleichung zu übertragen und diese in einer intersubjektiven und interkulturellen Methode zusammenzufassen.[90] Die Beachtung der kulturellen Einflüsse auf eine Verfassung ergibt sich hiernach aus einem Eingeständnis der Fremdheit einer anderen Rechtsordnung.[91] Um fremde Rechtsordnungen also richtig zu begreifen, müssen außerrechtliche Faktoren berücksichtigt werden, die in Wechselwirkung mit der Auslegung und Änderung der Verfassung stehen. Gerade für das Prinzip

---

[80] *Trantas,* Die Anwendung der Rechtsvergleichung bei der Untersuchung des öffentlichen Rechts, 1998, S. 47; *Krüger* in Ziemske (Hrsg.), Staatsphilosophie und Rechtspolitik, 1997, S. 1393 (1398).

[81] *Trantas,* Die Anwendung der Rechtsvergleichung bei der Untersuchung des öffentlichen Rechts, 1998, S. 47.

[82] *Krüger* in Ziemske (Hrsg.), Staatsphilosophie und Rechtspolitik, 1997, S. 1393 (1399).

[83] *Bernhardt* Zeitschrift für ausländisches öffentliches Recht und Völkerrecht 1964, 431 (432).

[84] *Bernhardt* Zeitschrift für ausländisches öffentliches Recht und Völkerrecht 1964, 431 (432); *Krüger* in Ziemske (Hrsg.), Staatsphilosophie und Rechtspolitik, 1997, S. 1393 (1396).

[85] *Bernhardt* Zeitschrift für ausländisches öffentliches Recht und Völkerrecht 1964, 431 (433).

[86] *Bernhardt* Zeitschrift für ausländisches öffentliches Recht und Völkerrecht 1964, 431 (434).

[87] *Krüger* in Ziemske (Hrsg.), Staatsphilosophie und Rechtspolitik, 1997, S. 1393 (1398).

[88] *Krüger* in Ziemske (Hrsg.), Staatsphilosophie und Rechtspolitik, 1997, S. 1393 (1399).

[89] *Krüger* in Ziemske (Hrsg.), Staatsphilosophie und Rechtspolitik, 1997, S. 1393 (1399).

[90] *Baer* Zeitschrift für ausländisches öffentliches Recht und Völkerrecht 2004, 735 (750).

[91] Diesem Eingeständnis geht, so *Baer*, ein sog. Rechtsvergleichungsschock voraus, s. *Baer* Zeitschrift für ausländisches öffentliches Recht und Völkerrecht 2004, 735 (739).

der Unteilbarkeit, dem womöglich rechtlich nur noch eine geringe Bedeutung zukommt, erscheint es unerlässlich die außerrechtlichen Funktionen im Rechtsvergleich im Detail darzulegen. Das erscheint auch mit Blick auf die sich aus der Kolonialerfahrung Frankreichs ergebende kulturelle Vielfalt, die sich auf die Anwendung des Unteilbarkeitsprinzips auswirkt, maßgeblich.[92] Diese Reflexion bzgl. des eigenen Kenntnisstands und Verständnisses einer fremden Verfassung spiegelt sich im Aufbau der Arbeit wider. Denn neben der normativen Funktion der Verfassungsnorm des Unteilbarkeitsprinzips erläutert sie auch die meta-normative, bezogen auf den identitätsprägenden, symbolischen Gehalt des Unteilbarkeitsprinzips.[93]

Bezugnehmend auf zivilrechtliche Ansätze der Rechtsvergleichung wird bei der Beurteilung der verbleibenden Bedeutung der Unteilbarkeit ein modifizierter vierstufiger Aufbau der Verfassungsvergleichung verfolgt: Grundlage bildet die Darlegung des Ausgangspunkts, also „der eigene dogmatische und rechtspolitische Standpunkt"[94]. Auf Stufe zwei wird das ausländische Recht ausgelegt. Die dritte Stufe bildet den eigentlichen Rechtsvergleich: es wird die vorhandene Materie systematisch eingeordnet. Hierdurch werden die Beziehung zwischen den zu vergleichenden Rechtsordnungen hergestellt sowie Gemeinsamkeiten und Unterschiede aufgezeigt. Stufe vier bildet eine rechtspolitische Einordnung, die aus dem Vergleich folgt.[95] Da es sich um eine Arbeit im Verfassungsrecht handelt, erschöpft sich die vierte Stufe des Vergleichs nicht in einem rechtspolitischen Beitrag (der im Zivilrecht sehr viel wahrscheinlicher ist[96]), sondern bietet vor allem einen Erkenntnisbeitrag zur Allgemeinen Staatslehre und Verfassungstheorie.[97]

Die Arbeit enthält Elemente eines Makrovergleichs[98] (etwa bezogen auf die Frage der Normativität von Verfassungsrecht[99]). Sein Schwerpunkt liegt jedoch auf dem Mikrovergleich[100], also der Analyse des spezifischen Verfassungsprinzips der Unteilbarkeit der Republik. Im Makrovergleich werden die meta-normative Funktionen von Verfassungen und ihrer Prinzipien etabliert. Diese verfassungstheoretischen Erkenntnisse können in der Mikroanalyse weiterverarbeitet werden. Hier liegt der Schwerpunkt auf der zweiten Stufe des Rechtsvergleichs. Zunächst wird die französische Verfassungsmethodik angewendet, um das Unteilbarkeitsprinzip

---

[92] Vgl. hierzu im Detail Gliederungspunkt B., II., 2.

[93] *F. Lemaire,* Le principe d'indivisibilité de la République, 2010, 11 und 22; *Daly* European Constitutional Law Review 2015, 458 (459).

[94] *Trantas,* Die Anwendung der Rechtsvergleichung bei der Untersuchung des öffentlichen Rechts, 1998, S. 47.

[95] *Trantas,* Die Anwendung der Rechtsvergleichung bei der Untersuchung des öffentlichen Rechts, 1998, S. 49ff.

[96] Vgl. *Trantas,* Die Anwendung der Rechtsvergleichung bei der Untersuchung des öffentlichen Rechts, 1998, S. 49ff.

[97] Zu den Überschneidungen von Verfassungstheorie und Allgemeiner Staatslehre, siehe: *Morlok,* Was heißt und zu welchem Ende studiert man Verfassungstheorie?, 1988, S. 23ff., insbesondere S. 28.

[98] *Gamper* Zeitschrift für öffentliches Recht 2008, 359 (362).

[99] Hierzu im Detail Gliederungspunkt B., I.

[100] *Gamper* Zeitschrift für öffentliches Recht 2008, 359 (362).

zu erläutern (deskriptive Methode[101]). Die französische Verfassungsdogmatik ist stets zu berücksichtigen, wenn die dogmatisch-begriffliche Methode (semantisch identischen Begriffen können konzeptionell unterschiedliche Prinzipien zugrunde liegen[102]) mit dem rechtlich-funktionalen Ansatz (bezogen auf die rechtliche sowie rechtssoziologische[103] Funktion des Rechtsinstituts[104]) kombiniert wird.

4. Rechtssoziologischer Zugriff auf das Unteilbarkeitsprinzip

In Analogie zu der Abgrenzung zwischen normativer und meta-normativer Verfassungsfunktion, „geht die Soziologie des Rechts [...] – im Gegensatz zur juristischen Dogmatik – nicht von der normativen Sinndeutung und Systematisierung der Normen (Sätze, Regeln, Ordnungen) aus“[105]. Stattdessen bezieht sich die Soziologie auf die „Regeln und Ordnungen“ die faktisch und real beim Zusammenleben verschiedener „handelnde[r] Menschen“ Anwendung findet.[106] Die Methoden der beiden Wissenschaften werden mit Blick auf die Zielsetzung des Rechts und der Soziologie zusammengedacht.[107] Während sich die Rechtswissenschaft auf die Effektivität und Anwendbarkeit des Rechts richtet, ist die Soziologie auf die soziale Wirkung seiner Anwendung bezogen.[108] In der Rechtswissenschaft wird daher eher nach der „normativen Kraft des Faktischen“[109] gefragt, wohingegen die Rechtssoziologie nach der „faktischen Kraft des Normativen“[110] sucht. Dieser Umstand spiegelt sich in der Arbeit wider, indem Abschnitt A. die Normativität des Unteilbarkeitsprinzips behandelt, während Abschnitt C. seine faktische gesellschaftliche Wirkung beleuchtet.

Zu unterscheiden ist einerseits die theoretische und andererseits die empirische Rechtssoziologie.[111] Letztere greift auf die Methoden der empirischen Sozialforschung zurück. Die theoretische Rechtssoziologie hingegen führt über die Ansammlung von Fakten, Hypothesen und soziologischen Theorien als Ausgangspunkt zur Bildung eines Systems aus dem sich eine neue Hypothese ableiten lassen kann.[112] Durch die Akkumulierung rechtlicher Fakten bzgl. der normativen Geltung

---

101 *Trantas,* Die Anwendung der Rechtsvergleichung bei der Untersuchung des öffentlichen Rechts, 1998, S. 43; *Zweigert* in Schlochauer (Hrsg.), Wörterbuch des Völkerrechts, 1962 (79).

102 *Starck* JuristenZeitung 1997, 1021 (1027); *Weber,* Europäische Verfassungsvergleichung, 2010, S. 11.

103 *Trantas,* Die Anwendung der Rechtsvergleichung bei der Untersuchung des öffentlichen Rechts, 1998, S. 46.

104 *Weber,* Europäische Verfassungsvergleichung, 2010, S. 11.

105 *Kißler,* Recht und Gesellschaft: Einführung in die Rechtssoziologie, 1984, S. 18; *Wrase* in Frick/Lembcke/Lhotta (Hrsg.), Politik und Recht, 2017, S. 63 (65).

106 *Kißler,* Recht und Gesellschaft: Einführung in die Rechtssoziologie, 1984, S. 18.

107 *Wrase* in Frick/Lembcke/Lhotta (Hrsg.), Politik und Recht, 2017, S. 63 (71); *Kißler,* Recht und Gesellschaft: Einführung in die Rechtssoziologie, 1984, S. 53.

108 Vgl. *Kißler,* Recht und Gesellschaft: Einführung in die Rechtssoziologie, 1984, S. 53f.

109 *Kißler,* Recht und Gesellschaft: Einführung in die Rechtssoziologie, 1984, S. 9.

110 *Kißler,* Recht und Gesellschaft: Einführung in die Rechtssoziologie, 1984, S. 9.

111 *Kißler,* Recht und Gesellschaft: Einführung in die Rechtssoziologie, 1984, S. 70; vgl. im Detail auch *Röhl,* Rechtssoziologie, 2013, S. 140ff.; *Rehbinder,* Rechtssoziologie, 2. Aufl. 1989, S. 63ff.

112 *Kißler,* Recht und Gesellschaft: Einführung in die Rechtssoziologie, 1984, S. 72.

des Unteilbarkeitsprinzips (in Punkt A. und B.), der realen Gegebenheiten innerhalb der französischen Gesellschaft in Metropol- und Überseekörperschaften sowie unter Rückgriff auf die soziologische Theorien zur Integration (in Punkt C.) wird vorliegend ein System[113] über die Auswirkungen von Einheit und Unteilbarkeit als rechtliches Mittel auf eine Gesellschaft abgeleitet. Hieraus wird sodann eine konkrete Hypothese zur Wirkung des Verfassungsprinzips der Unteilbarkeit auf die französische Gesellschaft formuliert sowie Rückschlüsse auf seine Angepasstheit auf diese gezogen. Somit wird im rechtssoziologischen Sinn eine Verbindung zwischen Recht und Gesellschaft hergestellt[114] und eine aus der Soziologie entnommene Erkenntnis auf eine konkrete rechtswissenschaftliche Fragestellung umgemünzt.[115]

---

113 Zum Begriff des Systems im soziologischen Sinne vgl. auch *Rehbinder,* Rechtssoziologie, 2. Aufl. 1989, S. 5.

114 *Kißler,* Recht und Gesellschaft: Einführung in die Rechtssoziologie, 1984, S. 83; *Röhl,* Rechtssoziologie, 2013, S. 133.

115 Vgl. zu diesem Erkenntnisinteresse der Rechtssoziologie: *Rehbinder,* Rechtssoziologie, 2. Aufl. 1989, S. 6.

A. Entwicklung der Unteilbarkeit im Laufe der Verfassungsgeschichte von der Antike bis zur IV. Republik – Einordnung des historischen Diskurses

Die Begründung für die hier zu prüfende Forschungsfrage, ob Frankreich noch einen unteilbaren Einheitsstaat darstellt, ist eng in Zusammenhang mit der historischen Entstehung des Prinzips zu sehen. Seit dem Ende des *Ancien Régime* taucht das Unteilbarkeitsprinzip – meist ausdrücklich – in den Verfassungstexten Frankreichs auf. Das Prinzip überdauerte zahlreiche Regierungsumbrüche.[116] Da es aufgrund der hiermit einhergehenden vielfachen Veränderung auch unter der Verfassung der V. Republik schwer zu definieren ist,[117] könnte der Rückgriff auf den Status der Unteilbarkeit vor Erlass der Verfassung von 1958 und vor der Unabhängigkeit der Überseekörperschaften – als ersten Einschnitt in die Unteilbarkeit während der jungen V. Republik – als Ausgangspunkt für die Analyse der Bedeutung der Unteilbarkeit in normativer Sicht dienen. Etwa könnte sich aus dem Prinzip vor seiner wiederholten Einschränkung in der V. Republik ein definierbarer Gehalt ergeben. Außerdem kann sich aus der geschichtlichen Einordnung des Prinzips eine meta-normative Ebene des Unteilbarkeitsprinzips auftun. Besonders identitätsstiftend für das Prinzip der Unteilbarkeit scheint hier sein Wandel durch die Revolution bis hin zur Einführung der ersten Republik.[118] Denn die Prinzipien von Einheit und Unteilbarkeit werden bis heute als eine maßgebliche revolutionäre Errungenschaft gesehen.[119] Bereits hier wird deutlich, dass das Unteilbarkeitsprinzip über die Verknüpfung mit dem Prinzip der Republik nicht nur eine normative Rolle ausübt, sondern ihr auch ein symbolischer Gehalt zukommt.[120]

Der folgende Abschnitt enthält historische Erwägungen, die aus heutiger Sicht für die Entwicklung des Unteilbarkeitsprinzips von Bedeutung sind. Es handelt sich dabei um einen Abschnitt, der sich mit der traditionsbildenden Erzählung des Unteilbarkeitsprinzips, also seiner Legitimationsgeschichte, befasst. Anstatt selbst vollumfassend quellengeschichtlich vorzugehen, rekurriert der Abschnitt insbesondere auf die vorhandenen Erzählungen bezüglich der Entwicklung der Unteilbarkeit in

---

116 Vgl. dazu bereits: *M. Lasserre* in Sydow (Hrsg.), Französisches Verfassungsrecht im 21. Jahrhundert, 2022, S. 23 (27), das Prinzip wird ausdrücklich (und meist an erster Stelle) in den Verfassungen von 1791 (Monarchie), 1793 (I. Republik), 1795, 1799 (Konsulat), 1848 (II. Republik), 1946 (IV. Republik) und 1958 (V. Republik) genannt; vgl.: https://www.conseil-constitutionnel.fr/la-constitution/les-constitutions-de-la-france.

117 *Debbasch,* Principe Révolutionnaire, 15; *Lemaire* etwa versucht das Verfassungsprinzip anhand des allgemeinsprachlichen Wortbedeutung Unteilbarkeit des Wörterbuchs der *Académie Française* der zu definieren: „L'indivisibilité exprime l'état ou la qualité de ce qui ne peut être divisé"; vgl. *Lemaire,* Le principe d'indivisibilité de la République, *2010, S.*14; vgl. hierzu unten: Gliederungspunkt B., VI.

118 *Daly* European Constitutional Law Review 2015 (458).

119 *Debbasch* in Mathieu/Verpeaux (Hrsg.), La République en droit français, 1996 (59); *F. Lemaire,* Le principe d'indivisibilité de la République, 2010, S. 11; *Daly* European Constitutional Law Review 2015 (458f.).

120 *Daly* European Constitutional Law Review 2015, 458 (459).

der französischen Rechtswissenschaft. Denn diese Erzählungen sind bei der Berücksichtigung der Bedeutung und des Inhalts der Unteilbarkeit in heutiger Perspektive maßgeblich.

I. Ursprung der Unteilbarkeit von der Antike bis ins Mittelalter: Vereinbarkeit von (Rechts-)Pluralismus und Unteilbarkeit

Zwar wurde das Unteilbarkeitsprinzip im Jahr 1791 erstmals in einem französischen Verfassungstext verschriftlicht, das Prinzip taucht jedoch schon sehr viel länger als Teil der politischen Ordnung Frankreichs auf. Erste Reflexionen zum Unteilbarkeitsprinzip bezogen auf die politische Organisation eines Landes entstanden bereits bei den Philosophen Griechenlands und wurden später durch christliche Theoreme in Frankreich weitergeführt, bis sie auch in kodifizierter Form Eingang in die Staatsorganisation Frankreichs erlangten.[121]

1. Anknüpfung des verfassungsrechtlichen Unteilbarkeitsprinzips an die (Staats-)Philosophie Platons und Aristoteles

Auch wenn das Unteilbarkeitsprinzip Frankreichs im staatspolitischen Sinne ursprünglich mit christlichen Erwägungen begründet wird, bestanden erste Überlegungen hierzu bereits zu Zeiten der griechischen Philosophen.[122] Schon *Platon* übertrug Gedanken zur Integration von Vielfalt und Einheit auf ein politisches System im Sinne einer Utopie (*Politeia*[123]).[124] *Platon* erwähnte noch nicht explizit die Unteilbarkeit als Mittel, das die Einheit einer Gesellschaft herbeiführen soll.[125] Jedoch war in seinen Augen das Ende der Einheit „das schlimmste Übel" für eine zusammenlebende Gruppe von Personen (*Polis*).[126] Die Zielvorstellungen *Platons*, soziale Einheit in einem flächenmäßig großen Gebiet zu schaffen, sowie die Problematiken die hierdurch hervorgerufen werden, etwa die Einung eines großen Gebiets trotz sozialer Vielfalt,[127] lassen sich auch in heutiger Zeit noch wiederfinden.[128] Einheit wird als Idealvorstellung verstanden und findet dadurch Eingang in Platons „politisch-philosophische Utopie"[129] des Staats. Einheit sei demnach die Zusammenkunft von mehr oder weniger homogenen Teilen eines Ganzen.[130] Dass nicht alle

---

[121] *Debbasch*, Le principe révolutionnaire d'unité et d'indivisibilité de la République, 1988, S. 30ff.
[122] *Debbasch*, Le principe révolutionnaire d'unité et d'indivisibilité de la République, 1988, S. 30; *Plato/Rufener/Szlezák*, Der Staat, 2011, S. 423f.
[123] *Plato/Rufener/Szlezák*, Der Staat, 2011, S. 932.
[124] *Plato/Rufener/Szlezák*, Der Staat, 2011, S. 299; *Debbasch*, Le principe révolutionnaire d'unité et d'indivisibilité de la République, 1988, S. 30.
[125] Vgl. *Plato/Rufener/Szlezák*, Der Staat, 2011, S. 299.
[126] *Plato/Rufener/Szlezák*, Der Staat, 2011, 462, die *Polis* beschreibt dabei das utopische Modell einer Stadt.
[127] Vgl. *Plato/Rufener/Szlezák*, Der Staat, 2011, S. 299.
[128] Dazu vertieft unten Teil B.
[129] *Plato/Rufener/Szlezák*, Der Staat, 2011, S. 932.
[130] *Debbasch*, Le principe révolutionnaire d'unité et d'indivisibilité de la République, 1988, S. 30.

Teile des Ganzen homogen sind, führe keinesfalls zur Zersplitterung eines Systems, etwa der einer Stadt (*Polis*) oder der darin angesiedelten Gesellschaft. Stattdessen könne die Einung heterogener Teilelemente ein stärkeres Maß an Effektivität des Gesamtsystems herbeiführen, indem neue Methoden und Möglichkeiten entwickelt würden.[131] Das Gesamtsystem könne nur dann eine Einheit bilden, sofern es nicht aufgespalten werde, also unteilbar bleibe.[132] Nach dieser Analyse wirkt die Einheit als Begrenzung der Vielheit.[133]

Vom Mittel der Unteilbarkeit spricht später *Aristoteles* explizit, als er zu definieren versucht, was Einheit bedeutet. Hier stellt er fest, dass die Unteilbarkeit als Kernstück der Einheit anzusehen sei.[134] Dieses bezieht er jedoch nicht wie sein Lehrer *Platon* auf das politische System (am Beispiel der *Polis*[135]) sondern auf den Bezug der Einheit zum menschlichen Sein.[136] In der späteren theoretischen Ausgestaltung der Unteilbarkeit als christliches Grundprinzip (etwa durch *Kyril von Alexandrien* oder *Thomas von Aquin*), aber auch in der heutigen Rechtswissenschaft, wird auf die philosophischen Ursprünge des Prinzips zurückverwiesen.[137] Sie bilden damit den ersten Anknüpfungspunkt für eine inhaltliche Ausgestaltung des Unteilbarkeitsprinzips in seiner heutigen Form.

2. Praktische Umsetzung des Unteilbarkeitsprinzips in Frankreich: vom christlichen Prinzip zum Feudalismus

Die von *Platon* und *Aristoteles* aufgeworfenen Grundfragen der Unteilbarkeit und Einheit entsprechen zwar denen der heutigen Zeit und solchen, die in früheren Jahrhunderten in Europa aufzufinden waren. Dennoch bilden sie nicht unmittelbar den Ursprung des verfassungsrechtlichen Unteilbarkeitsprinzips. Dieser ist eher in der Verbreitung christlicher Prinzipien durch die Frankenkönige sowie der Entwicklungen innerhalb des feudalistischen Frankreichs zu sehen.[138]

a) Theoretische Anknüpfung: Unteilbarkeit und christliche Trinitätslehre

Während der merowingischen und karolingischen Zeit wurden die Legitimität von Herrschaftsausübung und die Kirche zunehmend gekoppelt. Die zu dieser Zeit (5.-

---

[131] Vgl. *Debbasch,* Le principe révolutionnaire d'unité et d'indivisibilité de la République, 1988, S. 30.

[132] Vgl. *Debbasch,* Le principe révolutionnaire d'unité et d'indivisibilité de la République, 1988, S. 30.

[133] *Debbasch,* Le principe révolutionnaire d'unité et d'indivisibilité de la République, 1988, S. 30.

[134] *Debbasch,* Le principe révolutionnaire d'unité et d'indivisibilité de la République, 1988, S. 30.

[135] Vgl. hierzu vertieft *Pradeau,* Platon et la cité, 2014.

[136] Eine andere Auffassung als *Platon* vertritt *Aristoteles* jedoch mit Hinblick auf die Einheit des Staates, vergleiche dazu:*Aristoteles/Bonitz/Seidl* (Hrsg.), Metaphysik; auch: *Schütrumpf* in Corcilius/Rapp (Hrsg.), Aristoteles-Handbuch, 2. Aufl., 2021, S. 61 (68).

[137] *Hammerstaedt* in Dassmann (Hrsg.), Reallexikon für Antike und Christentum - Band XVI, 1994, S. 986 (987f.); zitiert in: *Debbasch,* Le principe révolutionnaire d'unité et d'indivisibilité de la République, 1988, S. 31; *Pègues* in Pègues (Hrsg.), Commentaire Français Littéral de la Somme théologique de saint Thomas d'Aquin, 1908 (301).

[138] *Debbasch,* Le principe révolutionnaire d'unité et d'indivisibilité de la République, 1988, S. 31f.

10. Jahrhundert[139]) herrschenden Frankenkönige setzten es sich zum Ziel christliche Prinzipien im Herrschaftsgebiet zu verbreiten.[140]
Als einziger noch dem Heidentum angehörender Machthaber im römischen Reich,[141] konvertierte Frankenkönig *Chlodwig I* (ca. 465 - 511[142]) um das Jahr 496[143] mitsamt seiner Untertanen zum katholischen Glauben.[144] Grund hierfür seien insbesondere sein Sieg in der Schlacht bei Soisson 486/487[145] über den gallischen Heeresführer *Syagrius* gewesen, womit *Chlodwig* fortan über ein Gebiet herrschte, in dem mehrheitlich Christen ansässig waren. Dies machte auch eine stärkere Zusammenarbeit mit den hier ansässigen Bischöfen erforderlich.[146] Das Herrschaftsgebiets Chlodwigs umfasste das heutige Frankreich, die Benelux-Staaten sowie den westlichen Teil Deutschlands. Sein Übertritt zum Christentum sollte nicht nur für Europas religiöse Weichenstellung entscheidend sein, sondern begründet auch den Ursprung des bis heute bestehenden Verfassungsprinzips der Unteilbarkeit und Einheit.[147] König *Chlodwig* gilt als erster französischer König und als Begründer der französischen Nation.[148] Ausgehend von seiner Konvertierung zum Christentum und weitergeführt durch die folgenden Könige der Merowinger- und Karolingergeschlechter, wurde der Grundstein für heutige Verfassungsprinzipien gelegt.[149]

Zwei dieser Prinzipien, die verbreitet wurden, war das Prinzip der Einheit und der Unteilbarkeit.[150] In der christlichen Lehre wurden die Begriffe bezogen auf die Einheit von Mensch und Christus verwendet. Als Teil des Trinitätsstreits Ende des V. Jahrhunderts bildeten sich die Elemente der Einheit und Unteilbarkeit als Kernprinzipien der Trinität heraus. Da die Bischöfe großen Einfluss auf die Geschicke und die Verfestigung der Macht der Frankenkönige hatten, wurden die Prinzipien, die Sie im Rahmen ihrer Studien entwickelten und zu verbreiten versuchten durch die Frankenkönige weitergetragen.

---

139 *Jussen,* Die Franken, 2014, S. 7.
140 *Debbasch,* Le principe révolutionnaire d'unité et d'indivisibilité de la République, 1988, S. 31.
141 *Becher,* Chlodwig I, 2011, S. 174.
142 *Becher,* Chlodwig I, 2011, S. 9.
143 *Becher,* Chlodwig I, 2011, S. 199; zur Taufe Chlodwig I vgl. im Detail *Tours,* Histoire des Francs, 2009, S. 163ff.
144 *Gottlieb* Jahrbuch des römisch-germanischen Zentralmuseums Mainz 2017, (149);. Das Leben Chlodwig I wurden dokumentiert von Bischof Gregor von Tours *Tours,* Histoire des Francs, 2009; auch wenn die Glaubwürdigkeit seiner Darstellung im Einzelnen von Historikern bezweifelt wurde, werden sie dennoch als Ausgangspunkt für wissenschaftliche Darstellungen verwendet, vgl. *Becher,* Chlodwig I, 2011, S. 175f.
145 Vgl. *Tours,* Histoire des Francs, 2009, S. 162f.; *Vyver* Revue belge de philologie et d'histoire 1936, 859 (861ff.).
146 *Becher,* Chlodwig I, 2011, S. 174.
147 *Becher,* Chlodwig I, 2011, S. 9.
148 Becher bezeichnet Chlodwig I sogar als "Begründer Europas", siehe *Becher,* Chlodwig I, 2011, S. 282.
149 *Debbasch,* Le principe révolutionnaire d'unité et d'indivisibilité de la République, 1988, S. 31.
150 *Debbasch,* Le principe révolutionnaire d'unité et d'indivisibilité de la République, 1988, S. 31.

Kyrill von Alexandrien (um 375 - 444[151]) war einer der Protagonisten der Kontroverse bezogen auf die – jedenfalls bis dato – umstrittenen Trinitätslehre.[152] Er äußerte sich in seinem Werk *Contra Iulianum*[153] maßgebend zu dieser.[154] Das Prinzip der Einheit war hiernach eine Neuentdeckung des Christentums. Bezogen auf die Unterscheidung zwischen verschiedenen Existenzformen rekurriert *Kyrill* auf *Platon* und seine Hypostasenlehre,[155] in der er (mit Ausnahme des Einheitsprinzips) eine Übereinstimmung mit der Trinität sieht.[156] Auch die Neuplatoniker der Antike entwickelten, anknüpfend an *Platons* Lehren, einen Dreiklang[157158]: hiernach besteht ein Unterscheidung zwischen Gott „das Gute, aus ihm leuchte der Geist hervor" der „mit Welt befasste Schöpfer" und als drittes „die Seele", „die das All bewegt und beseelt".[159] Zudem bekundet er „Gott ist einzig, d.h. eine einzige göttliche Natur wird in der heiligen und wesensgleichen Dreifaltigkeit angebetet, d.h. im Vater, im Sohn und im Heiligen Geist. Denn selbst wenn man glaubt, dass jeder der so Genannten genau das ist, was er in seiner Person und seiner eigenen Hypostase ist - der Vater ist Vater, der Sohn ist Sohn und der Geist ist Geist -, so vereint sie doch zumindest die Identität der Substanz in der Einheit."[160] Nach *Kyrill von Alexandrien* führe diese Anschauung, die lediglich die Existenzformen differenziert, nicht jedoch eint, zu einer Hierarchisierung zwischen den Teilen der „Dreiheit".[161] Die Einheit, im christologischen Verständnis dieser Zeit, betreffe danach zum einen die Einheit der Menschen untereinander sowie die Einheit mit Christus. Alle Menschen haben den gleichen Geist gemein – den heiligen Geist. Der Heilige Geist vereine alle Menschen in einem einzigen Körper und sei daher unteilbar.[162] So beschreibt

---

151 *Alexandrien* in Riedweg/Brüggemann/Kinzig (Hrsg.), Gegen Julian, S. 11.

152 Die Trinitätslehre wurde im ersten Konzil von Nicäa 325 verabschiedet – Gegner der Lehre wurden demzufolge als Arianer bezeichnet, vgl. *Chadwick,* Die Kirche in der antiken Welt, 2019. Aufl. 1972, S. 142ff.; *Vyver* Revue belge de philologie et d'histoire 1936, 859 (862).

153 Dieses entstand mutmaßlich zwischen den Jahren 423 und 428/430, vgl. *Alexandrien* in Riedweg/Brüggemann/Kinzig (Hrsg.), Gegen Julian, S. 11.

154 Insb. in seiner Schrift: Thesaurus: De sancta et consubstantiali trinitate.

155 *Hammerstaedt* in Dassmann (Hrsg.), Reallexikon für Antike und Christentum - Band XVI, 1994, S. 986 (987f.).

156 *Schramm* Museum Helveticum 2017, 66 (74f.).

157 Insb. durch *Plotin* erfolgten Adaptationen der Einheitslehre *Platons*, vgl. *Halfwassen,* Plotin und der Neuplatonismus, 2004, S. 9f.; *J. Koch* Kant-Studien (117ff.); zur Adaptation des Dreiklangs mit Rückgriff auf Platon vgl. insbesondere *Schramm* Museum Helveticum 2017, 66 (74).

158 *Halfwassen,* Plotin und der Neuplatonismus, 2004, S. 9f.; *Schramm* Museum Helveticum 2017, 66 (74).

159 *Alexandrien et al.,* Contre Julien, S. 433; auch schon zitiert in der deutschen Übersetzung von *Schramm* Museum Helveticum 2017, 66 (74).

160 *Alexandrien et al.,* Contre Julien, S. 433.

161 *Schramm* Museum Helveticum 2017, 66 (75f.), dies könnte aber auf ein christliches Fehlverständnis der Neuplatonik zurückzuführen sein, die der Dogmatik von *Kyrills* Lehre in die Karten spielt. Denn auch bei Hypostasen aus Neuplatonik ergibt sich Einheit: aus dem „Prozess ihres Hervorgangs aus dem ersten Einen, durch den sich differenzierte Einheiten auf den verschiedenen Stufen der Wirklichkeit ergeben" die des Geistes und die der Seele, vgl. dazu ebda (75f.).

162 *Debbasch,* Le principe révolutionnaire d'unité et d'indivisibilité de la République, 1988, S. 31.

auch *Kyrill von Alexandrien* den Heiligen Geist der „uns alle zur spirituellen Einheit führen wird" als „ein und unteilbar".[163]

Bei *Chlodwigs* Übertritt zum Christentum, musste sich dieser die Frage stellen, welcher Strömung des Christentums er sich anschließt: den Arianern, die nicht an die Trinität und somit auch nicht an die Prinzipien der Einheit und Unteilbarkeit des Heiligen Geistes glaubten, oder den Katholiken. Für einen Anschluss zur arianischen Lehre sprachen Verwandtschaftsverhältnisse *Chlodwigs* – etwa seiner Schwester – sowie die Gesinnung mehrerer politischer Verbündeter, wie *Theoderich der Große*. Entscheidend für einen Anschluss an die Strömung des Katholizismus sprachen aber u.a. die überwiegend katholische Bevölkerung seines Herrschaftsgebiets (insbesondere seit der Schlacht von Soisson) sowie die Anschauung der Bischöfe, die intensiv um *Chlodwig I* warben.[164] *Remigius von Reims* war Bischof der Provinz zu der auch Soisson gehörte und der wohl angesehenste Geistliche Nordgalliens zu dieser Zeit. Seinen Einfluss auf *Chlodwig I* konnte er auch ausüben, da er politisch sehr erfahren und einflussreich war. Denn er hatte bereits viele Umbrüche miterlebt, etwa war er bereits Bischof, als 476 das weströmische Reich fiel.[165]

Die Entscheidung *Chlodwigs* als erster Germanenkönig Katholik zu werden – und die Prinzipien des Katholizismus zu verbreiten[166] – war also vorrangig eine politische und sollte die katholischen Galloromer besänftigen. [167] Sie hatte tiefgreifende Folgen für die christliche Ausrichtung Westeuropas sowie für die Institutionalisierung des Unteilbarkeitsprinzips als christliches Prinzip, das später durch das karolingische Geschlecht weitergetrieben wurde.[168]

b) Unteilbarkeit: Übergang zum Feudalismus – von den Merowingern zu den Kapetingern

Trotz des Übergangs hin zum Christentum und des Bekenntnisses zu Einheit und Unteilbarkeit als christliche Prinzipien, stand der Unteilbarkeit des Herrschaftsgebiets des fränkischen Königs noch entgegen, dass nach seinem Tod das Land unter

---

[163] Zitiert in : *Debbasch,* Le principe révolutionnaire d'unité et d'indivisibilité de la République, 1988, S. 31; zu der Kontroverse um die Trinitätslehre, deren Befürworter *Kyrill von Alexandrien* war, vgl. auch im Detail *Newman* in Earnest/Tracey (Hrsg.), John Henry Newman: Fifteen Sermons Preached Before the University of Oxford, 2006.

[164] *Becher,* Chlodwig I, 2011, S. 175.

[165] *Becher,* Chlodwig I, 2011, S. 181f.; so schildert es Gregor von Tours als zeitgenössischer Schreiber, welcher das Leben *Chlodwigs I* zu seinen Lebzeiten dokumentierte, vgl. hierzu *Hess* Das Mittelalter 2015 (80f.).

[166] *Becher,* Chlodwig I, 2011, S. 175; *Debbasch,* Le principe révolutionnaire d'unité et d'indivisibilité de la République, 1988, S. 31.

[167] *Becher,* Chlodwig I, 2011, S. 175; *Debbasch,* Le principe révolutionnaire d'unité et d'indivisibilité de la République, 1988, S. 31.

[168] *Becher,* Chlodwig I, 2011, S. 175; *Debbasch,* Le principe révolutionnaire d'unité et d'indivisibilité de la République, 1988, S. 31.

seinen Söhnen in gleiche Teile geteilt werden sollte.[169] Etwa wurde nach *Chlodwigs* Tod das Reich in vier Teile gespalten.[170] Bis zum Machtwechsel hin zum Karolingergeschlecht im 8. Jahrhundert wurde die Erbfolge der Aufspaltung des Gebiets beibehalten.[171] Die immer weiter fortschreitende Machtzerbröckelung durch den Brauch der Aufspaltung königlichen Territoriums führte schlussendlich zum Feudalismus.[172] Die Entstehung dieser Gesellschaftsordnung führt zur praktischen Uminterpretation des Unteilbarkeitsprinzips auf die Organisation des Staatsgebiets. Es entstand das Prinzip der Unteilbarkeit der Lehensgüter, welches später bei der Entstehung Frankreichs von höchster Bedeutung sein sollte.[173] Es sollte verhindert werden, dass Ländereien immer weiter unter mehreren Söhnen einer Familie auf- und umverteilt werden. Hierin ist eine Parallelentwicklung zum Ost-fränkischen Reich auszumachen, wo mit der *Goldenen Bulle* von 1356 in Art. XX die Einheit der vier weltlichen Kurfürstentümer[174] sowie in Art. XXV ihre Unteilbarkeit beschlossen wurde.[175] Zunächst schlug sich der Unteilbarkeitsgedanke also auf das Territorium einzelner Lehensgüter durch, bevor auch die französische Krone das Konzept für sich in Anspruch nahm. Unter *Ludwig IX* werden im 13. Jahrhundert mehrere Änderungen eingeführt sowie angestoßen, die die Zerteilung des Territoriums und der Macht verhindern und das Konzept der Einheit Frankreichs fördern.[176] Als wohl wichtigste Änderung wurde die Thronfolge angepasst: nur noch der erstgeborene Sohn erbte das Recht, auf den Thron zu folgen. Die Krone wurde damit zum neuen Bezugspunkt der Unteilbarkeit.[177] Des Weiteren wurde die sog. Apanage verändert.[178] Danach erhielten nichtregierende Mitglieder einer Adelsfamilie beim Tod eines Adeligen eine Abfindung.[179] Auch die Apanage sollte fortan unteilbar sein.

Die christlichen Ursprünge des Prinzips der Einheit und Unteilbarkeit – für die *Chlodwig I* mit seinem Übertritt zum Christentum und seiner Verbreitung im Herrschaftsgebiet den Grundstein gelegt hatte – wurden, parallel zu der Entwicklung im

---

169 *Becher,* Chlodwig I, 2011, S. 175; *Debbasch,* Le principe révolutionnaire d'unité et d'indivisibilité de la République, 1988, S. 31.

170 Ergänzen: Gregor von Tours, Originalquelle; *Becher,* Chlodwig I, 2011, S. 270; *Assemblée nationale,* Tome I - Etats généraux; Cahiers des sénéchaussées et bailliages, 1789, S. 39.

171 *Debbasch,* Le principe révolutionnaire d'unité et d'indivisibilité de la République, 1988, S. 31; vgl. auch *Boussard* in Queneau (Hrsg.), La France et les français, 1972, S. 967 (985).

172 Zur Entwicklung des französischen Feudalismus vgl. im Detail *Boussard* in Queneau (Hrsg.), La France et les français, 1972 (967ff.).

173 *Debbasch,* Le principe révolutionnaire d'unité et d'indivisibilité de la République, 1988, S. 31.

174 *Müller/Seibt,* Die Goldene Bulle, 1978, 98, 129f.

175 Art. XXV spricht von der Einheit der Kurfürstentümer in: La Bulle d'Or, 1741, S. 49f.

176 *Debbasch,* Le principe révolutionnaire d'unité et d'indivisibilité de la République, 1988, S. 32.

177 *Debbasch,* Le principe révolutionnaire d'unité et d'indivisibilité de la République, 1988, S. 31; *Assemblée nationale,* Tome I - Etats généraux; Cahiers des sénéchaussées et bailliages, 1789, S. 46.

178 *Debbasch,* Le principe révolutionnaire d'unité et d'indivisibilité de la République, 1988, S. 31.

179 *Debbasch,* Le principe révolutionnaire d'unité et d'indivisibilité de la République, 1988, S. 31f.; *Assemblée nationale,* Tome I - Etats généraux; Cahiers des sénéchaussées et bailliages, 1789, S. 43.

Westfränkischen Reich[180] durch *Thomas von Aquin* wiederaufgenommen. Die Rede war von der himmlischen bzw. göttlichen Einheit – die entsprechend dem ursprünglichen Trinitätsbild – auf das politische System übertragen wurde.[181] *Thomas von Aquin* arbeitete heraus, dass Grundvoraussetzung für die Einheit einer Entität ihre Unteilbarkeit sei. Eine Sache ist darüber hinaus weniger eins, wenn sie stärker teilbar ist.[182]

In Fortführung der Ideen *Platons* zur Einheit und Unteilbarkeit[183] ist er der Meinung, dass Einheit nicht die Vielheit verneint.[184] Sie widerspreche nur der Unterteilung. Teilbarkeit und Vielfalt seien also keine Widersprüche. Dies entspricht auch der Vereinbarkeit von teilbaren Lehensgütern und Einheit auf nationaler Ebene. Denn Vielheit könne existieren, sie sei aber besser zu führen von einem Einzelnen statt von vielen.[185] Die Brücke zur christlichen Theologie schlug *Thomas von Aquin*, indem darauf verwiesen wurde, dass auch Gott durch seine „Ein"-heit Güte und Frieden für alle Menschen schaffe. Der Staat solle nach der Politologie *Thomas von Aquins* genauso organisiert sein, wie die Welt, der er angehöre – also die göttliche Welt. Somit wurde durch die Rückkopplung der unteilbaren Macht des Königs an christliche Grundvorstellung, die bereits seit Jahrhunderten zurückgehend auf *Chlodwig I* im Herrschaftsgebiet verbreitet war, die Macht des Königs verfestigt. Durch die Verankerung seit Jahrhunderten fiel die erneute Bekundung einer Einheitsfigur im König auf fruchtbaren Boden.

Im 14. Jahrhundert erhielt der König *Karl VIII* offiziell den Titel König der Christen bzw. „*fils ainé de l'église*". Der König wurde als Vertreter Gottes auf Erden behandelt und repräsentiert die Einheit Gottes unter Anerkennung aller Autorität des Papstes als weiteres Zeichen für seine göttliche Mission.[186] Zeit seines Lebens, also seiner Herrschaft, übte der König damit die alleinige Staatsgewalt aus. Aus dieser Zeit stammt auch der französische Patriotismus, der im hundertjährigen Krieg und mit der Figur *Jeanne d'Arcs* verfestigt wurde.[187] Dieser Patriotismus konnte mithilfe

---

[180] Vgl. La Bulle d'Or, 1741, S. 5f., hier wird vom Erlass der Goldenen Bulle im Namen der heiligen und unteilbaren Dreifaltigkeit gesprochen.

[181] *Pègues,* Commentaire français littéral de la Somme théologique de saint Thomas-d'Aquin, 1907-1931, S. 309ff.; *Aquin,* Somme théologique, 1984, S. 123ff.; im Detail hierzu auch *Pègues* in Pègues (Hrsg.), Commentaire Français Littéral de la Somme théologique de saint Thomas d'Aquin, 1908 (151 ff.).

[182] *Pègues,* Commentaire français littéral de la Somme théologique de saint Thomas-d'Aquin, 1907-1931, S. 301.

[183] *Pègues,* Commentaire français littéral de la Somme théologique de saint Thomas-d'Aquin, 1907-1931, S. 297f.; *Aquin,* Somme théologique, 1984, S. 124.

[184] *Pègues,* Commentaire français littéral de la Somme théologique de saint Thomas-d'Aquin, 1907-1931, 297-298, 300-304; *Aquin,* Somme théologique, 1984, S. 125ff.

[185] *Pègues,* Commentaire français littéral de la Somme théologique de saint Thomas-d'Aquin, 1907-1931, S. 300ff.; *Aquin,* Somme théologique, 1984, S. 125ff.

[186] *Debbasch,* Le principe révolutionnaire d'unité et d'indivisibilité de la République, 1988, S. 32.

[187] So wird der nationale Feiertag, der Jeanne d'Arc zelebrieren soll auch „fête du patriotisme" genannt, vgl. *Sanson* Revue d'histoire moderne et contemporaine 1973, 444.

einer einheitlichen und unteilbaren Herrschaftsfigur zementiert werden, deren Herrschaftsauftrag göttlich intendiert war.

3. Zwischenergebnis: pluralistische und föderalistische Ursprünge der Unteilbarkeit

Interessant am Rückblick auf die Entstehungshistorie des Unteilbarkeitsbegriffs in der Antike ist vor allem zweierlei: Zum einen wird bereits in der Antike von der Unteilbarkeit als Mittel zur Erreichung von Einheit gesprochen.[188] Die Begriffe der Einheit und Unteilbarkeit sind also seit jeher eng verknüpft. Dass in einer Gesellschaft nach Einheit gestrebt wird, wird als an sich menschlich beschrieben.[189] Zum anderen sollte diese Einheit im Ursprung nicht durch Vereinheitlichung, sondern durch die Einheit von Vielheit zustande kommen.[190] Damit wurde die Einheit im Ursprung nicht mit einer Einheitsstaatlichkeit in seiner heutigen Definition gleichgesetzt. Vielmehr war die parallele Existenz einzelner Rechtsordnungen möglich. Dieser Ansatz könnte mit Blick auf die heutige Problemstellung des Unteilbarkeitsprinzips – der mangelnden praktischen Durchsetzbarkeit einheitlicher Regelungen im Republikgebiet – Aufschluss und mögliche Lösungsansätze bieten. Auch unter König *Ludwig IX*, mit Ingangsetzen eines Prozesses absolutistischer Souveränität der Krone, welcher in der Herrschaft *Ludwig XIV* kumulierte,[191] war noch eine ausgeprägte Rechtsvielfalt im Land vorzufinden war.[192] Das Unteilbarkeitsprinzip bezog sich vor allem auf die Verfestigung der alleinigen Macht des Königs, als Vertreter Gottes auf Erden, dessen Reich ebenso ausgestaltet sein sollte wie das Gottes im Himmel.[193] Auch zu diesem Zeitpunkt Entsprechend der ursprünglich antiken und dann christlichen Idee waren Vielheit und Einheit bzw. Unteilbarkeit also noch vereinbar.

II. Weiterentwicklung der Unteilbarkeit im 16. Jahrhundert: Unteilbarkeit der Krone und Zentralismus

In etwa zeitgleich mit dem Auftauchen des Begriffs der Staatsgewalt (*souveraineté*)[194] gewann auch der Begriff der Unteilbarkeit im politischen Diskurs stärkere

---

[188] *Debbasch,* Le principe révolutionnaire d'unité et d'indivisibilité de la République, 1988, S. 30.
[189] *Debbasch,* Le principe révolutionnaire d'unité et d'indivisibilité de la République, 1988, S. 30.
[190] *Pègues,* Commentaire français littéral de la Somme théologique de saint Thomas-d'Aquin, 1907-1931, 297f. und 300ff.; *Aquin,* Somme théologique, 1984, S. 125ff.
[191] *Debbasch,* Le principe révolutionnaire d'unité et d'indivisibilité de la République, 1988, S. 32.
[192] Vgl. *Debbasch,* Le principe révolutionnaire d'unité et d'indivisibilité de la République, 1988, S. 35; vgl. *Tocqueville,* L'Ancien Régime et la Révolution, 2002, S. 60.
[193] *Debbasch,* Le principe révolutionnaire d'unité et d'indivisibilité de la République, 1988, S. 32.
[194] *Lemaire* führt hierzu aus, dass der Begriff wohl schon im Mittelalter existiert habe, jedoch in einer stärker etymologischen Beschreibung des „Souveräns", vgl. *F. Lemaire,* Le principe d'indivisibilité de la République, 2010, S. 29.

Bedeutung.[195] Denn die Unteilbarkeit sicherte die Staatsgewalt des Königs. Zum einen wurde die Staatsgewalt nach außen – insbesondere im Verhältnis zum Heiligen Römischen Reich Deutscher Nation sowie dem Vatikan – bestärkt, wenn Frankreich als Nation geeint und unteilbar ist.[196] Exemplarisch steht hierfür der Ausspruch *Marino Cavallis*, dem Botschafter der Republik Veneziens: „Es gibt fruchtbarere und reichere Länder wie Ungarn und Italien, es gibt größere und mächtigere Länder wie Deutschland und Spanien; aber keines ist so geeint [...] wie Frankreich."[197] Zum anderen wird im Landesinneren die Staatsgewalt bestätigt, wenn das Territorium nicht aufgespalten werden kann.[198] Die Unteilbarkeit wird also auch gegenüber lokalen Herrschern wie Lehensherren bekundet.[199]

1. Jean Bodin – Vater der Unteilbarkeit?

Jean Bodin schuf mit seinem Werk „*Les Six Livres de la République*" eines der „grundlegenden Werke der frühneuzeitlichen Staatslehre"[200]. Zwar erwähnte *Bodin* den Begriff der Unteilbarkeit nur äußerst sparsam (häufiger erfolgt die Nennung von Absolutheit sowie Unveräußerlichkeit[201]) dennoch stützte er den normativen Gehalt seiner Souveränitätslehre auf den Begriff der Unteilbarkeit.[202] Der Begriff der Unteilbarkeit gibt dem Souveränitätsbegriff ihren eigentlichen Sinn[203] und bestimmt auch die anderen Komponenten, die zu seiner Definition gehören (Absolutheit und Unveräußerlichkeit).[204] *Bodin* war der erste, der 1576 im politischen Kontext von Souveränität sprach und diese mit den Prinzipien der Einheit und der Unteilbarkeit

---

195 Etwa durch: *Rousseau,* Du Contrat Social, ou principes du du droit politique, 1896, S. 45ff.; vgl. dazu: *F. Lemaire,* Le principe d'indivisibilité de la République, 2010, S. 29.

196 *F. Lemaire,* Le principe d'indivisibilité de la République, 2010, S. 28; So stellt Bodin bezogen auf das Konzept der Souveränität folgendes fest: „So stellen wir fest, dass nur derjenige vollständig souverän ist, der nicht auf andere Weise gebunden ist. "; *Bodin,* Les six livres de la république, 1593, S. 168, bezogen auf das Konzept der Souveränität vgl. S. 161ff.; *Picot,* Cardin le Bret (1588-1655) et la Doctrine de la Souveraineté, 1948, S. 141ff.

197 *Tommaseo,* Relations des ambassadeurs vénitiens sur les affaires de France au XVIe siècle, 1838, S. 271; bereits zitiert in: *Debbasch,* Le principe révolutionnaire d'unité et d'indivisibilité de la République, 1988, S. 32f.

198 *F. Lemaire,* Le principe d'indivisibilité de la République, 2010, S. 28f. vgl. hierzu auch vertieft Unterpunkt bb) in diesem Abschnitt.

199 *Bodin,* Les six livres de la république, 1593, S. 168; auch zitiert in *F. Lemaire,* Le principe d'indivisibilité de la République, 2010, S. 28.

200 *Philipp* (Hrsg.), Debatten um die Souveränität, S. 123.

201 *F. Lemaire,* Le principe d'indivisibilité de la République, 2010, S. 34.

202 Vgl. *Debbasch,* Le principe révolutionnaire d'unité et d'indivisibilité de la République, 1988, S. 33; *F. Lemaire,* Le principe d'indivisibilité de la République, 2010, S. 35.

203 Vgl. *Debbasch,* Le principe révolutionnaire d'unité et d'indivisibilité de la République, 1988, S. 33.

204 Vgl. *F. Lemaire,* Le principe d'indivisibilité de la République, 2010, S. 35f.; so ähnlich auch *Debbasch,* Le principe révolutionnaire d'unité et d'indivisibilité de la République, 1988, S. 33.

verknüpfte.[205] Souveränität sei die „absolute und fortwährende Machtausübung“[206]. Ausgangspunkt bilden für *Bodin* die Lehren des *Aristoteles*,[207] da auch dieser davon ausging, dass Politik dem Gemeinwohl dienen solle.[208] *Bodins* Souveränitätsthese stärkte die Macht des *Ancien Régime*. Zu den Kernschlussfolgerungen seiner Thesen zählen zum einen, dass die Staatsgewalt von einer individualisierbaren Person, also dem König, ausgeübt werden müsse.[209] Diese singuläre Ausübung der Staatsgewalt sei zweitens notwendig, um dem Willen Gottes zu entsprechen.[210]
Bodin zufolge war die Monarchie des *Ancien Régime* die einzige mit seiner Souveränitätslehre vereinbare Staatsform.[211] Demnach sei die soziale Ordnung nur dann zu wahren, wenn die Staatsgewalt durch eine individualisierbare Instanz ausgeübt werde, womit die Stellung des Königs als einziger Träger[212] der Staatsgewalt, ungemein verfestigt wurde.[213] Diese Anschauung über die Monarchie als einzig mögliche Form der Ausübung von Staatsgewalt,[214] steht im Zusammenhang mit der Definition *Bodins* von der Souveränität als „absolut, beständig, unveräußerlich und unteilbar“.[215]

Bodin definierte mehrere Komponenten der Souveränität des Königs: u.a. das Recht Gesetze zu erlassen, über Krieg oder Frieden zu entscheiden, Offiziere zu benennen.[216] Diese Komponenten müssten individuell ebenfalls absolut, beständig,

---

[205] *Debbasch,* Le principe révolutionnaire d'unité et d'indivisibilité de la République, 1988, S. 33; *F. Lemaire,* Le principe d'indivisibilité de la République, 2010, S. 34f.
[206] *Bodin,* Les six livres de la république, 1593, S. 122; auch zitiert in *Debbasch,* Le principe révolutionnaire d'unité et d'indivisibilité de la République, 1988, S. 33; in diesem Sinne auch rezipiert in *Le Bret,* Les oeuvres de messire C. Le Bret, 1643, S. 1.
[207] Vgl. etwa *Bodin,* Les six livres de la république, 1593, 253, 264, 281; zum Rückgriff auf *Aristoteles* vgl. auch *Réal de Curban,* La science du gouvernement, 1762, S. 350ff.
[208] *F. Lemaire,* Le principe d'indivisibilité de la République, 2010, S. 34.
[209] *Debbasch,* Le principe révolutionnaire d'unité et d'indivisibilité de la République, 1988, S. 33; *Bodin,* Les six livres de la république, 1593, S. 122.
[210] Vgl. *Debbasch,* Le principe révolutionnaire d'unité et d'indivisibilité de la République, 1988, S. 34.
[211] Vgl. zu dieser Diskussion insbesondere *Bodin,* Les six livres de la république, 1593, S. 938f.; auch festgestellt von *Debbasch,* Le principe révolutionnaire d'unité et d'indivisibilité de la République, 1988, S. 33; anders hingegen sieht es *Moreau-Reibel* in: Jean Bodin et le droit public comparé dans ses rapports avec la philosophie de l'histoire, 1933, S. 152, der die Lehren *Bodins* zur Souveränität unabhängig von einer bestimmten Staatsform begreift.
[212] Der Begriff des Trägers der Staatsgewalt meint keine konkrete Person, sondern das Organ, das hierhinter steht. Die inklusive Form wird daher hier und im Folgenden nicht verwendet.
[213] *Debbasch,* Le principe révolutionnaire d'unité et d'indivisibilité de la République, 1988, S. 33.
[214] *Debbasch,* Le principe révolutionnaire d'unité et d'indivisibilité de la République, 1988, S. 33; vgl. *Bodin,* Les six livres de la république, 1593, S. 938f.
[215] *F. Lemaire,* Le principe d'indivisibilité de la République, 2010, S. 34; vgl. auch *Bodin,* Les six livres de la république, 1593, S. 122; in *Olivier-Martin,* Histoire du droit français, 2. Aufl. 1951, S. 336 lautet es "l'autorité royale est une, impartageable et incommunicable".
[216] *Bodin,* Les six livres de la république, 1593, S. 266; vgl. auch *F. Lemaire,* Le principe d'indivisibilité de la République, 2010, S. 34.

unveräußerlich und unteilbar sein.[217] Sieht man genauer hin, ließen sich all diese Komponenten der Souveränität (Absolutheit, Beständigkeit und Unveräußerlichkeit) mit der Komponente der Unteilbarkeit erklären und durchsetzen. Das Unteilbarkeitspostulat bildet daher, wie erwähnt, den Kern der Souveränitätslehre *Bodins*.[218]

Zwar nennt *Bodin* nicht ausdrücklich selbst, dass die Unteilbarkeit seine Lehre von der Souveränität leite. *Félicien Lemaires* Anschauung hierzu ist jedoch überzeugend.[219] Die politische Gemeinschaft des *Ancien Régime* wird über die Staatsgewalt des Königs zusammenhalten, da diese sich auf das gesamte Hoheitsgebiet und sämtliche Bürger:innen bezieht.[220] Der König stellte das einzige in Betracht kommende Bezugssubjekt für diese absolute Staatsgewalt dar. Nur dadurch, dass die Staatsgewalt unteilbar war, konnte die so verstandene gesellschaftliche und politische Einheit erreicht werden.[221] Zudem richten sich auch die anderen Komponenten, durch die die Souveränität beschrieben wird an der Unteilbarkeit aus. Etwa bezog sich die Unveräußerlichkeit – welche 1566 in der *ordonnance de Moulins* kodifiziert wurde –außenrechtlich darauf, Teile des königlichen Territoriums nicht ohne Zustimmung des Volkes an ein anderes Land zu veräußern.[222] Hiermit wird der unlösbare Zusammenhang mit dem Prinzip der Unteilbarkeit deutlich. Auch im Begriff der „absoluten" Souveränität ist die Unteilbarkeit mitgemeint.[223] Denn die Staatsgewalt kann nur dann absolut sein, wenn sie nicht unterteilbar und auf andere übertragbar ist.

Beschreibt man die Einheit der Staatsgewalt als Naturrecht (also göttliches Recht) des *Ancien Régime* (*„lois fondamentales du royaume"*),[224] sollte man entsprechend *Félicien Lemaire* auch feststellen, dass der Begriff der Staatsgewalt bei *Bodin* erst durch die Unteilbarkeit ihren juristischen bzw. normativen Gehalt verliehen bekam.[225] Auch

---

[217] *F. Lemaire,* Le principe d'indivisibilité de la République, 2010, S. 34; *Debbasch,* Le principe révolutionnaire d'unité et d'indivisibilité de la République, 1988, S. 33; *Bodin,* Les six livres de la république, 1593, S. 122.

[218] Vgl. *Debbasch,* Le principe révolutionnaire d'unité et d'indivisibilité de la République, 1988, S. 33.

[219] *F. Lemaire,* Le principe d'indivisibilité de la République, 2010, S. 35; vgl. auch*Moreau-Reibel,* Jean Bodin et le droit public comparé dans ses rapports avec la philosophie de l'histoire, 1933, S. 152; vgl. *Bodin,* Les six livres de la république, 1593, S. 938f.; *F. Lemaire,* Le principe d'indivisibilité de la République, 2010, S. 34.

[220] *Debbasch,* Le principe révolutionnaire d'unité et d'indivisibilité de la République, 1988, S. 33.

[221] *F. Lemaire,* Le principe d'indivisibilité de la République, 2010, S. 35.

[222] *Debbasch,* Le principe révolutionnaire d'unité et d'indivisibilité de la République, 1988, S. 33.

[223] Vgl. *F. Lemaire,* Le principe d'indivisibilité de la République, 2010, S. 34; zur Absolutheit der Souveränität vgl. im Detail *Réal de Curban,* La science du gouvernement, 1762, S. 349.

[224] So heißt es in *A. Lemaire,* Les Lois Fondamentales de la monarchie Française, 1907, S. 289 etwa: „Il est à peine besoin de dire que le principe monarchique est une loi fondamentale de l'ancien régime. Il en est une loi fondamenteale naturelle: car il n'a jamais été décrété par personne; il est même tellement que pendant longetemps on l'a considéré comme une loi fondamentale essentielle de la société chrétienne" und weiterhin „L'unité de pouvoir découle de la nature même de la souveraineté"; vgl. auch *F. Lemaire,* Le principe d'indivisibilité de la République, 2010, S. 33; vgl. in diesem Sinne auch *Olivier-Martin,* Histoire du droit français, 2. Aufl. 1951, S. 335f.

[225] Vgl. *F. Lemaire,* Le principe d'indivisibilité de la République, 2010, S. 29.

wenn *Bodin* den Begriff „Unteilbarkeit“ nicht inflationär verwendete, ist er mit seinem Text „*Les Six Livres de la République*“ zweifelsfrei Urheber des Prinzips der Unteilbarkeit im Verfassungsrecht – obgleich dieses Prinzip auch bereits früher im politischen und religiösen Kontext gebraucht wurde.[226] Folgelogisch erscheint es, dass die Staatsgewalt – die dem Reich Gottes entsprechen musste – nur von einem individualisierbaren Souverän ausgeübt werden konnte.[227] Weshalb die einheitliche Staatsgewalt jedoch nur durch den König selbst und nicht losgelöst von der Staatsform durch einen anderen allein die Macht ausübenden Souverän bestätigt werden konnte, wird nicht näher erklärt. Auch in *Moreau-Reibels* Kommentierung zur Lehre *Bodins*, stellt dieser fest, dass dessen Thesen zur Souveränität unabhängig von einer bestimmten Staatsform seien.[228] Im Ergebnis richtet sich die Definition der Souveränität von *Bodin* als „absolut, beständig, unveräußerlich und unteilbar“[229] auf Ebene der internen Machtausübung also insbesondere gegen eine Gewaltenteilung.

Die Begründung für den König als alleinigen Träger der Staatsgewalt lässt sich darin finden, dass dieser als „Minister Gottes“ hierzu auserkoren sei.[230] Die Ausübung der königlichen Staatsgewalt habe dabei eine naturrechtlich fundamentale Stellung, die dazu führe, dass das Monopol der Macht dem König zukomme.[231] Nicht nur *Bodin* hielt sich in seiner Lehre stark an das Modell des Königs als Vertreter Gottes auf Erden, auch im Klerus selbst lassen sich Stimmen der Unteilbarkeit als Teil der Souveränitätslehre finden. Etwa *Thomas von Aquin* spricht sich dafür aus, dass der Umstand, dass „Gott, der in seinem Wesen geeint und singulär ist, darauf schließen lässt, [...] [dass] die Regierung, die Gott imitieren soll, das beste und perfekteste sein [muss]“[232] So führe die Durchsetzung der Unteilbarkeit eines Reichs zur Erhaltung „seines Glanzes“.[233] Die im Jahr 1632 durch *Cardin le Bret* geprägte Formulierung „die Staatsgewalt ist ebenso wenig teilbar, wie ein Punkt in der Geometrie teilbar ist“[234], die später etwa von *Richelieu* weitergetragen wurde,

---

226 Vgl. *F. Lemaire,* Le principe d'indivisibilité de la République, 2010, S. 35; vgl. etwa *Pègues* in Pègues (Hrsg.), Commentaire Français Littéral de la Somme théologique de saint Thomas d'Aquin, 1908 (297f.); oder *Aquin,* Somme théologique, 1984, S. 124; oder *Bodin,* Les six livres de la république, 1593, S. 268f.

227 Vgl. *Debbasch,* Le principe révolutionnaire d'unité et d'indivisibilité de la République, 1988, S. 33.

228 *Moreau-Reibel,* Jean Bodin et le droit public comparé dans ses rapports avec la philosophie de l'histoire, 1933, S. 152.

229 *F. Lemaire,* Le principe d'indivisibilité de la République, 2010, S. 34; *Bodin,* Les six livres de la république, 1593, S. 122; mit etwas anderen Worten *Olivier-Martin,* Histoire du droit français, 2. Aufl. 1951, S. 336.

230 *F. Lemaire,* Le principe d'indivisibilité de la République, 2010, S. 34.

231 *F. Lemaire,* Le principe d'indivisibilité de la République, 2010, S. 34.

232 *Debbasch,* Le principe révolutionnaire d'unité et d'indivisibilité de la République, 1988, S. 34, hier lautet es „Dieu étant un et simple dans son être, on ne peut douter que le gouvernement qui imite le sien, ne soit le meilleur et le plus parfait"; vgl. auch *Mestre* in L'association française des historiens des idées politiques (Hrsg.), Actes du second colloque de Toulouse (22-23 Octobre 1982), 1982, S. 101 (112).

233 *Debbasch,* Le principe révolutionnaire d'unité et d'indivisibilité de la République, 1988, S. 35.

234 *Le Bret,* Les oeuvres de messire C. Le Bret, 1643, S. 34; auch zitiert in *Debbasch,* Le principe révolutionnaire d'unité et d'indivisibilité de la République, 1988, S. 34; und in *F. Lemaire,* Le principe d'indivisibilité de la République, 2010, S. 36; zur Unteilbarkeit eines Punkts äußerte sich bereits *Aquin,* La théologie de

fußt ebenfalls auf *Bodins* Souveränitätsthese. Sie wird so interpretiert, dass eine absolutistische Herrschaft nur durch göttliches Recht, also Naturrecht begrenzbar sei.[235]

2. Adaptationen der Theorie Bodins: von der Unteilbaren Staatsgewalt zum politischen Zentralismus

Während der Zeit des Absolutismus wurden *Bodins* Lehren vielfach rezipiert und weiterentwickelt.[236] Einerseits kommt es zu Anpassungen, die das Prinzip (bereits zu diesem Zeitpunkt) beschränken. Andererseits ist die Zeit des Absolutismus auch die Periode, in der das Prinzip tief in der französischen Staatslehre der Monarchie verankert wird.

Einschränkend lässt sich etwa anführen, dass laut *Le Bret* auch das Vorliegen von Generalständen nicht an der Unteilbarkeit der Staatsgewalt rüttet, denn sie haben nur beratenden Charakter. Auch dass der König seine Gewalt über den Mittelsmann eines Rates ausübe, widerspreche dem Prinzip einer unteilbaren Staatsgewalt nicht, denn der Rat selbst sei geeint und seine Kompetenzen entsprächen denen des Königs.[237] Auch zu Zeiten, als königliche Autorität Kritik erfährt, etwa durch die als quasi-Legislativgewalt agierenden *parlements*[238], wird stets betont, dass dies durch den Willen des Königs geschehe, seine absolute Herrschaftsmacht also nicht in Frage gestellt werde.[239]

Insbesondere zu Zeiten *Ludwigs XIV* manifestieren sich sowohl der göttliche Auftrag des Königs als auch die Unteilbarkeit seiner Souveränität am deutlichsten. Einerseits wurde der göttliche Auftrag der Krone zu Zeiten *Ludwigs XIV* nicht erst durch eine zwischengeschaltete Instanz legitimiert (etwa durch den Papst oder das Volk). Vielmehr habe der König seine Macht unmittelbar von Gott erlangt. So wie Gott ein und unteilbar ist, sei auch die königliche Autorität ein und unteilbar.[240]

---

saint Thomas ou Exposition de la "Somme théologique" en français / par l'abbé Georges Malé, 1857, S. 116.

[235] Vgl. *Bodin,* Les six livres de la république, 1593, S. 279; so auch *F. Lemaire,* Le principe d'indivisibilité de la République, 2010, S. 37.

[236] Vgl. *Le Bret,* Les œuvres de messire C. Le Bret, 1643, S. 1f.; sowie *Réal de Curban,* La science du gouvernement, 1762, S. 249f.; in diesem Sinne auch wiedergegeben in *Debbasch,* Le principe révolutionnaire d'unité et d'indivisibilité de la République, 1988, S. 33f.

[237] *Le Bret,* Les œuvres de messire C. Le Bret, 1643, S. 60; so auch *Debbasch,* Le principe révolutionnaire d'unité et d'indivisibilité de la République, 1988, S. 34.

[238] Zum Widerstand gegen Ludiwig den XVI während der Finanzreform vgl. etwa *Stone,* The French Parlement and the Crisis of the Old Regime, 1986, S. 3ff.; zum Machtzuwachs der *grand chambre* zwischen *Louis XII* und *Henry IV*, vgl. *Shennan,* The Parlement of Paris, 1968, S. 33; zur Rolle der Parlements bei der Abschaffung der Monarchie vgl. *Stone,* The Parlement of Paris, 1774-1789, 2011, S. 3ff.; zur Entstehung des *parlements de Paris* vgl. außerdem im Detail *Ducoudray,* Les origines du parlement de Paris et la justice aux XIIIe et XIVe siècles, 1902; sowie *É. Laferrière,* Traité de la juridiction administrative et des recours contentieux, 1887, S. 110ff.

[239] *Debbasch,* Le principe révolutionnaire d'unité et d'indivisibilité de la République, 1988, S. 34.

[240] Vgl. zu dieser Synergie nach *Bodin*, zwischen Gottes Reich und dem französischen Königreich auf Erden, in Abgrenzung zu *Montesquieus* Theorie der Staatsgewalt: *Chevallier,* Histoire des idées politiques,

Zum anderen verkörperte – unabhängig von seiner historischen Genauigkeit – der Ausspruch „*l'Etat c'est moi*" der *Ludwig XIV* zugeschrieben wird, die Unteilbarkeit des absolutistischen Staats exemplarisch.[241] Das einzige Zurechnungssubjekt der Staatsgewalt war damit der König. In Fortführung dieser Anschauung von der Absolutheit wird unter *Ludwig XV* das Königreich als „der Teilung, als größten Makel von Zivilgesellschaften, am stärksten abgewandt" beschrieben.[242]

In diesen Zeitstrahl lässt sich außerdem die Entstehung eines französischen Zentralismus einordnen.[243] Dieser steht in engem Zusammenhang mit der Affirmation der Unteilbarkeit der Herrschaftsausübung. Der Zentralismus bezieht sich nicht nur auf die Ausrichtung wichtiger Infrastrukturen (etwa Straßen) auf Paris, sondern auch im politischen Geschehen entsteht ein größerer Wunsch nach rechtlicher Vereinheitlichung.[244] Diese wurde vorangetrieben durch die Verschriftlichung von Gewohnheitsrecht in der *ordonnance de Montils-les-Tours* (1454).[245] Ein gemeinsames verschriftlichtes Gewohnheitsrecht wurde zwischen dem 16. und 19. Jahrhundert u.a. durch die politischen Figuren *Dumoulins*, *Domats* oder *Pothiers* unterstützt sowie durch das Kodifikationswerk von *Jean-Baptiste Colbert* unter *Ludwig XIV*.[246] Zentralismus und Einheitlichkeit können so in Zusammenhang gebracht werden. Denn der Zentralismus verfestigte die Einheit und die Unteilbarkeit und gab der unteilbaren Macht des Königs damit eine neue inhaltliche Ausrichtung.[247] Während ausgehend vom antiken und christlichen Unteilbarkeitsverständnis also rechtliche und tatsächliche Pluralität mit dem Unteilbarkeitsprinzip vereinbar waren,[248] änderte sich dies im Absolutismus. *Tocqueville* sieht in der zunehmenden Zentralisierung des Landes den ersten Schritt hin zur Revolution. Denn wenn der Zentralismus (und damit die Einheit und Unteilbarkeit) als einziges Staatsprinzip des *Ancien Régime* die Revolution überlebt habe, sei diese als der Auslöser für die Revolution zu sehen.[249]

1953, S. 84ff.; hierzu auch *Debbasch,* Le principe révolutionnaire d'unité et d'indivisibilité de la République, 1988, S. 34.

241 *F. Lemaire,* Le principe d'indivisibilité de la République, 2010, S. 37.

242 *Mestre* in *L'association française des historiens des idées politiques* (Hrsg.), Actes du second colloque de Toulouse (22-23 Octobre 1982), 1982, S. 101 (113), im Original lautet es „le plus opposé à la division qui est le plus grand fléau des sociétés civile"; auch zitiert in *Debbasch,* Le principe révolutionnaire d'unité et d'indivisibilité de la République, 1988, S. 34.

243 Vgl. hierzu *Debbasch,* Le principe révolutionnaire d'unité et d'indivisibilité de la République, 1988, S. 34f.; *Tocqueville,* L'Ancien Régime et la Révolution, 2002, S. 98ff.

244 Vgl. *Mestre* in L'association française des historiens des idées politiques (Hrsg.), Actes du second colloque de Toulouse (22-23 Octobre 1982), 1982, S. 101 (108); *Debbasch,* Le principe révolutionnaire d'unité et d'indivisibilité de la République, 1988, S. 35.

245 *Rigaudière,* Charles VII ordonne la rédaction des coutumes de France - Montils-lès-Tours, avril 1454, https://francearchives.gouv.fr/pages_histoire/38645; *Debbasch,* Le principe révolutionnaire d'unité et d'indivisibilité de la République, 1988, S. 35.

246 *Debbasch,* Le principe révolutionnaire d'unité et d'indivisibilité de la République, 1988, S. 35.

247 Vgl. *Debbasch,* Le principe révolutionnaire d'unité et d'indivisibilité de la République, 1988, S. 35ff.

248 *Pègues,* Commentaire français littéral de la Somme théologique de saint Thomas-d'Aquin, 1907-1931, 297f., 300ff.; *Aquin,* Somme théologique, 1984, S. 125ff.

249 *Debbasch,* Le principe révolutionnaire d'unité et d'indivisibilité de la République, 1988, S. 35; *Tocqueville,* L'Ancien Régime et la Révolution, 2002, S. 98ff.

Trotz der Unterschiede zwischen den drei Ständen – und auch innerhalb dieser Stände, wo sich etwa die Bourgeoisie und der verarmte Klerus gegenüberstanden[250] – entwickelte sich in der französischen Gesellschaft eine Einheit heraus.[251] So beschrieb *Tocqueville* Frankreich als „das Land, in dem die Menschen sich untereinander am meisten ähneln [...]. Trotz der Vielseitigkeit, die noch existiert, ist die Einheit der Nation schon sichtbar; die Einheitlichkeit des Rechts macht diese deutlich."[252] Später beschrieb auch der Präfekt *Chevillard* die Einheit als „großes Werk" der Monarchie.[253]

Auch nach *Péguy*, der aus der Perspektive des 20. Jahrhunderts auf die Einheit und Unteilbarkeit im *Ancien Régime* zurückschaut, stellt fest, dass die Monarchie zu Ende ging, weil sie ebendiese durch den Zentralismus erschaffenen Werte der Einheit und Unteilbarkeit – aufgrund zu tiefgehender sozialer Divergenzen in der Gesellschaft – nicht mehr nachkommen konnte.[254] Zur damaligen Zeit erwuchsen die Affirmationen von Einheit und Unteilbarkeit eher aus einem patriotischen Zugehörigkeitsgefühl – also einem symbolischen Wert,[255] der Auswirkungen auf die Rechtseinheit im Sinne des Zentralismus hatte[256] – als aus einer bestimmten Staatsform. Nach *Betont* würden durch die Prinzipien von Einheit und Unteilbarkeit sowie durch den Zentralismus „Kraft, Unabhängigkeit und Ehre des Landes"[257] gesichert. Sobald der König die Aufgabe als Repräsentant für Einheit und Unteilbarkeit zu sorgen nicht mehr erfüllen konnte, war die Monarchie ihrer Daseinsberechtigung beraubt.[258]

Um einer Assoziation zwischen der politisch und gesellschaftlich verzeichneten Zersplitterung des Landes mit der Monarchie entgegenzuwirken, wurde im Laufe des 18. Jahrhunderts durch die Krone immer stärker Wert auf eine Zentralisierung des Landes gelegt.[259] Durch diese Form der Stärkung der Einheit wurde zwar auch die Unabhängigkeit gegenüber dem Ausland gesichert, jedoch konnte sie trotz des

---

[250] Vgl. *Hintze,* Staatseinheit und Föderalismus im alten Frankreich und in der Revolution, 1928, S. 174; *Debbasch,* Le principe révolutionnaire d'unité et d'indivisibilité de la République, 1988, S. 35f.

[251] *Debbasch,* Le principe révolutionnaire d'unité et d'indivisibilité de la République, 1988, S. 35f.; vgl. auch *Chevallier* in Queneau (Hrsg.), La France et les français, 1972 (1068); vgl. im Detail zur Einheitsbildung der französischen Nation bis zum Ende der Monarchie *Mousnier* in Queneau (Hrsg.), La France et les français, 1972 (1022ff.).

[252] *Debbasch,* Le principe révolutionnaire d'unité et d'indivisibilité de la République, 1988, S. 35; *Tocqueville,* L'Ancien Régime et la Révolution, 2002, S. 93.

[253] *Chevillard,* Etudes d'administration, 1862, S. 103; auch zitiert in *Debbasch,* Le principe révolutionnaire d'unité et d'indivisibilité de la République, 1988, S. 36.

[254] *Debbasch,* Le principe révolutionnaire d'unité et d'indivisibilité de la République, 1988, S. 36f.

[255] *Grimm* Leviathan 2004, 448 (448).

[256] *Debbasch,* Le principe révolutionnaire d'unité et d'indivisibilité de la République, 1988, S. 35; *Tocqueville,* L'Ancien Régime et la Révolution, 2002, S. 98ff.; vgl. *Chevillard,* Etudes d'administration, 1862, S. 181ff.

[257] *Debbasch,* Le principe révolutionnaire d'unité et d'indivisibilité de la République, 1988, S. 36; zu den Werten der Ehre und der Unteilbarkeit vgl. *Péguy,* Œuvres en prose, 1961, S. 1250f.

[258] *Debbasch,* Le principe révolutionnaire d'unité et d'indivisibilité de la République, 1988, S. 36f.

[259] Vgl. *Mousnier* in Queneau (Hrsg.), La France et les français, 1972, S. 1022 (1061).

auflebenden Patriotismus die Gesellschaft nicht mehr vollends einen.[260] Zu sehr spaltet die Ungleichheit innerhalb der Gesellschaft die politische Ordnung.[261] Der regionale Pluralismus an politischen Institutionen,[262] die auch zu unterschiedlichen Gesetzen und Privilegierungen bestimmter Bevölkerungsgruppen führten, schwächten die Einheit. So stellt *Gaxotte* fest: „Das Königreich hat einen einheitlichen Souverän aber keine einheitlichen Institutionen".[263] Dieser rechtliche wie kulturelle Pluralismus im Königreich ist auch dadurch zu begründen, dass dieses seine Größe durch Eroberungen und Verträge kulturell und rechtlich diverser Gebiete erlangt hat, bei denen die Krone nicht versuchte, der Bevölkerung gemeinfranzösische Bräuche aufzuzwingen. Stattdessen wurden regionale Besonderheiten regelmäßig anerkannt und beibehalten, um Unruhen und Ablehnung der neuen Herrschaft zu vermeiden.[264] Aus diesem Grunde bestand unter der Monarchie eine regionale Diversität, die auch durch einen fortschreitenden Zentralismus nicht ausgelöscht werden konnte.[265]

Vor Ende des *Ancien Régimes* wurden noch mehrere Reformen umgesetzt, die zur weiteren Vereinheitlichung des Landes führen sollten. Diese Reformen wurden von den Mitgliedern des zweiten und dritten Stands als nachteilig wahrgenommen.[266] Die folgende Revolution versuchte diejenige Einung zu erreichen, die innerhalb der Monarchie nicht umgesetzt werden konnte. Als paradox kann hieran wahrgenommen werden, dass dem einstmaligen Symbol der Einheit (der Krone) immer mehr Macht entzogen wird. Dies führte zu einem Wechsel der Symbolik: Bezugsobjekt für die Einung des Landes war nicht mehr der König, Bezugsobjekt wurde die Nation.[267] Diese Erkenntnis reiht sich jedoch in die Beobachtung ein, dass die Republik die Monarchie dann ersetzte, als die Krone ihrem Ziel, für Einung und Unteilbarkeit im Staatsgebiet zu sorgen, nicht mehr nachkommen konnte.[268]

---

260 *Debbasch,* Le principe révolutionnaire d'unité et d'indivisibilité de la République, 1988, S. 36; *Péguy* erklärt dennoch, dass der Angriff nach außen im Gegensatz zu einer pazifistischen Einstellung zum Ausland die Einung des Landes vorantreibt, so sei eine pazifistische Republik von vornherein eine teilbare Republik, *Péguy,* Oeuvres en prose, 1961, S. 1251f.

261 *Debbasch,* Le principe révolutionnaire d'unité et d'indivisibilité de la République, 1988, S. 37.

262 Vgl. etwa zu den regionalen Parlements *Stone,* The French Parlement and the Crisis of the Old Regime, 1986, S. 3ff.

263 *Gaxotte,* La Révolution française, 2014, S. 18, hier lautet es: „Le royaume est un par la personne du souverain mais multiple par ses institutions"; auch zitiert in *Debbasch,* Le principe révolutionnaire d'unité et d'indivisibilité de la République, 1988, S. 37.

264 *Debbasch,* Le principe révolutionnaire d'unité et d'indivisibilité de la République, 1988, S. 37.

265 *Debbasch,* Le principe révolutionnaire d'unité et d'indivisibilité de la République, 1988, S. 37; vgl. *Gaxotte,* La Révolution française, 2014, S. 17.

266 Zur versuchten Finanzreform vgl. *Stone,* The French Parlement and the Crisis of the Old Regime, 1986, S. 3ff.; *Debbasch,* Le principe révolutionnaire d'unité et d'indivisibilité de la République, 1988, S. 38.

267 *Debbasch,* Le principe révolutionnaire d'unité et d'indivisibilité de la République, 1988, S. 38.

268 *Debbasch,* Le principe révolutionnaire d'unité et d'indivisibilité de la République, 1988, S. 36f.

III. Wandel der Unteilbarkeit durch die Revolution und die konstitutionelle Monarchie: Verfestigung eines Zentralismusgedankens

Zwischen den Begriffen der Nation und der Republik besteht ein enger Zusammenhang. Ist die Nation Trägerin der Staatsgewalt, kann dies im Grunde nicht mehr für den König gelten. Statt einer Monarchie könnte also von einer Republik gesprochen werden. Dennoch kannte Frankreich zwischen September 1791 und September 1792 eine konstitutionelle Monarchie, in der versucht wurde die Staatsgewalt der Nation mit der Existenz einer auf Erbfolge beruhenden Monarchie zu vereinbaren. Der Zwischenschritt einer konstitutionellen Monarchie passt sich in Frankreichs Entwicklungsgeschichte ein. Dieser Weg Frankreichs weg von der unteilbaren Monarchie hin zur unteilbaren Republik war Kernelement der Revolution selbst.[269]

Innerhalb nur weniger Monate wurde während der konstitutionellen Monarchie die politische und soziale Ordnung des Landes über das drei-Stände-System, welches auch die Ordnung der Generalstände dirigierte, durch die revolutionäre Bewegung umgeworfen. Dies markierte das Ende des *Ancien Régime*.[270] Kernelement dieser Umbruchszeit und Leitgedanke der Revolution war ein Bestreben hin zu einer einheitlichen und unteilbaren Nation. Und dies, obwohl das Prinzip bereits während der Monarchie präsent war und sogar an erster Stelle der monarchischen Verfassung von 1791 verankert war.[271] Es lässt sich zweifelsfrei festhalten, dass das Prinzip der Unteilbarkeit mehrere Phasen durchlief: es entwickelt sich von einem monarchischen zu einem revolutionären Prinzip bis hin zu einem republikanischen Prinzip.[272] Für die Frage, wie dieser Wandel von einem christlich-monarchischen Prinzip bis hin zu einem republikanischen Grundwert erfolgen konnte, ist die Phase der konstitutionellen Monarchie besonders interessant. Denn hier erfolgte die Ablösung des Prinzips von seinen monarchischen Grundgedanken. Statt das Unteilbarkeitsprinzip als monarchisches Erbe aus dem Staatsrecht zu verbannen, wurde es in dieser Phase maßgeblich uminterpretiert. Damit wurden die Voraussetzungen für die Schaffung eines republikanischen Prinzips geschaffen.

---

[269] *Debbasch,* Le principe révolutionnaire d'unité et d'indivisibilité de la République, 1988, S. 40; vgl. auch *Aulard,* Études et Leçons sur la Révolution Française, 1913, S. 55.

[270] *Debbasch,* Le principe révolutionnaire d'unité et d'indivisibilité de la République, 1988, S. 39; vgl. auch *Méthivier,* L'Ancien Régime, 2002, S. 105ff.

[271] Constitution de 1791, https://www.conseil-constitutionnel.fr/les-constitutions-dans-l-histoire/constitution-de-1791.

[272] *Debbasch,* Le principe révolutionnaire d'unité et d'indivisibilité de la République, 1988, S. 40; in diesem Sinne auch *Hintze,* Staatseinheit und Föderalismus im alten Frankreich und in der Revolution, 1928, S. 174; *Champion,* Esprit de la Révolution Française, 1887, S. 359f.

1. Monarchische Verfassung: ein notwendiger Zwischenschritt hin zur republikanischen Verfassung?

Mit der Verfassung von 1791 wurde das Unteilbarkeitsprinzip zunächst mit seinem späteren revolutionären Bezugssubjekt der Nation zusammengebracht. Damit das alte System umgewälzt werden konnte, musste dieses Bezugssubjekt, das einheitlich und unteilbar sein sollte, zunächst konstruiert werden.[273] Hier fiel es den Verfassungsgebern anfangs noch schwer sich vom alten monarchischen System zu lösen. So war in der Verfassung von 1791 sowohl die Formulierung vertreten „Das Königreich ist ein und unteilbar" (Art. 1, Titel II der Verfassung) als auch die – auf *Thouret* zurückgehende und an *Bodins* Souveränitätsthese erinnernde[274] – Bekundung in Art. 1 des Titels III „die Staatsgewalt ist ein, unteilbar, unveräußerlich und unabdingbar."[275] Einerseits ist also das Königreich, anknüpfend an die vorkonstitutionelle Situation, weiterhin unteilbar. Andererseits wird als Trägerin der Staatsgewalt nun explizit die Nation, nicht aber der König genannt. Der Widerspruch zwischen den beiden verfassungsrechtlichen Formulierungen wird auch in *Péguys* Ausspruch „Die Republik ist ein und unteilbar, sie ist unser Königreich Frankreichs."[276] Wie die Kollision dieser beiden Regelungen zu interpretieren ist, wird unterschiedlich beurteilt. Auf den ersten Blick könnte man davon ausgehen, dass die Änderungen des Anknüpfungspunkts der Staatsgewalt keinen großen Einfluss haben werden, da weiterhin von der Unteilbarkeit eines Königreichs die Rede sei. Die Regelungen in der Verfassung könnten also in der Kontinuität des *Ancien Régime* gesehen werden, in dem das Königreich und die Krone die einende Funktion wahrnehmen. Etwa *Mathiez* nimmt hingegen an, dass es sich bei *Ludwig XVI* zu Zeiten der konstitutionellen Monarchie um Frankreichs ersten Präsidenten handelte.[277] *Robespierre*, *Roeder* und *Pétion* sind davon überzeugt, der König sei zu diesem Zeitpunkt lediglich „Helfer", um den Willen der Nation durchzusetzen.[278] Andere argumentieren differenzierter und stellen fest, die Regierung sei durch die Formulierung in Art. 1 Titel II der Verfassung eine monarchische. Das bedeute aber nicht, dass auch die Verfassung monarchisch sei.[279] Am anderen Ende des Spektrums lassen sich Autor:innen finden, die behaupten bereits zu dieser Zeit habe es sich um eine

273 *Debbasch,* Le principe révolutionnaire d'unité et d'indivisibilité de la République, 1988, S. 39f.

274 Vgl. *Bodin,* Les six livres de la république, 1593, S. 122.

275 *F. Lemaire,* Le principe d'indivisibilité de la République, 2010, S. 41.

276 *Péguy,* Oeuvres en prose, 1961, S. 1251.

277 *Mathiez* Annales révolutionnaires 1922 (150); auch zitiert in *F. Lemaire,* Le principe d'indivisibilité de la République, 2010, S. 43; sowie *Bart* in Vovelle (Hrsg.), Révolution et République, 1994, S. 121 (122).

278 *F. Lemaire,* Le principe d'indivisibilité de la République, 2010, S. 43; *Fabre* Revue du Droit Public 1982, 603 (607); *Clermont-Tonnerre/Stanislas,* Analyse raisonnée de la constitution française, 1795, 233, 299.

279 *F. Lemaire,* Le principe d'indivisibilité de la République, 2010, S. 43; vgl. auch *Baker* in Furet/Ozouf (Hrsg.), Dictionnaire critique de la révolution française, 1992 (179ff.); *Nora* in Furet/Ozouf (Hrsg.), Dictionnaire critique de la Révolution Française, 1992, S. 391 (395f.).

republikanische Verfassung gehandelt.[280] Dem lässt sich jedoch die insoweit eindeutige Formulierung „das Königreich ist [...] unteilbar" entgegenhalten sowie Kapitel 2 des Titels III der Verfassung von 1791, welches „vom Königtum, der Regentschaft und den Ministern"[281] handelt.

Unabhängig davon, welcher dieser Anschauungen man im Detail folgen möchte, lässt sich feststellen, dass die Verfassung von 1791 einen ersten Schritt in Richtung Einleitung der Republik darstellte.[282] So sprach auch *Thouret* – als Vater der Unteilbarkeit der Nation[283] – davon, der König sei lediglich als „Beamter des Staats" anzusehen. Die Verfassung hatte somit in ihrer Essenz bereits einen republikanischen Charakter inne.[284]

Bereits zu Zeiten der Einführung dieser Verfassung existierte die Idee einer Republik – losgelöst von königlicher Souveränität. Nicht nur in den USA wurde dieses Modell seit der Verfassung von 1787 vertreten, auch in Frankreich wurde die republikanische Staatsform bereits seit 1787 – durch *Brissot*, *Condorcet* und *Roland* – als beste und einzig vertretbare Staatsform eingeordnet.[285] Der Übergang zur Republik kostete Zeit, da Frankreichs Geschichte seit den Franken und Karolingern einen König gekannt hatte, dessen Macht fortschreitend zentrierter wurde.[286] Es dauerte ein Jahr, bis Frankreich – und selbst die Vertreter der *Assemblée constituante* – sich von diesem Konservativismus lösen konnten und der König als Symbol der Einung des Landes und damit als Bezugspunkt des Prinzips der Unteilbarkeit beseitigt werden konnte.[287] Auch wenn eventuell schon innerlich als beste Möglichkeit auserkoren, trauten sich Revolutionär:innen noch nicht sich deutlich zu Republik zu bekennen.[288] Es erschien in Anbetracht der Geschichte Frankreichs wohl als gewöhnlicher Schritt, die Unteilbarkeit des Königreichs zu kodifizieren, auch wenn es im Grunde nicht um diese ging sondern die Souveränität der Nation bekundet werden

---

280 *F. Lemaire,* Le principe d'indivisibilité de la République, 2010, S. 43; *Fabre* Revue du Droit Public 1982, 603 (607); *Mathiez* Annales révolutionnaires 1922, 150 (151).

281 *Conseil constitutionnel,* Constitution de 1791, https://www.conseil-constitutionnel.fr/les-constitutions-dans-l-histoire/constitution-de-1791, im Original lautet es hier: „De la Royauté, de la Régence et des ministres".

282 So wurde auch später festgestellt, dass die „französische Republik klammheimlich Eingang in die Geschichte gefunden habe", *Aulard,* Histoire Politique de la Révolution Française, 1903, S. 274; *F. Lemaire,* Le principe d'indivisibilité de la République, 2010, S. 43.

283 Vgl. *F. Lemaire,* Le principe d'indivisibilité de la République, 2010, S. 42.

284 *F. Lemaire,* Le principe d'indivisibilité de la République, 2010, S. 43.

285 *Brissot de Warville/Jacques-Pierre,* Oeuvres posthumes de M. Turgot, ou Mémoire de M. Turgot sur les administrations provinciales, mis en parallèle avec celui de M. Necker, suivi d'une Lettre sur ce plan et des Observations d'un républicain sur ces mémoires et en général sur le bien qu'on doit attendre de ces administrations dans les monarchies, 1787, S. 119; vgl. auch *Condorcet/Jean,* Sentimens d'un républicain sur les assemblées provinciales et les États généraux, 1788; sowie *F. Lemaire,* Le principe d'indivisibilité de la République, 2010, S. 44.

286 *Boussard* in Queneau (Hrsg.), La France et les français, 1972, S. 967 (983ff.).

287 *F. Lemaire,* Le principe d'indivisibilité de la République, 2010, S. 44.

288 *F. Lemaire,* Le principe d'indivisibilité de la République, 2010, S. 44; vgl. *Fabre* Revue du Droit Public 1982, 603 (607).

sollte.[289] Zu diesem Zeitpunkt wurden als Königreich einerseits die Monarchie des französischen Staats beschrieben und andererseits die Nation, die im königlichen Territorium angesiedelt war.[290] Durch Art. 4 des Titels III, Kapitel II Teil 1 der Verfassung von 1791 „Der König [...] leistet den Eid, der Nation treu zu sein."[291] wurde zudem der König als symbolischer Repräsentant dieser Nation instauriert. Die Legislativgewalt stellte daneben eine weitere Repräsentation der Nation dar. So hieß es in Art. 2 des Titels III: „Die französische Verfassung ist eine repräsentative Verfassung: Die Repräsentanten sind die Legislative und der König."[292] Erstere hatte eher tatsächliche als symbolische Bedeutung.[293]

Die Spannungen zwischen den beiden Repräsentationsorganen waren dennoch spürbar und führten schlussendlich zum Scheitern der Verfassung von 1791. Zwar stellte der König die Symbolfigur des Landes dar, dies galt aber nur so lange, wie seine Symbolik nicht von der Nation angezweifelt wurde.[294] Die Symbolik wurde dem König also durch die Nation selbst verliehen. Nach den Unruhen im Jahr 1792 half es *Ludwig XVI* nicht mehr, am 07. Juli 1792 die Identität von Nation und König zu verkünden.[295] Am 21. September desselben Jahres wurde einstimmig eine neue Verfassung erlassen, einen Tag später wurde die Republik verkündet.[296] Der König war damit abgesetzt.

Tatsächlich wurde der Konflikt zwischen Monarchie und Staatsgewalt der Nation am 25. September 1792 aufgelöst. Ab diesem Zeitpunkt lautete der Text der Verfassung nunmehr „die Republik [deren Staatsgewalt die Nation ausübt] ist ein und unteilbar".[297]

---

289 *F. Lemaire,* Le principe d'indivisibilité de la République, 2010, S. 44.

290 *F. Lemaire,* Le principe d'indivisibilité de la République, 2010, S. 45.

291 Constitution de 1791, https://www.conseil-constitutionnel.fr/les-constitutions-dans-l-histoire/constitution-de-1791, im Original lautet es hier: „Le roi, à son avènement au trône, ou dès qu'il aura atteint sa majorité, prêtera à la Nation, en présence du Corps législatif, le serment d'être fidèle à la Nation".

292 Constitution de 1791, https://www.conseil-constitutionnel.fr/les-constitutions-dans-l-histoire/constitution-de-1791, im Original lautet die Formulierung: „La Constitution française est représentative : les représentants sont le Corps législatif et le roi".

293 *F. Lemaire,* Le principe d'indivisibilité de la République, 2010, S. 45.

294 *F. Lemaire,* Le principe d'indivisibilité de la République, 2010, S. 45; *Guiomar,* L'idéologie nationale, 1974, S. 40f., hier wird der *Conseil général* von Marseille zitiert: „Il est temps que la nation se gouverne elle-même".

295 *Chopelin-Blanc* Annales historiques de la Révolution française 2009, 73 (83); vgl. auch *F. Lemaire,* Le principe d'indivisibilité de la République, 2010, S. 46; sowie *Godechot,* Mémoires inédits de E.-L.-H Dejoly sur la Journée du 10 Août 1792, S. 41ff.

296 *F. Lemaire,* Le principe d'indivisibilité de la République, 2010, S. 46.

297 *Archives parlementaires,* Séance du mardi 25 Septembre 1792, 25.09.1792; *F. Lemaire,* Le principe d'indivisibilité de la République, 2010, S. 46; *Archives parlementaires,* Séance du mardi 25 Septembre 1792, 25.09.1792.

2. Funktion des Nationsbegriffs in der Zeit des Umbruchs zwischen Monarchie und Republik: zur Definition des Nationsbegriffs

Der Begriff der „Nation" ist der Schlüsselbegriff beim Übergang von der absolutistischen Herrschaft des Königs zur Republik zur Herrschaft des Volkes.[298] Seine Verwendung ermöglichte in einem ersten Schritt die Einführung der konstitutionellen Monarchie und die teilweise Entmachtung des Königs (vgl. Art. 1 Titel II CF, die Nation ist Trägerin der Staatsgewalt) sowie in einem zweiten Schritt, mit voranschreitendem Bewusstsein für den Begriff der Nation innerhalb der Bevölkerung, die Abschaffung der Monarchie und die Einführung der Republik. Die Verknüpfung von Nation und Staatsgewalt bis zur Einführung der Republik ist auch ausschlaggebend für den Anknüpfungspunkt der Unteilbarkeit. Darüber hinaus ergibt sich erst über ein Verständnis der Einheit der Nation, in diesem für die Republik ausschlaggebenden Stadium, weshalb dem Wert der Einheit – der über die Unteilbarkeit erreicht wird – in der folgenden ersten Republik eine solch überragende und identitätsprägende Bedeutung zugeschrieben wurde.

In Frankreich war und ist eine politische Definition des Nationsbegriffs vorherrschend, indem Nation als Souveränität des Volkes verstanden wird. Im Gegensatz dazu ging es beim deutschen Nationsbegriff eher um eine ethische Zugehörigkeit.[299] Nation wurde durch eine gemeinsame Sprache oder Heimat begründet. In beiden Fällen dient die Nation aber als Abgrenzung zum Staat,[300] der bezogen auf das Herrschaftsgebiet, sowie hoheitliche Institutionen erklärt wurde, also in einer monarchischen Form begriffen wurde.[301] Letzteres wird besonders deutlich, wenn man die Formulierung zur Definition des Staates – entsprechend *Jellineks* Staatsbegriff – um den Begriff des Volkes ergänzt. Das Volk wurde jedenfalls noch im Mittelalter strikt mit der Nation gleichgesetzt.[302] Es stellt sich die Frage, wie Nation und Volk unterschieden werden. In *Sieyès* Hauptwerk *„Qu'est-ce qu'est le tiers Etat ?"* wird Nation als Gruppe definiert, für die „ein gemeinschaftliches Recht gilt und die von der gleichen Gesetzgebung repräsentiert werden."[303] Die Nation bilde sich dadurch, dass eine „beachtliche Gruppe an Personen sich zusammenschließen wollen. Bereits hieraus entsteht eine Nation."[304] Hierin zeigt sich, wie stark sich die Lehren *Rousseaus* des *„Contrat Social"*, insbesondere bezogen auf die Freiheit und

---

[298] *Debbasch,* Le principe révolutionnaire d'unité et d'indivisibilité de la République, 1988, S. 39ff.; *Monera,* L'idée de République et la jurisprudence du Conseil constitutionnel, 2004, S. 37ff.

[299] *Noiriel,* Population, immigration et identité nationale en France, 2005, S. 5.

[300] *Noiriel,* Population, immigration et identité nationale en France, 2005, S. 5.

[301] Vgl. *Debbasch,* Le principe révolutionnaire d'unité et d'indivisibilité de la République, 1988, S. 61.

[302] *Noiriel,* Population, immigration et identité nationale en France, 2005, S. 5; so ähnlich beschreibt es auch *Rouvillois,* Droit constitutionnel, 6. Aufl., S. 23f. und grenzt damit Nation, Volk und Staat insofern voneinander ab, als ein Staat ein Volk oder eine Nation hat/beinhaltet.

[303] *Sieyès,* Qu'est-ce que le Tiers-état ?, 3. Aufl. 1789, S. 38.

[304] *Sieyès,* Qu'est-ce que le Tiers-état ?, 3. Aufl. 1789, S. 82.

Gleichheit der Bürger:innen[305], auf die französische Definition der Nation durchgeschlagen haben,[306] indem bereits der Wille zur Einung ausreiche, um eine Nation zu gründen.[307] So beschrieb auch *Renan* die Nation als „die gegenwärtige Übereinkunft, den Wunsch zusammenzuleben, den Willen das gemeinsame Erbe weiterhin geltend zu machen".[308] Das Erbe meinte das kulturelle Vermächtnis, das durch den übereinstimmenden Willen der Nation weitergetragen werde und diese zusammenhielte.[309] Das Vorhandensein eines übereinstimmenden Willens innerhalb der Bevölkerung eines Landes impliziere die Einheit dieses Subjekts. Die „*nation*" sei also denklogisch eine „*nation unie*".

Der Unterschied zwischen Nation und Staatsvolk ergebe sich folglich daraus, dass die Nation im Sinne eines „*Contrat social*" [310] den Willen habe, ein einheitliches Konstrukt innerhalb des Staatsgebiets darzustellen und sich derselben Staatsgewalt zu unterwerfen.[311] Ein Volk hingegen kann – trotz eines gegenseitigen Willens der Zugehörigkeit – auch in einer Diaspora oder ohne eigenen Staat leben und sich verschiedenen, voneinander unabhängigen Staatsgewalten unterwerfen. Damit ein Volk besteht, kommt es also auf einen Willen zum Zusammenschluss an. Damit eine Nation besteht, muss dieses Volk sich einer gemeinsamen Staatsgewalt unterwerfen. Die Existenz eines Volkes ist mithin notwendige Voraussetzung für die Existenz einer Nation. Rassistische und klassistische Definitionen des Volks – wie diese noch während des *Ancien Régimes* bestanden[312] –, wurden während der Revolution hingegen abgelegt.[313] Es kam für die Begründung eines Volkes weniger auf eine gemeinsame Abstammung der Personengruppe an und mehr auf den simplen Willen des Zusammenschlusses[314] im Sinne eines „*vouloir vivre ensemble*" [315]. Letzterer

---

305 Da jedenfalls die potenzielle Ausweitungsmöglichkeit des Begriffs „*homme*" auf die gesamte französische Bevölkerung besteht, wird im Folgenden bezogen auf Rousseaus Ausführungen die inklusive Form verwendet *Dhoquois* Les cahiers du CEDREF 1993, 91 (13f.).

306 Vgl. dazu insbesondere: *Rousseau,* Du Contrat Social, ou principes du du droit politique, 1896, S. 3ff.

307 Vgl. *Sieyès,* Qu'est-ce que le Tiers-état ?, 3. Aufl. 1789, S. 82; auch in: *Noiriel,* Population, immigration et identité nationale en France, 2005, S. 9; so ähnlich vgl. auch: *Debbasch,* Le principe révolutionnaire d'unité et d'indivisibilité de la République, 1988, S. 50.

308 *Renan,* Qu'est-ce qu'une nation?, 1882, S. 50, im Original heißt es: „le consentement actuel, le désir de vivre ensemble, la volonté de continuer à faire valoir l'héritage qu'on a reçu indivis".

309 *Renan,* Qu'est-ce qu'une nation?, 1882, S. 50.

310 Vgl. *Sieyès,* Qu'est-ce que le Tiers-état ?, 3. Aufl. 1789, S. 82; auch in: *Noiriel,* Population, immigration et identité nationale en France, 2005, S. 9; so ähnlich vgl. auch: *Debbasch,* Le principe révolutionnaire d'unité et d'indivisibilité de la République, 1988, S. 50.

311 Zur Unterscheidung zwischen Nation und Volk vgl. unten im Detail: d), cc), (2), (a),

312 *Noiriel,* Population, immigration et identité nationale en France, 2005, S. 7.

313 *Noiriel,* Population, immigration et identité nationale en France, 2005, S. 7ff.

314 *Noiriel,* Population, immigration et identité nationale en France, 2005, S. 9; so stellt es auch *Schnapper* in Schnapper (Hrsg.), La communauté des citoyens: sur l'idée moderne de nation, 2003, 12 (45) gen auf die Abgrenzung von Nation und ethnischen Bevölkerungsgruppen dar.

315 *Daly*, European Constitutional Law Review 2015, 458 (469).

kann sich allgemein aus einer gemeinsamen Kultur oder Geschichte ergeben[316] und führt zur Integration einer Population.[317]

Der Begriff der Nation ist eines der Kernelemente der revolutionären Ideologie. Er wurde durch den Sieg der Revolutionär:innen in allen Gebieten Frankreichs verbreitet, auch in jenen, die neu erobert wurden.[318] Die neue Republik – und auch schon die ihr vorangehende Phase der konstitutionellen Monarchie – als Nation zu definieren, war allem voran ein Mittel des Bildungsbürgertums um politische Bestrebungen zu begründen. Es brauchte einen neuen Wertmaßstab als „Fundament der nationalen Gemeinschaft“[319], etwa die Gleichheit aller Bürger[320] oder andere Menschenrechte, der den vormaligen Wert der (standesmäßigen) Herkunft ersetzte. Letzterer kam vorrangig der Aristokratie zugute.[321] Die Begriffe Nation und Gleichheit bedingen sich nach der Auslegung der Revolutionär:innen demnach gegenseitig.[322]

Im Sinne der Revolution ist der Begriff der Nation also als Gruppe zu verstehen, die sich freiwillig durch einen Hoheitsträger den gleichen Rechten unterwirft und in einem begrenzbaren Staatsgebiet angesiedelt ist. Der Begriff des Nationalstaats (*état-nation*) als Staatsgebiet einer Nation steht hiermit in engen Zusammenhang. Da die Nation in einem Nationalstaat im Sinne der Revolution (freiwillig) die Staatsgewalt ausübt, lässt sich auch die (verkürzte) Definition von Nation als Souveränität des Volkes, finden.[323]

3. Schritt 1: Einung der Nation über die Generalstände sowie die Krone – die Entstehung der konstitutionellen Monarchie

Damit die Nation als Bezugspunkt der Unteilbarkeit in Betracht kommen kann, muss diese zunächst geeint werden. Die Bildung der Nation war nicht nur Beiprodukt der Erreichung von Gleichheit und Freiheit zwischen den Bürgern.[324] Die Nation kann auch als Katalysator verstanden werden, die geeignet war das alte System

---

316 *Renan,* Qu'est-ce qu'une nation?, 1882, S. 2f.; *Schnapper* in Schnapper (Hrsg.), La communauté des citoyens: sur l'idée moderne de nation, 2003, S. 12 (51f.).

317 *Schnapper* in Schnapper (Hrsg.), La communauté des citoyens: sur l'idée moderne de nation, 2003, S. 12 (59).

318 *Noiriel,* Population, immigration et identité nationale en France, 2005, S. 9.

319 *Noiriel,* Population, immigration et identité nationale en France, 2005, S. 9.

320 Ist in diesem Abschnitt vom Prinzip der Gleichheit der Bürger die Reden, erfasst dies nur eine bestimmte privilegierte Gruppe von männlichen Bürgern, wie dies 1789 parlamentarisch entschieden wurde, vgl. *Caporal,* L'affirmation du principe d'égalité dans le droit public de la Révolution française (1789-1799), 1995, S. 54f.; *Garaud,* La Révolution et l'égalité civile, 1953.

321 *Noiriel,* Population, immigration et identité nationale en France, 2005, S. 9.

322 Vgl. *Noiriel,* Population, immigration et identité nationale en France, 2005, S. 9.

323 *Noiriel,* Population, immigration et identité nationale en France, 2005, S. 5; vgl. hierzu Punkt 4. in diesem Abschnitt.

324 Auch hier sind nur bestimmte männliche Bürger gemeint, siehe *Caporal,* L'affirmation du principe d'égalité dans le droit public de la Révolution française (1789-1799), 1995, S. 54f.

umzuwälzen.[325] So konstituierten die Revolutionär:innen zunächst die Nation, die einheitlich und unteilbar sein sollte, um die revolutionären Werte zu verbreiten.[326] Die Idee, dass Frankreich ein einziges Vaterland werden solle, grenzte sich von der alten Logik ab, in der viele vereinzelte Vaterländer bestanden.[327] Später – in Zeiten der Republik – wurde das Vorhandensein vieler verschiedener Vaterländer mit der Monarchie assoziiert und der Föderalismus in Abgrenzung zum Einheitsstaat abgelehnt.[328]

Seit Beginn des Jahres 1789 gab es mehrere Rechtsakte, die das Ziel hatten innerhalb Frankreichs mehr Einheit zu schaffen, also den Zusammenhalt in der Nation zu stärken. Wenn es das Ziel der Bestimmungen war, die Nation zu einen, bedeutete dies, dass diese bereits existierte, jedoch noch schwach war.[329] Denn eine Nation existiert aus sich selbst heraus.[330] Wie bereits beschrieben, ging auch *Sieyès* davon aus, dass es genüge, wenn eine beachtliche Gruppe von Personen den Willen habe, sich zusammenzuschließen.[331] Dieser Umstand kann im Falle der konstitutionellen Monarchie, die auf die Revolution folgt, nicht bezweifelt werden.

Die Nation wurde von Anhänger:innen der Revolution als der „Motor“ [332] der neuen Staatsform gesehen. Damit diese Erfolg haben konnte, musste die Nation geeint werden.[333] Dies konnte erfolgen, indem die Nation (alleinige[334]) Trägerin der Staatsgewalt wurde.[335] Um tatsächliche Einheit zu schaffen, musste diese Staatsgewalt unteilbar sein. Sie konnte also logischerweise nicht gleichzeitig dem König und der Nation zukommen.[336] Indem die Nation gestärkt werden sollte, galt es zeitgleich die Macht des Königs zu reduzieren. Dieses Gegenspiel führte schlussendlich zur Einführung der konstitutionellen Monarchie, als Zwischenschritt zwischen der absolutistischen Herrschaft des Königs und seiner vollständigen Entmachtung durch die Einführung einer Republik.[337] Die Einheit der Nation – welche schlussendlich

---

[325] *Debbasch,* Le principe révolutionnaire d'unité et d'indivisibilité de la République, 1988, S. 39; vgl. auch *Renan,* Qu'est-ce qu'une nation?, 1882, S. 38.

[326] *Debbasch,* Le principe révolutionnaire d'unité et d'indivisibilité de la République, 1988, S. 39; in diesem Sinne auch *Renan,* Qu'est-ce qu'une nation?, 1882, S. 37.

[327] *F. Lemaire,* Le principe d'indivisibilité de la République, 2010, S. 45.

[328] *Daly* Social & Legal Studies 2015, 531 (461); so auch bereits erwähnt in: *M. Lasserre* in Sydow (Hrsg.), Französisches Verfassungsrecht im 21. Jahrhundert, 2022, S. 23 (30).

[329] *Debbasch,* Le principe révolutionnaire d'unité et d'indivisibilité de la République, 1988, S. 39.

[330] „Par elle-même“, siehe *Renan,* Qu'est-ce qu'une nation?, 1882, S. 38.

[331] *Sieyès,* Qu'est-ce que le Tiers-état ?, 3. Aufl. 1789, S. 82.

[332] *Debbasch,* Le principe révolutionnaire d'unité et d'indivisibilité de la République, 1988, S. 39.

[333] Aulard etwa spricht von der „formation de la France en nation une et indivisible, c'est-à-dire la Révolution même“, er sieht in der Gründung einer einheitlichen und unteilbaren Nation in Frankreich die Revolution selbst, *Aulard,* Études et Leçons sur la Révolution Française, 1913, S. 55; auch zitiert in *Debbasch,* Le principe révolutionnaire d'unité et d'indivisibilité de la République, 1988, S. 39f.

[334] So war es trotz der widersprüchlichen Formulierung im Vergleich zu Art. 1 Titel I CF auch bereits in Art. 1 Titel III CF angelegt..

[335] *Debbasch,* Le principe révolutionnaire d'unité et d'indivisibilité de la République, 1988, S. 39; vgl. *Renan,* Qu'est-ce qu'une nation?, 1882, S. 33.

[336] *Debbasch,* Le principe révolutionnaire d'unité et d'indivisibilité de la République, 1988, S. 39.

[337] *Debbasch,* Le principe révolutionnaire d'unité et d'indivisibilité de la République, 1988, S. 39.

zu ihrer Unteilbarkeit führte – wurde auf der einen Seite durch die Einung der Generalstände als erstes Repräsentationsorgan sowie über den König als zweites Repräsentationsorgan erreicht. Der sich hier offenbarende Konflikt zwischen der Stärkung der Nation und der Krone als einendes Bezugssubjekt wurde final erst 1793 mit der republikanischen Verfassung und dem Ende der konstitutionellen Monarchie, aufgelöst.

Der Beginn der Einheitsbewegung kann in der Einberufung der Generalstände im August 1788 gesehen werden.[338] Hier kamen Vertreter der drei Stände zusammen, um den König zu beraten. Die Zusammenkunft 1788 stellt die erste Zusammenkunft seit über 150 Jahren dar.[339] Zu diesem Zeitpunkt kamen die Vertreter der Stände noch nicht als Repräsentanten der Nation zusammen, ihr Mandat umfasste lediglich die Belange ihres jeweiligen Standes. Bereits bei der Zusammenkunft der Generalstände im Mai 1789 bestand ein Bewusstsein für die Begriffe der Einheit und Unteilbarkeit. Denn die *Cahiers*, die die Verhandlungen dokumentierten, lassen vielerorts Diskussionen dieser Begriffe verzeichnen – insbesondere im dritten Stand.[340] Anfangs waren die Begriffe noch mit der Monarchie und dem einheitlichen und unteilbaren Adel verknüpft.[341] Nach und nach wurde deutlich, dass die Repräsentanten der Generalstände, ohne dies ausdrücklich festzustellen, nicht mehr nur ihren eigenen Stand und Distrikt (also ihre Wähler:innen[342]) sondern die gesamte Bevölkerung vertreten wollten. Dafür sprechen in den *Cahiers* verwendete Begriffe wie „Allgemeinwohl" und „Einheitlichkeit".[343] Außerdem sprachen das Ziel der Gleichheit aller Männer[344] durch eine rechtliche Vereinheitlichung in allen Bereichen, aber insbesondere in denen, die das Leben im Alltag betrafen, für einen Willen nach Einheit. Aus diesen Bestrebungen heraus entstand auch der Wille zu einer einheitlichen Verfassung[345] Die Nation wird hierbei gestärkt.

Diese an vielen Stellen der *Cahiers* bekundete Bestrebung nach Einheit stand einem starken Autonomiewillen einzelner Regionen gegenüber.[346] Hierbei handelt es

---

[338] *Debbasch,* Le principe révolutionnaire d'unité et d'indivisibilité de la République, 1988, S. 39.

[339] Die letzte Zusammenkunft der Generalstände fand 1614 statt, vgl. *Debbasch,* Le principe révolutionnaire d'unité et d'indivisibilité de la République, 1988, S. 39.

[340] *Aulard,* Études et Leçons sur la Révolution Française, 1913, S. 55; *Debbasch,* Le principe révolutionnaire d'unité et d'indivisibilité de la République, 1988, S. 40; vgl. auch *Hintze,* Staatseinheit und Föderalismus im alten Frankreich und in der Revolution, 1928, S. 174.

[341] *Debbasch,* Le principe révolutionnaire d'unité et d'indivisibilité de la République, 1988, S. 40; so lautet es in *Mavidal/Laurent,* Cahier de la noblesse du bailliage de Château-Thierry, 1787-1860, S. 658, „Que la noblesse française est essentiellement indivisible, qu'elle soit primordialement fondée sur le droit inaltérable de la naissance".

[342] Frauen hatten bis 1789 unter bestimmten Voraussetzungen noch ein Wahlrecht, bei den Wahlen zu den Generalständen 1789 zum ersten Mal auch Frauen des dritten Stands, vgl. *Rudelle* Vingtième Siècle, revue d'histoire 1994, 52 (54).

[343] *Debbasch,* Le principe révolutionnaire d'unité et d'indivisibilité de la République, 1988, S. 41.

[344] Übersetzung „hommes" meint hier wohl nur Männer.

[345] *Debbasch,* Le principe révolutionnaire d'unité et d'indivisibilité de la République, 1988, S. 42.

[346] *Debbasch,* Le principe révolutionnaire d'unité et d'indivisibilité de la République, 1988, S. 42.

sich um einen Konflikt, der bis heute fortzubestehen scheint.[347] Er ist aber durch die Perspektive der langen föderalistischen Geschichte Frankreichs, seit merowingischer Zeit, die durch die Revolution wie auf einen Schlag ins Gegenteil verkehrt wurde, nicht unverständlich.[348]

Im politischen Handeln der Generalstände lässt sich ein Widerspruch erblicken, zwischen den Bestrebungen zur Abschaffung des Föderalismus und der zeitgleichen Übertragung von Autonomie auf Regionen. Dies ist damit zu erklären, dass die Generalstände einerseits das Ziel verfolgten, für alle Zeit das Feudalsystem abzuschaffen, damit die Gleichheit der Bürger erreicht werden kann. Hierfür musste insbesondere der König entmachtet werden, was über die Übertragung von mehr Freiheiten und Autonomie an die einzelnen Regionen erfolgte. Andererseits ist in der Figur des Königs ein symbolischer Anknüpfungspunkt für die Einheit des Staates gesehen worden. Dieser wollte gestärkt werden, um wiederum die Feudalherrschaft zu verhindern, ohne jedoch zeitgleich mehr Macht auf den König zu übertragen.[349] Diese teils widersprüchliche Idealvorstellung, die die *Cahiers* über die Absichten der Generalstände offenbaren, war schwierig zu erreichen.[350] Der Weg, den die Stände wählten, bestand darin in einem ersten Schritt die eigene Position zu verfestigen, also Einheit innerhalb der Generalstände zu schaffen. Diese hier geschaffene Einheit sollte dann im zweiten Schritt auf die französische Gesellschaft übertragen werden.[351]

Diese Zielvorstellung führt schlussendlich am 15. Juni 1789 zur Abschaffung der drei Stände,[352] worauf ein schnelles Voranschreiten der Ereignisse folgte. Zunächst wurden die Generalstände am 17. Juni in „Nationalversammlung" umbenannt.[353] Es wurde erklärt, dass die Nationalversammlung „einheitlich sein soll, wie die Nation einheitlich ist."[354] Jedoch führte die Vereinheitlichung der Nationalversammlung nicht zwangsläufig zur Vereinheitlichung der Gesellschaft, sondern war nur ein Schritt in diese Richtung. Denn wie auch zuvor in der Nationalversammlung mussten nun die Unterschiede und Privilegien innerhalb der Gesellschaft mit dem

---

347 Siehe Abschnitt B., II. und VI.

348 Vgl. hierzu *Galand* Wellesley College Digital Scholarship and Archive 2008, 147 (148).

349 *Mavidal/Laurent,* Cahier du tiers-état du bailliage de Saint-Pierre-le-Moutier, 1787-1799, S. 641; *Debbasch,* Le principe révolutionnaire d'unité et d'indivisibilité de la République, 1988, S. 42; *Mavidal/Laurent,* Cahier du tiers-état du bailliage de Saint-Pierre-le-Moutier, 1787-1799, S. 41.

350 Vgl. *Mavidal/Laurent,* Cahier du tiers-état du bailliage de Saint-Pierre-le-Moutier, 1787-1799, S. 641; *Mavidal/Laurent,* Cahier du tiers-état de la sénéchaussée du Puy-en-Veley, 1787-1860, S. 469.

351 *Debbasch,* Le principe révolutionnaire d'unité et d'indivisibilité de la République, 1988, S. 42; *Mavidal/Laurent,* Cahier du tiers-état de la sénéchaussée du Puy-en-Veley, 1787-1860, S. 469.

352 *Debbasch,* Le principe révolutionnaire d'unité et d'indivisibilité de la République, 1988, S. 45.

353 *Debbasch,* Le principe révolutionnaire d'unité et d'indivisibilité de la République, 1988, S. 46; so auch anvisiert in: *Sieyès,* Qu'est-ce que le Tiers-état ?, 3. Aufl. 1789, S. 104f.; E.-J. *Sieyès,* Communes : motion de M. l'abbé Sieyès pour que la Chambre prenne le titre d'Assemblée des représentants, lors de la séance du 15 juin 1789, 15.07.1789, S. 109.

354 *Debbasch,* Le principe révolutionnaire d'unité et d'indivisibilité de la République, 1988, S. 46; *Rabaud de Saint Etienne, Jean-Paul,* Communes : projet de décret de M. Rabaud de Saint-Etienne sur la constitution de l'Assemblée, lors de la séance du 15 juin 1789, 15.07.1789, S. 113.

Hebel der vereinheitlichten Nationalversammlung beseitigt werden.[355] Markierende Schritte zur Begründung der Nation stellten die Beseitigung der Feudalherrschaft dar, die Einführung einer freien Berufswahl sowie kostenloser Zugang zu Gerichten.[356] Um diese Einheit zu verfestigen wurde eine Verfassung geschaffen.

Dass über die Generalstände bzw. die Nationalversammlung eine unteilbare Nation geschaffen bzw. verfestigt wurde, zeigt auch, dass bereits vor ihrer verfassungsrechtlichen Verankerung bei der *fête de la fédération* im Jahr 1790 die Einheit beschworen wurde, obwohl der König anwesend war.[357] Bei dieser Feier traten 100.000 Abgesandte (*fédérés*) der Provinzen vor den König und bekundeten das Ende der Feudalherrschaft sowie ihre Treue für Nation. Gefeiert wurde die Idee eines großen Vaterlands. [358] Bei der Institution des Königs als Teil der Unteilbaren Nation, die dem folgend in der konstitutionellen Monarchie bekundet wurde, handelte es sich nicht um einen Zufall. Die Krone wurde vielmehr als Mittel ausgenutzt, um zu dieser Zeit die noch nicht vollkommene Einung der Nation voranzutreiben. Der König wurde als einender Faktor gesehen, dem zwar keine Staatsgewalt mehr zukam, der aber noch eine symbolische Rolle spielte.[359]

4. Schritt 2: Einung der Nation in der konstitutionellen Monarchie bis hin zur Republik

Ziel der Revolutionäre war es mit der Einung der Nation auch die Souveränität in ihr zu verankern.[360] Nach dem *Contrat social* von *Rousseau* ist die Staatsgewalt unteilbar.[361] Zeitgleich wird aber davon ausgegangen, dass alle Bürger die Staatsgewalt innehaben.[362] Denklogisch könnte man demnach meinen, dass sie unter allen Bürgern doch unterteilbar ist. So stellt *Rousseau* selbst fest, dass jeder Bürger ein 10.000stel der Staatsgewalt innehabe.[363] Die Erklärung der Menschen- und Bürgerrechte sowie die Verfassung von 1791 greifen die Ideen *Rousseaus* auf, verändern sie aber an den notwendigen Stellen. Zum einen war nach *Rousseau* die Staatsgewalt nicht delegierbar. Eine indirekte Form der Demokratie wurde jedoch – aus

---

355 *Debbasch,* Le principe révolutionnaire d'unité et d'indivisibilité de la République, 1988, S. 49.

356 *Debbasch,* Le principe révolutionnaire d'unité et d'indivisibilité de la République, 1988, S. 49.

357 *Michelet,* Histoire de la révolution française, 1952, S. 328; *F. Lemaire,* Le principe d'indivisibilité de la République, 2010, S. 45.

358 *F. Lemaire,* Le principe d'indivisibilité de la République, 2010, S. 45.

359 *Debbasch,* Le principe révolutionnaire d'unité et d'indivisibilité de la République, 1988, S. 56.

360 *Debbasch,* Le principe révolutionnaire d'unité et d'indivisibilité de la République, 1988, S. 39; *Daunou,* Essai sur la constitution, 1793, S. 3f., hier heißt es „toute souveraineté réside dans la nation (…) seule", die Souveränität sei außerdem „indivisible".

361 *Rousseau,* Du Contrat Social, 1896, S. 45ff.

362 Auch hier sind nur männliche Bürger gemeint, da Frauen seit 1789 kein Wahlrecht mehr hatten, vgl. *Vie publique,* Quelles sont les grandes étapes de la conquête du droit de vote des femmes ?, https://www.vie-publique.fr/fiches/23925-grandes-etapes-de-la-conquete-du-droit-de-vote-des-femmes.

363 *Rousseau,* Du Contrat Social, 1896, S. 111; auch zitiert in: *Debbasch,* Le principe révolutionnaire d'unité et d'indivisibilité de la République, 1988, S. 50.

Gründen des Realismus[364] – sowohl in der Erklärung von 1789 als auch in der Verfassung von 1791 – in Art. 2 des 3. Titels – verankert. Letztere Vorschrift spiegelt gemeinsam mit Art. 1 desselben Titels die Grundvorstellung der Abgeordneten über die Ausübung der Souveränität im Land[365] – stützend auf die Theorie *Rousseaus* und angeglichen im Laufe der Debatten der Volksvertretung.[366] So formuliert besagter Art. 1, Titel III der Verfassung: „Die Souveränität ist einheitlich, unteilbar, unveräußerlich und unverjährbar. Sie gehört der Nation. Kein Teil des Volkes und keine einzelne Person kann sich ihre Ausübung aneignen."[367]

a) Unteilbarkeit und repräsentative Demokratie

Zum Zeitpunkt der Einführung der Verfassung galt die Einheit und die Unteilbarkeit unter den Abgeordneten als gegeben.[368] Auch der Umstand, dass die Souveränität unter den Bürgern[369] aufgeteilt ausgeübt und repräsentativ, durch Abgeordnete, wahrgenommen wird, steht nach der Logik der Verfassungsgeber, der Einheit und Unteilbarkeit der Nation nicht entgegen. Hier ist in der revolutionären Theorie zu unterscheiden zwischen der Repräsentation einerseits und der Übertragung der Staatsgewalt andererseits. Denn die Repräsentation der Nation ist dauerhaft, wie auch die Nation, als Trägerin der Staatsgewalt, von Dauer besteht. Die Souveränität wird dauerhaft von einer Gruppe wahrgenommen, die als Institutionen ebenfalls von Dauer sind, die Volksvertretung sowie der König (welcher als besonderer Repräsentant hinzutritt).[370] So geht etwa *Carré de Malberg* davon aus, dass die Souveränität der Nation durch die Revolution erschaffen wurde (Art. 3 DDHC, Titel 111, Präambel, Art. 1 und 2 der Verfassung von 1791). Er schreibt, dass sich „das Prinzips der nationalen Staatsgewalt als „unteilbare" Einheit der Bürger[:innen][371], also

---

[364] *Debbasch,* Le principe révolutionnaire d'unité et d'indivisibilité de la République, 1988, S. 51f.

[365] *Debbasch,* Le principe révolutionnaire d'unité et d'indivisibilité de la République, 1988, S. 51.

[366] *Debbasch,* Le principe révolutionnaire d'unité et d'indivisibilité de la République, 1988, S. 50f.; vgl. u.a. *Rousseau,* Du Contrat Social, 1896, S. 29ff.; *Assemblée nationale,* Adoption des articles 6 (amendé) à 8 du titre II de la Constitution, lors de la séance du 10 août 1791, S. 322.

[367] Die Übersetzung ist übernommen aus: https://www.verfassungen.eu/f/fverf91-i.htm.

[368] *Debbasch,* Le principe révolutionnaire d'unité et d'indivisibilité de la République, 1988, S. 51.

[369] Die inklusive Form wird hier nicht verwendet, da die Assemblée im Sommer 1789 beschloss die Gleichheit nicht auf Frauen auszuweiten, vgl.: *Caporal,* L'affirmation du principe d'égalité dans le droit public de la Révolution française (1789-1799), 1995, S. 54f.; dass zu dieser Zeit ein aktive und passives Wahlrecht nur von männlichen Bürgern in Rede stand, zeigt auch die Formulierung in: *Lally-Tollendal,* Mention de l'adresse de la ville de Nantes dans le procès-verbal de la séance du 7 juillet 1789, 7.7.1789, S. 204, hier heißt es: „Cette délibération commune ne peut exister que par represnetants; là où je vois les représentants de vingt-cinq millions d'hommes"; vertieft kann hierzu auch *Garaud,* La Révolution et l'égalité civile, 1953 zitiert werden.

[370] Vgl. dazu: J. *Mounier,* Remplacement du Président par M. Clermont-Tonnerre, lors de la séance du 2 octobre 1789, 2.10.1789, S. 237; auch: *Debbasch,* Le principe révolutionnaire d'unité et d'indivisibilité de la République, 1988, S. 52.

[371] Zwar scheint es unklar, ob Rousseau in seinen Texten mitumfasste, vgl. *Fries,* Rousseau und die Frauen, https://www.nzz.ch/rousseau-und-die-frauen-ld.650506; dennoch formuliert Rousseau seine Ausführungen etwa zum Volk offen, ohne deutlich zu machen, ob er Frauen mitumfasst, vgl. *Rousseau,* Du contrat

als überindividuelle, also auch abstrakte, Einheit, im Staat selbst verwirklicht"[372]. Die auf Dauer angelegte Nation (das Staatsvolk als abstraktes Konstrukt) war demnach unteilbar.[373]

Auf der anderen Seite ist die Übertragung der Staatsgewalt etwa spezifisch auf die *Assemblée nationale* selbst nicht von Dauer. Sie wird zeitweise von Abgeordneten und gem. Art. 1 Titel 1 der Verfassung von 1791 vom jeweiligen König wahrgenommen.[374] Zu unterscheiden ist zwischen der Repräsentation und der Delegation der Souveränität.[375] Dies ergibt sich deutlich aus Art. 2 des Titels III der Verfassung von 1791, wo es lautet „Die Nation, der allein alle Gewalt zusteht, kann diese nur durch Delegation ausüben. Die französische Verfassung ist eine repräsentative Verfassung: die Repräsentanten sind die Legislative sowie der König."[376] Nur die Delegation der Staatsgewalt auf einen individualisierbaren und austauschbaren Abgeordneten führt auch zur Anschauung einer Unteilbarkeit der Staatsgewalt. Wird die Staatsgewalt hingegen auf Dauer auf eine Institution wie etwa den König oder eine Volksvertretung übertragen und ist diese Institution in sich unteilbar, besteht der Konflikt zwischen Repräsentation und Einheit bzw. Unteilbarkeit nicht.[377] Diese Differenzierung zwischen Repräsentation und Delegation,[378] die durch die Einführung einer repräsentativen Demokratie und ihrer Vereinbarkeit mit dem Einheits- und Unteilbarkeitsprinzip – notwendig wird, läuft nicht nur der Lehren *Rousseaus* zuwider[379], sondern erntet auch in heutiger Zeit etwa bei *Duguit* Kritik. Dieser bezeichnet die Prinzipien der Unteilbarkeit und Einheit als mit Einführung der repräsentativen Demokratie gescheitert.[380] Die Entscheidung der verfassungsgebenden Gewalt legt aber einen gewissen Realismus offen, denn eine direkte Demokratie, wäre den Konflikt zwischen Unteilbarkeit der Staatsgewalt und Repräsentation zwar umgangen, wäre aber kaum umsetzbar gewesen.[381] Gleichzeitig konnte das

---

social, 1896, S. 77ff., weshalb hier die inklusive Form verwendet bezüglich Rousseaus Schriften verwendet wird.

[372] Im Original lautet es hier: „Le principe fondamental dégagé à cet égard par la Révolution française (Déclaration de 1789, Art. 3; Const. 1791, tit. 111, préambule, Art. 1" et 2), c'est que la nation seule est souveraine; et par nation les fondateurs du principe de la souveraineté nationale ont entendu la collectivité « indivisible » des citoyens, c'est-à-dire une entité extra-individuelle, donc aussi un être abstrait, celui-là même en définitive qui trouve en l'Etat sa personnification.", vgl.: *Carré de Malberg,* Contribution à la Théorie générale de l'État - I, 1920, S. 87.

[373] *Carré de Malberg,* Contribution à la Théorie générale de l'État - I, 1920, S. 87.

[374] *Debbasch,* Le principe révolutionnaire d'unité et d'indivisibilité de la République, 1988, S. 52f.

[375] *Debbasch,* Le principe révolutionnaire d'unité et d'indivisibilité de la République, 1988, S. 53.

[376] Im Original lautet es hier: „La Nation, de qui seule émanent tous les Pouvoirs, ne peut les exercer que par délégation. - La Constitution française est représentative : les représentants sont le Corps législatif et le roi.", Constitution de 1791.

[377] *Debbasch,* Le principe révolutionnaire d'unité et d'indivisibilité de la République, 1988, S. 52.

[378] *Debbasch,* Le principe révolutionnaire d'unité et d'indivisibilité de la République, 1988, S. 53.

[379] Vgl. *Debbasch,* Le principe révolutionnaire d'unité et d'indivisibilité de la République, 1988, S. 50.

[380] *Duguit,* L'état, les gouvernants et les agents, 2005, S. 658ff., explizit auf S. 672; auch zitiert in: *Debbasch,* Le principe révolutionnaire d'unité et d'indivisibilité de la République, 1988, S. 59.

[381] *Debbasch,* Le principe révolutionnaire d'unité et d'indivisibilité de la République, 1988, S. 51f.

Prinzip der Einheit der Nation als Motor für die Umbrüche des Staates hin zur Republik genutzt werden. Der Zusammenhang zwischen dem Parameter der Dauer und der Unteilbarkeit besteht also darin, dass eine auf Dauer angelegte Institution – wie schon bei *Bodin*[382] – in sich einheitlich sein kann. Ist der Blickwinkel jedoch auf die spezifische Volksvertretung zu einem bestimmten Zeitpunkt gerichtet, im Sinne der tatsächlichen Übertragung der Macht, wirft dies in der revolutionären Logik die wichtige Frage auf, wie eine Aufteilung der Staatsgewalt vermieden werden kann.[383]

Die Aufspaltung der Staatsgewalt wurde jedoch durch zwei Mechanismen auch in temporärer Hinsicht vermieden. Zum einen wurde das imperative Mandat, bei dem einzelne Abgeordnete and den Wählerwillen gebunden sind, verboten.[384] Die Abgeordneten vertreten also den Willen einer unteilbaren Nation, nicht einen bestimmten Wählerwillen.[385] Die Einheit des **Repräsentativorgans** ist somit gewahrt. Auf der anderen Seite wurde der König als Instanz ausgelegt, welche die Einheit der Nation als Symbolfigur weiter stärken sollte.[386] Der König, der kurz zuvor noch alleiniger Träger der Staatsgewalt war, musste – auch um den Umbruch nicht zu drastisch werden zu lassen – die Repräsentation der Nation durch die Abgeordneten gutheißen.[387] Der König hat die Rolle einer einenden Symbolfigur, nicht nur für die Nation, sondern auch für die repräsentierenden Institutionen. Durch die Anerkennung ihrer Existenz sichert er die Einheit der Institution.[388] Laut *De Ferrières* war eine einende Figur, wie die des Königs, sogar notwendig, da sonst bei einer

---

382 Vgl. *Bodin,* Les six livres de la république, 1593, S. 635.

383 *Debbasch,* Le principe révolutionnaire d'unité et d'indivisibilité de la République, 1988, S. 52.

384 *Talleyrand Périgord,* Motion de M. Talleyrand, évêque d'Autun sur les mandats impératifs, lors de la séance du 7 juillet 1789, 7.7.1789, S. 200ff.; ausdrücklich auch: *Lally-Tollendal,* Mention de l'adresse de la ville de Nantes dans le procès-verbal de la séance du 7 juillet 1789, 7.7.1789, S. 204, hier heißt es: „Cette délibération commune ne peut exister que par représnetants; là où je vois les représentants de vingt-cinq millions d'hommes, là je vois le tout en qui réside la plénitude de la souveraineté"; *Clermont-Lodève et al.,* Discussion des motions relatives aux mandats impératifs, lors de la séance du 8 juillet 1789, 8.7.1789, S. 207; vgl. hierzu im Detail: *C. Koch,* Les Origines françaises de la prohibition du mandat impératif, 1905, insbesondere 64-89; auch erwähnt in: *Debbasch,* Le principe révolutionnaire d'unité et d'indivisibilité de la République, 1988, S. 53.

385 *Debbasch,* Le principe révolutionnaire d'unité et d'indivisibilité de la République, 1988, S. 60; bezogen auf die Problematik, dass Abgeordnete nur Theoretisch den Willen aller vertreten, praktisch gesehen, aber jedenfalls Frauen nicht gemeint sein können und auch andere praktische Grenzen der Vertretung der Vertretung aller bestehen, so gäbe es etwa Abgeordnete, die sich besser mit Häfen oder maritimen Angelegenheiten auskennen, vgl.: *Hauriou,* Études constitutionnelles, 1912, S. 31ff., insgesammt wird aber zum Schluss gekomment, dass die Volksvertretung versucht den Willen der Nation zu interpretieren und dabei die gesamte Nation zu repräsentieren, vgl. S. 33.

386 *Debbasch,* Le principe révolutionnaire d'unité et d'indivisibilité de la République, 1988, S. 53.

387 *Debbasch,* Le principe révolutionnaire d'unité et d'indivisibilité de la République, 1988, S. 56.

388 *Debbasch,* Le principe révolutionnaire d'unité et d'indivisibilité de la République, 1988, S. 56; vgl. auch: *marquis de Ferrières,* Opinion de M. de Ferrières sur la situation présente du roi et du royaume, en annexe de la séance du 13 juillet 1791, 13.7.1791, S. 248, hier heißt es: „J'y vois l'Assemblée et le monarque concourir par des moyens différents au bonheur de tous; le monarque est dans la Constitution et en fait partie nécessaire".

kleineren politischen Krise eine Spaltung der Abgeordneten unvermeidbar gewesen wäre. Er sprach davon, dass die Freiheit der Nation sowie ihre Repräsentation nur mithilfe des Königs möglich sei: „Der Monarch ist der geborene Vertreter derer, die aufgrund eurer Wahlgesetze nicht vertreten werden können; sein Vetorecht ist der Wächter ihrer Freiheit: Lassen wir also das unsinnige Projekt einer französischen Republik [...] fallen."[389] Seiner Auslegung zufolge benötigt eine repräsentative Regierung immer ein Repräsentativorgan, auf welches für Handeln und Willensbildung zurückgegriffen werden kann. Dieses müsse in der Person eines Königs liegen, welcher die übrigen Organe, etwa die Repräsentanten eint.[390]

Die tatsächlichen Kompetenzen des Königs waren jedoch sehr begrenzt. So hatte er etwa das bereits erwähnte Veto-Recht für den Erlass von Gesetzen.[391] Dieses konnte aber umgangen werden, indem über ein Gesetz drei Mal in Folge (mit demselben Wortlaut) abgestimmt wurde.[392] Die zweite Kompetenz des Königs betraf die Verteidigung des Landes nach außen, vgl. Art. 1, Titel III, Kapitel III, Sektion 1 der Verfassung von 1791.[393] Dieser Umstand erntete viel Kritik,[394] blieb aber das letzte verbleibende Machtmonopol des Königs.[395]

---

[389] Im Original heißt es hier: „Le monarque est le représentant né de ceux qui, par vos lois sur les élections, ne peuvent pas être représentés; son veto est le gardien de leur liberté: abandonnons donc à d'oisifs spéculateurs le projet insensé d'une République française.", vgl.: *marquis de Ferrières,* Opinion de M. de Ferrières sur la situation présente du roi et du royaume, en annexe de la séance du 13 juillet 1791, 13.7.1791, S. 251.

[390] *Marquis de Ferrières,* Opinion de M. de Ferrières sur la situation présente du roi et du royaume, en annexe de la séance du 13 juillet 1791, 13.7.1791, S. 250; auch zitiert in: *Debbasch,* Le principe révolutionnaire d'unité et d'indivisibilité de la République, 1988, S. 57.

[391] Vgl. *marquis de Ferrières,* Opinion de M. de Ferrières sur la situation présente du roi et du royaume, en annexe de la séance du 13 juillet 1791, 13.7.1791, S. 250; *Barnave et al.,* Discussion du titre III du projet de Constitution, lors de la séance du 10 août 1791, 10.8.1791, 330; *Mirabeau* (als Monarchist) sprach sich in seiner Rede vom 01.09.1789 für ein Vetorecht des Königs aus, zitiert in: *Godechot,* La pensée révolutionnaire en France et en Europe, 1964, S. 128ff.; auch: *Mirabeau* in Hérissay (Hrsg.), Les Grands Orateurs Républicains, 1949, S. 150ff.

[392] *Debbasch,* Le principe révolutionnaire d'unité et d'indivisibilité de la République, 1988, S. 57.

[393] *Fréteau de Saint-Just et al.,* Suite de la discussion sur la question du droit de paix et de guerre, lors de la séance du 20 mai 1790, 20.5.1790, S. 613f.; *Debbasch,* Le principe révolutionnaire d'unité et d'indivisibilité de la République, 1988, S. 57f.; Constitution de 1791, https://www.conseil-constitutionnel.fr/les-constitutions-dans-l-histoire/constitution-de-1791; für die Außenkompetenz des Königs spricht sich erneut der Monarchist Mirabeau aus, indem er darauf verweist, dass sonst, bei einer Übertragung dieser Befugnisse auf die Abgeordneten, zwei Exekutivgewalten geschaffen würden, vgl.: *Godechot,* La pensée révolutionnaire en France et en Europe, 1964, S. 139; auch: *Mirabeau* in Hérissay (Hrsg.), Les Grands Orateurs Républicains, S. 150ff.

[394] Dass die beiden dem König verbleibenden Machtpositionen viel Kritik ernten, wird bei der Lektüre der Rede d'Andrés klar deutlich, vgl.: *Barnave et al.,* Discussion du titre III du projet de Constitution, lors de la séance du 10 août 1791, 10.8.1791, 330, hier erntet der Abgeordnete bei der Erwähnung einer „Repräsentation" der Nation durch den König erhebliche Zwischenrufe.

[395] *Fréteau de Saint-Just et al.,* Suite de la discussion sur la question du droit de paix et de guerre, lors de la séance du 20 mai 1790, 20.5.1790, S. 613ff.; *Debbasch,* Le principe révolutionnaire d'unité et d'indivisibilité de la République, 1988, S. 57f.

Aufgrund des argumentativen Aufwands, der zur Rechtfertigung einer Vereinbarkeit von der Einheit und Unteilbarkeit der Nation und der repräsentativen Demokratie nötig ist, stellt die Verfassung von 1791 einen der ersten Punkte in der Geschichte dar, bei dem das Prinzip hätte verschwinden können. Die Bekundung der Einheit der Nation schien den Revolutionären aber zu wichtig, um es fallenzulassen.[396]

b) *Unteilbarkeit des „Staates" und Einheit der Nation*

Betrachtet man die oben genannte,[397] zur Zeit der Verfassungseinführung gängige Definition von Nation als Souveränität des Volkes, wird deutlich, dass Nation und Staat abzugrenzen sind.[398] Ziel der Revolutionär:innen ist es, im Begriff der Einheit die Nation (also die Souveränität des Volkes) mit dem Staat zu vereinen.[399] Der Staat stellt demnach den juristischen Modus dar, der die Existenz der Nation politisch absichert.[400] Dies führte im vorliegenden Fall zur juristischen Verankerung einer Staatsform, in der die Staatsgewalt vom Volk ausgeht.[401] Das entspricht auch dem in der Revolution entwickelten Begriff des „*État-nation*", wonach die Nation die soziologische, historische bzw. kulturelle Tatsächlichkeit darstellt und der Staat auf der anderen Seite die juristische Verankerung dieser Tatsächlichkeit in einem Rechtstext repräsentiert.[402] Als normatives Mittel, um Staat und Nation zu einen wurde das Prinzip Einheit bemüht. Um diese zu erreichen, sollten einerseits die Institutionen aller drei Gewalten in sich geeint (also unteilbar) sein und andererseits sollte das nationale Staatsgebiet einheitlich sein. Es sollte zudem sichergestellt werden, dass die Staatsgewalt in jeder der Gewalten auf die Nation zurückzuführen sei.[403]

aa) Die Einung der drei Gewalten

Die Institutionen, die geeint werden sollten, sind demnach zum einen die *Assemblé Nationale*, die Krone sowie die Rechtsprechung. Die Einheit der Legislative wird am 10. September 1789 mit 490 zu 89 Stimmen in der Abstimmung gegen ein Zwei-Kammer-System gestärkt.[404] Auch die Verfassung von 1791 enthält demnach einen

---

396 Vgl. *Debbasch,* Le principe révolutionnaire d'unité et d'indivisibilité de la République, 1988, S. 60.

397 Vgl. A., III., 2.

398 *Noiriel,* Population, immigration et identité nationale en France, 2005, S. 5.

399 *Debbasch,* Le principe révolutionnaire d'unité et d'indivisibilité de la République, 1988, S. 61.

400 *Rouvillois,* Droit constitutionnel, 6. Aufl., S. 24.

401 *Rouvillois,* Droit constitutionnel, 6. Aufl., S. 23f.

402 *Rouvillois,* Droit constitutionnel, 6. Aufl., S. 24.

403 *Debbasch,* Le principe révolutionnaire d'unité et d'indivisibilité de la République, 1988, S. 61.

404 *Debbasch,* Le principe révolutionnaire d'unité et d'indivisibilité de la République, 1988, S. 66; zur Debatte rund um Ein ein- oder Zweikammersystem, vgl.: *Camus/Des Balbes comte de Crillon,* Vote de l'Assemblée relatif à l'institution d'une Chambre unique, lors de la séance du 10 septembre 1789, 10.09.1789, S. 607f.

Absatz in Art. 1 des Titels III, wonach die Legislative „dauerhaft ist [...] und nur aus einer Kammer besteht."

Die Unteilbarkeit und Einheit der Krone (als Exekutive) auf der anderen Seite wurde selten angezweifelt und benötigte im Grunde keine weitere Bestätigung.[405] Umstrittener schien die Frage, ob sich der König als Institution an sich in der Verfassung wiederfinden solle.[406] Es handelte sich hierbei um die am schwierigsten auf das Volk zurückführbare Gewalt. So merkte auch der Abgeordnete *Brissot* negativ an, dass die Reihenfolge der Kompetenzverteilung im Falle der französischen Verfassung verkehrtherum vonstattengegangen sei. Anstatt in einem ersten Schritt festzustellen, dass die Macht der Krone von der Nation abgeleitet werde, bevor ihre Vererbbarkeit und Unteilbarkeit festgestellt werde,[407] wurde 1789 in einem Dekret zur Verfassung angenommen, in dem der Thron als unteilbar und vererbbar bestätigt wurde.[408] Diese Verkehrung der logischen Reihenfolge, betreffend des Ausgangspunkts der Staatsgewalt, spielt zwar im späteren Diskurs keine große Rolle mehr – eine Ableitung der Macht des Königs von der Souveränität des Königs wird wohl fingiert.[409] Die Verabschiedung dieses Dekretes war bei der tatsächlichen Einführung der Verfassung im Jahr 1791 aus anderem Grund sehr umstritten. Da der Thron erheblich an Prestige verloren hatte, etwa durch die versuchte Flucht des Königs im Juni 1791, schien die Notwendigkeit der Verankerung seiner Macht bereits fraglich.[410] Es stand also vielmehr die Frage der Adoption einer konstitutionellen Monarchie gegenüber einer Republik im Raum. Im August 1791 wurde das Dekret dann leichtverändert angenommen. Die Unteilbarkeit der Krone blieb aber Bestandteil der Norm. Auch wenn ihre Macht von dem Willen des Volkes abhing, das diese auch wieder entziehen konnte.[411] Die moderaten Kräfte der *Assemblée* (wie *La Fayette* oder *Barnave*) hatten also die Überhand in der Einführung dieses Artikels.[412]

---

[405] Vgl. *Debbasch,* Le principe révolutionnaire d'unité et d'indivisibilité de la République, 1988, S. 66; J.-J. *Mounier,* Rapport de M. Mounier chargé de préparer le travail de la constitution, lors de la séance du 9 juillet 1789, 09.07.1789, S. 214.

[406] *Debbasch,* Le principe révolutionnaire d'unité et d'indivisibilité de la République, 1988, S. 66ff.

[407] *Debbasch,* Le principe révolutionnaire d'unité et d'indivisibilité de la République, 1988, S. 67; *Archives parlementaires,* Appel nominal sur la proposition du Président de statuer par appel nominal sur la question de l'inviolabilité de la personne du roi et de l'indivisibilité du trône, lors de la séance du 17 septembre 1789, 17.09.1789, S. 25.

[408] Vgl. *Archives parlementaires,* Appel nominal sur la proposition du Président de statuer par appel nominal sur la question de l'inviolabilité de la personne du roi et de l'indivisibilité du trône, lors de la séance du 17 septembre 1789, 17.09.1789, S. 25.

[409] *Debbasch,* Le principe révolutionnaire d'unité et d'indivisibilité de la République, 1988, S. 67f.

[410] *Debbasch,* Le principe révolutionnaire d'unité et d'indivisibilité de la République, 1988, S. 68; vgl. auch *Michelet,* Histoire de la révolution française, 1952, 328-239; *Baker* in Furet/Ozouf (Hrsg.), Dictionnaire critique de la révolution française, 1992, S. 179 (180f.).

[411] *Godechot,* La pensée révolutionnaire en France et en Europe, 1964, S. 145f.

[412] *Barnave et al.,* Suite de la discussion du projet de décret concernant les événements relatifs à l'évasion du roi et de la famille royale, lors de la séance du 15 juillet 1791, 1787-1860, S. 318; *Debbasch,* Le principe révolutionnaire d'unité et d'indivisibilité de la République, 1988, S. 68.

Im *Ancien Régime* wurde die Rechtsprechung in der Person des Königs geeint.[413] Richter waren Organe des Königs, ihre Entscheidungsbefugnis leitete sich aus seiner Staatsgewalt ab und er war es auch, der Entscheidungen aussetzen oder überstimmen konnte. Die Einheit des Rechts wurde durch ihn gewahrt.[414] Ein Berufungs- oder Revisionsgericht existierte zu dieser Zeit nicht. Um einen künftigen Machtmissbrauch durch den Souverän zu verhindern, sollte – quasi an Stelle des Königs zuvor – ein Kassationsgericht eingeführt werden.[415] Dieses wurde in die Verfassung von 1791 in Art. 19 des Titels III aufgenommen, indem zeitgleich gesichert wurde, dass nicht mehrere Gerichtsbarkeiten entstehen – die Einheit also gewahrt bleibt.[416] Die rechtssprechende Gewalt leitete sich, wie die anderen Gewalten, aus der Nation, also der Staatsgewalt des Volkes ab.[417] Das Kassationsgericht sollte die Einheit der Nation widerspiegeln, indem nur ein solches Gericht für das gesamte Königreich existierte.[418] *Robespierre* war sogar der Meinung, dass eine Vereinheitlichung der Justiz „zum Verschwinden des Begriffs der Gerichtsbarkeit führe", denn „die Gerichte seien verantwortlich für die Anwendung des Rechts nicht für ihre Erarbeitung."[419]

bb) Die Einung des Staatsgebiets

Während der Revolution wurde das Königreich aufgeteilt, um die politische Einheit effizienter voranzutreiben. Dies mag auf den ersten Blick paradox erscheinen, insbesondere vor dem Hintergrund, dass die Verfassung die Unteilbarkeit des Territoriums bekundete.[420] Dieser scheinbare Widerspruch zwischen unteilbarem Staatsgebiet nach der Verfassung und Unterteilung des Königsreichs durch den Gesetzgeber, löst sich jedoch auf, wenn man beachtet, dass es sich um eine rein administrative Unterteilung des Gebiets des Königreichs handelte.[421] Überraschend scheint jedoch, dass dieselben Erwägungen wie sie in heutiger Zeit bestehen, zwischen Autonomiewillen einzelner Regionen und Einheitswillen des Staates, bereits 1791 Gegenstand des Diskurses um das Prinzip des Unteilbarkeit bildeten. Dies wirft die

---

[413] *Debbasch,* Le principe révolutionnaire d'unité et d'indivisibilité de la République, 1988, S. 69.

[414] *Debbasch,* Le principe révolutionnaire d'unité et d'indivisibilité de la République, 1988, S. 68f.

[415] *Debbasch,* Le principe révolutionnaire d'unité et d'indivisibilité de la République, 1988, S. 69; *Gouttes et al.,* Suite de la discussion sur l'organisation judiciaire, sur le tribunal de cassation ou de grands-juges, lors de la séance du 8 mai 1790, 08.05.1790, S. 432.

[416] *Debbasch,* Le principe révolutionnaire d'unité et d'indivisibilité de la République, 1988, S. 69; vgl. auch *Gouttes et al.,* Suite de la discussion sur l'organisation judiciaire, sur le tribunal de cassation ou de grands-juges, lors de la séance du 8 mai 1790, 08.05.1790, S. 432.

[417] *Debbasch,* Le principe révolutionnaire d'unité et d'indivisibilité de la République, 1988, S. 68.

[418] *Debbasch,* Le principe révolutionnaire d'unité et d'indivisibilité de la République, 1988, S. 69.

[419] *Debbasch,* Le principe révolutionnaire d'unité et d'indivisibilité de la République, 1988, S. 69f.

[420] *Debbasch,* Le principe révolutionnaire d'unité et d'indivisibilité de la République, 1988, S. 71; *Rabaud de Saint Etienne, Jean-Paul,* Réflexions sur la nouvelle division du royaume par M. Rabaud de Saint-Etienne, en annexe de la séance du 12 novembre 1789, 12.11.1789, S. 37.

[421] *Debbasch,* Le principe révolutionnaire d'unité et d'indivisibilité de la République, 1988, S. 71ff.; *Sillery*/E.-J. *Sieyès,* Reprise de la discussion sur l'organisation du pouvoir législatif et la sanction royale, lors de la séance du 7 septembre 1789, 07.09.1789, S. 597.

Frage auf, ob das Prinzip bereits seit seiner Einführung in sich widersprüchlich und zum Scheitern verurteilt war. Oder war der Wiederspruch zur damaligen Zeit noch politisch begründbar, ist dies heute eventuell aber nicht mehr?[422] Ob die Unteilbarkeit und Einheit des Staates aber schon in ihrem Ursprung fehlerhaft war, ist hier zu klären.

In der Formulierung der ersten Verfassung „das Königreich ist unteilbar" bezog sich die Unteilbarkeit vorrangig auf das Königreich als Territorium, weniger als Bekundung einer bestimmten Herrschaftsform.[423] Die Organisation des Staates in der Verfassung von 1791 ist ein Vorläufer ihrer Regelung in der heutigen Verfassung. Wie die Gesetzesbegründung darlegt, wurde in einem ersten Schritt das Territorium für unteilbar erklärt. Es handelt sich somit um eine der ersten Anknüpfungen des Unteilbarkeitsprinzips an das Staatsgebiet.[424] Der Einheitsstaat wird bekundet. In einem zweiten Schritt wird bekundet, dass Frankreich in 83 Départements unterteilt wird, diese wiederum in Distrikte und Kantone zu unterteilen sind.[425] Dies widerspricht allerdings nicht der Unteilbarkeit und Einheitlichkeit des Staatsgebiets, da die Gebietskörperschaften der nationalen Staatsgewalt unterworfen sind. Ihre Existenz leitet sich demnach nur aus der Existenz des Königreichs ab. So gab es die Notwendigkeit das Staatsgebiet in administrative Untereinheiten zu zerteilen. Dies sollte aber nicht dazu führen, dass sich aus der Verfassung ein Föderalismus ableiten ließe. Um letzteres sicherzustellen wurde Art. 1 der Verfassung, der die Einheit und Unteilbarkeit bekundet, mit in der Verfassung aufgenommen und dient bis heute als Vorbild für die Formulierungen der folgenden Verfassungen.[426]

Darüber hinaus war das Ziel der administrativen Unterteilung des Staatsgebiets dem Grunde nach, die nationale Einheit zu fördern.[427] Es erschien besser, die neuen Werte von Demokratie und Gleichheit auf einer niedrigschwelligen Ebene durchzusetzen, die näher am einzelnen Bürger war. So erklärte auch *Rabaut-Saint Étienne*, dass es sich hierbei nicht um eine Unterteilung des Staatsgebiets handle, denn die Teile eines Körpers blieben Teile dieses Körpers, auch wenn sie sich untereinander unterscheiden.[428] *Sieyès* und andere Vertreter der Verfassungskomitees stellen

---

[422] Vgl. zur heutigen Lage: B., VI.

[423] *Debbasch,* Le principe révolutionnaire d'unité et d'indivisibilité de la République, 1988, S. 79.

[424] *Thouret,* Lecture de l'article 1er du titre II du projet de Constitution, lors de la séance du 9 août 1791, 09.08.1791, S. 301; *Debbasch,* Le principe révolutionnaire d'unité et d'indivisibilité de la République, 1988, S. 78f.

[425] *Thouret,* Lecture de l'article 1er du titre II du projet de Constitution, lors de la séance du 9 août 1791, 09.08.1791, S. 301; laut Aulard waren es 81 départements, vgl. *Aulard,* Études et Leçons sur la Révolution Française, 1913, S. 57.

[426] Vgl. *Debbasch,* Le principe révolutionnaire d'unité et d'indivisibilité de la République, 1988, S. 79; *Thouret,* Lecture de l'article 1er du titre II du projet de Constitution, lors de la séance du 9 août 1791, 09.08.1791, S. 301.

[427] *Debbasch,* Le principe révolutionnaire d'unité et d'indivisibilité de la République, 1988, S. 71.

[428] *Debbasch,* Le principe révolutionnaire d'unité et d'indivisibilité de la République, 1988, S. 71; *Rabaud de Saint Etienne, Jean-Paul,* Réflexions sur la nouvelle division du royaume par M. Rabaud de Saint-Etienne, en annexe de la séance du 12 novembre 1789, 12.11.1789, S. 39.

Bemühungen an, um die nationale Einheit einerseits und lokale Freiheiten andererseits unter einen Hut zu bekommen.[429] Es ist wichtig, dass zum damaligen Zeitpunkt Einheit nicht mit Zentralisierung gleichzusetzen ist. Denn die nationale Einheit ist noch zerbrechlich und soll nicht durch eine vorschnelle Entmachtung der Regionen in Frage gestellt werden.[430] Zwischen dem Interesse der Verfassungsgeber, die Nation zu einen, indem alle Staatsgewalt auf allein den Staat übertragen wird,[431] und dem fortbestehenden – wohl auf die lange feudalistische Tradition zurückzuführenden – Autonomiewillen einzelner Regionen, wird durch die Übertragung von Administrativbefugnissen auf dezentralisierte Gebietskörperschaften Rechnung getragen.[432] Neu ist insbesondere, dass die alten Länder verschwinden und ersetzt werden durch rein administrative Entitäten.[433] Hier ist ein Unterschied zu der Übertragung der Administrativbefugnisse auf Gebietskörperschaften während der V. Republik zu sehen, da hier ein Mehr an Befugnissen auf die Körperschaften übertragen wird, während in der konstitutionellen Monarchie Befugnisse, insbesondere Legislativbefugnisse genommen wurden.

Die Übertragung der Staatsgewalt auf ein Rechtssubjekt, den Staat, hatte das Ziel für politische Einheit zu sorgen.[434] Die Werte der Revolutionär:innen sind sicher dann im ganzen Staatsgebiet verbreitet, wenn sie durch einen einzigen Hoheitsträger umgesetzt werden, aus dessen Existenz sich der Bestand aller nachgeordneten Hoheitsträger ableitet. Die neuen Werte lagen hier insbesondere in der Gleichheit und der Demokratie.[435]

Entgegen der Stimme *Mirabeaus* im Verfassungskomitee traf letzteres die Entscheidung für Auslegung der Einheit (*unité*) des Landes im Sinne einer Einheitlichkeit (*uniformité*). So sollten lokalen Bräuchen und Gegebenheiten im geeinten Königreich keine entscheidende Rolle mehr zugeteilt werden.[436] Insbesondere dem Prinzip der Gleichheit könne bei einer Auslegung der Einheit im Sinne der *uniformité* besser Rechnung getragen werden.[437] In dieser Entscheidung der *Assemblée* ist eine Weichenstellung für das Prinzip der Einheit und Unteilbarkeit zu sehen. So wird

---

429 *Debbasch,* Le principe révolutionnaire d'unité et d'indivisibilité de la République, 1988, S. 72.

430 *Debbasch,* Le principe révolutionnaire d'unité et d'indivisibilité de la République, 1988, S. 72; vgl. auch *Rabaud de Saint Etienne, Jean-Paul,* Réflexions sur la nouvelle division du royaume par M. Rabaud de Saint-Etienne, en annexe de la séance du 12 novembre 1789, 12.11.1789, S. 39.

431 *Mirabeau,* Motion de M. le comte de Mirabeau tendant à proroger les municipalités existantes, lors de la séance du 3 novembre 1789, 03.11.1789, S. 654.

432 *Debbasch,* Le principe révolutionnaire d'unité et d'indivisibilité de la République, 1988, S. 72.

433 *Debbasch,* Le principe révolutionnaire d'unité et d'indivisibilité de la République, 1988, S. 73; vgl. auch *Sillery*/E.-J. *Sieyès,* Reprise de la discussion sur l'organisation du pouvoir législatif et la sanction royale, lors de la séance du 7 septembre 1789, 07.09.1789, S. 593.

434 *Debbasch,* Le principe révolutionnaire d'unité et d'indivisibilité de la République, 1988, S. 73.

435 Vgl. *Debbasch,* Le principe révolutionnaire d'unité et d'indivisibilité de la République, 1988, S. 71.

436 *Debbasch,* Le principe révolutionnaire d'unité et d'indivisibilité de la République, 1988, S. 75; *Target et al.,* Discussion sur la nouvelle division territoriale du royaume, lors de la séance du 3 novembre 1789, 03.11.1789, 354ff, 359.

437 *Debbasch,* Le principe révolutionnaire d'unité et d'indivisibilité de la République, 1988, S. 76f.

das Prinzip nun eindeutig nicht im Sinne der von *Platon* und später das christliche Bild vertretenen und mit dem Pluralismus vereinbaren Doktrin gesehen, nach der die Einung von Vielheit ausreiche. Stattdessen ist das Prinzip der Gleichheit ausschlaggebend dafür, dass das Unteilbarkeitsprinzip innerhalb von kürzester Zeit einen erheblichen Wandel erfährt: Von feudalem Prinzip zu Revolutionären, Prärepublikanischem und schlussendlich republikanischem Prinzip.

c) Zwischenergebnis: Die Nation als Motor von Einheit und Unteilbarkeit

Die konstitutionelle Monarchie stellte für die Herbeiführung der Republik einen notwendigen Zwischenschritt dar. Für die Unteilbarkeit bedeutet dies, dass ihr Bezugspunkt während dieser Zeit ambivalent war. Unabhängig davon, ob während dieses Jahres (September 1791 bis September 1792) das Königreich oder die Nation, repräsentiert durch das Parlament im Sinne von Art. 2, Titel III der Verfassung, unteilbar waren, ist in jedem Fall zum Ende der konstitutionellen Monarchie nur noch die Nation unteilbar. Die Nation ist eine Gruppe, die sich freiwillig[438] den gleichen Rechten[439] eines Hoheitsträgers unterwirft und in einem begrenzbaren Staatsgebiet angesiedelt ist.[440] Die Kodifizierung der Unteilbarkeit und Einheit der Nation stellt den Ursprung der Verfassungsrechtlichen Verankerung des Unteilbarkeitsprinzips in seiner revolutionären und republikanischen Form dar. Sie führte zu einer Umformulierung des Prinzips innerhalb von nur einem Jahr (September 1791-September 1792) im Laufe der Verfassung der konstitutionellen Monarchie.

Die Krone wird im Verlaufe der konstitutionellen Monarchie endgültig entmachtet,[441] während die Souveränität der Nation gestärkt wird und damit auch die Unteilbarkeit der Nation (also des Volkes) erschaffen wird.[442] Um dies zu erreichen, wird zum einen vor Einführung der konstitutionellen Monarchie die Nationalversammlung geeint, indem die Stände abgeschafft werden sowie die Vertreter hier nicht nur ihre eigene Wählerschaft, sondern die gesamte Bevölkerung vertreten.[443] Zum anderen fungierte der König als Symbolfigur, welcher der Nation als ihr gemeinsames Bezugsobjekt dienen sollte und sie damit einen sollte.[444] **Die Einheit**

---

[438] Vgl. *Sieyès,* Qu'est-ce que le Tiers-état ?, 3. Aufl. 1789, S. 82; auch in: *Noiriel,* Population, immigration et identité nationale en France, 2005, S. 9; so ähnlich vgl. auch: *Debbasch,* Le principe révolutionnaire d'unité et d'indivisibilité de la République, 1988, S. 50.

[439] Vgl. *Noiriel,* Population, immigration et identité nationale en France, 2005, S. 9.

[440] *Sieyès,* Qu'est-ce que le Tiers-état ?, 3. Aufl. 1789, S. 38.

[441] *F. Lemaire,* Le principe d'indivisibilité de la République, 2010, S. 43.

[442] *F. Lemaire,* Le principe d'indivisibilité de la République, 2010, S. 44.

[443] Vgl. hierzu *Hintze,* Staatseinheit und Föderalismus im alten Frankreich und in der Revolution, 1928, S. 122.

[444] *Debbasch,* Le principe révolutionnaire d'unité et d'indivisibilité de la République, 1988, S. 56; *marquis de Ferrières,* Opinion de M. de Ferrières sur la situation présente du roi et du royaume, en annexe de la séance du 13 juillet 1791, 13.7.1791, S. 247.

(und Unteilbarkeit) der Nation wurde als „Motor" gesehen, der die Werte der Revolution umsetzen sollte.[445]

Der dogmatische Aufwand, der die Weiterführung der Unteilbarkeit in der konstitutionellen Monarchie begründen soll, umfasst zum einen die Bindung der Abgeordneten an den – nicht nur temporären – Willen einer unteilbaren Nation.[446] Zum anderen werden auch die Einführung der Gewaltenteilung über den argumentativen Umweg der einheitlichen Rückführung auf die Nation als mit der Unteilbarkeit vereinbar angesehen.[447] Zudem wurde das Staatsgebiet für unteilbar und einheitlich erklärt, obwohl es eine administrative Unterteilung des Gebiets gibt. Dies macht deutlich, dass Spannungen zwischen der einheitlichen und unteilbaren Herrschaftsausübung und praktische Erwägungen regionaler Autonomie (erleichterte Umsetzung bestimmter Regelungen vor Ort) seit jeher angelegt sind und nicht erst unter der Verfassung der V. Republik entstanden.[448] Um lokale Besonderheiten zu vermeiden, wurde die Einheit im Sinne einer Einheitlichkeit (*uniformité*) ausgelegt,[449] dies schuf auch Kohärenz mit dem Wert der Gleichheit, dem über die Einheit und Unteilbarkeit Rechnung getragen werden sollte. Fraglich ist hier, inwiefern die Einheitlichkeit der Machtausübung zur heutigen Zeit noch demselben Zweck entspricht wie bei seiner Einführung. Zu dieser Zeit konnte das Streben nach nationaler Einheit – unter der Prämisse der Gründung der Nation – mit der Erreichung der Ziele der Revolution gerechtfertigt werden. Die neu errungenen Werte von Gleichheit und Demokratie[450] sollten über den nationalen Staatsapparat im Königreich verbreitet werden. Ein föderaler Aufbau des Landes hätte diesen Bestrebungen eindeutig entgegengestanden. Es ergibt sich die Frage, ob dieses Ziel auch in der V. Republik noch besteht, oder ob an seine Stelle ein anderes Ziel tritt, dass mit der Einheit des Staates verfolgt werden soll.[451]

5. Unteilbarkeit zur Verwirklichung revolutionärer Werte: Freiheit, Gleichheit, Brüderlichkeit – und Unteilbarkeit?

Wie bereits herausgebildet, ist ein Grund für die Positivierung der Einheit und Unteilbarkeit in die konstitutionelle Monarchie die Umsetzung der Werte der Revolution. Neben der demokratischen Ordnung[452] taucht als zentraler Wert immer wieder die Gleichheit der Bürger auf.[453] Welche Zusammenhänge zwischen

---

445 *Debbasch,* Le principe révolutionnaire d'unité et d'indivisibilité de la République, 1988, S. 39.

446 *Michelet,* Histoire de la révolution française, 1952, S. 328; *F. Lemaire,* Le principe d'indivisibilité de la République, 2010, S. 45; *Debbasch,* Le principe révolutionnaire d'unité et d'indivisibilité de la République, 1988, S. 60.

447 *Debbasch,* Le principe révolutionnaire d'unité et d'indivisibilité de la République, 1988, S. 61.

448 Vgl. hierzu im Detail Gliederungspunkt B., VI.

449 *Debbasch,* Le principe révolutionnaire d'unité et d'indivisibilité de la République, 1988, S. 75.

450 Vgl. *Debbasch,* Le principe révolutionnaire d'unité et d'indivisibilité de la République, 1988, S. 71.

451 Dazu vertieft Punkt B., IV., 1.

452 Dies wurde bereits in Punkt A., III., 4. ausführlich erörtert wurde

453 Vgl. *Aulard,* Etudes et leçons sur la Révolution Française (1910), 2011, S. 6ff.

Unteilbarkeit und Gleichheit bestehen (d) und wie die Gleichheitstheorie von den Revolutionären – auch im Zusammenhang mit dem republikanischen Ausspruch von „Freiheit, Gleichheit und Brüderlichkeit“[454] – gesetzgeberisch umgesetzt wurde (a)-(c) ist unerlässlich, um zu verstehen, weshalb das Prinzip der Unteilbarkeit bis heute Eingang in Verfassungstexte findet.

a) Freiheit als Wiederspruch zu Gleichheit und Brüderlichkeit?

Bereits Art. 1 der Erklärung der Menschen- und Bürgerrechte statuierte, dass alle Menschen vor dem Gesetz frei und gleich seien. Damit setzt er die beiden Begriffe also in einen Sinnzusammenhang. 1791 wurden Freiheit und Gleichheit gemeinsam als oberste Zielvorstellungen der Verfassung in die Präambel mitaufgenommen: „alle Institutionen, die die Rechtsfreiheit und -gleichheit verletzen, werden abgeschafft“[455] und auch damit konzeptionell miteinander verbunden. Interessant an dieser Interpretation von Gleichheit und Freiheit ist aber, dass über eine lange Zeit diese beiden Begriffe als Gegensätze einander gegenüberstanden. So wird an vielen Stellen behauptet, es habe eine Revolution der Freiheit und eine Revolution der Gleichheit gegeben, die der Freiheit habe 1789 bereits Erfolg gehabt, die der Gleichheit erst 1792.[456] Auch können die sonst einheitlich als Dreiklang verwendeten Begriffe, von Freiheit, Gleichheit und Brüderlichkeit, im historischen Verlauf als gegensätzliche Prinzipien gesehen werden. Gleichheit bedeute demnach die Ablehnung der Freiheit – denn ein Gesetz, das sich darauf richtet, Ungleichheiten zu beseitigen beschränkt zunächst die individuelle Freiheit.[457] Ebenso stammt der Begriff der Brüderlichkeit aus der Zeit des Terrors 1793[458], welcher mit starken Freiheitsverkürzungen verknüpft war.[459] Während die Freiheit nach dieser Betrachtungsweise an die Individualität Einzelner und die unbegrenzte Entfaltung ihrer Persönlichkeit anknüpft, ist die Gleichheit auf die Einheitsbildung und gerade im Gegenteil, nicht auf individuelle Freiheitsentfaltungen gerichtet. In diesem Sinne ist auch der Begriff der Brüderlichkeit, als im Grunde freiheitsfeindlich zu interpretieren. Um die Übereinstimmung einzelner mit „der Nation, dem Vaterland, der Republik“ zu demonstrieren, bildeten sich etwa bestimmte Kleidungsgewohnheiten sowie eine Sprechweise heraus. Diese Einheitsbildung führte zur Herausbildung des Begriffs der Brüderlichkeit („*fraternité*“),[460] der in republikanischen Kreisen viel

---

454 *Fabre* in Mathieu/Verpeaux (Hrsg.), La République en droit français, 1996, S. 37 (38).
455 Constitution de 1791.
456 *Bosc* in *Belot* (Hrsg.), Tous républicains !, 2011, S. 153 (155); *Fortunet* Communications 2000, 105 (110); *Ozouf* in Furet/Ozouf (Hrsg.), Dictionnaire critique de la Révolution Française, 1992 (199f.).
457 *Bosc* in *Belot* (Hrsg.), Tous républicains !, 2011, S. 153 (155); vgl. so ähnlich auch: *Fortunet* Communications 2000, 105 (106).
458 *Jouët,* De l'Évolution de l'idée d'égalité dans le droit public français, 1909, S. 118.
459 *Bosc* in *Belot* (Hrsg.), Tous républicains !, 2011, S. 153 (155).
460 *Fortunet* Communications 2000, 105 (109); zum Begriff der fraternité ausgehend von der fête de la fédération, vgl. *Michelet,* Histoire de la révolution française, 1952, S. 328f.

Anklang fand und insbesondere durch *Robespierre* in den Dreiklang von Freiheit, Gleichheit und Brüderlichkeit eingebracht wurde.[461]

Es lassen sich mehrere „Etappen" während der Revolution ausmachen: Zunächst wurden eine verfassungsgebende Gewalt und eine Legislative instauriert, um die Freiheit zu stärken. Zwar wurde der dritte Stand durch die Fusionierung der Stände am 27. Mai 1789 immer einflussreicher,[462] jedoch bestand weiterhin eine Diskriminierung im Wahlrecht, welches für die Wahlberechtigung ein bestimmtes Steueraufkommen (sog. *Censitaire*) voraussetze.[463] Denn obwohl schon hier Privilegien des Adels und Klerus abgelegt wurden (spätestens aber durch die Dekrete des 4. bis 11. Augusts 1789[464]),[465] herrschten insbesondere im Stand des Bürgertums an das jeweilige Einkommen geknüpfte Ungleichheiten. Auch wurde die Gleichheit in den Dekreten aus dem August 1789 nie positiv festgestellt.[466] So ist teilweise auch vom „vierten Stand"[467] oder von „beiden Klassen oder genauer gesagt beiden Teile[n] der Klasse"[468], dessen Spaltung sich „vom ersten Tag [ab der Aberkennung der Privilegien des Klerus und Adels] an bemerkbar macht"[469]. Die Bürger[470] waren also noch nicht gleich.[471] Die zweite Revolution bezog sich sodann auf die Gleichheit und wurde am 10. August 1792 umgesetzt, als die *Assemblée nationale* unter allgemeinem Wahlrecht („*suffrage universel*") gewählt wurde.

---

461 *Gouvernement français,* La petite histoire de la devise « Liberté, Égalité, Fraternité », https://www.info.gouv.fr/actualite/la-petite-histoire-de-la-devise-française-liberte-egalite-fraternite; *Aulard,* Etudes et leçons sur la Révolution Française (1910), 2011, S. 10.

462 *Jouët,* De l'Évolution de l'idée d'égalité dans le droit public français, 1909, S. 117.

463 *Fortunet* Communications 2000, 105 (107); *Bosc* in *Belot* (Hrsg.), Tous républicains !, 2011, S. 153 (155); *Aulard,* La devise: Liberté, Égalité, Fraternité, S. 8; in diesem Sinne auch *Jouët,* De l'Évolution de l'idée d'égalité dans le droit public français, 1909, S. 120; *Aulard,* Etudes et leçons sur la Révolution Française (1910), 2011, S. 8.

464 *Caporal,* L'affirmation du principe d'égalité dans le droit public de la Révolution française (1789-1799), 1995, S. 28.

465 Vgl. *Jouët,* De l'Évolution de l'idée d'égalité dans le droit public français, 1909, S. 117.

466 *Caporal,* L'affirmation du principe d'égalité dans le droit public de la Révolution française (1789-1799), 1995, S. 28.

467 *Jouët,* De l'Évolution de l'idée d'égalité dans le droit public français, 1909, S. 119.

468 *Louis,* Histoire du socialisme français, 1901, S. 31; diskriminiert wurden darüber hinaus auch Schwarze Menschen (insbesondere in den Überseekörperschaften) und Hausangestellte: *Caporal,* L'affirmation du principe d'égalité dans le droit public de la Révolution française (1789-1799), 1995.

469 *Louis,* Histoire du socialisme français, 1901, S. 31; diskriminiert wurden darüber hinaus au*Caporal,* L'affirmation du principe d'égalité dans le droit public de la Révolution française (1789-1799), 1995, S. 53ff..

470 In diesem Abschnitt wird keine inklusive Form verwendet, da die Assemblée im Sommer 1789 beschloss die Gleichheit nicht auf Frauen auszuweiten, vgl. *Caporal,* L'affirmation du principe d'égalité dans le droit public de la Révolution française (1789-1799), 1995, S. 54f.; vertieft hierzu auch: *Garaud,* La Révolution et l'égalité civile, 1953.

471 *Fortunet* Communications 2000, 105 (107); *Bosc* in *Belot* (Hrsg.), Tous républicains !, 2011, S. 153 (155); *Aulard,* La devise: Liberté, Égalité, Fraternité, S. 8; in diesem Sinne auch *Jouët,* De l'Évolution de l'idée d'égalité dans le droit public français, 1909, S. 120; *Aulard,* Etudes et leçons sur la Révolution Française (1910), 2011, S. 8.

Erst 1948 wurden die Begriffe von Freiheit, Gleichheit und Brüderlichkeit gemeinsam in einem Rechtstext genannt.[472] 1793 unter der Terrorherrschaft wurde durch den Bürgermeister von Paris *Jean-Nicolas Pache* der Ausspruch „Einheit, Unteilbarkeit der Republik, Freiheit, Gleichheit, Brüderlichkeit oder der Tod", welcher an öffentlichen Gebäuden platziert wird, populärer.[473]

b) Rousseaus Gleichheitsbegriff: Freiheit und Gleichheit sind untrennbar

Die in der Revolution geprägte Anschauung vom Begriff der Gleichheit – der ein Hauptziel des Prinzips der Unteilbarkeit darstellt – vereint die Begriffe der Freiheit und Gleichheit, indem sie auf die Lehren *Rousseaus* zurückgreift[474]. Im Rahmen dessen bildete sich das – auch für das heutige Verständnis maßgebliche – Fundament der französischen und europäischen Gleichheitsrechte heraus.[475] Im Ausgangspunkt ist auch der Gleichheitsgedanke ein christlicher, sind demnach doch alle Menschen vor Gott gleich. Im Mittelalter wurde dieses Konzept jedoch überlagert von der sozialen Wirklichkeit eines hierarchisch und auf Ungleichheit beruhenden Systems.[476] Die Entwicklung individueller Gleichheit von einem christlichen Konzept hin zu einem weltlichen, modernen[477] Rechtsprinzip, lässt sich in seinen naturrechtlichen Ursprüngen begründen. Dieses bezieht sich „zunächst [...] auf Individuen, die nach dem Abbild Gottes erschaffen wurden und später auf Individuen und ihre Vernunftbegabung."[478]

Das Gleichheitsgebot von 1789, das an erster Stelle der Erklärung der Menschen- und Bürgerrechte stand, wirkt in seiner Grundform bis heute – etwa bei der Menschenrechtserklärung der vereinten Nationen von 1948 – fort. Es drückt einen „universellen Individualismus" aus, bekundet also einerseits die Gleichheit des Individuums und hat andererseits eine universelle Ausprägung und ist auf alle

---

[472] *Aulard,* Etudes et leçons sur la Révolution Française (1910), 2011, S. 6.

[473] *Gouvernement français,* La petite histoire de la devise « Liberté, Égalité, Fraternité », https://www.info.gouv.fr/actualite/la-petite-histoire-de-la-devise-française-liberte-egalite-fraternite.

[474] Vgl. zur Berücksichtigung *Rousseaus* bei der Ausarbeitung der Erklärung der Menschen- und Bürgerrechte von 1789 auch: *Edel,* Le principe d'égalité dans la Convention européenne des droits de l'homme – Contribution à une théorie générale du principe d'égalité, 2007, 2003, S. 140ff.

[475] *Edel,* Le principe d'égalité dans la Convention européenne des droits de l'homme – Contribution à une théorie générale du principe d'égalité, 2007, S. 38; *Jouanjan,* Le principe d'égalité devant la loi en droit allemand, 1992.

[476] *Edel,* Le principe d'égalité dans la Convention européenne des droits de l'homme – Contribution à une théorie générale du principe d'égalité, 2007, S. 40.

[477] *Edel,* Le principe d'égalité dans la Convention européenne des droits de l'homme – Contribution à une théorie générale du principe d'égalité, 2007, S. 40; *Renaut,* L'individu, 1995, S. 18ff.

[478] *Wachsmann,* Libertés publiques, 9. Aufl. 2021, S. 21f.; auch zitiert in *Edel,* Le principe d'égalité dans la Convention européenne des droits de l'homme – Contribution à une théorie générale du principe d'égalité, 2007, S. 40.

Individuen anwendbar.[479] „Adressaten der Gleichheit sind Einzelne, die Gleichheit jedes Einzelnen ist gleichbedeutend mit der Gleichheit aller."[480] Die Rede ist von einer freiheitlichen Gleichheit („*égalité libérale*").[481] „Die Gleichheit ist also gleichzeitig Grenze und Inhalt der Freiheit, denn die Freiheit des Einen darf nicht zum Nachteil eines anderen ausgeübt werden, sie besteht nicht tatsächlich, wenn sie nicht allen zusteht."[482] *Rousseau* arbeitet zwei Voraussetzungen der Gleichheit heraus: Kein Individuum darf in seinen Rechten über einem anderen stehen (für alle müssen also die gleichen Rechte gelten) und alle Individuen sind derselben Hoheitsgewalt unterworfen, welche Gesetze erlässt.[483]

Gleichheit ist im historischen Wörterbuch der Revolution als Rechtsgleichheit definiert, wonach für alle Bürger dieselben Rechte gelten „ob Sie diesen schützen oder bestrafen sollen." Somit wird vererbten Ungleichheiten eine Absage erteilt und die Freiheit der individuellen Entfaltung begründet.[484] Ausgehend von *Rousseaus* Text zu den Ursprüngen der Ungleichheit der Menschen,[485] spielen die Prinzipien von Gleichheit und Freiheit durch ihre Aufnahme in die Erklärung von 1789 nicht nur in rechtlicher Hinsicht eine wichtige Rolle, sie schlagen sich auch – spätestens 1792[486] – in der Gesellschaft und im Selbstverständnis der Einzelnen nieder.[487] So lautet Art. 1 der Erklärung der Menschen- und Bürgerrechte: „Die Menschen sind und bleiben von Geburt frei und gleich an Rechten. Soziale Unterschiede dürfen nur im gemeinen Nutzen begründet sein."[488] Die beiden Bekundungen von „Freiheit und Gleichheit entflammen auf einmal das Herz ganz Frankreichs."[489] Es lässt sich hieraus eine neue soziale Ordnung ableiten, in der sich Unterschiede zwischen

---

479 *Edel,* Le principe d'égalité dans la Convention européenne des droits de l'homme – Contribution à une théorie générale du principe d'égalité, 2007, S. 39ff.; vgl. dazu auch: *Barthélemy/Duez,* Traité de droit constitutionnel, 1985, S. 65.

480 *Edel,* Le principe d'égalité dans la Convention européenne des droits de l'homme – Contribution à une théorie générale du principe d'égalité, 2007, S. 41.

481 *Edel,* Le principe d'égalité dans la Convention européenne des droits de l'homme – Contribution à une théorie générale du principe d'égalité, 2007, S. 38; vgl. auch *Barthélemy/Duez,* Traité de droit constitutionnel, 1985, S. 65.

482 *Wachsmann,* Libertés publiques, 9. Aufl. 2021, S. 217.

483 *Bacot* in Guilielmi, Gilles/Koubi, Geneviève (Hrsg.), L'égalité des chances, Analyses, évolutions, perspectives, 2000, S. 11ff.

484 *Soboul/Suratteau/Gendron,* Dictionnaire historique de la Révolution Française, op. 2005, S. 220.

485 *Rousseau,* Discours sur l'origine et les fondements de l'inégalité parmi les hommes, suivi de La reine fantasque, 1755.

486 Siehe weiter oben in diesem Abschnitt A., III., 5., a).

487 Vgl. *Fortunet* Communications 2000 (105).

488 Übersetzung übernommen aus: https://www.conseil-constitutionnel.fr/de/erklaerung-der-menschen-und-buergerrechte-vom-26-august-1789; es ist unklar ob mit „hommes" aus der französischen Fassung Menschen oder nur Männer gemeint sind. Die Existenz der eigenen déclaration des droits de la femme et de la cotoyenne aus dem Jahr 1791, spricht dafür, dass die die Erklärung von 1789 wohl nur an Männer gerichtet ist.

489 *Fortunet* Communications 2000 (105); der Conseil d'État auf der anderen Seite spricht von einer „Magie" der Worte „Freiheit und Gleichheit".

Individuen „nur aus ihrem Nutzen für die Gemeinschaft“[490] ergeben, im Sinne einer Meritokratie.[491] Es handelt sich seit der Aufnahme der Gleichheit in die Erklärung der Menschen und Bürgerrechte von 1789 um eine „Rechtsgleichheit, nicht um eine faktische Gleichheit“[492] und so ist sie auch mit dem Gedanken der Meritokratie vereinbar. Die Begriffe der Freiheit und der Gleichheit stehen hier insofern in untrennbarem Zusammenhang, als erst durch die Chancengleichheit die Freiheit besteht innerhalb der neuen sozialen Ordnung die eigene Persönlichkeit und Stellung zu entwickeln.[493] Allen Bürger:innen *(citoyen·ne·s)* stehen der Theorie nach, die Rechte der Freiheit und Gleichheit zu.[494] Mit dem Prinzip der Gleichheit wird auch die Uniformität und Einheit aller Bürger:innen bekundet – unabhängig „von persönlichen Eigenschaften, Alter, Geschlecht, sozialer Situation oder Vermögen“[495].

Gewährt werden soll eine Gesetzesgleichheit, bei der diejenigen künftig profitieren, die entsprechend den revolutionären Werten handeln.[496] Eingeführt werden soll also keine Einheitlichkeit unter den Bürger:innen (*„uniformité“*), sondern eine Einheit der anwendbaren Gesetze.[497] Diese Gesetzeseinheit wird mit dem Prinzip der Unteilbarkeit gestärkt, durch welches im gesamten Herrschaftsgebiet eine einzelne Staatsgewalt Gesetze erlässt, die für alle Bürger:innen gelten sollen.

c) Ausprägungen des revolutionären Gleichheitsprinzips

Die Gleichheitslehre der Revolution stützt sich auf die Ideen der Philosophen des 18. Jahrhunderts – insbesondere *Rousseau* – wandelt diese aber ab, um sie auf das juristische und politische System anzupassen.[498] So entspricht es auch *Rousseaus* Lehren, dass echte Freiheit nur dann bestehen könne, wenn kein Individuum im Rang über einem anderen stünde.[499] Das Gleichheitsprinzip der Revolution liegt den konstitutionalistischen Gleichheitssätzen in Frankreich und Deutschland heute zugrunde.[500] Es lassen sich hierbei– so *Edel* – drei Grundlinien herausstellen, die auch heute noch Gegenstand des Gleichheitsprinzips der V. Republik sind: erstens die universelle Anwendbarkeit des Gleichheitsrechts bezogen auf ihre Träger:innen,

---

490 *Fortunet* Communications 2000 (105).
491 *Fortunet* Communications 2000, 105 (106).
492 *Pontier* L'Actualité Juridique du Droit Administratif 2021 (233).
493 *Fortunet* Communications 2000, 105 (106).
494 *Fortunet* Communications 2000, 105 (106ff.); auch bezüglich des Begriffs der „Bürger" besteht jedenfalls die Möglichkeit, dass hiermit auf alle Geschlechter Bezug genommen werden sollte, weshalb hier und im folgenden Abschnitt die geschlechtergerechte Form verwendet wird, vgl. *Dhoquois* Les cahiers du CEDREF 1993, 91 (13f.)
495 *Fortunet* Communications 2000, 105 (107).
496 Vgl. hierzu *Daunou*, in: *Assemblée nationale,* Douzième Annexe, 17.04.1793, S. 350.
497 Vgl. *Fortunet* Communications 2000, 105 (109).
498 *Jouët,* De l'Évolution de l'idée d'égalité dans le droit public français, 1909, S. 115.
499 *Viola* in Hecquard-Théron/Krynen (Hrsg.), Regards critiques sur quelques (r)évolutions récentes du droit, 2005, S. 601 (2).
500 *Jouanjan,* Le principe d'égalité devant la loi en droit allemand, 1992, S. 29; auch: *Edel,* Le principe d'égalité dans la Convention européenne des droits de l'homme – Contribution à une théorie générale du principe d'égalité, 2007, S. 37.

zweitens bezogen auf die sich hieraus ergebenden Pflichten und drittens ein sich daraus ableitendes Gleichbehandlungsgebot.[501]

aa) Universelle Anwendbarkeit der Gleichheit

Da alle Menschen gleich sind – so die Philosophen der Aufklärung – hat auch jeder Einzelne Anspruch auf Freiheit. Nach der Philosophie der Revolutionäre wird dieser Universalismus auf das Rechtssystem angewendet: nicht mehr die Menschheit in ihrer Gänze wird angesprochen, (so auch in Art. 1 der Erklärung der Menschen- und Bürgerrechte), sondern die Subjekte eines Rechtssystems – also alle Bürger Frankreichs[502]. So lautet es in Art. 6 DDHC „alle Menschen sind in den Augen des Gesetzes gleich."[503]

Unterschieden wird zwischen politischer und rechtlicher Gleichheit.[504] Für erstere braucht es den Begriff der *citoyeneté* um politische Teilhabe zu erlangen.[505] Laut *Robespierre* bestünde diese Gleichheit aus der Natur des Mannes heraus, „unabhängig von seiner physischen Kraft oder seiner Moral".[506] Somit grenzt sich hier – angetrieben von *Robespierre* – die revolutionäre Auffassung von derer *Rousseaus* ab, indem nicht mehr von einer grundsätzlichen Ungleichheit ausgegangen wird, die durch die Gesellschaft (und damit auch den Gesetzgeber) ausgeglichen werden muss. Stattdessen wird von einer ursprünglichen Gleichheit ausgegangen, die vor dem Missbrauch etwa durch den Stand des Adels geschützt werden muss.[507] Gleich ist also nur, wer *citoyen·ne·s* ist – so auch Art. 6 der Erklärung. Unterschieden wird insofern aber zwischen aktiven Bürgern und passiven Bürger:innen. Aktiv sind in diesem Fall nur *weiße*[508], katholische Männer*, mit einem bestimmten Einkommen.[509] Arme Männer werden in der Logik der Revolution ebenfalls von einer

---

[501] *Edel,* Le principe d'égalité dans la Convention européenne des droits de l'homme – Contribution à une théorie générale du principe d'égalité, 2007, S. 38.

[502] S.o., hiermit sind vorliegend jedoch nur *weiße*, katholische Männer* umfasst: *Caporal,* L'affirmation du principe d'égalité dans le droit public de la Révolution française (1789-1799), 1995, S. 49ff.

[503] *Edel,* Le principe d'égalité dans la Convention européenne des droits de l'homme – Contribution à une théorie générale du principe d'égalité, 2007, S. 42.

[504] *Jouët,* De l'Évolution de l'idée d'égalité dans le droit public français, 1909, S. 117.

[505] *Caporal,* L'affirmation du principe d'égalité dans le droit public de la Révolution française (1789-1799), 1995, S. 48; *Jouët,* De l'Évolution de l'idée d'égalité dans le droit public français, 1909, S. 127.

[506] *Jouët,* De l'Évolution de l'idée d'égalité dans le droit public français, 1909, S. 127; so auch später *Wachsmann,* Libertés publiques, 9. Aufl. 2021, S. 216; auch Sieyès beschreibt es anders „Es gibt große Ungleichheiten zwischen den Menschen. Die Natur macht aus den einen Starke und aus den anderen Schwache", *Sieyès,* Mémoire préliminaire à la Constitution, lu le 21 juillet 1789 : exposition des droits de l'homme et du citoyen par Sieyès, 1789, S. 257.

[507] *Jouët,* De l'Évolution de l'idée d'égalité dans le droit public français, 1909, S. 127; *Buonarroti,* Conspiration pour l'égalité dite de Babeuf, S. 19.

[508] Um zu verdeutlichen, dass es bei dem Wort *weiß* nicht um eine Hautfarbe, sondern um eine Machtposition innerhalb der Gesellschaft sowie gesellschaftliche Zuschreibungen geht, wird der Begriff hier und im Folgenden klein und kursiv geschrieben.

[509] *Caporal,* L'affirmation du principe d'égalité dans le droit public de la Révolution française (1789-1799), 1995, S. 48ff.; vertieft auch: *Garaud,* La Révolution et l'égalité civile, 1953.

politischen Gleichheit ausgeschlossen, denn – so *Rabaut Saint-Etienne* – "Eigentum charakterisiert den Bürger, denn Arbeit ist eine der obersten bürgerlichen Tugenden."[510] Politische Rechte können nur ausgeübt werden, sofern eine aktive Bürgerschaft besteht. Nur dieser aktive Teil der Bevölkerung wird als Inhaberin der Volkssouveränität angesehen. Die restlichen Bevölkerungsteile hingegen sind lediglich Rechtssubjekte und „ausgeschlossen von der Nation."[511] Es besteht also ein nicht zu ignorierender Widerspruch zu Art. 6 der Erklärung der Menschen- und Bürgerrechte, welcher nicht nur die Gleichheit aller Bürger:innen feststellt, sondern auch die Zusammensetzung der Volksvertretung vom Willen aller Bürger abhängig macht, egal, ob diese einen aktiven oder passiven Status innehaben.[512] Die Debatte zur Ausformung der Souveränität in Zusammenhang mit aktiver und passiver Bürgerschaft muss für die Beantwortung der vorliegenden Frage – der Inhalte der Gleichheit nach revolutionärer Doktrin – jedoch nicht geklärt werden, da in jedem Fall feststeht, dass eine politische Gleichheit zwischen den Bürger:innen Frankreichs ab 1789 nicht gegeben war.[513]

Die Gleichheit der Bürger:innen vor dem Gesetz – also die rechtliche Gleichheit der Bürger – ergibt sich ebenfalls aus Art. 6 der Erklärung der Menschen- und Bürgerrechte,[514] so auch der *Conseil constitutionnel* in seiner Entscheidung von 1980.[515] „Es [das Recht] muss für alle dasselbe sein."[516] Auch wenn anfangs umstritten,[517] wird die Rechtsgleichheit nach und nach die Hauptausformung der Gleichheit im Sinne der Revolutionäre. Dies hänge – so *Caporla* – vor allem damit zusammen,

---

[510] *Saint-Étienne,* Projet du comité de Constitution de deux articles supplémentaires au décret sur l'organisation de la force publique, lors de la séance du 6 décembre 1790, S. 252; so auch schon: *Caporal,* L'affirmation du principe d'égalité dans le droit public de la Révolution française (1789-1799), 1995, S. 56.

[511] *Caporal,* L'affirmation du principe d'égalité dans le droit public de la Révolution française (1789-1799), 1995, S. 56.

[512] *Caporal,* L'affirmation du principe d'égalité dans le droit public de la Révolution française (1789-1799), 1995, S. 57.

[513] So entscheidet sich etwa auch *Caporal,* in *Caporal,* L'affirmation du principe d'égalité dans le droit public de la Révolution française (1789-1799), 1995, S. 57; hier bezogen auf: *Hauriou,* Précis de droit constitutionnel, S. 638ff.; sowie auf: *Carré de Malberg,* Contribution a la Theorie Generale de l'Etat: Specialement d'apres les Donnees Fournies par le Droit Constitutionnel Français, 1920, S. 243f.; vgl. hierzu außerdem: *Castor* Revue française de droit constitutionnel 2012, 1 (16).

[514] *Caporal,* L'affirmation du principe d'égalité dans le droit public de la Révolution française (1789-1799), 1995, S. 61; die Umstrittenheit der Gleichheit vor dem Gesetz zeigt sich auch darin, dass diese Ausdrücklich nur in der Menschenrechtserklärung in der Version der Bergbartei, in Art. 3 der Erklärung vom 24. Juni 1793, aufzufinden war, nicht jedoch in den Texten der Girondisten oder der Thermidorianer; vgl. auch: *Jouanjan,* Le principe d'égalité devant la loi en droit allemand, 1992, S. 36.

[515] Conseil constitutionnel, 19.12.1980, Décision n° 80-125 DC; so auch schon: *Jouanjan,* Le principe d'égalité devant la loi en droit allemand, 1992, S. 36.

[516] Déclaration des Droits de l'Homme et du Citoyen de 1789 vom 26.08.1789, https://www.legifrance.gouv.fr/contenu/menu/droit-national-en-vigueur/constitution/declaration-des-droits-de-l-homme-et-du-citoyen-de-1789.

[517] Die Umstrittenheit der Gleichheit vor dem Gesetz zeigt sich auch darin, dass diese Ausdrücklich nur in der Menschenrechtserklärung in der Version der Bergbartei, in Art. 3 der Erklärung vom 24. Juni 1793, aufzufinden war, nicht jedoch in den Texten der Girondisten oder der Thermidorianer *Jouanjan,* Le principe d'égalité devant la loi en droit allemand, 1992, S. 36.

dass die revolutionären Kräfte das positive Recht mit der symbolischen Dimension des Rechts vermischten.[518] Zum ersten Mal ausdrücklich Eingang in das Gesetz, findet die Formulierung der „Gesetzesgleichheit“ in der Verfassungscharta vom 04. Juni 1814.[519] Zuvor lautete die Formulierung in Art. 6 der Erklärung von 1789, dass alle Bürger „in den Augen des Gesetzes“ gleich seien.[520] Daneben wird auch teilweise die Formulierung der bürgerlichen Gleichheit („*egalité civile*“) verwendet, die ebenfalls an eine Gleichheit nach dem Gesetz anknüpft.[521] Die Gesetzesgleichheit sollte Privilegien beseitigen.[522] Es sollten in einem generellen Sinne alle Privilegien abgeschafft werden, womit – entsprechend der Theorie *Rousseaus*[523] – diejenigen Ungleichheiten gemeint sind, die nicht in einer besonderen Charaktereigenschaft eines Individuums (etwa eines Talents) begründet sind.[524] Sie wirkt auf individueller Ebene.[525] Da die Menschen gleich geboren werden, sind sie bereits in den Augen des Rechts gleich, auch wenn sie bezogen auf ihre Mittel eventuell ungleiche Voraussetzungen haben.[526] „Das Recht der Gleichheit, bezieht sich in erster Linie auf den Kampf gegen unechte, künstliche Ungleichheiten“[527] nicht also auf jene, die bereits von Natur aus bestanden.[528] Die liberale Gleichheit meint hierbei, dass eine neutrale Sphäre geschaffen wird, in der Individuen frei handeln können und Ungleichbehandlungen nur dann gerechtfertigt sind, wenn dies gerecht ist.[529] Aus dieser freiheitlichen Gleichheit lässt sich auch die „Autonomie der Gesellschaft gegenüber dem Staat ableiten.“[530]

---

[518] *Caporal,* L'affirmation du principe d'égalité dans le droit public de la Révolution française (1789-1799), 1995, S. 62.

[519] *Jouanjan,* Le principe d'égalité devant la loi en droit allemand, 1992, S. 36; Charte constitutionnelle du 4 juin 1814; vgl. hierzu schon früher, Daunou, in: *Assemblée nationale,* Douzième Annexe, 17.04.1793, S. 350.

[520] Déclaration des Droits de l'Homme et du Citoyen de 1789 vom 26.08.1789, Art. 6 S. 4, Déclaration des Droits de l'Homme et du Citoyen de 1789; *Jouanjan,* Le principe d'égalité devant la loi en droit allemand, 1992, S. 36f.

[521] *Jouanjan,* Le principe d'égalité devant la loi en droit allemand, 1992, S. 37; *Baecque* (Hrsg.), L'an 1 (premier) des droits de l'homme, S. 156.

[522] *Jouanjan,* Le principe d'égalité devant la loi en droit allemand, 1992, S. 38.

[523] Vgl, auch *Soboul/Suratteau/Gendron,* Dictionnaire historique de la Révolution Française, op. 2005, S. 220.

[524] *Jouanjan,* Le principe d'égalité devant la loi en droit allemand, 1992, S. 39; *Baecque* (Hrsg.), L'an 1 (premier) des droits de l'homme, S. 47.

[525] *Jouanjan,* Le principe d'égalité devant la loi en droit allemand, 1992, S. 38; *Hauriou,* Précis de droit constitutionnel, S. 638.

[526] *Jouanjan,* Le principe d'égalité devant la loi en droit allemand, 1992, S. 38; *Rials* (Hrsg.), La déclaration des droits de l'homme et du citoyen, S. 594.

[527] *Jouanjan,* Le principe d'égalité devant la loi en droit allemand, 1992, S. 38.

[528] *Sieyès/Laclos,* Instructions envoyées par S. A. S. monseigneur le duc d'Orléans, à ses représentans aux bailliages, 1789, S. 16; *Jouanjan,* Le principe d'égalité devant la loi en droit allemand, 1992, S. 38; *Rials* (Hrsg.), La déclaration des droits de l'homme et du citoyen, S. 593f.

[529] *Baecque* (Hrsg.), L'an 1 (premier) des droits de l'homme, S. 118; *Jouanjan,* Le principe d'égalité devant la loi en droit allemand, 1992, S. 39; *Gauchet,* La révolution des droits de l' homme, 1989, S. 60.

[530] *Jouanjan,* Le principe d'égalité devant la loi en droit allemand, 1992, S. 39.

Durch die Herrschaft der Jakobiner erfuhr das Gleichheitsprinzip in seiner rechtlichen Dimension im Jahr 1793 nochmal einen neuen Auftrieb. Indem Gleichheit als ein Recht angesehen wird, wurde eine materielle Gleichheit herausgebildet, die sich – anders als noch zuvor, als es lediglich um die Abschaffung von Ungleichheiten durch das Gesetz ging – jedenfalls theoretisch[531] auf eine Chancengleichheit bzw. eine Gleichheit der Bedingungen ausweitet.[532] Hierbei werden aber nicht jegliche Ungleichheiten – etwa des Eigentums – ausgeglichen, sondern lediglich solche, die besonders schwerwiegen.[533] Eine tatsächliche Gleichheit der Bedingungen zwischen den Individuen[534] – als Träger des Gleichheitsrechts[535] – sollte demnach nicht umgesetzt werden.[536] Es gilt eine liberale Gleichheit.[537]

bb) Verpflichtung aus dem Gleichbehandlungsgebot

Nicht nur haben alle Individuen – auf die Art. 6 der Erklärung von 1789 Anwendung findet – ein Recht auf Gleichbehandlung,[538] auch ist der Gesetzgeber verpflichtet die Gesamtheit dieser Bürger gleich zu behandeln. Es müssen also Normen bestehen, die identisch auf die Bürger in gleicher Weise angewendet werden.[539] Während die Formulierung aus Art. 1 der Erklärung von 1789 die universelle „Gleichheit im Recht" also, dass alle Adressaten die gleichen Rechte habe (im Sinne von Bürgerrechten), regelt Art. 6 der Erklärung die „Gleichheit in den Augen des Gesetzes", gemeint ist also die Anwendbarkeit gleicher Gesetze auf alle (aktiven) Bürger.[540] Danach dürfen sich Gesetze nur auf die Gesamtheit des Sozialcorps beziehen (für den Gleichheit gelten soll). Solche „Gesetzesgleichheiten" sind bereits *in concreto* in Art. 6 der Erklärung von 1789 zu finden, in dem gleichen Zugang zu

---

531 Vgl. *Jouanjan,* Le principe d'égalité devant la loi en droit allemand, 1992, S. 42.

532 *Jouanjan,* Le principe d'égalité devant la loi en droit allemand, 1992, S. 41; vgl. auch: *Barthélemy/Duez,* Traité de droit constitutionnel, 1985, S. 345.

533 *Jouanjan,* Le principe d'égalité devant la loi en droit allemand, 1992, S. 42.

534 Sofern das Gleichheitsrecht auf sie anwendbar ist, s.o. Punkt (2).

535 *Edel,* Le principe d'égalité dans la Convention européenne des droits de l'homme – Contribution à une théorie générale du principe d'égalité, 2007, S. 41; *Colliard* (Hrsg.), La déclaration des droits de l'homme et du citoyen de 1789, S. 173.

536 *Jouanjan,* Le principe d'égalité devant la loi en droit allemand, 1992, S. 42.

537 Vgl. *Edel,* Le principe d'égalité dans la Convention européenne des droits de l'homme – Contribution à une théorie générale du principe d'égalité, 2007, S. 43.

538 *Edel,* Le principe d'égalité dans la Convention européenne des droits de l'homme – Contribution à une théorie générale du principe d'égalité, 2007, S. 41; *Colliard* (Hrsg.), La déclaration des droits de l'homme et du citoyen de 1789, S. 173.

539 *Edel,* Le principe d'égalité dans la Convention européenne des droits de l'homme – Contribution à une théorie générale du principe d'égalité, 2007, S. 43; *Jouanjan,* Le principe d'égalité devant la loi en droit allemand, 1992, S. 44ff.

540 *Edel,* Le principe d'égalité dans la Convention européenne des droits de l'homme – Contribution à une théorie générale du principe d'égalité, 2007, S. 44.

öffentlichen Ämtern geregelt wird sowie in Art. 13 der Erklärung, welcher die Steuergleichheit festschreibt.[541]
Die Zusammenschau von universeller Trägerschaft des Gleichheitsrechts[542] und einer Verpflichtung zur universellen Anwendung von Gesetzen ergibt demnach ein universelles Gleichbehandlungsgebot.[543] Dieses bildete die Grundlage für spätere Entwicklungen des Gleichheitsrechts in Frankreich.[544]

d) Auswirkungen der Ausgestaltung von Gleichheit auf die Unteilbarkeit

Aus dem Blickwinkel der Unteilbarkeit heraus, stellt das Recht bzw. das Prinzip der Gleichheit[545] das Zentrum der revolutionären Werte dar. Es handelt sich um eine liberale Gleichheit,[546] die – gestärkt durch Brüderlichkeit, welche die Gründung der Nation fördert, aber ansonsten keine rechtlichen, sondern mehr symbolische Bedeutungen hat[547] – als revolutionäres Ziel, mithilfe des Prinzips der Unteilbarkeit erreicht werden soll.[548]

So lautet es auch noch in der Präambel der Verfassung von 1791 „Die Nationalversammlung, die die französische Verfassung auf die soeben von ihr anerkannten und erklärten Grundsätze gründen will, schafft unwiderruflich die Institutionen ab, die die Freiheit und die Gleichheit der Rechte verletzten. Es gibt keinen Adel, keine Privilegien, keine Erbunterschiede, keine Standesunterschiede, kein Feudalsystem, keine Erbjustiz [...], es gibt weder für einen Teil der Nation noch für ein Individuum irgendwelche Privilegien oder Ausnahmen vom gemeinsamen Recht aller Franzosen."[549] Durch die Bezugnahme der „Teile der Nation" für die nun keine Privilegien

---

541 *Jouanjan,* Le principe d'égalité devant la loi en droit allemand, 1992, S. 39ff.; *Edel,* Le principe d'égalité dans la Convention européenne des droits de l'homme – Contribution à une théorie générale du principe d'égalité, 2007, S. 44f.; *Colliard* (Hrsg.), La déclaration des droits de l'homme et du citoyen de 1789, S. 140; *Teboul* in Debène/Teboul/Conac (Hrsg.), La déclaration des droits de l'homme et du citoyen de 1789, 1993 (140).

542 Zu den Einschränkungen s.o. Punkt b) in diesem Abschnitt.

543 *Edel,* Le principe d'égalité dans la Convention européenne des droits de l'homme – Contribution à une théorie générale du principe d'égalité, 2007, S. 38.

544 Vgl. *Edel,* Le principe d'égalité dans la Convention européenne des droits de l'homme – Contribution à une théorie générale du principe d'égalité, 2007, S. 38, demnach wurde mit dem Gleichheitsprinzip eine liberalistische Tradition begründet, welche bis 1850 ausschlaggebend war für die Ausgestaltung von Gleichheitsrechten; so ähnlich ist es auch in *Jouanjan,* Le principe d'égalité devant la loi en droit allemand, 1992, S. 29 beschrieben.

545 Vgl. *Jouanjan,* Le principe d'égalité devant la loi en droit allemand, 1992, S. 29ff., hier wird der Unterschied zwischen Gleichheit als supra-legislatives Prinzip und als Recht herausgebildet.

546 *Edel,* Le principe d'égalité dans la Convention européenne des droits de l'homme – Contribution à une théorie générale du principe d'égalité, 2007, S. 38.

547 Vgl. *Fortunet* Communications 2000, 105 (106).

548 Vgl. *Debbasch* in Mathieu/Verpeaux (Hrsg.), La République en droit français, 1996 (42).

549 Im Original lautet es hier: „L'Assemblée nationale voulant établir la Constitution française sur les principes qu'elle vient de reconnaître et de déclarer, abolit irrévocablement les institutions qui blessaient la liberté et l'égalité des droits. – Il n'y a plus ni noblesse, ni pairie, ni distinctions héréditaires, ni

mehr gelten, tritt der Zusammenhang mit dem Prinzip der Unteilbarkeit deutlich hervor. Die Theorie *Rousseaus*, wonach Gleichheit für alle gelten muss und durch einen einzigen Gesetzgeber, welcher universell anwendbare Gesetze erlässt, erreicht wird, wird gestärkt durch das Prinzip der Unteilbarkeit. Gleichheit – also die rechtliche Einheitlichkeit im gesamten Territorium[550] – ist die Zielvorstellung der Unteilbarkeit. Um diese zu begreifen, muss also die Ausgestaltung der Gleichheit begriffen werden.

Da die Gleichheit im Sinne einer *égalité libérale* begriffen wird, die Inhalt und Grenzen der Freiheit statuiert, ist die Unteilbarkeit ein Mittel, um die neue Sozialordnung der Meritokratie umzusetzen.[551] In dieser ergeben sich Unterschiede nur aus einem „Nutzen für die Gemeinschaft“ [552], also wenn Nachteile anderer in Betracht kommen. [553] Zusätzlich ist die Ausgestaltung der Universalität der Gleichheit durch die Revolutionäre sowie der Verpflichtung zur Gleichheit durch einen einheitlichen Gesetzgeber zu beachten. Bezüglich der Universalität der Adressat:innen der Gleichheit entschieden die Revolutionäre, dass diese nur auf aktive Bürger anwendbar ist.[554] Es besteht also ein entscheidender Unterschied zwischen der Theorie *Rousseaus* (welcher zwar nicht ausdrücklich äußert, was er unter „Bürger“ versteht, jedoch von einer Anwendbarkeit auf alle Individuen argumentiert) und der Umsetzung der Gleichheit durch die Revolutionäre. Nur das, was Bürger:innen bzw. die Nation – also das Volk, das zusammengehören möchte – ist, kann auch unteilbar sein. Das Bezugssubjekt der Unteilbarkeit richtet sich nach der Zielvorstellung der Unteilbarkeit, nämlich Einheitlichkeit durch Gleichheit herbeizuführen. Nur derjenige Teil der Gesellschaft ist unteilbar, der auch gleich ist. Veränderungen bezogen auf die Gleichheit ergeben damit auch Änderungen für die Unteilbarkeit. Demnach sind nur aktive Bürger Teil der Nation und nur auf diesen Teil der Bevölkerung bezieht sich die Unteilbarkeit.

Bezogen auf die zweite Komponente der Gleichheit nach *Rousseau*, entschieden sich die Revolutionäre, dass Gesetze von einem Gesetzgeber erlassen werden müssen und sich auf auf Gesamtheit der aktiven Bürger beziehen müssen.[555] Lokalrechte – wie diese etwa heute in der Region Elsass-Mosel vorhanden sind – stellten damit einen Verstoß gegen die Unteilbarkeit dar. Denn Gesetze mussten unterschiedslos im gesamten Territorium gelten.

---

distinctions d’ordres, ni régime féodal, ni justices patrimoniales [...], il n’y a plus, pour aucune partie de la Nation, ni pour aucun individu, aucun privilège, ni exception au droit commun de tous les Français“

550 *Edel,* Le principe d’égalité dans la Convention européenne des droits de l’homme – Contribution à une théorie générale du principe d’égalité, 2007, S. 43; *Jouanjan,* Le principe d'égalité devant la loi en droit allemand, 1992, S. 44ff.

551 *Fortunet* Communications 2000, 105 (106).

552 *Fortunet* Communications 2000 (105).

553 *Wachsmann,* Libertés publiques, 9. Aufl. 2021, S. 217.

554 Vgl. dazu im Detail in diesem Abschnitt Punkt c), aa).

555 *Edel,* Le principe d’égalité dans la Convention européenne des droits de l’homme – Contribution à une théorie générale du principe d’égalité, 2007, S. 38.

Im Folgenden stellt sich die Frage, ob eine Veränderung der Fassung des Gleichheitsprinzips auch zu Veränderungen bei der Unteilbarkeit führen.

6. Zwischenergebnis: die Unteilbarkeit in der konstitutionellen Monarchie

Trotz des kurzen Zeitraums von September 1791 bis September 1792, hat das Einheits- und Unteilbarkeitsprinzip während der Erarbeitung der ersten Verfassung ihre maßgebliche Ausrichtung und Ummünzung erfahren. Dies ist damit zu begründen, dass die Zeit der konstitutionellen eine Monarchie notwendige Vorstufe zu Republik darstellte. Die hier gewählte Ausrichtung des Unteilbarkeitsprinzips ist insofern wichtig, als sich in der konstitutionellen Monarchie der Zusammenhang mit dem Prinzip der Gleichheit entschied. Denn es wurde sich für eine *uniformité* und gegen eine Einheit als Vielheit entschieden, wie dies zuvor und zurückgehend auf die antiken und christlich-monarchischen Ursprünge der Unteilbarkeit noch denkbar war.[556] Der heute noch bestehende Konflikt zwischen lokaler Autonomie und nationaler Vereinheitlichung wurzelt also in der Umgestaltung des Landes durch die *Assemblée nationale*, die einen Verlust der lokalen Kompetenzen zur Folge hatte. Der Umstand, dass das Prinzip zur damaligen Zeit beibehalten wurde, hängt mit der Wichtigkeit des Nationsbegriffs aus Sicht der Revolutionäre zusammen. Die Nation als Staatsgewalt des Volkes muss mit dem politischen System des Staates vereint werden, damit die Demokratie als Staatsform umgesetzt werden konnte. Auch konnten die Prinzipien der Gleichheit und der Demokratie über ein einheitliches Zuordnungssubjekt der Staatsgewalt sicherer auf das gesamte Staatsgebiet übertragen werden.

IV. Republikanische Unteilbarkeit: Unteilbarkeit als „Essenz der republikanischen Verfassung"[557]

Auch wenn der Ursprung der Prinzipien von Einheit und Unteilbarkeit in der Monarchie liegt und dies auch in der ersten Verfassung von 1791 verankert wurde, wurden die Begriffe durch die Revolution überformt. Ihre verfassungsrechtlichen Ursprünge liegen im Absolutismus, ihr Inhalt wurde aber abgeändert.[558] Als die Republik am 22. September 1792 ausgerufen wurde,[559] wurde fast zeitgleich auch die Einheit und Unteilbarkeit dieser Republik bekundet.[560] Diese Bekundung erfolgte bewusst, denn es bestand die Angst, dass die Staatsform der Republik, mit der des

---

556 *Debbasch,* Le principe révolutionnaire d'unité et d'indivisibilité de la République, 1988, S. 75; vgl. *Bodin,* Les six livres de la république, 1593, S. 281; *Réal de Curban,* La science du gouvernement, 1762, S. 350ff.; *Plato/Rufener/Szlezák,* Der Staat, 2011, S. 290f.
557 *F. Lemaire,* Le principe d'indivisibilité de la République, 2010, S. 43.
558 *Debbasch,* Le principe révolutionnaire d'unité et d'indivisibilité de la République, 1988, S. 37.
559 *F. Lemaire,* Le principe d'indivisibilité de la République, 2010, S. 46.
560 *Debbasch,* Le principe révolutionnaire d'unité et d'indivisibilité de la République, 1988, S. 118.

Föderalismus verwechselt werde[561] – einen Umstand, den es zur Verbreitung der republikanischen Werte von Gleichheit und Demokratie zu verhindern galt. Denn Föderalismus wurde mit Ungleichheit und Monarchie in Verbindung gesetzt.[562] Somit wurden Einheit und Unteilbarkeit zum „Emblem" der Republik.[563] Der heutige symbolische

1. Unteilbarkeit als gemeinsamer Nenner der Revolutionär:innen

Die Abgeordneten der Nationalversammlung verkündeten einstimmig am 25. September die Einheit und Unteilbarkeit der Republik.[564] Ab diesem Zeitpunkt stellt dieses Verfassungsprinzip den Dreh- und Angelpunkt der neuen Verfassung und damit der Republik dar. Unabhängig von der politischen Gesinnung einzelner Abgeordneten, sind alle der Meinung, dass die Prinzipien in Abgrenzung zum *Ancien Régime* notwendig seien.[565] Sie werden als Mittel angesehen, um final mit der Königsherrschaft abzuschließen und die mit dem Ancien Régime verknüpften Staatsprinzipien – besonders den Föderalismus – hinter sich zu lassen.[566]

Trotz der Übereinstimmung der politischen Strömungen der Nationalversammlung bezogen auf die Einbeziehung des Verfassungsprinzips in der Republik, gab es weniger Einheit über seine inhaltliche Ausgestaltung. Jedenfalls ist dies der Vorwurf. Die maßgeblichen Gruppierungen, zwischen denen die inhaltliche Debatte über das Prinzip der Unteilbarkeit ausgetragen wird, sind die Girondisten einerseits und die Bergpartei *(montagnards)* andererseits.[567] Letztere werfen den Girondisten vor, sie wollen eine föderale Republik begründen.[568] Ihr Ziel sei es, die Départements gegen Paris aufzuhetzen.[569] So deklarierte etwa *Danton*, als politische Leitfigur der Bergpartei, es gäbe Menschen, die Frankreich unterteilen wollen. Diesen

---

561 *Debbasch,* Le principe révolutionnaire d'unité et d'indivisibilité de la République, 1988, S. 118.

562 *Daly* Social & Legal Studies 2015, 531 (461); so auch bereits erwähnt in: *M. Lasserre* in Sydow (Hrsg.), Französisches Verfassungsrecht im 21. Jahrhundert, 2022, S. 23 (30).

563 *Debbasch,* Le principe révolutionnaire d'unité et d'indivisibilité de la République, 1988, S. 115.

564 *F. Lemaire,* Le principe d'indivisibilité de la République, 2010, S. 47; vgl. auch *Debbasch,* Le principe révolutionnaire d'unité et d'indivisibilité de la République, 1988, S. 118.

565 *F. Lemaire,* Le principe d'indivisibilité de la République, 2010, S. 47.

566 *Daly* Social & Legal Studies 2015, 531 (461); so auch bereits erwähnt in: *M. Lasserre* in Sydow (Hrsg.), Französisches Verfassungsrecht im 21. Jahrhundert, 2022, S. 23 (30).

567 *Debbasch,* Le principe révolutionnaire d'unité et d'indivisibilité de la République, 1988, S. 117; vgl. hierzu auch: *Burdeau,* Liberté, Libertés Locales Chéries !, 1983, S. 37f., dieser erwähnt auch die *Sansculottes*, die im Diskurs zwischen Federalismus und Einheitsstaatlichkeit aber eine geringere Rolle einzunehmen scheinen; *Chevallier* in Queneau (Hrsg.), La France et les français, 1972, S. 1068 (1072); vgl. auch *Crook,* Le fédéralisme et le vote sur la constitution de 1793, 239; *Chevallier,* Histoire des institutions et des régimes politiques de la France de 1789 à nos jours, 6. Aufl. 1981, S. 68f.

568 So etwa *Saint-Just* in seiner Rede am 24.04.1793 zur Verfassung, zitiert in: *Godechot,* La pensée révolutionnaire en France et en Europe, 1964, S. 203; *Debbasch,* Le principe révolutionnaire d'unité et d'indivisibilité de la République, 1988, S. 132; *Marat* Journal de la république française 1972 (1); auch in: *Saint-Just* in Soboul (Hrsg.), Saint-Just, 1988 (94ff.); *Chevallier,* Histoire des institutions et des régimes politiques de la France de 1789 à nos jours, 6. Aufl. 1981, S. 69.

569 *Marat* Journal de la république française 1972 (1); auch zitiert in: *Debbasch,* Le principe révolutionnaire d'unité et d'indivisibilité de la République, 1988, S. 132.

Menschen müsse die Todesstrafe auferlegt werden, denn nur so könne man den Gedanken der Unterteilung Frankreichs beseitigen.[570] Inwiefern die Girondisten hingegen tatsächlich einen Föderalstaat einführen wollen[571] oder es sich bei *Dantons* Aussage in der Nationalversammlung um einen aus dem politischen Machtkampf erwachsenden Vorwurf handelt bleibt unklar.[572] Tatsächlich stimmten die Girondisten für die Prinzipien der Einheit und Unteilbarkeit, wie auch der Girondist *Brissot* in seiner Gegenrede in der Zeitschrift „*Le Patriote français*" verdeutlicht.[573] Tatsächlich lassen sich in den Äußerungen der Girondisten föderale Bestrebungen finden – jedoch sind diese auf die Übergangszeit bis zu dem Zeitpunkt gerichtet, zu dem Frankreichs sich eine „gute Verfassung" gibt und damit die 83 Départements Frankreichs eint.[574] Dies begründen sie – und insbesondere wohl *Gorsas* in dem *Courrier des département*[575] – mit einem Machtmissbrauch der Pariser Akteure.[576] Demzufolge schlage die Bergpartei selbst keine Maßnahmen vor die Einheit und Unteilbarkeit zu sichern und argumentiert folglich nur aus einer Gegenrede gegen die Girondisten und dem ihnen vorgeworfenen Föderalismus heraus. Indem sich der Autor des *Courrier des départements* auf renommierte Namen wie *Rousseau* und *Montesquieu* stützt, stellt er fest, dass keine Gründe dafür ersichtlich seien, dass Einheit nicht auch in einem föderativen Rahmen zu erreichen sei.[577] Auch die Gegenrede *Cloots* erkennt an, dass die genannten Namen den Föderalismus befürworteten, ist aber sicher, dass sich ihre Meinung geändert hätte, sofern sie heute noch leben würden.[578]

Die Unsicherheit darüber, ob Einheit und Föderalismus vereinbar gewesen wären und die Umstrittenheit dieser Frage trotz Übereinkunft bezüglich der Wichtigkeit nationaler Einheit, macht besonders deutlich, dass bereits zu diesem Zeitpunkt in erster Linie eine symbolische Bedeutung des Unteilbarkeitsprinzips verfolgt wurde.

---

570 *F. Lemaire,* Le principe d'indivisibilité de la République, 2010, S. 46; *Archives parlementaires,* Séance du mardi 25 Septembre 1792, 25.09.1792, S. 129ff.

571 Vgl. hierzu: *Godechot,* La pensée révolutionnaire en France et en Europe, 1964, S. 26.

572 Vgl. hierzu bezogen auf den *Montagnard Saint-Just*: *Godechot,* La pensée révolutionnaire en France et en Europe, 1964, S. 30; zum Versuch der Bergbartei die Girondisten unglaubwürdig erscheinen zu lassen vgl. außerdem: *Debbasch,* Le principe révolutionnaire d'unité et d'indivisibilité de la République, 1988, S. 132ff.

573 Die politischen Zeitschriften sind der Ort, an denen im Nachgang der Parlamentsdebatte die Diskussion weitergeführt wird; die Zeitschrift „Le Patriote français" wird in *Debbasch,* Le principe révolutionnaire d'unité et d'indivisibilité de la République, 1988, S. 33 zitiert.

574 Zu den divergierenden Meinungen betreffend eines französischen Föderalismus in der Nationalversammlung vgl. auch *Mirabeau* in Goubert/Denis (Hrsg.), 1789. Les Français ont la parole, 3. Aufl. 2013 (65f.).

575 *Gorsas* Le Courrier des Départements 1792.

576 *Gorsas* Le Courrier des Départements 1792 (79); zitiert in: *Debbasch,* Le principe révolutionnaire d'unité et d'indivisibilité de la République, 1988, S. 133.

577 Vgl. *Gorsas* Le Courrier des Départements 1792 (insbesondere 79); auch in: *Debbasch,* Le principe révolutionnaire d'unité et d'indivisibilité de la République, 1988, S. 133.

578 *Debbasch,* Le principe révolutionnaire d'unité et d'indivisibilité de la République, 1988, S. 133.

Eine Übereinkunft über den Inhalt des Unteilbarkeitsprinzips bestand nicht.[579] Ziel war es mit dem *Ancien Régime* abzuschließen.[580] In diesem Zusammenhang war das Unteilbarkeitsprinzip ein effizientes Mittel, dieses Ziel zu erreichen. Es wird zudem deutlich, wie prägend die Zeit der frühen Republik für die Ausgestaltung des Unteilbarkeitsprinzips war. Denn Einheit und Unteilbarkeit hätte sowohl föderalistisch als auch einheitsstaatlich im heutigen Sinne ausgelegt werden können. Auch damals war Vereinbarkeit von nationaler Einheit und Unteilbarkeit mit Föderalismus denkbar. Das Prinzip ist diesem Ansatz demnach nicht vollständig entgegengesetzt.

2. Unteilbarkeit als gelegenes Mittel zur Abgrenzung zum Absolutismus: Abwehr der Gefahren eines Regierungsumbruchs

Es kann davon ausgegangen werden, dass die Formulierung der einheitlichen und unteilbaren Republik auch gewählt wurde, da diese – bezogen auf das Königreich – bereits bekannt war.[581] So gab es noch Teile der Bevölkerung, denen der Begriff der Republik Angst bereitete.[582] Denn die Staatsform war unbekannt und stand unter dem Vorbehalt einer Annäherung an den föderalistischen Staat Amerikas.[583] Trotz der teilweise föderalistischen Ideen der Girondisten, wurde Föderalismus in der französischen Bevölkerung weitgehend als unvereinbar mit der Idee Frankreichs angesehen.[584] So war es sinnvoll durch den Rückgriff auf bereits aus der Monarchie bekannte Prinzipien, Unsicherheiten bezüglich der neu entstandenen Republik abzuschwächen.

Die Einheit und Unteilbarkeit der Republik wurden in einen quasi „sakralen“ Status erhoben, ohne das Prinzip aber mit Inhalt zu füllen.[585] Die Symbolkraft erwuchs aus dem Umstand, dass sich das Prinzip zeitgleich mit der Abschaffung der Monarchie neu bildete. Die Symbolkraft des Mords am König und die parallele Gefühlslage, dass das *Ancien Régime* hinter sich gelassen wurde, laden das Prinzip

---

579 *F. Lemaire,* Le principe d'indivisibilité de la République, 2010, S. 47.

580 *Burdeau,* Liberté, Libertés Locales Chéries !, 1983, S. 34ff.

581 *F. Lemaire,* Le principe d'indivisibilité de la République, 2010, S. 47.

582 *Aulard,* Histoire Politique de la Révolution Française, 1903, S. 273; auch zitiert in: *F. Lemaire,* Le principe d'indivisibilité de la République, 2010, S. 50.

583 Vgl. auch *Verpeaux* in Mathieu/Verpeaux (Hrsg.), La République en droit français, 1996, S. 19 (31).

584 *F. Lemaire,* Le principe d'indivisibilité de la République, 2010, S. 50; zu den Widerständen gegen den Unitarismus in einigen Teilen Frankreichs, insbesondere in Lyon und Toulon, auch nach Einführung der Verfassung von 1793, vgl. *Crook,* Le fédéralisme et le vote sur la constitution de 1793, 239.

585 *F. Lemaire,* Le principe d'indivisibilité de la République, 2010, S. 48; das zeigt etwa die *fête de l'unité et de l'Indivisibilité de la République*, die 1793 auf dem *place de la Bastille* gefeiert wurde, siehe *Ozouf,* La fête révolutionnaire : 1789-1799, 1976, S. 130ff.; vgl. auch *Aberdam,* Fête Parisienne et fêtes provinciales pour le dix août 1793, 229f.

symbolisch auf. Hierin ist auch der Unterschied zu den Unteilbarkeitsprinzipien anderer Länder (etwa denen Italiens, Spaniens oder Norwegens[586]) auszumachen.[587]

Eine solche Heraufbeschwörung eines symbolischen Begriffs, der die Bevölkerung einen sollte, war auch vor dem Hintergrund sinnvoll, als so die Angst vor einer Konterrevolution in Richtung Föderalismus oder Feudalismus (zwei Bewegungen, die nicht sauber getrennt wurden[588]) bzw. einer ausländischen Königsallianz im Inneren abgewehrt werden konnte.[589] Es wurde ein Risiko gesehen, dass die innere Unordnung – die mit dem Staatsumbruch zwangsläufig einhergehen musste – die aber als Föderalismus wahrgenommen wurde, zu einer Rückkehr zur Monarchie führen werde.[590] Gemäß *Burdeau* und *Royer* war Föderalismus entweder mit dem *Ancien Régime* oder mit Verrat an der Revolution gleichzusetzen.[591] Einerseits konnte die Gefahr insbesondere im Inneren so gut abgewehrt werden, zum anderen verfestigte die Wahrscheinlichkeit einer weiteren Revolution oder königlichen Übernahme, die Beachtung des Prinzips im inneren. Die Symbolkraft des Prinzips war demnach darauf gerichtet, äußeren wie inneren Bedrohungen zu trotzen, die aus der Monarchie hervorgehen. Einhergehend mit den Gefahren von Konterrevolutionen und einer ausländischen Königsallianz, hätte es in der jungen Republik auch zu politischer oder territorialer Zersplitterung sowie zum Verlust nationaler Unabhängigkeit oder Föderalismus kommen können.[592] Dies abzuwehren speist mehr und mehr die sozio-mentale Verknüpfung innerhalb Frankreichs zwischen dem Republikprinzip sowie der Einheit und Unteilbarkeit Frankreichs.[593] Der Ausspruch „Einheit des Vaterlands, Unteilbarkeit der Republik" sind die geflügelten Worte des Staatsumbruchs.[594] Sie wurden mit der Ablehnung des Föderalismus zum Leitmotiv

---

586 *Lemaire, Le principe d'indivisibilité de la République, 2010, S.*11; *Daly*, European Constitutional Law Review 2015, 458 (459).

587 *F. Lemaire,* Le principe d'indivisibilité de la République, 2010, S. 48.

588 *F. Lemaire,* Le principe d'indivisibilité de la République, 2010, S. 50; vgl. auch *Aulard,* Études et Leçons sur la Révolution Française, 1913, S. 127f.

589 *F. Lemaire,* Le principe d'indivisibilité de la République, 2010, S. 48.

590 *F. Lemaire,* Le principe d'indivisibilité de la République, 2010, S. 50.

591 *Burdeau,* Liberté, Libertés Locales Chéries !, 1983, S. 36ff. zum Abgrenzungswillen der Revolutionäre und später Republikaner gegenüber dem Ancien Régime, vgl. außerdem S. 34ff.; außerdem: *F. Lemaire,* Le principe d'indivisibilité de la République, 2010, S. 50.

592 *F. Lemaire,* Le principe d'indivisibilité de la République, 2010, S. 47; vgl. zur Verknüpfung von Republik und Einheitsstaatlichkeit auch *Michelet,* Histoire de la révolution française, 1952, S. 1192; *Chevallier,* Histoire des institutions et des régimes politiques de la France de 1789 à nos jours, 6. Aufl. 1981, S. 69; *Deslandres,* Histoire constitutionnelle de la France de 1789 à 1870, 1932, S. 211.

593 *F. Lemaire,* Le principe d'indivisibilité de la République, 2010, S. 48; vgl. Art. 1 Constitution du 5 Fructidor An III vom 22.08.1795; Art. 1 Constitution du 22 Frimaire An VIII vom 13.12.1799; Titel II der Präambel in Constitution de 1848, IIe République vom 28.10.1848; *Deslandres,* Histoire constitutionnelle de la France de 1789 à 1870, 1932, S. 347; vgl. auch *Chevallier,* Histoire des institutions et des régimes politiques de la France de 1789 à nos jours, 6. Aufl. 1981, S. 69.

594 Vgl. auch *F. Lemaire,* Le principe d'indivisibilité de la République, 2010, S. 49.

aller republikanischen Verfassungen, die zwischen 1793 und 1799 ausgearbeitet wurden, sowie in der Verfassung von 1848.[595]

3. Unteilbarkeit als „neues“ Republikanisches Prinzip

Die vorrangig symbolischen Veränderungen ziehen – wenn auch zeitverzögert – normative Veränderungen des Unteilbarkeitsprinzips mit sich. Dies wird insbesondere im Vergleich mit dem Prinzip des *Ancien Régimes* deutlich.

a) Symbolische Bedeutung

Durch die Löschung eines Teils des politischen Erbes des Unteilbarkeitsprinzips – nämlich der Monarchie – war es möglich dem Prinzip der Einheit und Unteilbarkeit einen vollständig neuen Rang zuzuschreiben.[596] Das Prinzip wurde auch als Mittel gesehen, um Ungleichheiten, Privilegien und jegliche anderen Besonderheiten, die mit dem *Ancien Régime* verknüpft waren, zu beseitigen.[597] Aus diesem Grund konnte das Prinzip durch die Erhebung in den neuen symbolischen Rang nicht mehr mit dem alten, monarchischen Prinzip der Unteilbarkeit gleichgesetzt werden.[598]

Das Prinzip erfährt also eine Umwidmung bezogen auf sein Ziel: Es wird als Symbol für den Kampf gegen das *Ancien Régime* und die hiermit verbundene Ungleichheit gesehen. Seine Einführung ist damit auch politisch-ideologisch. Das Prinzip als Symbol für den Kampf gegen das *Ancien Régime* vermischt sich mit dem universell nach der Revolution präsenten Gefühl des Kampfes des Volkes gegen Despotismus. Somit wird dem Prinzip in symbolischer Hinsicht ein neuer Aspekt verliehen, der unter der Monarchie noch nicht bestand und gerade während der konstitutionellen Monarchie noch nicht derart ausgeprägt war. Das Prinzip bezieht sich nunmehr nicht bloß normativ darauf, die Einheit der Staatsgewalt zu konstatieren.[599] Es soll auch nach außen gegenüber anderen Ländern die Bekundung des französischen Volkes verdeutlichen, das sich aus den „Ketten der Tyrannei lösen konnte“[600]. Dies sei auch für andere möglich.[601] Die Einheit und Unteilbarkeit ist

---

595 *F. Lemaire,* Le principe d'indivisibilité de la République, 2010, S. 50; vgl. Art. 1 Constitution du 5 Fructidor An III vom 22.08.1795; Art. 1 Constitution du 22 Frimaire An VIII vom 13.12.1799; Titel II der Präambel der Constitution de 1848, IIe République vom 28.10.1848.

596 *F. Lemaire,* Le principe d'indivisibilité de la République, 2010, S. 49.

597 *Monera* bezeichnet die Repbulik als „Antithese der Monarchie“, *Monera,* L'idée de République et la jurisprudence du Conseil constitutionnel, 2004, S. 22f. zur Abgrenzung von Republik und Monarchie über die republikanischen Prinzipien vgl. auch *Deswarte,* Essai sur la nature juridique de la République, 2003, S. 67ff.; vgl. hierzu auch im Detail Gliederungspunkt A., III., 5.

598 *F. Lemaire,* Le principe d'indivisibilité de la République, 2010, S. 49; vgl. *Michelet,* Histoire de la révolution française, 1952, S. 192ff.; zum Prinzip der Einheit als republikanisches Prinzip vgl. auch *Monera,* L'idée de République et la jurisprudence du Conseil constitutionnel, 2004, S. 27ff.

599 Vgl. in diesem Sinne noch Punkte I. und II. In diesem Abschnitt.

600 *F. Lemaire,* Le principe d'indivisibilité de la République, 2010, S. 49.

601 *F. Lemaire,* Le principe d'indivisibilité de la République, 2010, S. 49.

damit eine der Folgerungen des Rechts der Völker auf Selbstbestimmung, die es dem Volk ermöglicht, seine eigene politische Zukunft zu bestimmen.[602]

b) Normative Bedeutung

Bei der Übernahme der revolutionären Ideologie in die Republik ergaben sich zwei maßgebliche Fragen: Wer ist Träger der Staatsgewalt? Und wie wird die Staatsgewalt ausgeübt? Die erste Frage hängt damit zusammen, ob und wie man zwischen einer Staatsgewalt des Volkes und einer Staatsgewalt der Nation differenziert. Die zweite Frage ergibt sich aus der republikanischen Entscheidung für die Gewaltenteilung – einer „Pluralisierung der Staatsgewalt“[603].

aa) Unteilbarkeit des Volkes oder Unteilbarkeit der Nation? – Hinzutreten des Unteilbarkeitsgedankens bei der Definition des Nationsbegriffs in der Republik

Bereits im Ursprung ist die Differenzierung zwischen der Staatsgewalt des Volks und der Staatsgewalt der Nation uneinheitlich. Diese Ungleichheit der Argumentation zieht sich bis zu den Verfassungen der IV. und V. Republik fort, denen zufolge die „nationale“ Staatsgewalt vom „Volke“ ausgeht.[604] Die Ungenauigkeit geht bereits auf die Lehren *Sieyès'* und *Rousseaus* zurück, die in ihren Texten nicht klar zwischen der Souveränität des Volkes und der der Nation unterscheiden.[605] Wie oben bereits herausgearbeitet ergibt sich der Unterschied zwischen Nation und Volk aus dem Willen dieser, ein- und demselben Hoheitsträger unterworfen zu sein.[606] Diese Differenzierung führt in einem einzelnen Staat wie Frankreich jedoch nicht zu Unterschieden, denn das Volk Frankreichs hat sich einem Hoheitsträger unterworfen. Nation und Volk entsprechen sich also in diesem Fall. Ist also die Rede von der Souveränität des Volkes oder der Nation, muss ein weiteres Differenzierungskriterium hinzutreten.

Während der Revolution wurde ebenfalls nicht zwischen der Souveränität des Volkes und der Souveränität der Nation differenziert. 1789 wählte man die nationale Souveränität, während 1793 für die Souveränität des Volkes plädiert wurde – wenngleich diese auch keine Umsetzung fand.[607] Teilweise wird unter den

---

602 *F. Lemaire,* Le principe d'indivisibilité de la République, 2010, S. 49; in diesem Sinne auch: *Schmitt,* Théorie de la Constitution, 2013, S. 183f., obgleich *Schmitts* Aussagen aufgrund seiner NS-Vergangenheit zusätzlich zu reflektieren sind, sind seine Feststellungen hier zutreffend; auch: *Schmitt,* Verfassungslehre, 11. Aufl. 2017, S. 49ff.

603 *F. Lemaire,* Le principe d'indivisibilité de la République, 2010, S. 52; *Beaud* in Beaud (Hrsg.), Fédéralisme et fédération en France, 1999, S. 7 (44).

604 Art. 3 CF 1946 und 1958, *F. Lemaire,* Le principe d'indivisibilité de la République, 2010, S. 52.

605 Vertieft dazu *F. Lemaire,* Le principe d'indivisibilité de la République, 2010, S. 53f.; vgl. *Rousseau,* Du contrat social, 1896, S. 35ff.

606 Vgl. zur Definition der Nation in diesem Abschnitt Punkt III., 2.

607 *F. Lemaire,* Le principe d'indivisibilité de la République, 2010, S. 54f.; *Clere,* L'emploi des mots nation et peuple dans le langage politique de la Révolution Française (1789-1799), 51.

Revolutionären – etwa *Mirabeau* – dem Begriff des Volkes eine andere Bedeutung beigemessen als dem Begriff der Nation. Freilich gilt dies aber nicht für alle Beteiligten. So lassen sich auch Bekundungen der „*volonté du peuple*" (Wille des Volkes) finden sowie der Ausspruch „das Volk ist die Nation, und die Nation die die Zusammenkunft aller Individuen."[608] Auch die Präambel der Erklärung der Menschen und Bürgerrechte spricht von „Repräsentanten des *Volkes* in der *National*versammlung."[609] *Mirabeau* auf der anderen Seite tritt – nach anfänglicher synonymer Verwendung der Begriffe – nach und nach für eine Differenzierung ein. Er bekundet, dass der Begriff „*peuple*" Volk im Sinne des römischen Plebs zu verstehen ist und daher in Abgrenzung zum Klerus und Adel gerade auf die Teilbarkeit der Bevölkerung verweist.[610] Der Begriff der Nation wird daher nach dieser Ansicht als passender erachtet, um dem Umstand Rechnung zu tragen, dass gerade keine Untergruppen der im Staatsgebiet angesiedelten die Staatsgewalt innehaben sollen.[611]

Diese Uneindeutigkeit zieht sich durch die Analyse der Begriffe bis in die Gegenwart durch. In der Lehre wird der Trennung zum Teil eine entscheidende Bedeutung zuerkannt.[612] So wird bis heute teilweise davon ausgegangen, dass es sich bei der Souveränität des Volkes und der der Nation um voneinander abzugrenzende Theorien handelt.[613] Die Bekundung der Souveränität der Nation enthält dabei eine Negativdefinition.[614] Die Unteilbarkeit der Staatsgewalt spiegelt sich in dieser Auslegung derart wider, dass die Staatsgewalt bei der gesamten Nation verbleibt, nicht bei einzelnen Abgeordneten oder Individuen.[615] „Es wird gesprochen von der nationalen Staatsgewalt, so dass diese unteilbar der Nation als Ganzes zuzuordnen ist und nicht bezogen auf eine Einzelperson oder auf eine Gruppe innerhalb der Nation teilbar ist."[616] Die entscheidende Differenzierung ist darin zu sehen, dass die

---

608 Siehe J.-J. *Mounier et al.,* Suite de la discussion sur la permanence et l'organisation du pouvoir législatif et sur la sanction royale, lors de la séance du 5 septembre 1789, 05.09.1789, S. 583, „le peuple est la nation, et la nation est la collection de tous les individus" *F. Lemaire,* Le principe d'indivisibilité de la République, 2010, S. 55.

609 Déclaration des Droits de l'Homme et du Citoyen de 1789 vom 26.08.1789, https://www.legifrance.gouv.fr/contenu/menu/droit-national-en-vigueur/constitution/declaration-des-droits-de-l-homme-et-du-citoyen-de-1789; vgl. *F. Lemaire,* Le principe d'indivisibilité de la République, 2010, S. 55.

610 Vgl. auch *Clere,* L'emploi des mots nation et peuple dans le langage politique de la Révolution Française (1789-1799), 51, 58.

611 *F. Lemaire,* Le principe d'indivisibilité de la République, 2010, S. 55; vgl. in diesem Sinne auch *Sillery*/E.-J. *Sieyès,* Reprise de la discussion sur l'organisation du pouvoir législatif et la sanction royale, lors de la séance du 7 septembre 1789, 07.09.1789, S. 593; *Clere,* L'emploi des mots nation et peuple dans le langage politique de la Révolution Française (1789-1799), 51, 58, "le peuple désigne qu'une partie de la nation".

612 *F. Lemaire,* Le principe d'indivisibilité de la République, 2010, S. 56f.; *Clere,* L'emploi des mots nation et peuple dans le langage politique de la Révolution Française (1789-1799), 51, 58ff.

613 *F. Lemaire,* Le principe d'indivisibilité de la République, 2010, S. 56.

614 *F. Lemaire,* Le principe d'indivisibilité de la République, 2010, S. 56.

615 *Carré de Malberg,* Contribution à la Théorie générale de l'État - II, 1922, S. 173; *F. Lemaire,* Le principe d'indivisibilité de la République, 2010, S. 56.

616 *Carré de Malberg,* Contribution à la Théorie générale de l'État - II, 1922, S. 173, hier heißt es im Original „La souveraineté y est dite nationale, en ce sens qu'elle réside indivisiblement dans la nation tout entière, et non point divisément dans la personne, ni davantage dans aucun groupe, de nationaux"; auch zitiert in:

Staatsgewalt an ein abstraktes Gebilde angeknüpft ist, welches nicht das Volk ist und nicht unterteilt werden kann und dauernd erneuert im Ganzen besteht. Wenn also „Staats"-gewalt gleichbedeutend ist mit der Souveränität der Nation, da Souveränität – also die Macht und Rechte des Staates („Gewalt") – in der „Nation selbst" liegt,[617] dann ist auch für die Souveränität der Nation bedeutsam, dass der Staat und die Bevölkerung, die zu einem bestimmten Zeitpunkt in ihm angesiedelt ist, nicht identisch sind.[618] Denn, wäre dies der Fall, wäre die Staatsgewalt, die sich „über die Generationen hinweg erneuert, zerstört [...], denn die Souveränität die so ausgeübt werden kann, wäre ebenso kurzlebig, wie seine Zusammensetzung."[619] Statt an das sich stetig verändernde Volk wird somit an die „Gewalt" der Nation angeknüpft. Die Nation ist der Staat. Anders als *Rousseau* noch zu Beginn annahm, könne daher nicht an jedes Individuum als Inhaber der Staatsgewalt angeknüpft werden – unabhängig davon, ob man nun an das Volk als Träger der Staatsgewalt oder an die Nation anknüpft.[620]

Im Folgenden kann diese Frage auch dahinstehen, denn in jedem Fall ist beiden Ansichten – ob zwischen der Staatsgewalt des Volkes und der Staatsgewalt der Nation zu unterscheiden ist oder nicht – folgender Kerngedanke gemein: Die Staatsgewalt kommt einer abstrakten Entität zu. Diese darf nicht unterteilt werden. Sie kann weder einzelnen Organen noch Individuen und schon gar nicht einem König allein zukommen.[621]

Im Folgenden verweist der Begriff der Unteilbarkeit der Nation auf ebendiese Aussage und bildet den Anknüpfungspunkt der Souveränität in der ersten Republik. Der Begriff der Unteilbarkeit des Volkes ist hiervon im Folgenden zu differenzieren. Denn dieser steht gerade nicht in Zusammenhang mit der Souveränität[622] und wird der Deutlichkeit halber nur in diesem Abschnitt verwendet.[623] Dies entspricht auch der oben genannten Definition der Nation im Sinne einer Gruppe, die sich

---

F. Lemaire, Le principe d'indivisibilité de la République, 2010, S. 56; so ähnlich lautet es auch in: *Daunou,* Essai sur la constitution, 1793, S. 3f, hier ist die Rede von der Souveränität der Nation allein („*seule*").

617 *Carré de Malberg,* Contribution à la Théorie générale de l'État - I, 1920, S. 13; *F. Lemaire,* Le principe d'indivisibilité de la République, 2010, S. 56; *Rehm,* Allgemeine Staatslehre, 1899, S. 151f.

618 *F. Lemaire,* Le principe d'indivisibilité de la République, 2010, S. 56f.

619 *Bacot,* Carré de Malberg et l'origine de la distinction entre souveraineté du peuple et souveraineté nationale, 1985, S. 12; im Original heißt es hier: „la souveraineté de l'État, qui est censée s'imposer durablement à travers le renouvellement des générations serait détruite, si elle était entièrement attribuée au peuple contignent qui constitute son organe passager, puisque la souveraineté que ce dernier pourrait exerver sur ses membres, serait nécessairement aussi éphémère que sa composition"; auch zitiert in: *F. Lemaire,* Le principe d'indivisibilité de la République, 2010, S. 57.

620 *Rousseau,* Du contrat social, 1896, S. 35.

621 *F. Lemaire,* Le principe d'indivisibilité de la République, 2010, S. 57.

622 Vgl. hierzu die Gliederung des Abschnitts B., VI. in „2. Unteilbarkeit der Staatsgewalt" und „3. Unteilbarkeit des Staatsvolks".

623 Vgl. Dazu unten Abschnitt B., VI., 2., d).

freiwillig[624] den gleichen Rechten[625] eines Hoheitsträgers unterwirft und in einem begrenzbaren Staatsgebiet angesiedelt ist.[626]

bb) Ausübung der Staatsgewalt

Bereits in der Erklärung der Menschen- und Bürgerrechte (Art. 16) wurden die Unteilbarkeit und die Gewaltenteilung als Grundpfeiler – und daher miteinander vereinbare – Grundprinzipien der neuen politischen Ordnung anerkannt.[627] Die neue Souveränitätslehre der Republik – in der nun endgültig kein König mehr die Staatsgewalt innehat – musste nun in die tatsächliche politische Ordnung umformuliert werden. Die maßgebliche Frage, die sich hier stellte, ist die der Vereinbarkeit von Unteilbarkeit und Gewaltenteilung.[628]

Im Absolutismus wurde die Teilung der Staatsgewalt – *Bodin* folgend – mit Anarchie gleichgesetzt. Eine Unterscheidung zwischen der Staatsgewalt *in habitu* und derer *in actu* schien unvorstellbar. Die Übernahme dieser Annahme führte zu Beginn der Republik zu einer konzeptionellen Problematik: Die sich theoretisch aus der Staatsform ergebende Souveränität konnte von der tatsächlichen Ausführung dieser Theorie nicht getrennt werden.[629] Dies führte dazu, dass nach dieser Anschauung die Unteilbarkeit der Souveränität die Unteilbarkeit staatlicher Funktionen und Aufgabenverteilung bedeuten würde, Unteilbarkeit und Gewaltenteilung also unvereinbar wären. Die Kritik an *Montesquieus* Gewaltenteilungsmodell wurde auch von *Rousseau* vertreten.[630] Insgesamt stimmten die Philosophen des 18. Jahrhunderts darin überein, dass die *souveraineté* unteilbar sei und, dass die Legislativgewalt ausschlaggebend für die Souveränität sei. Der Unterschied liegt jedoch darin, dass es bei *Rousseau* nicht um die Souveränität des Königs, sondern um die des Volkes geht.[631] Dennoch geht er davon aus, dass die Gewaltenteilung der letzte Schritt in Richtung einer Spaltung der Gesellschaft sei.[632]

Rousseau unterscheidet bei seiner Kritik jedoch nicht zwischen der Teilung der Staatsgewalt und der Teilung der Staatsgewalten, obwohl er selbst feststellt, dass die Wahrnehmung staatlicher Aufgaben durch unterschiedliche Akteure sinnvoll

---

624 Vgl. *Sieyès,* Qu'est-ce que le Tiers-état ?, 3. Aufl. 1789, S. 82; auch in: *Noiriel,* Population, immigration et identité nationale en France, 2005, S. 9; so ähnlich vgl. auch: *Debbasch,* Le principe révolutionnaire d'unité et d'indivisibilité de la République, 1988, S. 50.

625 Vgl. *Noiriel,* Population, immigration et identité nationale en France, 2005, S. 9.

626 *Sieyès,* Qu'est-ce que le Tiers-état ?, 3. Aufl. 1789, S. 38.

627 Vgl. F. *Lemaire,* Le principe d'indivisibilité de la République, 2010, S. 61.

628 F. *Lemaire,* Le principe d'indivisibilité de la République, 2010, S. 60.

629 F. *Lemaire,* Le principe d'indivisibilité de la République, 2010, S. 60f.

630 F. *Lemaire,* Le principe d'indivisibilité de la République, 2010, S. 61; *Montesquieu,* De l'Esprit des loix, 1748-1750, S. 353ff.; *Rousseau,* Du Contrat social, 1896, S. 49f.

631 F. *Lemaire,* Le principe d'indivisibilité de la République, 2010, S. 42.

632 F. *Lemaire,* Le principe d'indivisibilité de la République, 2010, S. 61; vgl. insbesondere *Rousseau,* Du Contrat social, 1896, S. 366, wo er feststellt: „ce qui .peut donner à la société un air de concorde apparente, et y semer un germe de division réelle".

ist.[633] Im Unterschied dazu geht *Malberg* etwa davon aus, dass einerseits der Staat – vertreten durch die Nation – eine unteilbare Staatsgewalt innehaben kann, diese jedoch von unterschiedlichen Institutionen im Sinne eines Pluralismus der Gewalten wahrgenommen werden kann.[634]

Im Ergebnis entschied sich die republikanische Verfassung gegen *Rousseaus* Anschauung. Die Unteilbarkeit der Nation sei trotz einer Gewaltenteilung gegeben. Die Staatsgewalt werde hier nur von verschiedenen Institutionen wahrgenommen, bestehe in sich aber immer noch einheitlich.[635]

4. Zwischenergebnis: Die republikanische Unteilbarkeit

Das Einheits- und Unteilbarkeitsprinzip steht im Mittelpunkt der republikanischen Verfassung.[636] Es handelt sich damit um eine Zeit in der das Unteilbarkeitsprinzip in symbolischer wie normativer Dimension entscheidende inhaltliche Ausgestaltungen erfahren hat. Unabhängig von ihrer politischen Gesinnung war es das Ziel der Revolutionär:innen mit dem *Ancien Régime* abzuschließen. Einheit über die Art und Weise dieses Abschlusses bestand jedoch nicht.[637] Die Einheit und Unteilbarkeit hätte sowohl föderalistisch als auch einheitsstaatlich ausgelegt werden können. Diese Beobachtung ist insbesondere mit Blick auf die heutigen Herausforderungen des Unteilbarkeitsprinzips beachtlich, da es sich hier in einem konstanten Spannungsverhältnis zwischen Einheits- und Föderalstaatlichkeit aufhält.

Es wird in der Darstellung des Unteilbarkeitsprinzips der Republik deutlich, dass es sich um ein insgesamt vielschichtiges Prinzip handelt. Dieses hat nicht nur tatsächlichen Folgen – die sich bereits während der konstitutionellen Monarchie herausbildeten[638] – wie die Umsetzung der Werte der Unteilbarkeit. Während der Republik treten darüber hinaus zunehmend symbolische Inhalte stärker hervor, bezogen auf die Abgrenzung der neu gebildeten Nation von Despotismus nach innen und nach außen.[639] Dies bestärkt die bis heute bestehende sozio-mentale Verknüpfung innerhalb Frankreichs zwischen dem Republikprinzip sowie der Einheit und

---

633 *Rousseau,* Du Contrat social, 1896, S. 49ff. *F. Lemaire,* Le principe d'indivisibilité de la République, 2010, S. 62.

634 *Carré de Malberg,* Contribution à la Théorie générale de l'État - I, 1920, S. 140f.; *F. Lemaire,* Le principe d'indivisibilité de la République, 2010, S. 63.

635 Vgl. so auch schon in: *M. Lasserre* in Sydow (Hrsg.), Französisches Verfassungsrecht im 21. Jahrhundert, 2022, S. 23 (29).

636 *F. Lemaire,* Le principe d'indivisibilité de la République, 2010, S. 47; vgl. auch *Monera,* L'idée de République et la jurisprudence du Conseil constitutionnel, 2004, S. 27ff.

637 *F. Lemaire,* Le principe d'indivisibilité de la République, 2010, S. 47.

638 Vgl. Hierzu im Detail Gliederungspunkt A., III.

639 *F. Lemaire,* Le principe d'indivisibilité de la République, 2010, S. 49; vgl. hierzu auch schon *Bodin,* Les six livres de la république, 1593, S. 168; *Picot,* Cardin le Bret (1588-1655) et la Doctrine de la Souveraineté, 1948, S. 141ff.; *Saint-Just, Fréteau et al.,* Suite de la discussion sur la question du droit de paix et de guerre, lors de la séance du 20 mai 1790, 20.5.1790, S. 613f.; *Debbasch,* Le principe révolutionnaire d'unité et d'indivisibilité de la République, 1988, S. 57f.; *Godechot,* La pensée révolutionnaire en France et en Europe, 1964, S. 139; *Mirabeau* in Hérissay (Hrsg.), Les Grands Orateurs Républicains, S. 150ff.

Unteilbarkeit Frankreichs.[640] Drittens bildete die Republik eine unteilbare Staatsgewalt der Nation (nicht mehr des Königs) heraus, die jedoch mit der Gewaltenteilung vereinbar war.[641] Die normative Ausgestaltung der Unteilbarkeit reiht sich somit in die Vorarbeiten aus der Zeit der konstitutionellen Monarchie ein, in der die Nation bestärkt, die Staatsgewalt geeint wurde, sowie der Zusammenhang zwischen der Unteilbarkeit als Mittel zur Erreichung den revolutionären Werten wie Gleichheit und Demokratie herausgearbeitet wurde.[642] Es lässt sich somit sagen, dass die maßgebliche inhaltliche Ausgestaltung des Unteilbarkeitsprinzips bereits aus der Epoche der konstitutionellen Monarchie stammt. Der Mehrgehalt den die Unteilbarkeit während der ersten Republik gewann, ist bezogen auf seine symbolische Dimension als Gegenbegriff zum Absolutismus und als die Bevölkerung zusammenbringender Ausspruch einer nach innen und nach außen wehrhaften Nation zu begreifen.[643]

V. Stärkung eines republikanischen Prinzips im Kaiserreich? – *Napoleon* und die Einheit der Republik

Bereits nach sieben Jahren scheitert die Republik mitsamt ihren Prinzipien (25. September 1792 – 9. November 1799[644]). Während des anschließenden Kaiserreichs (1804-1814/15[645]) wurde die Republik weitgehend mit der jakobinischen Schreckensherrschaft gleichgesetzt.[646] So ist es auch schwer an den Prinzipien festzuhalten, die schon zu diesem Zeitpunkt fast synonym mit dem Begriff der Republik verwendet wurden.[647] Der Begriff der Unteilbarkeit tauchte daher allenfalls innerhalb von Geheimorganisationen auf, die sich für die Rückkehr der Republik einsetzten.[648] Aus heutiger Perspektive scheint es schwer verständlich, weshalb die Prinzipien, die die nach nur sieben Jahren gescheiterte Republik statuieren

---

640 *F. Lemaire,* Le principe d'indivisibilité de la République, 2010, S. 48.
641 Vgl. so auch schon in: *M. Lasserre* in Sydow (Hrsg.), Französisches Verfassungsrecht im 21. Jahrhundert, 2022, S. 23 (29).
642 Vgl. hierzu im Detail Punkt c).
643 Vgl. *F. Lemaire,* Le principe d'indivisibilité de la République, 2010, S. 47.
644 *Debbasch,* Le principe révolutionnaire d'unité et d'indivisibilité de la République, 1988, S. 380.
645 Vgl. *Zieseniss* in Le Bourhis (Hrsg.), The Age of Napoleon, 1989, S. 1 (17ff.).
646 Anstelle der Begrifflichkeiten der Revolution trat die Schreckensherrschaft, vgl. *Weill,* Histoire du parti républicain en France (1814-1870), 1928, S. 1, hier heißt es: „[I]l ne put comprendre un livre où se trouvaient les termes de Girondins, Montagnards, Jacobins : Un seul mot avait remplacé tous les autres, la Terreur […] Personne en 1814 ne proposa d'établir la République" *Debbasch,* Le principe révolutionnaire d'unité et d'indivisibilité de la République, 1988, S. 392.
647 *Debbasch,* Le principe révolutionnaire d'unité et d'indivisibilité de la République, 1988, S. 393.
648 *Prélot,* Institutions politiques et droit constitutionnel, 5. Aufl. 1972, S. 587; auch zitiert in *Debbasch,* Le principe révolutionnaire d'unité et d'indivisibilité de la République, 1988, S. 393.

sollten[649], bis heute fortbestehen. Hätte die Wirksamkeit der Prinzipien von Einheit und Unteilbarkeit nicht auch für eine längere Dauer der Republik gesorgt?[650]

Jedenfalls kann festgestellt werden, dass die Revolutionäre es bis zu diesem Zeitpunkt nicht geschafft hatten, anhand der Prinzipien von Einheit und Unteilbarkeit die Republik als überlegene Staatsform herauszubilden.[651] Augenscheinlich, war aber gerade die Herrschaft *Napoleons* notwendig, um den Prinzipien der Einheit und Unteilbarkeit einen Wirkbereich zu verschaffen und mithin um aus dem theoretischen Konstrukt der Revolutionäre ein handhabbares und anwendbares Prinzip zu bilden.[652]

Die Revolution führte zur Gründung einer Gesellschaft.[653] Diese war noch nicht vollends geeint, aber führte dazu, dass nationale Kräfte geeint werden konnten, um sich gegen Kräfte von außen zu verteidigen.[654] So lag der Fokus während der ersten Republik darauf, für innere und äußere Sicherheit zu sorgen. In der Chronologie der Ereignisse erscheint es logisch, dass die Macht im Folgenden *Napoleon* zufiel, der – durch den Feldzug in Ägypten 1799[655] – bewiesen hatte, sich für äußere Sicherheit einzusetzen.[656]

Die Abwesenheit der Einheit und Unteilbarkeit in den Texten des Kaiserreichs (ab 1809[657]) und der Charta der konstitutionellen Monarchie von 1814 und 1830 zeigen, dass das Prinzip der Einheit und Unteilbarkeit ein primär republikanisches Prinzip darstellt.[658] Dennoch lässt sich feststellen, dass das Prinzip während der Abwesenheit in Verfassungstexten inhaltlich sogar bekräftigt wurde.[659] So kann das Unteilbarkeitsprinzip als Werk der Revolutionäre sowie *Napoleons* gesehen

---

649 Zur Chronologie des Scheiterns der Republik, vgl. *Zieseniss* in Le Bourhis (Hrsg.), The Age of Napoleon, 1989, S. 1 (17ff.); *Debbasch,* Le principe révolutionnaire d'unité et d'indivisibilité de la République, 1988, S. 380.

650 *Debbasch,* Le principe révolutionnaire d'unité et d'indivisibilité de la République, 1988, S. 380.

651 *Debbasch,* Le principe révolutionnaire d'unité et d'indivisibilité de la République, 1988, S. 380.

652 Vgl. *Debbasch,* Le principe révolutionnaire d'unité et d'indivisibilité de la République, 1988, S. 392; zum Zentralismus als napoleonisches Erbe, vgl. auch *Heraud* in Moderne (Hrsg.), La nouvelle décentralisation, 1983 (429).

653 *Debbasch,* Le principe révolutionnaire d'unité et d'indivisibilité de la République, 1988, S. 383.

654 *Debbasch,* Le principe révolutionnaire d'unité et d'indivisibilité de la République, 1988, S. 380; vgl. auch *F. Lemaire,* Le principe d'indivisibilité de la République, 2010, S. 49; *Bodin,* Les six livres de la république, 1593, S. 168; *Picot,* Cardin le Bret (1588-1655) et la Doctrine de la Souveraineté, 1948, S. 141ff.; *Fréteau de Saint-Just et al.,* Suite de la discussion sur la question du droit de paix et de guerre, lors de la séance du 20 mai 1790, 20.5.1790, S. 613f.; *Godechot,* La pensée révolutionnaire en France et en Europe, 1964, S. 150ff.

655 *Zieseniss* in Le Bourhis (Hrsg.), The Age of Napoleon, 1989, S. 1 (19); *Debbasch,* Le principe révolutionnaire d'unité et d'indivisibilité de la République, 1988, S. 381.

656 *Debbasch,* Le principe révolutionnaire d'unité et d'indivisibilité de la République, 1988, S. 383; vgl. auch *Zieseniss* in Le Bourhis (Hrsg.), The Age of Napoleon, 1989, S. 1 (6).

657 Vgl. *Debbasch,* Le principe révolutionnaire d'unité et d'indivisibilité de la République, 1988, S. 388f. offiziell wurde das Kaiserreich erst 1809 eingeführt, auch wenn es zuvor bereits de facto Bestand hatte.

658 *F. Lemaire,* Le principe d'indivisibilité de la République, 2010, S. 51; siehe auch *Monera,* L'idée de République et la jurisprudence du Conseil constitutionnel, 2004, S. 27ff.

659 *Gründler* Revue du Droit Public 2007, 445 (447); *F. Lemaire,* Le principe d'indivisibilité de la République, 2010, S. 51.

werden – "als zwei Seiten derselben Medaille"[660] Während die Revolutionäre die theoretische Vorarbeit leisteten, und das Prinzip mit Inhalt füllten, konnte erst *Napoleon* es tatsächlich umsetzen und Frankreich als geeinte und weitgehend zentralisierte Nation hinterlassen.[661]

Zwar knüpft *Napoleon* mit der Stellung seiner Macht an das *Ancien Régime* an, jedoch sieht er die Vorteile, die der Blickwechsel der Revolution durch Einheit und Unteilbarkeit geschaffen hatte. Diese Perspektive und der Umstand, dass die Prinzipien auch ohne Positivierung faktisch fortbestehen und verfestigt werden, zeigt sich insbesondere in *Napoleons* Bestrebung, das Land durch den *Code civil* bezüglich aller Teile des Soziallebens zu einen.[662] Ziel ist es, politische und administrative Einheit zu erschaffen, und damit – ohne dies zuzugeben – im Grunde an die Zentralisierungsvorstellungen *Robespierres* und der Jakobiner nachzueifern.[663] Das Prinzip der Einheit stellt das Leitprinzip der neuentstehenden Verfassung von 1799[664] dar, die bis zur Verfassung von 1814 fortgelten soll.[665] Sie vereint *Sieyès* Grundideen von einer einheitlichen und unteilbaren Republik unter *Napoleons* Einfluss mit den Voraussetzungen zur Erschaffung einer Diktatur.[666] So genüge statt eines Repräsentationsorgans etwa die Einsetzung dreier Konsuln (von denen einer Napoleon werden sollte).[667] Die Verkündung der neuen Verfassung mitsamt ihrer Konsuln enthält zum Schluss den Ausspruch: „Bürger, die Revolution ist an die Prinzipien geknüpft, mit denen sie begonnen hat: sie ist vorbei."[668] Es lässt sich hieraus schließen, dass die Prinzipien, welche die Revolution verwirklichen wollte, eingetreten sind, u.a. die Einheit und die Unteilbarkeit.[669] So ist sie auch in Art. 1 festgeschrieben: „Die Französische Republik ist ein und unteilbar."[670] Der größte Unterschied zu den vorherigen Verfassungen der Republik lässt sich darin ausmachen, dass kein

---

660 *Debbasch,* Le principe révolutionnaire d'unité et d'indivisibilité de la République, 1988, S. 392.

661 Vgl. hierzu im Detail *J. Tulard/M.-J. Tulard,* Napoléon et quarante millions de sujets, 2014, S. 197ff.; siehe auch *Debbasch,* Le principe révolutionnaire d'unité et d'indivisibilité de la République, 1988, S. 392; *Thoral* French History 2005 (463ff.); *Thuillier* La Revue administrative 2008 (429).

662 *Debbasch,* Le principe révolutionnaire d'unité et d'indivisibilité de la République, 1988, S. 391; *Locré,* Ésprit du code Napoléon, 1805, S. 43; *Halpérin* Pouvoirs 2003, 11 (13).

663 *Debbasch,* Le principe révolutionnaire d'unité et d'indivisibilité de la République, 1988, S. 384; vgl. hierzu *Simien* Humanisme 2022 (38); *J. Tulard/M.-J. Tulard,* Napoléon et quarante millions de sujets, 2014, S. 65ff.

664 *Debbasch,* Le principe révolutionnaire d'unité et d'indivisibilité de la République, 1988, S. 386; vgl. auch *J. Tulard/M.-J. Tulard,* Napoléon et quarante millions de sujets, 2014, S. 80; *Verpeaux* Les Nouveaux Cahiers du Conseil constitutionnel 2014, 7 (8).

665 *Debbasch,* Le principe révolutionnaire d'unité et d'indivisibilité de la République, 1988, S. 384; vgl. *Ziesenis* in Le Bourhis (Hrsg.), The Age of Napoleon, 1989, S. 1 (19ff.).

666 *Debbasch,* Le principe révolutionnaire d'unité et d'indivisibilité de la République, 1988, S. 386; *Sieyès,* Qu'est-ce que le Tiers-état ?, 3. Aufl. 1789, S. 148; *Guilhaumou* Genèses 1997, 4 (21).

667 *Debbasch,* Le principe révolutionnaire d'unité et d'indivisibilité de la République, 1988, S. 385f.

668 *Debbasch,* Le principe révolutionnaire d'unité et d'indivisibilité de la République, 1988, S. 386; *Lentz* Idées reçues, 11 (13).

669 *Debbasch,* Le principe révolutionnaire d'unité et d'indivisibilité de la République, 1988, S. 386.

670 *Debbasch,* Le principe révolutionnaire d'unité et d'indivisibilité de la République, 1988, S. 386; *Conseil constitutionnel,* Constitution du 22 Frimaire An VIII, https://www.conseil-constitutionnel.fr/les-constitutions-dans-l-histoire/constitution-du-22-frimaire-an-viii.

Bezug mehr zur Souveränität des Volkes bzw. der Nation besteht. Anders als zuvor „hat das Volk sein Vertrauen in die Hände eines [einzelnen] Mannes konzentriert."[671] Der republikanische Bestandteil der Unteilbarkeit der Republik ist mithin verschwunden, auch wenn die Verfassung selbst dies vorgibt.[672] Erst am 01. Januar 1809 verschwindet der Mythos der Französischen Republik aus dem Verfassungstext und das französische Kaiserreich wird verkündet.[673] Napoleon sieht sich selbst als „ersten Repräsentationen der Nation"[674] – das repräsentative System ist abgeschafft.[675]

Das Prinzip der Unteilbarkeit wird durch Napoleons Herrschaft entmystifiziert. Es verliert endgültig den Ruf eines bloß politischen Theorems.[676] Trotz der Abwesenheit der Begriffe von Einheit und Unteilbarkeit in den Verfassungstexten des Kaiserreichs, kann das Prinzip mithin bis heute als „essenzieller Teil seines [*Napoleons*] Erbe"[677] angesehen werden.[678] Schließlich haben die Prinzipien von Einheit und Unteilbarkeit nicht dafür gesorgt, dass die Republik und die Demokratie verfestigt wurden. Die Prinzipien müssen aber dennoch als wirksam angesehen werden, denn die symbolische Bedeutung der Einung der Nation nach innen und nach außen wurde durchgesetzt, ebenso wie eine Grundidee von Zentralismus und Rechtsvereinheitlichung. Lediglich die Souveränität der Nation war in der napoleonischen Zeit nicht mehr anzutreffen.

VI. Interpretation bei seiner Übernahme in die Verfassungen

Die Begriffe von Einheit und Unteilbarkeit erhielten durch *Napoleon* einen praktischen Anwendungsbereich. Ihre Bedeutung wurde entmystifiziert. [679] Es gab daher keinen Grund, eine Rückkehr zum Föderalismus zu befürchten, denn der Staat war hinreichend zentralisiert und rechtlich vereinheitlicht. Dennoch taucht die Angst hiervor bei der Einführung der Verfassung zur 2. Republik erneut auf. So wird sie

---

[671] *Debbasch,* Le principe révolutionnaire d'unité et d'indivisibilité de la République, 1988, S. 387.

[672] Vgl. *Debbasch,* Le principe révolutionnaire d'unité et d'indivisibilité de la République, 1988, S. 387, so wird 1800 selbst der Jahrestag der Republik zelebriert.

[673] *Debbasch,* Le principe révolutionnaire d'unité et d'indivisibilité de la République, 1988, S. 388f.

[674] *Debbasch,* Le principe révolutionnaire d'unité et d'indivisibilité de la République, 1988, S. 389; hier wird auch *J. Laferrière,* Manuel de droit constitutionnel, 1943, S. 143 zitiert.

[675] *Debbasch,* Le principe révolutionnaire d'unité et d'indivisibilité de la République, 1988, S. 389; *Zachaire* Napoleonica.La Revue 2010, 3 (22).

[676] *Debbasch,* Le principe révolutionnaire d'unité et d'indivisibilité de la République, 1988, S. 391.

[677] *Debbasch,* Le principe révolutionnaire d'unité et d'indivisibilité de la République, 1988, S. 392.

[678] *J. Tulard/M.-J. Tulard,* Napoléon et quarante millions de sujets, 2014, S. 95f. *Debbasch,* Le principe révolutionnaire d'unité et d'indivisibilité de la République, 1988, S. 392.

[679] *Debbasch,* Le principe révolutionnaire d'unité et d'indivisibilité de la République, 1988, S. 391; *J. Tulard/M.-J. Tulard,* Napoléon et quarante millions de sujets, 2014, S. 96, hier ist die Rede von einem „Traum" von Einheit während der Monarchie, während diese unter Napoleon tatsächlich erreicht werden konnte.

in Art. 3 der Präambel als „demokratisch, ein und unteilbar" festgeschrieben.[680] Auch wird hier die enge Verknüpfung des Prinzips mit den revolutionären Grundprinzipien deutlich, welche in der Verfassung von 1848 zum Ausdruck gebracht werden sollte. Das Unteilbarkeitsprinzip wurde als eine der unabdingbaren Bestandteile des revolutionären Republikprinzips angesehen und auch aus diesem Grunde 1848 – ohne größere Debatte – in die Verfassung aufgenommen.[681] Da die Befürworter der Republik während der Herrschaft *Napoleons* mit der Schreckensherrschaft gleichgesetzt wurden,[682] tauchten die Begriffe der Unteilbarkeit nicht auf[683] und es wurde der Weg bereitet für eine Gleichsetzung von Republik und Unteilbarkeit.[684]

Die republikanischen Kräfte hatten es bis zur Kaiserzeit nicht geschafft, anhand der Prinzipien von Einheit und Unteilbarkeit, die Republik als überlegene Staatsform herauszubilden.[685] Es brauchte vielmehr *Napoleon,* um die Prinzipien zu bestärken und sie bis heute im heutigen Verfassungsbewusstsein zu etablieren. Bei der Rückkehr der Republik war damit die Aufnahme der Formulierung von Einheit und Unteilbarkeit so offenkundig, dass mit der Rückkehr der Republik auch die Einheit und die Unteilbarkeit in den Verfassungstext zurückkehrten.[686]

In der Verfassung von 1875 lässt sich die Formulierung der Einheit und Unteilbarkeit nicht mehr finden. Dies bedeutet jedoch nicht, dass die Begriffe nicht als ungeschriebenes Verfassungsrecht Eingang in diese gefunden hätten.[687] Hierfür lassen sich mehrere Argumente anführen: Zum einen wurde den Dezentralisierungsbestrebungen, die zu Beginn der III. Republik auffindbar sind, mit Verweis auf die Prinzipien der Einheit und Unteilbarkeit Einhalt geboten.[688] Auch wurde gerade zu dieser Zeit die Marseillaise zur Nationalhymne und der 14. Juli zum Nationalfeiertag auserkoren und damit die Treue zur Einheit des Vaterlands („*unité de la patrie*")

[680] *Deslandres,* Histoire constitutionnelle de la France de 1789 à 1870, 1932, S. 347; auch bereits: *F. Lemaire,* Le principe d'indivisibilité de la République, 2010, S. 50.

[681] *F. Lemaire,* Le principe d'indivisibilité de la République, 2010, S. 50; *Deslandres,* Histoire constitutionnelle de la France de 1789 à 1870, 1932, S. 347.

[682] *Weill,* Histoire du parti républicain en France (1814-1870), 1928, S. 1; *Debbasch,* Le principe révolutionnaire d'unité et d'indivisibilité de la République, 1988, S. 392.

[683] *Prélot,* Institutions politiques et droit constitutionnel, 5. Aufl. 1972, S. 587; *Debbasch,* Le principe révolutionnaire d'unité et d'indivisibilité de la République, 1988, S. 393.

[684] *Debbasch,* Le principe révolutionnaire d'unité et d'indivisibilité de la République, 1988, S. 393; *Deslandres,* Histoire constitutionnelle de la France de 1789 à 1870, 1932, S. 347; *Chevallier,* Histoire des institutions et des régimes politiques de la France de 1789 à nos jours, 6. Aufl. 1981, S. 69.

[685] *Debbasch,* Le principe révolutionnaire d'unité et d'indivisibilité de la République, 1988, S. 380.

[686] So Titel II der Präambel in Constitution de 1848, IIe République vom 28.10.1848; vgl. auch *F. Lemaire,* Le principe d'indivisibilité de la République, 2010, S. 51.

[687] *F. Lemaire,* Le principe d'indivisibilité de la République, 2010, S. 51; vgl. *Pellegrinetti* Cahiers de la Méditerranée 2003 (265).

[688] *F. Lemaire,* Le principe d'indivisibilité de la République, 2010, S. 51; *Machalon* La Revue administrative 1996, 150 (151).

beschworen und verfestigt.[689] Verstärkend kommt hinzu, dass im Jahr 1875 durch das Verfassungsgesetz zur Organisation des Senats, die Kolonien in das Staatsgebiet eingefügt wurden und das Prinzip der Unteilbarkeit somit ausgeweitet wurde auf die Gebiete der Kolonien.[690] Paradoxerweise ist diese Ausweitung der Unteilbarkeit einerseits als Verfestigung des Prinzips zu sehen. Auf der anderen Seite wird sich später herausstellen, dass die Übertragung des Prinzips auf das gesamte französische Staatsgebiet die maßgebliche Schwachstelle seiner Durchsetzung darstellen wird.[691]

Die vierte Republik von 1946 nimmt die Formulierung sodann wieder in ihren Text auf und schreibt beide Prinzipien bezogen auf die Gebietskörperschaften in Art. 85 der Verfassung fest.[692] Doch bereits zu diesem Zeitpunkt entfachte eine Debatte bezogen auf die Ausbreitung der Prinzipien auf die Kolonien. Es wird deutlich, dass es aufgrund der historischen Ereignisse notwendig war, das Prinzip von seinem revolutionären Ursprungsideal zu entfernen. Obwohl auch zu diesem Zeitpunkt die Unabhängigkeit der Kolonien noch auf sich warten ließ, beginnt das System zu bröckeln. Ohne tatsächliche Auswirkungen wird in Art. 114 der Verfassung von 1946 der Begriff der „Föderation" verwendet. Dieser verschwindet allerdings alsbald wieder bei der Einführung der V. Republik.[693]

VII. Zwischenergebnis: der *Status quo* vor der Verfassung von 1958

Betrachtet man die zahlreichen Regierungsumbrüche und die damit einhergehenden Veränderungen in der Geschichte des französischen Staats, lässt sich demnach feststellen, dass dieses zwar inhaltlich einem starken Wandel unterlegen ist, aber dennoch als DNA des französischen Staats bezeichnet werden kann.[694]

Erste Überlegungen zum heutigen Unteilbarkeitsprinzip greifen auf die Lehren antiker Philosophen wie *Platon* und *Aristoteles* zurück, nach denen Einheit in einem

---

689 *Debbasch* in Mathieu/Verpeaux (Hrsg.), La République en droit français, 1996 (72); *F. Lemaire,* Le principe d'indivisibilité de la République, 2010, S. 51; siehe auch *Richard,* Les emblèmes de la république, 2012, S. 145.

690 *F. Lemaire,* Le principe d'indivisibilité de la République, 2010, S. 51; *Debbasch* in Mathieu/Verpeaux (Hrsg.), La République en droit français, 1996 (72).

691 Vgl. hierzu auch unten: Gliederungspunkt B., II.; vgl. außerdem: *Gründler* Revue du Droit Public 2007, 445 (449).

692 *F. Lemaire,* Le principe d'indivisibilité de la République, 2010, S. 51; *Debbasch* in Mathieu/Verpeaux (Hrsg.), La République en droit français, 1996 (72f.).

693 Vgl. *Le Comité consultatif constitutionnel de l'avant-projet du 29 Juillet 1958 au Projet du 21 Août 1958,* Documents pour servir à l'histoire de l'élaboration de la Constitution du 4 octobre 1958, 1988, S. 117; *F. Lemaire,* Le principe d'indivisibilité de la République, 2010, S. 51.

694 *Faure,* Revue Française de Droit Administratif 2019, 937 (937); auch bereits zitiert in: *M. Lasserre* in Sydow (Hrsg.), Französisches Verfassungsrecht im 21. Jahrhundert, 2022, S. 23 (37).

abgegrenzten Ganzen[695] durch die Akzeptanz von Vielheit erreicht werden kann.[696] Dieses Grundverständnis wurde auch im Absolutismus beibehalten, wobei jedoch ab dem 13. Jahrhundert Machtzersplitterung einhergehend mit dem Feudalismus durch die Rückbesinnung auf das Unteilbarkeitsprinzip vermieden werden sollte.[697] Der Rückgriff auf das christliche Theorem der Trinität und der sich daraus ergebenden Einheit Gottes und ihrer Spiegelung auf Erden verhalfen den französischen Königen zu einer Kumulation der Macht in ihrer Person und zum Aufstieg des Mythos der unteilbaren Staatsgewalt im König nach dem Willen Gottes.[698]

Während der konstitutionellen Monarchie wurden sodann die Grundideen republikanischer Einheit und Unteilbarkeit erarbeitet. So wurden die Prinzipien mit den Kernprinzipien der Revolution verknüpft, zu deren Erreichung Einheit und Unteilbarkeit der Nation als Motor beitragen sollen.[699] Es handelt sich hierbei um Demokratie durch Souveränität der Nation, Gleichheit und Freiheit.[700] In der Republik wurden diese Ideen umgesetzt und aufgeladen mit einer Symbolik, die Frankreich auch von anderen Ländern mit einem Unteilbarkeitsprinzip abgrenzen, nämlich der Sicherheit nach innen und außen[701] sowie der Vorbildfunktion der Befreiung vom Absolutismus durch die unteilbare Republik.[702] Zudem wurde durch die Verknüpfung von Einheit und Gleichheit, die Einheit im Sinne einer Uniformität ausgelegt. Dies bedeutete das Ende der Auslegungsmöglichkeit von Einheit als das Tolerieren von Vielheit.

Die eigentliche rechtliche Stärkung des Prinzips geschah jedoch während der napoleonischen Zeit, auch wenn das Einheits- und Unteilbarkeitsprinzip hier

---

695 Vgl. hierzu vertieft *Pradeau,* Platon et la cité, 2014.

696 *Plato/Rufener/Szlezák,* Der Staat, 2011, S. 299 ;*Debbasch,* Le principe révolutionnaire d'unité et d'indivisibilité de la République, 1988, S. 30.

697 *Boussard* in Queneau (Hrsg.), La France et les français, 1972 (967); *Mousnier* in Queneau (Hrsg.), La France et les français, 1972, S. 1022 (1061); *Debbasch,* Le principe révolutionnaire d'unité et d'indivisibilité de la République, 1988, S. 32.

698 *Debbasch,* Le principe révolutionnaire d'unité et d'indivisibilité de la République, 1988, S. 32; zurückgehend auf *Alexandrien et al.,* Contre Julien, S. 433; sowie bestärkt durch *Aquin,* La théologie de saint Thomas ou Exposition de la "Somme théologique" en français / par l'abbé Georges Malé, 1857, S. 123ff.; vgl. auch *Pègues* in Pègues (Hrsg.), Commentaire Français Littéral de la Somme théologique de saint Thomas d'Aquin, 1908 (309ff.).

699 *Debbasch,* Le principe révolutionnaire d'unité et d'indivisibilité de la République, 1988, S. 39.

700 Vgl. *Debbasch,* Le principe révolutionnaire d'unité et d'indivisibilité de la République, 1988, S. 39; *F. Lemaire,* Le principe d'indivisibilité de la République, 2010, S. 44; vgl. *Clere,* L'emploi des mots nation et peuple dans le langage politique de la Révolution Française (1789-1799), 51; *Sillery*/E.-J. *Sieyès,* Reprise de la discussion sur l'organisation du pouvoir législatif et la sanction royale, lors de la séance du 7 septembre 1789, 07.09.1789, S. 593; *Carré de Malberg,* Contribution à la Théorie générale de l'État - II, 1922, S. 13; *Rousseau,* Du Contrat social, 1896, S. 3ff.

701 *F. Lemaire,* Le principe d'indivisibilité de la République, 2010, S. 49; *Bodin,* Les six livres de la république, 1593, S. 168; *Picot,* Cardin le Bret (1588-1655) et la Doctrine de la Souveraineté, 1948, S. 141ff.; *Saint-Just, Fréteau et al.,* Suite de la discussion sur la question du droit de paix et de guerre, lors de la séance du 20 mai 1790, 20.5.1790, S. 613f.

702 *F. Lemaire,* Le principe d'indivisibilité de la République, 2010, S. 49.

ausdrücklich nur in Geheimbunden verwendet wurden, die sich für die Rückkehr der Republik aussprachen.[703]

Dass *Napoleon* an die Macht gelangte, reiht sich in die Chronologie der Geschichte der Unteilbarkeit ein. Schließlich hatten die während der Republik verfolgte Einheit und Unteilbarkeit vor allem die innere und äußere Sicherheit zum Gegenstand.[704] Die Nation als geeintes französisches Volk wurde also begründet. Lediglich die Werte der Republik, insbesondere die Demokratie, waren noch nicht stark genug, um eine erneute absolutistische Herrschaft zu vermeiden. So wirkten im Grunde auch in der napoleonischen Zeit die Prinzipien der Einheit und Unteilbarkeit innen und außen fort. Dies spiegelt sich sowohl in symbolischer als auch in normativer Perspektive wider, in der sich das Volk nach innen und nach außen gegen Angreifer:innen der geeinten Nation durchsetzen konnte. Zudem wurden der Zentralismus und die rechtliche Vereinheitlichung vorangetrieben wurde.[705] Da das Prinzip aber als eng mit der Republik verstrickt angesehen wurde, verschwand es aus den Texten des Kaiserreichs,[706] auch wenn es in mancher Dimension auch während dieser Zeit fort galt und sogar inhaltlich bekräftigt wurde.[707]

In den darauffolgenden Republiken von 1848,1875 und 1946 findet das Prinzip wieder Eingang in das geschriebene und ungeschriebene Verfassungsrecht.[708] 1875 wird es zudem auf die Kolonien Frankreichs ausgeweitet. Das Unteilbarkeitsprinzip war damit positiviert oder nicht-positiverter Teil aller republikanischen Verfassungen.[709] Bereits hieraus lassen sich die maßgeblichen Grundbausteine des heutigen Unteilbarkeitsprinzips ableiten. Das vor Einführung der V. Republik bereits bestandene Verfassungsprinzip lässt sich wie folgt zusammenfassen:

Es lassen sich somit verschiedene Dimensionen der Unteilbarkeit ausmachen, eine symbolische sowie eine normative. Erstere bezieht sich auf den inneren Zusammenhalt gegen Angriffe auf die Republik (d.h. die Demokratie) von außen und von innen: Daraus ergibt sich eine sozio-mentale Verknüpfung der Republik mit der Unteilbarkeit.[710]

---

703 *Prélot,* Institutions politiques et droit constitutionnel, 5. Aufl. 1972, S. 587; *Debbasch,* Le principe révolutionnaire d'unité et d'indivisibilité de la République, 1988, S. 393.

704 *Debbasch,* Le principe révolutionnaire d'unité et d'indivisibilité de la République, 1988, S. 383; vgl. auch *Zieseniss* in Le Bourhis (Hrsg.), The Age of Napoleon, 1989, S. 1 (6).

705 *Debbasch,* Le principe révolutionnaire d'unité et d'indivisibilité de la République, 1988, S. 391.

706 Vgl. *Debbasch,* Le principe révolutionnaire d'unité et d'indivisibilité de la République, 1988, S. 388f. offiziell wurde das Kaiserreich erst 1809 eingeführt, auch wenn es zuvor bereits de facto Bestand hatte.

707 *Gründler* Revue du Droit Public 2007 445, (447); *F. Lemaire,* Le principe d'indivisibilité de la République, 2010, S. 51.

708 *F. Lemaire,* Le principe d'indivisibilité de la République, 2010, S. 51; *Debbasch* in Mathieu/Verpeaux (Hrsg.), La République en droit français, 1996 (71ff.).

709 Das Prinzip wird ausdrücklich (und meist an erster Stelle) in den Verfassungen von 1791 (Monarchie), 1793 (I. Republik), 1795, 1799 (Konsulat), 1848 (II. Republik), 1946 (IV. Republik) und 1958 (V. Republik) genannt; vgl.: https://www.conseil-constitutionnel.fr/la-constitution/les-constitutions-de-la-france.

710 *F. Lemaire,* Le principe d'indivisibilité de la République, 2010, S. 48; vgl. Art. 1 Constitution du 5 Fructidor An III vom 22.08.1795; Art. 1 Constitution du 22 Frimaire An VIII vom 13.12.1799; Titel II

Normativ ist das Unteilbarkeitsprinzip mit dem Zentralismus und der Rechtseinheit verknüpft. Gestärkt wurde dies besonders durch *Napoleon*, auch wenn dies bereits seit vorrevolutionärer Zeit in Ansätzen vorhanden war. Auch sind bereits Ansätze der unteilbaren Staatsgewalt zu erkennen. So wurde diese beim Diskurs zur Vereinbarkeit mit der Gewaltenteilung als unteilbar beschrieben, da sie durch unterschiedliche Institutionen ausgeübt wurde, sie aber in sich einheitlich war, also auf denselben Hoheitsträger zurückzuführen war, wobei insbesondere die Legislativgewalt nicht aufgeteilt werden konnte.[711] Hiermit ging auch die Unteilbarkeit des Territoriums einher, welche sich ab 1875 auch auf die Kolonien erstreckte.[712] Im gesamten Territorium soll Rechtseinheit gelten.[713]

Die Nation, also das französische Volk, ist zudem nicht aufspaltbar. Dieser Aspekt wird insbesondere durch die Anknüpfung der Staatsgewalt an die Nation geschaffen, die in sich wiederum nicht gespalten werden kann.[714] Verfestigt wird die Entwicklung über das Prinzip der Gleichheit der Bürger, auch wenn diese nur für bestimmte Bevölkerungsteile galt.[715]

Es lässt sich somit bereits hier die – erst in späteren Rechtstexten erwähnte – dreiteilige Kategorisierung der normativen Inhalte des Unteilbarkeitsprinzips herausfiltern: Die an Jellineks „Drei-Elemente-Lehre“[716] erinnernde Unteilbarkeit von *souveraineté*, *territoire* und *peuple* (oder *nation*).[717] Die Unteilbarkeit hat zweifelsfrei einen normativen Gehalt.

Die Kerninhalte des Unteilbarkeitsprinzips bestanden somit in normativer wie symbolischer Perspektive bereits seit der Revolution und spätestens seit der Einflüsse *Napoleons*. Über die Anwendung des revolutionären Ziels der Gleichheit des Rechts erlangt das Unteilbarkeitsprinzip eine anpassende Wirkung. Die Begriffe der Einheit und der Vielheit werden damit zu Widersprüchen. Abweichungen in rechtlicher Hinsicht sind nicht möglich, da sonst die territoriale Unteilbarkeit gestört ist. In der IV. Republik und unverweigerlich in der V. Republik führt diese Auslegung des Prinzips zu Spannungen, denn die Unterschiede zwischen Metropol- und

---

der Präambel in Constitution de 1848, IIe République vom 28.10.1848; *Deslandres,* Histoire constitutionnelle de la France de 1789 à 1870, 1932, S. 347; vgl. auch *Chevallier,* Histoire des institutions et des régimes politiques de la France de 1789 à nos jours, 6. Aufl. 1981, S. 69.

711 *F. Lemaire,* Le principe d'indivisibilité de la République, 2010, S. 52; *Beaud* in Beaud (Hrsg.), Fédéralisme et fédération en France, 1999, S. 7 (44); *Montesquieu,* De l'Esprit des loix, 1748-1750, S. 353ff.; anders noch *Rousseau,* Du Contrat social, 1896, S. 49f.

712 *F. Lemaire,* Le principe d'indivisibilité de la République, 2010, S. 51; *Debbasch* in Mathieu/Verpeaux (Hrsg.), La République en droit français, 1996 (72).

713 *Debbasch,* Le principe révolutionnaire d'unité et d'indivisibilité de la République, 1988, S. 78f.; *Thouret,* Lecture de l'article 1er du titre II du projet de Constitution, lors de la séance du 9 août 1791, 09.08.1791, S. 301f.

714 *Carré de Malberg,* Contribution à la Théorie générale de l'État - I, 1920, S. 87.

715 Vergleiche hierzu in diesem Abschnitt Gliederungspunkt III., 5.

716 *Herdegen,* Völkerrecht, 105.

717 *Favoreu et al.,* Droit constitutionnel, 24. Aufl. 2022, S. 525; *Gründler* Revue du Droit Public 2007 445 (448); auch bereits beschrieben in: *M. Lasserre* in Sydow (Hrsg.), Französisches Verfassungsrecht im 21. Jahrhundert, 2022, S. 23 (28).

Überseekörperschaften und auch innerhalb der Metropolregion sind zu gravierend, als das ein einheitliches Recht gelten kann.[718] Welche Wirkung das Unteilbarkeitsprinzip in der heutigen Republik Frankreichs normativ noch zukommen kann, wird daher im Folgenden geklärt.

[718] Vgl. hierzu ausführlich Punkt B., II.

B. Normative Bedeutung der Unteilbarkeit in der V. Republik: Eine „Föderation, die sich verkennt“[719]

In Abgrenzung zu einer meta-normativen Funktion[720] des Verfassungsprinzips der Unteilbarkeit der Republik, kann auch eine normative Rolle des Prinzips festgemacht werden. Um zu klären, inwiefern das Unteilbarkeitsprinzip diese normative Funktion noch erfüllt, muss zunächst erklärt werden, was Normativität in Abgrenzung zur sozialen bzw. integrativen Funktion der Verfassung bedeutet (I.).[721] Welche Rolle Verfassungsprinzipien im Verfassungssystem wahrnehmen und wie diese veränderbar sind, kann dabei Aufschluss über die Grenzen zwischen normativer und sozialer Verfassungswirkung geben.[722] Zu klären ist auf Grundlage dieser Definition der abstrakten Normativität von Verfassungsprinzipien, welche konkrete normative Bedeutung dem Prinzip der Unteilbarkeit zuzuschreiben ist. Dies ist im Wege einer Analyse der bereits erfolgten und künftig absehbaren Einschränkungen des Rechtsbegriffs der Unteilbarkeit zu ermitteln.

Beginnend in der IV. Republik wird die Unvereinbarkeit der seit der ersten Republik prävalenten Auslegung von Einheit und Unteilbarkeit mit der Realität in den Überseekörperschaften offensichtlich.[723] Dennoch beteuert *Marc Lauriol* im Jahr 1958 im Beratungskomitee zur Einführung der neuen Verfassung: „[D]ie Republik ist in all ihren Gebieten einheitlich und unteilbar: ob in Lille, Bastia, Bordeaux oder Straßburg, alle sprechen dieselbe Sprache, überall wird dasselbe Recht angewandt, alle sind denselben Gesetzen unterworfen.“[724] Welche Rechtfertigung gibt es jedoch für die Aufnahme der Unteilbarkeit an dieser prominenten Stelle der Verfassung? Verbleibt dem Prinzip trotz seiner unbegrenzten Einschränkbarkeit,[725] der bereits erfolgten Begrenzungen durch Verfassungsänderungen und den *Conseil constitutionnel* (V.) und dem Zusammenspiel mit anderen Verfassungsprinzipien (IV.) noch ein eigener normativer Restgehalt?

---

[719] Vgl. schon: *Michalon* Revue du Droit Public 1982 (623), wo es lautet "une fédération qui s'ignore".

[720] Vgl. hierzu im Detail unten, Punkt C.

[721] Vgl. *Obermeyer,* Integrationsfunktion der Verfassung und Verfassungsnormativität. Die Verfassungstheorie Rudolf Smends im Lichte einer transdisziplinären Rechtstheorie, 2008, S. 11 f.; *Mohnhaupt/Grimm,* Verfassung, 1995, S. 140; *Grimm* Leviathan 2004, 448 (448).

[722] Vgl. hierzu *Grimm* Leviathan 2004, 448 (448–449).

[723] Vgl. *Koç,* La concession d'un pouvoir législatif aux collectivités territoriales par le pouvoir central, ou les prémices d'une métamorphose de la République., http://res-juridica-fr.over-blog.com/2018/05/le-pouvoir-legislatif-des-collectivites.html; und *Chicot* plc 2000, 175 (176).

[724] „L'unité, c'est l'uniformité, c'est-à-dire la République une est indivisible où que ce soit : à Lille, à Bastia, à Bordeaux ou à Strasbourg, on parle la même langue, on applique le même droit et tout le monde est soumis à la même règle“ vgl.: *Maus/Passelecq,* Témoignages, 104; ebenfalls zitiert in: *M. Lasserre* in Sydow (Hrsg.), Französisches Verfassungsrecht im 21. Jahrhundert, 2022, S. 23 (43).

[725] Vgl. dazu oben, Teil I.

I. Normative Funktion der Verfassungsprinzipien

Welche Funktion ein Verfassungsprinzip innehat, kann sich daraus ergeben, welche Funktion eine Verfassung selbst erfüllt. Von der abstrakten Funktion der französischen Verfassung kann im Sinne eines *argumentum a maiore ad minus* auf die potenzielle Funktion des Unteilbarkeitsprinzips geschlossen werden. Ob diese Funktion tatsächlich erfüllt wird, muss anhand konkreter Beispiele aus der Rechtsprechung und Rechtsetzung dargelegt werden.
Nach der deutschen Anschauung wäre bei der Beurteilung der verbleibenden Geltung des Prinzips der Unteilbarkeit zunächst herauszuarbeiten, was die normative Funktion dieses „Staatsstrukturprinzips"[726] ist. Die Rechtsbegriffe der Normativität sowie des Staatsstrukturprinzips können jedoch nicht unreflektiert auf das französische Verfassungsrecht übertragen werden. Stattdessen muss zunächst geklärt werden, wie diese Begriffe nach der begrifflich-dogmatischen Methodik zu hinterfragen sind,[727] ob die beiden Begriffe funktionell im französischen Verfassungssystem existieren, bzw. welche Abweichungen von den deutschen Begrifflichkeiten ausgemacht werden können.[728]

1. Zum Begriff der Normativität: Systematisierungsansätze

Bei der Frage nach der verbleibenden funktionalen Bedeutung des Unteilbarkeitsprinzips kann zunächst auf die Funktionen der Verfassung und ihrer Prinzipien rekurriert werden. Die Frage nach der Funktion einer Verfassungsnorm knüpft im Grunde an die rechtsphilosophische Frage an, was eine Norm ist.[729] Der *Conseil constitutionnel* hat seinen Standpunkt in der philosophischen Debatte zur Normativität von Gesetzen in seiner Entscheidung zur „Zukunft der Schule" deutlich gemacht.[730]

a) Der Begriff der normativité des Conseil constitutionnel

Der Begriff der *normativité*[731] taucht bereits seit mehreren Jahrzehnten in der Rechtsprechung des *Conseil constitutionnel* auf. Der Begriff wird als Synonym zum *„effet*

---

726 Zum Begriff „Staatsstrukturprinzip" vgl. hierunter Gliederungspunkt 2.

727 *Starck* JuristenZeitung 1997, 1021 (1027); *Weber,* Europäische Verfassungsvergleichung, 2010, S. 11.

728 Zur Methodik vgl. im Detail oben: Gliederungspunkt II., 3. der Einleitung.

729 Vgl. *Mathieu Cahiers du Conseil Constitutionnel 2007, https://www.conseil-constitutionnel.fr/nouveaux-cahiers-du-conseil-constitutionnel/la-normativite-de-la-loi-une-exigence-democratique.*

730 Conseil constitutionnel, 21.4.2005, Décision n° 2005-512 DC.

731 Der hier verwendete Begriff stimmt mit dem von Kelsen geprägten und von Troper im französischen Verfassungsrecht rezipierten Begriff normativer Systeme überein, während die hier behandelte Normativität das Rechtssystem betriff, vgl. hierzu *Accetti* Droit et société 2016, 181 (185f.); vgl. *Kelsen,* Théorie générale du droit et de l'état, 1997, S. 164ff.; *Troper* in Herrera (Hrsg.), Le droit, le politique autour de Max Weber, Hans Kelsen, Carl Schmitt, 1995 (157ff.); *Troper* in Alland/Rials (Hrsg.), Dictionnaire de la culture juridique, 2003 (1074ff.).

juridique" verwendet.[732] In der Entscheidung des *Conseil constitutionnel* aus dem Jahr 2005 wird der Begriff der Normativität nun ausdrücklich aus dem Grundsatz der Gesetzesklarheit hergeleitet (Art. 34 CF).[733] Gesetze müssen hiernach verpflichtend einen normativen Gehalt innehaben, was sog. *soft laws* ausschließt.[734] Auch wenn das Urteil nicht konkret an die Normativität der Verfassung und ihrer Prinzipien anknüpft, gibt es doch Aufschluss über die Auslegung von Normativität im französischen Verfassungssystem.[735] Zudem bezieht der *Conseil constitutionnel* in folgenden Entscheidungen in den Jahren 2015 und 2019 das Konzept der Normativität auf Zielbestimmungen (in Abgrenzung zu Vorschriften mit konkretem Regelungscharakter[736]).[737] Dies führte in der Literatur zu einer Verknüpfung der Begriffe von Normativität und Verfassung.[738] Verfassungsnormen haben eine normative Wirkung, sofern diese präskriptiv und imperativ wirken.[739] Der *Conseil* nimmt hiernach bei der Nennung der *normativité* ausschließlich Bezug auf das Recht selbst. Außerhalb des juristischen Rahmens gelegene Elemente können zwar existieren, werden aber nicht von der Begriffsbestimmung des Verfassungsgerichts erfasst.[740] Normativität meint in diesem Sinne „sämtliche Fragen, die den Regelungsstandard in präskriptiver und deskriptiver Weise betreffen."[741] Das Rechts soll danach, wie schon bei *Montesquieu*[742] und anderen Philosoph:innen der Aufklärung sowie bei *Portalis* „erlaub[en] oder [...] verbiete[n], [...] bef[ehlen], fest[legen], bestraf[en]oder [...]

---

[732] Conseil constitutionnel, 27.7.1982, Décision n° 82-142 DC; 8.8.1985, Décision n° 85-196 DC; 20.12.1994, Décision n° 94-350 DC; 13.3.2003, Décision n° 2003-467 DC; 7.12.2000, Décision n° 2000-435 DC.

[733] Conseil constitutionnel, 21.4.2005, Décision n° 2005-512 DC; 22.8.2002, Décision n° 2002-460 DC; vgl. hierzu auch: *Chapeil-Desplats* Cahiers du Conseil Constitutionnel 2007.

[734] Vgl. auch *Mathieu Cahiers du Conseil Constitutionnel 2007, https://www.conseil-constitutionnel.fr/nouveaux-cahiers-du-conseil-constitutionnel/la-normativite-de-la-loi-une-exigence-democratique.*

[735] Vgl. *Mathieu Cahiers du Conseil Constitutionnel 2007, https://www.conseil-constitutionnel.fr/nouveaux-cahiers-du-conseil-constitutionnel/la-normativite-de-la-loi-une-exigence-democratique*; *Chapeil-Desplats* Cahiers du Conseil Constitutionnel 2007.

[736] *Fallon* Lexsociété 2023 (4).

[737] Conseil constitutionnel, 13.8.2015, Décision n° 2015-718 DC; Conseil constitutionnel, 20.12.2019, Décision n° 2019-794 DC.

[738] Vgl. *Fallon* Lexsociété 2023 (3ff.).

[739] *Fallon* Lexsociété 2023 (3ff.).

[740] *Mathieu Cahiers du Conseil Constitutionnel 2007, https://www.conseil-constitutionnel.fr/nouveaux-cahiers-du-conseil-constitutionnel/la-normativite-de-la-loi-une-exigence-democratique.*

[741] *Löhrer* Revue de la Recherche Juridique - Droit prospectif 2009 (1397); *Mathieu Cahiers du Conseil Constitutionnel 2007, https://www.conseil-constitutionnel.fr/nouveaux-cahiers-du-conseil-constitutionnel/la-normativite-de-la-loi-une-exigence-democratique*; *Portalis,* Discours préliminaire du premier projet de Code civil, 21.01.1801, S. 26, hier lautet es: "Elle permet ou elle défend; elle ordonne, elle établit, elle corrige, elle punit ou elle récompense."; in *Pfersmann* in Alland/Rials (Hrsg.), Dictionnaire de la culture juridique, 2003 (1079) ist die Rede von "variétés d'obligations, de permissions ou d'interdictions".

[742] Bei Montesquieu lautet es: "Les Loix, dans la signification la plus étendue, sont les rapports nécessaires qui dérivent de la nature des choses, & dans ce sens tous les Êtres ont leurs Loix", siehe *Montesquieu,* De l'Esprit des loix, 1748-1750, S. 1.

belohn[en].“[743] In ähnlicher Weise sprach auch die ursprüngliche Fassung des *Code civil* vom Recht, welches „verpflichtet, erlaubt und verbietet“.[744] Eine Vorschrift hat demnach keinen normativen Gehalt, wenn ihr keine dieser regelnden Wirkungen zukommt. Ein Gesetz ist verfassungswidrig, wenn es keine oder nur eine uneindeutige Rechtsfolge beinhaltet. Das Recht muss einerseits verpflichten andererseits aber auch tatsächlich umgesetzt werden.[745]

Indem der *Conseil constitutionnel* auf diese tradierte Theorie von der Normativität der Gesetze hinweist, nimmt er Bezug auf diejenige Anschauung, die auch die französische Demokratie sowie in der Gewaltenteilung begründet.[746] Nur wenn der Gesetzgeber selbst entscheidet, für wen ein Gesetz gilt und welche Rechtsfolge hieran geknüpft ist, kann das Volk seine ihm im demokratischen System zustehende Staatsgewalt (vgl. Art. 3 Abs. 1 CF) ausüben. Erfolgt die Ausfüllung des Inhalts einer Norm hingegen erst durch ein Gericht, seien zum einen die Demokratie- und zum anderen die Gewaltenteilung nicht gewahrt.[747] Auch müssen Bürger:innen die Rechtsfolgen einer Norm absehen können. Nur so können sie sich in gleicher Weise auf sie berufen. Es entspreche dem demokratischen System Frankreichs, alle Rechte in gleicher Weise auf alle Bürger:innen anzuwenden.[748] Insofern entspricht die Normativitätsverpflichtung der französischen Verfassung dem rechtsstaatlichen Bestimmtheitsgebot der deutschen Verfassung, welches jedoch nach Art. 20 Abs. 2 und 3 GG auf das Rechtsstaatsgebot zurückgeführt wird.

Die Rechtsprechung des *Conseil constitutionnel* reiht sich ein in die Entwicklung der Normativität im französischen Rechtssystem. Während in der Revolution ein perfektionistischer Maßstab an die zu erlassenden Gesetze, ihre Effektivität und Verständlichkeit gesetzt wurde, bekundete *Portalis* diese vielfach rezipiert erneut beim Erlass des *Code civil*.[749] Innerhalb der V. Republik lies die Qualität der erlassenen Gesetze jedoch ab und ein immer stärkerer Verlust der Normativität war zu verzeichnen.[750] Dem entgegenzuwirken versucht das Urteil der *Conseil constitutionnel* aus

---

743 Im Original lautet es: „La loi permet ou elle défend, elle ordonne, elle établit, elle corrige, elle punit ou elle récompense“, zitiert in: *Mazeaud* Cahiers du Conseil Constitutionnel 2005; vgl. auch: *Mathieu Cahiers du Conseil Constitutionnel 2007, https://www.conseil-constitutionnel.fr/nouveaux-cahiers-du-conseil-constitutionnel/la-normativite-de-la-loi-une-exigence-democratique*; *Löhrer* Revue de la Recherche Juridique - Droit prospectif 2009, 1397 (2); *Mathieu,* La loi, 2004, S. 72.

744 *Couderce* Pouvoirs 2005, 21 (26f.).

745 *Mathieu Cahiers du Conseil Constitutionnel 2007, https://www.conseil-constitutionnel.fr/nouveaux-cahiers-du-conseil-constitutionnel/la-normativite-de-la-loi-une-exigence-democratique*; Conseil constitutionnel, 21.4.2005, Décision n° 2005-512 DC.

746 *Mathieu Cahiers du Conseil Constitutionnel 2007, https://www.conseil-constitutionnel.fr/nouveaux-cahiers-du-conseil-constitutionnel/la-normativite-de-la-loi-une-exigence-democratique.*

747 *Mathieu Cahiers du Conseil Constitutionnel 2007, https://www.conseil-constitutionnel.fr/nouveaux-cahiers-du-conseil-constitutionnel/la-normativite-de-la-loi-une-exigence-democratique.*

748 *Mathieu Cahiers du Conseil Constitutionnel 2007, https://www.conseil-constitutionnel.fr/nouveaux-cahiers-du-conseil-constitutionnel/la-normativite-de-la-loi-une-exigence-democratique.*

749 Vgl. *Mathieu,* La loi, 2004, S. 72.

750 Zu dieser Entwicklung vgl. *Terré* Archives de philosophie du droit 1980 (17f.); *Mathieu,* La loi, 2004, S. 71ff.; *Löhrer* Revue de la Recherche Juridique - Droit prospectif 2009, 1397 (1398).

dem Jahr 2005.[751] Die Formulierung *Portalis* vom Zeitpunkt des Erlasses des *Code civil* wurde wiederentdeckt. Der Begriff der *normativité* des Rechts nimmt im französischen Verfassungssystem auf Grundlage des Demokratie-, des Gewaltenteilungsprinzips sowie des Prinzips der Gesetzesklarheit nach Art. 34 CF eine wichtige Rolle ein. Diese wichtige Stellung wurde durch die Rechtsprechung des *Conseil constitutionnel* im Jahr 2005 erneut verdeutlicht.

b) Der Begriff der Normativität im deutschen Verfassungsrecht

Dem *Conseil constitutionnel* wird nachgesagt, bei der Auslegung der Normativität im Verfassungsrecht an die deutsche Konzeption des Begriffs anzuknüpfen.[752] Auch im deutschen Recht wird der Begriff der Normativität im Verfassungsrecht verwendet. Hier ist im verfassungsrechtlichen Kontext von einer normativen Funktion die Rede, die sich von den meta-normativen[753] (teilweise auch „nicht-juristische[n]"[754]) Funktionen abgrenzt.[755] Normativität in diesem Sinne ist in Zusammenhang mit dem zu sehen, was nicht normativ wirkt. Es geht um die Einbettung es Rechts „in gesellschaftliche Kontexte".[756] „Recht entfaltet sich nicht aus sich selbst heraus, sondern wird produziert, angewendet, durchgesetzt und gebraucht."[757] Bei der Frage, ob eine Verfassung normativ wirkt, wird mithin im deutschen Recht geklärt, ob diese mit ihren Normen, ein noch effektives, brauchbares Regelungsinstrument darstellt.[758] Die Verfassung wirkt nicht als bloßer Programmsatz, sondern entfaltet als verbindliches Recht Wirkung. Die Normativität agiert damit als Gegenbegriff zur meta-normativen Funktion der Verfassung, der sozialen, integrativen, tatsächlichen Wirkung einer Verfassung.[759] Es geht bei der meta-normativen Funktion um die „nicht-juristische Wirkung eines juristischen Gegenstands".[760]

---

[751] *Löhrer* Revue de la Recherche Juridique - Droit prospectif 2009, 1397 (1398); Conseil constitutionnel, 21.4.2005, Décision n° 2005-512 DC.

[752] *Chevallier* Cahiers du Conseil Constitutionnel 2007.

[753] *Obermeyer,* Integrationsfunktion der Verfassung und Verfassungsnormativität. Die Verfassungstheorie Rudolf Smends im Lichte einer transdisziplinären Rechtstheorie, 2008, S. 22.

[754] *Grimm* Leviathan 2004, 448 (448).

[755] Vgl. hierzu etwa: *Obermeyer,* Integrationsfunktion der Verfassung und Verfassungsnormativität. Die Verfassungstheorie Rudolf Smends im Lichte einer transdisziplinären Rechtstheorie, 2008, S. 30f.

[756] *Obermeyer,* Integrationsfunktion der Verfassung und Verfassungsnormativität. Die Verfassungstheorie Rudolf Smends im Lichte einer transdisziplinären Rechtstheorie, 2008, S. 12.

[757] *Obermeyer,* Integrationsfunktion der Verfassung und Verfassungsnormativität. Die Verfassungstheorie Rudolf Smends im Lichte einer transdisziplinären Rechtstheorie, 2008, S. 12; vgl. in diesem Sinne auch den Begriff des "lebende(n) Recht(s)", in: *Raiser,* Grundlagen der Rechtssoziologie - Das lebende Recht, 5. Aufl. 2009.

[758] *Obermeyer,* Integrationsfunktion der Verfassung und Verfassungsnormativität. Die Verfassungstheorie Rudolf Smends im Lichte einer transdisziplinären Rechtstheorie, 2008, S. 30; vgl. auch *Mohnhaupt/Grimm,* Verfassung, 1995, S. 140; vgl. hierzu im Ursprung auch *Kelsen,* Théorie générale du droit et de l'état, 1997, S. 89f.

[759] Vgl. *Obermeyer,* Integrationsfunktion der Verfassung und Verfassungsnormativität. Die Verfassungstheorie Rudolf Smends im Lichte einer transdisziplinären Rechtstheorie, 2008, S. 11f.; *Mohnhaupt/Grimm,* Verfassung, 1995, S. 140; *Grimm* Leviathan 2004, 448 (448); vgl. im Detail Gliederungspunkt C.

[760] *Grimm* Leviathan 2004, 448 (448).

Es lässt sich feststellen, dass sich die Definitionen der Normativität im deutschen und französischen Verfassungsrecht entsprechen.[761] Zudem wird parallel zum französischen Diskurs bzgl. der sinkenden Normativität im einfachen Recht,[762] auch in Deutschland ein Mangel an normativer Wirkkraft von Verfassungsnormen kritisiert, welcher auf die Verbreitung der Integrationslehre zurückgehe.[763]

Insofern kann also der Begriff der Normativität im Folgenden so verwendet werden, wie dies im deutschen Recht üblich ist.[764] Normativität einer französischen Verfassungsnorm bedeutet damit das diese einerseits eine regelnde Wirkung haben muss und andererseits diese regelnde Wirkung auch durchsetzbar ist.[765]

2. Vergleichbarkeit von „principes directeurs“[766] mit „Staatsstrukturprinzipien“[767]

Es stellt sich die Frage, ob nach deutschem Recht als Staatsstrukturprinzipien einzuordnende Prinzipien mit den französischen Verfassungsprinzipien vergleichbar sind – vor allem, was ihre Änderungsmöglichkeiten anbelangt. Nach dem französischen Recht werden diese zumindest teilweise als „*principes directeurs*“ der Verfassung verstanden.[768]

Hier ist – vor dem Hintergrund der interkulturellen und intersubjektiven Methode[769] – eine begriffs-dogmatische sowie historisch-rechtsvergleichende Methodik anzuwenden.[770] Denn der Begriff des Verfassungs- oder Staatsstrukturprinzips,

---

761 In etwa in diesem Sinne argumentiert etwa: *Hamon/Troper,* Droit constitutionnel, 45. Aufl. 2025, S. 60ff., indem auf eine juristische Funktion und weitere nicht-juristische Funktionen der französischen Verfassung eingegangen werden, diese Einordnung übernimmt jedoch den Begriff der Normativität nicht.

762 *Terré* Archives de philosophie du droit 1980 (17f.); *Löhrer* Revue de la Recherche Juridique - Droit prospectif 2009, 1397 (1398); *Mathieu,* La loi, 2004, S. 71ff.

763 *Obermeyer,* Integrationsfunktion der Verfassung und Verfassungsnormativität. Die Verfassungstheorie Rudolf Smends im Lichte einer transdisziplinären Rechtstheorie, 2008, 11, 30; *Mohnhaupt/Grimm,* Verfassung, 1995, S. 136; in diesem Sinne auch: *Korioth,* Integration und Bundesstaat, 2019, S. 218; kritisiert werden insbesondere die Aussagen *Smends,* welche ein Abrücken vom Gesetzesinhalt bedeuten und einen Fokus auf außerrechtliche Elemente, vgl. *Smend,* Verfassung und Verfassungsrecht, 1928, S. 78.

764 Zur Gegenüberstellung von der normativen und der nicht-normativen Bedeutung der Verfassung, vgl. unten im Einzelnen Gliederungspunkt C.

765 *Mathieu Cahiers du Conseil Constitutionnel 2007, https://www.conseil-constitutionnel.fr/nouveaux-cahiers-du-conseil-constitutionnel/la-normativite-de-la-loi-une-exigence-democratique*; Conseil constitutionnel, 21.4.2005, Décision n° 2005-512 DC; *Obermeyer,* Integrationsfunktion der Verfassung und Verfassungsnormativität. Die Verfassungstheorie Rudolf Smends im Lichte einer transdisziplinären Rechtstheorie, 2008, S. 12.

766 *Aubin/Roche,* Droit de la nouvelle décentralisation, 2005, S. 49.

767 Zum Begriff des Staatsstrukturprinzips, welches auch als Verfassungsprinzip, Verfassungsgrundsatz oder als Grundentschiedung bezeichnet werden kann, vgl. im Detail, *Reimer,* Verfassungsprinzipien, 2001, S. 58ff.

768 *Aubin/Roche,* Droit de la nouvelle décentralisation, 2005, S. 49.

769 *Baer* Zeitschrift für ausländisches öffentliches Recht und Völkerrecht 2004, 735 (750); vgl. im Detail Punkt II. 3. der Einleitung.

770 *Krüger* in Ziemske (Hrsg.), Staatsphilosophie und Rechtspolitik, 1997, S. 1393 (1399); vgl. im Detail auch hierzu Punkt II. 2. der Einleitung.

der in der deutschen Rechtswissenschaft gebräuchlich ist[771] und mit einer übergeordneten Stellung innerhalb der Verfassungssystematik sowie einer Uneinschränkbarkeit (nach Art. 79 Abs. 3 GG) einhergeht,[772] kann nicht ohne Weiteres in seiner Tragweite auf das französische Verfassungsrecht übertragen werden.[773] Unter Berücksichtigung räumlicher wie zeitlicher Elemente[774] ist damit die Tragweite von Verfassungsprinzipien in Frankreich zu erläutern. Diese Vorarbeit kann in der Mikroanalyse in Teil C. genutzt werden, um die außerrechtlichen Funktionen des Unteilbarkeitsprinzips – insb. im Rahmen einer funktionalen Betrachtung[775] – auszuwerten.

a) Ausgangspunkt: Zum Begriff der Staatsstrukturprinzipien

Staatsstrukturprinzipien sind „nicht nur von staatlichen Gewalten zu beachtende Leitlinien oder Interpretationshilfen, sondern unmittelbar anwendbare, die Verfassung wesentlich prägende Grundelemente."[776] In diesem Zusammenhang werden zumeist die Demokratie, die Rechtsstaatlichkeit sowie die Staatsform eines Landes behandelt.[777] Neben ihrer historischen Verankerung und zumeist verfassungsidentitätsprägenden Stellung in einer Verfassung,[778] ergeben sich jedenfalls in Deutschland auch normative Folgen aus ihrer Einordnung als Staatsstrukturprinzipien. Diese müssen aufgedeckt werden, bevor ein französisches Verfassungsprinzip auf seine Geltung hin beleuchtet wird, um nicht blind Annahmen des deutschen Verfassungsrechts auf das französische Rechtssystem zu übertragen.[779]

Nach dem deutschen Verständnis ist das Vorhandensein eines Staatsstrukturprinzips verknüpft mit seiner Unveränderbarkeit. Nach Art. 79 Abs. 3 GG ist eine „Änderung dieses Grundgesetzes, durch welche [...] die in den Artikeln 1 und 20 niedergelegten Grundsätze berührt werden, [...] unzulässig." Somit entsteht eine Normenhierarchie innerhalb des Grundgesetzes, wonach die in Art. 20 GG genannten

---

[771] Vgl. *Reimer,* Verfassungsprinzipien, 2001; *Vilain* in Marsch/Vilain/Wendel (Hrsg.), Französisches und Deutsches Verfassungsrecht, 2015 (49).

[772] Dies wird von Reimer als "Binnenstruktur" von Verfassungsprinzipien betitelt, vgl. *Reimer,* Verfassungsprinzipien, 2001, S. 220ff.

[773] Zwar bestehen auch hier Diskussionsbedarf bezüglich der Anforderungen an die Tragweite von Staatsstrukturprinzipien, vgl. etwa bezüglich der Anforderung der Normativität, *Reimer,* Verfassungsprinzipien, 2001, S. 52, jedoch besteht Einigkeit über die Anforderung einer Normenhierarchie innerhalb des GG, welches die Staatsstrukturprinzipien in Art. 20 Abs. 1 GG in ihrem Rang über den übrigen Vorschriften (mit Ausnahme von Art. 1 GG) anordnet; vgl. auch *Stein,* Staatsrecht, 1991, S. 158; bezogen auf die Normativität von Staatsstrukturprinzipien, siehe: *Scheuner* in Scheuner (Hrsg.), Die staatliche Einwirkung auf die Wirtschaft, 1971, S. 9 (60f.).

[774] Vgl. dazu oben Abschnitt II. 2. der Einleitung.

[775] Siehe dazu vertieft Gliederungspunkt II., 2. der Einleitung.

[776] *Weber,* Europäische Verfassungsvergleichung, 2010, S. 101.

[777] *Favoreu et al.,* Droit constitutionnel 2024, 26. Aufl. 2023, S. 143.

[778] *Vilain* in Marsch/Vilain/Wendel (Hrsg.), Französisches und Deutsches Verfassungsrecht, 2015 (49).

[779] Zu den Vorannahmen bei Verfassungsprinzipien, vgl. auch: *Reimer,* Verfassungsprinzipien, 2001, S. 120ff.

Prinzipien im Rang über den übrigen Prinzipien der Verfassung angesiedelt sind. Ihre Stellung als Staatsstrukturprinzipien ergibt sich auch aus dieser Verknüpfung.

Verstärkt wird die herausgehobene Stellung der Staatsstrukturprinzipien über die Identitätssicherung des Grundgesetzes gegenüber einer Kompetenzübertragung auf die Europäische Union. Mit der Einführung von Art. 23 Abs. 1 GG und in Anknüpfung an den Identitätsbegriff des Art. 4 Abs. 2 EUV erfolgt bei jeder Kompetenzübertragung auf die EU eine Identitätskontrolle entsprechend Art. 79 Abs. 2 und 3 GG. Es wird deutlich, dass sich im Begriff des Staatsstrukturprinzips mehrere Vorannahmen des deutschen Rechtsverständnisses vereinen: zum einen die Unveränderbarkeit von Staatsstrukturprinzipien durch Verfassungsreformen und zum anderen ihre hierarchische Stellung über anderen Verfassungsprinzipien, die hierdurch zu einer Verfassungsidentität führen.[780]

b) Zum Begriff der principes directeurs

Es stellt sich die Frage, ob auch im französischen System solche Prinzipien existieren, also „die Verfassung wesentlich prägende Grundelemente“[781], welche unveränderbar sind und der Verfassung ihre Identität verleihen.[782] Das französische System geht von einer „Unantastbarkeit“ des *pouvoir constitué* (oder *pouvoir constituant dérivé*)[783] aus.[784] Die Idee einer Beschränkung des *pouvoir constitué* beschreibt *Favoreu* sogar als „skandalös“[785]. Es lassen sich somit in Deutschland und Frankreich zwei gegensätzliche Anschauungen zur Einschränkbarkeit des *pouvoir constitué* ausmachen: Während es in Deutschland als Mittel zum Schutze der freiheitlich demokratischen Grundordnung vorausgesetzt wird, dass bestimmte Verfassungsnormen – wie die Staatsstrukturprinzipien und die Menschenwürde nach Art. 79 Abs. 3 GG – unabänderbar sind, wird es in Frankreich historisch als Einschränkung der Volkssouveränität und mithin der Demokratie gesehen, das *pouvoir constitué* in irgendeiner Form zu beschränken.[786]

Eine Öffnung des *pouvoir constitué* schien kurz möglich, als die Verfassungsreform zur Dezentralisierung Frankreichs 2003 dem *Conseil constitutionnel* zur Überprüfung

---

780 *Vilain* in Marsch/Vilain/Wendel (Hrsg.), Französisches und Deutsches Verfassungsrecht, 2015 (49); *Favoreu et al.,* Droit constitutionnel 2024, 26. Aufl. 2023, S. 142ff.; *Reimer,* Verfassungsprinzipien, 2001, S. 39; *Dreier* in Dreier (Hrsg.), Grundgesetz Kommentar, 3. Aufl. (12); *Sommermann* in Mangoldt/Klein/Starck (Hrsg.), Grundgesetz, 7. Aufl. 2018 (5–6)

781 *Weber,* Europäische Verfassungsvergleichung, 2010, S. 101.

782 *Vilain* in Marsch/Vilain/Wendel (Hrsg.), Französisches und Deutsches Verfassungsrecht, 2015 (49); *Favoreu et al.,* Droit constitutionnel 2024, 26. Aufl. 2023, S. 142ff.; *Aubin/Roche,* Droit de la nouvelle décentralisation, 2005, S. 51f.

783 Vgl. *Favoreu et al.,* Droit constitutionnel 2024, 26. Aufl. 2023, S. 132.

784 *Favoreu et al.,* Droit constitutionnel 2024, 26. Aufl. 2023, S. 142.

785 *Favoreu et al.,* Droit constitutionnel 2024, 26. Aufl. 2023, S. 143.

786 Vgl. *Favoreu et al.,* Droit constitutionnel 2024, 26. Aufl. 2023, S. 142ff.; *Troper/Chagnollaud,* Traité international de droit constitutionnel - Tome III, 2012, S. 22f.; *Troper/Chagnollaud,* Traité international de droit constitutionnel, 2012, S. 22f.

auf seine Verfassungsmäßigkeit vorgelegt wurde.[787] Die Grenzen des *pouvoir constitué* sind bzgl. der materiellen Grenzen von Verfassungsänderungen in Zusammenhang mit der Rolle des *Conseil constitutionnel* zu betrachten (aa).[788] Neben der justiziablen materiellen Grenze zur Verfassungsänderung wird mit Blick auf die Übertragung von Kompetenzen auf die EU auch die Zuerkennung einer Normenhierarchie innerhalb der französischen Verfassung diskutiert.[789] Ob das französische Verfassungsrecht also losgelöst von ihrer etwaigen Überprüfbarkeit eine Hierarchie innerhalb der Verfassungsnormen anerkennt, die Verfassung also Staatsstrukturprinzipien im deutschen Sinne beinhaltet, ist unter dem Begriff der „*supra-constitutionnalité*" zu diskutieren (bb).[790]

aa) Das französische pouvoir constitué: Zur Veränderbarkeit von Verfassungsprinzipien

Definiert man Staatsstrukturprinzipien als Grundprinzipien der Verfassung, welche erschwert oder nicht veränderbar sind, stellt sich die Frage, welche Rolle der *Conseil constitutionnel* bei der Überprüfung von Verfassungsprinzipien einnimmt (1). Dies hat wiederum Folgen für die Durchsetzbarkeit eines etwaigen Rangverhältnisses zwischen Verfassungsnormen (2).

(1) Exkurs: Die Rolle des Conseil constitutionnel im Verfassungskonzept

Das französische Verfassungsrecht kennt keine so dichte Kontrolle, wie dies durch das Bundesverfassungsgericht in Deutschland gem. Art. 94 Abs. 1 GG der Fall ist.[791] Der *Conseil constitutionnel* kann nur über eine begrenzte Anzahl an Streitigkeiten entscheiden. In beiden Ländern muss eine Kompetenz dem Gericht explizit zugewiesen werden (durch die Verfassung). Eine Generalklausel zum Tätigwerden des französischen Verfassungsgerichts existiert nicht.[792] Insbesondere hat der *Conseil constitutionnel* die Kompetenz zur Überprüfung einfacher Gesetze sowie von *lois organiques* (die das Verfassungsrecht konkretisieren[793]). Diese Kompetenz hat der Rat

---

[787] Conseil constitutionnel, 26.3.2003, Décision n° 2003-469 DC.

[788] Neben der diskutierten materiellen Grenze der Verfassungsänderung existieren in jedem Fall formelle Grenzen zur Änderung der Verfassung, die gerechtfertigt sind, da der Änderung des höchsten nationalen Gesetzes eine gewisse Warnfunktion innewohnen muss, vgl. *Favoreu et al.,* Droit constitutionnel 2024, 26. Aufl. 2023, S. 142.

[789] Vgl. etwa *Dubout* Revue française de droit constitutionnel 2010, 451; *Favoreu et al.,* Droit constitutionnel 2024, 26. Aufl. 2023, 116-117, 142.

[790] *Favoreu et al.,* Droit constitutionnel 2024, 26. Aufl. 2023, S. 115f.

[791] *Hamon/Troper,* Droit Constitutionnel, 45. Aufl. 2025, 816ff; vlg. auch bereits *M. Lasserre* in Sydow (Hrsg.), Französisches Verfassungsrecht im 21. Jahrhundert, 2022, S. 23 (40); *Häberle* EuGRZ 2005, 685 (686).

[792] *Marsch* in Marsch/Vilain/Wendel (Hrsg.), Französisches und Deutsches Verfassungsrecht, 2015, S. 275 (290).

[793] *Hamon/Troper,* Droit Constitutionnel, 45. Aufl. 2025, 816; vlg. auch bereits *M. Lasserre* in Sydow (Hrsg.), Französisches Verfassungsrecht im 21. Jahrhundert, 2022, S. 23 (40).

vor dem Inkrafttreten eines Gesetzes und seit Einführung der *Question prioritaire de constitutionnalité* im Jahr 2010 auch nach der Gültigkeit eines *lois*.[794] Diese Neuerung der Kompetenzfülle des *Conseil constitutionnel* war auch für das Unteilbarkeitsprinzip beachtlich. Denn es erlaubte erstmalig die Überprüfung des *droit local* der Region Elsass-Mosel als vorkonstitutionelles Recht auf seine Verfassungsmäßigkeit.[795] Vor dem *Conseil constitutionnel* existiert hingegen weder eine Verfassungsbeschwerde, noch ein Organstreitverfahren.[796] Auch hat das Gericht keine Kompetenz zur Überprüfung von *règlements* oder anderem Handeln von Staatsorganen außerhalb der Handlungsform der *lois*.[797]

Obwohl dem *Conseil constitutionnel* somit keine Kompetenz zukommt, die mit der des Bundesverfassungsgerichts vergleichbar ist,[798] nimmt dieser dennoch eine entscheidende Rolle bei der Auslegung von Verfassungsprinzipien ein.[799] Nach Art. 62 CF kann gegen Entscheidungen des *Conseil constitutionnel* „kein Rechtsmittel" eingelegt werden.[800] Diese sog. *autorité de la chose jugée* sorgt also dafür, dass – mit Ausnahme der europäischen und internationalen Anfechtungsmöglichkeiten – für verfassungswidrig erklärte Gesetze im Nachhinein nicht mehr durch die Entscheidungen anderer Gerichte angegriffen werden können.[801]

(2) Grenzen des Conseil constitutionnel bei der Verfassungsänderung

Vergleichbar mit Art. 79 Abs. 3 GG normiert Art. 89 Abs. 5 CF: „Die republikanische Regierungsform kann nicht Gegenstand einer Verfassungsänderung sein".[802] Dem Grunde nach wären somit das Republikprinzip und seine Teilgehalte, wie auch die Staatsstrukturprinzipien nach Art. 20 Abs. 1, Art. 79 Abs. 3 GG

---

794 Loi organique n° 2009-1523 Journal Officiel électronique authentifié n° 0287 2009, Text 1; auch bereits in: *M. Lasserre* in Sydow (Hrsg.), Französisches Verfassungsrecht im 21. Jahrhundert, 2022, S. 23 (40) erwähnt.

795 Conseil constitutionnel, 5.8.2011, Décision n° 2011-157 QPC.

796 *Marsch* in Marsch/Vilain/Wendel (Hrsg.), Französisches und Deutsches Verfassungsrecht, 2015, S. 275 (290).

797 *Hamon/Troper,* Droit Constitutionnel, 45. Aufl. 2025, 816ff. vgl. hierzu bereits: *M. Lasserre* in Sydow (Hrsg.), Französisches Verfassungsrecht im 21. Jahrhundert, 2022, S. 23 (40).

798 *Marsch* in Marsch/Vilain/Wendel (Hrsg.), Französisches und Deutsches Verfassungsrecht, 2015, S. 275 (290).

799 Hamon/Troper, Droit constitutionnel, 45. Aufl. 2025, S. 830f.; *Lemaire, Le principe d'indivisibilité de la République, 2010, S.*252.

800 Französische Verfassung in der deutschen Übersetzung unter der gemeinsamen Verantwortung der Abteilung Presse, Information und Kommunikation des Ministeriums für Auswärtige Angelegenheiten und der Abteilung europäische Angelegenheiten der Nationalversammlung vom 1958.

801 *Hamon/Troper,* Droit Constitutionnel, 45. Aufl. 2025, S. 819ff.; vgl. auch schon: *M. Lasserre* in Sydow (Hrsg.), Französisches Verfassungsrecht im 21. Jahrhundert, 2022, S. 23 (40).

802 Vgl. in diesem Sinne schon: *M. Lasserre* in Sydow (Hrsg.), Französisches Verfassungsrecht im 21. Jahrhundert, 2022, S. 23 (44).

unabänderbar.[803] Die Unteilbarkeit gilt in Frankreich als Teil des Republikprinzips.[804] Denn Art. 1 Abs. 1 S. 1 CF regelt: „Frankreich ist eine unteilbare Republik". Anknüpfungspunkt für die in Art. 1 CF genannten Prinzipien ist mithin das Republikprinzip.[805] Anders als in Deutschland wird die „Republik" im französischen Verfassungsrecht nicht nur formell in Abgrenzung zur Monarchie definiert.[806] Sie wird vielmehr als „Grund- und Werteordnung" begriffen, die in einer revolutionären Tradition wurzelt.[807] Aus einer Unveränderbarkeit des Republikprinzips ließe sich somit auf eine besondere Stellung des Unteilbarkeitsprinzips schließen, welches der eines deutschen Staatsstrukturprinzips gleichkommen könnte.[808]

2003 wurde dem *Conseil constitutionnel* die Möglichkeit geboten die republikanische Staatsform als Grundordnung der Verfassung zu bestätigen und seinen Teilprinzipien aus Art. 1 Abs. 1 S. 1 CF einen übergeordneten Rang in der Verfassung einzuräumen.[809] Ihm wurde das verfassungsändernde Gesetz vorgelegt, welches u.a. in Art. 1 Abs. 1 S. 3 CF den Satz einfügte: „Seine [Frankreichs] Organisation ist dezentralisiert."[810] In Frage stand insbesondere eine Vereinbarkeit mit dem Prinzip der Unteilbarkeit, als Teilgehalt des Republikprinzips. Jedoch entschied der *Conseil constitutionnel*, Art. 89 Abs. 5 CF enthalte zwar ein Verbot der Abänderung der Organisationsform Frankreichs als Republik, es beinhalte jedoch keine Regelung, die die Kompetenz des *Conseil constitutionnel* zur Überprüfung eines Verstoßes gegen das Republikprinzip regele.[811] Eine solche lasse sich zudem auch nicht aus Art. 61 CF ableiten (vgl. Ziffer 2 des Urteils), welcher die Kontrollmöglichkeit von Gesetzen vor ihrem Erlass durch den *Conseil constitutionnel* regelt.[812] Zwar ist der Wortlaut des Art. 89 Abs. 5 CF iVm Art. 1 Abs. 1 S. 1 CF in etwa mit dem des Art. 79 Abs. 3 iVm Art. 20 I GG vergleichbar, er unterscheidet sich aber prozessual von diesem. Da in Frankreich kein mit dem Art. 93 Abs. 1 GG vergleichbarer

---

803 *Vilain* in Marsch/Vilain/Wendel (Hrsg.), Französisches und Deutsches Verfassungsrecht, 2015 (49); *Troper/Chagnollaud,* Traité international de droit constitutionnel - Tome III, 2012, S. 56; *Troper/Chagnollaud,* Traité international de droit constitutionnel, 2012, S. 56.

804 *Vilain* in Marsch/Vilain/Wendel (Hrsg.), Französisches und Deutsches Verfassungsrecht, 2015 (56).

805 *Vilain* in Marsch/Vilain/Wendel (Hrsg.), Französisches und Deutsches Verfassungsrecht, 2015 (55f.); *Favoreu et al.,* Droit constitutionnel 2024, 26. Aufl. 2023, S. 145.

806 *Vilain* in Marsch/Vilain/Wendel (Hrsg.), Französisches und Deutsches Verfassungsrecht, 2015 (52ff.).

807 *Vilain* in Marsch/Vilain/Wendel (Hrsg.), Französisches und Deutsches Verfassungsrecht, 2015 (54ff.).

808 Eine weitere Formulierung, welche zu einem unveränderbaren Verfassungsrecht führen könnte, hier aber nicht einschlägig ist, findet sich in Art. 2 DDHC, welcher die Menschenrecht als „unveräußerlich" beschreibt. Zudem regelt Art. 16 DDHC, dass die Gewaltenteilung sowie die Regelung der Grundrechte Voraussetzung für die Verfassung sind, vgl. hierzu: *Dubout* Revue française de droit constitutionnel 2010, 451 (459).

809 *Vilain* in Marsch/Vilain/Wendel (Hrsg.), Französisches und Deutsches Verfassungsrecht, 2015 (56f.).

810 Conseil constitutionnel, 26.3.2003, Décision n° 2003-469 DC.

811 Conseil constitutionnel, 26.3.2003, Décision n° 2003-469 DC.

812 Vgl. hierzu auch: *Vilain* in Marsch/Vilain/Wendel (Hrsg.), Französisches und Deutsches Verfassungsrecht, 2015 (56); *Favoreu et al.,* Droit constitutionnel 2024, 26. Aufl. 2023, S. 145; auch bereits zitiert in: *M. Lasserre* in Sydow (Hrsg.), Französisches Verfassungsrecht im 21. Jahrhundert, 2022, S. 23 (41).

Kompetenzkatalog für das Verfassungsgericht existiert,[813] ist Art. 89 Abs. 5 CF nicht justiziabel.[814] Somit ergibt sich, dass die Verfassungsprinzipien nach Art. 1 Abs. 1 S. 1 CF – und damit auch das Unteilbarkeitsprinzip – durch Verfassungsänderungen faktisch grenzenlos einschränkbar sind. Denn die Kompetenznormen bezogen auf den *Conseil constitutionnel* sehen in Art. 61 und 62 CF nur die Überprüfung von einfachen Gesetzen auf ihre Vereinbarkeit mit der Verfassungsmäßigkeit vor, nicht jedoch die Überprüfung von verfassungsändernden Gesetzen.[815]

(3) Zwischenergebnis: Keine Unterscheidung zwischen pouvoir constituant und pouvoir constitué

Die Verfassungsprinzipien des Art. 1 CF sind ebenso wie die übrigen Normen der Verfassung, nicht gegen Eingriffe verfassungsändernder Gesetze geschützt. Dies ergibt sich daraus, dass die im Wortlaut der Ewigkeitsklausel in Art. 79 Abs. 3 GG entsprechende Vorschrift des Art. 89 Abs. 5 CF nicht justiziabel ist.[816] Diese Feststellung führt dazu, dass die Souveränität der verfassungsändernden Gewalt also das *pouvoir constitué*[817] in Frankreich nicht beschränkt werden kann. Damit wird der Anschauung entsprochen, dass eine Beschränkung des *pouvoir constitué* dem Demokratieprinzip zuwiderlaufe.[818] Es wird mithin nicht zwischen *pouvoir constituant* und *pouvoir constitué* differenziert.

bb) Eine materielle Normenhierarchie innerhalb der Verfassung: sog. supra-constitutionnalité

Zwar könnte man auf den ersten Blick davon ausgehen, dass auch ein materiellrechtliches Rangverhältnis innerhalb der Verfassung bedeutungslos sei, sofern dieses nicht gerichtlich überprüfbar ist.[819] Jedoch kann die Frage nach der prozessualen Durchsetzbarkeit einer normativ geregelten Hierarchie im Verfassungssystem

---

[813] *Hamon/Troper,* Droit Constitutionnel, 45. Aufl. 2025, S. 816ff.; vlg. auch bereits *M. Lasserre* in Sydow (Hrsg.), Französisches Verfassungsrecht im 21. Jahrhundert, 2022, S. 23 (40); *Häberle* EuGRZ 2005, 685 (686).

[814] *Vilain* in Marsch/Vilain/Wendel (Hrsg.), Französisches und Deutsches Verfassungsrecht, 2015 (56f.); *Troper* Revue internationale de droit comparé 2015, 331 (814); *Favoreu et al.,* Droit constitutionnel 2024, 26. Aufl. 2023, S. 145; vgl. auch schon: *M. Lasserre* in Sydow (Hrsg.), Französisches Verfassungsrecht im 21. Jahrhundert, 2022, S. 23 (41).

[815] Vgl. *Ofuji* Revue française de droit constitutionnel 2004, 619 (620).

[816] Conseil constitutionnel, 26.3.2003, Décision n° 2003-469 DC; vgl. auch *Vilain* in Marsch/Vilain/Wendel (Hrsg.), Französisches und Deutsches Verfassungsrecht, 2015 (56f.); *Favoreu et al.,* Droit constitutionnel 2024, 26. Aufl. 2023, S. 145.

[817] Vgl. *Favoreu et al.,* Droit constitutionnel 2024, 26. Aufl. 2023, S. 116f.

[818] Vgl. *Troper/Chagnollaud,* Traité international de droit constitutionnel, 2012, S. 22; *Favoreu et al.,* Droit constitutionnel 2024, 26. Aufl. 2023, S. 142f.

[819] So Ofuji bezogen auf einen Rechtsvergleich zwischen Frankreich und Japan: *Ofuji* Revue française de droit constitutionnel 2004, 619 (629); so ähnlich: *Vedel* Pouvoirs 1993, 79 (80).

prinzipiell von der materiellen Frage ihrer Durchsetzbarkeit bei Verfassungsrevisionen[820] getrennt werden.[821]

Dem entsprechend umgingen auch der *Conseil constitutionnel* sowie der *Conseil d'État* in ihren Entscheidungen die Frage nach einem materiellen Rangverhältnis innerhalb der Verfassung.[822] Der *Conseil constitutionnel* entschied 2006 in einem Urteil, bezogen auf die Umsetzung von Europarecht, dass diese nur möglich sei, wenn nicht gegen „Regelungen oder Prinzipien der französischen Verfassungsidentität verstoßen" werde.[823] Der Begriff der Verfassungsidentität, der im deutschen Recht mit einem Rangverhältnis innerhalb der Verfassung gleichgesetzt wird (vgl. Art. 23 Abs. 1 GG), wird im französischen Recht an Art. 88-1 CF angeknüpft. Danach habe das Europarecht zwar grundsätzlich Vorrang vor dem nationalen Verfassungsrecht. Eine Ausnahme bilden jedoch diejenigen Teile der Verfassung, die zur „Verfassungsidentität" gehören.[824]

Ob jedoch ein Zusammenhang zwischen einer Verfassungsidentität im Sinne des Art. 4 Abs. 2 EUV und einem Rangverhältnis zwischen Normen der französischen Verfassung besteht ist äußerst umstritten.[825] Damit es ein Rangverhältnis geben kann, muss es Normen geben, die die gesamte Rechtsordnung prägen und daher auch innerhalb der Verfassung einen höheren Rang einnehmen.[826] In diesem Zusammenhang werden zwangsläufig auch naturrechtliche Bezüge relevant.[827] Denn nur durch Betrachtung dessen, was außerhalb des Rechts geschieht, kann das Gemeinwesen reguliert werden, was schlussendlich Ziel des Rechts ist.[828] Der Rückbezug zu nicht-normativen Einflüssen ist notwendig, um die fundamentale Identität der Verfassung zu erkennen, die von Staatsstrukturprinzipien ausgehen soll.

Teilweise wird eine Diskussion um eine Identität der französischen Verfassung im Kontext einer sog. *supra-constitutionnalité* geführt. Der Begriff bedeutet, dass es Normen innerhalb der Verfassung gebe, die in ihrem Rang über anderen Verfassungsnormen stehen.[829] Von einem Rangverhältnis zwischen mehreren

---

[820] Conseil constitutionnel, 26.3.2003, Décision n° 2003-469 DC.

[821] Vgl. zu dieser Frage auch: *Ofuji* Revue française de droit constitutionnel 2004, 619 (629).

[822] Conseil constitutionnel, 26.3.2003, Décision n° 2003-469 DC.

[823] Conseil constitutionnel Journal Officiel de la République française 2006.

[824] Conseil constitutionnel Journal Officiel de la République française 2006; *Wendel* in Marsch/Vilain/Wendel (Hrsg.), Französisches und Deutsches Verfassungsrecht, 2015, S. 373 (412); *Dubout* Revue française de droit constitutionnel 2010, 451 (454); so ähnlich auch bereits: Conseil d'État, 8.2.2007, Décision n° 287110.

[825] Vgl. Conseil constitutionnel Journal Officiel de la République française 2006; *Dubout* Revue française de droit constitutionnel 2010, 451 (460ff.); *Wendel* in Marsch/Vilain/Wendel (Hrsg.), Französisches und Deutsches Verfassungsrecht, 2015, S. 373 (412ff.); *Favoreu et al.,* Droit constitutionnel 2024, 26. Aufl. 2023, S. 115f.

[826] *Dubout* Revue française de droit constitutionnel 2010 (451f.).

[827] Vgl. *Favoreu et al.,* Droit constitutionnel 2024, 26. Aufl. 2023, S. 116f.; *Ofuji* Revue française de droit constitutionnel 2004, 619 (629).

[828] *Dubout* Revue française de droit constitutionnel 2010, 451 (452).

[829] *Favoreu et al.,* Droit constitutionnel 2024, 26. Aufl. 2023, S. 115; *Dubout* Revue française de droit constitutionnel 2010 (451); *Ofuji* Revue française de droit constitutionnel 2004, 619 (622)

Verfassungsnormen wird also darauf geschlossen, dass die höherrangigen Normen zur Identität der Verfassung führen. Die Aussagen zur *supra-constitutionnalité* lassen aber Rückschlüsse auf einen möglichen Identitätskern und damit einem materiellen Rangverhältnis der französischen Verfassung zu, wie dieser sich auch in Deutschland aus Art. 79 Abs. 3, 20 Abs. 1, 23 Abs. 1 S. 1 GG in Bezug auf das Europarecht ergibt.

(1) Formelle Anforderungen an die Verfassungsidentität

Erst durch die Entstehung des Rechts der europäischen Union (das Vorrang vor dem nationalen Recht genießen soll), wurde in Frankreich die Debatte um eine nationale Verfassungsidentität in Bewegung gesetzt, unter Verweis auf Art. 88-1 CF.[830] Danach habe das Europarecht zwar grundsätzlich Vorrang vor dem nationalen Verfassungsrecht. Eine Ausnahme bilden jedoch diejenigen Teile der Verfassung, die zur „Verfassungsidentität" gehören („*règles ou principes inhérents à l'identité constitutionnelle de la France*"[831]).[832] Sie seien nicht nur juristisch, sondern auch symbolisch (also in ihrer integrativen Tragweite) wichtiger als die übrigen Normen einer Verfassung.[833] Bei der Frage nach einer *supra-constitutionnalité* wird also nach Normen gesucht, auf denen das gesamte französische Rechtssystem beruht, damit „seine wesentlichen Merkmale"[834] trotz Rückbezügen zum EU-Recht beibehalten werden.[835]

Dieser Blickwinkel über das europäische Recht birgt für die Beantwortung einer Frage nach französischer Verfassungsidentität jedoch einen Makel: Was genau zur französischen Verfassungsidentität zählt, wird bisher von den Gerichten nur in Abgrenzung zum Europarecht gedeutet. Demnach liegen die „Besonderheiten der französischen Rechtsordnung in der Hinsicht [vor], dass diese Normen keinen vergleichbaren Schutz nach dem Recht der EU genießen würden"[836] – so jedenfalls der *Conseil d'Etat.* Es erfolgt mithin bisher keine inhaltliche Klassifizierung,[837] sondern eine rein formale Einordnung der Verfassungsidentität. Das ist zweckwidrig und widerspricht dem Anwendungsvorrang des Unionsrechts. Oft wird an dieser Stelle ein Vergleich mit der Solange II Rechtsprechung gezogen, wonach eine Kontrolle

---

830 *Dubout* Revue française de droit constitutionnel 2010, 451 (453f.); Conseil constitutionnel, 27.6.2006, Décision n° 2006-540 DC.

831 Conseil constitutionnel, 27.6.2006, Décision n° 2006-540 DC.

832 *Dubout* Revue française de droit constitutionnel 2010, 451 (454); *Daugeron,* Droit constitutionnel, 2023, S. 79ff.; *Favoreu et al.,* Droit constitutionnel 2024, 26. Aufl. 2023, S. 115f.

833 *Dubout* Revue française de droit constitutionnel 2010, 451 (453); mit Verweis darauf, dass es sich in der Tat um eine Frage eines naturrechlichen Verfassungsrechts handelt, vgl. *Favoreu et al.,* Droit constitutionnel 2024, 26. Aufl. 2023, S. 116.

834 *Dubout* Revue française de droit constitutionnel 2010, 451 (454).

835 *Dubout* Revue française de droit constitutionnel 2010, 451 (454); *Favoreu et al.,* Droit constitutionnel 2024, 26. Aufl. 2023, S. 115f.; *Daugeron,* Droit constitutionnel, 2023, S. 79ff.

836 Conseil d'État, 8.2.2007, Décision n° 287110; auch zitiert in: *Dubout* Revue française de droit constitutionnel 2010, 451 (454).

837 *Dubout* Revue française de droit constitutionnel 2010, 451 (454).

anhand deutscher Grundrechte zurücksteht, solange generell ein wirksamer Schutz nach dem EU-Recht besteht.[838] Im Gegensatz zum Solange-II-Vorbehalt wird nach der *Arcelor*-Rechtsprechung aus dem Jahr 2006 in Frankreich die Prüfungskompetenz aber nicht generell zurückgenommen. Stattdessen erfolgt eine immer aktivierbare Äquivalenzprüfung im Einzelfall.[839]

Wenn sich die Frage, ob nationale Richter:innen eine Verfassungsnorm schützen können, ausschließlich danach entscheidet, ob auf europäischer Ebene eine äquivalente Vorschrift gegeben ist bedeutet das, dass potenziell alle Verfassungsvorschriften eine Verfassungsidentität ergeben können. Sie können demnach alle in ihrem Rang über den anderen nicht betroffenen Verfassungsvorschriften stehen *(supériorité)*, solange eine europäische Vorschrift in diesem Bereich nicht existiert, aufgehoben wird oder von der französischen Vorschrift abweicht. Die Identität der französischen Verfassung liegt damit in sämtlichen Normen der Verfassung und ist gerichtlich überprüfbar, wenn das EU-Recht einen anderweitigen Schutz vorsieht.[840] Diese Interpretation kann daher keinen Aufschluss geben, über einen identitätsprägenden Kern der französischen Verfassung. Nach dem Stand der Rechtsprechung im Jahr 2006 existiert also auch in materieller Hinsicht keine Normenhierarchie innerhalb der französischen Verfassung.[841]

(2) Ein Wandel der Rechtsprechung? – Air-France Urteil 2021

Auch das *Air-France* Urteil aus dem Jahr 2021 konnte an dieser Ambiguität einer französischen Verfassungsidentität nichts ändern. In der QPC nahm das Gericht Stellung dazu, ob die Umsetzung einer EU-Richtlinie[842] in den Vorschriften des Gesetzes über die Einreise und den Aufenthalt von Ausländern und das Asylrecht gegen „*règles ou principes inhérents à l'identité constitutionnelle de la France*" verstoßen und damit nach dem französischen Verfassungsrecht ungültig seien.[843] Es ging hier um die Verpflichtung von Fluggesellschaften die Rückführung von ausländischen Personen, die über die Fluggesellschaft in ein Land der EU einreisen, hierzu aber nicht berechtigt sind, auf eigene Kosten zu übernehmen. Die Fluggesellschaft *Air-France* brachte hervor, dass eine solche Regelung die verfassungsrechtlich geschützten Rechte auf Sicherheit (der Besatzung), Gleichheit sowie den Grundsatz der Selbstbestimmung sowie das Recht auf öffentliche Gewalt nach Art. 12 DDHC verletze,

---

[838] Vgl. *Dubout* Revue française de droit constitutionnel 2010, 451 (461f.); *Wendel* in Marsch/Vilain/Wendel (Hrsg.), Französisches und Deutsches Verfassungsrecht, 2015, S. 373 (417); Bundesverfassungsgericht, Verfassungsbeschwerde v. 22.10.1986, 2 BvR 197/83.

[839] Vgl. *Wendel* in Marsch/Vilain/Wendel (Hrsg.), Französisches und Deutsches Verfassungsrecht, 2015, S. 373 (415).

[840] *Dubout* Revue française de droit constitutionnel 2010, 451 (455).

[841] Vgl. zu dieser Frage auch *Drago,* Contentieux constitutionnel français, 4. Aufl. 2016, S. 336ff.

[842] Richtlinie 2001/51/EG des Rates vom 28. Juni 2001 zur Ergänzung der Regelungen nach Artikel 26 des Übereinkommens zur Durchführung des Übereinkommens von Schengen vom 14. Juni 1985 vom 28.06.2001.

[843] Conseil constitutionnel, 15.10.2021, Décision n° 2021-940 QPC.

welche Teil der Verfassungsidentität seien.[844] Auch hier nahm der *Conseil constitutionnel* allem Anschein nach eine rein formelle Prüfung vor und äußerte sich nicht zu einem Rangverhältnis etwaiger Normen innerhalb der Verfassung. Er stellte fest, dass die Rechte auf Sicherheit, Gleichheit, sowie das Recht auf Selbstbestimmung vom Recht der Europäischen Union selbst geschützt seien und daher nicht Teil der Verfassungsidentität seien. Zwar entschied das Gericht anders für den Fall der Garantie einer öffentlichen Gewalt zur Wahrnehmung von Staatsaufgaben, welche nach Art. 12 DDHC als Teil des *bloc de constitutionnalité* zur Identität der französischen Verfassung zähle. Jedoch wird keine Aussage bzgl. eines etwaigen Rangverhältnisses zwischen verschiedenen Verfassungsnormen getätigt. Vielmehr liegt nahe, dass auch hier ein formeller Vergleich zwischen dem Schutzrahmen des EU-Rechts und dem des französischen Verfassungsrechts erfolgte. Da das Recht der Europäischen Union keine Regelung bzgl. einer Garantie der Wahrnehmung staatlicher Aufgaben durch die öffentliche Gewalt enthält, wurde die Vorschrift in Art. L.213-4 des Gesetzes über die Einreise und den Aufenthalt von Ausländern und das Asylrecht als unvereinbar mit der Identität der französischen Verfassung erklärt.[845]

(3) Kritik der Rechtsprechung: Die materielle Normenhierarchie der Lehre

In der Lehre wird teilweise eine andere Ansicht bzgl. der Feststellung der Verfassungsidentität vertreten. Etwa *Dubout* versucht sich an einer Definition, die außerrechtliche Aspekte stärker in Bezug nimmt.[846] Er moniert, dass die Definition des *Conseil d'Etat* und der *Conseil constitutionnel* zu simplistisch sei und den entscheidenden ersten Schritt der Einordnung einer Norm als „*inhérent à l'identité constitutionelle de la France*" überspringe. Zuerst solle nämlich herausgebildet werden, welche Normen der Verfassung überhaupt „ausschlaggebend" (*crucial*) seien.[847] Dies habe die Rechtsprechung entweder nicht getan oder stillschweigend alle Verfassungsnormen als identitär und damit ausschlaggebend eingeordnet. *Dubout* macht daher den Versuch einen fundamentalen Kernbereich der Verfassung herauszuarbeiten, was wiederum Aufschluss über einen identitätsprägenden Bestandteil der französischen

---

[844] Vgl. Ziffer 14 und 15 Conseil constitutionnel, 15.10.2021, Décision n° 2021-940 QPC.

[845] Hier lautet es: „En second lieu, selon l'article 12 de la Déclaration de 1789 : « La garantie des droits de l'Homme et du Citoyen nécessite une force publique : cette force est donc instituée pour l'avantage de tous, et non pour l'utilité particulière de ceux auxquels elle est confiée ». Il en résulte l'interdiction de déléguer à des personnes privées des compétences de police administrative générale inhérentes à l'exercice de la « force publique » nécessaire à la garantie des droits. Cette exigence constitue un principe inhérent à l'identité constitutionnelle de la France.", vgl. Conseil constitutionnel, 15.10.2021, Décision n° 2021-940 QPC.

[846] *Dubout* Revue française de droit constitutionnel 2010, 451 (455).

[847] So definierte *Pierre Mazeaud* die Identität der Verfassung anhand der beiden Adjektive „*crucial et distinctif*", also „ausschlaggebend und anders" *Mazeaud* Les Cahiers du Conseil constitutionnel 2005, 3 (8); so auch: *Dubout* Revue française de droit constitutionnel 2010, 451 (456).

Verfassung geben könnte und damit über das Vorliegen eines Staatsstrukturprinzips im deutschen Sinne. Danach sei all das Teil der französischen Verfassungsidentität, was die Republik ausmache bzw. „ohne das die französische Rechtsordnung keine republikanische mehr wäre.“[848] Es wird also eine echte *supra-constitutionnalité* innerhalb der Verfassungsnormen herausgearbeitet, die nicht die gesamte Verfassung betreffen kann und mithin eine inhaltliche Differenzierung betrifft. Dem steht jedoch die insoweit eindeutige Rechtsprechung und die herrschende Lehre gegenüber.[849] In Frankreich lässt sich somit mehrheitlich keine materielle Normenhierarchie innerhalb der Verfassung finden.

c) Zwischenergebnis: „Staatsstrukturprinzipien“ als deutsches Prinzip

Die Prinzipien der französischen Verfassung sind somit weder prozessual noch materiell-rechtlich als Staatsstrukturprinzipien im Sinne des deutschen Verfassungsrechts zu deuten. Weder ist ihre Veränderung bei Verfassungsrevisionen eingeschränkt,[850] noch ergibt sich aus dem materiellen Verfassungsrecht eine Hierarchie zwischen einzelnen Normen der Verfassung.[851] Den Prinzipien aus Art. 1 Abs. 1 S. 1 CF kommt damit ein geringeres Maß an Normativität zu, als dies bei deutschen Verfassungsprinzipien der Fall ist.[852] Im Folgenden wird, um auf den Unterschied zwischen den deutschen Staatsstrukturprinzipien und den Prinzipien des französischen Verfassungsrechts hinzuweisen, bezüglich Frankreichs der Begriff des Verfassungsprinzips verwendet und für Deutschland der Begriff des Staatsstrukturprinzips.

3. Zwischenergebnis: Unteilbarkeit als potenziell rein symbolisches Prinzip?

Um die normative Bedeutung des Prinzips der Unteilbarkeit in der Verfassung der V. Republik zu bemessen, muss nicht nur festgestellt werden, welche Einschränkungen das Prinzip in normativer Hinsicht bereits erfahren hat. Es muss auch festgestellt werden, welche normativen Einschränkungen künftig noch möglich scheinen.[853] Normativität in diesem Sinne meint hier die Regelungswirkung einer Norm

---

[848] *Dubout* Revue française de droit constitutionnel 2010, 451 (456).
[849] Vgl. Conseil constitutionnel Journal Officiel de la République française 2006; *Ofuji* Revue française de droit constitutionnel 2004, 619 (631); *Troper/Chagnollaud,* Traité international de droit constitutionnel, 2012, S. 59ff.
[850] Vgl. *Troper/Chagnollaud,* Traité international de droit constitutionnel, 2012, S. 22; *Favoreu et al.,* Droit constitutionnel 2024, 26. Aufl. 2023, S. 142f.
[851] Vgl. *Favoreu et al.,* Droit constitutionnel 2024, 26. Aufl. 2023, S. 116 f.; anders: *Dubout* Revue française de droit constitutionnel 2010, 451.
[852] Zur Normativität von Verfassungsprinzipien, vgl. *Reimer,* Verfassungsprinzipien, 2001, S. 52ff.
[853] Vgl. hierzu auch bereits: *M. Lasserre* in Sydow (Hrsg.), Französisches Verfassungsrecht im 21. Jahrhundert, 2022, S. 23 (39).

sowie ihre Durchsetzbarkeit.[854] Grundsätzlich sind Abweichungen vom geltenden Verfassungsrecht nur durch Verfassungsänderungen möglich. Der eingeschränkte Kompetenzrahmen des *Conseil constitutionnel* führt dazu, dass solche Verfassungsänderungen in sämtlichen Bereichen des Verfassungsrechts, auch betreffend der Verfassungsprinzipien des Art. 89 Abs. 5 und 1 Abs. 1 S. 1 CF, möglich sind.[855] Somit ist auch das Unteilbarkeitsprinzip als Teil des Republikprinzips nach Art. 89 Abs. 5 CF faktisch unendlich einschränkbar. Mit Blick auf die bereits erfolgten Verfassungsänderungen – insbesondere seit der Dezentralisierungsreform im Jahr 2003[856] – stellt sich die Frage, ob dem Prinzip der Unteilbarkeit mithin noch eine normative Funktion zukommt, oder ob sich die Bedeutung des Prinzips in einer revolutionären Tradition erschöpft.[857]

II. „Mythos“[858] einer normativen Wirkkraft der Unteilbarkeit: Frankreich zwischen Einheits- und Föderalstaat

Die Beobachtung, dass das Unteilbarkeitsprinzip in der V. Republik eine geringfügige Bedeutung innehat, findet Anklang in der Literatur (1.). Dies wirft nicht nur die Frage auf, wie es zu einem solchen Wandel der Gewichtung der Unteilbarkeit kommen konnte, sondern lässt auch Hypothesen, hinsichtlich der tatsächlichen Einheitsstaatlichkeit Frankreichs zu (2.).

1. (Normative) Unteilbarkeit als „Mythos“ [859]?

Das Unteilbarkeitsprinzip oder das Prinzip von „Einheit und Unteilbarkeit“ wird häufiger in Bezug genommen, als es definiert wird, so *Debbasch.*[860] Diese Feststellung allein bildet einen Hinweis auf den Symbolismus des Prinzips, der in der Literatur zum Teil mehr Beachtung findet als seine tatsächliche, normative

---

[854] *Mathieu Cahiers du Conseil Constitutionnel 2007, https://www.conseil-constitutionnel.fr/nouveaux-cahiers-du-conseil-constitutionnel/la-normativite-de-la-loi-une-exigence-democratique*; Conseil constitutionnel, 21.4.2005, Décision n° 2005-512 DC; *Obermeyer,* Integrationsfunktion der Verfassung und Verfassungsnormativität. Die Verfassungstheorie Rudolf Smends im Lichte einer transdisziplinären Rechtstheorie, 2008, S. 12.

[855] Conseil constitutionnel, 26.3.2003, Décision n° 2003-469 DC; vgl. auch *Vilain* in Marsch/Vilain/Wendel (Hrsg.), Französisches und Deutsches Verfassungsrecht, 2015 (56f.); *Favoreu et al.,* Droit constitutionnel 2024, 26. Aufl. 2023, S. 145.

[856] Loi constitutionnelle n°2003-276 Journal Officiel de la République française 2003, 5568.

[857] Vgl. in diesem Sinne schon: *M. Lasserre* in Sydow (Hrsg.), Französisches Verfassungsrecht im 21. Jahrhundert, 2022, S. 23 (39).

[858] Vgl dazu *Lemaire* im Titel seines Werkes : *Lemaire,* Le principe d'indivisibilité de la République, 2010; zum „Mythos des Föderalismus“ vgl. außerdem; *Carrier/Barillé* Revue interdisciplinaire d'études juridiques 2021, 327.

[859] Im Detail hierzu auch : *Lemaire,* Le principe d'indivisibilité de la République, 2010, 19 f.

[860] *Debbasch,* Le principe révolutionnaire d'unité et d'indivisibilité de la République, 1988, S. 15; vgl. etwa *Le Divellec/Villiers,* Dictionnaire du droit constitutionnel, 11. Aufl. 2017, S. 195f.; *Puigelier et al.,* Dictionnaire juridique, 3. Aufl. 2020, S. 601.

Bedeutung.[861] An vielen Stellen der französischsprachigen Literatur zum Thema der Unteilbarkeit wird seine mangelnde Greifbarkeit im normativen Sinne festgestellt. Welche konkreten rechtlichen Aussagen sich aus dem Verfassungsprinzip ableiten lassen ist nämlich nicht eindeutig. So spricht *Lemaire* vom „Mythos"[862] der Unteilbarkeit und *Daly* von seiner lediglich symbolischen Bedeutung.[863]

Versucht man das Prinzip der Unteilbarkeit normativ zu definieren, stößt man schnell auf Grenzen.[864] In Lehrbüchern lassen sich drei Aussagen zur Begriffsbestimmung der Unteilbarkeit finden: Zum einen soll das Prinzip regionale Autonomien einschränken.[865] Zweitens soll es dazu dienen, den Einheitsstaat herzustellen.[866] Drittens ist von einer Dreiteilung des Unteilbarkeitsprinzips die Rede, in eine Unteilbarkeit des *territoire*, der *souveraineté* und des *peuple*.[867]

Unabhängig davon, auf welchen Ansatz man den Fokus der Definition setzt, werden diese in Frage gestellt[868], beispielsweise. durch die Reformen der Dezentralisierung, die Unabhängigkeit einiger Überseekörperschaften[869], sowie der Übertragung von Legislativbefugnissen auf Neukaledonien[870] sowie der Anerkennung vom nationalen Recht abweichender gesetzlicher Regelungen bezogen auf Lokalrechte.[871] Diese Entwicklungen werfen die Frage auf, bis zu welchem Grad durch die Unteilbarkeit regionale Autonomie begrenzt werden kann, welcher Inhalt dem Einheitsstaat zukommt, wenn er durch die Unteilbarkeit erreicht werden soll und inwiefern *territoire*, *souveraineté* und *peuple* trotz der genannten Einschränkungen noch geeint und unteilbar sind.

Die mutmaßlich abnehmende (normative) Bedeutung des Unteilbarkeitsprinzips in rechtlicher Dimension kann sich nicht nur aus einschränkender Gesetzgebung

---

861 Vgl. *Debbasch,* Le principle révolutionnaire d'unité de d'invisibilité de la République, 1998, S. 15 mit Blick auf die Verbindung von Unteilbarkeit, Einheit und Republikprinzip; *Daly* European Constitutional Law Review 2015, 458 (459, 466, 467, 481).

862 *Lemaire,* Le principe d'indivisibilité de la République, 2010.

863 *Daly* European Constitutional Law Review 2015, 458 (459, 466, 467, 481).

864 Vgl. hierzu *Mélin-Soucramanien/Pactet,* Droit constitutionnel, 41. Aufl. 2023, S. 361.

865 Favoreu *Favoreu et al.,* Droit constitutionnel 2024, 26. Aufl. 2023, S. 613; *Hamon/Troper,* Droit constitutionnel, 45. Aufl. 2025, S. 497.

866 *Hamon/Troper,* Droit constitutionnel, 45. Aufl. 2025, S. 497; *Favoreu et al.,* Droit constitutionnel 2024, 26. Aufl. 2023, S. 613; *Le Divellec/Villiers,* Dictionnaire du droit constitutionnel, 11. Aufl. 2017, S. 195f.

867 *Mélin-Soucramanien/Pactet,* Droit constitutionnel, 41. Aufl. 2023, S. 361ff.; *Favoreu et al.,* Droit constitutionnel 2024, 26. Aufl. 2023, S. 613.

868 Hamon/Troper, Droit constitutionnel, 45. Aufl. 2025, 525; *Vilain* in Marsch/Vilain/Wendel, Verfassungsrecht, 82 ff.; *Daly* European Constitutional Law Review 11 2015, 458 (459); *Koç,* pouvoir législatif, http://res-juridica-fr.over-blog.com/2018/05/le-pouvoir-legislatif-des-collectivites.html; *Gründler*, Revue du droit public 2007, 445 (447).

869 *Gründler*, Revue du droit public 2007, 445 (449); Hamon/Troper, Droit constitutionnel, 45. Aufl. 2025, 534.

870 *Brard*, Revue Juridique Polynésienne 2001, 47 (48); *Gründler*, Revue du droit public 2007, 445 (457); Hamon/Troper, Droit constitutionnel, 45. Aufl. 2025, 538.

871 *Gueydan*, Revue française de droit constitutionnel 2013, 857 (857); Hamon/Troper, Droit constitutionnel, 45. Aufl. 2025, 537. so ähnlich auch bereits: *M. Lasserre* in Sydow (Hrsg.), Französisches Verfassungsrecht im 21. Jahrhundert, 2022, S. 23 (24).

ergeben. Auch in der Praxis der Rechtsanwendung durch den *Conseil constitutionnel* können sich derartige Veränderungen offenbaren. Die sinkende Bedeutung des Verfassungsprinzips kann dargelegt werden, indem bewiesen wird, dass das Prinzip zwar des Öfteren in gerichtlichen Entscheidungen in Bezug genommen wird, aber im Ergebnis keine Anwendung mehr findet.[872] Es kann zudem beleuchtet werden, ob das Verfassungsprinzip, anders als zuvor, mehr und mehr in Zusammenhang mit anderen Verfassungsprinzipien Anwendung findet. Dies würde einen Ansatz für die These *Gründlers* bieten, dass dem Verfassungsprinzip der Unteilbarkeit in jüngerer Vergangenheit keine eigenständige Wirkkraft mehr zukommt.[873] Ist das Unteilbarkeitsprinzip normativ nicht definierbar, stellt sich die Frage, ob es hierdurch auch nicht mehr durchsetzbar ist.[874]

2. Mögliche Gründe für Wandel der Unteilbarkeit: gesellschaftliches Bedürfnis nach lokaler Autonomie

Für den voranschreitenden Wandel in Rechtsprechung und verfassungsändernder Gesetzgebung sind verschiedene Gründe anzubringen. Als Auslöser können historische Unterschiede innerhalb der Metropolregion, die Autonomie- bzw. Unabhängigkeitssentiments begründen sowie nicht zu ignorierende Ungleichheiten zwischen der Metropolregionen und den Überseekörperschaften – die insbesondere aus anhaltenden Entwicklungen der Kolonialzeit rühren – angeführt werden.

a) Wandel der Situation der Überseekörperschaften

Betrachtet man die Situation der Überseekörperschaften zeigt sich, dass ein System der Angleichung und Abweichung während der Zeit der Kolonialisierung der III. Republik bestand. In dieser sollte die Überseebevölkerung der französischen Hoheitsgewalt unterworfen werden. Abweichungen waren aber in Ausnahmefällen zum Nachteil indigener Bevölkerungen möglich.[875] Ein Konflikt mit dem Prinzip der Unteilbarkeit – und dem hierin enthaltenen Gleichheitsaspekt – bestand zu diesem Zeitpunkt noch nicht. Denn während der III. Republik stützte das *Empire colonial français* sein System gerade auf die Ungleichbehandlung der Kolonialregionen.[876] Die Ausbeutung der betroffenen Regionen basierte vor allem auf Handelsbedingungen, die diesen einen Export an nichtfranzösische Regionen verbot, was aufgrund der weiten Entfernung der Regionen zu Frankreich zu einem erheblichen Entwicklungsnachteil führte.[877] Unabhängig ob TOM, DOM oder Protektorat: Den

---

[872] Vgl. hierzu im Einzelnen Gliederungspunkt VI. in diesem Abschnitt.
[873] *Gründler*, Revue du droit public 2007, 445 (448f.); in diesem Sinne auch bereits zitiert in: *M. Lasserre* in Sydow (Hrsg.), Französisches Verfassungsrecht im 21. Jahrhundert, 2022, S. 23 (24).
[874] Vgl. hierzu oben Punkt A., I., 2., b), aa).
[875] *J.-Y. Faberon* Pouvoirs 2005, 5 (6).
[876] Bezogen auf das Protektorat Tunesien vgl.: *Saidi* insaniyat 2014, 239 (31); vgl. zu den Ungleichheiten während der Kolonialherrschaft Frankreichs auch *Garaud,* La Révolution et l'égalité civile, 1953, S. 15ff.
[877] *Vie publique,* Outre-mer : inégalités et retards de développement, https://www.vie-publique.fr/eclairage/19624-outre-mer-inegalites-et-retards-de-developpement.

Einwohner:innen der Gebiete wurden nicht dieselben Rechte zuteil. Sie wurden keine Bürger:innen Frankreichs, Grund- und Menschenrechte (auch diejenigen der Erklärung von 1789)[878] fanden auf sie keine Anwendung.[879] Das Prinzip der Gleichheit sowie die Teilgehalte der Unteilbarkeit fanden in der III. Republik in den Überseekörperschaften keine Anwendung. Doch zwischen der III. Republik und der Verfassungsänderung der V. Republik von 2003 gab es erhebliche Veränderungen betreffend der Stellung der Gebietskörperschaften Frankreichs, in der Metropol- und Überseeregion.[880] 1946 erkannte die Präambel der Verfassung der IV. Republik an, dass Frankreich die Völker der Kolonien in die Freiheit begleiten möchte. Das Kolonialsystem, dass sich auf Willkür stütze, sei aufgehoben. Ein gleicher Zugang zu Rechten und Grundrechten solle gewährleistet werden.[881] Menschen- und Bürgerrechte finden seit 1946 auch in den Überseekörperschaften Anwendung. Dies führte nach und nach zu einer Einführung von Regelungen, die vom Recht Metropolfrankreichs abwichen. Der Fokus dieser abweichenden Regelungen hat bis heute das Ziel eine Dekolonialisierung herbeizuführen und dabei „unterschiedliche Ziele der Bevölkerungen [der Überseekörperschaften] zu berücksichtigen."[882]

Zwar bestanden somit schon seit jeher rechtliche Abweichungen – wenn auch unterschiedlich ausgeprägt – zwischen Metropol- und Überseekörperschaften,[883] diese fielen aber verfassungsrechtlich erst unter den Verfassungen von 1946 und 1958 ins Gewicht. Denn erst hier dehnt sich der aus der Einheit und Unteilbarkeit hervorgehende Gleichheitsaspekt auch auf Regionen außerhalb Metropolfrankreichs aus. Wenn keine Gesetzesgleichheit besteht, ist auch eine Einheit in rechtlicher Perspektive denklogisch nicht erreichbar.[884]

Erst aufgrund dieser Verpflichtung der Gleichbehandlung fiel auf, dass Unterschiede bezogen auf den Lebensstandard[885], Arbeitslosigkeit[886],

---

[878] *J.-Y. Faberon* Pouvoirs 2005 (5f.).

[879] Für den Fall Tunesiens, vgl. *Saidi* insaniyat 2014, 239 (44).

[880] Vgl. *J.-Y. Faberon* Pouvoirs 2005, 5 (6).

[881] Vgl. die Prämbel der Constitution de 1946, IVe République, https://www.conseil-constitutionnel.fr/les-constitutions-dans-l-histoire/constitution-de-1946-ive-republique, dort steht wörtlich: „Fidèle à sa mission traditionnelle, la France entend conduire les peuples dont elle a pris la charge à la liberté de s'administrer eux-mêmes et de gérer démocratiquement leurs propres affaires; écartant tout système de colonisation fondé sur l'arbitraire, elle garantit à tous l'égal accès aux fonctions publiques et l'exercice individuel ou collectif des droits et libertés proclamés ou confirmés ci-dessus".

[882] *J.-Y. Faberon* Pouvoirs 2005, 5 (6).

[883] *J.-Y. Faberon* Pouvoirs 2005, 5 (6).

[884] In diesem Sinne auch: *Fabre* Revue du Droit Public 1982, 603 (605).

[885] *Geradin,* Produits intérieurs bruts régionaux de 2000 à 2020, https://www.insee.fr/fr/statistiques/6440639#titre-bloc-6.

[886] *Audoux/Mallemanche,* Emploi et chômage dans les DOM : l'écart avec la métropole reste marqué, https://www.insee.fr/fr/statistiques/4175314.

Kindersterblichkeit[887] und Lebenshaltungskosten[888] in den Überseekörperschaften so erheblich von der Situation der Metropolregion abweichen, dass ein unterschiedliches (auch legislatives) Handeln, entsprechend den Besonderheiten der jeweiligen Überseekörperschaft, notwendig ist.[889] Dies führte in der Vergangenheit zu zahlreichen Sonderbestimmungen für die Überseekörperschaften und etwa auch zum Erlass des Gesetzes „zur Einführung echter Gleichheit"[890]

b) Autonomie- und Unabhängigkeitsbestrebungen in der Metropolregion

Anders als in den Überseekörperschaften standen die Unabhängigkeit- und Autonomiebestrebungen in Metropolregionen (aktuell etwa von Korsika, der Bretagne, dem Baskenland und im Elsass[891]) seit jeher in einem Spannungsverhältnis mit dem Prinzip der Unteilbarkeit, da Gleichheit und Einheit hier als Verfassungsprinzipien stets Anwendung fanden. Dies ist begründet durch unterschiedliche historische Gegebenheiten, die jeweils differenziert betrachtet werden müssen. Bekundet wird jedoch einheitlich, dass „Bretonen, Basken, Korsen und andere ethnische Gruppen, die ihre nationale Identität bewahrt haben, [...] sich dieser Ideologie [widersetzten] und [...] von staatlicher Seite folglich als Bürger[:innen] zweiter Klasse behandelt [wurden]."[892]

Korsika etwa wurde im 18. Jahrhundert Frankreich zugeordnet.[893] Autonomiebekundungen lassen sich jedoch erst seit Mitte der 1960er-Jahre finden, ausgelöst durch die Unabhängigkeit Algeriens, die die „Idee der Teilbarkeit der Republik begründete"[894]. Zwar gab es schon vorher Aufstände auf der Insel Korsikas, diese richteten sich aber stets auf die benachteiligte Position Korsikas, die aus ihrer Insellage herrührt. Die Bestrebungen waren nicht durch einen „identitären Regionalismus" geprägt.[895] Die Autonomiebekundungen der 1960er-Jahre kumulierte 2003 in einem Referendum, bezogen auf die Anerkennung der neuerlichen Kompetenzverteilungen des Gesetzes n° 2003-486 vom 10 Juni 2003 zur institutionellen

---

887 *Papon,* La mortalité infantile est stable depuis dix ans après des décennies de baisse, https://www.insee.fr/fr/statistiques/3560308.

888 *Jaluzot/Malaval/Rateau,* En 2015, les prix dans les DOM restent plus élevés qu'en métropole, https://www.insee.fr/fr/statistiques/1908163.

889 Vgl. *J.-Y. Faberon* Pouvoirs 2005, 5 (6); *Vie publique,* Outre-mer : inégalités et retards de développement, https://www.vie-publique.fr/eclairage/19624-outre-mer-inegalites-et-retards-de-developpement.

890 Loi n° 2017-256 Journal Officiel électronique authentifié n° 0051 2017, Text 1.

891 Vgl. *Vallet French Politics, Culture & Society 2004, 51 (*65).

892 *Galand* Wellesley College Digital Scholarship and Archive 2008, 147 (158f.), im Original lautet es „Bretons, Basques, Corses et autres groupes ethniques qui ont gardé leur identité nationale ont défié cette idéologie et ont été, en conséquence, traités par l'état comme citoyens de deuxième classe".

893 *Vallet French Politics, Culture & Society 2004, 51 (*51).

894 *Vallet French Politics, Culture & Society 2004, 51 (*65).

895 *Vallet French Politics, Culture & Society 2004, 51 (*65).

Organisation Korsikas.[896] Auch aktuell (2023) geriet – u.a. durch *Macrons* Äußerung zur Stellung Korsikas in Metropolfrankreich – eine Autonomiedebatte sowie die Frage eines weiteren Referendums erneut in den Fokus.[897]

Anders stellt sich die Lage hingegen beim Autonomiegedanken der bretonischen Bevölkerung dar, welcher schon sehr viel länger besteht. Die Bretagne war bis 1532 ein eigenes Königreich und nicht Teil des Fränkischen Reichs. Durch den Unionsvertrag von 1532, wurde die Bretonische Region Teil Frankreichs. Jedoch wurden ihr hierdurch bestimmte Freiheiten und Rechte zuerkannt, die in den übrigen Gebieten des Landes nicht bestanden.[898] Der *Status quo* der bretonischen Gebiete wurde mithin in bestimmten Bereichen nicht angetastet. Diese umfassten Steuererleichterungen, ein besonderes Rechtssystem, einen Ausschluss vom Militärdienst der Bevölkerung außerhalb der Bretagne sowie eine Verpflichtung zur Beibehaltung bretonischer Verwaltungseinheiten und Bräuche.[899] Erst durch „die Französische Revolution [wurde], [...] im Namen der Freiheit, die bretonische Autonomie zerstört [...].“[900] Die Nationalversammlung stimmte dafür alle Besonderheiten, die zuvor in der bretonischen Region bestanden, aufzuheben und so Gleichheit im ganzen Staatsgebiet zu schaffen. Die Bekundung der bretonischen Bevölkerung, die abgeschafften Freiheiten gelten für alle Bretonen und nicht nur für eine bestimmte Klasse, fanden keinen Anklang.[901] Der bretonische Autonomiegedanke blieb jedoch bestehen. Gerade die Monarchie der 1830er-Jahre gab der Bretagne neue Hoffnung für eine Zuerkennung alter bretonischer Rechte, die jedoch enttäuscht wurde.[902] Heute scheint die Autonomiebestrebung der Bretagne besonders auf die Freiheit bezogen zu sein, die bretonische Sprache zu sprechen und zu lehren. Dies wurde in der Entscheidung des *Conseil constitutionnel* zu den Regional- und Minderheitensprachen[903] auch während der V. Republik unterdrückt.[904] Zudem bestehen – anders als in Korsika – keine Unabhängigkeits-, sondern lediglich Autonomiebegründungen.

Wie sich an den Beispielen Korsikas und der Bretagne erkennen lässt, sind die Gründe für Autonomie- und Unabhängigkeitsbewegungen sowie ihre konkreten

---

[896] Loi n° 2003-486 Journal Officiel de la République française 2003, 9815; *Pellegrinetti* Cahiers de la Méditerranée 2004, 169 (170).

[897] *Eryeh-Fort/Gasser,* La Corse peut-elle devenir autonome ? Comprendre en trois minutes, https://www.lemonde.fr/comprendre-en-3-minutes/article/2023/10/05/la-corse-va-t-elle-devenir-autonome-comprendre-en-trois-minutes_6192555_6176282.html.

[898] *Galand* Wellesley College Digital Scholarship and Archive 2008, 147 (148); *Cornette,* Histoire de la Bretagne et des Bretons, 2005, S. 425.

[899] *Galand* Wellesley College Digital Scholarship and Archive 2008, 147 (148); vgl. *Cornette,* Histoire de la Bretagne et des Bretons, 2005, S. 427f.

[900] *Galand* Wellesley College Digital Scholarship and Archive 2008, 147 (148).

[901] *Galand* Wellesley College Digital Scholarship and Archive 2008, 147 (148).

[902] *Galand* Wellesley College Digital Scholarship and Archive 2008, 147 (149f.).

[903] Conseil constitutionnel, 15.6.1999, Décision n° 99-412 DC.

[904] *Galand* Wellesley College Digital Scholarship and Archive 2008, 147 (158); *Thomas* La Bretagne Linguistique 2014, 178.

Einforderungen innerhalb der Metropolregion unterschiedlicher Natur. Die (eingeforderten) Abweichungen von den Prinzipien der Einheit und Unteilbarkeit sind insofern schwieriger zu kategorisieren, als dies im Falle der Abweichungen in den Überseekörperschaften der Fall ist, in denen jedenfalls die Abweichung von Legislativakten der Metropolregion eine Rolle zu spielen scheint.[905] Unabhängig hiervon besteht auch in der Metropolregion ein Konflikt zwischen den Prinzipien der Einheit und Unteilbarkeit und regionalen Besonderheiten. „Ob links, rechts oder in der Mitte – die französische Regierung betrachtet regionale, ethnische und sprachliche Vielfalt nach wie vor als Bedrohung für die Einheit des französischen Staates."[906]

c) Lösung: Anerkennung von Pluralismus durch Föderalismus?

Jedenfalls seit Beginn der IV. Republik, mit Anerkennung des Endes der Kolonialherrschaft, kann die Frage aufgeworfen werden, ob Frankreich tatsächlich „ein Föderalstaat [ist], der [seine Existenz] ignoriert" [907]. Es lässt sich argumentieren, dass die herkömmliche Definition eines Einheitsstaates – in Abgrenzung zum Föderalstaat – zur tatsächlichen Einheit in der Gesellschaft führt. Stattdessen könnte auch ein Föderalismus und die Anerkennung von mehr Pluralität tatsächliche Einheit bedeuten.[908] Dieser „kann definiert werden als Regierungsform, deren Verfassung die Autonomie der föderierten Gemeinschaften vorsieht sowie eine gemeinsame Beteiligung an föderalen Institutionen und Entscheidungen." [909] Genau diese Autonomie ist in Frankreich teilweise bereits sichtbar. Etwa bei der Übertragung von Legislativbefugnissen auf die Überseekörperschaft Neukaledoniens[910] sowie im *„droit de dérogation"* (Abweichungsrecht) des Art. 73 CF, welcher – in einer umgekehrten Logik verglichen mit dem Deutschen Art. 70 GG – Abweichungen von gesetzlichen Vorschriften der Metropolregion möglich macht, sofern hierzu gem. Art. 73 CF eine Ermächtigung vorliegt. So können Überseekörperschaften, nach Art. 73 Abs. 3 CF, „um ihren Besonderheiten Rechnung zu tragen, [...] je nach Fall durch Gesetz oder Verordnung [also *règlement*] ermächtigt werden, die in ihrem

---

905 Hierzu vertieft unten, Punkt VI., 2. in diesem Abschnitt.

906 *Galand* Wellesley College Digital Scholarship and Archive 2008, 147 (158), dort lautete es im Orginial: „Qu'il soit de gauche, de droite ou du centre, le gouvernment français persiste à considérer la diversité régionale, ethnique et linguistique comme une menace à l'unité de l'état français".

907 *Michalon* Revue du Droit Public 1982 (623–688).

908 *F. Faberon* Revue française de droit constitutionnel 2015, 53 (54); *Cyr* in Seymour/Laforest (Hrsg.), Le fédéralisme multinational, 2012 (37).

909 *Croisat* Institut d'Études Politiques de Grenoble (3), im Original lautet es hier: „Le fédéralisme peut être défini comme un mode de gouvernement dont la Constitution établit l'autonomie des communautés fédérées et leur participation commune aux institutions et décisions fédérales".

910 *Brard*, Revue Juridique Polynésienne 2001, 47 (48); *Gründler*, Revue du droit public 2007, 445 (457); Hamon/Troper, Droit constitutionnel, 45. Aufl. 2025, 538.

Gebiet geltenden Regeln in einer begrenzten Anzahl von Angelegenheiten, [...] selbst festzulegen."[911]

Nimmt man also an, dass dem Grunde nach bereits die Voraussetzungen eines Föderalstaats vorliegen,[912] da die Mängel des Einheitsstaats sowie der Vereinheitlichung – und damit die Unterdrückung regionaler Besonderheiten, ob in der Metropol- oder Überseekörperschaft – zumindest teilweise offenkundig sind, stellt sich die Frage, ob Frankreich tatsächlich ein Föderalstaat ist „der [seine Existenz] ignoriert".[913] Auch in den Bereichen, in denen noch an der Einheitlichkeit festgehalten wird – etwa bezogen auf die Lehre von Regional- und Minderheitensprachen,[914] stellt sich die Frage, ob eine Abweichung vom Einheitsgedanken nicht denkbar oder sinnvoll wäre.

Der Widerspruch zwischen der französischen Verfassung und der Realität besteht also insoweit, als die Verfassung noch immer von der Unteilbarkeit der Republik ausgeht und damit ihre Einheit(staatlichkeit) impliziert. In der Realität scheint jedoch jedenfalls in den Überseekörperschaften – aber zu gewissem Grad auch in der Metropolregion – ein Föderalismus zu existieren, der nicht als solcher bezeichnet wird. Es stellen sich mithin drei Fragen: zum einen – mit Blick auf die Vergangenheit – weshalb hängt Frankreich derart am Begriff der Einheitsstaatlichkeit, ist Frankreich – gegenwärtig – tatsächlich (noch) ein Einheitsstaat und ist die Einheitsstaatlichkeit Frankreichs – auch zukünftig – erstrebenswert.

3. Aktuelle juristische Diskussion um das Unteilbarkeitsprinzip

Aktuell wird das französische Unteilbarkeitsprinzip insbesondere bezogen auf seine Schnittstellen mit anderen Verfassungsprinzipien analysiert[915] sowie bezüglich der Problematik seiner Definition.[916] Wie mit Blick auf die Historie des Unteilbarkeitsbegriffs deutlich wurde,[917] ist dieses seit jeher untrennbar verbunden mit dem Prinzip der Einheit, welches das Ziel der Unteilbarkeit darstellt.[918] Zudem wird es seit

---

[911] Im Original lautet es in Art. 73 Abs. 3 CF : „pour tenir compte de leurs spécificités, les collectivités régies par le présent article peuvent être habilitées, selon le cas, par la loi ou par le règlement, à fixer elles-mêmes les règles applicables sur leur territoire, dans un nombre limité de matières pouvant relever du domaine de la loi ou du règlement."

[912] Vgl. Hierzu im Detail Gliederungspunkt IV., 1. in diesem Abschnitt.

[913] *Michalon* Revue du Droit Public 1982 (623).

[914] Conseil constitutionnel, 15.6.1999, Décision n° 99-412 DC.

[915] Vgl. Hierzu Gliederungspunkt IV. in diesem Abschnitt sowie bereits: *Gründler*, Revue du droit public 2007, 445 (448).

[916] *Debbasch,* Principe Révolutionnaire, 15; *Lemaire* etwa versucht das Verfassungsprinzip anhand des allgemeinsprachlichen Wortbedeutung Unteilbarkeit des Wörterbuchs der *Académie Française* der zu definieren: „L'indivisibilité exprime l'état ou la qualité de ce qui ne peut être divisé"; vgl. *Lemaire, Le principe d'indivisibilité de la République, 2010, S.*14; vgl. im Detail hierzu auch Gliederungspunkt VI. in diesem Abschnitt..

[917] Vgl. Punkt „2." Dieses Abschnitts.

[918] *Debbasch* in Mathieu/Verpeaux (Hrsg.), La République en droit français, 1996 (59); *F. Lemaire,* Le principe d'indivisibilité de la République, 2010, S. 11; *Daly* European Constitutional Law Review 2015 (458f.).

der Revolution auch als Instrument zur Erreichung der Gleichheit gesehen.[919] Das Fortbestehen des revolutionären Werts der Gleichheit sowie der Einheit, gibt der Unteilbarkeit damit ihre Daseinsberechtigung in der Verfassung der V. Republik. Diese drei Prinzipien werden in der Lehre und Rechtsprechung nicht immer strikt voneinander abgegrenzt, was eine Definition der Unteilbarkeit weiter erschwert.[920]

Wie dies bei Verfassungsnormen nicht ungewöhnlich ist, ergibt sich der Inhalt des Unteilbarkeitsprinzips nicht unmittelbar aus dem Wortlaut der Verfassung. Darüber hinaus ist auch der Anknüpfungspunkt des Prinzips unklar, also die Frage, ob es um die Unteilbarkeit der Republik geht (so der Wortlaut des Art. 1 CF) oder um die Unteilbarkeit von Nation oder Volk. Außerdem ist die Definition des Begriffs aufgrund seiner zahlreichen Einschränkungen über die Jahre schwer zu fassen.[921] Das Unteilbarkeitsprinzip wird zwar in gerichtlichen Entscheidungen und in der Lehre zum Teil als Argument herangezogen – eine Definition des Prinzips lässt sich jedoch kaum finden.[922] Einigkeit besteht mit Blick darauf, dass das Prinzip der Erreichung des Einheitsstaats dienen soll und damit die Autonomie der Gebietskörperschaften einschränken soll.[923] Wie der Einheitsstaat zu interpretieren ist, bzw. so wie die Grenzen der Autonomieübertragung – zur Verwirklichung des Prinzips freier Selbstverwaltung nach Art. 34 CF[924]– zu ziehen sind, ist nicht geklärt.[925]

Aus deutscher Perspektive – die ein starkes Bundesverfassungsgericht, mit einer großen Kompetenzfülle kennt[926] – ist zudem ein dritter Problempunkt hinzuzufügen. So scheint nach dem deutschen Recht der Umstand beachtlich, dass es keine gerichtliche Kontrollmöglichkeit gibt, um legislative Verstöße gegen das bestehende Unteilbarkeitsprinzip zu vermeiden.[927] Zudem lassen sich aus der Literatur drei Kategorien der Unteilbarkeit ableiten, deren Nennung oftmals an die Stelle einer Definition des Unteilbarkeitsprinzips tritt.[928] Es handelt sich um die Unteilbarkeit von

[919] Vgl. *Debbasch* in Mathieu/Verpeaux (Hrsg.), La République en droit français, 1996 (42); *Fortunet* Communications 2000, 105 (106); *Edel,* Le principe d'égalité dans la Convention européenne des droits de l'homme – Contribution à une théorie générale du principe d'égalité, 2007, S. 38; vgl. außerdem Gliederungspunkt A., III., 5.

[920] *Gründler*, Revue du droit public 2007 445 (460, 465f.); vgl. dazu auch schon: *M. Lasserre* in Sydow (Hrsg.), Französisches Verfassungsrecht im 21. Jahrhundert, 2022, S. 23 (24f.).

[921] Hamon/Troper, Droit constitutionnel, 45. Aufl. 2025, 525; *Lemaire, Le principe d'indivisibilité de la République, 2010, S.*14.

[922] *Debbasch,* Principe Révolutionnaire, 18.

[923] Hamon/Troper, Droit constitutionnel, 45. Aufl. 2025, 525; *Gründler*, Revue du droit public 2007, 445 (455).

[924] Vgl. Punkt A., IV., 2.

[925] Vgl. in diesem Sinne auch bereits: *M. Lasserre* in Sydow (Hrsg.), Französisches Verfassungsrecht im 21. Jahrhundert, 2022, S. 23 (26).

[926] *Häberle* EuGRZ 2005, 685 (686).

[927] Vgl. hierzu bereits: *M. Lasserre* in Sydow (Hrsg.), Französisches Verfassungsrecht im 21. Jahrhundert, 2022, S. 23 (40ff.).

[928] Hamon/Troper, Droit constitutionnel, 45. Aufl. 2025, 525; *Gründler*, Revue du droit public 2007, 445 (448).

souveraineté, territoire und peuple. Trotz der begrifflichen Ähnlichkeit lässt sich eine Herleitung aus den Kategorien Jellineks „Drei-Elemente Lehre“[929] prima facie nicht positiv feststellen.[930]
Aus der Assoziation des Prinzips mit den revolutionären Grundideen von Einheit und Gleichheit auf der einen Seite[931] und dem Mangel einer inhaltlichen Ausfüllung sowie dem Gegenprinzip der freien Selbstverwaltung in Art. 34 CF auf der anderen Seite, erwächst ein Widerspruch. Denn einerseits sind die Ideen von Einheit, Unteilbarkeit und Gleichheit so eng mit der Staatsform der Republik verbunden, dass es kaum denkbar scheint, diese abzuschaffen. Auf der anderen Seite wird in den Überseekörperschaften und der Metropolregion der Wunsch nach regionaler Autonomie stärker oder bleibt jedenfalls bestehen.[932]

4. Zwischenergebnis: Unteilbarkeit und föderale Tendenzen in der V. Republik

Der Umstand, dass alle drei Ausprägungen des Unteilbarkeitsprinzips in der V. Republik Einschränkungen erfahren haben und diese auch zukünftig uferlos möglich sind, lässt die Hypothese aufwerfen, dass Frankreich keine einheitliche und unteilbare Republik mehr ist. Bei den Gründen hierfür ist zwischen der Situation in den Überseekörperschaften und der in der Metropolregion zu unterscheiden. In ersteren ist ein Durchbrechen der Einheitsstaatlichkeit gerade aufgrund der starken Ungleichheiten zu bekunden, die auch aus der Kolonialherrschaft herrühren, welche auf eine Ungleichbehandlung der Bevölkerungen der kolonialisierten Regionen gerichtet war.[933] Diese Unterschiede sind nicht auflösbar, wenn nicht regionale Entscheidungsträger:innen (auch legislativ) abweichende Regelungen für die betroffenen Regionen treffen können. Anders gestaltet sich die Lage in der Metropolregion, in der historisch gewachsene Autonomie- und Unabhängigkeitssentiments den Willen nach mehr regionaler Selbstbestimmung – bezogen etwa auf Entscheidungsbefugnisse[934] oder die Auslebung von Regionalsprachen[935] – begründen.

Ausgehend von diesen Beobachtungen stellt sich mithin die Frage, ob es sich bei Frankreich noch um einen Einheitsstaat handelt und ob dies mit der Lebensrealität in der Metropol- und Überseekörperschaft vereinbar ist.

---

[929] *Herdegen*, Völkerrecht, 105.
[930] Hierzu vertieft Punkt „b“ dieses Abschnitts.
[931] *Debbasch*, Principe Révolutionnaire, 15, 294ff; *Daly*, European Constitutional Law Review 2015, 458 (485f.) so auch bereits: *M. Lasserre* in Sydow (Hrsg.), Französisches Verfassungsrecht im 21. Jahrhundert, 2022, S. 23 (26).
[932] Vgl. *J.-Y. Faberon* Pouvoirs 2005, 5 (6); *Vie publique,* Outre-mer : inégalités et retards de développement, https://www.vie-publique.fr/eclairage/19624-outre-mer-inegalites-et-retards-de-developpement; *Vallet French Politics, Culture & Society 2004, 51 (*65).
[933] Vgl. *J.-Y. Faberon* Pouvoirs 2005, 5 (6); *Vie publique,* Outre-mer : inégalités et retards de développement, https://www.vie-publique.fr/eclairage/19624-outre-mer-inegalites-et-retards-de-developpement.
[934] Vgl. Loi n° 2003-486 Journal Officiel de la République française 2003, 9815; *Pellegrinetti* Cahiers de la Méditerranée 2004, 169 (170).
[935] Conseil constitutionnel, 15.6.1999, Décision n° 99-412 DC.

III. Vorfrage: Anknüpfungspunkt der Unteilbarkeit aus rechtsvergleichender Perspektive – Republik, Staat, Nation, Staatsgewalt

Beim Versuch den Begriff der Unteilbarkeit in der V. Republik zu definieren, muss zunächst geklärt werden, was eigentlich unteilbar ist. Hier lässt sich auf den ersten Blick keine klare Antwort finden. Aus deutscher rechtsvergleichender Perspektive erscheint der oft verwendete Verweis der Literatur auf die *souveraineté* oder die Republik als Zuordnungssubjekt der Unteilbarkeit nicht eindeutig. Die Nuancen zwischen Staat und Republik sind im deutschen Verfassungsrecht klar voneinander getrennt, wobei der Staat als das Zusammentreten von Staatsvolk, Staatsgebiet und Staatsgewalt zu sehen ist.[936] Die Republik wiederum ist allein die Staatsform, die zur Monarchie abgegrenzt wird. Die Republik stellt damit im deutschen Verständnis, im formellen Sinne, eine Kategorie von Staaten dar, deren Staatsgewalt nicht durch Erbfolge übertragen werden kann.[937] Historisch tritt im französischen Recht außerdem noch die Unteilbare Nation hinzu,[938] die ebenfalls von dem Begriff der Republik abgegrenzt werden muss, um den Inhalt dessen, was unteilbar sein soll zu erfassen. Eine weitere Differenzierungsebene ergibt sich bei der Übersetzung des Begriffs der *souveraineté* in Staatsgewalt– sowie bei der Verwendung der Begriffe *souveraineté*, *peuple* und *territoire* als mögliche Definition der Unteilbarkeit, die im deutschen am gängigsten als „Staatsgewalt", „Staatsvolk" und „Staatsgebiet" übersetzt werden. Eine solche Übersetzung wäre aber nur dann vertretbar, wenn nach der französischen Doktrin auch tatsächlich von der Unteilbarkeit des „Staates" gesprochen werden kann. Um diese Frage zu klären, müssen die Begriffe Republik, Staat, Nation und Staatsgewalt bzw. *souveraineté* voneinander abgegrenzt werden.

Art. 1 Abs. 1 S. 1 CF lautet: „Die Republik ist unteilbar". Die erste Verfassung Frankreichs von 1789 knüpfte hingegen zeitgleich an das Königreich (Art. 1, Titel I) und an die Souveränität der Nation (Art. 1 S. 2 Titel III) an. In der Literatur wird teilweise in dieser Zeit auch auf die Unteilbarkeit der Nation selbst verwiesen.[939] Darüber hinaus erinnert die mittlerweile verfestigte Dreiteilung der Unteilbarkeit in eine Unteilbarkeit von *territoire*, *souveraineté* und *peuple* stark an die Komponenten des Staats (Staatsgebiet, Staatsgewalt, Staatsvolk), weshalb auch eine Anknüpfung der Unteilbarkeit an den Staat in Betracht kommt. Es ist die begrifflich-dogmatische Methodik der Rechtsvergleichung anzuwenden,[940] da die in Betracht kommenden Zuordnungssubjekte der Unteilbarkeit aus deutscher Sicht zu unterscheiden sind. Zu differenzieren sind: eine Anknüpfung der Unteilbarkeit an die Staatsform (Monarchie oder Republik), an die Staatsgewalt, an die Nation (also die Gruppe, die sich freiwillig, durch einen Hoheitsträger, den gleichen Rechten unterwirft und in

---

936 *Herdegen,* Völkerrecht, 23. Aufl. 2024, S. 105.

937 *Yoan* in: Marsch/Vilain/Wendel (Hrsg.), Französisches und Deutsches Verfassungsrecht, S. 52f.

938 *Debbasch,* Principe Révolutionnaire, 61f.

939 *Debbasch,* Principe Révolutionnaire, 61f.

940 Vgl. im Detail Abschnitt II., 3. der Einleitung.

einem begrenzbaren Staatsgebiet angesiedelt ist)[941] oder an den Staat selbst. Entsprechend der Anknüpfung des Unteilbarkeitsprinzips an die Staatsform, die Staatsgewalt, die Nation oder den Staat, könnten sich auch Unterschiede für den Inhalt des Unteilbarkeitsprinzips ergeben. Zudem ist diese Frage wichtig für die weitere Begriffsverwendung von „Staatsgebiet", „Staatsvolk" und „Staatsgewalt", da diese mit Blick auf *Jellineks* Lehre gegebenenfalls in der deutschen Rechtswissenschaft ein anderes Vorverständnis suggerieren, als dies im französischen Recht der Fall ist.

1. Unteilbarkeit des Staats: Überschneidungen mit Jellineks „Drei-Elemente-Lehre"

Sofern an den Begriff des Staats anzuknüpfen ist, könnte eine Übereinstimmung mit der Drei-Elemente Lehre *Jellineks* bestehen. Danach besteht ein Staat aus einem Staatsgebiet, einem Staatsvolk und einer Staatsgewalt.[942] Statt einer Definition der Unteilbarkeit wird zum Teil auf eine dementsprechende Dreiteilung verwiesen.[943] Im Unterschied zu den Begriffen *Jellineks* geht weder aus dem Wortlaut von *souveraineté*, *territoire* und *peuple* selbst, noch aus der Lektüre der französischen Literatur hervor, ob diese Begriffe auf den Staat verweisen. Es kann sich daher auch um eine rein zufällige Überschneidung der beiden Begriffsgruppen handeln. In jedem Fall darf es aus rechtsvergleichender Sicht nicht zu einer unreflektierten Gleichsetzung zwischen den drei Elementen kommen. Stattdessen muss geklärt werden, ob die Unteilbarkeit (auch) an den Staat selbst anknüpft.[944]

Da der Wortlaut des Art. 1 Abs. 1 S. 1 CF keinen Aufschluss über den Anknüpfungspunkt des Prinzips gibt, muss auf den Inhalt des Prinzips abgestellt werden. Aus dem *Telos* seiner Normierung ergeben sich eventuell Rückschlüsse für sein Bezugssubjekt. Hier ist auch eine historische Perspektive in den Blick zu nehmen. Die erste Verfassung Frankreichs vom 3. September 1791 schrieb in Art. 1 ihres II. Titels die Unteilbarkeit des „Königreichs" fest.[945] Wie in der heutigen Formulierung von 1958 („Frankreich ist eine unteilbare [...] Republik") wird also an die Staatsform angeknüpft.[946] Auch aus dem historischen Wortlaut lässt sich mithin nicht ableiten, dass sich die Unteilbarkeit auch auf den Staat bezieht. Beachtlich ist aber, dass das Unteilbarkeitsprinzip seit der Revolution zur Durchsetzung der revolutionären Ideen von Gleichheit und Einheit dient. Der Einheits-"Staat" leitet sich ab

---

[941] Vgl. dazu vertieft Punkt 2., c), bb), (1) in diesem Abschnitt.

[942] *Herdegen*, Völkerrecht, 105.

[943] Hamon/Troper, Droit constitutionnel, 45. Aufl. 2025, 525; *Gründler*, Revue du droit public 2007, 445 (448).

[944] In diesem Sinne auch schon: *M. Lasserre* in Sydow (Hrsg.), Französisches Verfassungsrecht im 21. Jahrhundert, 2022, S. 23 (32f.).

[945] *Conseil constitutionnel,* Constitution de 1791, https://www.conseil-constitutionnel.fr/les-constitutions-dans-l-histoire/constitution-de-1791.

[946] Französische Verfassung in der deutschen Übersetzung unter der gemeinsamen Verantwortung der Abteilung Presse, Information und Kommunikation des Ministeriums für Auswärtige Angelegenheiten und der Abteilung europäische Angelegenheiten der Nationalversammlung vom 1958.

aus der vormaligen Formulierung der Verfassung von 1946, wonach „[d]ie Republik […] ein und unteilbar [ist]“. Somit wird auch hier – trotz des eindeutig auf die Staatsform bezogenen Wortlauts – der Staat in die Nennung der Republik mithineingelesen.[947]

Dieses Indiz könnte mit einer im Vergleich zum deutschen Verfassungsrecht divergierenden Auslegung der Begriffe von Republik und Staat einhergehen bzw. ihrem Verhältnis zueinander. Vergleicht man die Schlüsselformulierungen in Art. 1 Abs. 1 S. 1 CF und Art. 20 Abs. 1 GG, fällt auf, dass im französischen Text die Republik im Fokus steht, während im deutschen der Bundes-“staat“ mit weiteren Verfassungswerten ausgestattet wird (Sozialstaatlichkeit, Demokratie). So lautet Art. 20 Abs. 1 GG: „Die Bundesrepublik Deutschland ist ein demokratischer und sozialer Bundesstaat.“ Der Begriff des Staats bildet im deutschen Recht den Bezugspunkt weiterer Ausgestaltungen. Im französischen Recht ist „Frankreich […] eine unteilbare, laizistische, demokratische und soziale Republik“. Bezugspunkt ist also die Republik.[948] Dies lässt zwar keine direkten Rückschlüsse auf den Bezugspunkt der Unteilbarkeit zu, jedoch wird deutlich, dass die Republik im französischen System eine zentralere Rolle einnimmt als nur eine formelle Ausgestaltung des Staates. Hierfür spricht auch die Formulierung der „Ewigkeitsklausel“ in Art. 89 Abs. 5 CF, wonach die republikanische Regierungsform unveränderbar ist.[949] Während das BVerfG seine Entscheidungen zu Art. 20 Abs. 1 GG äußerst selten auf das Republikprinzip stützt,[950] ist dies in Frankreich regelmäßig mit Blick auf Art. 1 Abs. 1 CF der Fall.[951]

Wie erwähnt, knüpft im deutschen Recht die republikanische Form negativ an die Abgrenzung zur Monarchie an. Hierbei wird sich auf die geläufigen Klassifizierungsmodelle bezogen, die noch aus der römischen Republik stammen (dort: *res publica*) und auf die sich später *Montesquieu*, *Kant* und *Machiavelli* bezogen. Sie zählen die Staatsformen der Monarchie, der Republik und der Despotie auf.[952] *Machiavelli* prägte die Gegenüberstellung von Monarchie und Republik, indem er den Despotismus mit der Monarchie gleichsetzte, da auch letztere an Terror anknüpfe und

---

[947] In diesem Sinne auch schon: *M. Lasserre* in Sydow (Hrsg.), Französisches Verfassungsrecht im 21. Jahrhundert, 2022, S. 23 (33).

[948] Vgl. hierzu auch bereits: *Yoan* in Marsch/Vilain/Wendel (Hrsg.), Französisches und Deutsches Verfassungsrecht, S. 55.

[949] Vgl. auch *Yoan* in Marsch/Vilain/Wendel (Hrsg.), Französisches und Deutsches Verfassungsrecht, S. 55; vgl. auch: *Jouanjan,* Le principe d'égalité devant la loi en droit allemand, 1992, S. 267; *Favoreu et al.,* Droit constitutionnel, 24. Aufl. 2022, S. 116.

[950] *Aubert et al.* in Mathieu/Verpeaux (Hrsg.), La République en droit français, 1996, S. 311 (321); als ein seltenes Beispiel kann Bundesverfassungsgericht, 3.3.2009, 2 BvC 3/07 - 2 BvC 4/07, Rn. 109 herangezogen werden.

[951] Conseil constitutionnel, 13.9.2021, Décision n° 2021-823 DC; Conseil d’État, 18.5.2022, n° 461800.

[952] In *Montesquieu,* De l'Esprit des loix, 1748-1750, S. 15 lautet es: „Il y a trois espéces de Gouvernemens: le républicain, le monarchique & le despotique“; *Yoan* in Marsch/Vilain/Wendel (Hrsg.), Französisches und Deutsches Verfassungsrecht, S. 50; *Aubert et al.* in Mathieu/Verpeaux (Hrsg.), La République en droit français, 1996, S. 311 (319).

nicht zwingend auf einem Rechtsgrund beruhe.[953] Das gleiche Verständnis bildete den Ursprung in Frankreich. Mit der versuchten Flucht des Königs und der darauffolgenden Infragestellung seiner Macht,[954] entwickelte sich aber das Republikprinzip zu einem „politischen Kampfbegriff"[955]. Seitdem tritt zu dem formellen Definitionsgehalt des Prinzips, das negativ zur Monarchie abgegrenzt wird, ein „materiell-positiver Gehalt hinzu"[956]. Das Prinzip stellt die „Grund- und Werteordnung" Frankreichs dar.[957] Inhaltlich wird das Prinzip so ausgestaltet, dass ihm selbst eine emotionale Wirkkraft zugesprochen wird,[958] die sich oft im Bekenntnis einer „republikanischen Tradition" manifestiert.[959] „Die Republik fungiert somit als Oberbegriff für die verfassungsmäßige Grundordnung des französischen Staates"[960], denn er ist auf alle in Art. 1 Abs. 1 CF genannten Prinzipien ausdehnbar. Unteilbarkeit, Demokratie, Laizität und Sozialstaatlichkeit werden somit nach der herrschenden extensiv-substanziellen Meinung, Teil des Republikprinzips.[961] Die Republik ist die „Substanz des Staats"[962]. Sie fungiert als Überbegriff für alle verfassungsrechtlichen Grundbegriffe, wie dies im deutschen System der Staatsbegriff tut.[963]

Gohin stellt mit Blick auf das Unteilbarkeitsprinzip fest, dass die Begriffe Frankreich, Nation, Staat und Republik in der französischen Rechtswissenschaft nicht differenziert werden.[964] Dies lässt sich damit erklären, dass der Begriff der Republik als Grundlage der verfassungsrechtlichen Werteordnung so weit gefasst ist, dass er die anderen Begriffe miterfasst. Dafür spricht auch die Analyse *Chevalliers*, der von einer homogenen Entwicklung des Staatsbegriffs innerhalb Europas ausgeht.[965]

---

953 *Macchiavelli,* Il principe, 1802, S. 6; ebenfalls zitiert in: *Marsch/Vilain/Wendel* (Hrsg.), Französisches und Deutsches Verfassungsrecht, S. 50f.

954 *Debbasch,* Le principe révolutionnaire d'unité et d'indivisibilité de la République, 1988, S. 68.

955 *Yoan* in Marsch/Vilain/Wendel (Hrsg.), Französisches und Deutsches Verfassungsrecht, S. 51.

956 *Yoan* in Marsch/Vilain/Wendel (Hrsg.), Französisches und Deutsches Verfassungsrecht, S. 51.

957 *Yoan* in Marsch/Vilain/Wendel (Hrsg.), Französisches und Deutsches Verfassungsrecht, S. 54; vgl. auch: *Favoreu et al.,* Droit constitutionnel, 24. Aufl. 2022, S. 116f.

958 *Yoan* in Marsch/Vilain/Wendel (Hrsg.), Französisches und Deutsches Verfassungsrecht, S. 54f.; *Favoreu et al.,* Droit constitutionnel, 24. Aufl. 2022, S. 116f.

959 *Stirn* in Mathieu/Verpeaux (Hrsg.), La République en droit français, 1996 (213f.); so auch schon: *Yoan* in Marsch/Vilain/Wendel (Hrsg.), Französisches und Deutsches Verfassungsrecht, S. 55; vertieft hierzu: *Vimbert,* La Tradition républicaine en droit public français, 1992 insbesondere S. 193ff.; Conseil constitutionnel, 21.2.2008, Décision n° 2008-563 DC.

960 *Yoan* in Marsch/Vilain/Wendel (Hrsg.), Französisches und Deutsches Verfassungsrecht, S. 56.

961 *Yoan* in Marsch/Vilain/Wendel (Hrsg.), Französisches und Deutsches Verfassungsrecht, S. 55f.

962 *Yoan* in Marsch/Vilain/Wendel (Hrsg.), Französisches und Deutsches Verfassungsrecht, S. 58.

963 Anders: *Chevallier,* L'État post-moderne, 6. Aufl. 2023, S. 24f., der diese emotionale Wirkkraft (auch) dem Staat zuspricht und den Staatsbegriff in Europa als einheitlich ansieht. Eine Differenzierung zwischen Staats- und Republikbegriff wird allerdings nicht vorgenommen; so ähnlich auch: *Chevallier* Droits 2004, 107.

964 *Gohin* L'Actualité juridique. Droit administratif 2003, 522; auch bereits zitiert in: *Dollat* Revue française de droit administratif 2003 (671); und *M. Lasserre* in Sydow (Hrsg.), Französisches Verfassungsrecht im 21. Jahrhundert, 2022, S. 23 (33).

965 Vgl. *Chevallier,* L'État post-moderne, 6. Aufl. 2023, S. 24f.; sowie *Chevallier* Droits 2004, 107.

Denn auch wenn die französische Rechtswissenschaft die Republik in den Mittelpunkt ihrer Verfassungsordnung stellt, entsprechen die hier getroffenen Zuschreibungen, denen, die in anderen Rechtskreisen dem Staat zugesprochen werden.[966] Obgleich der Nationsbegriff eingangs lediglich mit dem Staat vereint wurde, um tatsächliche, d.h. soziologische und rechtliche Gegebenheiten zu harmonisieren (der *Etat-nation* entstand),[967] wurde ab Ausruf der ersten Republik am 22. September 1792[968] die Republik zum Mittelpunkt des Verfassungssystems und zum Bezugspunkt der Nation sowie der Verfassungsprinzipien.[969]

Wird also von der Unteilbarkeit Frankreichs oder des französischen Staats gesprochen, meint dies seit der Einführung der ersten Republik auch zwangsläufig die Republik und umgekehrt. Somit kann nach der begrifflich-dogmatischen Methode der Rechtsvergleichung die Übersetzung der Begriffe *souveraineté*, *peuple* und *territoire* in Staatsgewalt, Staatsvolk und Staatsgebiet problemlos erfolgen, da mit der Bekundung der Unteilbarkeit der Republik in Art. 1 CF[970] nicht nur die Unteilbarkeit der Staatsform gemeint ist, sondern auch die des französischen Staates selbst.[971] Ob die drei Elemente der Unteilbarkeit auf die drei-Elemente-Lehre *Jellineks* zurückzuführen sind, ist nicht eindeutig, denn auf *Jellinek* wird jedenfalls nicht ausdrücklich verwiesen. Es erscheint jedoch logisch, dass ein unteilbarer Staat in all seinen Komponenten unteilbar sein muss. Eine Ableitung ist darüber hinaus naheliegend, da bei der rechtlichen Ausgestaltung der staatsrechtlichen Begriffe von Republik, Nation und Staat auf allgemeine (auch völker-)rechtliche Annahmen zurückgegriffen wird. In jedem Fall kann dahinstehen, ob eine direkte Ableitung erfolgte, da die Begriffe identisch auszulegen sind.

2. Unterscheidung: Republik, Nation, Staatsgewalt

Zuweilen lassen sich Erwähnungen der Unteilbarkeit der Nation[972] sowie der Unteilbarkeit der Staatsgewalt der Nation finden (Art. 1 des Titels III der Verfassung von 1791).[973] Ob hiermit ebenfalls auf das gesamte Staatsgefüge Bezug genommen wird, ist mit Blick auf die bereits erlangten historischen Erkenntnisse sowie bezogen auf mögliche Veränderungen der Begriffsbestimmung zu klären.

---

966 Vgl. dazu etwa die Ausführungen zur Nation als Bestandteil des Staats in: *Chevallier,* L'État post-moderne, 6. Aufl. 2023, S. 24.

967 *Rouvillois,* Droit constitutionnel, 6. Aufl., S. 24.

968 *Lemaire,* Le principe d'indivisibilité de la République, 2010, S. 46.

969 *Debbasch,* Le principe révolutionnaire d'unité et d'indivisibilité de la République, 1988, S. 118.

970 Vgl. hierzu vertieft unten Punkt B. I, 2.

971 Vgl. hierzu im Detail gliederungspunkt VI. in diesem Abschnitt, vgl. außerdem in diesem Sinne: *M. Lasserre* in Sydow (Hrsg.), Französisches Verfassungsrecht im 21. Jahrhundert, 2022, S. 23 (33).

972 *Debbasch,* Le principe révolutionnaire d'unité et d'indivisibilité de la République, 1988, S. 61f.

973 Hierzu ebenfalls bereits: *M. Lasserre* in Sydow (Hrsg.), Französisches Verfassungsrecht im 21. Jahrhundert, 2022, S. 23 (32f.).

Anknüpfend an *Rousseaus contrat social*[974] handelt es sich bei der Nation um einen freiwilligen Zusammenschluss von Personen,[975] die sich innerhalb eines begrenzten Hoheitsgebiets derselben Staatsgewalt unterwerfen.[976] Hierdurch entsteht nach französischer Auffassung nicht nur ein Staat sondern auch eine Republik.[977] Der Wille des Zusammenschlusses wird als nationalistische Idee gedeutet.[978] Ähnlich wie bei der Nation handelt es sich auch bei der Republik nicht um einen ethischen Zusammenschluss, sondern dieser basiert allein auf der Freiwilligkeit des Zusammenschlusses.[979] Die Entstehung der Staatsform der Republik folgt also in Frankreich aus dem Zusammenschluss einer Nation.[980]

Wie bereits festgestellt, ist eine Nation ein Volk, welches sich aber einem gemeinsamen Hoheitsträger unterwirft.[981] Einen Unterschied zwischen „der Nation Frankreichs" oder dem „Volk Frankreichs" gibt es daher in tatsächlicher Hinsicht nicht (allenfalls in symbolischer), denn beides nimmt Bezug auf die französischen Staatsangehörigen.[982] So nimmt auch *Dollat* Bezug auf die „Staatsgewalt des Volkes oder der Nation"[983], was darauf hinweist, dass diese Begriffe hier gleichbedeutend verwendet werden.

Schwierigkeiten bei der Begriffsbildung tauchen jedoch dann auf, wenn einerseits Volk und Staat oder Volk und Republik in Zusammenhang gesetzt werden und andererseits Nation und Staat bzw. Nation und Republik. Denn das Volk eines Staats wird gemeinhin als Komponente für das Vorliegen eines solchen gesehen.[984] Anders stellt es sich für den Begriff der Nation dar: Parallel zur Verknüpfung von Nation und Republik[985] wurde in der Vergangenheit auch die Identität von Staat und Nation festgestellt. So heißt es etwa in *Carré de Malbergs Contribution à la Théorie générale de l'État*: „Der Staat ist kein Rechtssubjekt, das sich gegenüber der Nation erhebt und sich ihr entgegenstellt: Sobald zugegeben wird, dass die Staatsgewalten der Nation gehören, muss auch zugegeben werden, dass es eine Identität zwischen der Nation und dem Staat gibt, in dem Sinne, dass der Staat nur die Personifikation

---

[974] Vgl. dazu insbesondere: *Rousseau,* Du Contrat Social, 1896, S. 3ff.

[975] Vgl. *Sieyès,* Qu'est-ce que le Tiers-état ?, 3. Aufl. 1789, S. 82; auch in: *Noiriel,* Population, immigration et identité nationale en France, 2005, S. 9; so ähnlich vgl. auch: *Debbasch,* Le principe révolutionnaire d'unité et d'indivisibilité de la République, 1988, S. 50.

[976] Zur Unterscheidung zwischen Nation und Volk vgl. oben im Detail: Gliederungspunkt A., III., 2. und 4.

[977] *Nicolet,* Histoire, Nation, République, 2000, S. 24f.

[978] *Nicolet,* Histoire, Nation, République, 2000, S. 24.

[979] *Nicolet,* Histoire, Nation, République, 2000, S. 24; *Noiriel,* Population, immigration et identité nationale en France, 2005, S. 9; *Schnapper* in Schnapper (Hrsg.), La communauté des citoyens: sur l'idée moderne de nation, 2003, S. 12 (45).

[980] *Nicolet,* Histoire, Nation, République, 2000, S. 24.

[981] Vgl. dazu bereits oben Punkt A., III., 2.

[982] Die Abweichungen, die durch dauerhaft im Ausland lebende Französ:innen bestehen können, fallen hierbei nicht ins Gewicht.

[983] *Dollat* Revue française de droit administratif 2003 (670).

[984] *Herdegen,* Völkerrecht, 23. Aufl. 2024, S. 105.

[985] *Debbasch,* Le principe révolutionnaire d'unité et d'indivisibilité de la République, 1988, S. 118.

jener sein kann."[986] Auch *Gohin* und *Dollat* gehen davon aus, dass die Begriffe Nation, Republik, Staat und Frankreich synonym zu verwenden sind.[987] Entgegen *Dollat* kann hingegen zwischen Republik und Staat einerseits und der Nation andererseits durchaus unterschieden werden, wenn man wie oben festgestellt, davon ausgeht, dass Nation und Volk im Grunde gleichzusetzen sind und lediglich eine Komponente des Staats bzw. der Republik darstellen.[988] Letztere werden durch das Hinzutreten von Staatsgewalt und Staatsgebiet begründet.

Insofern ist zu differenzieren, ob von der Nation als Staat oder von der Nation als Volk die Rede ist. Der Begriff des Staats ist dabei bezogen auf das Herrschaftsgebiet, sowie die Institutionen, die die Staatsgewalt ausüben.[989]. Beides ist möglich. Um Begriffsdopplungen zu vermeiden, wurde vorliegend der Begriff der Nation nur im historischen Kontext verwendet, um die dort stattfindende Debatte zu spiegeln.[990] Im Übrigen werden die Begriffe Volk (Volk als Komponente des Staats bzw. der Republik), Staat und Republik verwendet, um auf das Bezugssubjekt der Unteilbarkeit zu verweisen.

Trotz des Verweises in Frankreichs erster Verfassung „die Staatsgewalt der Nation ist unteilbar" – und der heute noch andauernden Betonung der Unteilbarkeit der *souveraineté* (oft werden die anderen Komponenten der Unteilbarkeit gar nicht aufgelistet) – ist gleiches zur Staatsgewalt zu sagen. Auch sie kommt als einziger Anknüpfungspunkt der Unteilbarkeit nicht in Frage. Zwar werden teilweise Nation und Staatsgewalt im Sinne der Volkssouveränität gleichgesetzt. Dies ist aber eine verkürzte Betrachtung der Definitionen der beiden Elemente.[991] Denn die Nation hat zwar die Staatsgewalt inne, ist aber nicht die Staatsgewalt. „Es ist ein grundlegender Aspekt im Recht, der nicht ignoriert werden kann, es sei denn, man verwechselt das Wesen der Souveränität mit ihrer Ausübung."[992]

---

986 *Carré de Malberg,* Contribution à la Théorie générale de l'État - I, 1920, S. 13, im Original heißt es hier: „l'Etat n'est pas un sujet juridique se dressant en face de la nation et s'opposant à elle : mais, dès qu'il est admis que les pouvoirs de nature étatique appartiennent à la nation, il faut admettre aussi qu'il y a identité entre la nation et l'État, en ce sens que celui-ci ne peut être que la personnification de celle-là".

987 *Gohin* L'Actualité juridique. Droit administratif 2003, 522; auch bereits zitiert in: *Dollat* Revue française de droit administratif 2003 (670f.); und *M. Lasserre* in Sydow (Hrsg.), Französisches Verfassungsrecht im 21. Jahrhundert, 2022, S. 23 (33).

988 Vgl. hierzu A., III., 2.

989 *Noiriel,* Population, immigration et identité nationale en France, 2005, S. 5; vgl. *Debbasch,* Le principe révolutionnaire d'unité et d'indivisibilité de la République, 1988, S. 61.

990 Vgl. insbesondere Punkt A., III., 2.

991 *Noiriel,* Population, immigration et identité nationale en France, 2005, S. 5.; vgl. hierzu Punkt VI. in diesem Abschnitt.

992 *Lemaire,* Le principe d'indivisibilité de la République, 2010, S. 73 im Original lautet es: „C'est là en droit un aspect fondamental qui ne peut être ignoré, sauf à confondre l'essence de la souveraineté avec son exercice".

3. Auflösung: Was ist unteilbar?

Bezogen auf die konkrete Frage, was unteilbar ist, lässt sich sagen: Republik, Staat und Nation können als Synonyme verwendet werden, denn die Bevölkerung Frankreichs hat sich über das *pouvoir constituant* zu einer Republik bekannt. Frankreich ist also beides, Staat und Republik. Somit kommen auch beide Bezeichnungen als Bezugssubjekte der Unteilbarkeit in Betracht. Ebenso wird der Begriff der Nation zum Teil als Staatsbegriff verwendet. Der Deutlichkeit halber wird im Folgenden jedoch nur von Republik und Staat gesprochen. Die Unteilbarkeit von Nation und Souveränität sind (auch) Unterkomponenten der Unteilbarkeit des Staats bzw. der Republik. Sie sind der klassischen Dreiteilung der Unteilbarkeit von Staatsgewalt (Souveränität), Staatsvolk (Nation, als Volk Frankreichs) und Staatsgebiet zuzuordnen.[993] Im Folgenden wird nur der Begriff des Volks bzw. Staatsvolks verwendet, nicht der der Nation, um Begriffsdopplungen zu vermeiden.

IV. Zusammenspiel mit anderen Verfassungsprinzipien

In der Rechtsprechung des *Conseil constitutionnel* spätestens seit dem Urteil zum Status von Korsika wird deutlich, dass das Unteilbarkeitsprinzip gehäuft in Zusammenhang mit anderen, benachbarten Prinzipien in Bezug genommen wird.[994] Dieser Umstand wird als Argument genutzt, um die abnehmende Bedeutung des Prinzips zu verdeutlichen.[995]

Jedoch könnte dies seit jeher im Prinzip der Unteilbarkeit angelegt sein. Denn seit seiner Umdeutung während der französischen Revolution und bezogen auf die Entstehung der I. Republik ist das Prinzip der Unteilbarkeit auf die Umsetzung bzw. Einhaltung anderer Prinzipien gerichtet. So sollte es insbesondere der Umsetzung revolutionärer Werte – etwa der Gleichheit, sowie der staatlichen Stabilität durch Umsetzung der Einheit – dienen. Gerade die beiden Prinzipien der Gleichheit und Einheit überschatten in der Rechtsprechung heute das Unteilbarkeitsprinzip. Wie die Prinzipien von Einheit, Gleichheit und Unteilbarkeit heute in Wechselwirkung zueinanderstehen, ob sich ihre Inbezugnahme gewandelt hat und welche Bedeutung dem Unteilbarkeitsprinzip im Vergleich zu diesen Prinzipien zukommt, soll daher im Folgenden geklärt werden.[996]

---

[993] Vgl. zur Unteilbarkeit der Nation auch: *Debbasch,* Le principe révolutionnaire d'unité et d'indivisibilité de la République, 1988, S. 61f.

[994] Conseil constitutionnel, 9.5.1991, Décision n° 91-290 DC; *Gründler* Revue du Droit Public 2007, 445 (449).

[995] *Gründler* Revue du Droit Public 2007, 445 (449); hierzu auch schon: *M. Lasserre* in Sydow (Hrsg.), Französisches Verfassungsrecht im 21. Jahrhundert, 2022, S. 23 (33ff.).

[996] Diesen Fragen wurde auch schon knapper in: *M. Lasserre* in Sydow (Hrsg.), Französisches Verfassungsrecht im 21. Jahrhundert, 2022, S. 23 (33ff.) nachgegangen.

1. Unteilbarkeit und Einheitsstaat – von Unité zu unicité

Die Erreichung von Einheit wird als Ziel des Prinzips der Unteilbarkeit angesehen. Wie Einheit zu definieren ist und wie sich dies im Laufe der V. Republik verändert hat, hat damit auch eine große Bedeutung für die Interpretation des Unteilbarkeitsprinzips.[997] Anders als die Unteilbarkeit scheint das Prinzip der Einheit jedoch im Verlauf der letzten Jahrzehnte an Bedeutung gewonnen zu haben.[998] Der *Conseil constitutionnel* nimmt es spätestens[999] seit den 90er-Jahren mehr und mehr in Bezug.[1000] Auch das Prinzip der Einheit enthält eine normative Komponente – aus der sich der Einheitsstaat ableitet – und eine meta-normative, soziale Komponente.[1001]Bezogen auf die normative Dimension der Einheit sind zwei Entwicklungen seit Einführung der V. Republik maßgebend. Einerseits fiel 1958 der Begriff der Einheit aus dem Verfassungstext weg (a). Dies könnte auf den ersten Blick bedeuten, dass das vormals auf die Erreichung der Einheit gerichtete Unteilbarkeitsprinzip eine neue Zielrichtung erhalten hat (b). Auf der anderen Seite wird jedoch in Zusammenhang mit der Unteilbarkeit vor allem. in der Rechtsprechung in der jüngsten Republik oft auf die sog. *unicité* Bezug genommen. Ein Prinzip, welches in Zusammenhang mit der Einheit (*unité*) zu stehen scheint. Dies könnte wiederum Zeugnis dafür sein, dass der Einheitsstaatlichkeit in der V. Republik eine größere Bedeutung zukommt (c).

a) Wegfall der Einheit mit Einführung der V. Republik

Beim Betrachten der Verfassungstexte Frankreichs fällt auf, dass die Unteilbarkeit immer an erster oder zweiter Stelle der Verfassung aufzufinden war. Bis zur Verfassung der dritten Republik (1870-1940) waren darüber hinaus die Begriffe der Einheit und Unteilbarkeit an derselben Stelle des Textes aufzufinden. Sie entwickelten sich in Einklang zueinander.[1002] Der Ausspruch der „Einheit und Unteilbarkeit" galt als festverankert mit der Republik.[1003] Die Verfassung von 1946 nannte zwar noch beide Begriffe, die Einheit und die Unteilbarkeit. Der Begriff der Einheit wurde jedoch nicht mehr in Art. 1 CF 1946 aufgegriffen, sondern lediglich in Art. 85 des Titels X bezogen auf die Gebietskörperschaften genannt. Art. 85 CF lautete:

---

997 In diesem Sinne auch schon: *M. Lasserre* in Sydow (Hrsg.), Französisches Verfassungsrecht im 21. Jahrhundert, 2022, S. 23 (34).

998 Vgl. *Gründler* Revue du Droit Public 2007, 445 (466ff.); auch bereits erwähnt in: *M. Lasserre* in Sydow (Hrsg.), Französisches Verfassungsrecht im 21. Jahrhundert, 2022, S. 23 (36).

999 Vgl. dazu *Gründler* Revue du Droit Public 2007, 445 (466f.); sie legt dar, dass sich bereits hier die Einheit des Volkes als bestärkendes Prinzip für die Unteilbarkeit herangezogen wurde Conseil constitutionnel, 18.11.1982, Décision n° 82-146 DC.

1000 Vgl. Conseil constitutionnel, 17.1.2002, Décision n° 2001-454 DC; 15.6.1999, Décision n° 99-412 DC.

1001 *Lemaire,* Le principe d'indivisibilité de la République, 2010, S. 196ff., vgl. hierzu auch unten Teil II.

1002 *Gründler* Revue du Droit Public 2007, 445 (447).

1003 *Debbasch,* Principe Révolutionnaire, 13ff; *Lemaire, Le principe d'indivisibilité de la République, 2010, S.*48; *Gründler*, Revue du droit public, 2007, 445 (445).

„Die Französische Republik ist ein und unteilbar, sie erkennt Gebietskörperschaften an."[1004] Ab der Verfassung von 1958 taucht die Einheit nicht mehr auf, auch nicht bezogen auf die Existenz von Gebietskörperschaften.[1005] Der Artikel, aus dem vormals die Einheitsstaatlichkeit abgeleitet wurde, fiel damit weg.[1006] Dies wirft die entscheidende Frage auf, ob Frankreich noch einen Einheitsstaat statuiert, oder ob der Wegfall der Formulierung in der Verfassung auch ein Abrücken von der bis dato vorherrschenden Identität Frankreichs als „Archetyp des Einheitsstaats"[1007] darstellt.

Für den Wegfall der Einheit aus dem geschriebenen Verfassungsrecht werden in der Literatur verschiedene Gründe angebracht. Einerseits wird vertreten, dass seit der Entkolonialisierung und der Ausdehnung der Menschenrechte und somit auch der Gleichheit auf die Überseekörperschaften deutlicher wurde, dass eine Rechts-"Einheit" schwerer zu halten sei.[1008] Hiervon gehen etwa *Michalon* und *Fabre* aus, die Frankreich als Föderalstaat ansehen,[1009] der durch das Weglassen der verfassungsrechtlichen Formulierung entstanden sei.[1010] Dafür sprächen auch die Veränderungen die mit Blick auf die Einheitsstaatlichkeit spätestens seit 1958 erfolgt sind. Auf der anderen Seite steht die Auffassung, die die Einheitsstaatlichkeit in die Unteilbarkeit hineinliest. Denn wenn die Unteilbarkeit das Mittel ist, um den Einheitsstaat zu erreichen, genügt die Normierung der Unteilbarkeit, um die Einheitsstaatlichkeit festzuschreiben.[1011]

[1004] Im Original heißt es hier: „La République française, une et indivisible, reconnaît l'existence de collectivités territoriales", Constitution de 1946, IVe République, https://www.conseil-constitutionnel.fr/les-constitutions-dans-l-histoire/constitution-de-1946-ive-republique; *Gründler* Revue du Droit Public 2007, 445 (447); hierzu auch bereits: *M. Lasserre* in Sydow (Hrsg.), Französisches Verfassungsrecht im 21. Jahrhundert, 2022, S. 23 (33); hierzu auch: *Fabre* Revue du Droit Public 1982, 603 (614).

[1005] Dazu auch: Gründler Revue du Droit Public 2007, 445 (447).

[1006] Vgl. auch bereits: *M. Lasserre* in Sydow (Hrsg.), Französisches Verfassungsrecht im 21. Jahrhundert, 2022, S. 23 (33).

[1007] *Gaillet* in Marsch/Vilain/Wedndel (Hrsg.), Französisches und Deutsches Verfassungsrecht, S. 32; *Lemaire,* Le principe d'indivisibilité de la République, 2010, S. 255; auch bereits in: *M. Lasserre* in Sydow (Hrsg.), Französisches Verfassungsrecht im 21. Jahrhundert, 2022, S. 23 (33); ebenfalls: *Webert* Civitas Europa 1999 (173).

[1008] *Lemaire* Les Nouveaux Cahiers du Conseil constitutionnel 2012, 95 (98).

[1009] *Michalon Revue du Droit Public 1982, 623* (608–685); etwas zurückhaltender hierzu: *Fabre* Revue du Droit Public 1982, 603 (614ff.); Michalon Revue du Droit Public 1982, 623; hierzu auch: *Gründler* Revue du Droit Public 2007, 445 (447f.).

[1010] *Gründler* Revue du Droit Public 2007, 445 (447f.).

[1011] In diesem Sinne: *Gründler* Revue du Droit Public 2007, 445 (447f.); *Debbasch* in Mathieu/Verpeaux (Hrsg.), La République en droit français, 1996 (75); in diesem Sinne auch schon: *M. Lasserre* in Sydow (Hrsg.), Französisches Verfassungsrecht im 21. Jahrhundert, 2022, S. 23 (33).

aa) Die Dekolonialisierung der Überseekörperschaften als Grund für das Verschwinden der „Einheit der Republik"

Die angestrebte Dekolonialisierung und die damit einhergehende Gleichstellung der Überseekörperschaften[1012] mit der Metropolregion Frankreichs könnte als Grund für den Wegfall der „Einheit" aus dem Wortlaut der Verfassung gesehen werden. So wird angeführt, dass Einheit nicht mit einer „Integration" der Überseekörperschaften vereinbar sei.[1013] Eine vollständige Assimilation der Überseekörperschaften schien nicht möglich, als der Prozess der Dekolonialisierung in die Wege geleitet wurde.[1014] Wie *De Gaulle* in seinen beiden Reden im kongolesischen Brazzaville 1944 und 1958 deutlich machte, sollen die ehemaligen Kolonien die Macht haben sich selbst zu verwalten und ihre eigenen Angelegenheiten auf demokratische Weise zu gestalten.[1015]

Auch wenn dies nicht ausdrücklich in den Vorarbeiten der Verfassung von 1958 genannt wird,[1016] könnte die Ausweitung der Gleichheit auf die Überseekörperschaften einen Einfluss auf das Selbstverständnis Frankreichs als Einheitsstaat gehabt haben.[1017] Diese Entwicklung begann in der IV. Republik, in der die Formulierungen der Einheit einerseits und der Unteilbarkeit andererseits räumlich bzw. systematisch voneinander getrennt wurden.[1018] 1958 wurde dann die „Unteilbarkeit der Republik proklamiert, die Einheit abgelehnt."[1019]

Bei der Erstellung der Verfassung von 1946 wird zweifelsfrei anknüpfend an die vorherigen Republiken die Entscheidung getroffen, die Tradition einer einheitlichen Republik noch ein weiteres Mal fortzuführen. Doch auch zu diesem Zeitpunkt standen sich bereits Stimmen gegenüber, von denen einige von einem unausweichlichen französischen Föderalismus ausgingen, und andere, die diesen als

---

1012 Vgl. *Pastore*/Nouveaux Cahiers du Conseil constitutionnel 2012, 73 (76).

1013 *Lemaire* Les Nouveaux Cahiers du Conseil constitutionnel 2012, 95 (98); *Le Comité consultatif constitutionnel de l'avant-projet du 29 Juillet 1958 au Projet du 21 Août 1958,* Documents pour servir à l'histoire de l'élaboration de la Constitution du 4 octobre 1958, 1991, S. 294.

1014 Vgl. *Lemaire* Les Nouveaux Cahiers du Conseil constitutionnel 2012, 95 (98); *Fabre* Revue du Droit Public 1982, 603 (605).

1015 *Gaulle,* Discours de Brazzaville, 30.01.1944; *Gaulle,* Discours prononcé par le général de Gaulle, président du Conseil, à Brazzaville (Congo)., 24.08.1958; die Rede von Januar 1944 wird auch zitiert in: *Lemaire* Les Nouveaux Cahiers du Conseil constitutionnel 2012, 95 (98).

1016 Vgl. *Le Comité consultatif constitutionnel de l'avant-projet du 29 Juillet 1958 au Projet du 21 Août 1958,* Documents pour servir à l'histoire de l'élaboration de la Constitution du 4 octobre 1958, 1991, S. 294f.; und *Le Comité consultatif constitutionnel de l'avant-projet du 29 Juillet 1958 au Projet du 21 Août 1958,* Documents pour servir à l'histoire de l'élaboration de la Constitution du 4 octobre 1958, 1988, S. 117.

1017 *Lemaire* Les Nouveaux Cahiers du Conseil constitutionnel 2012, 95 (98).

1018 Im Original heißt es hier: "La République française, une et indivisible, reconnaît l'existence de collectivités territoriales."Constitution de 1946, IVe République, https://www.conseil-constitutionnel.fr/les-constitutions-dans-l-histoire/constitution-de-1946-ive-republique; *Gründler* Revue du Droit Public 2007, 445 (447); hierzu auch bereits: *M. Lasserre* in Sydow (Hrsg.), Französisches Verfassungsrecht im 21. Jahrhundert, 2022, S. 23 (33); *Lemaire* Les Nouveaux Cahiers du Conseil constitutionnel 2012, 95 (98).

1019 *Fabre* Revue du Droit Public 1982, 603 (605); auch zitiert in: *Lemaire* Les Nouveaux Cahiers du Conseil constitutionnel 2012, 95 (98).

unvereinbar mit der Republik ansahen.[1020] Für erstere war der Widerspruch zwischen den faktisch ungleichen Bedingungen in den Überseekörperschaften und der Gleichheit, die von der Einheitsstaatlichkeit gefordert wurde, offenkundig. Zur Abhilfe wurde ein Kompromiss vereinbart, der sich in Art. 60 CF 1946 niederschlug. Danach wurde eine „quasi-föderale französische Union“[1021] begründet. Diese war von der einheitlichen und unteilbaren Republik abzugrenzen.“[1022] Jedoch war zu unterscheiden zwischen den französischen Kolonien, die Teil der Republik und denen, die Teil der Union waren.[1023] Damit dauerte der Widerspruch an, denn die Gesetzesgleichheit erstreckte sich auch auf Teile der Überseekörperschaften. Das Problem bestand in der V. Republik weiter fort. Als Argument für eine weiterhin angestrebte Einheitlichkeit kann angeführt werden, dass ab 1958 die Überseegebiete (also lediglich die *territoires d'outre mer*, TOM[1024]) entscheiden konnten, ob sie weiterhin der einheitlichen Republik angehören wollten[1025] und ob also die Prinzipien der Verfassung auf sie Anwendung finden sollten. So setzte die Präambel schon im Ausgangstext fest: „Gemäß diesen Grundsätzen und dem Grundsatz der freien Selbstbestimmung der Völker bietet die Republik den überseeischen Gebieten, die den Willen bekunden, ihr beizutreten, neue Institutionen an, die auf dem gemeinsamen Ideal von Freiheit, Gleichheit und Brüderlichkeit beruhen und im Hinblick auf ihre demokratische Entwicklung konzipiert sind.“[1026] Hierin kann der Versuch gesehen werden, final klarzustellen, welche Gebiete zu Frankreich gehören und welche Teil der einheitlichen Republik sind.[1027] Ab diesem Zeitpunkt ist dem Gesetz nach Frankreichs heutige Republik in unteilbarer Weise entstanden. Abweichungen vom Staatsgebiet sind grundsätzlich nach der Verfassung nicht mehr möglich.[1028]

1020 *Lemaire* Les Nouveaux Cahiers du Conseil constitutionnel 2012, 95 (99).

1021 Diese Union wurde 1958 durch die „französische Gemeinschaft“ abgelöst, welche aber schnell in der Bedetungslosigkeit verschwand aber erst 1995 auch formal aufgelöst wurde, von dieser Federation ist wohl auch in: *Le Comité consultatif constitutionnel de l'avant-projet du 29 Juillet 1958 au Projet du 21 Août 1958,* Documents pour servir à l'histoire de l'élaboration de la Constitution du 4 octobre 1958, 1988, S. 117 die Rede.

1022 *Lemaire* Les Nouveaux Cahiers du Conseil constitutionnel 2012, 95 (99); Constitution de 1946, IVe République, https://www.conseil-constitutionnel.fr/les-constitutions-dans-l-histoire/constitution-de-1946-ive-republique, hier lautet es ausdrücklich: "Die Französische Union besteht einerseits aus der Französischen Republik, die die französische Metropolregion sowie die überseeischen Departements und Gebiete umfasst, und andererseits aus den assoziierten Gebieten und Staaten.".

1023 Vgl. hierzu auch: *Kinh* Politique étrangère 1954, 463.

1024 *Diémert* Les Nouveaux Cahiers du Conseil constitutionnel 2012, 7 (9); zum Unterschied zwischen Überseegebieten und Übersee-*départements* vgl. im Einzelnen unten: A.I.1.a).

1025 *Gründler* Revue du Droit Public 2007, 445 (450); *Lemaire* Les Nouveaux Cahiers du Conseil constitutionnel 2012, 95 (99).

1026 Journal Officiel de la République française 1958 (9151).

1027 *Lemaire* Les Nouveaux Cahiers du Conseil constitutionnel 2012, 95 (99).

1028 Vgl. hierzu auch bereits: *M. Lasserre* in Sydow (Hrsg.), Französisches Verfassungsrecht im 21. Jahrhundert, 2022, S. 23 (44).

Jedoch führen die fortdauernden Ungleichheiten zwischen Metropol- und Überseekörperschaften dazu, dass auch später noch über Art. 53 CF Veränderungen des Staatsgebiets erfolgten.[1029] Dies könnte als Hinweis dafür gewertet werden, dass die Republik zuvor noch nicht in einheitlicher und unteilbarer Weise bestand und das mithin die Einheit der Republik in der Verfassung von 1958 keine Bedeutung mehr habe. Somit kann die Sezessionsmöglichkeit aus der Präambel der Verfassung von 1958 auch als Argument angeführt werden, dass eine einheitliche Republik seit Wirkungsbeginn der Verfassung nicht bestehen sollte. Es lässt sich folglich die Frage stellen, ob hiermit ein Einheitsstaat geschaffen werden sollte, oder ob der Wegfall der „Einheit" im Wortlaut des Gesetzes den ursprünglichen Konflikt bei Erlass der Verfassung von 1946 zwischen Föderalismus und Einheitsstaatlichkeit zugunsten des Föderalismus entschied.[1030]

bb) Argumente für den Erhalt der Einheit

Durch die gesetzgeberische Entscheidung, das Unteilbarkeitsprinzip in die Verfassung der neuen Republik aufzunehmen, entsteht ein Widerspruch: Wenn die Unteilbarkeit Teil der Verfassung bleibt und Ziel der Unteilbarkeit die Erreichung eines Einheitsstaats ist, muss dieser noch fortgelten. Welche tatsächliche Änderung gibt es also durch das Weglassen der „Einheit" im Verfassungstext?

Debbasch und *Gründler* sind der Meinung, dass dies keine Folgen habe.[1031] *Debbasch* hält das Unterschlagen des Einheitsprinzips im Text der Verfassung von 1958 für eine rein redaktionelle Entscheidung.[1032] So sei sich an der Formulierung in der Verfassung von 1946 orientiert worden, in der das Einheitsprinzip in Art. 85 CF verschoben wurde.[1033] Auch ist es als Hinweis hierfür zu werten, dass sich während der Beratungen zum Verfassungstext explizit für die Einheit Frankreichs ausgesprochen wurde: „[D]ie Republik kann nicht gleichzeitig einheitlich und unteilbar und, uneinheitlich und teilbar sein."[1034]

Dagegen, dass sich hiermit für einen Föderalstaat entschieden wurde zeigt zum einen eindeutig der Verbleib der Unteilbarkeit im Verfassungstext und die Art und Weise, wie dieser durch Literatur und Rechtsprechung analysiert wird: nämlich mit Blick auf die Einheitsstaatlichkeit. Ziel der Unteilbarkeit ist die Erreichung von Einheit im Staatsgebiet, unabhängig davon, ob es sich hierbei um die Metropol- oder Überseekörperschaften handelt.[1035] „Die Unteilbarkeit ist die Essenz der Einheit, das Zeichen für ihre Effektivität und seine Dauer. Der unteilbare Charakter

---

1029 *Gründler* Revue du Droit Public 2007, 445 (450); *Lemaire* Les Nouveaux Cahiers du Conseil constitutionnel 2012, 95 (100).

1030 Vgl. auch: *Lemaire* Les Nouveaux Cahiers du Conseil constitutionnel 2012, 95 (99).

1031 *Debbasch* in Mathieu/Verpeaux (Hrsg.), La République en droit français, 1996 (75f.); *Gründler* Revue du Droit Public 2007, 445 (447f.).

1032 *Debbasch* in Mathieu/Verpeaux (Hrsg.), La République en droit français, 1996 (75).

1033 *Debbasch* in Mathieu/Verpeaux (Hrsg.), La République en droit français, 1996 (75).

1034 *Debbasch* in Mathieu/Verpeaux (Hrsg.), La République en droit français, 1996 (75).

1035 *Gründler* Revue du Droit Public 2007, 445 (448).

der Republik ist die Garantie ihres Bestands und der Dauer ihrer Einheit."[1036] Die Einheitsstaatlichkeit ist der maßgebliche normative Gehalt des Einheits- und Unteilbarkeitsprinzips.[1037] Es scheint somit auch aus dieser Perspektive legitim, die Unteilbarkeit im Verfassungstext zu behalten, während die Einheit nicht genannt ist. Die Einheit ist das Ziel, dass über das Mittel der Unteilbarkeit erreicht werden kann.[1038] Die Begriffe sind denklogisch miteinander verknüpft und können nicht voneinander gelöst werden. So verweist auch *Gründler* auf den lateinischen Ursprung der Begriffe, wo Einheit (*unus*) und Unteilbarkeit (*indivisibilis*) beschreiben, was nicht unterteilt werden kann.[1039]

Der Widerspruch zwischen der Möglichkeit einer Sezession in der Verfassung und der Unteilbarkeit ist den Schreibern der neuen Verfassung bewusst, so merkt es etwa *Périer de Féral* in der *Assemblée Générale* vor dem *Conseil d'État* an. Die Antwort *Marcel Martins* spricht Bände: „Es ist sicher, dass aus juristischer Sicht ein Widerspruch besteht. Aber es ist auch sicher, dass es unmöglich ist Art. 1 aus dem Verfassungsprojekt zu streichen. Es ist unmöglich, die essenziellen Begrifflichkeiten der Verfassung von 1946 nicht aufzunehmen. Und wenn wir diese Begriffe aufnehmen und hierbei das Wort „unteilbar" löschen, muss hieraus der Schluss gezogen werden, dass nicht nur die Gesellschaft teilbar ist, sondern auch der Kern der Republik selbst. Das ist unmöglich!"[1040] Einerseits zeigt dieses Eingeständnis auf, dass tatsächlich die Formulierung von 1946 in ihrem Gehalt der Verfassung von 1958 aufgenommen werden sollte. Inhaltliche Veränderungen sollten mit Blick auf die Grundprinzipien der Republik nicht vorgenommen werden. Das Unteilbarkeitsprinzip ist mithin immer noch auf die Erreichung von Einheit gerichtet.

Andererseits macht die Feststellung auch deutlich, dass die tatsächlichen Veränderungen Frankreichs – insbesondere in den Überseekörperschaften – eine rechtliche Veränderung des Prinzips unausweichlich macht. Auch wenn die Grundidee bestehen bleibt: Die Unteilbarkeit soll zur Herbeiführung von Einheit führen. Ob diese Einheitlichkeit jedoch den juristisch-normativen Inhalt behält, den sie spätestens bis zur Einführung der Verfassung von 1946 hatte, bleibt offen. Und somit bleibt auch die Ausgestaltung des Einheitsprinzips für föderative Ansätze ungeklärt.

Auch wenn die Löschung der Einheit im Text der Verfassung von 1958 also keinen Anhalt dafür gibt, dass der Einheitsstaat in normativer Hinsicht verschwunden ist. Die weitere Ausgestaltung der Verfassung, die Diskussion um den Art. 2 CF a.F. der Verfassung, zeigen auf, dass die Tore zum Föderalismus nicht gänzlich verschlossen sind.

[1036] *Debbasch* in Mathieu/Verpeaux (Hrsg.), La République en droit français, 1996 (75); auch zitiert in: *Gründler* Revue du Droit Public 2007, 445 (448).
[1037] *Gründler* Revue du Droit Public 2007, 445 (448).
[1038] *Gründler* Revue du Droit Public 2007, 445 (448).
[1039] *Gründler* Revue du Droit Public 2007, 445 (448).
[1040] *Debbasch* in Mathieu/Verpeaux (Hrsg.), La République en droit français, 1996 (76).

cc) Zwischenergebnis: Die Entscheidung für die Einheit

Mit dem Wegfall der Einheit aus dem positivierten Verfassungsrecht, stellte sich die Frage, ob die Verknüpfung der Prinzipien von Einheit und Unteilbarkeit noch fortbesteht. Weder die angestrebte Dekolonialisierung noch die darauffolgende mehrfache Veränderung der Außengrenzen Frankreichs[1041] haben zur Folge, dass das Prinzip der Einheit aus dem Verfassungsrecht der V. Republik verschwunden ist.

Vielmehr ergibt sich aus den Beratungsdokumenten zur Verfassung der V. Republik, dass das Einheitsprinzip der Unteilbarkeit zugrunde gelegt wurde.[1042] Es handelt sich folglich um einen redaktionellen Fehler, der bei der Übernahme des Art. 1 CF der Verfassung von 1946 in die Verfassung der V. Republik entstand.[1043] Auch aus praktischer Sicht erscheint es sinnvoll, die Unteilbarkeit statt der Einheit im Verfassungstext zu verankern, da erstere den normativen Teil des Prinzips darstellt.[1044] Die Unteilbarkeit ist also weiterhin als Mittel zu sehen, mit der das Ziel der Einheit der Republik erreicht werden soll.

Jedoch ist auch den Verfassungsgeber:innen der Widerspruch zwischen der Sezessionsmöglichkeit der Präambel und dem Einheitsprinzip bewusst. Dieser Konflikt wird mit dem Hinweis darauf gelöst, dass die Einheit auch als gesellschaftliches und republikanisches – statt als juristisches Prinzip – gesehen werden soll. [1045]

Im Ergebnis lässt sich also feststellen, dass obwohl die Einheit weiterhin ein oberstes Verfassungsprinzip der V. Republik darstellt und eng mit dem Prinzip der Unteilbarkeit verbunden ist, seit Einführung der Verfassung eine Offenheit für normative Abweichungen von der Einheit der Republik besteht.

b) Definition des Einheitsstaat: Grenzziehung zum Föderalismus

Ähnlich wie das Prinzip der Unteilbarkeit ist auch das Prinzip der Einheit – in seiner ursprünglichen Auslegung – aufgrund der vielfachen Veränderungen bezogen auf die rechtliche und territoriale Einheit schwer zu definieren. Einheit wird in der Literatur gleichgesetzt mit dem Einheitsstaat.[1046] Die Frage, wo die Grenzen zum Föderalismus verlaufen, stellt sich umso mehr, je stärker die Prinzipien von Einheit-

---

1041 *Gründler* Revue du Droit Public 2007, 445 (*450*); *Lemaire* Les Nouveaux Cahiers du Conseil constitutionnel 2012, 95 (100).

1042 *Debbasch* in Mathieu/Verpeaux (Hrsg.), La République en droit français, 1996 (75); *Senghor*, Avis et débats du comité consultatif constitutionnel, 1960, S 168.

1043 *Debbasch* in Mathieu/Verpeaux (Hrsg.), La République en droit français, 1996 (75).

1044 *Gründler* Revue du Droit Public 2007, 445 (448).

1045 *Debbasch* in Mathieu/Verpeaux (Hrsg.), La République en droit français, 1996 (76).

1046 *Lemaire,* Le principe d'indivisibilité de la République, 2010, S. 26; *F. Luchaire*, Les fondements constitutionnels de la décentralisation, Revue de Droit Public (1982), hier wird von der Einheit mit den Worten „für ein Territorium nur ein Recht" beschrieben und Unteilbarkeit als Gegenmodell zum Föderalismus auserkoren, wenngleich dies eher für Einheit und Unteilbarkeit festgestellt werden sollte, vgl. auch S. 8 .

und Unteilbarkeit verändert werden.[1047] Gibt es überhaupt eine scharfe Trennlinie zwischen Föderal- und Einheitsstaat oder ist letzterer ähnlich wie das Prinzip der Unteilbarkeit scheinbar endlos veränderbar und neu interpretierbar? Und ist dies der Fall, ist die Proklamierung von Einheit ggf. gar nicht mehr zwingend verbunden mit dem Einheitsstaat als juristisches Konstrukt, sondern kann auch uminterpretiert werden etwa in Richtung einer „sozialen Einheit"[1048].

Der Einheitsstaat kann in Abgrenzung zum Föderalstaat definiert werden. In letzterem gibt es mehrere Entscheidungsträger, von denen sich die Staatsgewalt ableitet, im Einheitsstaat ist nur einer vorhanden.[1049] Er setzt sich zusammen aus politischer Einheitlichkeit einerseits und territorialer Einheitlichkeit andererseits.[1050] Geht aber die Einheit (*unité*) immer noch mit der Einheitlichkeit (*uniformité*) einher, wie dies nach der revolutionären Interpretation in Zusammenschau mit dem Gleichheitsprinzip der Fall war?[1051]

Um zu ermitteln, ob Frankreich noch einen Einheitsstaat darstellt, ist zunächst zu aufzuzeigen, wie nach den allgemeinen, sich aus der Rechtsvergleichung ergebenden, Anschauungen Einheits- und Föderalstaat zu definieren und voneinander abzugrenzen sind (aa). In einem zweiten Schritt ist zu prüfen, ob die französische Anschauung vom Einheitsstaat dieser allgemeinen Definition entspricht (bb).

aa) Die Übergänge zwischen Föderal- und Einheitsstaats

Zwar werden Einheits- und Föderalstaat oft als Gegensätze gegenübergestellt. Der Realität entspricht es aber mehr, dass Staaten bezogen auf das Ausmaß der Kompetenzübertragung auf territoriale Untereinheiten oft Elemente beider Grundformen enthalten.[1052] Eine Definition der beiden Organisationsformen fällt daher oft vage aus.[1053] Einige Grundvoraussetzungen für das Vorliegen eines Einheitsstaats lassen sich dennoch herausbilden. Im Einheitsstaat ist in Abgrenzung zum Föderalstaat die Staatsgewalt nicht unterteilt und sie steht einem Zuordnungssubjekt allein zu.[1054] Insbesondere Exekutiv- und Administrativgewalt liegen also dem Grunde nach nur bei einem nationalen Hoheitsträger. Die Normsetzungsbefugnis (in Frankreich durch „*lois*" oder „*règlements*") haben der nationale Gesetzgeber und die nationale Verwaltung bzw. Regierung inne.

[1047] Vgl. hierzu auch bereits: *M. Lasserre* in Sydow (Hrsg.), Französisches Verfassungsrecht im 21. Jahrhundert, 2022, S. 23 (34ff.).

[1048] *Lemaire,* Le principe d'indivisibilité de la République, 2010, S. 203.

[1049] *Broschek* in Lauth/Kneuer/Pickel (Hrsg.), Handbuch Vergleichende Politikwissenschaft, 2016 (335f.); *Hamon/Troper,* Droit Constitutionnel, 45. Aufl. 2025, S. 100; vgl. in diesem Sinne auch schon: *M. Lasserre* in Sydow (Hrsg.), Französisches Verfassungsrecht im 21. Jahrhundert, 2022, S. 23 (34).

[1050] *Lemaire,* Le principe d'indivisibilité de la République, 2010, S. 26; *F. Luchaire,* Le Conseil Constitutionnel, 2. Aufl., 1999, S. 6.

[1051] *Debbasch,* Le principe révolutionnaire d'unité et d'indivisibilité de la République, 1988, S. 75.

[1052] Vgl. *Broschek* in Lauth/Kneuer/Pickel (Hrsg.), Handbuch Vergleichende Politikwissenschaft, 2016 (337).

[1053] *Beaud,* Théorie de la Fédération, 2. Aufl. 2009, S. 12.

[1054] *Broschek* in Lauth/Kneuer/Pickel (Hrsg.), Handbuch Vergleichende Politikwissenschaft, 2016 (335).

In einem Einheitsstaat ist somit die Übertragung von Kompetenzen auf die lokale Ebene möglich, „sofern sich ihre Existenz von der des Nationalstaats ableiten lässt."[1055] Während im Föderalismus die Souveränität also immer in geteilter Form vorliegt und sowohl vom Staatsvolk und den über eine eigenständige Souveränität verfügenden Gliedstaaten ausgeht, gibt es im Einheitsstaat nur eine Souveränität: die des gesamten Staatsvolks.[1056] Im Föderalismus unterstehen die Subeinheiten, die nie Souveränität ausüben, nicht zwingend hierarchisch dem Föderalstaat (man denke an den Grundsatz der kommunalen Selbstverwaltung in Deutschland). Auch *Beaud* stellt fest, dass mit dem Föderalismus „im Ausgangspunkt [...] unbestreitbar [...] in einem Staatsgebiet mehrere Ebenen von Staatsgewalt existieren"[1057].Im Einheitsstaat hingegen ist die Existenz von Untereinheiten möglich, sofern sich ihre Souveränität immer auf die nationale Souveränität zurückführen lässt. Eine Souveränität „territorial definierter Subeinheiten"[1058] existiert nicht.[1059] *Broschek* nimmt eine Klassifizierung der Handlungsoptionen bezogen auf die Einheits-bzw. Föderalstaatlichkeit eines Landes vor, die von einer Allianz (als reinem Föderalstaat) über einen Staatenverbund (in dem in einem *bottom-up*-Verfahren Kompetenzen von territorialen Gliedstaaten auf eine darüberstehende Hoheitsgewalt übertragen werden), einen konföderalen Föderalstaat (in dem die Souveränität innerhalb des Zusammenschlusses überwiegend bei den Gliedstaaten verbleibt und die Vielfalt der Lebensbedingungen einen Grundwert darstellen), einen unitaristischen Föderalstaat (in dem eine umfangreiche Kompetenzübertragung auf den Nationalstaat stattfindet und die Gleichwertigkeit der Lebensverhältnisse einen Grundwert des Staats darstellen, vgl. etwa Art. 72 Abs. 2 GG), den dezentralen Einheitsstaat (in dem umgekehrt, als beim Staatenverbund in einem *bottom-down*-Ansatz Kompetenzen von einem nationalen Hoheitsträger auf eine Lokalinstanz delegiert wird) bis hin zum reinen bzw. zentralistischen Einheitsstaat (bei dem die Souveränitätsausübung durch einen einzigen Hoheitsträger erfolgt).[1060] Im Unterschied zum dezentralen Einheitsstaat, existieren im unitaristischen Föderalstaat die

1055 *M. Lasserre* in Sydow (Hrsg.), Französisches Verfassungsrecht im 21. Jahrhundert, 2022, S. 23 (35); *Broschek* in Lauth/Kneuer/Pickel (Hrsg.), Handbuch Vergleichende Politikwissenschaft, 2016 (335f.); vgl. in diesem Sinne auch *Hamon/Troper*, Droit constitutionnel, 45. Aufl. 2025, S. 100.

1056 *Broschek* in Lauth/Kneuer/Pickel (Hrsg.), Handbuch Vergleichende Politikwissenschaft, 2016 (336).

1057 *Beaud*, Théorie de la Fédération, 2. Aufl. 2009, S. 39, im Original lautet es: „Toute étude sur le fédéralisme doit partir du constat initial et indiscutable qu'un tel arrangement institutionnel suppose l'existance, sur le même territoire et concernant la même population, de deux niveaux de pouvoirs, l'instance fédérale et l'instance fédérée".

1058 *Broschek* in Lauth/Kneuer/Pickel (Hrsg.), Handbuch Vergleichende Politikwissenschaft, 2016 (335).

1059 *Broschek* in Lauth/Kneuer/Pickel (Hrsg.), Handbuch Vergleichende Politikwissenschaft, 2016 (335).

1060 *Broschek* in Lauth/Kneuer/Pickel (Hrsg.), Handbuch Vergleichende Politikwissenschaft, 2016 (336f.); *Schmidt* (Hrsg.), Die westlichen Länder, S. 95ff.; zu dieser Einteilung vgl. auch *Beaud*, Théorie de la Fédération, 2. Aufl. 2009, S. 13.

Gebietskörperschaften sowie ihre Kompetenzen unabhängig vom Nationalstaat.[1061] Die Dezentralisierung eines Einheitsstaats ist somit grundsätzlich möglich. „Eine Grenze scheint jedoch allgemein bei der Übertragung von Legislativbefugnissen auf Gebietskörperschaften, sowie nicht weisungsgebundener gebietskörperschaftlicher Vertreter[:innen] zu liegen, sowie der Schaffung von Gebietskörperschaften, deren Existenz sich nicht aus der des Gesamtstaates ergibt."[1062]

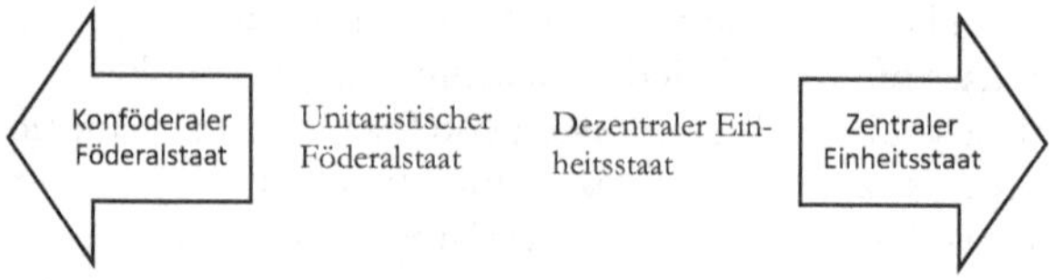

Spaltung der Souveränität[1063]

Die französische Verfassung schreibt in Art. 1 Abs. 1 S. 3 CF fest, dass die Republik „dezentralisiert organisiert" ist. Geht man davon aus, dass die Einheitlichkeit Frankreichs, trotz Unterschlagung der Formulierung zur Einheitlichkeit aus Art. 1 der Verfassung,[1064] noch einen Einheitsstaat darstellen soll, so handelt es sich hierbei allenfalls um einen Einheitsstaat in dezentralisierter Form, wenn nicht sogar um einen unitaristischen Föderalstaat.

bb) Frankreich als Einheits- oder Föderalstaat?

Auch wenn Frankreich als „Archetyp des Einheitsstaats"[1065] angesehen wird, wird mit Blick auf diese Konstatierung schnell deutlich, dass die Realität der französischen Staatsorganisation im Widerspruch hierzu steht. Die Dezentralisierungsbemühungen der Jahre 1982, 2003 und 2013 hatten die Übertragung normativer wie administrativer Kompetenzen zur Folge.[1066] Wie auch die Unteilbarkeit lassen sich

---

[1061] *Broschek* in Lauth/Kneuer/Pickel (Hrsg.), Handbuch Vergleichende Politikwissenschaft, 2016 (335f.); a auch bereits zitiert in: *M. Lasserre* in Sydow (Hrsg.), Französisches Verfassungsrecht im 21. Jahrhundert, 2022, S. 23 (35); vgl. *Beaud,* Théorie de la Fédération, 2. Aufl. 2009, S. 13.

[1062] *M. Lasserre* in Sydow (Hrsg.), Französisches Verfassungsrecht im 21. Jahrhundert, 2022, S. 23 (36).

[1063] Die Abbildung ist angelehnt an: *Broschek* in Lauth/Kneuer/Pickel (Hrsg.), Handbuch Vergleichende Politikwissenschaft, 2016 (335).

[1064] Dazu vertieft Punkt (2) hierunter.

[1065] *Gaillet,* Marsch/Vilain/Wendel (Hrsg.), Französisches und Deutsches Verfassungsrecht, S. 32; *Lemaire,* Le principe d'indivisibilité de la République, 2010, S. 225; auch bereits zitiert in: *M. Lasserre* in Sydow (Hrsg.), Französisches Verfassungsrecht im 21. Jahrhundert, 2022, S. 23 (33); ebenfalls: *Webert* Civitas Europa 1999 (173).

[1066] Zur Dezentralisierungsreform von 1982 als Wendepunkt in der Ausrichtung des französischen Einheitsstaats, vgl. *Moderne* in Moderne (Hrsg.), La nouvelle décentralisation, 1983 (1); vgl. in diesem Sinne auch schon *M. Lasserre* in Sydow (Hrsg.), Französisches Verfassungsrecht im 21. Jahrhundert, 2022, S. 23 (34).

Einschränkungen der Einheitsstaatlichkeit mit Blick auf die drei Komponenten des Staats beleuchten (Staatsgewalt, Staatsgebiet und Staatsvolk), (1).[1067] Die hier zu verzeichnenden Abweichungen lassen die Frage aufkommen, ob der ursprünglich bestehende Uniformitätsgedanke (normative Einheitlichkeit) im Einheitsstaat in der heutigen V. Republik noch fortbesteht (2).

(1) Die drei Teilgebiete des Einheitsstaats

Bezogen auf die Einheitlichkeit der Staatsgewalt sind Einschränkungen durch Maßnahmen der Dekonzentration und Dezentralisierung möglich. In der Tat können Einheitsstaaten in dekonzentrierter und dezentralisierter Form vorliegen.[1068] Dekonzentration meint die Übertragung regionaler Entscheidungsbefugnisse auf Administrativeinheiten der Region. Diese sind von der übergeordneten Administrativeinheit hierzu befugt und bleiben dieser hierarchisch unterstellt. In Frankreich liegt dies vor.[1069] Mit dem sog. *loi ATR*[1070] aus dem Jahr 1992 wurde die Verwaltung der französischen Gebietskörperschaften in dekonzentrierter Form festgeschrieben,[1071] vgl. auch Art. 1 des *loi ATR*. Entscheidungsbefugnisse der sog. „*autorités centrales*" (zentrale Entscheidungsträger) wurden hierdurch auf Präfekt:innen, Bürgermeister:innen und Rektor:innen übertragen.[1072] Frankreich existiert also als dekonzentrierter Einheitsstaat. Diese Dekonzentration geht zwangsläufig mit der Dezentralisierung einher.[1073] Letztere betrifft nicht nur die Einheit der Staatsgewalt, sondern auch die des Staatsgebiets. Die Dezentralisierung schafft die Gebietskörperschaften (Kommunen, Départements und Regionen), innerhalb derer die Entscheidungsträger agieren können und denen „normative"[1074] Befugnisse zukommen.[1075] Es werden nicht nur Kompetenzen auf diese übertragen, sondern das Hoheitsgebiet wird auch in teilweise eigenständige Untereinheiten untergliedert. Somit werden im Inneren eines Einheitsstaats normative Unterschiede möglich. In

---

[1067] *Broschek* in Lauth/Kneuer/Pickel (Hrsg.), Handbuch Vergleichende Politikwissenschaft, 2016 (335).

[1068] *Hamon/Troper,* Droit constitutionnel, 45. Aufl. 2025, S. 100; auch bereits zitiert in: *M. Lasserre* in Sydow (Hrsg.), Französisches Verfassungsrecht im 21. Jahrhundert, 2022, S. 23 (35).

[1069] Hamon/Troper, Droit constitutionnel, 45. Aufl. 2025, 509f. a auch bereits zitiert in: *M. Lasserre* in Sydow (Hrsg.), Französisches Verfassungsrecht im 21. Jahrhundert, 2022, S. 23 (35).

[1070] Vgl. *Vie publique,* Qu'est-ce que la décentralisation ?, https://www.vie-publique.fr/fiches/20168-quest-ce-que-la-decentralisation.

[1071] Loi n° 92-125 Journal Officiel de la République française 1992, 2064.

[1072] *Hamon/Troper,* Droit constitutionnel, 45. Aufl. 2025, 416f.; auch bereits zitiert in: *M. Lasserre* in Sydow (Hrsg.), Französisches Verfassungsrecht im 21. Jahrhundert, 2022, S. 23 (35).

[1073] *Vie publique,* Qu'est-ce que la décentralisation ?, https://www.vie-publique.fr/eclairage/38686-la-deconcentration-corollaire-de-la-decentralisation.

[1074] Normative Befugnisse verweist hier auf den Erlass von Verwaltungsgesetzen (*règlements*) sowie Parlamentsgesetze (*lois*), vgl.: *Haquet,* La loi et le règlement, 2007, S. 13; *Hamon/Troper,* Droit constitutionnel, 45. Aufl. 2025, S. 719ff.; auch bereits erwähnt in: *M. Lasserre* in Sydow (Hrsg.), Französisches Verfassungsrecht im 21. Jahrhundert, 2022, S. 23 (35).

[1075] Vgl. hierzu bereits: *M. Lasserre* in Sydow (Hrsg.), Französisches Verfassungsrecht im 21. Jahrhundert, 2022, S. 23 (35); vgl. auch: *Vie publique,* Qu'est-ce que la décentralisation ?, https://www.vie-publique.fr/fiches/20168-quest-ce-que-la-decentralisation.

Frankreich wurde von dieser Möglichkeit vielfach Gebrauch gemacht. Beginnend mit der ersten Dezentralisierungsreform im Jahr 1983 wurde die Kompetenzverteilung zwischen Kommunen, Départements, Regionen und dem Nationalstaat neu geregelt. Etwa wurde die Kontrollbefugnis durch die:den Präfekt:in über nachgeordnete Gebietskörperschaften aufgehoben[1076] sowie Kompetenzen in Bereichen der Stadtplanung sowie des Sozial- und Bildungsrechts übertragen.[1077] Die Reformwellen betreffen auch die Einheit des Staatsvolks, da durch Wahlen auf kommunaler Ebene Untereinheiten des Volks geschaffen werden, die sich vom Rest der Bevölkerung abgrenzen. Es können somit in allen Bereichen des Staats (Staatsgewalt, Staatsgebiet und Staatsvolk) Abweichungen vom noch 1958 bestehenden zentralen Einheitsstaat gesehen werden. Dies bedeutet noch nicht, dass Frankreich keinen Einheitsstaat mehr darstellt, denn Einheitsstaaten sind grundsätzlich vereinbar mit Dekonzentration und Dezentralisierung.

(2) Einheitsstaatlichkeit als normative Einheit

Die jakobinische Einheit beruht auf „Einheitlichkeit, Homogenität, rechtlich wie faktisch."[1078] In diesem Sinne beschrieb auch *Carré de Malberg*: „der wesentliche Unterschied zwischen Dezentralisierung und Föderalismus besteht darin, dass im Einheitsstaat „Einheit des Gesetzes" herrscht, d. h. Einheit der gesetzgebenden Gewalt und der gesetzgebenden Organe, während im Fall des Föderalismus „Vielfalt der Gesetze" herrscht, d. h. es gibt mehrere sekundäre gesetzgebende Gewalten unterhalb einer gemeinsamen gesetzgebenden Gewalt, die jedoch auf bestimmte Gegenstände beschränkt ist."[1079] Folgt man dieser Ansicht, die sicherlich auch zu Zeiten der Einführung der V. Republik noch vorherrschend war, sind zwar Dezentralisierung und Unitarismus kein Widerspruch, die Französische Republik entspricht der Sichtweise vom Einheitsstaat aber dennoch nicht. Zumindest durch die Verfassungsmäßigkeit von Lokalrecht innerhalb der Metropolregion (vgl. QPC n° 2011-157 QPC vom 5.8.2011), des Experimentierrechts[1080] (*droit à l'expérimentation*) in Metropol- und Überseekörperschaften sowie die Übertragung von Legislativ[1081]-

---

[1076] Loi n° 82-213 Journal Officiel de la République française 1982, 730.

[1077] Loi n° 83-663 Journal Officiel de la République française 1983, 2286; Loi n° 83-8 Journal Officiel de la République française 1983, 215.

[1078] *Fabre* Revue du Droit Public 1982, 603 (614).

[1079] Im Original lautet es: „[L]a différence essentielle entre la décentralisation et le fédéralisme réside dans ce fait que chez l'État unitaire il y a « unité de la loi », est-à-dire unité de puissance et d'organes législatifs, tandis que dans le cas du fédéralisme il y a « diversité des lois », en ce sens qu'il existe plusieurs puissances législatives secondaires au-dessous d'une puissance législative commune, mais restreinte à des objets déterminés", *Bacot,* Carré de Malberg et l'origine de la distinction entre souveraineté du peuple et souveraineté nationale, 1985, S. 173.

[1080] *Gründler* Revue du Droit Public 2007, 445 (457); Conseil constitutionnel, 17.1.2002, Décision n° 2001-454 DC; auch schon erwähnt in: *M. Lasserre* in Sydow (Hrsg.), Französisches Verfassungsrecht im 21. Jahrhundert, 2022, S. 23 (46).

[1081] *Favoreu et al.,* Droit constitutionnel 2024, 26. Aufl. 2023, S. 525; auch bereits zitier in: *M. Lasserre* in Sydow (Hrsg.), Französisches Verfassungsrecht im 21. Jahrhundert, 2022, S. 23 (47).

und Abweichungsbefugnissen[1082] (*Lois du pays* und *adaptations législatives*) durch Art. 76 f CF und 73 CF auf die Überseekörperschaften, wird die Rechtseinheit beeinträchtigt, indem der räumliche Anwendungsbereich von Parlamentsgesetzen beschränkt wird.[1083]

(a) Einheitsstaatlichkeit in Frankreich als uniformité?

Es tut sich die Problematik auf, ob dies auch der heutigen Anschauung von Einheit entspricht. So ist in *Avrils* Text zur Unteilbarkeit von einem „pluri[-]legislativen"[1084] Staat die Rede, der mit der „Tradition" rechtlicher Vereinheitlichung nichts mehr zu tun habe.[1085] Die Fragestellung, ob Einheit im Sinne des französischen Verfassungsrechts immer auch *uniformité* bedeuten muss, stellt sich umso mehr, als nun auch im Einheitsstaat normsetzungsbefugte Gliedstaaten vorhanden sein können.[1086] Normsetzungsbefugnisse werden im französischen System entweder im Rahmen des Erlasses sog. *lois* oder *règlements* wahrgenommen. Gem. Art. 34 Abs. 1 CF handelt es sich nur bei *lois* um Parlamentsgesetze. *Règlements* hingegen dienen der Durchsetzung von Parlamentsgesetzen und umfassen sämtliche Exekutiventscheidungen.[1087] Durch die Dezentralisierungsreformen ist lediglich die Übertragung von Exekutivbefugnissen betroffen.[1088] Somit besteht zwar keine Rechtseinheitlichkeit (*uniformité normative*) im engeren Sinne mehr – anders als dies im revolutionären Verständnis war und auch zu Beginn der V. Republik[1089] – jedoch bleibt durch diese Reformen zumindest grundsätzlich die Legislativeinheit bestehen. Hinzukommt, dass auch die Legislativeinheit durch Lokalrechte und Experimentierrechte in der Metropolregion einerseits und durch Parlamente mit Legislativbefugnissen in den Überseekörperschaften andererseits angegriffen wird. Einer „*uniformité*", auf die sich bei Einführung der Verfassung zur V. Republik noch berufen

---

[1082] *Gründler* Revue du Droit Public 2007, *445* (454); *Favoreu et al.,* Droit constitutionnel 2024, 26. Aufl. 2023, S. 536; *Koç,* La concession d'un pouvoir législatif aux collectivités territoriales par le pouvoir central, ou les prémices d'une métamorphose de la République., http://res-juridica-fr.over-blog.com/2018/05/le-pouvoir-legislatif-des-collectivites.html; Conseil constitutionnel, 22.5.2013, Décision n° 2013-313 QPC; vgl. hierzu auch bereits: *M. Lasserre* in Sydow (Hrsg.), Französisches Verfassungsrecht im 21. Jahrhundert, 2022, S. 23 (46).

[1083] *M. Lasserre* in Sydow (Hrsg.), Französisches Verfassungsrecht im 21. Jahrhundert, 2022, S. 23 (46).

[1084] *Avril,* L'État plurilégislatif et la République indivisible, 2004.

[1085] Geprägt wurde der Begriff des *État pluri-législatif* von Favoreu, vgl. etwa: *Favoreu* in Moderne/Bon (Hrsg.), La Nouvelle décentralisation, 1983, S. 15; *Favoreu et al.,* Droit constitutionnel 2024, 26. Aufl. 2023, S. 536; *Gueydan* Revue française de droit constitutionnel 2013, 857 (858); *Avril,* L'État plurilégislatif et la République indivisible, 2004.

[1086] *M. Lasserre* in Sydow (Hrsg.), Französisches Verfassungsrecht im 21. Jahrhundert, 2022, S. 23 (34).

[1087] *Haquet,* La loi et le règlement, 2007, S. 19; *Hamon/Troper,* Droit constitutionnel, 45. Aufl. 2025, S. 719ff.; auch bereits zitiert in: *M. Lasserre* in Sydow (Hrsg.), Französisches Verfassungsrecht im 21. Jahrhundert, 2022, S. 23 (35).

[1088] Vgl. hierzu bereits: *M. Lasserre* in Sydow (Hrsg.), Französisches Verfassungsrecht im 21. Jahrhundert, 2022, S. 23 (35).

[1089] Vgl. *Vie publique,* Qu'est-ce que la décentralisation ?, https://www.vie-publique.fr/fiches/20168-quest-ce-que-la-decentralisation.

wurde,[1090] kann hingegen nicht standgehalten werden. Diese entsprach dem revolutionären Vorbild der Einheit in Zusammenschau mit dem Prinzip der Gleichheit.[1091] Zwar scheinen die normativen Abweichungen zwischen den Gebietskörperschaften auf Gebiete mit „lokaler Spezifizität" begrenzt zu sein,[1092] jedoch zeigt die Masse an Abweichungen von den Überseekörperschaften, über Korsika, bis zur der Region Elsass-Mosel, dass die Diversität eine immer größere Ausweitung erfuhr.[1093] *Marc Lauriol* erklärte als Mitglied der Kommission zum Erlass der neuen Verfassung 1958 noch: „*L'unité c'est l'uniformité*" („Einheit meint Einheitlichkeit").[1094] Auch wenn sich der Konsens bezüglich der Einheitsstaatlichkeit im Laufe der V. Republik weiterentwickelt hat,[1095] stellt sich die Frage, ob Frankreich noch einen Einheitsstaat darstellt. Die Einheit der Legislativgewalt – also das Vorhandensein nur eines nationalen Gesetzgebers – wird vielfach als Voraussetzung für die Einheitsstaatlichkeit herangezogen und als Argument angeführt, um die Einheitsstaatlichkeit Frankreichs zu bekräftigen.[1096] Doch auch hier lässt spätestens die Zulässigkeit eines überseeischen Parlaments mit der Befugnis Gesetze zu erlassen die Frage aufkommen, ob diese Legislativeinheit noch besteht.[1097]

(b) Allgemeine Anforderungen an das Vorhandensein eines Einheitsstaats

Nach den oben herausgearbeiteten Anforderungen, die sich aus staatsrechtsvergleichender Perspektive ergeben, liegt ein Einheitsstaat nur vor, wenn bei der Übertragung von Kompetenzen auf die lokale Ebene, der Entscheidungsträger im Staatsaufbau nicht in Erscheinung tritt.[1098] Zweitens liegt er nur vor, wenn sich die Existenz der Kompetenz aus der Kompetenz des nationalen Entscheidungsträgers ableitet und diesen gegenüber weisungsgebunden ist.[1099] Dem entspricht auch die

---

1090 Vgl. Gliederungspunkt A., VII.

1091 Dazu vertieft unten Punkt 3.; zudem: *Edel,* Le principe d'égalité dans la Convention européenne des droits de l'homme – Contribution à une théorie générale du principe d'égalité, 2007, S. 38.

1092 *Gründler* Revue du Droit Public 2007, 445 (453); hierzu auch schon: *M. Lasserre* in Sydow (Hrsg.), Französisches Verfassungsrecht im 21. Jahrhundert, 2022, S. 23 (38).

1093 Anders hierzu noch 2007: *Gründler* Revue du Droit Public 2007, 445 (453).

1094 *Maus/Passelecq,* Témoignages sur l'écriture de la constitution de 1958, 1997, S. 104.

1095 Vgl. etwa *Broschek* in Lauth/Kneuer/Pickel (Hrsg.), Handbuch Vergleichende Politikwissenschaft, 2016 (335ff.); *Dollat* Revue française de droit administratif 2003 (670f.).

1096 *Favoreu et al.,* Droit constitutionnel 2024, 26. Aufl. 2023, S. 195f.; *Zarca* Civitas Europa 2015, 55 (58); *Verpeaux* Les Nouveaux Cahiers du Conseil constitutionnel 2014, 7 (8); auch bereits erwähnt in: *M. Lasserre* in Sydow (Hrsg.), Französisches Verfassungsrecht im 21. Jahrhundert, 2022, S. 23 (35); vgl. hierzu außerdem: *Haquet* Titre VII 2022; *Heraud* in Moderne (Hrsg.), La nouvelle décentralisation, 1983, S. 429 (435).

1097 Vgl. dazu: Loi organique n° 99-209 Journal Officiel de la République française 1999, 4197.

1098 *Favoreu et al.,* Droit constitutionnel 2024, 26. Aufl. 2023, S. 509; auch bereits erwähnt in: *M. Lasserre* in Sydow (Hrsg.), Französisches Verfassungsrecht im 21. Jahrhundert, 2022, S. 23 (35).

1099 *Broschek* in Lauth/Kneuer/Pickel (Hrsg.), Handbuch Vergleichende Politikwissenschaft, 2016 (335f.); *Hamon/Troper,* Droit constitutionnel, 45. Aufl. 2025, S. 100; auch bereits erwähnt in: *M. Lasserre* in Sydow (Hrsg.), Französisches Verfassungsrecht im 21. Jahrhundert, 2022, S. 23 (35).

Feststellung *Fabres*, wonach Einheit der Republik bedeute, dass eine übergeordneten Staatsgewalt bestehe.[1100]

Folgt man der Einordnung *Broscheks*[1101] könnte im vorliegenden Fall einerseits ein dezentraler Einheitsstaat und andererseits ein unitaristischer Föderalstaat vorliegen. Auch wenn die Kategorien nicht absolut und rigide sind, können Tendenzen bezogen auf die tatsächlichen Gegebenheiten eines Staats festgemacht werden.[1102] Auch das Vorliegen eines konföderalen Föderalstaats scheint nicht vollkommen ausgeschlossen, da insbesondere mit Blick auf die Überseekörperschaften und bestimmte Regionen Frankreichs (insb. Korsika, das Baskenland und die Bretagne) regionale Besonderheiten als Grundwert in den Vordergrund treten. Die Besonderheiten der Gegebenheiten der Überseekörperschaften fanden sogar Eingang in die Verfassung der V. Republik. So wird in Art. 72 Abs. 1 CF von einem „besonderen Status“ gesprochen, der allen Gebietskörperschaften zuerkannt werden kann sowie von einer „Bevölkerung der Überseekörperschaften“.[1103]. Art. 73 Abs. 3 CF nennt darüber hinaus ein Abweichungsrecht im Falle „lokaler Besonderheiten“ und 74 Abs. 1 CF zitiert die Wahrung der „eigenen Interessen jeder [Überseekörperschaft]“.[1104]

Besonders problematisch scheinen mit Blick auf das Vorhandensein einer im Staatsaufbau nicht in Erscheinung tretende Staatsgewalt überseeischen *lois du pays*. Nach Abschnitt XIII der französischen Verfassung, erhält Neukaledonien eine beratende Volksvertretung, der unwiderruflich Legislativbefugnisse übertragen werden, Art. 77 Abs. 1, Stichpunkt 1 CF. Im Staatsaufbau könnte also neben der *Assemblée nationale* und dem Senat eine weitere Volksvertretung stehen, die ersteren nicht eindeutig nachgeordnet ist.[1105] Sie ist im Staatsaufbau präsent. Dies entspricht auch der Feststellung *Friedrichs*, wonach „nur dann Föderalismus [existiert], wenn eine Reihe von politischen Gemeinschaften als autonome Einheiten nebeneinander bestehen und miteinander interagieren, und diese in einer gemeinsamen Ordnung mit eigener Autonomie vereint sind.“[1106] Danach liegt jedenfalls mit Blick auf die Überseekörperschaften ein Föderalismus nahe.[1107]

1100 *Fabre* Revue du Droit Public 1982, 603 (615).

1101 Vgl. die obige Abbildung.

1102 Vgl. *Broschek* in Lauth/Kneuer/Pickel (Hrsg.), Handbuch Vergleichende Politikwissenschaft, 2016 (337).

1103 Vgl. zum besonderen Status Korsikas und der Überseekörperschaften unten: VI., 2., b).

1104 Vgl. hierzu Punkt VI. in diesem Abschnitt.

1105 Vgl. dazu im Umkehrschluss Art. 90 des Loi organique n° 99-209 Journal Officiel de la République française 1999, 4197 (4208), wo ein Konsultationsrecht des *haut-commissaires* geregelt ist, nicht jedoch die Nachordnung der Neukaledonischen Volksvertretung gegenüber der nationalen Volksvertretung; vgl. hierzu im Detail unten: B., VI., d), bb), (a).

1106 *Friedrich,* Trends of federalism in theory and practice, 1968, S. 7f. hier lautet es im Original: „In short, we have federalism only if a set of political communities coexist and interact as autonomous entities, united in a common order with an autonomy of its own".

1107 *Fabre* Revue du Droit Public 1982, 603 (608f.); vgl. auch bezüglich Neukaledoniens: *Michalon* in Faberon (Hrsg.), L'avenir statutaire de la Nouvelle-Calédonie, 1997, S. 221 (221).

In Frankreich besteht keine Einheitsstaatlichkeit im Sinne einer normativen Uniformität. Wie genau die Abweichungen von normativer Einheit bezogen auf Föderal- und Einheitsstaatlichkeit nach der allgemeinen rechtsvergleichenden Definition jedoch einzuordnen sind, wird hier allerdings noch nicht besprochen. Auf die einzelnen Abweichungen wird bezogen auf die Unteilbarkeit konkret eingegangen (vgl. VI.). Hieraus werden Rückschlüsse auch für die Einheitsstaatlichkeit geschlossen.

cc) Zwischenergebnis: Frankreich auf Messers Schneide zwischen Einheits- und Föderalstaat

Einheits- und Föderalstaaten existieren in verschiedenen Abstufungen, die vom zentralen Einheitsstaat ohne Delegation von Herrschaftsbefugnissen und territorialer Untergliederung, bis hin zur losen Staatenverbindung (Allianz) reichen. Auch können Staaten bestimmte Eigenschaften mehrerer Unterkategorien aufweisen. Eine trennscharfe Einordnung eines Staats als Föderal- oder Einheitsstaat ist dann deutlich schwieriger.[1108] Dennoch existieren zwei Trennlinien zwischen Föderal- und Einheitsstaat, die eine Definition des Einheitsstaats möglich machen. Liegen diese beiden Elemente nicht vor, ist kein Einheitsstaat, sondern ein Föderalstaat gegeben. Erstens, liegt ein Einheitsstaat nur dann vor, wenn bei der Übertragung von Kompetenzen auf die lokale Ebene nur möglich, der Entscheidungsträger im Staatsaufbau nicht in Erscheinung tritt. [1109] Zweitens liegt er nur vor, wenn sich die Existenz der Kompetenz aus der Kompetenz des nationalen Entscheidungsträgers ableitet und diesen gegenüber weisungsgebunden ist.[1110] Somit kann etwa kein Einheitsstaat mehr vorliegen, wenn ein lokales Legislativorgan eingerichtet wird, das demjenigen auf nationaler Ebene gleichgeordnet ist. Auch liegt ein solcher nicht mehr vor, wenn ein regionaler Entscheidungsträger mit Kompetenzen ausgestattet wird, die sich nicht aus denen der zentralen Entscheidungsinstanz ergeben und dieser hierarchisch nicht direkt nachgeordnet sind.[1111]

Auch in Frankreich besteht jedenfalls keine jakobinische Einheitsstaatlichkeit mehr im Sinne einer Rechtseinheit. Diese ist mit der Anerkennung von Lokal-[1112]

[1108] *Broschek* in Lauth/Kneuer/Pickel (Hrsg.), Handbuch Vergleichende Politikwissenschaft, 2016 (336f.).

[1109] *Broschek* in Lauth/Kneuer/Pickel (Hrsg.), Handbuch Vergleichende Politikwissenschaft, 2016 (335f.); *Hamon/Troper,* Droit constitutionnel, 45. Aufl. 2025, S. 100; auch bereits erwähnt in: *M. Lasserre* in Sydow (Hrsg.), Französisches Verfassungsrecht im 21. Jahrhundert, 2022, S. 23 (35).

[1110] *M. Lasserre* in Sydow (Hrsg.), Französisches Verfassungsrecht im 21. Jahrhundert, 2022, S. 23 (35); *Broschek* in Lauth/Kneuer/Pickel (Hrsg.), Handbuch Vergleichende Politikwissenschaft, 2016 (335f.); *Hamon/Troper,* Droit constitutionnel, 45. Aufl. 2025, S. 100; *Gaïa et al.,* Les grandes décisions du Conseil constitutionnel, 20. Aufl. 2022, S. 144.

[1111] *Gaïa et al.,* Les grandes décisions du Conseil constitutionnel, 20. Aufl. 2022, S. 144.

[1112] Conseil constitutionnel, 5.8.2011, Décision n° 2011-157 QPC.

und eines Experimentierrechts[1113] sowie der Übertragung von Legislativ[1114]- und Abweichungsbefugnissen[1115] nicht mehr zu halten.

Ein Föderalismus scheint in Frankreich zumindest möglich. So stellt auch *Michalon* fest: „[D]ie föderale Idee ist unseren Institutionen nicht fremd. Sie ist seit Anfang der 1960er Jahre in dem Status vieler unserer überseeischen Gebiete klar erkennbar und wird im Laufe der Zeit immer stärker, sei es durch die Durchbrüche des Gesetzgebers, durch die Zustimmung des Verfassungsrichters oder durch den Willen des Verfassungsgebers, der vor kurzem erneut bekräftigt wurde, als für die Verabschiedung der Sonderstatuten der überseeischen Gebiete das *lois organique* anstelle des einfachen Gesetzes eingeführt wurde."[1116] Wendet man die genannte Definition des Einheitsstaats auf den Fall Frankreichs an, ist jedenfalls bezogen auf die Übertragung der Legislativbefugnisse auf Neukaledonien ein föderales Element zu sehen.

Beim unitaristischen Föderalstaat und dem dezentralen Einheitsstaat handelt es sich dem Grunde nach um Mischformen zwischen Einheits- und Föderalstaat. Ob im Falle der Französischen Republik der Schwerpunkt eher auf der Teilung oder der Einung der Souveränität liegt, muss einer vertiefteren Analyse der Verfassungsänderungen und Verfassungsgerichtsentscheidungen mit Blick auf die Unteilbarkeit unterliegen.

c) Abhilfe durch die Einführung der „unicité du peuple français"

Der Einheitsstaat muss grundsätzlich in den drei Teilbereichen von Staatsgebiet, Staatsgewalt und Staatsvolk verwirklicht werden.[1117] Die Rechtsprechung zitiert hingegen vor allem, wenn es um den Teilgehalt der Einheit des Volkes geht.[1118]

1113 *Gründler* Revue du Droit Public 2007, 445 (457); Conseil constitutionnel, 17.1.2002, Décision n° 2001-454 DC; auch schon erwähnt in: *M. Lasserre* in Sydow (Hrsg.), Französisches Verfassungsrecht im 21. Jahrhundert, 2022, S. 23 (46).

1114 *Favoreu et al.,* Droit constitutionnel 2024, 26. Aufl. 2023, S. 525; auch bereits zitiert in: *M. Lasserre* in Sydow (Hrsg.), Französisches Verfassungsrecht im 21. Jahrhundert, 2022, S. 23 (47).

1115 *Gründler* Revue du Droit Public 2007, 445 (454); *Favoreu et al.,* Droit constitutionnel 2024, 26. Aufl. 2023, S. 536; *Koç,* La concession d'un pouvoir législatif aux collectivités territoriales par le pouvoir central, ou les prémices d'une métamorphose de la République., http://res-juridica-fr.over-blog.com/2018/05/le-pouvoir-legislatif-des-collectivites.html; Conseil constitutionnel, 22.5.2013, Décision n° 2013-313 QPC; vgl. hierzu auch bereits: *M. Lasserre* in Sydow (Hrsg.), Französisches Verfassungsrecht im 21. Jahrhundert, 2022, S. 23 (46).

1116 Im Original lautet es: „[L]'idée fédérale n'est pourtant pas étrangère à nos institutions. Elle perce clairement, depuis le début des années soixante, dans le statut de maints de nos territoires d'outre-mer et s'affirme au fil du temps que ce soit par les percées du législateur, par l'acquiescement du juge constitutionnel ou par la volonté du constituant, récemment réitérée lors de la substitution de la loi organique à la loi ordinaire pour l'adoption des statuts particuliers de TOM", vgl. *Michalon* in Faberon (Hrsg.), L'avenir statutaire de la Nouvelle-Calédonie, 1997, S. 221 (241).

1117 *Broschek* in Lauth/Kneuer/Pickel (Hrsg.), Handbuch Vergleichende Politikwissenschaft, 2016 (335); vgl. in diesem Sinne auch bereits: *M. Lasserre* in Sydow (Hrsg.), Französisches Verfassungsrecht im 21. Jahrhundert, 2022, S. 23 (36); vgl. dazu auch oben im Punkt (2), (b).

1118 Vgl. Conseil constitutionnel, 9.5.1991, Décision n° 91-290 DC; 17.1.2002, Décision n° 2001-454 DC; 15.6.1999, Décision n° 99-412 DC; *Gründler* Revue du Droit Public 2007, 445 (466f.).

Vormalig wurde die Einheit des Volkes (*unité du peuple*) allein aus dem Verfassungsprinzip der Unteilbarkeit abgeleitet.[1119] Die Entscheidung zum Status von Korsika aus dem Jahr 1991[1120] stellt hier einen Wandel in der Rechtsprechung dar. Nicht nur wird seit dieser Entscheidung dem Einheitsprinzip stärker Raum gegeben. „Dieses Prinzip [, die Unteilbarkeit] scheint allmählich zu verschwinden und wird folglich nur noch zu einer relativen Begrenzung der gesetzgebenden Gewalt, während die Einheit, die *a priori* keinen übergesetzlichen Wert hat, in neuer Form wieder auftaucht und somit einen Rahmen für das Eingreifen des Gesetzgebers absteckt, zu dessen Hüter sich der *Conseil constitutionnel* macht."[1121] Neben diesem beobachteten Bedeutungszuwachs des Einheitsprinzips ergibt sich seit der Entscheidung von 1991 zudem auch die Einheit des Volkes bzw. der Nation[1122] aus dem Prinzip der Einheit. Angesichts dessen, dass die Einheit im Verfassungstext nicht positiviert ist, erscheint dies zunächst widersprüchlich.[1123]

Jedoch ist es nicht die „*unité*" wie sie vormals ausgelegt wurde, im Sinne einer Einheitlichkeit der Staatsgewalten, die dem Prinzip der Einheit ihren neuen Ruhm verschaffte. Vielmehr schöpfte der *Conseil constitutionnel* in seiner Entscheidung von 1991 den Begriff der „*unicité*" neu. Der *Conseil* verweist darauf, dass die *unicité* sich aus der Verfassung von 1958 ergebe.[1124] Damit war nicht mehr die Uniformität bzw. die Einheitlichkeit innerhalb der Bevölkerung gemeint, der die Zielvorstellung der Integration und Assimilation zugrunde liegt. Stattdessen enthält die neue „*unicité du peuple français*"[1125] den Aussagegehalt, dass nur ein französisches Volk existiert. Trotz dieser sehr unterschiedlichen Begriffsinhalte hat das Prinzip der Einheit über die Neuinterpretation des *Conseil constitutionnel* einen neuen weiten Anwendungsbereich erhalten, der mit der anfangs diskutierten Einheitsstaatlichkeit nicht viel zu tun hat. Ursprünglich beruhte die Einheit des Staatsvolks auf der „direkte[n] und unmittelbare[n] Beziehung zwischen Staat und Bürgern" und auf der Identität von Staatsvolk und Nation.[1126]

Diese zu verzeichnende Supplementierung des Prinzips der *unité* durch das Prinzip der *unicité* ist dogmatisch nicht nachvollziehbar. Denn wie bereits erwähnt, nimmt die *unicité* keinen Bezug auf die historisch in der *unité* verankerte Einheitsstaatlichkeit. Auch begriffsdogmatisch lässt sich diese Divergenz aufzeigen. Das Wort *unité* oder *unitaire* stammt vom lateinischen *unitas* ab und meint damit

---

1119 Conseil constitutionnel, 18.11.1982, Décision n° 82-146 DC.

1120 Conseil constitutionnel, 9.5.1991, Décision n° 91-290 DC.

1121 *Gründler* Revue du Droit Public 2007, 445 (448).

1122 Zur synonymen Verwendung der beiden Begriffe „Volk" und „Nation" vgl. in diesem Abschnitt Punkt III., 2.

1123 *Gründler* Revue du Droit Public 2007, 445 (466); auch bereits erwähnt in: *M. Lasserre* in Sydow (Hrsg.), Französisches Verfassungsrecht im 21. Jahrhundert, 2022, S. 23 (36).

1124 So schreibt er in seinem Urteil: „[L]a Constitution de 1958 qui postule l'unicité du « peuple français »", Conseil constitutionnel, 9.5.1991, Décision n° 91-290 DC.

1125 *Lemaire,* Le principe d'indivisibilité de la République, 2010, S 182.

1126 *Broschek* in Lauth/Kneuer/Pickel (Hrsg.), Handbuch Vergleichende Politikwissenschaft, 2016 (335).

„Einheitlichkeit". Der Begriff der *unicité* hingegen leitet sich von *unicus* ab und verweist damit auf das französische *unique*.[1127] Es soll darauf hinweisen, dass innerhalb Frankreichs nur ein Volk existiert – ein Begriffsinhalt der von der *unité* selbst noch nicht erfasst war.[1128]

Aufgrund des engen inhaltlichen Zusammenhangs zwischen Einheit und Unteilbarkeit hat die Neuinterpretation des Prinzips der Einheit auch Auswirkungen auf die Anwendung des Unteilbarkeitsprinzips.[1129] Nicht nur wird durch die gehäufte Inbezugnahme der *unicité* des Volkes auch die Unteilbarkeit des Volkes stärker als die übrigen Komponenten des Verfassungsprinzips betont.[1130] Es stellt sich die Frage, ob durch den Auslegungswandel nun auch die Existenz nur eines Volkes als Zielvorstellung der Unteilbarkeit zu sehen ist. Dies ist wohl zu bejahen, denn die *unicité* tritt in der Rechtsprechung ohne weitere Erläuterung an die Stelle der Einheit und wird mit dieser gleichgesetzt. In seiner Entscheidung zum Status von Korsika nimmt der *Conseil constitutionnel* Bezug auf Art. 1 CF und zitiert hieraus das Prinzip der Unteilbarkeit, das der Gleichheit und das der *unicité*.[1131] Inhaltlich sind seine Ausführungen jedoch auf die „*unicité du peuple français*"[1132] gerichtet. Die Unteilbarkeit wird inhaltlich im Urteil nicht weiter ausgefüllt. Nach der *unicité* dürfe kein Teil des französischen Volkes sich die Ausübung der Staatsgewalt anmaßen.[1133] So knüpft der *Conseil constitutionnel* hiermit an Art. 3 CF an, der lautet „die Staatsgewalt hat das Volk inne". Damit fand die „*unicité* klammheimlich Eingang in das französische Verfassungsrecht [...] und [ist] dort mittlerweile etabliert"[1134]. Hieran wird der Bezug zur Einheitsstaatlichkeit deutlich. Wenn die Staatsgewalt nur von einem Volk (*peuple unique*) ausgeübt werden kann, wird auch die Staatsgewalt nur auf einen nationalen Hoheitsträger übertragen. Dogmatisch lässt sich die *unicité* als Teilgehalt der Einheitsstaatlichkeit einordnen, der jedoch in der Rechtsprechung des *Conseil constitutionnel* eine besonders wichtige Bedeutung eingeräumt wird. Bezogen auf die Unteilbarkeit bedeutet die *unicité* folglich, dass ein Volk besteht, welches nicht unterteilt werden kann, etwa kann kein korsisches Volk innerhalb des französischen bestehen.[1135]

1127 *Gründler* Revue du Droit Public 2007, 445 (469); auch bereits zitiert in: *M. Lasserre* in Sydow (Hrsg.), Französisches Verfassungsrecht im 21. Jahrhundert, 2022, S. 23 (37).

1128 *Gründler*, Revue du droit public 2007, 445 (464).

1129 *Gründler*, Revue du droit public 2007, 445 (468f.); *M. Lasserre* in Sydow (Hrsg.), Französisches Verfassungsrecht im 21. Jahrhundert, 2022, S. 23 (37).

1130 *M. Lasserre* in Sydow (Hrsg.), Französisches Verfassungsrecht im 21. Jahrhundert, 2022, S. 23 (36f.).

1131 Vgl. dazu auch bereits: *M. Lasserre* in Sydow (Hrsg.), Französisches Verfassungsrecht im 21. Jahrhundert, 2022, S. 23 (37).

1132 *Lemaire,* Le principe d'indivisibilité de la République, 2010, S.182.

1133 *M. Lasserre* in Sydow (Hrsg.), Französisches Verfassungsrecht im 21. Jahrhundert, 2022, S. 23 (37).

1134 *M. Lasserre* in Sydow (Hrsg.), Französisches Verfassungsrecht im 21. Jahrhundert, 2022, S. 23 (37).

1135 Vgl. schon *M. Lasserre* in Sydow (Hrsg.), Französisches Verfassungsrecht im 21. Jahrhundert, 2022, S. 23 (37); Conseil constitutionnel, 9.5.1991, Décision n° 91-290 DC.

Nach erneuter Bestätigung dieser Rechtsprechung des *Conseil constitutionnel*,[1136] lässt sich feststellen, dass nicht nur das ungeschriebene Verfassungsprinzip der Einheit als Zielvorstellung die Auslegung des Prinzips der Unteilbarkeit mitprägt, sondern auch das ebenfalls nicht positivierte Prinzip der *unicité*.[1137] Problematisch hieran ist, dass die *unicité* zwar mit Blick auf die Metropolregion angewendet wird. Dies zeigt sich etwa im Urteil zum Status von Korsika[1138] oder bezogen auf den Nicht- oder nur teilweisen Beitritt zu völkerrechtlichen Verträgen, die Minderheiten wie indigene Völker anerkennen. Dies zeigt sich im „Internationalen Pakt über bürgerliche und politische Rechte" der UN, dem Frankreich nur unter Ausschluss des Art. 27 beigetreten ist,[1139] sowie im Urteil zur Europäischen Charta der Regional- und Minderheitensprachen.[1140] Auf der anderen Seite wird das Prinzip der *unicité* im Bezug auf die Überseekörperschaften nicht anerkannt. Hier wurde vielmehr das Vorhandensein einer „*population d'outre mer*" bejaht,[1141] sowie das einer Bürgerschaft Neukaledoniens festgestellt.[1142] Wiedersprüche zeigen sich zudem auch in Bezug auf die 1992 mit dem Vertrag von Maastricht etablierte Unionsbürgerschaft, die ein Volk auch außerhalb der französischen Nation anerkennt.[1143] Gerade die Teilhabe nicht-französischer EU-Bürger:innen an den Wahlen des europäischen Parlaments verändert die Zusammensetzung des Volkes, von dem die Staatsgewalt ausgeht und das von dem abweicht, welches bei den Wahlen zur *Assemblée nationale* abstimmt. Der *Conseil constitutionnel* lehnte diesbezüglich einen Verstoß gegen das Prinzip der *unicité* ab.[1144] Die Entscheidungen legen nahe, dass das Gericht statt einer dogmatisch stringenten Lösung vielfach eine politisch haltbare trifft. Was politisch machbar scheint unterscheidet sich zwischen Übersee- und Metropolkörperschaften.

[1136] Conseil constitutionnel, 15.6.1999, Décision n° 99-412 DC.

[1137] Vgl. in diesem Sinne auch bereits: *M. Lasserre* in Sydow (Hrsg.), Französisches Verfassungsrecht im 21. Jahrhundert, 2022, S. 23 (37).

[1138] Conseil constitutionnel, 15.6.1999, Décision n° 99-412 DC.

[1139] Hier ist die Rede von Rechten von Minderheitenbevölkerungen zur Ausübung ihrer eigenen Kultur, Sprache oder Religion, siehe: Gesetz zu dem Internationalen Pakt vom 19. Dezember 1966 über bürgerliche und politische Rechte Bundesgesetzblatt 60 vom 15.11.1973; vgl. hierzu auch: *Gründler* Revue du Droit Public 2007, 445 (475f.).

[1140] *Gründler* Revue du Droit Public 2007, 445 (475f.).

[1141] Art. 72-3 Constitution française: La république reconnait au sein du peuple français, les populations d'outre-mer, dans un idéal commun de liberté, de fraternité et d'égalité"; dazu: *Gaïa et al.,* Les grandes décisions du Conseil constitutionnel, 20. Aufl. 2022, S. 170f.; *Hamon/Troper*, Droit constitutionnel, 45 Aufl. 2025, 100 ; Conseil constitutionnel, 9.5.1991, Décision n° 91-290 DC ist die Rede von einem „peuple d'outre-mer", also einem Volk der Überseekörperschaften; das Urteil zum Status von Korsika wurde 2003 in den Verfassungstext integriert, indem hier in Art. 72-3 Abs. 1 CF von den populations d'outre-mer" die Rede ist *Gründler* Revue du Droit Public 2007, 445 (468); auch bereits zitiert in: *M. Lasserre* in Sydow (Hrsg.), Französisches Verfassungsrecht im 21. Jahrhundert, 2022, S. 23 (38).

[1142] *Gründler* Revue du Droit Public 2007, 445 (474f.).

[1143] *Gründler* Revue du Droit Public 2007, 445 (473f.).

[1144] Vgl. dazu Conseil constitutionnel, 3.4.2003, Décision n° 2003-468 DC; *Gründler* Revue du Droit Public 2007, 445 (474).

d) Zwischenergebnis: Der französische Mittelweg zwischen Einheits- und Föderalstaat

Die Prinzipien von Einheit und Unteilbarkeit sind auch in der V. Republik noch untrennbar miteinander verbunden. Die Unteilbarkeit ist das Mittel, um das Ziel der Einheitlichkeit zu erreichen. Im juristischen Sinne meint Einheitlichkeit die Einheitsstaatlichkeit Frankreichs in Abgrenzung zum Föderalstaat. Aufgrund der Implikation zwischen Einheit und Unteilbarkeit kann folglich die Frage, ob Frankreich heute noch ein Einheitsstaat im juristischen Sinne ist, erst nach Begutachtung der Vielzahl an Einschränkungen des Unteilbarkeitsprinzips beantwortet werden.[1145]

Ebenso wie das Unteilbarkeitsprinzip unterliegt das Prinzip der Einheit vorangetrieben durch Entscheidungen des *Conseil constitutionnel* und durch Verfassungsänderungen einem ständigen Wandel bezogen auf seine inhaltliche Ausgestaltung. Anders als das Unteilbarkeitsprinzip hingegen gewann das Prinzip der Einheit in den letzten Jahrzehnten an Bedeutung. Der Wegfall des Prinzips bei Einführung der Verfassung zur V. Republik führte nicht dazu, dass das Prinzip aus dem französischen Verfassungsrecht verbannt wurde. Vielmehr ist es als Zielvorstellung der Unteilbarkeit immer noch in der Verfassung erhalten.

Seit revolutionärer Zeit bezieht sich der Begriff der Einheit im rechtlichen Sinne auf die Erreichung des Einheitsstaats. Zu Beginn meinte dies noch die Assimilation der Bereiche des Staatsgebiets, also der Souveränität, des Territoriums und der Bevölkerung. Dies erstreckte sich insbesondere auf die Rechtseinheit im Staatsgebiet. Wenn die Einheitsstaatlichkeit also rechtliche Einheit bedeutet und diese mit der Unteilbarkeit erreicht werden soll, muss auch die Unteilbarkeit der Republik auf Rechtseinheit gerichtet sein.

Widersprüche zwischen dieser rechtlichen Interpretation von Einheit und der Lebensrealität in Frankreich bestehen seit der Gleichstellung der Überseekörperschaften mit der Metropolregion[1146] im Jahr 1946. Zwar mussten hierdurch auch für die Staatsbürger:innen der Überseekörperschaften dem Grunde nach die gleichen Gesetze gelten, wie für die der Metropolregion. Dies erscheint aber aufgrund der unterschiedlichen Bedürfnisse zwischen Übersee- und Metropolregion nicht interessengerecht. Folge hiervon sind Abweichungen von der Einheitsstaatlichkeit. Nennenswert sind insb. die Anerkennung einer Verfassungsmäßigkeit von Lokalrecht innerhalb der Metropolregion[1147] sowie eines Experimentierrechts[1148] (*droit à l'expérimentation*) in Metropol- und Überseekörperschaften sowie die Übertragung

---

[1145] Vgl. Punkt b) hierunter.

[1146] Vgl. *Pastorel* Nouveaux Cahiers du Conseil constitutionnel 2012, 73 (76).

[1147] Conseil constitutionnel, 5.8.2011, Décision n° 2011-157 QPC.

[1148] *Gründler* Revue du Droit Public 2007, 445 (457); Conseil constitutionnel, 17.1.2002, Décision n° 2001-454 DC; auch schon erwähnt in: *M. Lasserre* in Sydow (Hrsg.), Französisches Verfassungsrecht im 21. Jahrhundert, 2022, S. 23 (46).

von Legislativ-[1149] und Abweichungsbefugnissen[1150] (*Lois du pays* und *adaptations législatives*) durch Art. 76 f CF und 73 CF auf die Überseekörperschaften.[1151] Von einer Einheitsstaatlichkeit im Sinne der revolutionären Rechtseinheit (*uniformité*) kann nicht mehr die Rede sein.

Auch nach der allgemeinen, aus der Rechtsvergleichung erwachsenden Begriffsbestimmung von Einheitsstaatlichkeit, ist eine Einordnung Frankreichs als (dezentraler) Einheitsstaat insbesondere mit Blick auf die Übertragung von Legislativbefugnissen auf die Überseekörperschaften problematisch.[1152] Es lassen sich aus der Verfassung der Französischen Republik sowohl föderalistische (vgl. Art. 76 f CF und 73 CF) als auch einheitsstaatliche Komponenten (vgl. Art. 3 Abs. 2 CF) ableiten. Welche Tendenz hier ausschlaggebend scheint ist im Kontext der Einschränkungen des Unteilbarkeitsprinzips zu beleuchten.

Die Neuinterpretation der Einheit durch den *Conseil constitutionnel* als „*unicité*" und der darin zu sehende Fokus auf ein Teilelement des Einheitsstaats, verstärken die Annahme, dass der Einheitsstaatlichkeit als Organisationsform der Französischen Republik eine nachgeordnete Rolle zukommt. Danach ist das Ziel der Unteilbarkeit in der Rechtsprechung heute – auch wenn dogmatisch wenig stringent – vorrangig die Sicherung der Existenz nur eines Volkes.[1153]

Die sich durch die vielfachen Umdeutungen durch Verfassungsänderungen einerseits und Entscheidungen des *Conseil constitutionnel* andererseits manifestierte Offenheit der Verfassung für föderalistische Ansätze war bereits vor Erlass der neuen Verfassung präsent, wo die Einheit als gesellschaftliches und republikanisches Prinzip, anstelle eines juristischen Prinzips beschrieben wurde.[1154]

2. Prinzip der freien Selbstverwaltung (libre administration)

Anders als das Prinzip der Einheit, überdauerte das Prinzip der freien Selbstverwaltung *(libre administration)* den Übergang von der Verfassung der IV. Republik zur Verfassung der V. Republik im kodifizierten Verfassungsrecht.[1155] Als Gegenstück

---

1149 *Favoreu et al.,* Droit constitutionnel 2024, 26. Aufl. 2023, S. 525; auch bereits zitier in: *M. Lasserre* in Sydow (Hrsg.), Französisches Verfassungsrecht im 21. Jahrhundert, 2022, S. 23 (47).

1150 *Gründler* Revue du Droit Public 2007, 445 (454); *Favoreu et al.,* Droit constitutionnel 2024, 26. Aufl. 2023, S. 536; *Koç,* La concession d'un pouvoir législatif aux collectivités territoriales par le pouvoir central, ou les prémices d'une métamorphose de la République., http://res-juridica-fr.over-blog.com/2018/05/le-pouvoir-legislatif-des-collectivites.html; Conseil constitutionnel, 22.5.2013, Décision n° 2013-313 QPC; vgl. hierzu auch bereits: *M. Lasserre* in Sydow (Hrsg.), Französisches Verfassungsrecht im 21. Jahrhundert, 2022, S. 23 (46).

1151 *M. Lasserre* in Sydow (Hrsg.), Französisches Verfassungsrecht im 21. Jahrhundert, 2022, S. 23 (46).

1152 *Favoreu et al.,* Droit constitutionnel 2024, 26. Aufl. 2023, S. 525; auch bereits zitier in: *M. Lasserre* in Sydow (Hrsg.), Französisches Verfassungsrecht im 21. Jahrhundert, 2022, S. 23 (47).

1153 *M. Lasserre* in Sydow (Hrsg.), Französisches Verfassungsrecht im 21. Jahrhundert, 2022, S. 23 (37).

1154 *Verpeaux,* Documents pour servir à l'histoire de l'élaboration de la constitution vol. III, 1991, S. 294. *Debbasch* in Mathieu/Verpeaux (Hrsg.), La République en droit français, 1996 (76).

1155 Constitution de 1946, IVe République, https://www.conseil-constitutionnel.fr/les-constitutions-dans-l-histoire/constitution-de-1946-ive-republique; Constitution du 4 octobre 1958 Texte original.

zum Prinzip der Einheit, ist auch dieses in normativer Hinsicht nur schwer definierbar und steht ebenso in engen Zusammenhang mit den Prinzipien der Unteilbarkeit und der Gleichheit.[1156]

Das Prinzip der freien Selbstverwaltung war bereits 1946 in Art. 87 Teil der französischen Verfassung[1157] und wurde auch 1958 in Art. 34 des neuen Verfassungstexts aufgenommen.[1158] Aus dem Verfassungstext geht seit 1946 hervor, dass die Gebietskörperschaften sich einerseits durch eigene Räte (Art. 87) geben können und seit 1958 zusätzlich im Senat vertreten sind (Art. 24 CF).[1159] Das Prinzip der freien Selbstverwaltung regelt die Entscheidungsautonomie von Gebietskörperschaften.[1160] Es ist mittlerweile gefestigte Rechtsprechung, dass ein solcher Fall lokaler Entscheidungsautonomie gegeben ist, sofern die Übertragung einer Kompetenz „effektiv" sei.[1161] Dieses Erfordernis der Effektivität solle jedoch keiner Generalermächtigung für Gebietskörperschaften darstellen.[1162] Bis zu welchem Grad diese Entscheidungsautonomie jedoch besteht, ist in der Verfassung nicht abschließend geregelt. Stattdessen ist es der *Conseil constitutionnel*, der im Einzelfall entscheidet, welche verfassungsrechtlichen Garantien in den Bereich des Prinzips fallen.[1163] So ergibt sich die Freiheit der Gebietskörperschaften, Verträge abzuschließen, aus der Rechtsprechung des *Conseil constitutionnel*.[1164] Daneben treten die positivierten Ausprägungen der freien Selbstverwaltung: die Repräsentation der Gebietskörperschaften im Senat[1165], die Wahl eigener lokaler Vertreter auf Grundlage des Art. 72 CF,[1166] welche seit 2003 die Befugnis zum Erlass von règlements ableiten,[1167] und die Finanzautonomie, vgl. Art. 72-2 CF.[1168]

Ebenso wie die konkreten Ausprägungen der freien Selbstverwaltung sich nur teilweise aus dem Verfassungstext ergeben, ist dies auch für ihre Grenzen der Fall. Eine verfassungsrechtlich positivierte Grenze der freien Selbstverwaltung ergibt

---

[1156] Vgl. hierzu im Detail: A.I.3.d)bb).

[1157] Constitution de 1946, IVe République, https://www.conseil-constitutionnel.fr/les-constitutions-dans-l-histoire/constitution-de-1946-ive-republique.

[1158] Constitution du 4 octobre 1958 Texte original.

[1159] Constitution de 1946, IVe République, https://www.conseil-constitutionnel.fr/les-constitutions-dans-l-histoire/constitution-de-1946-ive-republique; Constitution du 4 octobre 1958 Texte original.

[1160] *Favoreu et al.,* Droit constitutionnel 2024, 26. Aufl. 2023, S. 597.

[1161] Conseil constitutionnel, 18.1.1985, Décision n° 84-185 DC; 19.1.1988, Décision n° 87-241 DC; 9.12.2010, Décision n° 2010-618 DC; 16.9.2016, Décision n° 2016-565 QPC; vgl. auch: *Favoreu et al.,* Droit constitutionnel 2024, 26. Aufl. 2023, S. 605f.

[1162] Conseil constitutionnel, 9.12.2010, Décision n° 2010-618 DC; *Favoreu et al.,* Droit constitutionnel 2024, 26. Aufl. 2023, S. 606.

[1163] *Favoreu et al.,* Droit constitutionnel 2024, 26. Aufl. 2023, S. 592.

[1164] Conseil constitutionnel, 20.1.1993, Décision n° 92-316 DC; *Favoreu et al.,* Droit constitutionnel 2024, 26. Aufl. 2023, S. 600.

[1165] *Favoreu et al.,* Droit constitutionnel 2024, 26. Aufl. 2023, S. 596f.

[1166] *Favoreu et al.,* Droit constitutionnel 2024, 26. Aufl. 2023, S. 593ff.

[1167] *Favoreu et al.,* Droit constitutionnel 2024, 26. Aufl. 2023, S. 598f.

[1168] *Favoreu et al.,* Droit constitutionnel 2024, 26. Aufl. 2023, S. 601ff.

sich aus Art. 72 Abs. 6 CF (früher Art. 72 Abs. 3 CF aF)[1169], bezogen auf nationale Interessen, die Verwaltungsaufsicht sowie die Beachtung von Legislativbestimmungen (*lois*).[1170] Daneben bildet das Prinzip der Einheit und Unteilbarkeit, aus dem sich die normative Einheit sowie die Einheit der Rechtssetzung ergibt, eine weitere Grenze des Rechts auf freie Selbstverwaltung.[1171] Somit war die Verfassung seit jeher für eine Dezentralisierung offen.[1172] Wirklich relevant wurde das Spannungsverhältnis jedoch erst, als sich staatliche Bestrebungen in Richtung einer Dezentralisierung Frankreichs ergaben. So dauert es bis 1979, bis der *Conseil constitutionnel* das Prinzip zum ersten Mal, bezogen auf die Gebietskörperschaft Neukaledoniens anwendet.[1173] Dies führte im Folgenden im Rahmen der Verfassungsreform von 2003 zur Einführung des Art. 72 Abs. 3 CF, wonach die Gebietskörperschaften nun auch explizit über Normsetzungsbefugnisse im Sinne von *règlements* verfügten.[1174] Weitere Grenzen der freien Selbstverwaltung werden im Einzelfall durch den *Conseil constitutionnel* bestimmt.[1175]

3. Gleichheit

Bereits historisch beeinflusst das Prinzip der Gleichheit das der Unteilbarkeit maßgeblich. Vielmehr noch als ein gleichgeordnetes oberstes Verfassungsprinzip stellt es als Teil der revolutionären Doktrin den Grund für die Übernahme des Prinzips in die erste republikanische Verfassung dar und somit auch seinen Verbleib bis heute im französischen Verfassungsrecht.[1176] „In der Tat ist die Gleichheit aller Bürger[:innen] vor dem Gesetz die Grundlage für die Unteilbarkeit der Republik und rechtfertigt eine strenge Anwendung des Prinzips, von der nur aufgrund anderer verfassungsrechtlicher Anforderungen abgewichen werden kann."[1177] Die in der Revolution aufkommende liberale Gleichheit[1178] kann als Zentralwert der Revolution angesehen werden, welcher mit dem Prinzip der Unteilbarkeit im gesamten Staatsgebiet umgesetzt werden sollte.[1179] Dabei ist bei der einfachgesetzlichen Wirkung des Gleichheitsrechts zu differenzieren zwischen der Gesetzesgleichheit

---

1169 Constitution du 4 octobre 1958 Texte original.
1170 *Favoreu et al.,* Droit constitutionnel 2024, 26. Aufl. 2023, S. 597.
1171 *Favoreu et al.,* Droit constitutionnel 2024, 26. Aufl. 2023, S. 592.
1172 Vgl. *F. Luchaire/Y. Luchaire,* Le droit de la décentralisation, 2. Aufl. 1989, S. 85.
1173 Conseil constitutionnel, 23.5.1979, Décision n° 79-104 DC; vgl. hierzu auch: *F. Luchaire/Y. Luchaire,* Le droit de la décentralisation, 2. Aufl. 1989, S. 85; *Favoreu et al.,* Droit constitutionnel 2024, 26. Aufl. 2023, S. 592.
1174 Loi constitutionnelle n°2003-276 Journal Officiel de la République française 2003, 5568.
1175 *Favoreu et al.,* Droit constitutionnel 2024, 26. Aufl. 2023, S. 597.
1176 *Pastorel* Nouveaux Cahiers du Conseil constitutionnel 2012, 73 (76).
1177 *Pastorel* Nouveaux Cahiers du Conseil constitutionnel 2012, 73 (82).
1178 *Edel,* Le principe d'égalité dans la Convention européenne des droits de l'homme – Contribution à une théorie générale du principe d'égalité, 2007, S. 38.
1179 Vgl. *Debbasch* in Mathieu/Verpeaux (Hrsg.), La République en droit français, 1996 (42).

(*égalité devant la loi*) und der Lastengleichheit (*églaité devant les charges publiques*).[1180] Erstere bezieht sich auf die gleiche Geltung und Anwendung von Gesetzen auf alle Bürger:innen Frankreichs. Letztere nimmt Bezug auf Art. 13 DDHC, welcher die gleiche Aufteilung von Verwaltungskosten regelt (also insb. Steuern).[1181] Da es hier vorrangig um die Gleichheit vor dem Gesetz geht und weniger um die Anwendung steuerrechtlicher Vorschriften, steht die *égalité devant la loi* im Fokus der folgenden Analyse.

Sobald der *Conseil constitutionnel* in seinen Entscheidungen der letzten Jahre das Prinzip der Unteilbarkeit in Bezug nimmt, verweist er auch auf die Gleichheit der Bürger:innen vor dem Gesetz.[1182] Diese ergibt sich aus Art. 1 Abs. 1 S. 2 CF, Art. 6 DDHC.[1183] Neben dem Prinzip der *unicité* stellt das Prinzip der Unteilbarkeit das zweite Prinzip dar, welches die Auslegung der Unteilbarkeit beeinflusst. *Gründler* geht sogar so weit, festzustellen, dass das Prinzip der Gleichheit, sobald es in Verbindung mit der Unteilbarkeit in Gerichtsurteilen zitiert werde, die maßgebliche Entscheidungsgrundlage darstelle.[1184] Die gemeinsame Inbezugnahme von Gleichheit und Unteilbarkeit sei ein Zeugnis dafür, dass die alleinige Stützung eines Urteils auf die Unteilbarkeit der Republik nicht mehr ausreiche, das Prinzip also „erschwacht" sei.[1185] Auf der anderen Seite lässt sich jedoch anbringen, dass Unteilbarkeit und Gleichheit seit der revolutionären Uminterpretation des Unteilbarkeitsprinzips untrennbar verbunden sind. Die Gleichheit ist die *raison d'être* der Unteilbarkeit. Ob es sich bei der gekoppelten Inbezugnahme von Unteilbarkeit und Gleichheit also um eine Neuerung handelt,[1186] die mit der Schwächung der Unteilbarkeit in der V. Republik zusammenhängt, oder dies seit jakobinischer Zeit Wesen des Unteilbarkeitsprinzips entspricht, muss für ein Verständnis der heutigen Bedeutung der Unteilbarkeit geklärt werden.

1180 *Merland* La Revue administrative 2004 (370); auch bereits zitiert in: *M. Lasserre* in Sydow (Hrsg.), Französisches Verfassungsrecht im 21. Jahrhundert, 2022, S. 23 (38).

1181 *Fouquet,* Le Conseil constitutionnel et le principe d'égalité devant l'impôt, https://www.conseil-constitutionnel.fr/nouveaux-cahiers-du-conseil-constitutionnel/le-conseil-constitutionnel-et-le-principe-d-egalite-devant-l-impot; 27.11.2020, Décision n° 2020-868 QPC.

1182 Conseil constitutionnel, 13.1.1994, Décision n° 93-329 DC; 26.6.1995, Décision n° 94-358 DC; 13.8.1993, Décision n° 93-325 DC; 9.5.1991, Décision n° 91-290 DC.

1183 Oft stützt der Conseil constitutionnel seine Entscheidungen allein auf Art. 6 DDHC, vgl.: *Nacke* in Sydow (Hrsg.), Französisches Verfassungsrecht im 21. Jahrhundert, 2022, S. 59 (71); Conseil constitutionnel, 18.11.1982, Décision n° 82-146 DC; 14.1.1999, Décision n° 98-407 DC.

1184 *Gründler*, Revue du droit public 2007, 445 (462) vgl. auch schon *M. Lasserre* in Sydow (Hrsg.), Französisches Verfassungsrecht im 21. Jahrhundert, 2022, S. 23 (38).

1185 *Gründler*, Revue du droit public 2007, 445 (462); ebenso zitiert in: *M. Lasserre* in Sydow (Hrsg.), Französisches Verfassungsrecht im 21. Jahrhundert, 2022, S. 23 (38).

1186 Conseil constitutionnel, 26.6.1995, Décision n° 94-358 DC; vgl. hierzu auch: *Gründler* Revue du Droit Public 2007, 445 (466).

a) Angelegte Wechselwirkungen zwischen den Prinzipien von Gleichheit und Unteilbarkeit

Die Dogmatik der deutschen Grundrechte und auch der Gleichheitsrechte ist nicht auf die der französischen Verfassung übertragbar. Eine französische Grundrechtsdogmatik besteht nicht.[1187] Dennoch lässt sich das französische Gleichheitsrecht in drei Garantien aufteilen: die Garantie der Unteilbarkeit, die Garantie der normativen Einheit sowie die Garantie der Rechte und Freiheiten der Bürger:innen.[1188] Alle drei Garantien sind miteinander verknüpft. Im Verlauf ihrer Anwendung in der Rechtsprechung verliefen die Grenzen zwischen den Prinzipien von Einheit, Unteilbarkeit und Gleichheit immer stärker.[1189] Auch bei der Geltendmachung individueller Gleichheitsrechte bleibt die Dimension, die die Einheit und die Unteilbarkeit dem Gleichheitsprinzip verleiht, relevant. Dies bezieht sich insbesondere auf die Wahrnehmung von Minderheitenrechten.[1190]

Neben den Abgeordneten der Nationalversammlung[1191] verweist auch der *Conseil constitutionnel* gemeinsam auf Gleichheit und Unteilbarkeit. So lässt sich in seiner Rechtsprechung betreffend des Prinzips der Unteilbarkeit zumeist folgender Satz finden: „Frankreich ist, wie in Artikel 2 der Verfassung von 1958 verkündet, eine unteilbare, laizistische, demokratische und soziale Republik, die allen Bürger[:inne]n ungeachtet ihrer Herkunft die Gesetzesgleichheit garantiert.“[1192] Es lässt sich in der Rechtsprechung eine Entwicklung im Verhältnis der beiden Prinzipien von Gleichheit und Unteilbarkeit zueinander beobachten. Noch im Urteil zum Status Französisch-Polynesiens 1984 lag der Schwerpunkt der Entscheidung auf dem Prinzip der Unteilbarkeit. Dieses wurde herangezogen, um die Unvereinbarkeit des infragestehenden Gesetzes mit der Verfassung festzustellen.[1193] Das Prinzip der Gleichheit wurde in dem Urteil zwar auch an einer Stelle erwähnt, seine Verletzung jedoch getrennt von der der Unteilbarkeit geprüft.[1194] Im Gegensatz hierzu liegt der

---

1187 Vgl. hierzu *Hochmann* in Marsch/Vilain/Wendel (Hrsg.), Französisches und Deutsches Verfassungsrecht, 2015, S. 323 (329ff.).

1188 *Pastorel* Nouveaux Cahiers du Conseil constitutionnel 2012, 73.

1189 *Gründler* Revue du Droit Public 2007, 445 (468), im Original heißt es hier: "L'indivisibilité implique par exemple la recherche d'une égalité réelle sur l'ensemble du territoire afin qu'il forme un ensemble homogène, tout en constituant simultanément une limite à la possibilité d'établir des différences de traitement constitutives d'une division du territoire (règles applicables différentes selon les lieux).".

1190 *L.-J. Constantinesco,* Die rechtsvergleichende methode, 1972, S. 139f.

1191 In ihrem Antrag zum Urteil Conseil constitutionnel, 26.6.1995, Décision n° 94-358 DC verwiesen die antragsstellenden Abgeordneten auf die Prinzipien von „Gleichheit und Unteilbarkeit“.

1192 Vgl. Conseil constitutionnel, 9.5.1991, Décision n° 91-290 DC hier lautet es im Original „la France est, ainsi que le proclame l'article 2 de la Constitution de 1958, une République indivisible, laïque, démocratique et sociale qui assure l'égalité devant la loi de tous les citoyens quelle que soit leur origine“, das Urteil verweis im Folgenden aber schwerpunktmäßig auf die Gleichheit der Bürger:innen und weniger auf die Unteilbarkeit; vgl. auch 13.1.1994, Décision n° 93-329 DC; 15.6.1999, Décision n° 99-412 DC; die Prinzipien wurden zudem gemeinsam als Prinzipien „von Unteilbarkeit und Gleichheit“ in Bezug genommen in: 26.6.1995, Décision n° 94-358 DC; 5.8.1993, Décision n° 93-323 DC.

1193 Conseil constitutionnel, 30.8.1984, Décision n° 84-177 DC.

1194 Conseil constitutionnel, 30.8.1984, Décision n° 84-177 DC.

Fokus in so gut wie allen Entscheidungen[1195] ab der Entscheidung zum Status von Korsika aus dem Jahr 1991[1196] klar auf dem Prinzip der Gleichheit.[1197] Das Prinzip der Unteilbarkeit wird nur beiläufig mitzitiert.[1198]

Nichtsdestotrotz lässt sich auch in den jüngeren Entscheidungen des *Conseil constitutionnel* eine Beeinflussung des Prinzips der Gleichheit durch das Prinzip der Unteilbarkeit feststellen. Wird das Prinzip der Gleichheit auf seine territoriale Komponente beschränkt, ergeben sich in der Tat zahlreiche Überschneidungen mit dem Unteilbarkeitsprinzip. Diese machen die gemeinsame Inbezugnahme der Prinzipien logisch. Während es bei der Gleichheit darum geht, die Gleichheit der Rechtsgeltung und -anwendung im Staatsgebiet zu erreichen, entspricht dies dem Ziel der homogenen Anwendung von Gesetzen im Staatsgebiet gemäß der territorialen Unteilbarkeit.[1199] Dies entspricht der Ausgestaltung eines Gleichheitsrechts in einem unitaristischen Staat, in dem – anders als in einem Föderalstaat – der Gleichheitsschutz nicht durch die Ausübung von Minderheitenrechten in einzelnen Regionen eines Landes erreicht wird.[1200]

b) Minderheitenschutz nach dem französischen Gleichheitsrecht

Durch den Einfluss der Unteilbarkeit der Republik hat das Gleichheitsrecht in Frankreich – etwa im Vergleich zum deutschen Gleichheitssatz – eine erheblich divergierende praktische Folge. Während das deutsche Recht Minderheiten die gleiche Möglichkeit für die Ausübung ihrer Rechte geben möchte, verhindert die Unteilbarkeit eine Wahrnehmung von Minderheitenrechten im Rahmen des französischen Gleichheitsprinzips.[1201] So verwundert die Feststellung „Minderheiten haben keinen Platz im französischen Rechtssystem“[1202] nicht.[1203] Der Begriff der „Minderheit“ taucht auch anders als in anderen europäischen Verfassungen oder Art. 21 Abs. 1 GRCh nicht im Verfassungstext auf.[1204] Jedoch existiert eine mit dem Art. 3 Abs. 3 GG vergleichbare Formulierung bzgl. der absoluten Grenzen einer Ungleichbehandlung in Art. 1 Abs. 1 S. 2 CF. Hier werden Differenzierungen wegen

---

1195 Eine Ausnahme bilden: Conseil constitutionnel, 5.8.1993, Décision n° 93-323 DC; und15.6.1999, Décision n° 99-412 DC, wo kein klarer Schwerpunkt der Entscheidungsfindung ausgemacht werden kann.

1196 Conseil constitutionnel, 9.5.1991, Décision n° 91-290 DC.

1197 Conseil constitutionnel, 13.1.1994, Décision n° 93-329 DC; 26.6.1995, Décision n° 94-358 DC; 13.8.1993, Décision n° 93-325 DC; 9.5.1991, Décision n° 91-290 DC.

1198 Vgl. hierzu: Conseil constitutionnel, 13.1.1994, Décision n° 93-329 DC; 26.6.1995, Décision n° 94-358 DC; 13.8.1993, Décision n° 93-325 DC; 9.5.1991, Décision n° 91-290 DC.

1199 *Gründler* Revue du Droit Public 2007, 445 (462).

1200 *Gründler* Revue du Droit Public 2007, 445 (464).

1201 *Oberdorff,* Droits de l'homme et libertés fondamentales, 9. Aufl., S. 484.

1202 *Levrat*, Minorités et organisation de l'Etat, S. 253; auch zitiert in: *Constantinesco* in Titiun/Dumaine (Hrsg.), La conscience des droits, 2011 (139).

1203 Vgl. in diesem Sinne auch bereits: *M. Lasserre* in Sydow (Hrsg.), Französisches Verfassungsrecht im 21. Jahrhundert, 2022, S. 23 (36f.).

1204 *V. Constantinesco* in Titiun/Dumaine (Hrsg.), La conscience des droits, 2011, S. 139 (140).

Herkunft, „Rasse“ oder Religion ausgeschlossen.[1205] Damit wird die Existenz von Minderheitengruppierungen innerhalb der französischen Bevölkerung jedenfalls umschrieben. Interessant an der Formulierung in der französischen Verfassung ist außerdem, dass eine Differenzierung aufgrund der Ethnie – anders als in Art. 21 Abs. 1 der GRCh – und aufgrund der Sprache – anders als in Art. 3 Abs. 3 GG und Art. 21 Abs. 1 GRCh – im Text nicht auftaucht. Der Begriff der Ethnie würde das Vorhandensein mehrerer Bevölkerungsgruppen anerkennen, die aufgrund einer „gemeinsame[n] Staatsangehörigkeit, Religion, Sprache, kulturelle[r] und traditionelle[r] Herkunft und Lebensumgebung geprägt und gekennzeichnet sind“[1206]. Somit würde nach der französischen Anschauung auch die Ungleichheit dieser Bevölkerungsgruppen anerkannt. Noch spezifischer betrifft die Anerkennung einer Minderheitensprache ein Eingeständnis von Unterschieden innerhalb des französischen Staatsgebiets und zwischen den französischen Staatsbürger:innen. So erklärte der *Conseil constitutionnel* in seiner Entscheidung von 1999 zu der EU-Charta der Regional- und Minderheitensprachen u.a. dem Prinzip der Gleichheit widerspräche „der Anerkennung kollektiver Rechte für irgendeine Gruppe, die durch eine Gemeinschaft der Herkunft, der Kultur, der Sprache oder des Glaubens definiert ist“.[1207]

Die Anwendung des Gleichheitsgebotes unterscheidet sich zwischen Deutschland und Frankreich also erheblich. Es wird klar, dass der Wahrung der Rechte von Minderheiten in Frankreich eine andere Auffassung zugrunde liegt. Das französische System, das sich auf Begriffe wie Nation, Volk und Republik stützt, und damit andere Begriffe erschuf, wie *unicité* (oder *unité*) „formt im rechtlichen Sinne eine homogene Kollektivität von Bürger[:innen], die untereinander nicht differenziert werden dürfen und gleich sind.“[1208] Auch wenn, wie oben bereits dargelegt, eine normative Uniformität auch in rechtlicher Dimension nicht mehr existiert,[1209] ist das Gleichheitsprinzip darauf gerichtet das französische Volk zu vereinheitlichen, nicht darauf auf die soziologische Realität einer diversen französischen Bevölkerung und der Wahrnehmung ihrer Minderheitenrechte einzugehen.[1210] Das französische Gleichheitssystem, das sich in Zusammenhang mit dem Prinzip der Unteilbarkeit ergibt, ist auf zwei Ziele gerichtet: Zum einen soll es „die „*Départements* Frankreichs“ integrieren“ und damit auch die „Assimilierung der „alten Kolonien“

1205 Vgl. dazu *Favoreu et al.,* Droit constitutionnel 2024, 26. Aufl. 2023, S. 1223.

1206 *C. Lasserre* Neue Zeitschrift für Arbeitsrecht 2022, 302 (304); in diesem Sinne auch: EuGH, 16.7.2015, C-83/14.

1207 Conseil constitutionnel, 15.6.1999, Décision n° 99-412 DC, im Original lautet es hier: „Considérant que ces principes fondamentaux s'opposent à ce que soient reconnus des droits collectifs à quelque groupe que ce soit, défini par une communauté d'origine, de culture, de langue ou de croyance“.

1208 *V. Constantinesco* in Titiun/Dumaine (Hrsg.), La conscience des droits, 2011, S. 139 (143).

1209 *Girollet* Actes des colloques internationaux des 2 et 3 septembre 2010 et des 6 et 7 juin 2012, 289 (301); *Pastorel* Nouveaux Cahiers du Conseil constitutionnel 2012, 73 (74).

1210 Vgl. hierzu: C., II., 2., b).

herbeiführen."[1211] Auf der anderen Seite soll es normative Abweichungen innerhalb des Staatsgebiets begrenzen. Dies ist besonders relevant bezogen auf die Überseekörperschaften.[1212] Damit ist die Gleichheit über das Prinzip der Einheit und Unteilbarkeit auf eine territoriale Gleichheit bezogen. *Gründler* schreibt hierzu: „Unteilbarkeit bedeutet [...] das Streben nach tatsächlicher Gleichheit im gesamten Gebiet, damit dieses ein homogenes Ganzes bildet, während sie gleichzeitig eine Grenze für die Möglichkeit darstellt, Ungleichbehandlungen festzulegen, die eine Teilung des Gebiets darstellen (je nach Ort unterschiedliche anwendbare Regeln)."[1213]

Im Föderalstaat Deutschland führt die Ungleichbehandlung von wesentlich Gleichem oder die Gleichbehandlung von wesentlich Ungleichem zu einer Verletzung des Gleichheitssatzes. In Frankreich käme eine solche Auslegung der Gleichheitsrechte nicht in Betracht, denn die deutsche Dogmatik setzt die Möglichkeit einer Differenzierung zwischen verschiedenen Personengruppen innerhalb der Bevölkerung voraus. Da das Gleichheitsrecht in Frankreich immer noch auf dem Grundgedanken der Rechtseinheit beruht, wäre eine solche Differenzierung systemwidrig. Auch wenn tatsächlich die Rechtseinheit nicht mehr gewahrt ist und stattdessen allenfalls eine Einheit der Legislativgewalt besteht[1214] (auch hier gilt hingegen die Ausnahme der Überseekörperschaft Neukaledoniens[1215]), ist in Frankreich bereits das Vorhandensein einer von der gesamtstaatlichen Reglung abweichenden Vorschrift ein Verstoß gegen das Gleichheitsrecht.

c) Das Gleichheitsprinzip als Rechtfertigungsgrund für Beschränkungen des Unteilbarkeitsprinzips

Das Prinzip der freien Selbstverwaltung findet seine Grenzen im französischen Gleichheitsrecht.[1216] Im Zusammenhang mit dem Prinzip der Unteilbarkeit nimmt das Prinzip der Gleichheit damit eine weitere gravierende Rolle ein, wenn es darum geht, Beschränkungen des Unteilbarkeitsprinzips in Ausprägung der Rechtseinheit[1217] zu rechtfertigen. So sind über das Element der Gleichheit nicht nur ausnahmsweise Abweichungen vom Prinzip der Einheit und Unteilbarkeit möglich und dabei überwiegend auf die Überseekörperschaften begrenzt. Vielmehr

---

1211 *Pastorel* Nouveaux Cahiers du Conseil constitutionnel 2012, 73 (82).

1212 *Pastorel* Nouveaux Cahiers du Conseil constitutionnel 2012, 73 (82f.).

1213 *Gründler* Revue du Droit Public 2007, 445 (468), im Original heißt es hier: „L'indivisibilité implique par exemple la recherche d'une égalité réelle sur l'ensemble du territoire afin qu'il forme un ensemble homogène, tout en constituant simultanément une limite à la possibilité d'établir des différences de traitement constitutives d'une division du territoire (règles applicables différentes selon les lieux)".

1214 *Pastorel* Nouveaux Cahiers du Conseil constitutionnel 2012, 73 (82); *Favoreu et al.,* Droit constitutionnel 2024, 26. Aufl. 2023, S. 195f.

1215 *Brard*, Revue Juridique Polynésienne 2001, 47 (48); *Gründler*, Revue du droit public 2007, 445 (457); Hamon/Troper, Droit constitutionnel, 45. Aufl. 2025, 538.

1216 *Favoreu et al.,* Droit constitutionnel 2024, 26. Aufl. 2023, S. 618.

1217 Vgl. dazu vertieft unten: A.I.1.c)

verfestigt sich die rechtliche Aushöhlung der Unteilbarkeit durch die Entscheidungen des *Conseil constitutionnel*,[1218] nach denen lediglich „übermäßige Differenzierungen"[1219] einem Abweichen von einer einheitlichen Gesetzgebung zuwiderlaufen. Diese Entscheidungen des *Conseil constitutionnel* verweisen allesamt auf das Prinzip der freien Selbstverwaltung der Gebietskörperschaften aus Art. 34 Abs. 2, 72 Abs. 3 CF,[1220] welches mit den Anforderungen an die normative Gleichheit in Einklang gebracht werden muss.[1221] Die Abwägung, die der *Conseil constitutionnel* zwischen dem Prinzip freier Selbstverwaltung und dem Prinzip von Einheit und Unteilbarkeit vornimmt, führt dazu, dass aus der Perspektive der Einheit und Unteilbarkeit eine Umkehr der Rechtfertigungslast erfolgt.[1222] Denn Abweichungen vom *Status quo* der Einheit und Unteilbarkeit – hinsichtlich der Rechtseinheit – sind danach grundsätzlich zulässig. Ausnahmefälle sind gegeben, sobald Grundrechte (genauer gesagt die Kategorien der *libertés publiques* und der *droits fondamentaux*[1223]) betroffen sind.[1224]

Da dem Nationalstaat die Kompetenz bezogen auf die Grundrechte zukommt, ist der freien Selbstverwaltung der Regionen Frankreichs in der Übersee- und Metropolregion immer dann eine Grenze gesetzt, wenn Grundrechte nicht in gleicher Weise angewendet werden. Dies bezieht sich auf Legislativ- und Administrativakte, die eine Anwendung unterschiedlicher Regelungen in verschiedenen Gebieten vorsehen, vgl. Art. 34 CF.[1225] Diese Feststellung wurde vom *Conseil constitutionnel* vielfach bestätigt und erstreckt sich auch auf die Regelungen des Art. 74 CF, bezogen auf die Organisation der Überseekörperschaften.[1226] Dem entsprechen auch die Formulierungen in Art. 72 und 73 CF, wonach das Experimentierrecht sowie weitere Kompetenzübertragungen auf die Überseekörperschaften, nur dann zulässig sind, wenn die Grundrechte (*libertés publiques*) nicht betroffen sind.[1227]

[1218] Conseil constitutionnel, 18.1.1985, Décision n° 84-185 DC; 13.1.1994, Décision n° 93-329 DC; 9.4.1996, Décision n° 96-373 DC; 17.1.2002, Décision n° 2001-454 DC; vgl. in diesem Sinne auch bereits: *M. Lasserre* in Sydow (Hrsg.), Französisches Verfassungsrecht im 21. Jahrhundert, 2022, S. 23 (45).

[1219] Mit dieser Formulierung (im Original „différenciations trop poussées" umschreiben Favoreu et al. die Entscheidungspraxis des Conseil constitutionnel, vgl.: *Favoreu et al.,* Droit constitutionnel 2024, 26. Aufl. 2023, S. 618.

[1220] Conseil constitutionnel, 18.1.1985, Décision n° 84-185 DC; 13.1.1994, Décision n° 93-329 DC; 9.4.1996, Décision n° 96-373 DC; 17.1.2002, Décision n° 2001-454 DC; vgl. in diesem Sinne auch bereits: *M. Lasserre* in Sydow (Hrsg.), Französisches Verfassungsrecht im 21. Jahrhundert, 2022, S. 23 (45).

[1221] Vgl. *Favoreu et al.,* Droit constitutionnel 2024, 26. Aufl. 2023, S. 622.

[1222] In diesem Sinne auch schon: *M. Lasserre* in Sydow (Hrsg.), Französisches Verfassungsrecht im 21. Jahrhundert, 2022, S. 23 (45).

[1223] *Favoreu et al.,* Droit constitutionnel 2024, 26. Aufl. 2023, S. 1095f.

[1224] *Favoreu et al.,* Droit constitutionnel 2024, 26. Aufl. 2023, S. 618ff.

[1225] *Favoreu et al.,* Droit constitutionnel 2024, 26. Aufl. 2023, S. 630; auch bereits zitiert in: *M. Lasserre* in Sydow (Hrsg.), Französisches Verfassungsrecht im 21. Jahrhundert, 2022, S. 23 (50).

[1226] *Favoreu et al.,* Droit constitutionnel 2024, 26. Aufl. 2023, S. 630; auch bereits zitiert in: *M. Lasserre* in Sydow (Hrsg.), Französisches Verfassungsrecht im 21. Jahrhundert, 2022, S. 23 (50).

[1227] Vgl. hierzu auch: *Favoreu et al.,* Droit constitutionnel 2024, 26. Aufl. 2023, S. 630.

Diese Feststellung führt zu einer Umkehr der bisherigen Anschauung von rechtlicher Einheit im Hoheitsgebiet (und damit auch normativer bzw. territorialer Unteilbarkeit). Einschränkungen dieser sind nach der Rechtsprechung des *Conseil constitutionnel* grundsätzlich zulässig. Ausnahmen sind gegeben, wenn Grundrechte betroffen sind.[1228] Die Rechtsprechung macht deutlich, dass eine Aushöhlung des Prinzips der Unteilbarkeit möglich ist, je stärker das Prinzip der freien Selbstverwaltung angewendet wird. Die Grenze dessen bildet das Grundrecht der Grundrechtsgleichheit (*égalité devant les libertés publiques*).[1229] Damit verschafft das Gleichheitsrecht dem Unteilbarkeitsprinzip in Abwägung zum Prinzip der freien Selbstverwaltung der Gebietskörperschaft bezogen auf die Rechtseinheit ihren begrenzten verbleibenden Anwendungsbereich.[1230] Die Grundrechtsgleichheit definiert also den Restgehalt der Unteilbarkeit hinsichtlich der Rechtseinheit.[1231] Auf der Kehrseite wird dem Prinzip der Gleichheit mit Blick auf seine territoriale Ausprägung ein größerer Anwendungsbereich eingeräumt.[1232] Jedoch ist auch das Gleichheitsprinzip nicht schrankenlos gewährleistet.

d) Zulässige Einschränkungen des Gleichheitsprinzips

Durch die Abstandnahme vom strikten Gleichbehandlungszwang gilt das Gleichheitsgebot nunmehr als Differenzierungsverbot, für welches Rechtfertigungsgründe vorliegen können.[1233] Klassischerweise sind hier zwei Rechtfertigungsgründe zu differenzieren, die der *Conseil constitutionnel* in ständiger Rechtsprechung als Grenzen des Gleichheitsprinzips zitiert: Zum einen sind Abweichungen vom Unteilbarkeitsprinzip bei „besonderen örtlichen Gegebenheiten“[1234] (aa) und zum anderen beim Vorliegen eines „Interesses der Allgemeinheit“[1235] (bb) möglich. Da

---

[1228] Conseil constitutionnel, 18.1.1985, Décision n° 84-185 DC; 13.1.1994, Décision n° 93-329 DC; 9.4.1996, Décision n° 96-373 DC; 17.1.2002, Décision n° 2001-454 DC.

[1229] *Favoreu et al.,* Droit constitutionnel 2024, 26. Aufl. 2023, 618, 630.

[1230] In diesem Sinne auch schon: *M. Lasserre* in Sydow (Hrsg.), Französisches Verfassungsrecht im 21. Jahrhundert, 2022, S. 23 (50).

[1231] In diesem Sinne auch bereits: *M. Lasserre* in Sydow (Hrsg.), Französisches Verfassungsrecht im 21. Jahrhundert, 2022, S. 23 (50).

[1232] Vgl. hierzu auch: *M. Lasserre* in Sydow (Hrsg.), Französisches Verfassungsrecht im 21. Jahrhundert, 2022, S. 23 (50).

[1233] *Lanquetin* Travail, genre et societes 2009, 91 (94).

[1234] U.a.: Conseil constitutionnel, 9.5.1991, Décision n° 91-290 DC; 28.2.2020, Décision n° 2019-828/829 QPC; 1.12.2023, Décision n° 2023-1072 QPC; 19.3.2021, Décision n° 2020-890 QPC in den genannten Urteilen, lautet die Formulierung in etwa identisch: „Le principe d'égalité ne s'oppose ni à ce que le législateur règle de façon différente des situations différentes, ni à ce qu'il déroge à l'égalité pour des raisons d'intérêt général, pourvu que, dans l'un et l'autre cas, la différence de traitement qui en résulte soit en rapport direct avec l'objet de la loi qui l'établit.“; vgl. zum Rechtfertigungsgrund der unterscheidlichen Situation auch: *Gründler* Revue du Droit Public 2007, 445 (446); dies wurde auch bereits erwähnt in: *M. Lasserre* in Sydow (Hrsg.), Französisches Verfassungsrecht im 21. Jahrhundert, 2022, S. 23 (38).

[1235] Vgl. u.a. Conseil constitutionnel, 17.7.1985, Décision n° 85-189 DC; 9.5.1991, Décision n° 91-290 DC; 28.2.2020, Décision n° 2019-828/829 QPC; 1.12.2023, Décision n° 2023-1072 QPC; 19.3.2021, Décision n° 2020-890 QPC; vgl. zu der Voraussetzung des Allgemeininteresses außerdem: *Merland* La Revue administrative 2004 (370); *Jouanjan* Revue du Droit Public 1982 (295).

das Unteilbarkeitsprinzip auch auf die Verwirklichung der Gleichheit im Staatsgebiet gerichtet ist, verleiht die Gleichheit der Unteilbarkeit ihren verbleibenden Restgehalt.[1236] Diese Feststellung wäre alarmierend, wenn man den Autor:innen Glauben schenkt, nach denen sich aus der Rechtsprechung des *Conseil constitutionnel*, bezogen auf die Unteilbarkeit, eine Tendenz abzeichnet, wonach immer häufiger ein Rechtfertigungstatbestand des Gleichheitsrechts angenommen wird.[1237] Dies würde dafür sorgen, dass Beschränkungen des Unteilbarkeitsprinzips häufiger gerechtfertigt wären.

aa) Der Einfluss der unicité auf das Gleichheitsprinzip: Das Element der besonderen örtlichen Gegebenheit

Nicht nur das Prinzip der freien Selbstverwaltung wird durch die Inbezugnahme des Gleichheitsgrundsatzes beeinflusst. Auch die *unicité* verändert in Zusammenhang mit dem Gleichheitsprinzip maßgeblich den Inhalt der Unteilbarkeit der Republik.[1238]

Neben den Abgeordneten der Nationalversammlung[1239] verweist auch der *Conseil constitutionnel* gemeinsam auf Gleichheit und Unteilbarkeit. So lässt sich in seiner Rechtsprechung hinsichtlich des Prinzips der Unteilbarkeit zumeist folgender Satz finden: „Frankreich ist, wie in Artikel 2 der Verfassung von 1958 verkündet, eine unteilbare, laizistische, demokratische und soziale Republik, die allen Bürger[:inne]n ungeachtet ihrer Herkunft die Gesetzesgleichheit garantiert."[1240]

Die gesteigerte gemeinsame Inbezugnahme von Unteilbarkeit und Gleichheit wird damit begründet, dass das Verfassungsgericht die neue Auslegung der Einheit der Republik im Sinne der *unicité* mit der Verfassungsänderung von 2003 in Einklang bringen muss, wonach überseeische Bevölkerungen bestünden, die sog. *populations d'outre mer*, vgl. Art. 72-3 Abs. 1 CF.[1241] Geht man davon aus, dass nur ein

---

1236 In diesem Sinne auch bereits: *M. Lasserre* in Sydow (Hrsg.), Französisches Verfassungsrecht im 21. Jahrhundert, 2022, S. 23 (50).

1237 *Janicot,* La décentralisation et l'expérimentation normative, https://www.conseil-constitutionnel.fr/publications/titre-vii/la-decentralisation-et-l-experimentation-normative; *Merland* La Revue administrative 2004 (370).

1238 *Gründler* Revue du Droit Public 2007, 445 (473f.).

1239 In ihrem Antrag zum Urteil Conseil constitutionnel, 26.6.1995, Décision n° 94-358 DC verwiesen die antragsstellenden Abgeordneten auf die Prinzipien von "Gleichheit und Unteilbarkeit".

1240 Vgl. Conseil constitutionnel, 9.5.1991, Décision n° 91-290 DC hier lautet es im Original: „[L]a France est, ainsi que le proclame l'article 2 de la Constitution de 1958, une République indivisible, laïque, démocratique et sociale qui assure l'égalité devant la loi de tous les citoyens quelle que soit leur origine", das Urteil verweis im Folgenden aber schwerpunktmäßig auf die Gleichheit der Bürger:innen und weniger auf die Unteilbarkeit; vgl. auch 13.1.1994, Décision n° 93-329 DC; 15.6.1999, Décision n° 99-412 DC; die Prinzipien wurden zudem gemeinsam als Prinzipien "von Unteilbarkeit und Gleichheit" in Bezug genommen in: 26.6.1995, Décision n° 94-358 DC; 5.8.1993, Décision n° 93-323 DC.

1241 Art. 72-3 Constitution française: „La république reconnait au sein du peuple français, les populations d'outre-mer, dans un idéal commun de liberté, de fraternité et d'égalité"; dazu: *Gaïa et al.*, Les grandes décisions du Conseil constitutionnel, 20. Aufl. 2022, 170f.; *Hamon/Troper*, Droit constitutionnel, 45. Aufl. 2025, 100f.; Conseil constitutionnel, 9.5.1991, Décision n° 91-290 DC ist die Rede von einem „peuple

französisches Volk besteht, ist dies nicht vereinbar mit der Existenz einer abgrenzbaren Überseebevölkerung. Gleiches gilt für das Vorhandensein einer Neu-Kaledonischen Bürgerschaft sowie für die Unionsbürgerschaft, die sich seit dem Vertrag von Maastricht aus dem Unions-Primärrecht ergeben.[1242]

Eine Auflösung des Konflikts zwischen diesen beiden Bekundungen wird über die Art. 1 Abs. 1 S. 2 CF, Art. 6 DDHC erreicht. Das hier geregelte Prinzip der (territorialen) Gleichheit wird im französischen Recht so ausgelegt, dass eine normative Ungleichbehandlung zwischen den in unterschiedlichen Regionen lebenden Bürger:innen nur dann in Betracht kommt, wenn diese aufgrund „besonderer örtlicher Gegebenheiten“[1243] erforderlich ist. Somit ist auch innerhalb des *peuple unique* eine unterschiedliche Behandlung notwendig, wenn dies mit dem Gleichheitsrecht vereinbar ist.

Aus dieser Auslegung ergibt sich, dass eine besondere lokale Gegebenheit im Falle Metropolfrankreichs weniger wahrscheinlich ist als im Falle der Überseekörperschaften. Denn im Urteil zum Status von Korsika[1244] wurde festgestellt, dass das Recht der Gleichheit verletzt sei. Gleiches gilt für die generelle Anerkennung von Minderheitenrechten, etwa durch völkerrechtliche Verträge wie den „Internationalen Pakt über bürgerliche und politische Rechte“ der UN, dem Frankreich nur unter Ausschluss des Art. 27 beigetreten ist[1245] oder bezogen auf das Urteil zur Europäischen Charta der Regional- und Minderheitensprachen.[1246] Auch wenn somit Minderheitenrechte über das Recht der Gleichheit nach wie vor jedenfalls in der Metropolregion keine Anerkennung erhalten, lässt sich in den letzten Jahren bezogen auf das Experimentierrecht aus dem Jahr 2003 eine Ausweitung des Rechtfertigungsgrunds der besonderen lokalen Gegebenheit, auch in der Metropolregion erkennen.[1247] Hier wird das Konzept der unterschiedlichen lokalen Situation bezogen auf einzelne Experimentiergesetze so ausgelegt, dass ein Gesetz auf mehrere Regionen, die diese Situation im Vergleich zur restlichen Metropolregion aufweisen,

---

d'outre-mer", also einem Volk der Überseekörperschaften; das Urteil zum Status von Korsika wurde 2003 in den Verfassungstext integriert, indem hier in Art. 72-3 Abs. 1 CF von den „populations d'outre-mer" die Rede ist *Gründler* Revue du Droit Public 2007, 445 (468); auch bereits zitiert in: *M. Lasserre* in Sydow (Hrsg.), Französisches Verfassungsrecht im 21. Jahrhundert, 2022, S. 23 (38).

1242 *Gründler* Revue du Droit Public 2007, 445 (473f.).

1243 Conseil constitutionnel, 9.5.1991, Décision n° 91-290 DC; 28.2.2020, Décision n° 2019-828/829 QPC; 1.12.2023, Décision n° 2023-1072 QPC; 19.3.2021, Décision n° 2020-890 QPC; *Gründler* Revue du Droit Public 2007, 445 (446); *M. Lasserre* in Sydow (Hrsg.), Französisches Verfassungsrecht im 21. Jahrhundert, 2022, S. 23 (38).

1244 Conseil constitutionnel, 15.6.1999, Décision n° 99-412 DC.

1245 Hier ist die Rede von Rechten von Minderheitenbevölkerungen zur Ausübung ihrer eigenen Kultur, Sprache oder Religion, vgl.: Gesetz zu dem Internationalen Pakt vom 19. Dezember 1966 über bürgerliche und politische Rechte Bundesgesetzblatt 60 vom 15.11.1973; vgl. hierzu auch: *Gründler* Revue du Droit Public 2007, 445 (475f.).

1246 Conseil constitutionnel 15.6.1999, Décision n° 99-412 DC *Gründler* Revue du Droit Public 2007, 445 (475f.).

1247 Hier zu im Detail, vgl. unten im Rahmen der. Ausführungen zum Experimentierrecht: A.I.1.d)aa)(2).

ausgedehnt wird.[1248] Daraus kann eine perspektivische Ausweitung der Anwendung des Rechtfertigungsgrunds über die Überseekörperschaften hinaus auch auf die Metropolregion gesehen werden.

bb) Rechtfertigung aufgrund eines Interesses der Allgemeinheit

Neben dem Vorliegen besonderer lokaler Gegebenheiten, kommt als Rechtfertigungsgrund einer Ungleichbehandlung auch das Gemeininteresse in Betracht.[1249] Nach der Auslegung es *Conseil constitutionnel* handelt es sich hierbei um einen subsidiären Rechtfertigungsgrund.[1250] Denn der Rechtfertigungsgrund der „unterschiedlichen Situation“ scheint objektiver. Dennoch wird teilweise festgestellt, dass seine Anwendung – wenn auch begrenzt – zu der fortschreitenden Aushöhlung des Gleichheitsprinzips beitrage.[1251] Dies hätte fatale Auswirkungen auf das Prinzip der Unteilbarkeit, dem in der Rechtsprechung seinen Anwendungsbereich oft über das Gleichheitsprinzip verliehen wird.[1252] Diese Gefahr wäre jedoch nur gegeben, wenn dem unbestimmten Rechtsbegriff des Allgemeininteresses ein eigener Anwendungsbereich zukäme.

In den meisten Fällen beschränkt sich seine Inbezugnahme durch den *Conseil constitutionnel* auf die floskelhafte Aufzählung der in Betracht kommenden Rechtfertigungsgründe für Beeinträchtigungen der Gleichheit.[1253] Zumeist liegt kein Verstoß gegen ein allgemeines Interesse vor, wenn auch keine unterschiedliche Situation festgestellt wurde.[1254] Damit kommt dem Rechtfertigungsgrund des Allgemeininteresses ein sehr beschränkter Anwendungsbereich zu. Darüber hinaus stellt der *Conseil constitutionnel* in seinen Entscheidungen nicht fest, wann ein solches Allgemeininteresse vorliegen könnte.[1255] Dies kann damit zusammenhängen – so *Jouanjan* –, dass Verfassungsrichter:innen nach Art. 61-1 CF nur ein begrenzter Beurteilungsspielraum zuerkannt ist. Dieser bezieht sich auf die Rechte und Freiheiten, die sich aus der Verfassung ergeben. Die Rechtsprechung des *Conseil constitutionnel* darf demnach nicht an die Stelle des Einschätzungsspielraums des Gesetzgebers

---

1248 Conseil constitutionnel, 16.9.2016, Décision n° 2016-565 QPC.

1249 *Merland* La Revue administrative 2004 (370); *Jouanjan* Revue du Droit Public 1982, 295.

1250 *Merland* La Revue administrative 2004 (370); *Lanquetin* Travail, genre et societes 2009, 91 (94).

1251 *Merland* La Revue administrative 2004 (370); *Janicot,* La décentralisation et l'expérimentation normative, https://www.conseil-constitutionnel.fr/publications/titre-vii/la-decentralisation-et-l-experimentation-normative.

1252 Vgl. hierzu: B.,IV., 3.

1253 Vgl. Conseil constitutionnel, 6.6.2024, Décision n° 2024-1094 QPC; 28.2.2020, Décision n° 2019-828/829 QPC; 19.3.2021, Décision n° 2020-890 QPC; 1.4.2021, Décision n° 2021-7 LP; 9.5.1991, Décision n° 91-290 DC; 1.12.2023, Décision n° 2023-1072 QPC.

1254 Vgl. Conseil constitutionnel, 6.6.2024, Décision n° 2024-1094 QPC; 28.2.2020, Décision n° 2019-828/829 QPC; 19.3.2021, Décision n° 2020-890 QPC; 1.4.2021, Décision n° 2021-7 LP.

1255 Vgl. Conseil constitutionnel, 6.6.2024, Décision n° 2024-1094 QPC; 28.2.2020, Décision n° 2019-828/829 QPC; 19.3.2021, Décision n° 2020-890 QPC; 1.4.2021, Décision n° 2021-7 LP; 1.12.2023, Décision n° 2023-1072 QPC; 9.5.1991, Décision n° 91-290 DC.

treten.[1256] Bezogen auf ein Allgemeininteresse, das der Gesetzgeber beim Erlass eines Gesetzes bedenken muss, erscheint der Rechtfertigungsgrund „redundant".[1257] Hinsichtlich des Gesetzes aus dem Jahr 2003 zu Mindestlohnregelungen ordnete das oberste Gericht den Kampf gegen Arbeitslosigkeit und Obdachlosigkeit als Allgemeininteresse ein und rechtfertigte damit die Ungleichbehandlung.[1258] Jedoch wird in diesem Fall zusätzlich zum Allgemeininteresse auch der primäre Rechtfertigungsgrund der unterschiedlichen Situation angeführt.[1259] Auch hier kommt es im Ergebnis folglich nicht, auf das Vorliegen eines Allgemeininteresses an. Es scheint fast, als könne ein Allgemeininteresse allein, eine Beeinträchtigung des Gleichheitsprinzips nicht rechtfertigen.

In Ausnahmefällen führt die Anwendung des Art. 61-1 CF auf den Rechtfertigungsgrund des Allgemeininteresses jedoch zur Gültigkeit eines Gesetzes. Dies war etwa bei der Rechtsprechung zur Rentenreform 2003 der Fall, die Frauen gegenüber Männern bevorteilte, indem Müttern eine Erhöhung der Versicherungsdauer von acht Trimestern pro Kind zuerkannt wurde und Männern nicht. Der *Conseil constitutionnel* stellte fest, dass zwar grundsätzlich eine Gleichbehandlung von Männern und Frauen angebracht sei, dass die Auslegung des Gesetzeszwecks und damit des Allgemeininteresses jedoch dem Gesetzgeber obliege.[1260] Obwohl der Rechtfertigungsgrund des Allgemeininteresses hier also in Bezug genommen wird, geht sein Inhalt hier nicht über eine simple Anwendung des Art. 61-1 CF hinaus.[1261]

Es kann daher festgestellt werden, dass der unbestimmte Rechtsbegriff des Allgemeininteresses weitgehend leerläuft.[1262] Der Anwendungsbereich der Gesetzesgleichheit und somit mittelbar auch der Unteilbarkeit, wird durch den hinzutretenden Rechtfertigungsgrund faktisch nicht beeinträchtigt.

cc) Zwischenergebnis: begrenzte Einschränkung des Gleichheitsprinzips

Zwar ist es möglich Beeinträchtigungen der Gleichheit vor dem Gesetz einerseits aufgrund unterschiedlicher lokaler Gegebenheiten und andererseits aufgrund des Allgemeininteresses zu rechtfertigen.[1263] Diese Rechtfertigungsgründe sind jedoch nach wie vor in ihrer Anwendung limitiert. Der primäre Rechtfertigungsgrund der unterschiedlichen örtlichen Gegebenheit in einer Gebietskörperschaft findet

[1256] *Jouanjan* Jus Politicum 2012, 1 (10).
[1257] *Jouanjan* Jus Politicum 2012, 1 (11).
[1258] Conseil constitutionnel, 18.12.2003, Décision n° 2003-487 DC.
[1259] Conseil constitutionnel, 18.12.2003, Décision n° 2003-487 DC.
[1260] Conseil constitutionnel, 14.8.2003, Décision n° 2003-483 DC; vgl. hierzu auch: *Merland* La Revue administrative 2004, 370 (371); *Lanquetin* Travail, genre et societes 2009, 91 (94f.).
[1261] Vgl. in diesem Sinne: *Jouanjan,* Le principe d'égalité devant la loi en droit allemand, 1992, S. 10f.
[1262] *Merland* La Revue administrative 2004 (370).
[1263] *Merland* La Revue administrative 2004 (370); *Jouanjan* Revue du Droit Public 1982, 295.

vorrangig im Bereich der Überseekörperschaften Anwendung.[1264] Hier fungiert er auch als verfassungsrechtliche Begründung für die Einführung des Rechtsbegriffs der *unicité* durch den *Conseil constitutionnel.* Diese wäre ansonsten mit dem Vorliegen einer individualisierbaren Überseebevölkerung unvereinbar.[1265] In der Metropolregion bleibt die Rechtfertigung eines Eingriffs in den Gleichheitsgrundsatz weiterhin die Ausnahme.[1266] Diese wird insbesondere in Zusammenhang mit dem Experimentierrecht in Bezug genommen.[1267]

Auf der anderen Seite hat der Rechtfertigungsgrund des Allgemeininteresses in der Rechtsprechung des *Conseil constitutionnel* keine nennenswerte Bedeutung, wenn es um die Gleichheit vor dem Gesetz geht. Dies kann mit der Abstraktheit des Begriffs begründet werden,[1268] und mit dem Umstand, dass der *Conseil constitutionnel* innerhalb der Grenzen des Art. 61-1 CF argumentieren muss. Seine Interpretation eines Allgemeininteresses darf nicht an die Stelle der Zielsetzung durch den Gesetzgebungsakt treten.[1269]

e) Zwischenergebnis: Verschwinden der Unteilbarkeit hinter der Gleichheit

Die gegenseitige Einflussnahme der Tragweite von Gleichheit und Unteilbarkeit bedeutet für das Prinzip der Gleichheit, dass diese im Sinne einer territorialen Auslegung (also insb. normative oder legislative Gleichheit) konkretisiert wird. Die Unteilbarkeit auf der anderen Seite scheint aufgrund der gemeinsamen Inbezugnahme mit dem Prinzip der Gleichheit in ihrer Bedeutung gemindert zu sein.[1270] Das Prinzip der Gleichheit verschafft dem Prinzip der Unteilbarkeit mit Blick auf die Rechtseinheit seinen einzigen verbleibenden Anwendungsbereich.[1271] Sie tritt anstelle einer Definition der Unteilbarkeit in normativer Hinsicht. Außerdem fällt es mittlerweile schwer, die Prinzipien von Gleichheit und Unteilbarkeit inhaltlich abzugrenzen. Dies zeigt sich auch am Umstand, dass die Begriffe in der

---

[1264] *Gaïa et al.,* Les grandes décisions du Conseil constitutionnel, 20. Aufl. 2022, 170f.; *Hamon/Troper*, Droit constitutionnel, 45. Aufl. 2025, 539f ; Conseil constitutionnel, 9.5.1991, Décision n° 91-290 DC ist die Rede von einem „peuple d'outre-mer", also einem Volk der Überseekörperschaften; das Urteil zum Status von Korsika wurde 2003 in den Verfassungstext integriert, indem hier in Art. 72-3 Abs. 1 CF von den „populations d'outre-mer" die Rede ist *Gründler* Revue du Droit Public 2007, 445 (468); auch bereits zitiert in: *M. Lasserre* in Sydow (Hrsg.), Französisches Verfassungsrecht im 21. Jahrhundert, 2022, S. 23 (38).

[1265] *Gründler* Revue du Droit Public 2007, 445 (473f.).

[1266] Conseil constitutionnel, 15.6.1999, Décision n° 99-412 DC.

[1267] Conseil constitutionnel, 16.9.2016, Décision n° 2016-565 QPC.

[1268] *Merland* La Revue administrative 2004 (370); *Janicot,* La décentralisation et l'expérimentation normative, https://www.conseil-constitutionnel.fr/publications/titre-vii/la-decentralisation-et-l-experimentation-normative.

[1269] *Jouanjan* Jus Politicum 2012, 1 (10).

[1270] *Gründler*, Revue du droit public 2007, 445 (462) auch schon zitiert in: *M. Lasserre* in Sydow (Hrsg.), Französisches Verfassungsrecht im 21. Jahrhundert, 2022, S. 23 (38).

[1271] In diesem Sinne auch schon: *M. Lasserre* in Sydow (Hrsg.), Französisches Verfassungsrecht im 21. Jahrhundert, 2022, S. 23 (50).

Rechtsprechung des *Conseil constitutionnel* oft gemeinsam in Bezug genommen werden.[1272] Ist eine normative Ungleichheit gegeben und nicht gerechtfertigt, verstößt dies auch gleichzeitig gegen die Prinzipien der Einheit (, der *unicité*) und der Unteilbarkeit.[1273]

Bezogen auf die Überseekörperschaften ermöglicht die Anerkennung besonderer lokaler Gegebenheiten als Rechtfertigung für normative Unterschiede eine Wahrnehmung der Rechte von Minderheiten.[1274] Nach dem französischen Gleichheitssystem sind grundsätzlich normative Differenzierungen nicht möglich. Eine generelle Anerkennung von Minderheitenrechten etwa in völkerrechtlichen Verträgen erfolgt deshalb nicht.[1275] Dieser Grundentscheidung entspricht es auch, eine Rechtfertigung von Begrenzungen der Rechtseinheit (nur) dann anzunehmen, wenn die Grundrechtsgleichheit betroffen ist, also eine gleiche Anwendung von Grundrechten im Staatsgebiet nicht gewährleistet ist.[1276]

4. Zwischenergebnis: Der schwindende Anwendungsbereich der Unteilbarkeit in Zusammenhang mit benachbarten Verfassungsprinzipien

Sowohl das Prinzip der Einheit als auch das der Gleichheit sind (spätestens[1277])seit revolutionärer Zeit untrennbar mit dem Prinzip der Unteilbarkeit verknüpft.[1278] Während die Einheit das Ziel der Unteilbarkeit darstellt, ist die Gleichheit seine Rechtfertigung. Die gerichtliche Auslegung der Begriffe beeinflusst sich gegenseitig. Die Interpretation der Einheit als normative Einheit im Sinne des Einheitsstaats, welches auch die territorial-normative Komponente der Unteilbarkeit deutlich macht, hat einen Einfluss auf die Interpretation der Gesetzesgleichheit als territoriale Gleichheit. Nicht ohne Grund werden die drei Begriffe vom *Conseil constitutionnel* oftmals in einem Satz gemeinsam zitiert.[1279]

1272 Conseil constitutionnel, 13.1.1994, Décision n° 93-329 DC; 26.6.1995, Décision n° 94-358 DC; 13.8.1993, Décision n° 93-325 DC; 9.5.1991, Décision n° 91-290 DC.

1273 Conseil constitutionnel, 9.5.1991, n° 91-290 DC; Conseil constitutionnel, 15.6.1999, n° 99-412 DC; *M. Lasserre* in Sydow (Hrsg.), Französisches Verfassungsrecht im 21. Jahrhundert, 2022, S. 23 (36ff.).

1274 Conseil constitutionnel, 9.5.1991, Décision n° 91-290 DC; *Gründler* Revue du Droit Public 2007, 445 (446); *M. Lasserre* in Sydow (Hrsg.), Französisches Verfassungsrecht im 21. Jahrhundert, 2022, S. 23 (38).

1275 Gesetz zu dem Internationalen Pakt vom 19. Dezember 1966 über bürgerliche und politische Rechte Bundesgesetzblatt 60 vom 15.11.1973; vgl. hierzu auch: *Gründler* Revue du Droit Public 2007, 445 (475f.).

1276 *Favoreu et al.,* Droit constitutionnel 2024, 26. Aufl. 2023, S. 630; *M. Lasserre* in Sydow (Hrsg.), Französisches Verfassungsrecht im 21. Jahrhundert, 2022, S. 23 (50).

1277 Für den Zusammenhang von Einheit und Unteilbarkeit sind erste Anhaltspunkte bereits in der Antike zu finden, vgl. *Plato/Rufener/Szlezák,* Der Staat, 2011, S. 299; *Debbasch,* Le principe révolutionnaire d'unité et d'indivisibilité de la République, 1988, S. 30.

1278 Vgl. *Debbasch* in Mathieu/Verpeaux (Hrsg.), La République en droit français, 1996 (42). *Debbasch,* Le principe révolutionnaire d'unité et d'indivisibilité de la République, 1988, S. 37.

1279 Vgl. Conseil constitutionnel, 9.5.1991, Décision n° 91-290 DC; vgl. auch 13.1.1994, Décision n° 93-329 DC; 15.6.1999, Décision n° 99-412 DC; die Prinzipien wurden zudem gemeinsam als Prinzipien „von Unteilbarkeit und Gleichheit" in Bezug genommen in: 26.6.1995, Décision n° 94-358 DC; 5.8.1993, Décision n° 93-323 DC.

Auch die Neuinterpretation des Prinzips der Einheit als *unicité du peuple* beeinflusst die Auslegung der Unteilbarkeit und wird andererseits durch das Prinzip der Gleichheit legitimiert. So beeinflusst die *unicité du peuple* die Unteilbarkeit darin, dass der Fokus des Prinzips vor allem auf die Unteilbarkeit des Volkes gelenkt wird, im Sinne der Sicherung der Existenz nur eines Volkes.[1280] Auf der anderen Seite löst die Gleichheit den daraus entstehenden Konflikt zwischen *unicité* des Volkes und der Existenz einer überseeischen Bevölkerung auf und legitimiert damit die Existenz des neuen Prinzips der *unicité*. Denn Abweichungen von der Gleichheit der Bürger:innen sind beim Vorliegen besonderer örtlicher Gegebenheiten gerechtfertigt – so etwa auch im Falle der Überseebevölkerungen.[1281]

Die Tendenz der Rechtsprechung, die Prinzipien von *unicité* und Gleichheit in seinen Entscheidungen betreffend der Unteilbarkeit zu betonen, wirft die Frage auf, ob das Unteilbarkeitsprinzip allein zu schwach ist, um ein Urteil zu stützen.[1282] Für diese Sichtweise spricht auch, dass das Prinzip der Grundrechtsgleichheit (*égalité devant les libertés publiques*) die Grenze der freien Selbstverwaltung darstellt. Damit bildet sie auch die Demarkationslinie der Einschränkbarkeit der Rechtseinheit. Das Prinzip der Grundrechtsgleichheit verleiht dieser wichtigen Komponente des Unteilbarkeitsprinzips somit ihren einzigen Restgehalt.[1283] Um die Frage des Restgehalts der Unteilbarkeit als einzelnes Prinzip zu klären, muss ermittelt werden, welche Gehalte sich konkret noch aus dem Prinzip der Unteilbarkeit ergeben.

V. Ausgangspunkt: Dezentralisierungsbestrebungen als Ausgangspunkt für normative Abweichungen durch Exekutivhandeln in den Gebietskörperschaften

In allen drei Teilbereichen der Unteilbarkeit (der des Staatsgebiets, der Staatsgewalt sowie des Staatsvolks), sind Begrenzungen zu finden, die auf die Dezentralisierung zurückzuführen sind.[1284] Es kann sogar festgestellt werden, dass diese unter den Abweichungen vom Unteilbarkeitsprinzip die Mehrheit darstellen.[1285] Die Dezentralisierung wurde seit den 1980er-Jahren in Frankreich vorangetrieben.[1286] Sie markiert den Wendepunkt einer Dezentralisierungspolitik, die mit einer 180-jährigen

---

[1280] *M. Lasserre* in Sydow (Hrsg.), Französisches Verfassungsrecht im 21. Jahrhundert, 2022, S. 23 (37).

[1281] Conseil constitutionnel, 9.5.1991, Décision n° 91-290 DC; *Gründler* Revue du Droit Public 2007, 445 (446); *M. Lasserre* in Sydow (Hrsg.), Französisches Verfassungsrecht im 21. Jahrhundert, 2022, S. 23 (38).

[1282] *Gründler* Revue du Droit Public 2007, 445 (461, 465).

[1283] In diesem Sinne auch bereits: *M. Lasserre* in Sydow (Hrsg.), Französisches Verfassungsrecht im 21. Jahrhundert, 2022, S. 23 (50).

[1284] Zur Einschränkung der drei Teilbereiche siehe Punkt VI. in diesem Abschnitt.

[1285] Vgl. im Einzlenen hierzu die folgenden Punkte 1.-3. in Abschnitt VI. hierzunter.

[1286] *Aubin/Roche,* Droit de la nouvelle décentralisation, 2005, S. 26ff.

napoleonischen Tradition abschließt.[1287] Ausgangspunkt in der Verfassung bildet das Prinzip der freien Selbstverwaltung, welches bereits in der Verfassung der IV. Republik präsent war und in Art. 34 der Verfassung der V. Republik verankert ist.[1288]

Bereits Ende der Amtszeit *de Gaulles* trat dieser für eine stärkere Beteiligung regionaler Entscheidungsträger:innen ein.[1289] Später, 1981, verkündete *Mitterand* – als Vater der Dezentralisierung – im Rat der Minister: „Frankreich brauchte eine starke, zentralisierte Macht [bezogen auf die Grundsatzentscheidung zum Zentralismus während der Revolution[1290]], um sich selbst zu machen; heute braucht es eine dezentralisierte Macht, um nicht zu zerfallen."[1291] Die Dezentralisierung realisierte sich maßgeblich in zwei Akten. Akt I umfasst das Gesetz *Defferre*, benannt nach dem amtsinhabenden Innenminister.[1292] Die maßgeblichen Veränderungen, die dieses Gesetz mit sich brachte, waren zum einen, dass die Überwachung der Gebietskörperschaften durch die übergeordneten Verwaltungsbehörden (insbesondere Präfekten) aufgehoben wurde. Es verbleibt lediglich eine Rechtmäßigkeitskontrolle durch den übergeordneten Hoheitsträger, die dieser aber nur im Nachhinein über den Rechtsweg in Form eines Antragsrechts überprüfen lassen kann.[1293] Darüber hinaus überträgt das Gesetz Exekutivbefugnisse der Regionen und *départements* auf einen gewählten Entscheidungsträger.[1294] Darüber hinaus wurden beruhend auf dem Gesetz von 1982, zwischen 1983 und 1986 in einer Vielzahl an Regelungsbereichen (etwa Städtebau, Sozial- oder Bildungswesen[1295]) Kompetenzen auf die Gebietskörperschaften übertragen.[1296]

Akt II der Dezentralisierung betraf hingegen ihre Konstitutionalisierung.[1297] Hiermit wurden die zuvor verwaltungsrechtlichen Normen auf einen

---

1287 *Heraud* in Moderne (Hrsg.), La nouvelle décentralisation, 1983 (429); in *Moderne* in Moderne (Hrsg.), La nouvelle décentralisation, 1983 (1), wird die Dezentralisierungsreform vno 1982 als „le grand tournant des collectivités locales françaises" beschrieben.

1288 Vgl. *F. Luchaire/Y. Luchaire,* Le droit de la décentralisation, 2. Aufl. 1989, S. 85.

1289 *Aubin/Roche,* Droit de la nouvelle décentralisation, 2005, S. 27; vgl. etwa auch: *Denquin* in Boutin/Rouvillois (Hrsg.), Décentraliser en France, 2003 (244f.).

1290 *Debbasch,* Le principe révolutionnaire d'unité et d'indivisibilité de la République, 1988, S. 391; *Aubin/Roche,* Droit de la nouvelle décentralisation, 2005, S. 24f. vgl. hierzu im Detail auch oben:A.IV.

1291 Auch bereits zitiert in: *Desjardins/Estèbe* Revue d'économie financière 2019, 21 (22); *Baguenard,* La décentralisation, 2004, S. 3.

1292 *Vie publique,* Qu'est-ce que l'acte I de la décentralisation ?, https://www.vie-publique.fr/fiches/19608-quest-ce-que-lacte-i-de-la-decentralisation-les-lois-defferre.

1293 *Aubin/Roche,* Droit de la nouvelle décentralisation, 2005, S. 27; *Vie publique,* Qu'est-ce que l'acte I de la décentralisation ?, https://www.vie-publique.fr/fiches/19608-quest-ce-que-lacte-i-de-la-decentralisation-les-lois-defferre

1294 *Aubin/Roche,* Droit de la nouvelle décentralisation, 2005, S. 27.

1295 *Vie publique,* Qu'est-ce que l'acte I de la décentralisation ?, https://www.vie-publique.fr/fiches/19608-quest-ce-que-lacte-i-de-la-decentralisation-les-lois-defferre.

1296 *Aubin/Roche,* Droit de la nouvelle décentralisation, 2005, S. 28ff.; vgl. auch *Heraud* in Moderne (Hrsg.), La nouvelle décentralisation, 1983 (429ff.).

1297 *Vie publique,* Qu'est-ce que l'acte II de la décentralisation ?, https://www.vie-publique.fr/fiches/19609-quest-ce-que-lacte-ii-de-la-decentralisation.

verfassungsrechtlichen Sockel gestellt.[1298] Die Dezentralisierung wird in Art. 1 S. 4 CF verankert. Auch wenn *a priori* kein Rangverhältnis zwischen einzelnen Normen der Verfassung abgeleitet werden kann, geht hiervon jedenfalls symbolische Bedeutung aus.[1299] Damit hat die Dezentralisierung nicht nur normativ, sondern auch symbolisch den gleichen Rang wie das Prinzip der Unteilbarkeit. Im Einzelnen werden – neben der ausdrücklichen Verankerung der Dezentralisierung in der Verfassung – folgende Vorschriften in der Verfassung ergänzt: Ein nationales, wie ein gebietskörperschaftliches Experimentierrecht (Art. 37-1. 72 Abs. 4 CF), eine stärkere Beteiligung des Senats bei Gesetzen, die die Organisation der Gebietskörperschaften betreffen (Art. 39 CF), ein Initiativrecht für ein lokales Referendum, auch betreffend der Verleihung eines „Sonderstatus" der Gebietskörperschaft (Art. 72-1 CF), die Finanzautonomie der Gebietskörperschaften bezogen auf Einnahmen und Ausgaben (Art. 72-2 CF), die Anerkennung einer Überseebevölkerung (*population d'outre-mer*) und explizit Neukaledoniens nach Art. 72-3 CF sowie eine Abweichungsbefugnis der Überseekörperschaften nach Art. 74-1 CF. Die Veränderungen in Art. 37-1, 72 Abs. 4, 72-3 sowie 74-1 CF sind einerseits als Abweichungen von der Unteilbarkeit der Rechtseinheit im Staatsgebiet zu sehen und damit in Zusammenhang mit der Unteilbarkeit des Staatsgebiets zu beleuchten, andererseits haben sie Auswirkungen auf die Unteilbarkeit der Staatsgewalt, als sie dazu führen, dass diese von unterschiedlichen Hoheitsträgern ausgeübt wird.[1300] Bezogen auf die Unteilbarkeit des Staatsvolkes sind zudem die Änderungen bezogen auf den Sonderstatus von Gebietskörperschaften zu sehen (Art. 72-1 CF) sowie die Anerkennung von Überseebevölkerungen (Art. 72-3 CF).

Es wird deutlich, dass verfassungsrechtlich insbesondere die Neuerungen des zweiten Dezentralisierungsakts relevant sind. Doch auch der erste Dezentralisierungsakt der 1980er-Jahre hatte eine Vielzahl von Änderungen in den Gebietskörperschaften Korsikas,[1301] der Überseekörperschaften und hier insbesondere Neukaledoniens[1302] und Polynesiens[1303] zur Folge.[1304]

Es entsteht in verfassungsrechtlicher Hinsicht zum ersten Mal ein Abweichen vom reinen Einheitsstaat und damit auch von der Unteilbarkeit, die diesen herbeiführen soll. Dennoch spricht die Existenz eines dezentralen Staats nicht zwangsläufig gegen das Vorliegen eines Einheitsstaats.[1305] Die beiden Trennlinien zwischen

---

1298 *Aubin/Roche,* Droit de la nouvelle décentralisation, 2005, S. 32; vgl. auch *Heraud* in Moderne (Hrsg.), La nouvelle décentralisation, 1983 (429).

1299 Hierzu im Detail : Gliederungspunkt B., I., 2.

1300 Loi constitutionnelle n°2003-276 Journal Officiel de la République française 2003, 5568.

1301 Vgl. Loi n°82-214 Journal Officiel de la République française 1982, 748; Loi n° 91-428 Journal Officiel de la République française 1991, 6318; Loi n° 2002-92 Journal Officiel de la République française 2002, 1503.

1302 Loi constitutionnelle n°98-610 Journal Officiel de la République française 1998, 11143.

1303 Loi n°84-820 Journal Officiel de la République française 1984, 2831.

1304 *Vie publique,* Qu'est-ce que l'acte I de la décentralisation ?, https://www.vie-publique.fr/fiches/19608-quest-ce-que-lacte-i-de-la-decentralisation-les-lois-defferre.

1305 Vgl. zur Definition des Einheitsstaats im Detail Punkt A.I.1.b).

Föderal- und Einheitsstaat verlaufen dort, wo der lokale Entscheidungsträger bei der Übertragung von Kompetenzen auf die lokale Ebene im Staatsaufbau in Erscheinung tritt.[1306] Zweitens kann ein Einheitsstaat nur gegeben sein, wenn sich die Existenz der Kompetenz aus der Kompetenz des nationalen Entscheidungsträgers ableitet und diesen gegenüber weisungsgebunden ist.[1307] Somit ist etwa die Einrichtung einer Legislative, die derjenigen auf nationaler Ebene gleichgeordnet ist, sowie die Ausstattung eines regionalen Entscheidungsträgers mit Kompetenzen, die sich nicht aus denen der zentralen Entscheidungsinstanz ergeben und dieser hierarchisch nicht direkt nachgeordnet sind,[1308] innerhalb eines Einheitsstaats nicht möglich.[1309] Bei der Beurteilung der Einschränkung der Unteilbarkeit in seinen drei Teilbereichen ist der Zusammenhang zwischen Einheitsstaatlichkeit und dieser Normeinheit nicht aus den Augen zu verlieren. Die im Folgenden diskutierten normativen Abweichungen sind damit stets vor dem Hintergrund des Erhalts der Einheitsstaatlichkeit, als Ziel der Unteilbarkeit, zu betrachten.[1310]

VI. Einschränkungen der drei Teilgebiete der Unteilbarkeit

Ebenso wie das Prinzip der Einheit wurde sein Schwesterprinzip der Unteilbarkeit in all ihren Teilbereichen beschränkt. Inwiefern das heutige Unteilbarkeitsprinzip noch dem ursprünglichen, historischen Prinzip entspricht, kann im Rahmen einer Analyse der Rechtsprechung des *Conseil constitutionnel* sowie der Verfassungsänderungen gemessen werden. Historisch bestand die Unteilbarkeit insbesondere in der Affirmation einer Rechtseinheit, einer Unteilbarkeit der Staatsgewalt,[1311] des Territoriums (seit 1875 inklusive der Kolonien)[1312] sowie der Nation (des Volkes), was durch die Gleichheit der Bürger[1313] verfestigt werden sollte.[1314] Es ist also bereits historisch eine Spaltung des Prinzips in drei Teilbereiche zu erkennen, welche der „Drei-Elemente-Lehre“[1315] **Jellineks entspricht.** Es erscheint also sinnvoll die einzelnen Teilbereiche der Unteilbarkeit (Staatsgebiet, Staatsgewalt und Staatsvolk),

---

1306 *Broschek* in Lauth/Kneuer/Pickel (Hrsg.), Handbuch Vergleichende Politikwissenschaft, 2016 (335f.); *Hamon/Troper,* Droit constitutionnel, 45. Aufl. 2025, S. 100; auch bereits erwähnt in: *M.* Lasserre in Sydow (Hrsg.), Französisches Verfassungsrecht im 21. Jahrhundert, 2022, S. 23 (35).

1307 *M. Lasserre* in Sydow (Hrsg.), Französisches Verfassungsrecht im 21. Jahrhundert, 2022, S. 23 (35); *Broschek* in Lauth/Kneuer/Pickel (Hrsg.), Handbuch Vergleichende Politikwissenschaft, 2016 (335f.); *Hamon/Troper,* Droit constitutionnel, 43. Aufl. 2025, S. 591; *Gaïa et al.,* Les grandes décisions du Conseil constitutionnel, 20. Aufl. 2020, S. 144.

1308 *Gaïa et al.,* Les grandes décisions du Conseil constitutionnel, 20. Aufl. 2020, S. 144.

1309 Vgl. hierzu im Detail den obigen Punkt A.I.1.b)

1310 Vgl. hierzu im Detail: A.I.1.

1311 *Lemaire,* Le principe d'indivisibilité de la République, 2010, S.42.

1312 Vgl. Punkt II., 2., a) in diesem Abschnitt; vertieft hierzu auch: *J.-Y. Faberon* Pouvoirs 2005 (5f.).

1313 Historisch gesehen, waren nur männliche Bürger von der Gesetzesgleichheit erfasst.

1314 Vergleiche hierzu Gliederungspunkt A., Punkt III., 5.

1315 *Herdegen,* Völkerrecht, 2024, S. 105.

die oft an die Stelle einer Definition treten,[1316] separat zu betrachten. Hierbei ergeben sich Überschneidungen einzelner Beschränkungen des Unteilbarkeitsprinzips, die mehrere der Teilbereiche betreffen, diese aber in unterschiedlicher Form tangieren.

Die im Folgenden dargelegten Begrenzungen des Unteilbarkeitsprinzips ergeben sich maßgeblich aus der verfassungsrechtlichen Literatur sowie verfassungsgerichtlichen Rechtsprechung Frankreichs. Es ist daher nicht ausgeschlossen, dass sich weitere Einschränkungen des Verfassungsprinzips der Unteilbarkeit aus regionalen Einzelbestimmungen ergeben. Wechselwirkungen mit dem Verwaltungsrecht sind insbesondere bei der Übertragung von Exekutivbefugnissen auf Gebietskörperschaften relevant. Dennoch wird die Unteilbarkeit hier durch die Linse des Verfassungsrechts betrachtet, was einzelne verwaltungsrechtliche Erläuterungen jedoch nicht ausschließt.[1317]

1. Unteilbarkeit des „Staatsgebiets"

Das Prinzip der Unteilbarkeit des Staatsgebiets erfuhr als erste Komponente der drei Teilbereiche der Unteilbarkeit eine Uminterpretation. Die Unabhängigkeitsbewegungen der Überseekörperschaften machten es notwendig, das Prinzip umzudeuten, um seine Verankerung in der Verfassung zu rechtfertigen. Doch wieviel ist von der neuen Deutung der Unteilbarkeit des Staatsgebiets tatsächlich noch übrig?

a) Vorabüberlegungen: Organisation des Staatsgebiets der Republik – Metropol- und Überseekörperschaften

Um die Unteilbarkeit des Staatsgebiets definieren zu können, muss zunächst dargelegt werden, worauf sich dieses Staatsgebiet erstreckt und welche Kategorien in ihm existieren. Im französischen Staatsgebiet ist zunächst zu unterscheiden zwischen der Metropolregion und der Regionen aus Übersee. Art. 72 Abs. 1 S. 1 CF regelt hierzu: „Gebietskörperschaften der Republik sind die Gemeinden, die Départements, die Regionen, die Körperschaften mit Sonderstatus und die überseeischen Körperschaften, deren Rechtsstellung durch Artikel 74 geregelt ist."[1318] Innerhalb der Gemeinden, Départements und Regionen Metropolfrankreichs gibt es grundsätzlich keine Klassifizierung der einzelnen Gebiete. Lediglich Korsika wurde bereits 1982 ein Sonderstatus zuerkannt,[1319] der seit 2003 auch in den Verfassungstext aufgenommen wurde.[1320] Trotz dieser Anerkennung eines eigenen Status,

---

1316 Hamon/Troper, Droit constitutionnel, 45. Aufl. 2025, 525; *Gründler*, Revue du droit public 2007, 445 (448); *M. Lasserre* in Sydow (Hrsg.), Französisches Verfassungsrecht im 21. Jahrhundert, 2022, S. 23 (28).

1317 Vgl. insbesondere Punkt 2. hierunter.

1318 Französische Verfassung in der deutschen Übersetzung unter der gemeinsamen Verantwortung der Abteilung Presse, Information und Kommunikation des Ministeriums für Auswärtige Angelegenheiten und der Abteilung europäische Angelegenheiten der Nationalversammlung vom 1958.

1319 *Bernard* Cahiers du Conseil Constitutionnel 2002; Conseil constitutionnel, 25.2.1982, Décision n° 82-138 DC.

1320 Loi constitutionnelle n°2003-276 Journal Officiel de la République française 2003, 5568.

kommt die Stellung der Gebiete der Metropolregion – inklusive Korsikas[1321] – nicht an der Autonomie der Überseeischen Gebietskörperschaften nach Art. 73f CF heran.[1322] Der Sonderstatus wurde zudem auch auf die Überseekörperschaft Neukaledoniens übertragen, die seither keiner der anderen Kategorien aus Art. 73, 74 CF zuzuordnen ist, sondern deren Vorschriften sich aus Titel XIII der Verfassung ergeben.[1323]
In der Republik von 1946 wurden in Art. 73 und 74 die sogenannten *départements d'outre-mer* (DOM) sowie die *territoires d'outre-mer* (TOM)[1324] gegründet.[1325] Diese beiden Einheiten, wurden auch in die Verfassung der V. Republik aufgenommen.[1326] Die *départements* (DOM) werden seit der konstitutionellen Dezentralisierungsreform von 2003, die auch eine Neugestaltung der Gebietskörperschaften beinhaltete, nach Art. 73 CF als *départements et régions d'outre-mer* (DROM) bezeichnet.[1327] Dies änderte jedoch nichts an der inhaltlichen Ausgestaltung des Status der Regionen.[1328] Die ehemaligen TOM werden seit 2003 hingegen als *collectivités d'outre-mer* (COM) bezeichnet.[1329] Die DROM (Guadeloupe, Guyana, Martinique und La Réunion[1330]) sind der Gesetzeseinheit unterworfen, während die COM einen Sonderstatus innehaben und dabei ihren eigenen Interessen Rechnung tragen können.[1331] Dies ergibt sich traditionsgemäß ausdrücklich aus Art. 73 Abs. 1 CF, der auf die DROM anwendbar ist und bereits in der Verfassung von 1946 in fast identischer Form enthalten war. Dort lautet es: „Die Rechtsordnung der überseeischen Departements und Regionen entspricht derjenigen der Departements der Metropolregion." Während Art. 73 Abs. 1 der Verfassung von 1946 den Halbsatz „abgesehen von gesetzlich festgelegten Ausnahmen" hinzufügte,[1332] regelt die heutige Version der Vorschrift in Art. 73 Abs. 1 S. 2 CF, dass „Abweichungen, die den Eigenschaften und Besonderheiten der Gebietskörperschaften Rechnung tragen", zulässig seien. Art. 74 hingegen, der die Stellung der COM bzw. früher der TOM regelt, verlieh den

---

1321 Vgl. zum Status Korsikas im Detail unten: A.I.3.a).

1322 *Bernard* Cahiers du Conseil Constitutionnel 2002; *Gründler* Revue du Droit Public 2007, 445 (453).

1323 Vgl. hierzu auch: *Gründler* Revue du Droit Public 2007, 445 (453).

1324 Nach *Gründler* Revue du Droit Public 2007, 445 (451) ist der Begriff „territoire" i.S.d. TOM nicht identisch mit dem der Unteilbarkeit des „territoire", sondern autonom, allein mit Blick auf die Überseegebiete, auszulegen.

1325 *Diémert* Les Nouveaux Cahiers du Conseil constitutionnel 2012, 7 (8); *Blériot* Pouvoirs 2005 (57).

1326 *Diémert* Les Nouveaux Cahiers du Conseil constitutionnel 2012, 7 (8); *Blériot* Pouvoirs 2005 (57).

1327 *Blériot* Pouvoirs 2005 (57); Loi constitutionnelle n°2003-276 Journal Officiel de la République française 2003, 5568.

1328 *Blériot* Pouvoirs 2005 (57).

1329 *Blériot* Pouvoirs 2005, 57 (64); Loi constitutionnelle n°2003-276 Journal Officiel de la République française 2003, 5568.

1330 Vgl. *Gründler* Revue du Droit Public 2007, 445 (453).

1331 *Diémert* Les Nouveaux Cahiers du Conseil constitutionnel 2012, 7 (8); *Blériot* Pouvoirs 2005 (57); *Gründler* Revue du Droit Public 2007, 445 (453); *Custos* in, Etudes en l'honneur de Georges Dupuis, 1997 (87f.).

1332 Constitution de 1946, IVe République, https://www.conseil-constitutionnel.fr/les-constitutions-dans-l-histoire/constitution-de-1946-ive-republique.

TOM 1946 noch einen Sonderstatus.[1333] Er lautete: „Die überseeischen Gebiete haben einen besonderen Status, der ihre eigenen Interessen in der Gesamtheit der Interessen der Republik berücksichtigt.“[1334] Ab 2003 fiel der Teil bezüglich des Sonderstatus weg und damit auch die verfassungsrechtliche Verankerung der legislativen Spezialität.[1335] Bis dato ergab sich für die TOM der Grundsatz der rechtlichen Differenzierung, während für die DROM der Grundsatz der Assimilation galt.[1336] Seit 2003 ist dies jedenfalls nicht mehr eindeutig in der Verfassung verankert. Stattdessen sieht Art. 74 Abs. 2 CF vor, dass ein Umsetzungsgesetz (*lois organiques*) die für die COM anwendbaren Normen regeln soll.[1337] Die Verfassung selbst positioniert sich hingegen zum nicht auf COMs anwendbaren Grundsatz der rechtlichen Angleichung oder Differenzierung.[1338] Einerseits spricht die Änderung des Wortlauts des Art. 74 Abs. 1 CF dafür, dass auch der Status der Gebiete geändert werden sollte – ihre Abweichungsmöglichkeiten von den nationalen Gesetzen also abgeschwächt werden sollten. Andererseits ergibt sich jedoch aus Art. 7 Abs. 1 des Umsetzungsgesetzes von 2004 zum Status Polynesiens, dass die nationalen Gesetze lediglich Anwendung fänden, wenn dies ausdrücklich geregelt sei.[1339]
In jedem Fall lässt sich jedoch feststellen, dass für beide gebietskörperschaftlichen Organisationsformen bereits zum Zeitpunkt der Einführung der Verfassung der IV. Republik Abweichungsmöglichkeiten in der Verfassung angelegt waren, obgleich diese im Falle der Überseegebiete einen deutlich prominenteren Platz einnahmen und nicht nur eine Ausnahmeregelung darstellten. Die Französische Republik verfügt somit keineswegs über eine statusmäßige Einheitlichkeit („*uniformité statutaire*“).[1340]

In der V. Republik können zwei Phasen der verfassungsrechtlichen Behandlung der Überseekörperschaften ausgemacht werden. Die erste Phase, von 1958 bis Mitte der 70er-Jahre, die vom Gedanken der Dekolonialisierung geprägt ist und im Rahmen derer keine Verfassungsmäßigkeitsprüfung der rechtlichen Änderungen, etwa der Unabhängigkeit vieler afrikanischer Gebiete – erfolgt. Die zweite Phase des Verfassungsrechts der Überseekörperschaften beginnt demnach Mitte der 70er-Jahre und wendet das Verfassungsrecht der Republik auf die

---

1333 *Diémert* Les Nouveaux Cahiers du Conseil constitutionnel 2012, 7 (8); *Blériot* Pouvoirs 2005 (57); *Gründler* Revue du Droit Public 2007, 445 (453).

1334 Constitution de 1946, IVe République, https://www.conseil-constitutionnel.fr/les-constitutions-dans-l-histoire/constitution-de-1946-ive-republique.

1335 *Blériot* Pouvoirs 2005 (57); *Gründler* Revue du Droit Public 2007, 445 (454); *Diémert* Les Nouveaux Cahiers du Conseil constitutionnel 2012, 7 (8); *Custos* in, Etudes en l'honneur de Georges Dupuis, 1997 (87f.).

1336 *Blériot* Pouvoirs 2005 (57); *Gründler* Revue du Droit Public 2007, 445 (454); *Diémert* Les Nouveaux Cahiers du Conseil constitutionnel 2012, 7 (8).

1337 Vgl. auch: *Gründler* Revue du Droit Public 2007, 445 (454).

1338 *Gründler* Revue du Droit Public 2007, 445 (454).

1339 Loi organique n° 2004-192 du 27 février 2004 portant statut d'autonomie de la Polynésie française vom 27.02.2004; in diesem Sinne auch: *Gründler* Revue du Droit Public 2007, 445 (454).

1340 *Gründler* Revue du Droit Public 2007, 445 (453).

Überseekörperschaften an, bzw. schafft neues anwendbares Verfassungsrecht.[1341] Der wichtigste Umbruch bzgl. der Stellung der Überseekörperschaften erfolgte durch die Dezentralisierungsreform 2003.[1342] Seitdem ist nicht nur die Abweichungsmöglichkeit der DROM von nationalen Gesetzen formalisiert in der Verfassung geregelt und durch ein Umsetzungsgesetz konkretisiert,[1343] auch ist es nach Art. 72-4 CF möglich, dass DROM ihren Status hin zu COMs ändern und damit den weiteren Bestimmungen nach Art. 74 CF unterworfen sind.[1344]

b) Ausgangspunkt der Unteilbarkeit des „Staatsgebiets“: Unveränderbarkeit der Außengrenzen

Bei seiner Einführung in den Verfassungstext 1958 wurde der Unteilbarkeit in der Ausformung der Unteilbarkeit der Staatsgewalt eine geographisch-demographische Definition zugrunde gelegt.[1345] Danach konnten die Außengrenzen des französischen Staatsgebiets nicht verändert werden.[1346] Diese *intégrité du territoire* ist bis heute ausdrücklich in Art. 5 Abs. 2, Art. 16 Abs. 1 und in Art. 89 IV der französischen Verfassung genannt.[1347] Bereits kurz nach Einführung der neuen Verfassung erfuhr diese Unveränderbarkeit des Staatsgebiets jedoch erste Rückschläge. In den 60er-Jahren des 20. Jahrhunderts wurden, beruhend auf Abs. 2 der Präambel der Verfassung sowie Art. 53, 76 und 86, 91 CF 27 Überseekörperschaften unabhängig.[1348] Das entspricht etwa einem Fünftel der damaligen Bevölkerung (in etwa 10 Millionen Einwohner:innen).[1349] Zu unterscheiden ist hier zwischen drei Arten der Erreichung der Unabhängigkeit.[1350] Nicht alle Wege zur Unabhängigkeit sind dabei verfassungsrechtlich vorgesehen.

Zunächst ergab sich aus der Präambel der Verfassung – die in dieser Form bis heute besteht – die Möglichkeit der Überseekörperschaften, sich im Wege der freien Selbstverwaltung (*libre administration*) für eine Zugehörigkeit zur französischen Republik und damit zur Anerkennung der neuen Verfassung, zu

---

[1341] *Diémert* Les Nouveaux Cahiers du Conseil constitutionnel 2012, 7 (8f.); *Custos* in, Etudes en l'honneur de Georges Dupuis, 1997 (88ff.).
[1342] *Blériot* Pouvoirs 2005, 57 (58).
[1343] Loi constitutionnelle n°2003-276 Journal Officiel de la République française 2003, 5568.
[1344] Vgl. *Blériot* Pouvoirs 2005, 57 (63); *Favoreu et al.,* Droit constitutionnel 2024, 26. Aufl. 2023, S. 744.
[1345] *Gründler* Revue du Droit Public 2007, 445 (449); auch bereits zitiert in: *M. Lasserre* in Sydow (Hrsg.), Französisches Verfassungsrecht im 21. Jahrhundert, 2022, S. 23 (49).
[1346] *Gründler* Revue du Droit Public 2007, 445 (449); auch bereits zitiert in: *M. Lasserre* in Sydow (Hrsg.), Französisches Verfassungsrecht im 21. Jahrhundert, 2022, S. 23 (49).
[1347] Vgl. auch: *Gründler* Revue du Droit Public 2007, 445 (449); auch bereits zitiert in: *M. Lasserre* in Sydow (Hrsg.), Französisches Verfassungsrecht im 21. Jahrhundert, 2022, S. 23 (49).
[1348] *Gründler* Revue du Droit Public 2007, 445 (449); auch bereits zitiert in: *M. Lasserre* in Sydow (Hrsg.), Französisches Verfassungsrecht im 21. Jahrhundert, 2022, S. 23 (43).
[1349] *Urmersbach,* Frankreich: Gesamtbevölkerung von 1950 bis 2022 und Prognosen bis 2050, https://de.statista.com/statistik/daten/studie/19298/umfrage/gesamtbevoelkerung-in-frankreich/; *Gründler* Revue du Droit Public 2007, 445 (449); *M. Lasserre* in Sydow (Hrsg.), Französisches Verfassungsrecht im 21. Jahrhundert, 2022, S. 23 (43).
[1350] Vgl. *Pierson-Mathy* Chronique de politique étrangère 1961, 7 (8).

entscheiden.[1351] Auf diesem Wege fand Guinea die Unabhängigkeit.[1352] Darüber hinaus ergab sich ebenfalls aus der Verfassung – aus Art. 76 CF in seiner Form von 1958 – für ehemalige Kolonien die Möglichkeit, ihren Status als Überseekörperschaft innerhalb der Republik beizubehalten (Abs. 1 des Art. 76 CF) oder innerhalb von einer vier-Monatsfrist abzugeben. In letzterem Fall verblieben die die Gebiete „Mitgliedsstaaten der Gemeinschaft".[1353] Diese sog. *communauté francaise* stellte den Versuch de Gaules dar, einen Mittelweg zwischen der Assimilation der ehemaligen Kolonien an Metropolfrankreich zu erreichen und ihrem Bedürfnis nach Selbstbestimmung zu entsprechen.[1354] Es sollte ein Modell *französischer Common wealth* geschaffen werden.[1355] Dieser allerdings verschwand bereits einige Jahre nach seiner Einführung in Vergessenheit und wurde 1995 aus dem Verfassungsrecht entfernt.[1356]

Trotz der Idee der französischen Gemeinschaft als Mittel zur fortdauernden Assimilierung der ehemaligen Kolonien wird dies auch als bereits vorhergesehene Übergangsregelung für eine endgültige Unabhängigkeit betrachtet.[1357] Wie im Falle der Unabhängigkeit nach der Präambel der Verfassung von 1958 stehen die Regionen, die eine Zuordnung zur *communauté francaise* wählten, Frankreich als autonome und souveräne Staaten gegenüber.[1358] Auf diesem Wege sind 1960 zwölf weitere Überseekörperschaften unabhängig geworden.[1359]

Betrachtet man das Verfassungsrecht, sollte zum Zeitpunkt des Ablaufs der vier-Monatsfrist die Französische Republik „als unteilbar entstanden sein" [1360]. Geht man von der Definition der Unteilbarkeit des Staatsgebiets als Kodifizierung von geographisch unveränderbaren Außengrenzen aus, ist jedenfalls bei jeder Veränderung der Außengrenzen nach Ablauf der Übergangsfrist aus Art. 91 CF, welche in der Verfassung von 1958 von Beginn an angelegt war, eine Abweichung vom Prinzip der Unteilbarkeit zu sehen.

Eine eben solche Abweichung vom Prinzip der Unteilbarkeit des Staatsgebiets erfolgte auf Grundlage von Art. 53 Abs. 3 CF. Hiernach wurden weitere 15 Überseekörperschaften unabhängig.[1361] Art. 53 Abs. 3 CF regelt die Möglichkeit einer

---

1351 *Gründler* Revue du Droit Public 2007, 445 (449); Journal Officiel de la République française 1958, 9151.

1352 *Gründler* Revue du Droit Public 2007, 445 (449).

1353 Vgl. auch: *Pierson-Mathy* Chronique de politique étrangère 1961 (7f.); und: *Gründler* Revue du Droit Public 2007, 445 (449).

1354 *Pierson-Mathy* Chronique de politique étrangère 1961 (7).

1355 Vgl. *Torrent* Cahiers Charles V 2010 (95).

1356 Loi constitutionnelle n°95-880 Journal Officiel de la République française 1995, 11744.

1357 *Pierson-Mathy* Chronique de politique étrangère 1961, 7 (9).

1358 *Pierson-Mathy* Chronique de politique étrangère 1961, 7 (9).

1359 *Gründler* Revue du Droit Public 2007, 445 (449); *Pierson-Mathy* Chronique de politique étrangère 1961, 7 (9).

1360 *Gründler* Revue du Droit Public 2007, 445 (449).

1361 Vgl. *Gründler* Revue du Droit Public 2007, 445 (449); vgl. hierzu auch bereits: *M. Lasserre* in Sydow (Hrsg.), Französisches Verfassungsrecht im 21. Jahrhundert, 2022, S. 23 (43).

Zession bestimmter Teile des Staatsgebiets, sobald die Bevölkerung des jeweiligen Gebiets dem zustimmt.[1362] Problematisch hieran ist, dass eine Zession im völkerrechtlichen Sinne lediglich die Abtretung eines Gebiets an einen anderen bereits existierenden Staat bedeutet.[1363] Der hier tatsächlich gegebene Fall, der Kreation eines eigenen neuen Staats,[1364] ist in der Verfassung von 1958 nicht geregelt. Dass ist vor dem Hintergrund relevant, als Veränderungen von Verfassungsrecht grundsätzlich nur durch eine Verfassungsänderung oder über eine ergänzende Auslegung des *Conseil constitutionnel* geschehen können.[1365] Dass eine Sezession im kolonialen Kontext auch ohne gesetzliche Grundlage möglich ist, wird im Völkerrecht jedenfalls teilweise vertreten.[1366] Doch auch wenn die Unabhängigkeit der Überseekörperschaften im Wege einer Sezession rechtlich zulässig ist, ist dennoch einzugestehen, dass die Außengrenzen der Französischen Republik nicht unveränderbar sind. Die Unteilbarkeit des Staatsgebiets kann damit nicht mehr glaubhaft als „territoriale Integrität“[1367] definiert werden.

c) Wandel der Unteilbarkeit des Staatsgebiets: Interpretation als Rechtseinheit im Staatsgebiet

Der *Conseil constitutionnel* bestätigte die Möglichkeit einer Sezession in mehreren Entscheidungen bezogen auf Neukaledonien, Mayotte sowie mit Blick auf die Komoren.[1368] Ein Verstoß gegen das Unteilbarkeitsprinzip liege nicht vor. Somit erfolgt eine Uminterpretation der vorherigen Definition der Unteilbarkeit des Staatsgebiets. Diese kann jedenfalls nicht mehr ausschließlich auf die Unveränderlichkeit der Außengrenzen bezogen sein. Diese Auslegungsmöglichkeit bestehe hinsichtlich der Außengrenzen Frankreichs in den Überseekörperschaften nicht mehr.[1369] Dass

---

[1362] *Gründler* Revue du Droit Public 2007, 445 (450); auch bereits zitiert in: *M. Lasserre* in Sydow (Hrsg.), Französisches Verfassungsrecht im 21. Jahrhundert, 2022, S. 23 (44).

[1363] *Dördelmann,* Rechtsethische Rechtfertigung der Sezession von Staaten, 2002, S. 51; in diesem Sinne auch: *Gründler* Revue du Droit Public 2007, 445 (449); *M. Lasserre* in Sydow (Hrsg.), Französisches Verfassungsrecht im 21. Jahrhundert, 2022, S. 23 (44).

[1364] *Proeßl,* Völkerrecht, 9. Aufl. 2024, S. 306f.; auch bereits zitiert in: *M. Lasserre* in Sydow (Hrsg.), Französisches Verfassungsrecht im 21. Jahrhundert, 2022, S. 23 (44); *Crawford,* The creation of states in international law, 2. Aufl. 2007, S. 390.

[1365] *Favoreu et al.,* Droit constitutionnel 2024, 26. Aufl. 2023, S. 525.

[1366] *Proeßl,* Völkerrecht, 9. Aufl. 2024, S. 30; in diesem Sinne auch: *Crawford,* The creation of states in international law, 2. Aufl. 2007, S. 390; *Dördelmann,* Rechtsethische Rechtfertigung der Sezession von Staaten, 2002; *Favoreu et al.,* Droit constitutionnel 2024, 26. Aufl. 2023, S. 619ff.; anders: *Gründler* Revue du Droit Public 2007, 445 (450).

[1367] Vgl. auch: *Gründler* Revue du Droit Public 2007, 445 (449); auch bereits zitiert in: *M. Lasserre* in Sydow (Hrsg.), Französisches Verfassungsrecht im 21. Jahrhundert, 2022, S. 23 (49); *Favoreu et al.,* Droit constitutionnel 2024, 26. Aufl. 2023, S. 618.

[1368] Conseil constitutionnel, 30.9.1975, Décision n° 75-59 DC; Conseil constitutionnel, 2.6.1987, Décision n° 87-226 DC; Conseil constitutionnel, 04.05.2000, Décision n° 2000-428 DC; auch bereits zitiert in: *M. Lasserre* in Sydow (Hrsg.), Französisches Verfassungsrecht im 21. Jahrhundert, 2022, S. 23 (44).

[1369] *Gründler*, Revue du droit public, 2007, 445 (450); Hamon/Troper, Droit constitutionnel, 45. Aufl. 2025, 533. auch bereits zitiert in: *M. Lasserre* in Sydow (Hrsg.), Französisches Verfassungsrecht im 21. Jahrhundert, 2022, S. 23 (44).

dieses Zugeständnis einer möglichen Sezession jedoch nur für Überseekörperschaften vorliege, stellte der *Conseil constitutionnel* in seiner Entscheidung zum Status von Korsika eindeutig fest.[1370] Der Unterschied zwischen Metropol- und Überseekörperschaften wird mit Verweis auf die Formulierung des Abs. 2 der Präambel der Verfassung von 1958 gerechtfertigt, wonach ihre freie Selbstverwaltung verfassungsrechtlich vorgesehen ist („*principe de libre détermination*").[1371] Damit sind nur noch die Außengrenzen der Metropolregion unveränderbar. Die noch 1958 bestehende geographisch-demographische Definition der Unteilbarkeit des Staatsgebiets ist mithin stark eingeschränkt.[1372]

Um dem Prinzip der Unteilbarkeit des Staatsgebiets jedoch einen weiteren Anwendungsbereich zu verschaffen, wurde seine Auslegung ausgedehnt auf die sog. „*uniformité des droits applicables*", also der Rechtseinheit im Staatsgebiet. Im gesamten Staatsgebiet müssen damit dieselben Gesetze anwendbar sein. An dieser Stelle wird der Zusammenhang zwischen dem Prinzip der Unteilbarkeit und dem der Einheit sowie dem der Gleichheit deutlich. Die Auslegung der Unteilbarkeit des Territoriums als Rechtseinheit im Staatsgebiet macht zudem vor dem Hintergrund der Einheitsstaatlichkeit als Zielvorstellung der Unteilbarkeit Sinn. Auch wenn nicht mehr von einer makellosen *uniformité* im Sinne der revolutionären Zielvorstellung ausgegangen werden kann, liegt dem Prinzip immer noch das Ziel der rechtlichen Angleichung zugrunde.[1373] Damit stärkt auch besonders das Prinzip der Gleichheit das Prinzip der Unteilbarkeit des Territoriums. Es agiert als Rechtfertigung für sein Verbleiben an erster Stelle der Verfassung.[1374]

Diese Interpretation ist dem Unteilbarkeitsprinzip jedoch nicht fremd. Vielmehr erfolgt mit dieser Auslegung eine Annäherung an die revolutionäre Idee der territorialen Unteilbarkeit. Hier wurde auch schon die Rechtseinheit an die Komponente des Territoriums angeknüpft.[1375]

Die genannte Rechtseinheit bezog sich – wie auch in der Auslegung der Revolution[1376] – nur auf Legislativakte, nicht jedoch auf die Administrative.[1377] Im Falle letzterer (sog. *règlements*) ist – entsprechend den Feststellungen zum Einheitsstaat – eine Übertragung von Hoheitsbefugnissen möglich.[1378] Wie bezogen auf die Einheitsstaatlichkeit bereits festgestellt wurde, ist heute keine normative Einheit im

---

1370 Conseil constitutionnel, 9.5.1991, Décision n° 91-290 DC.

1371 Vgl. *Gründler* Revue du Droit Public 2007, 445 (453); vgl. auch bereits: *M. Lasserre* in Sydow (Hrsg.), Französisches Verfassungsrecht im 21. Jahrhundert, 2022, S. 23 (44).

1372 Vgl. in diesem Sinne auch bereits: *M. Lasserre* in Sydow (Hrsg.), Französisches Verfassungsrecht im 21. Jahrhundert, 2022, S. 23 (44).

1373 Vgl. hierzu im Detail Gliederungspunkt: A.I.1.

1374 Vgl. hierzu im Detail oben Gliederungspunkt A., VII.

1375 In *Archives parlementaires,* Séance du mardi 25 Septembre 17 Lecture de l'article 1er du titre II du projet de Constitution, 25.9.1791, S. 301, wird das „territoire" des „royaume" als „indivisible" beschrieben; auch zitiert in: *Debbasch,* Le principe révolutionnaire d'unité et d'indivisibilité de la République, 1988, S. 78f.

1376 *Debbasch,* Le principe révolutionnaire d'unité et d'indivisibilité de la République, 1988, S. 71ff.

1377 *Favoreu et al.,* Droit constitutionnel 2024, 26. Aufl. 2023, S. 535.

1378 Vgl. hierzu: *Favoreu et al.,* Droit constitutionnel 2024, 26. Aufl. 2023, S. 1017ff.

Sinne eines *uniformité* anzunehmen.[1379] Stattdessen sind Ausnahmen von der normativen Einheit möglich, sobald „besondere örtliche Gegebenheiten" dies bedingen.[1380] Diese Feststellung wird allem Anschein nach jedoch lediglich auf Übersee-körperschaften angewendet, nicht jedoch auf die Metropolregion.[1381] Hinzukommt, dass eine Abweichung von normativer Einheit nach der Rechtsprechung des *Conseil constitutionnel*[1382] nur dann nicht gerechtfertigt ist, wenn eine übermäßige Differenzierung gegeben ist, also eine gleiche Anwendung von Grundrechten im Staatsgebiet nicht gewährleistet ist.[1383]

Es wird deutlich, dass die Auslegung des *Conseil constitutionnel* bezogen auf die Unteilbarkeit des Staatsgebiets über die Anwendung des Gleichheitsprinzips erhebliche Überschneidungen mit den beiden anderen Teilbereichen der Unteilbarkeit aufweist. Denn auch die Unteilbarkeit der Staatsgewalt will eine Anwendung verschiedener Hoheitsakte im Staatsgebiet (erlassen durch unterschiedliche Hoheitsträger) verhindern. Zudem soll die Unteilbarkeit des Volkes nicht durch eine ungleiche Anwendung der Gesetze verengt werden. [1384] Der bereits durch die Unabhängigkeit der ehemaligen Kolonien umgedeutete und beschränkte Anwendungsbereich der Unteilbarkeit des Territoriums wird demnach durch die Rechtsprechung des *Conseil constitutionnel* und die Zusammenschau mit dem Verfassungsprinzip der Gleichheit immer und auch der Einheit weiter reduziert.[1385] Es tut sich die Frage auf, welcher eigene Anwendungsbereich dem Prinzip der Unteilbarkeit des Territoriums noch zukommt.[1386]

d) Beschränkung der normativen Einheit durch Handeln der Gebietskörperschaften

Um den verbleibenden Anwendungsbereich des Prinzips der Unteilbarkeit des Staatsgebiets zu ermitteln, müssen die einzelnen Abweichungen, die aufgrund von Verfassungsänderungen und Entscheidungen des *Conseil constitutionnel* erfolgten mit Blick auf ihren Einfluss auf das Prinzip analysiert werden. Hierbei ist zwischen Abweichungen von der Unteilbarkeit des Staatsgebiets durch nationale Hoheitsträger – etwa die nationale Legislativgewalt – oder jene durch regionale

---

1379 *Dollat* Revue française de droit administratif 2003 (671); *Favoreu et al.,* Droit constitutionnel 2024, 26. Aufl. 2023, S. 621; auch bereits zitiert in: *M. Lasserre* in Sydow (Hrsg.), Französisches Verfassungsrecht im 21. Jahrhundert, 2022, S. 23 (45).

1380 Vgl. hierzu auch : A.I.3.c).

1381 Conseil constitutionnel, 15.6.1999, Décision n° 99-412 DC; auch hierzu: B., IV., 3., c).

1382 Conseil constitutionnel, 18.1.1985, Décision n° 84-185 DC; 13.1.1994, Décision n° 93-329 DC; 9.4.1996, Décision n° 96-373 DC; 17.1.2002, Décision n° 2001-454 DC.

1383 *Favoreu et al.,* Droit constitutionnel 2024, 26. Aufl. 2023, S. 618; auch bereits zitiert in: *M. Lasserre* in Sydow (Hrsg.), Französisches Verfassungsrecht im 21. Jahrhundert, 2022, S. 23 (50).

1384 Hamon/Troper, Droit constitutionnel, 45. Aufl. 2025, 539.

1385 In diesem Sinne auch bereits: *M. Lasserre* in Sydow (Hrsg.), Französisches Verfassungsrecht im 21. Jahrhundert, 2022, S. 23 (45).

1386 In diesem Sinne auch bereits: *M. Lasserre* in Sydow (Hrsg.), Französisches Verfassungsrecht im 21. Jahrhundert, 2022, S. 23 (45).

Entscheidungsträger zu unterscheiden. In beiden Fällen muss die gleiche Anwendung von Grundrechten geachtet werden.[1387]

Auf Ebene der Gebietskörperschaften ist ihr Handeln durch Exekutivakte und Legislativakte zu unterscheiden. Bereits die Übertragung von Administrativbefugnissen auf lokale Hoheitsträger läuft der Rechtseinheit zuwider. Denn Recht umfasst sowohl Administrativakte (*règlements*) als auch Legislativakte (*lois*).[1388] Die Übertragung letzterer wird oft als Grenze des Übergangs eines Einheits- zum Föderalstaat gesehen.[1389] Die in diesem Zusammenhang getroffenen Verfassungsänderungen stehen vielfach im Zusammenhang mit der Dezentralisierung Frankreichs seit den 1980er-Jahren.

aa) Beschränkung der normativen Einheit durch Exekutivhandeln der Gebietskörperschaften

Die meisten Abweichungen der Unteilbarkeit des Staatsgebiets sind Ausprägung der Dezentralisierungsentwicklung Frankreichs. Da diese u.a. gestützt wird auf das Prinzip der freien Selbstverwaltung, sind die im Folgenden diskutierten Maßnahmen auch unter dem Blickwinkel der sog. *libre administration des collectivités territoriales* zu sehen[1390] sowie unter dem Blickwinkel der Einheitsstaatlichkeit, von der im Wege der Dezentralisierungswellen potenziell abgewichen wurde.[1391]

Dass verfassungsrechtlich insbesondere die Konstitutionalisierungsreform des Jahres 2003 relevant ist, spiegelt sich auch darin wider, dass die im Folgenden diskutierten Abweichungsmöglichkeiten von der Rechtseinheit durch die Gebietskörperschaften, mehrheitlich auf der Verfassungsreform von 2003 beruhen, so die Ermächtigung zum Erlass von *règlements* (1) und das Experimentierrecht (2).

(1) Ermächtigung zum Erlass von règlements gem. Art. 72 Abs. 2, 3 CF

Durch die Dezentralisierungsreform 2003 wurde Art. 72 Abs. 3 CF um einen Halbsatz ergänzt, wonach Gebietskörperschaften das Recht haben, *règlements* zu erlassen.[1392] Das Prinzip der freien Selbstverwaltung der Gebietskörperschaften – welches in Art. 72 Abs. 3 CF verankert ist – wird damit durch die nun auch verfassungsrechtlich kodifizierte Dezentralisierung um konkrete Exekutivbefugnisse der lokalen Hoheitsträger ergänzt.[1393]

1387 *Hamon/Troper*, Droit constitutionnel, 45. Aufl. 2025, 537; in diesem Sinne auch schon: *M. Lasserre* in Sydow (Hrsg.), Französisches Verfassungsrecht im 21. Jahrhundert, 2022, S. 23 (45).

1388 Vgl. hierzu im Detail oben Punkt: A.I.1.b)bb)(2).

1389 *Bacot,* Carré de Malberg et l'origine de la distinction entre souveraineté du peuple et souveraineté nationale, 1985, S. 173.

1390 *F. Luchaire/Y. Luchaire,* Le droit de la décentralisation, 2. Aufl. 1989, S. 85.; vgl. hierzu vertieft bereits oben: A.I.22.

1391 Vgl. hierzu im Detail den obigen Abschnitt: A.I.1.b)

1392 Loi constitutionnelle n°2003-276 Journal Officiel de la République française 2003, 5568.

1393 *Hamon/Troper,* Droit constitutionnel, 43. Aufl. 2022, S. 485.

Gemäß Art. 37 CF sind *règlements* solche Rechtsakte, die nicht in den Bereich der *lois* nach Art. 34 CF fallen. Es handelt sich hierbei um Exekutivgesetze. Die Bereiche, in denen den Gebietskörperschaften eine Kompetenz zum Erlass von *règlements* zukommt, sind eng begrenzt durch Art. 34 CF sowie durch den Umstand, dass sie gem. Art. 72 Abs. 3 CF den Kompetenzen der Gebietskörperschaften zuzuordnen sein müssen.[1394] Letzteres verweist auf Regelungen bezüglich ihrer internen Organisation und Funktionsfähigkeit.[1395] Diese Formulierung geht zurück auf das Gesetz von 1884 zur Organisation der Gemeinden[1396] und wurde konkretisiert durch das allgemeine Gesetz der Gebietskörperschaften,[1397] wonach alle Bereiche umfasst sind, die im öffentlichen Interesse der Gemeinden stehen.[1398] *In concreto* betrifft dies etwa die Regelung für lokale Wirtschaftshilfen für Unternehmen, bestimmte Polizeimaßnahmen sowie die Rekrutierung lokaler Verwaltungsmitarbeiter:innen.[1399]

Beachtlich ist außerdem die Vorschrift des Art. 72 Abs. 2 CF. Denn diese weitet die Kompetenz zum Erlass von *règlements* auf Bereiche aus, die sonst nur durch Legislativakte im Sinne von Art. 34 CF erlassen werden können.[1400] Art. 72 Abs. 2 CF sieht eine Subsidiaritätszuständigkeit der Gebietskörperschaften (vergleichbar mit der Kompetenz nach Art. 5 Abs. 2 EUV) für Materien vor, die von diesen „besser“ wahrgenommen werden können.[1401]

1394 *Vie publique,* Qu'est-ce que le pouvoir réglementaire local ?, https://www.vie-publique.fr/fiches/20113-quest-ce-que-le-pouvoir-reglementaire-local#:~:text=Les%20collectivit%C3%A9s%20territoriales%20ont%20le,d'%C3%A9dicter%20des%20mesures%20r%C3%A9glementaires.

1395 *Vie publique,* Qu'est-ce que le pouvoir réglementaire local ?, https://www.vie-publique.fr/fiches/20113-quest-ce-que-le-pouvoir-reglementaire-local#:~:text=Les%20collectivit%C3%A9s%20territoriales%20ont%20le,d'%C3%A9dicter%20des%20mesures%20r%C3%A9glementaires.

1396 Loi du 5 avril 1884 relative à l'organisation municipale Journal Officiel de la République française 1884, 1897; vgl. *Vie publique,* Qu'est-ce que la clause générale de compétence ?, https://www.vie-publique.fr/fiches/20105-quest-ce-que-la-clause-generale-de-competence.

1397 Loi 96-142 Journal Officiel de la République française 1996, 2992.

1398 Vgl. hierzu: *Vie publique,* Qu'est-ce que la clause générale de compétence ?, https://www.vie-publique.fr/fiches/20105-quest-ce-que-la-clause-generale-de-competence; eine Ausnahme ergibt sich bezogen auf départements und régionen (also nicht bezogen auf Kommunen und Überseekörperschaften) seit dem Gesetz NOTRe aus dem Jahr 2015Loi n° 2015-991 du 7 août 2015 portant nouvelle organisation territoriale de la République (1) vom 08.08.2015; die Verfassungsmäßigkeit des Gesetzes wurde 2016 bestätigt durch Conseil constitutionnel, 16.9.2016, Décision n° 2016-565 QPC.

1399 Vgl. *Vie publique,* Qu'est-ce que le pouvoir réglementaire local ?, https://www.vie-publique.fr/fiches/20113-quest-ce-que-le-pouvoir-reglementaire-local#:~:text=Les%20collectivit%C3%A9s%20territoriales%20ont%20le,d'%C3%A9dicter%20des%20mesures%20r%C3%A9glementaires.

1400 Vgl. hierzu auch bereits: *M. Lasserre* in Sydow (Hrsg.), Französisches Verfassungsrecht im 21. Jahrhundert, 2022, S. 23 (52).

1401 Im Original lautet es in Art. 72 Abs. 2 CF: „Les collectivités territoriales ont vocation à prendre les decisions pour l'ensemble des compétences qui peuvent le mieux être mises en oevre à leur échelon.", vgl. hierzu auch bereits: *M. Lasserre* in Sydow (Hrsg.), Französisches Verfassungsrecht im 21. Jahrhundert, 2022, S. 23 (52).

Wie auch bei den übrigen Konkretisierungen der freien Selbstverwaltung der Gebietskörperschaften bildet die Grenze zum Erlass von *règlements* – also zur Einschränkung der Rechtseinheit – das Prinzip der Gesetzesgleichheit.[1402] Das Prinzip der Gleichheit verleiht damit der Unteilbarkeit des Staatsgebiets, also der Geltung von Rechtseinheit, seinen verbleibenden Anwendungsbereich. [1403] Eine Beeinträchtigung dieses Prinzips der Gleichheit kann wiederum durch lokale Besonderheiten gerechtfertigt sein.[1404] Damit ergibt sich bereits aus der Ermächtigung der Gebietskörperschaften, nach Art. 72 Abs. 3 CF *règlements* zu erlassen, eine Eingrenzung der Rechtseinheit. Diese ist jedoch durch Art. 34 CF sowie die Begrenzung auf „eigene Kompetenzen" in Art. 72 Abs. 4 CF, die Nachordnung gebietskörperschaftlicher Behörden im Verwaltungsaufbau und die Rechtsprechung des *Conseil constitutionnel* zur Gesetzesgleichheit, sehr limitiert.[1405]

(2) Experimentierrecht

Seit etwa sechzig Jahren bestehen Ideen zu einem sog. Experimentierrecht (*droit à l'expérimentation*) in Frankreich.[1406] Es betrifft den Erlass von Regelungen, bezogen auf eine bestimmte Thematik und für eine begrenzte Dauer. Im Falle des Erfolgs der Regelung solle die experimentelle Vorschrift dauerhaft Anwendung finden.[1407] Damals war die Regelung jedoch noch auf die politische und administrative Dekonzentration Frankreichs bezogen.[1408] Eine Ausweitung auf den Bereich der *lois* stand außerfrage. Dies hängt nicht nur mit der *Rousseau*'schen Stellung des *lois* im französischen Rechtssystem zusammen.[1409] Die Ablehnung einer Ausweitung des Experimentierrechts ist auch im Zusammenhang mit den Prinzipien der Einheit und Unteilbarkeit zu sehen.[1410]

1402 *Favoreu et al.,* Droit constitutionnel 2024, 26. Aufl. 2023, 618, 630.

1403 In diesem Sinne auch bereits: *M. Lasserre* in Sydow (Hrsg.), Französisches Verfassungsrecht im 21. Jahrhundert, 2022, S. 23 (50).

1404 Vgl. hierzu im Detail :A.I.3.d).

1405 Vgl. in diesem Sinne auch schon: *M. Lasserre* in Sydow (Hrsg.), Französisches Verfassungsrecht im 21. Jahrhundert, 2022, S. 23 (47).

1406 *Crouzatier-Durand* Revue française de droit constitutionnel 2003, 675 (682).

1407 Vgl. hierzu: *Favoreu et al.,* Droit constitutionnel 2024, 26. Aufl. 2023, S. 626f.; *Conseil d'État,* Les expérimentations : comment innover dans la conduite des politiques publiques ?, 2019, S. 12f.

1408 *Crouzatier-Durand* Revue française de droit constitutionnel 2003, 675 (682).

1409 *Crouzatier-Durand* Revue française de droit constitutionnel 2003, 675 (677f.).

1410 Vgl. *Gründler* Revue du Droit Public 2007, 445 (457); *Koç,* La concession d'un pouvoir législatif aux collectivités territoriales par le pouvoir central, ou les prémices d'une métamorphose de la République., http://res-juridica-fr.over-blog.com/2018/05/le-pouvoir-legislatif-des-collectivites.html; auch bereits erwähnt in: *M. Lasserre* in Sydow (Hrsg.), Französisches Verfassungsrecht im 21. Jahrhundert, 2022, S. 23 (46).

(a) Entstehung eines nationalen Experimentierrechts

Die Idee des Experimentierrechts wurde in den 90er-Jahren in der Rechtsprechung des *Conseil constitutionnel* als verfassungsmäßig bestätigt[1411] und 2002 vom *Conseil d'État* aufgenommen.[1412] Hiernach waren jedoch nur Experimentiergesetze im Sinne der jeweiligen Normsetzungsbefugnis des nationalen Hoheitsträgers zulässig.[1413] Ein Experimentierrecht der Gebietskörperschaften wurde nicht angesprochen.[1414] Es kommt beim Experimentierrecht in diesem Sinne also nicht per se zu einer Abweichung vom Prinzip der Normeinheit. Eine solche kann sich lediglich aus dem Inhalt des Experimentiergesetzes ergeben, wie dies 2004 beim Experimentiergesetz des Art. 44 n° 2004-809 bezogen auf die Freiheiten und Verantwortlichkeiten zur Organisation bestimmter europäischer Strukturierungsfonds auf lokaler Ebene der Fall war.[1415] In seiner Entscheidung, in der er die Verfassungsmäßigkeit dieses Experimentiergesetzes feststellte, erklärte der *Conseil constitutionnel*, dass Abweichungen vom Gleichheitssatz im Falle von Experimentiergesetzen möglich seien, jedoch durch ein „hinreichend konkretes Ziel" des Gesetzes gerechtfertigt sein müssen.[1416] Die Übertragung von Kompetenzen auf Gebietskörperschaften im Wege eines Experimentiergesetzes ist nicht selten. Eine parlamentarische Erhebung der *Assemblée nationale* aus dem Jahr 2018 ergab, dass bis zu diesem Zeitpunkt 28 Experimentiergesetze erlassen wurden, die testweise Kompetenzen auf die lokale Ebene übertrugen und somit die Rechtseinheit im Staatsgebiet tangierten.[1417]

In einer Entscheidung aus dem Jahr 2002 zu Korsika entschied der *Conseil constitutionnel*, dass ein Abweichen von den Parlamentsbefugnissen im Bereich der *lois* durch Gebietskörperschaften u.a. mit dem Prinzip der Gleichheit und der Unteilbarkeit unvereinbar sei.[1418] Da aber Änderungen in der Verfassungsauslegung durch Veränderungen im Verfassungstext herbeigeführt werden können,[1419] wandelte sich dies durch die Verfassungsreform 2003. Anders als im Falle deutscher

[1411] Conseil constitutionnel, 28.7.1993, Décision n° 93-322 DC.

[1412] Conseil d'État, 18.12.2002, 5 / 7 SSR - 234950.

[1413] *Conseil d'État,* Les expérimentations : comment innover dans la conduite des politiques publiques ?, 2019, S. 15f.

[1414] *Sénat,* Droit à l'expérimentation des collectivités - Question écrite n°05402 - 14e législature, https://www.senat.fr/questions/base/2013/qSEQ130305402.html; Vgl. auch: Conseil constitutionnel, 17.1.2002, Décision n° 2001-454 DC.

[1415] *Sénat,* Droit à l'expérimentation des collectivités - Question écrite n°05402 - 14e législature, https://www.senat.fr/questions/base/2013/qSEQ130305402.html.

[1416] Conseil constitutionnel, 12.8.2004, Décision n° 2004-503 DC; vgl. hierzu auch: *Sénat,* Droit à l'expérimentation des collectivités - Question écrite n°05402 - 14e législature, https://www.senat.fr/questions/base/2013/qSEQ130305402.html.

[1417] *Cazaneuve et al.,* Missions flash sur la réforme des institutions: Expérimentation et différenciation territoriale, 2018, S. 10; vgl. auch: *Conseil d'État,* Les expérimentations : comment innover dans la conduite des politiques publiques ?, 2019, S. 30.

[1418] Conseil constitutionnel, 17.1.2002, Décision n° 2001-454 DC.

[1419] Hierzu im Detail : B., I., 2., b).

Verfassungsänderungen findet keine Kontrolle der Verfassungsmäßigkeit verfassungsändernder Gesetze statt.[1420]

Das Experimentierrecht wurde in doppelter Hinsicht in der Verfassung verankert. Zum einen wurde das bereits zuvor verfassungsgerichtlich anerkannte Experimentierrecht in Bereich der nationalen Normsetzungsbefugnisse in Art. 37-1 CF (also im Abschnitt der Verfassung, der Parlament und Regierung betrifft) kodifiziert. Danach können „*lois* wie *règlements* vorübergehend Bestimmungen mit experimentellem Charakter enthalten". Die Regelung nimmt die bestehende Rechtsprechung des *Conseil constitutionnel* und des *Conseil d'État* aus den 90er- und 2000er-Jahren in den Verfassungstext auf.[1421] Ein Erlass von regionalen Abweichungen von Legislativgesetzen ist auf Grundlage von Art. 37-1 CF nicht möglich.[1422] Auch die bisherige Rechtsprechung des *Conseil constitutionnel* und des *Conseil d'État* aus den 90er- und 2000er-Jahren umfasste diese Möglichkeit nicht. [1423] Die Rechtseinheit wird nur auf Ebene der *règlements*, sowie in den genannten Ausnahmefällen gestört, in denen ein Experimentiergesetz die Übertragung von Kompetenzen auf die Gebietskörperschaften hat.[1424] Zum anderen wurde in Art. 72 Abs. 4 CF die zuvor für verfassungswidrig gehaltene Abweichungsmöglichkeit der Gebietskörperschaften von Legislativakten eingeführt.[1425] Damit würde die Rechtseinheit künftig nicht nur in Bezug auf die Exekutiveinheit eingeschränkt, sondern auch bzgl. der Einheit der Legislativakte.

(b) Experimentierrecht nach Art. 72 Abs. 4 CF

Die Besonderheit der Neuregelung des Experimentierrechts im Rahmen der Verfassungsreform von 2003, mit dem das Experimentierrecht in Art. 37-1, 72 Abs. 4 CF verankert wurde,[1426] ist, dass dieses nun auf Bereiche der *lois* ausgeweitet wurde (vgl. den Wortlaut des Art. 72 Abs. 4 CF)[1427] und zudem der Inhalt der

---

1420 Vgl. hierzu im Detail: B., I., 2., b).

1421 Conseil constitutionnel, 28.7.1993, Décision n° 93-322 DC; Conseil d'État, 18.12.2002, 5 / 7 SSR - 234950.

1422 Vgl. *Sénat,* Droit à l'expérimentation des collectivités - Question écrite n°05402 - 14e législature, https://www.senat.fr/questions/base/2013/qSEQ130305402.html; *Janicot,* La décentralisation et l'expérimentation normative, https://www.conseil-constitutionnel.fr/publications/titre-vii/la-decentralisation-et-l-experimentation-normative.

1423 Conseil constitutionnel, 28.7.1993, Décision n° 93-322 DC; Conseil d'État, 18.12.2002, 5 / 7 SSR - 234950.

1424 Loi n° 2004-809 Journal Officiel électronique authentifié n° 0190 2004, Text 1.

1425 *Conseil d'État,* Les expérimentations : comment innover dans la conduite des politiques publiques ?, 2019, S. 15f.

1426 Vgl. Art. 5 des Verfassungsänderungsgesetzes von 2003: Loi constitutionnelle n°2003-276 Journal Officiel de la République française 2003, 5568; vgl. ebenfalls hierzu: *Gründler* Revue du Droit Public 2007, 445 (457); auch bereits erwähnt in: *M. Lasserre* in Sydow (Hrsg.), Französisches Verfassungsrecht im 21. Jahrhundert, 2022, S. 23 (46).

1427 Vgl. hierzu auch: *Crouzatier-Durand* Revue française de droit constitutionnel 2003 (675).

abweichenden Regelungen durch die Gebietskörperschaften selbst bestimmt wird.[1428] Es ermöglicht Gebietskörperschaften, unabhängig von ihrem Status als Überseekörperschaft oder als Teil der Metropolregion *règlements* zu erlassen. Im Unterschied zu den im Rahmen von Art. 72 Abs. 3 CF erlassenen *règlements* kann es sich bei den Maßnahmen im Sinne von Art. 72 Abs. 4 CF auch um Regelungen im Bereich der Kompetenzen der nationalen Legislative nach Art. 34 CF handeln.[1429] Somit wird durch Exekutivhandeln der Gebietskörperschaften von der Legislativeinheit abgewichen.[1430] Der Anwendungsbereich der Unteilbarkeit des Staatsgebiets wird mithin weiter beschränkt, als dies bei reinen *règlements* der Fall ist. Nicht nur liegt die Entscheidung ob vom Experimentierrecht Gebrauch gemacht wird, anders als bei règlements im Sinne von Art. 72 Abs. 2 CF bei der Gebietskörperschaft selbst (diese ist also unabhängig von einer Bereichsermächtigung in der Verfassung[1431]). Im Ergebnis führt ein Tätigwerden aufgrund des Experimentierrechts auch zu einer uneinheitlichen Rechtslage (bezogen auf Legislativakte).

Im Gegensatz zum nationalen Experimentierrecht auf Grundlage von Art. 37-1 CF, welches 296 Mal ausgeübt wurde, wobei 153 Regelungen im Jahr 2019 noch in Kraft waren,[1432] wurde das gebietskörperschaftliche Experimentierrecht des Art. 72 Abs. 4 CF zwischen 2003 und 2021 lediglich vier Mal in Anspruch genommen.[1433] Die hier erlassenen Regelungen betrafen das Bildungs-, Wasser- und Steuerrecht. Nur eine der drei Regelungen wurde nicht auf das Staatsgebiet ausgeweitet.[1434] Im Ergebnis bedeutet dies, dass auch wenn auf den ersten Blick das Experimentierrecht der Gebietskörperschaften nach Art. 72 Abs. 4 CF das größere Risiko für die Rechtseinheit im Staatsgebiet zu sein scheint, tatsächlich über das nationale Experimentierrecht aus Art. 37-1 CF quantitativ deutlich mehr Regelungen erlassen

---

1428 Vgl. *Vie publique,* La révision constitutionnelle relative à l'organisation décentralisée de la République, acte II de la décentralisation, https://www.vie-publique.fr/eclairage/38440-lacte-ii-de-la-decentralisation-la-revision-constitutionnelle#le-droit-%C3%A0-lexp%C3%A9rimentation-des-collectivit%C3%A9s-locales; das Vorgehen wurde 2003 vom Conseil constitutionnel für verfassungsgemäß erklärt, vgl.: Conseil constitutionnel, 30.7.2003, Décision n° 2003-478 DC.

1429 Vgl. *Crouzatier-Durand* Revue française de droit constitutionnel 2003 (675).

1430 Vgl. *Janicot,* La décentralisation et l'expérimentation normative, https://www.conseil-constitutionnel.fr/publications/titre-vii/la-decentralisation-et-l-experimentation-normative.

1431 Anders ist dies im Falle reiner règlements, vgl.: *Vie publique,* Qu'est-ce que le pouvoir réglementaire local ?, https://www.vie-publique.fr/fiches/20113-quest-ce-que-le-pouvoir-reglementaire-local#:~:text=Les%20collectivit%C3%A9s%20territoriales%20ont%20le,d'%C3%A9dicter%20des%20mesures%20r%C3%A9glementaires.

1432 *Conseil d'État,* Les expérimentations : comment innover dans la conduite des politiques publiques ?, 2019, S. 22.

1433 *Vie publique,* Loi organique du 19 avril 2021 relative à la simplification des expérimentations mises en œuvre sur le fondement du quatrième alinéa de l'article 72 de la Constitution, https://www.vie-publique.fr/loi/275530-loi-19-avril-2021-experimentations-locales-differenciation-territoriale; vgl. auch: *Conseil d'État,* Les expérimentations : comment innover dans la conduite des politiques publiques ?, 2019, S. 30f.

1434 *Conseil d'État,* Les expérimentations : comment innover dans la conduite des politiques publiques ?, 2019, S. 31; vgl. bezogen auf die experimentelle Änderung des Wasserrechts: *Causse/Wufranc,* Mission « flash » sur le bilan de l'expérimentation d'une tarification sociale de l'eau, 23.02.2022.

werden, die potenziell die Rechtseinheit beeinträchtigen.[1435] Dies könnte darauf zurückzuführen sein, dass ein Handeln nach dem Experimentierrecht formalen Grenzen unterliegt und nicht ohne Anfrage beim Parlament durchzusetzen ist, vgl. Art. 72 Abs. 4 CF der auf ein Umsetzungsgesetz (*loi organique*) verweist.[1436]

Darüber hinaus sind die Experimentiergesetze nach Art. 72 Abs. 4 CF, anders als diejenigen nach art. 37-1 CF, auf lediglich fünf Jahre begrenzt, vgl. Art. LO1113-1 des *Code général des collectivités territoriales*.[1437] Aus diesem Erfordernis wird der Zweck des Experimentierrechts deutlich, der – anders als dies bei der *règlement*-Kompetenz im Sinne von Art. 72 Abs. 3 der Fall ist[1438] – nicht darin liegt, lokalen Besonderheiten Rechnung zu tragen. Vielmehr lautet es in Art. 72 Abs. 4 CF, die Gebietskörperschaften können „für einen begrenzten Zweck und eine begrenzte Dauer gegen die Rechts- oder Verwaltungsvorschriften"[1439] verstoßen. Ursprünglich handelte es sich danach lediglich um Übergangsvorschriften, deren Ziel es ist, auf regionaler Ebene potenziell gesamtstaatlich vorteilhafte Regelungen auszutesten.[1440] Erwies sich die Vorschrift als vorteilhaft gegenüber der ursprünglichen Regelung, wird diese nach der Übergangsfrist im Sinne von Art. 72 Abs. 4 CF auf das gesamte Staatsgebiet ausgeweitet.[1441] Somit sollte die Übertragung des Experimentierrechts nicht zu einer ausgeprägteren normativen Diversität im Staatsgebiet führen, sondern lediglich die Qualität des Rechts fördern.[1442] Abweichungen von der

---

1435 *Cazaneuve et al.,* Missions flash sur la réforme des institutions: Expérimentation et différenciation territoriale, 2018, S. 10; vgl. auch: *Conseil d'État,* Les expérimentations : comment innover dans la conduite des politiques publiques ?, 2019, S. 30.

1436 *Sénat,* Droit à l'expérimentation des collectivités - Question écrite n°05402 - 14e législature, https://www.senat.fr/questions/base/2013/qSEQ130305402.html; Code général des collectivités territoriales Journal Officiel électronique authentifié n° 0174 2024, Text 46.

1437 *Sénat,* Droit à l'expérimentation des collectivités - Question écrite n°05402 - 14e législature, https://www.senat.fr/questions/base/2013/qSEQ130305402.html; vgl. auch: *Conseil d'État,* Les expérimentations : comment innover dans la conduite des politiques publiques ?, 2019, S. 17; *Favoreu et al.,* Droit constitutionnel 2024, 26. Aufl. 2023, S. 626; Code général des collectivités territoriales Journal Officiel électronique authentifié n° 0174 2024, Text 46.

1438 Loi 96-142 Journal Officiel de la République française 1996, 2992.

1439 Im Original lautet es: „pour un objet et une durée limités, aux dispositions législatives ou réglementaires"

1440 *Koç,* La concession d'un pouvoir législatif aux collectivités territoriales par le pouvoir central, ou les prémices d'une métamorphose de la République., http://res-juridica-fr.over-blog.com/2018/05/le-pouvoir-legislatif-des-collectivites.html.

1441 *Koç,* La concession d'un pouvoir législatif aux collectivités territoriales par le pouvoir central, ou les prémices d'une métamorphose de la République., http://res-juridica-fr.over-blog.com/2018/05/le-pouvoir-legislatif-des-collectivites.html; auch bereits erwähnt in: *M. Lasserre* in Sydow (Hrsg.), Französisches Verfassungsrecht im 21. Jahrhundert, 2022, S. 23 (46); *Crouzatier-Durand* Revue française de droit constitutionnel 2003 (675).

1442 *Crouzatier-Durand* Revue française de droit constitutionnel 2003, 675 (676); *Koç,* La concession d'un pouvoir législatif aux collectivités territoriales par le pouvoir central, ou les prémices d'une métamorphose de la République., http://res-juridica-fr.over-blog.com/2018/05/le-pouvoir-legislatif-des-collectivites.html; *M. Lasserre* in Sydow (Hrsg.), Französisches Verfassungsrecht im 21. Jahrhundert, 2022, S. 23 (46).

Rechtseinheit waren damit nur vorübergehend.[1443] Dies änderte sich jedoch schleichend: zunächst durch die Rechtsprechung des *Conseil constitutionnel*,[1444] in der eine Ausweitung auf mehrere Regionen im Staatsgebiet bejaht wurde, sowie schlussendlich durch die Einführung des neuen Umsetzungsgesetzes zu Art. 72 CF.[1445] Der hierdurch entstandene Wandel der Zielrichtung des Experimentierrechts steht in engen Zusammenhang mit dem Prinzip der Gleichheit, welches nach Art. 72 Abs. 4 CF als Grenze der Abweichungsbefugnis normiert ist.

(c) Gesetzesgleichheit als Grenze des Experimentierrechts

Ebenso wie im Falle der übrigen *règlements* im Sinne von Art. 72 Abs. 3 CF fungiert die Grundrechtsgleichheit als Sperre für die Durchsetzung eines Experimentierrechts, unabhängig ob diese auf Grundlage von Art .72 Abs. 4 oder Art. 37-1 CF erlassen wurde.[1446] *Janicot* weist jedoch darauf hin, dass im Zusammenhang mit dem Experimentierrecht die schwache Wertung zutage tritt, die dem Gleichheitsrecht in der Rechtsprechung des *Conseil constitutionnel* beigemessen wird.[1447] So könne sich aus dem Gleichheitsrecht sogar ein Erfordernis ergeben, im Staatsgebiet unterschiedliche Regelungen vorzunehmen.[1448] Aus dem Gleichheitsprinzip ergibt sich keine Uniformität des Rechts. Einschränkungen sind aufgrund unterschiedlicher Situationen in den Gebieten sowie aufgrund eines Interesses der Allgemeinheit möglich.[1449] Die besonderen lokalen Gegebenheiten führen als Rechtfertigungsvoraussetzung einer Ungleichbehandlung jedoch in der Praxis nicht dazu, dass ein Experimentierrecht nicht umgesetzt werde.[1450] Auch verweise der *Conseil constitutionnel* in seiner Rechtsprechung rein abstrakt auf ein Vorliegen besonderer Gegebenheiten, arbeitet jedoch nicht heraus, worin genau diese bestehen (etwa in einer

[1443] Vgl. hierzu auch bereits: *M. Lasserre* in Sydow (Hrsg.), Französisches Verfassungsrecht im 21. Jahrhundert, 2022, S. 23 (46).

[1444] Vgl. etwa: Conseil constitutionnel, 16.9.2016, Décision n° 2016-565 QPC.

[1445] Loi organique n° 2021-467 Journal Officiel électronique authentifié n° 0093 2021, Text 1.

[1446] Vgl. hierzu: *Janicot,* La décentralisation et l'expérimentation normative, https://www.conseil-constitutionnel.fr/publications/titre-vii/la-decentralisation-et-l-experimentation-normative; 15.4.2021, Décision n° 2021-816 DC.

[1447] *Janicot,* La décentralisation et l'expérimentation normative, https://www.conseil-constitutionnel.fr/publications/titre-vii/la-decentralisation-et-l-experimentation-normative; 12.8.2004, Décision n° 2004-503 DC.

[1448] Conseil constitutionnel, 9.4.1996, Décision n° 96-373 DC; *Janicot,* La décentralisation et l'expérimentation normative, https://www.conseil-constitutionnel.fr/publications/titre-vii/la-decentralisation-et-l-experimentation-normative.

[1449] *Janicot,* La décentralisation et l'expérimentation normative, https://www.conseil-constitutionnel.fr/publications/titre-vii/la-decentralisation-et-l-experimentation-normative; *Mélin-Soucramanien,* Le principe d'égalité dans la jurisprudence du Conseil constitutionnel, 1997.

[1450] *Janicot,* La décentralisation et l'expérimentation normative, https://www.conseil-constitutionnel.fr/publications/titre-vii/la-decentralisation-et-l-experimentation-normative.

Kultur, der sozialen oder geographischen Gegebenheiten).[1451] Somit ergebe sich aus der Rechtsprechung des *Conseil constitutionnel*, dass eine besondere örtliche Gegebenheit in allen Gebietskörperschaften vorliege, allein begründet auf ihrer Existenz.[1452] Trete nun darüber hinaus das Rechtfertigungselement des Interesses der Allgemeinheit hinzu,[1453] ließe sich die Rechtfertigung einer Beeinträchtigung des Gleichheitssatzes kaum noch vermeiden.[1454] Dem lässt sich entgegenhalten, dass dem Element der Rechtfertigung aus Gründen des Gemeininteresses kein nennenswerter eigener Anwendungsbereich zukommt.[1455]

Darüber hinaus entschied der *Conseil constitutionnel* in seiner Entscheidung bezogen auf das neue Umsetzungsgesetz zu Art. 72 Abs. 4 CF (*loi organique relative à la simplification des expérimentations*[1456]), dass über das Prinzip der Gesetzesgleichheit ein lokal geltendes Gesetz auf Grundlage des Experimentierrechts auf weitere Gebietskörperschaften ausgedehnt werden könne. So formulierte er: „Aus diesen Bestimmungen [Art. 34 und 72 CF] ergibt sich, dass der Gesetzgeber experimentell getroffene Maßnahmen nicht dauerhaft nur in den Gebietskörperschaften beibehalten darf, die an dem Experiment teilgenommen haben, ohne sie auf andere Gebietskörperschaften auszudehnen, die dieselben Merkmale aufweisen, die eine Abweichung vom allgemeinen Recht rechtfertigen."[1457]. *Janicot* schließt aus dieser Entscheidung, dass sich aus dem Gleichheitsrecht somit sogar weitere Abweichungen von der Gesetzeseinheit ergeben können.[1458] Dies ist nur teilweise überzeugend, als eine Ausweitung des experimentellen Gesetzes keine neue Ungleichbehandlung schafft, sondern die zuvor bestehende Ungleichbehandlung kohärent anwendet. Was sich aus der Formulierung des *Conseil constitutionnel* jedoch außerdem ableiten lässt, ist dass ein experimentelles Gesetz gerade aufgrund seiner unterschiedlichen Wirkung im Staatsgebiet verfassungskonform ist. Das primäre Ziel des Experimentierrechts, nach einer Übergangsfrist auf das gesamte Staatsgebiet ausgeweitet zu werden, scheint hier nicht relevant zu sein. Dem entspricht auch die Zielsetzung der Experimentierrechte nach der Studie des *Conseil d'État*, wonach experimentelle

---

1451 Conseil constitutionnel, 26.6.1995, Décision n° 94-358 DC; vgl. *Janicot,* La décentralisation et l'expérimentation normative, https://www.conseil-constitutionnel.fr/publications/titre-vii/la-decentralisation-et-l-experimentation-normative.

1452 *Janicot,* La décentralisation et l'expérimentation normative, https://www.conseil-constitutionnel.fr/publications/titre-vii/la-decentralisation-et-l-experimentation-normative.

1453 Vgl. etwa: Conseil constitutionnel, 16.9.2016, Décision n° 2016-565 QPC.

1454 *Janicot,* La décentralisation et l'expérimentation normative, https://www.conseil-constitutionnel.fr/publications/titre-vii/la-decentralisation-et-l-experimentation-normative.

1455 Vgl. hierzu im Detail: A.I.3.d)bb).

1456 Loi organique n° 2021-467 Journal Officiel électronique authentifié n° 0093 2021, Text 1.

1457 Conseil constitutionnel, 16.9.2016, Décision n° 2016-565 QPC.

1458 *Janicot,* La décentralisation et l'expérimentation normative, https://www.conseil-constitutionnel.fr/publications/titre-vii/la-decentralisation-et-l-experimentation-normative.

Abweichungsbefugnisse besonders mit dem Ziel erlassen werden, die Dezentralisierung voranzutreiben oder lokale Abläufe effizienter zu gestalten.[1459]

Obwohl das Experimentierrecht bei seiner Kodifizierung in der Verfassung nicht auf Abweichungen von der Rechtseinheit im Staatsgebiet gerichtet war, ergibt sich aus der praktischen Anwendung der Handlungsoption ein anderes Bild. Diesem Wiederspruch wurde mit dem Änderungsgesetz vom 19.04.2021 zum *loi organique*, bezogen auf die Umsetzung des Art. 72 CF Rechnung getragen. In diesem Änderungsgesetz wird das Prinzip der *différenciation territoriale* (territoriale Abweichung) zwar nicht ausdrücklich benannt, es folgt aber der Regierungserklärung des damaligen Premierministers *Castex*, der erklärt dass sich „ein Recht auf territoriale Abweichungen in einem *loi organique* niederschlagen" solle.[1460] Dieses solle dafür sorgen, dass lokale Besonderheiten der Gebietskörperschaften hinreichend Beachtung finden.[1461] Art. 6 des Änderungsgesetzes schreibt in diesem Sinne fest, dass Experimentiergesetze – unter Berücksichtigung des Gleichheitsrechts – auf die Teile des Staatsgebiets ausgeweitet werden sollen, in denen die Besonderheit, die Anlass für den Erlass des Gesetzes gab, vorlag.[1462] Mit dieser nicht unbeachtlichen Veränderung des Umsetzungsgesetzes zu Art. 72 CF wurde dem Experimentierrecht mithin eine andere Zielrichtung gegeben. Die Ausweitung der Vorschriften auf das gesamte Staatsgebiet – und somit eine schlussendliche Verhinderung von Abweichungen von der Rechtseinheit[1463] – ist somit nicht mehr Gegenstand des Experimentierrechts. Stattdessen stellt es eine Grundlage für Abweichungen von territorialer Einheit aufgrund lokaler Unterschiede dar. Es entspricht damit dem Ausnahmetatbestand des Gleichheitsrechts der lokalen Besonderheiten. Dieses sorgt für eine Ausweitung der abweichenden Rechtslage im Hoheitsgebiet.

Vor dem Hintergrund der Unteilbarkeit ist die Feststellung einer Aushöhlung des Gleichheitssatzes verheerend. Bezogen auf das Prinzip der Rechtseinheit, also insb. die territoriale Unteilbarkeit, verleiht das Prinzip der Gleichheit der Unteilbarkeit ihren verbleibenden Anwendungsbereich. Denn das Gleichheitsrecht stellt nach

---

[1459] *Conseil d'État,* Les expérimentations : comment innover dans la conduite des politiques publiques ?, 2019, S. 12.

[1460] *Castex,* Déclaration de politique générale de M. Jean Castex, Premier ministre, à l'Assemblée nationale, https://www.info.gouv.fr/discours/11654-declaration-de-politique-generale-de-m-jean-castex-premier-ministre-assemblee-nationale.

[1461] *Vie publique,* Loi du 28 février 2017 de programmation relative à l'égalité réelle outre-mer et portant autres dispositions en matière sociale et économique, https://www.vie-publique.fr/loi/20768-outre-mer-loi-de-programmation-pour-legalite-reelle; vgl. auch: *Ministère de la cohésion des territoires et des relations avec les collectivités territoriales,* Instruction du Gouvernement du 12 mai 2021 relative à la mise en œuvre des expérimentations engagées sur le fondement du quatrième alinéa de l'article 72 de la Constitution, 12.05.2021; Loi organique n° 2021-467 Journal Officiel électronique authentifié n° 0093 2021, Text 1.

[1462] Loi organique n° 2021-467 Journal Officiel électronique authentifié n° 0093 2021, Text 1.

[1463] *Koç,* La concession d'un pouvoir législatif aux collectivités territoriales par le pouvoir central, ou les prémices d'une métamorphose de la République., http://res-juridica-fr.over-blog.com/2018/05/le-pouvoir-legislatif-des-collectivites.html; auch bereits erwähnt in: *M. Lasserre* in Sydow (Hrsg.), Französisches Verfassungsrecht im 21. Jahrhundert, 2022, S. 23 (46); *Crouzatier-Durand* Revue française de droit constitutionnel 2003 (675).

der Rechtsprechung des *Conseil constitutionnel* den einzigen Schutz der Unteilbarkeit gegenüber einer übermäßigen Bezugnahme der freien Selbstverwaltung der Gebietskörperschaften dar.[1464]

(d) Zwischenergebnis: Aushöhlung von Gleichheit und Unteilbarkeit durch das Experimentierrecht

Ein Experimentierrecht nationaler Organe, das ein vorübergehendes testweises Abweichen von einer bestehenden Regelung vorsieht, um die Qualität des Rechts im Hoheitsgebiet zu verbessern,[1465] ist bereits seit den 90er-Jahren verfassungsgerichtlich anerkannt[1466] und wurde 2003 im Rahmen der Verfassungsreform in Art. 37-1 CF aufgenommen. Hiervon abzugrenzen ist die – zuvor noch für verfassungswidrig gehaltene[1467] – Möglichkeit der Gebietskörperschaften vorübergehend von (nationalen) *règlements* oder *lois* abzuweichen nach Art. 72 Abs. 4 CF. Diese Möglichkeit der normativen Abweichung war zum Zeitpunkt ihrer Einführung nicht darauf gerichtet dauerhaft von der Rechtseinheit im Staatsgebiet zu divergieren. Änderungen der anwendbaren Normen im Hoheitsgebiet einer Gebietskörperschaft sollten auf drei Jahre begrenzt sein und dann entweder außer Kraft treten oder auf das gesamte Staatsgebiet ausgeweitet werden.[1468] Dies veränderte sich jedoch in zwei Schritten: zunächst entschied der *Conseil constitutionnel* im Jahr 2016, dass eine Ausweitung eines Experimentiergesetzes auch auf einzelne weitere Gebietskörperschaften erfolgen könne (anstelle auf das gesamte Staatsgebiet).[1469] In einem zweiten Schritt wurde 2021 diese Möglichkeit in das Ausführungsgesetz *(loi organique)* des Art. 72 CF aufgenommen.[1470] Damit lässt der *Conseil constitutionnel* sowie der Gesetzgeber über das *loi organique* die Grenzen verschwimmen, welche die Gesetzesgleichheit gegenüber der freien Selbstverwaltung der Gebietskörperschaften in Ausformung

---

1464 Conseil constitutionnel, 18.1.1985, Décision n° 84-185 DC; 13.1.1994, Décision n° 93-329 DC; 9.4.1996, Décision n° 96-373 DC; 17.1.2002, Décision n° 2001-454 DC; vgl. in diesem Sinne auch bereits: *M. Lasserre* in Sydow (Hrsg.), Französisches Verfassungsrecht im 21. Jahrhundert, 2022, S. 23 (45).

1465 Vgl. hierzu: *Favoreu et al.,* Droit constitutionnel 2024, 26. Aufl. 2023, S. 626f.; *Conseil d'État,* Les expérimentations : comment innover dans la conduite des politiques publiques ?, 2019, S. 12f.

1466 Conseil constitutionnel, 28.7.1993, Décision n° 93-322 DC.

1467 Conseil constitutionnel, 17.1.2002, Décision n° 2001-454 DC.

1468 *Koç,* La concession d'un pouvoir législatif aux collectivités territoriales par le pouvoir central, ou les prémices d'une métamorphose de la République., http://res-juridica-fr.over-blog.com/2018/05/le-pouvoir-legislatif-des-collectivites.html; auch bereits erwähnt in: *M. Lasserre* in Sydow (Hrsg.), Französisches Verfassungsrecht im 21. Jahrhundert, 2022, S. 23 (46); *Crouzatier-Durand* Revue française de droit constitutionnel 2003 (675).

1469 *Janicot,* La décentralisation et l'expérimentation normative, https://www.conseil-constitutionnel.fr/publications/titre-vii/la-decentralisation-et-l-experimentation-normative.

1470 *Vie publique,* Loi du 28 février 2017 de programmation relative à l'égalité réelle outre-mer et portant autres dispositions en matière sociale et économique, https://www.vie-publique.fr/loi/20768-outre-mer-loi-de-programmation-pour-legalite-reelle; vgl. auch: *Ministère de la cohésion des territoires et des relations avec les collectivités territoriales,* Instruction du Gouvernement du 12 mai 2021 relative à la mise en œuvre des expérimentations engagées sur le fondement du quatrième alinéa de l'article 72 de la Constitution, 12.05.2021; Loi organique n° 2021-467 Journal Officiel électronique authentifié n° 0093 2021, Text 1.

des Experimentierrechts setzt.[1471] Die neue Zielsetzung des Rechts nach 72 Abs. 4 CF zementiert Abweichungsmöglichkeiten aufgrund lokaler Besonderheiten, ohne diese konkret auszulegen und im Einzelfall zu benennen.[1472] Durch eine ständige Bejahung lokaler Besonderheiten allein aufgrund des Vorhandenseins einer Gebietskörperschaft wird die Wirkung des Gleichheitsrechts im Falle von Art. 72 Abs. 4 CF vollständig ausgehöhlt.[1473] Auch wenn sich die Gesetzesänderung von 2021 auf Art. 72 Abs. 4 CF bezieht, betrifft die Auslegung des Experimentierrechts im Kontext des Gleichheitssatzes auch das Experimentierrecht nach Art. 37-1 CF. Denn dieses befasst sich in einer beachtlichen Anzahl an Fällen ebenfalls mit der Ausübung von Kompetenzen durch die Gebietskörperschaften.[1474] Da das Gleichheitsrecht bezogen auf die territoriale Rechtseinheit den Restinhalt der Unteilbarkeit bestimmt,[1475] kommt dem Prinzip der Unteilbarkeit im Kontext des Experimentierrechts eine ebenso geringe Bedeutung zu wie dem Gleichheitsprinzip.

(3) Der Sonderstatus Korsikas

Die Entwicklung des Sonderstatus Korsikas beginnt 1982 (etwa 20 Jahre nach dem ersten Aufflammen einer korsischen Autonomiebewegung[1476]), als der Gebietskörperschaft erstmals ein Sonderstatus zuerkannt wird, obgleich dies verfassungsrechtlich noch nicht vorgesehen war.[1477] Der *Conseil constitutionnel* hielt das Gesetz zur Änderung des Status Korsikas dennoch für verfassungsgemäß.[1478] Er argumentierte, dass auch wenn Art. 72 CF a.F. das Recht zur Einräumung eines Sonderstatus nicht vorsehe, schließe er es auch nicht aus. Somit war es zulässig, eine neue Kategorie an Gebietskörperschaften zu schaffen.[1479] Welchen Eigengehalt die Verleihung dieses Sonderstatus hat, ist nicht klar. Jedoch geht er mit der Übertragung von Kompetenzen einher, die den anderen Gebietskörperschaften der Metropolregion

---

[1471]Vgl. zum Prinzip der freien Selbstverwaltung vertieft oben: A.I.2

[1472] Conseil constitutionnel, 26.6.1995, Décision n° 94-358 DC; vgl. *Janicot,* La décentralisation et l'expérimentation normative, https://www.conseil-constitutionnel.fr/publications/titre-vii/la-decentralisation-et-l-experimentation-normative.

[1473] *Janicot,* La décentralisation et l'expérimentation normative, https://www.conseil-constitutionnel.fr/publications/titre-vii/la-decentralisation-et-l-experimentation-normative.

[1474] *Cazaneuve et al.,* Missions flash sur la réforme des institutions: Expérimentation et différenciation territoriale, 2018, S. 10; vgl. auch: *Conseil d'État,* Les expérimentations : comment innover dans la conduite des politiques publiques ?, 2019, S. 30; Conseil constitutionnel, 12.8.2004, Décision n° 2004-503 DC; *Sénat,* Droit à l'expérimentation des collectivités - Question écrite n°05402 - 14e législature, https://www.senat.fr/questions/base/2013/qSEQ130305402.html.

[1475] Vgl. hierzu auch: *M. Lasserre* in Sydow (Hrsg.), Französisches Verfassungsrecht im 21. Jahrhundert, 2022, S. 23 (50).

[1476] *Vallet French Politics, Culture & Society 2004, 51 (*65).

[1477] Loi n°82-214 Journal Officiel de la République française 1982, 748; Loi n°82-659 du 30 juillet 1982 portant statut particulier de la région de Corse : compétences vom 30.07.1982; *Petit,* Les institutions administratives en tableau, 2021, S. 147; *Bernard* Cahiers du Conseil Constitutionnel 2002.

[1478] Conseil constitutionnel, 25.2.1982, Décision n° 82-138 DC.

[1479] Conseil constitutionnel, 25.2.1982, Décision n° 82-138 DC; *Bernard* Cahiers du Conseil Constitutionnel 2002.

nicht zuteilwerden. Korsika erhält eine korsische *Assemblée*, der Kompetenzen im Bereich der Kultur und Bildung zukommen.[1480] Legislativbefugnisse werden der Gebietskörperschaft, trotz des Namens *Assemblée de Corse*, nicht zu Teil.[1481] Auch geht Sonderstatus Korsikas verloren, als 1986 die anderen Gebietskörperschaften mit denselben Kompetenzen ausgestattet werden.[1482]

1991 wurde in einem weiteren Versuch die Kompetenzen Korsikas auszuweiten und die Autonomie zu fördern das Gesetz n° 91-428 erlassen, welches jedenfalls für verfassungswidrig befunden wurde.[1483] Auch die Kompetenzausweitung im Jahr 2002, wurde vom *Conseil constitutionnel* teilweise als verfassungswidrig eingestuft. [1484] Übrig blieben aber weitere *règlement*-Kompetenzen im Bereich des Sozialrechts.[1485] Das Gesetz zur Organisation der Republik (NOTR) aus dem Jahr 2016 änderte zudem den Status Korsikas als „*collectivité territorial*" zur „*collectivité de Corse*".[1486] Inhaltliche Auswirkungen hat diese Änderung nicht. Ihr kann jedoch eine symbolische Wirkung zugesprochen werden. Sämtliche außerordentliche Kompetenzübertragungen unterliegen nach Art. L4422-16 des *Code général de collectivités territoriales* der Aufsicht des Premierministers. Sie werden durch ein nationales Gesetz auf die Gebietskörperschaft übertragen.[1487] Somit tritt die *Assemblée de Corse* im staatlichen Erscheinungsbild nicht hervor. Die Rechtseinheit wird durch das Mehr an *règlement*-Befugnissen jedoch stärker beeinträchtigt, als dies in den anderen Gebietskörperschaften der Metropolregion der Fall ist.

Es lässt sich hieraus schließen, dass der Begriff des Sonderstatus – neben möglichen symbolischen Bedeutungen – meint, dass einer Gebietskörperschaft eine größere Kompetenzfülle in Bereichen zukommen, die anderen Gebietskörperschaften nicht zusteht (dies so auch bei Neukaledonien der Fall[1488]). Eine eindeutigere Definition ist hingegen nicht möglich.

(4) „Adaptations législatives" in den Überseekörperschaften

Eine weitere Möglichkeit von der Rechtseinheit durch *règlements* abzuweichen, ist in Art. 73 Abs. 1 S. 2 CF geregelt. Danach kommen in den Überseekörperschaften grundsätzlich *lois* und *règlement* „unmittelbar von Rechts wegen zur Anwendung.

[1480] Vgl. Art. 2 Loi n°82-214 Journal Officiel de la République française 1982, 748.

[1481] Vgl. auch *Bernard* Cahiers du Conseil Constitutionnel 2002.

[1482] Loi n° 86-17 du 6 janvier 1986 adaptant la législation sanitaire et sociale aux transferts de compétences en matière d'aide sociale et de santé. vom 06.01.1986.

[1483] Loi n° 91-428 Journal Officiel de la République française 1991, 6318; Conseil constitutionnel, 9.5.1991, Décision n° 91-290 DC; *Bernard* Cahiers du Conseil Constitutionnel 2002.

[1484] Loi n° 2002-92 Journal Officiel de la République française 2002, 1503; Conseil constitutionnel, 17.1.2002, Décision n° 2001-454 DC; *Bernard* Cahiers du Conseil Constitutionnel 2002.

[1485] Loi n° 2002-92 Journal Officiel de la République française 2002, 1503.

[1486] Loi n° 2015-991 du 7 août 2015 portant nouvelle organisation territoriale de la République vom 08.08.2015.

[1487] Code général des collectivités territoriales Journal Officiel électronique authentifié n° 0174 2024, Text 46.

[1488] Vgl. zur neukaledonischen Legislativgewalt Gliederungspunkt B.,VI., 2., c).

Diese können zur Berücksichtigung der besonderen Merkmale und Erfordernisse dieser Körperschaften angepasst werden." Art. 73 normiert also, in den Überseekörperschaften, anders als in der Metropolregion eine Abweichungsbefugnis, die sich sowohl auf Legislativ- als auch auf Exekutivgesetze richten kann.[1489] Zwar werden auch hierdurch keine Legislativbefugnisse auf die Überseekörperschaften übertragen, denn die Abweichungsgesetze werden in Form von *règlements* erlassen (außer im Falle Neukaledoniens, in dem auch ein Abweichen durch Legislativakt möglich ist, vgl. Art. 72 Abs. 2 CF). Dennoch ist in der Übertragung von der Rechtseinheit im Hoheitsgebiet und damit von der Unteilbarkeit des Staatsgebiets abgewichen.

Zusätzlich sieht Art. 73 CF in Abs. 3 die Möglichkeit vor, dass Überseekörperschaften durch Gesetz dazu ermächtigt werden können in einer begrenzten Anzahl an Bereichen, eigene Vorschriften zu erlassen. Auch hier erfolgt die Abweichung nach dem Wortlaut des Art. 73 Abs. 3 CF „um ihrer Besonderheit Rechnung zu tragen". Sie sind in Form von *lois* und *règlements* denkbar. Damit ein Erlass von *lois* möglich ist, muss die Gebietskörperschaft jedoch über einen Gesetzgeber verfügen. Dies ist bisher nur im Falle Neukaledoniens gegeben.[1490] Durch die Ermächtigungsvoraussetzung durch die nationale Exekutiv- oder Legislativgewalt ist auch hier die Kompetenz der Gebietskörperschaften denen des Nationalstaats nachgeordnet. Ihre Kompetenz ergibt sich folglich aus der Kompetenz des nationalen Entscheidungsträgers und ist diesen gegenüber weisungsgebunden.[1491] Art. 73 Abs. 3 CF bewegt sich damit immer noch im Rahmen der Grenzen des Einheitsstaats.[1492]

In den Fällen des Art. 73 Abs. 1 und 3 CF wird erneut das Zusammenspiel zwischen Unteilbarkeitsprinzip und Gleichheitssatz deutlich.[1493] Die Grenzen der Einschränkung des Gleichheitssatzes stellen auch gleichzeitig die Grenzen der Einschränkung der Unteilbarkeit dar.[1494] Beeinträchtigungen des Gleichheitsprinzips sind aufgrund des Vorliegens einer unterschiedlichen Situation gerechtfertigt.[1495] Sowohl die Regelungen des Art. 73 Abs. 1 CF, als auch die ihres Abs. 3 gehen nach ihrem Wortlaut. für den Fall der Überseekörperschaften per se von unterschiedlichen lokalen Gegebenheiten aus. Daraus lässt sich auch für andere Fälle schließen,

---

1489 *Hamon/Troper*, Droit constitutionnel, 45. Aufl. 2025, 497ff.; vgl. hierzu auch: *Mélin* Nouveaux Cahiers du Conseil constitutionnel 2012, https://www.conseil-constitutionnel.fr/nouveaux-cahiers-du-conseil-constitutionnel/les-collectivites-territoriales-regies-par-l-article-73.

1490 Vgl. dazu unten: B., VI., 2., c).

1491 *M. Lasserre* in Sydow (Hrsg.), Französisches Verfassungsrecht im 21. Jahrhundert, 2022, S. 23 (35); *Broschek* in Lauth/Kneuer/Pickel (Hrsg.), Handbuch Vergleichende Politikwissenschaft, 2016 (335f.); *Hamon/Troper,* Droit constitutionnel, 45. Aufl. 2025, S. 100; *Gaïa et al.,* Les grandes décisions du Conseil constitutionnel, 20. Aufl. 2020, S. 144.

1492 Vgl. zu den Voraussetzungen des Einheitsstaats im Detail: B., IV., 1., b).

1493 Vgl. hierzu im Detail: B., IV., 3., d).

1494 In diesem Sinne auch bereits: *M. Lasserre* in Sydow (Hrsg.), Französisches Verfassungsrecht im 21. Jahrhundert, 2022, S. 23 (50).

1495 Conseil constitutionnel, 9.5.1991, Décision n° 91-290 DC; *Gründler* Revue du Droit Public 2007, 445 (446); *M. Lasserre* in Sydow (Hrsg.), Französisches Verfassungsrecht im 21. Jahrhundert, 2022, S. 23 (38); vgl. zu dieser Voraussetzung im Detail auch oben: A.I.3.d)aa).

dass eine Abweichung von der Gesetzesgleichheit immer gerechtfertigt ist, wenn ein Gesetz für eine Überseekörperschaft unterschiedliche Regelungen vorsieht. Denn hier liegt nach Art. 73 CF stets eine besondere Situation vor. Diese Feststellung hat zwangsläufig auch Auswirkungen auf das Prinzip der Unteilbarkeit der Staatsgewalt. Denn die Rechtseinheit, die sie schützen soll, gilt zwischen Überseekörperschaften und der Metropolregion nicht mehr.

(5) Zwischenergebnis: Beschränkungen der Rechtseinheit durch règlements

Die Verfassungsreform von 2003, die dem Prinzip der freien Selbstverwaltung Rechnung trägt, ermöglichte die Einschränkung der Rechtseinheit durch den Erlass von *règlements*. Die Rechtseinheit stellt seit der Anerkennung der Sezessionsmöglichkeit durch den *Conseil constitutionnel* die maßgebliche Ausprägung der Unteilbarkeit des Staatsgebiets dar.[1496] Im eng begrenzten Rahmen des Art. 34 CF können Gebietskörperschaften nach Art. 72 Abs. 3 CF sowie nach Art. 72 Abs. 2 CF abweichende Regelungen erlassen, sofern dies den Ausnahmen von der Gesetzesgleichheit entspricht: der Besonderheit der lokalen Situation sowie dem Gemeinwohlinteresse.[1497] Diese Einschränkung der Rechtseinheit verdeutlicht die Aushöhlung der Neuinterpretation der Unteilbarkeit des Staatsgebiets über die Anwendung der Ausnahmetatbestände des Gleichheitsprinzips.

Gleiches ergibt sich für das Experimentierrecht der Gebietskörperschaften aus Art. 72 Abs. 4 CF. Dieses ermöglicht es den Gebietskörperschaften von nationalen Regelungen abzuweichen. Seit der Rechtsprechung des *Conseil constitutionnel* 2016 und dem Änderungsgesetz aus dem Jahr 2021 sind solche lokalen Abweichungen in der Metropol- und Überseekörperschaft auch dauerhaft möglich.[1498] Im Unterschied zur Kompetenz nach Art. 72 Abs. 2 CF bezieht sich die Experimentierzuständigkeit aus Art. 72 Abs. 4 CF auch auf Bereiche, die der Legislativkompetenz des nationalen Gesetzgebers zuzuordnen sind. Auch wenn die Befugnis zum Erlass von *lois* auf bei den Legislativorganen Frankreichs verbleibt, kann hiervon dauerhaft durch lokale Administrativakte abgewichen werden. Somit wird teilweise der Anwendungsbereich von Legislativgesetzen verkürzt, die vom nationalen Gesetzgeber erlassen wurden. Die Rechtseinheit wird folglich stärker eingeschränkt als dies im Falle von Art. 72 Abs. 2 CF der Fall ist. Die Verfassungsmäßigkeit solcher Einschränkungen wird erneut über die Ausweitung der Ausnahmetatbestände des

---

1496 Conseil constitutionnel., 30.09.1975, Décision n° 75-59 DC; Décision n° 87-226 DC; Décision n° 2000-428 DC; auch bereits zitiert in: *M. Lasserre* in Sydow (Hrsg.), Französisches Verfassungsrecht im 21. Jahrhundert, 2022, S. 23 (44).

1497 Vgl. hierzu im Einzelnen: B., IV., 3., d).

1498 *Janicot,* La décentralisation et l'expérimentation normative, https://www.conseil-constitutionnel.fr/publications/titre-vii/la-decentralisation-et-l-experimentation-normative.

Gleichheitsrechts erreicht. Eine besondere lokale Gegebenheit wird bereits aufgrund des Vorhandenseins unterschiedlicher Gebietskörperschaften bejaht.[1499]

Für die Überseekörperschaften kann gemäß Art. 73 Abs. 1 S. 2 CF auch ohne anfänglich zeitliche Begrenzung durch *règlements* von Legislativakten des Gesetzgebers abweichen. Im Einklang mit dem Ausnahmetatbestand des Gleichheitsrechts, ist dies aufgrund lokaler Besonderheiten in der Überseekörperschaft möglich. Darüber hinaus können sie nach Art. 73 Abs. 3 CF auch in weiteren Gebieten, die in der Vorschrift abschließend geregelt sind, abweichen. Dies ist grundsätzlich auch durch den Erlass eigener Legislativakte möglich, sofern ein lokaler Gesetzgeber gegeben ist. Da dies jedoch außer im Falle Neukaledoniens nie vorliegt, sind auch hier insbesondere *règlement*-Befugnisse betroffen, die die Rechtseinheit einschränken.

Die Verfassungsreform von 2003 hat mithin einen Prozess eingeleitet, wonach Abweichungen von der Rechtseinheit grundsätzlich zulässig sind. Die Beschränkung des Gleichheitssatzes wird von der Rechtsprechung bereits dann als gerechtfertigt angesehen, wenn unterschiedliche Gebietskörperschaften vorliegen. Konkrete Voraussetzungen für lokale Besonderheiten werden hingegen nicht definiert. Insofern besteht auch kein Unterschied zwischen der Abweichungskompetenz die (auch) den Gebietskörperschaften der Metropolregion zusteht (Art. 72 Abs. 2 und 4 CF) und derjenigen die allein von einer Überseekörperschaft wahrgenommen werden kann (Art. 73 Abs. 1 und 3 CF). Die Voraussetzung für eine vollständige Aushöhlung der Rechtseinheit in Metropol- wie Überseekörperschaften wurden hiermit geschaffen.

bb) Beschränkung der normativen Einheit durch Legislativhandeln der Gebietskörperschaften

Die Übertragung von Legislativbefugnissen auf Gebietskörperschaften ist in Frankreich bisher eng begrenzt. In Betracht kommen die *lois du pays* Neukaledoniens sowie Polynesiens. Diese sind jedoch abgesehen von ihrem Namen von Grund auf verschieden.

(1) Die Legislativbefugnis Neukaledoniens (lois du pays)

Wie in kaum einer anderen Region Frankreichs, treffen in Neukaledonien soziale Unterschiede zwischen – meist wirtschaftlich gut gestellten – Europäer:innen und Melanesier:innen. Letztere sind zwar seit 2000 Jahren auf der Inselgruppe angesiedelt und machen die größten Anteil der Bevölkerung aus,[1500] sie weisen aber nicht nur ein deutlich geringeres Gehalt auf,[1501] erhalten 7 mal seltener eine Arbeitsstelle als Europäer:innen[1502] und hatten lange Zeit weder politischen noch

---

[1499] *Janicot,* La décentralisation et l'expérimentation normative, https://www.conseil-constitutionnel.fr/publications/titre-vii/la-decentralisation-et-l-experimentation-normative.
[1500] *Miaille* in Faberon (Hrsg.), L'avenir statutaire de la Nouvelle-Calédonie, 1997, S. 27 (34f.).
[1501] *Molina/Makhzoum* Synthèse 2023 (1).
[1502] *Ris* Économie et Statistique 2013 (59).

wirtschaftlichen Einfluss inne.[1503] Diese sozialen Disparitäten, die auf den Kolonialismus zurückzuführen sind, [1504] zeigen, dass die Geschichte der Übertragung von Autonomie auf Neukaledonien stets vor dem Hintergrund der Dekolonialisierung zu sehen sind.[1505] Denn der Wunsch nach mehr Autonomie basiert auf den im Vergleich zu den Überseekörperschaften unterschiedlichen Bedingungen – im Falle Neukaledoniens insb. der starken sozialen Divergenzen. Die besondere Stellung Neukaledoniens spiegelt sich auch darin wieder, dass ihr seit 1999 im Sinne von Art. 72 Abs. 1 CF ein Sonderstatus zukommt, sie ist somit seitdem eine Überseekörperschaft sui generis. [1506] Es muss hier fortschreitend die Wahl zwischen zwei Extremen getroffen werden, ob eine Angleichung der Überseekörperschaft an die Werte und Rechte der Republik die koloniale Vergangenheit überwinden lässt, oder ob dies vielmehr durch die Abgrenzung es ehemals kolonialisierten Territoriums im Sinne einer „Zurückeroberung des Bodens […] durch […] das indigene Volk" erreicht werden kann.[1507]

(a) Die Entwicklung der Autonomie Neukaledoniens: Einführung einer neukaledonischen Legislativbefugnis

Der 1998 getroffene Vertrag von Nouméa macht eine Verwirklichung des Autonomieextrems möglich. Die Frage der Unabhängigkeit wird auf die neukaledonische Bevölkerung übertragen, die in mehreren Referenden (2018, 2020 und 2021) mit großer Mehrheit gegen eine Unabhängigkeit stimmten.[1508] In der letzten Abstimmung stimmten insgesamt 96,5 % der Abstimmenden mit „Nein". Zu beachten ist jedoch, dass weniger als die Hälfte der Stimmberechtigten (43,87 %) die Wahl antraten. Mit der Ablehnung der Unabhängigkeit, trat auch nicht das dem gegenüberstehende Extrem der Assimilation an Metropolfrankreich ein. Die Verfassungsreform von 1998, die dem Vertrag von *Nouméa* folgte, ergänzte einen Abschnitt XIII mit dem Titel „Übergangsbestimmungen bezüglich Neukaledoniens" in die Verfassung.[1509] Der Logik der französischen Verfassungsänderungen zufolge, führt eine solche Änderung der Verfassung dazu, dass der zuvor abgeschlossene Vertrag

---

1503 *Miaille* in Faberon (Hrsg.), L'avenir statutaire de la Nouvelle-Calédonie, 1997, S. 27 (35).

1504 *Vie publique,* Outre-mer : inégalités et retards de développement, https://www.vie-publique.fr/eclairage/19624-outre-mer-inegalites-et-retards-de-developpement.

1505 *Michalon* Revue du Droit Public 1982 (162).

1506 Loi organique n° 99-209 Journal Officiel de la République française 1999, 4197; *Gründler* Revue du Droit Public 2007, 445 (453).

1507 *Michalon Revue du Droit Public 1982, 623* (162).

1508 *Vie publique,* Le statut de la Nouvelle-Calédonie, https://www.vie-publique.fr/fiches/20236-le-statut-de-la-nouvelle-caledonie.

1509 Loi constitutionnelle n°98-610 Journal Officiel de la République française 1998, 11143; vgl. hierzu auch: *Lemaire,* Le principe d'indivisibilité de la République, 2010, S. 159f.; *J.-Y. Faberon* Revue du Droit Public 1999 (113f.).

keinen Verstoß mehr gegen das Prinzip der Unteilbarkeit, der Einheit oder der Gleichheit mehr darstellen kann.[1510]

Der neue Abschnitt XIII enthält zwei Artikel. Im Kontext der Unteilbarkeit des Staatsgebiets, also der Rechtseinheit, ist Art. 77 Abs. 1 CF relevant. Dieser regelt, in Zusammenschau mit dem Umsetzungsgesetz n° 99-209,[1511] dass Kompetenzen auf die beratende Versammlung Neukaledoniens (entsprechen einer deliberativen Volksvertretung) übertragen werden können. Diese können nach Art. 99 des Umsetzungsgesetzes insgesamt zwölf Rechtsgebiete betreffen, wie Arbeits-, Eigentums- oder Steuerrecht.[1512]

(b) Auswirkungen der lois du pays Neukaledoniens auf die Rechtseinheit

Bei der Grundsatzentscheidung, wie die Dekolonialisierung in Neukaledonien bestmöglich vorangetrieben werden kann, wird folglich zwischen den beiden Extremen – der Assimilation an Metropolfrankreich einerseits oder der vollständigen Autonomie andererseits[1513] – eine ausgeprägte Autonomie bevorzugt. Hierin kann dennoch ein Kompromiss gesehen werden, denn die Vorschriften Metropolfrankreichs finden weiterhin Anwendung, sofern nicht kompetenzgerechte Lokalgesetze erlassen wurden, vgl. Art. 99 und 107 Abs. 4 des Umsetzungsgesetzes.[1514] „Indem man sich von der etwas manichäischen institutionellen Dualität zwischen der Assimilation und der besonderen Organisation der Überseekörperschaften löst, ist der Weg, der letztlich gewählt wurde, der einer Verankerung der tatsächlichen Differenzierung des Status der Überseekörperschaften.“[1515] Nicht nur wird inzwischen zwischen Überseekörperschaften und Metropolregion auf eine Rechtsmehrheit, einen pluri-legislativen Staat gesetzt, was nicht grundsätzlich das Vorhandensein unterschiedlicher Gesetzgebungsorgane voraussetzt, und damit grundsätzlich noch mit den Voraussetzungen des Einheitsstaats vereinbar ist.

Zwar beschränkt sich diese Rechtsvielheit bisher weitgehend auf den Bereich der Überseekörperschaften und die Übertragung von Legislativbefugnissen auf die Gebietskörperschaften Metropolfrankreichs wird bisher abgelehnt.[1516] Die

---

[1510] In diesem Sinne bereits: *M. Lasserre* in Sydow (Hrsg.), Französisches Verfassungsrecht im 21. Jahrhundert, 2022, S. 23 (47).

[1511] Loi organique n° 99-209 Journal Officiel de la République française 1999, 4197.

[1512] Vgl. Loi organique n° 99-209 Journal Officiel de la République française 1999, 4197; in diesem Sinne auch bereits: *M. Lasserre* in Sydow (Hrsg.), Französisches Verfassungsrecht im 21. Jahrhundert, 2022, S. 23 (47).

[1513] *Michalon* Revue du Droit Public 1982, 623 (162).

[1514] Loi organique n° 99-209 Journal Officiel de la République française 1999, 4197.

[1515] *Lemaire* Les Nouveaux Cahiers du Conseil constitutionnel 2012, 95 (101), hier lautet es im Original: „En s'extrayant de la dualité institutionnelle quelque peu manichéenne entre l'assimilation et l'organisation particulière des TOM, la voie en définitive choisie est celle de la consécration d'une différenciation réelle des statuts“.

[1516] Vgl. hierzu auch Gliederungspunkt B., VI., b) und c); sowie Conseil constitutionnel, 15.6.1999, Décision n° 99-412 DC.

Grundsatzentscheidung eine Legislativbefugnis in einer Gebietskörperschaft einzurichten, die in den 80er-Jahren in den Überseekörperschaften in die Wege geleitet wurde, hatte mit der Verfassungsreform von 2003 in abgeschwächter Form Imitation in der Metropolregion gefunden. *Lemaire* geht davon aus, dass eine Anerkennung von Rechtsvielheit zwischen Übersee- und Metropolregion zwangsläufig Auswirkungen innerhalb der Metropolregion haben wird.[1517]

Interessant ist mit Blick hierauf auch die Reformierung von Art. 34 CF im Jahr 2008. Sie bietet einen weiteren Anhaltspunkt dafür, dass künftig – über die bereits bestehende Legislativbefugnis Neukaledoniens hinaus – weitere Legislativkompetenzen auf Gebietskörperschaften übertragbar sein könnten.[1518] Die Reform ließ Absatz 1 des Art. 34 CF entfallen, der regelte, dass *lois* allein vom nationalen Parlament erlassen werden.[1519] Der Artikel schafft hierdurch nicht nur eine mit dem Sonderstatus Neukaledoniens nach Art. 76 f CF kohärente Kompetenz zum Erlass von Legislativakten, er lässt auch künftige gebietskörperschaftliche Legislativbefugnisse denkbar erscheinen.

(2) Abgrenzung: lois du pays Polynesiens als einfache Exekutivbefugnis

Mit der Verfassungsänderung von 2003 wurde den Überseekörperschaften nach Art. 74 CF die Möglichkeit zuerkannt, entsprechend ihrer Besonderheiten einen Status zu erlangen, der ihren Interessen Rechnung trägt.[1520] Die in Frage stehenden Gebietskörperschaften können hierdurch mehr Autonomie erwerben und stärker vom nationalen Recht abweichen, um ihren Besonderheiten Rechnung zu tragen. Polynesien und Saint-Martin führten Gesetze ein, um diesen Besonderheiten Ausdruck zu verleihen.[1521] Bereits sehr viel früher erhielt Polynesien jedoch einen Sonderstatus. Seit 1984 ist die Region als autonom anerkannt, auch wenn verfassungsrechtlich nicht eindeutig geregelt ist, was diese Autonomie besagt.[1522] Neben dem ohnehin nach dem alten Recht bestehenden Prinzip der Spezialität nach Art. 74 Abs. 1 CF aF, wonach nationale Vorschriften nicht unmittelbar Anwendung fanden, stehen mit dem Autonomiestatus im Falle Polynesiens auch darüber hinausgehende Entscheidungsspielräume der internen Organe in Zusammenhang. Diese werden jedoch nicht weiter konkretisiert.[1523]

1517 *Lemaire* Les Nouveaux Cahiers du Conseil constitutionnel 2012, 95 (97).

1518 Vgl. *Faure* Revue française de droit administratif 2019 (937).

1519 Loi constitutionnelle n° 2008-724 Journal Officiel électronique authentifié n° 0171 2008, Text 2.

1520 *Favoreu et al.,* Droit constitutionnel 2024, 26. Aufl. 2023, S. 744.

1521 Loi organique n° 2004-192 Journal Officiel de la République française 2004, 4183; 21 Loi organique n° 2007-223 du février 2007 portant dispositions statutaires et institutionnelles relatives à l'outre-mer vom 21.02.2007; vgl. hierzu außerdem: *Favoreu et al.,* Droit constitutionnel 2024, 26. Aufl. 2023, S. 774.

1522 *J.-Y. Faberon* in Faberon (Hrsg.), L'avenir statutaire de la Nouvelle-Calédonie, 1997 (58).

1523 *J.-Y. Faberon* in Faberon (Hrsg.), L'avenir statutaire de la Nouvelle-Calédonie, 1997 (58).

Mit dem Verfassungsänderungsgesetz von 2003[1524] und der Änderung des Wortlauts von Art. 74 Abs. 1 CF, war es nun möglich den Überseekörperschaften einen besonderen Status zu verleihen, welcher in einem Umsetzungsgesetz genauer geregelt sein sollte (Art. 74 Abs. 2 CF). Neben der Möglichkeit dieses Sonderstatus wird in Abs. 3 der Vorschrift erwähnt, dass es auch Gebietskörperschaften gebe, die „autonom“ seien. Auf dieser Basis wurde im Jahr 2004 für Polynesien das *loi organique* n° 2004-192 erlassen, welches in Art. 1 Abs. 4 die Autonomie der Gebietskörperschaft festlegt.[1525] Auch hier ist in Art. 18 die Möglichkeit zum Erlass sog. *lois du pays* vorgesehen. Dieses ist jedoch nicht mit der Kompetenz Neukaledoniens vergleichbar, da die Abweichungsvorschriften hier in Form von Administrativakten ergehen.[1526] Die Rechtsakte Polynesiens unterliegen außerdem, anders als dies bei Neukaledonien der Fall ist, der direkten Aufsicht des *Conseil d'État*.[1527] Auch hier kann also in Materien der *lois* von der nationalen Rechtsetzung abgewichen werden, und die Rechtseinheit weiter eingeschränkt werden, ohne jedoch legislativ tätig zu werden.

Interessanter noch scheint die Regelung in Art. 7 Abs. 1 des Umsetzungsgesetzes, nach der sowohl nationale *lois* als auch *règlements* im Gebiet Polynesiens lediglich Anwendung fänden, wenn dies ausdrücklich geregelt sei.[1528] In einer uneindeutigen Neuformulierung regelt Art. 74 Abs. 1 und 3 CF seit 2003, dass überseeische Körperschaften einen „Status“ innehaben, nach dem sie ihren „besonderen Interessen“ gerecht werden können, Art. 74 Abs. 1 CF. Nach Abs. 3 der Vorschrift, kann zudem ein „Autonomie“-Status verliehen werden.[1529] Zuvor wurde Art. 74 Abs. 1 CF einheitlich ein Spezialitätsgrundsatz zugeschrieben. Die uneindeutige Verfassungsänderung 2003 – die nicht auf ihre Übereinstimmung mit dem zuvor geltenden Verfassungsrecht etwa dem Prinzip der Einheit und Unteilbarkeit überprüft werden kann[1530] – wirft die Frage auf, ob dieser Spezialitätsgrundsatz noch fort gilt. So könnte die Verfassungsänderung über das *lois organique* zu Polynesien so gedeutet

---

[1524] Loi constitutionnelle n°2003-276 Journal Officiel de la République française 2003, 5568.

[1525] Loi organique n° 2004-192 Journal Officiel de la République française 2004, 4183.

[1526] *Dalloz*, Loi du pays, https://www.dalloz.fr/documentation/Document?ctxt=0_YSR0MD1Mb2kgZHUgcGF5c8Kne-CRzZj1zaW1wbGUtc2VhcmNo&ctxtl=0_cyRwYWdlTnVtPTHCp3MkdHJpZGF0ZT1GYWxzZcK-ncyRzb3J0PSNkZWZhdWx0X0Rlc2PCp3Mkc2xOYlBhZz0yMM-KncyRpc2Fibz1UcnVlwqdzJHBhZ2luZz1UcnVlwqdzJG9uZ2xldD3Cp3MkZnJlZXNjb3BlPUZhbHN-lwqdzJHdvSVM9RmFsc2XCp3Mkd29TUENIPUZhbHNlwqdzJGZsb3dNb2RlPUZhbHN-lwqdzJGJxPcK-ncyRzZWFyY2hMYWJlbD3Cp3Mkc2VhcmNoQ2xhc3M9&id=DZ%2FOASIS%2F001430#_; vgl. hierzu auch bereits: *M. Lasserre* in Sydow (Hrsg.), Französisches Verfassungsrecht im 21. Jahrhundert, 2022, S. 23 (47); *Favoreu et al.,* Droit constitutionnel 2024, 26. Aufl. 2023, S. 618.

[1527] Vgl. hierzu: *Favoreu et al.,* Droit constitutionnel 2024, 26. Aufl. 2023, S. 618; *M. Lasserre* in Sydow (Hrsg.), Französisches Verfassungsrecht im 21. Jahrhundert, 2022, S. 23.

[1528] Loi organique n° 2004-192 Journal Officiel de la République française 2004, 4183; *Gründler* Revue du Droit Public 2007, 445 (454).

[1529] Loi constitutionnelle n°2003-276 Journal Officiel de la République française 2003, 5568.

[1530] Vgl. hierzu im Detail: B., IV., 1.

werden, dass COMs im Sinne von Art. 74 CF stets dem Spezialitätsgrundsatz unterliegen, also die Anwendung des nationalen Rechts besonders begründet sein muss.[1531] Hiergegen ließen sich zweierlei Argumente anführen: Einerseits wäre die Änderung des Art. 74 Abs. 1 CF ohne ein Abrücken vom Spezialitätsgrundsatz wenig sinnvoll gewesen. Andererseits müsste die Spezialität des Rechts Polynesiens auch nicht zusätzlich in einem *loi organique* betont werden, wie dies durch Art. 7 *loi* n° 2004-192 geschieht.[1532] Es spricht also mehr dafür, dass Art. 74 CF keine grundsätzliche Spezialität mehr vorsieht. Diese kann jedoch für alle COMs gesondert in einem *loi organique* angeordnet werden. Auch diese Handhabung berührt offensichtlich die Einhaltung der Unteilbarkeit des Staatsgebiets in Ausformung der Rechtseinheit.

Diese Auslegung der Regelung zu den *lois du pays* Polynesiens könnte dem Gleichheitsprinzip zuwiderlaufen. Hieraus ist zu schließen, dass die Beeinträchtigung des Gleichheitsprinzips gerechtfertigt sein muss. Dies kommt durch das Vorliegen „besonderen örtlichen Gegebenheiten“[1533] in Betracht. Aus dem Umstand, dass nach Art. 74 CF eine quasi grenzenlose Einschränkung der territorialen Gleichheit möglich ist, lässt sich ableiten, dass allein das Vorliegen einer COM im Sinne von Art. 74 Abs. 1 CF eine besondere örtliche Gegebenheit darstellt. Dies entspricht auch der Analyse *Janicots*, die eine solche Interpretation des Elements besonderer Gegebenheiten bereits aus der Rechtsprechung des *Conseil constitutionnel* zu den Gebietskörperschaften der Metropole nach Art. 72 CF ableitet.[1534] Es ist zu kritisieren, dass die besonderen Gegebenheiten nicht im Einzelfall zu überprüfen sind, sondern pauschal für unterschiedliche Regionen angenommen werden. Dies lässt das Prinzip der Gleichheit leerlaufen, da Eingriffe, die auf einen begrenzten räumlichen Anwendungsbereich abzielen faktisch immer gerechtfertigt sind.[1535]

Wieder zeigt sich, dass dem Prinzip der freien Selbstverwaltung[1536] eine Grenze bei der Wahrnehmung von Grundrechten gesetzt wird. Diesem Grundrechtsschutz wird bei der Kompetenzübertragung an die polynesische Volksvertretung auf

---

[1531] So argumentiert etwa: *Gründler* Revue du Droit Public 2007, 445 (454); allein zum Falle Neukaledoniens vgl.: *Thenault/Catta,* L'intelligibilité du droit en Polynésie française, 2019, S. 1f.

[1532] Loi organique n° 2004-192 Journal Officiel de la République française 2004, 4183.

[1533] U.a.: Conseil constitutionnel, 9.5.1991, Décision n° 91-290 DC; 28.2.2020, Décision n° 2019-828/829 QPC; 1.12.2023, Décision n° 2023-1072 QPC; 19.3.2021, Décision n° 2020-890 QPC in den genannten Urteilen, lautet die Formulierung in etwa identisch: „Le principe d'égalité ne s'oppose ni à ce que le législateur règle de façon différente des situations différentes, ni à ce qu'il déroge à l'égalité pour des raisons d'intérêt général, pourvu que, dans l'un et l'autre cas, la différence de traitement qui en résulte soit en rapport direct avec l'objet de la loi qui l'établit“; vgl. zum Rechtfertigungsgrund der unterscheidlichen Situation auch: *Gründler* Revue du Droit Public 2007, 445 (446); dies wurde auch bereits erwähnt in: *M. Lasserre* in Sydow (Hrsg.), Französisches Verfassungsrecht im 21. Jahrhundert, 2022, S. 23 (38).

[1534] *Janicot,* La décentralisation et l'expérimentation normative, https://www.conseil-constitutionnel.fr/publications/titre-vii/la-decentralisation-et-l-experimentation-normative.

[1535] Vgl. hierzu auch: *Janicot,* La décentralisation et l'expérimentation normative, https://www.conseil-constitutionnel.fr/publications/titre-vii/la-decentralisation-et-l-experimentation-normative.

[1536] Vgl. hierzu im Detail: B., V.

Grundlage von Art. 74 CF und dessen Umsetzungsgesetz *n° 2004-192* besonders Rechnung getragen. Der Erlass von Gesetzen in diesem Bereich werden weiterhin vom Staat überwacht.[1537]

Obwohl somit durch die polynesischen *lois du pays* keine Legislativbefugnisse auf eine Gebietskörperschaft übertragen werden, ist hierin dennoch eine Aushöhlung der Anwendung des Gleichheitsgrundsatzes sowie infolge dieser Verletzungen, aber auch aufgrund der Beeinträchtigung der Rechtseinheit, eine Beschränkung des Unteilbarkeitsprinzips des Staatsgebiets zu sehen.

(3) Zwischenergebnis: Die Übertragung von Legislativkompetenzen als Ausnahmeerscheinung

Anders als im Falle der *lois du pays* Polynesiens kam in Neukaledonien eine bisher beispiellose Kompetenzübertragung vom nationalen Gesetzgeber auf die Gebietskörperschaft zum Tragen.[1538] Es handelt sich beim neukaledonischen Kongress um ein nicht handlungs- oder weisungsgebundene Legislativorgan, welches nach Abschnitt XIII der Verfassung in bestimmten Rechtsgebieten eigenständig Gesetze erlassen kann.[1539] Hiermit wird dem regionalen Autonomiebedürfnis Rechnung getragen, indem gleichzeitig auch die Anwendung nationaler Gesetze im Überseegebiet die Regel bleibt.[1540] Auch wenn in Art. 18 des *loi organique n° 2004-192* für Polynesien die Möglichkeit zum Erlass von *lois du pays* ebenfalls vorgesehen ist, seht diese Kompetenzübertragung in seiner Ausgestaltung weit hinter der Neukaledoniens zurück. Es wird keine Legislativgewalt, vergleichbar mit dem neukaledonischen Kongress, geschaffen. Stattdessen handelt es sich bei den polynesischen *lois du pays* um Exekutivakte, also *règlements*, wie diese auch nach Art. 72 Abs. 2 und 4 CF und nach Art. 73 CF in Metropol- und Überseekörperschaft erlassen werden können.[1541]

Obgleich die Regelung des Art. 7 Abs.1 des Umsetzungsgesetzes auf den ersten Blick also so wirkt, als würde es die Rechtseinheit sowie die Einheitsstaatlichkeit maßgeblich einschränken, ist hier seit 2003 vielmehr eine Verfestigung der

---

[1537] Loi organique n° 2004-192 Journal Officiel de la République française 2004, 4183.

[1538] Loi constitutionnelle n°98-610 Journal Officiel de la République française 1998, 11143; vgl. hierzu auch: *Lemaire,* Le principe d'indivisibilité de la République, 2010, S. 159f.; *J.-Y. Faberon* Revue du Droit Public 1999, 113 (120f.).

[1539] Vgl. Art. 99 des Loi organique n° 99-209 Journal Officiel de la République française 1999, 4197 (4208).

[1540] Loi organique n° 99-209 Journal Officiel de la République française 1999, 4197.

[1541] *Dalloz,* Loi du pays, https://www.dalloz.fr/documentation/Document?ctxt=0_YSR0MD1Mb2kgZHUgcGF5c8Kne-CRzZj1zaW1wbGUtc2VhcmNo&ctxtl=0_cyRwYWdlTnVtPTHCp3MkdHJpZGF0ZT1GYWxzZcK-ncyRzb3J0PSNkZWZhdWx0X0Rlc2PCp3Mkc2xOYlBhZz0yMM-KncyRpc2Fibz1UcnVlwqdzJHBhZ2luZz1UcnVlwqdzJG9uZ2xldD3Cp3MkZnJlZXNjb3BlPUZhbHN-lwqdzJHdvSVM9RmFsc2XCp3Mkd29TUENIPUZhbHNlwqdzJGZsb3dNb2RlPUZhbHN-lwqdzJGJxPcK-ncyRzZWFyY2hMYWJlbD3Cp3Mkc2VhcmNoQ2xhc3M9&id=DZ%2FOASIS%2F001430#_; vgl. hierzu auch bereits: *M. Lasserre* in Sydow (Hrsg.), Französisches Verfassungsrecht im 21. Jahrhundert, 2022, S. 23 (47); *Favoreu et al.,* Droit constitutionnel 2024, 26. Aufl. 2023, S. 618.

Prinzipien zu sehen. Zuvor galt der Grundsatz der Spezialität standardgemäß für COMs.[1542] Dies ist seit 2003 nur noch der Fall, sofern dies ausdrücklich geregelt ist. [1543]

Wie auch die übrigen Einschränkungen der Rechtseinheit, sind Abweichungen von der nationalen Gesetzgebung in Polynesien möglich, sofern dies von einem der Ausnahmetatbestände des Gleichheitsprinzips erfasst ist. Die Ausweitung des Tatbestands der lokalen Besonderheit auf alle Fälle, die Polynesien betreffen, führt auch im vorliegenden Fall dazu, dass Abweichungsregelungen dem Grundsatz nach möglich sind. [1544]

cc) Zwischenergebnis: Gebietskörperschaftliches Handeln als Motor der Föderalisierung

Die Rechtseinheit betrifft die Einheitlichkeit aller Gesetze im Staatsgebiet und somit solche, die durch die Exekutive erlassen werden, ebenso wie solche, die von einer Legislativgewalt ausgehen.

Der seichteste Eingriff in die Rechtseinheit ist durch Art. 72 Abs. 2 und 3 CF gegeben, der es Gebietskörperschaften ermöglicht, in einem eng begrenzten Bereich (vgl. Art. 34 CF) Administrativakte zu erlassen. Somit wird die Rechtseinheit lediglich im Bereich der Exekutive beschnitten. Etwas stärker greift das Experimentierrecht die Rechtseinheit an, indem nach Art. 72 Abs. 4 CF auch im Bereich der *lois* (also sofern eine Legislativkompetenz gegeben ist) auf lokaler Ebene von der nationalen Rechtsetzung abgewichen wird.[1545] Die Abweichung erfolgt jedoch durch Exekutivakte. Eine Eingriffsstufe hierüber steht die Möglichkeit der Überseekörperschaften nach Art. 73 Abs. 1 S. 2 CF in den Bereichen des Abs. 3 der Vorschrift von nationaler Rechtsetzung abweichen, ohne dass dies anfänglich zeitlich beschränkt ist, wie im Falle des Experimentierrechts. Bei diesen Einschränkungen handelt es sich um Exekutivhandeln, welches zwar teilweise den Anwendungsbereich von Legislativgesetzen betrifft.[1546] Vergleichbar mit den Eingriffen nach Art. 73 Abs. 1 S. 2 CF ist der Eingriff in die Rechtseinheit durch die *lois du pays* Polynesiens. Dieser sieht ebenfalls nach Art. 18 des *loi organique n° 2004-192* die Möglichkeit vor durch Exekutivhandeln von Legislativakten abzuweichen. Die

---

[1542] So argumentiert etwa: *Gründler* Revue du Droit Public 2007, 445 (454); zu Neukaledonien vgl. außerdem: *Thenault/Catta,* L'intelligibilité du droit en Polynésie française, 2019, S. 1f.

[1543] Loi organique n° 2004-192 Journal Officiel de la République française 2004, 4183.

[1544] Vgl. hierzu auch: *Janicot,* La décentralisation et l'expérimentation normative, https://www.conseil-constitutionnel.fr/publications/titre-vii/la-decentralisation-et-l-experimentation-normative.

[1545] *Janicot,* La décentralisation et l'expérimentation normative, https://www.conseil-constitutionnel.fr/publications/titre-vii/la-decentralisation-et-l-experimentation-normative.

[1546] *M. Lasserre* in Sydow (Hrsg.), Französisches Verfassungsrecht im 21. Jahrhundert, 2022, S. 23 (35); *Broschek* in Lauth/Kneuer/Pickel (Hrsg.), Handbuch Vergleichende Politikwissenschaft, 2016 (335f.); *Hamon/Troper,* Droit constitutionnel, 45. Aufl. 2025, S. 498; *Gaïa et al.,* Les grandes décisions du Conseil constitutionnel, 20. Aufl. 2022, S. 144.; vgl. LO1113-5, LO1113-7 in: Code général des collectivités territoriales Journal Officiel électronique authentifié n° 0174 2024, Text 46.

Rechtseinheit wird hingegen verkürzt, als hier das nationale Recht grundsätzlich nicht angewendet wird. Die Geltung von nationalem Recht muss vielmehr nach Art. 7 des *loi organique n° 2004-192* gesondert angeordnet sein.[1547] Der stärkste Eingriff in die Rechtseinheit lässt sich hingegen in den neukaledonischen *lois du pays* erblicken. Hierin ist bisher der einzige Fall zu sehen, in dem Legislativbefugnisse auf eine Gebietskörperschaft übertragen werden. Diese sind keinem nationalen Entscheidungsträger weder nachgeordnet noch weisungsgebunden.[1548] Zwar handelt es sich bisher um den einzigen Fall, in dem im Staatsgebiet Legislativbefugnisse übertragen wurden, die Änderung des Art. 34 CF eröffnet jedoch die Möglichkeit, dass dies künftig auch für andere Gebietskörperschaften möglich wird. Legislativgesetze werden nicht mehr ausschließlich vom nationalen Gesetzgeber erlassen.[1549]

Die Einschränkungen der Rechtseinheit – ob durch Legislativ- oder Administrativhandeln – werden allesamt über den Ausnahmetatbestand des Gleichheitsrechts gerechtfertigt, welcher Ausnahmen hiervon zulässt, sofern lokale Besonderheiten dies erfordern.

e) Beschränkung der normativen Einheit durch Handeln des nationalen Gesetzgebers: Anerkennung von Lokalrechten im Staatsgebiet

Die Unteilbarkeit des Staatsgebiets, also die normative Einheit im Staatsgebiet, wird weiterhin durch gesetzliche Regelungen beeinträchtigt, die nicht auf regionaler Ebene erlassen wurden. In Betracht kommen hier die Sonderrechte, die in der Region Elsass-Mosel (im Folgenden Lokalrecht),[1550] in Korsika sowie in der *Île-de-France* oder den Bergregionen gelten und hier auf regionale Besonderheiten und Bedürfnisse eingehen.[1551] Etwa regelt das Gesetz von 1985 zur Entwicklung und zum Schutz des Berglands in seinem Art. 1 Abs. 3: „Der Staat, die Gebietskörperschaften und ihre Zusammenschlüsse setzen im Rahmen ihrer jeweiligen Zuständigkeiten öffentliche Maßnahmen um, [...] die den Besonderheiten einer gerechten und nachhaltigen Entwicklung der Berggebiete entspricht"[1552] Hiermit soll auf die „ Herausforderungen im Zusammenhang mit dem Klimawandel, der Rückgewinnung der biologischen Vielfalt und der Erhaltung von Natur und Landschaft sowie der aquatischen Lebensräume, und den Bedürfnissen der [...] Bergbevölkerung,

---

[1547] Loi organique n° 2004-192 Journal Officiel de la République française 2004, 4183; *Gründler* Revue du Droit Public 2007, 445 (454).

[1548] Vgl. Art. 99 des Loi organique Loi organique n° 99-209 Journal Officiel de la République française 1999, 4197 (4208).

[1549] Loi constitutionnelle n° 2008-724 Journal Officiel électronique authentifié n° 0171 2008, Text 2; *Faure* Revue française de droit administratif 2019 (937)

[1550] Vgl. hierzu vertieft: *Nacke* in Sydow (Hrsg.), Französisches Verfassungsrecht im 21. Jahrhundert, 2022, S. 59.

[1551] *Gueydan* Revue française de droit constitutionnel 2013, 857 (858); auch bereits zitiert in: *M. Lasserre* in Sydow (Hrsg.), Französisches Verfassungsrecht im 21. Jahrhundert, 2022, S. 23 (48).

[1552] Loi n° 85-30 du 9 janvier 1985 relative au développement et à la protection de la montagne vom 09.01.1985.

unter Berücksichtigung der mit diesen Gebieten verbundenen grenzüberschreitenden Herausforderungen“[1553] eingegangen werden. Besonders relevant scheint jedoch das Lokalrecht der Region Elsass-Mosel. Hier erging im Rahmen der *QPC* erstmals ein Urteil[1554] zur Geltung eines Lokalrechts in der Verfassungsordnung der V. Republik, welche Rückschlüsse auf seine Vereinbarkeit mit dem Prinzip Unteilbarkeit des Staatsgebiets zulässt.

aa) Zur Entstehung des Lokalrechts der Region Elsass-Mosel

Einen Sonderfall regionaler Gesetzgebung stellt das Lokalrecht der Region Elsass-Mosel dar. Dieses setzt sich aus verschiedenen Gesetzgebungen zusammen, die teilweise auf nationaler Ebene erfolgten und teilweise durch Regionale Entscheidungsträger erlassen wurden. Keines der Sondergesetze der Region Elsass-Mosel wurde jedoch durch den Gesetzgeber der jetzigen V. Republik ins Leben gerufen. Das Recht entstand infolge der Annexion der Region durch das Deutsche Reich zwischen 1871 und 1919.[1555] Das Lokalrecht erstreckt sich nicht nur auf diverse Rechtsgebiete – vom Kommunalrecht über das Sozialrecht bis hin zum Verbandsrecht[1556] – es setzt sich auch aus verschiedenen Rechtsakten zusammen, die über den Vertrag von Versailles vom 28. Juni 1919 in der Republik territorial begrenzte Geltung entfalten. Es beruht zum einen auf französischem Recht (1), welches bei der Annexion durch Deutschland in der Region Elsass-Mosel beibehalten wurde, später aber in Frankreich modifiziert wurde. Zweitens beinhaltet es deutsche Vorschriften (2) – wie etwa preußisches Arbeitsrecht – die während der Besatzungszeit in der Region Anwendung fanden. Auch wurden eigene Gesetze (3.) einzig für die Region begründet (etwa das Jagdrecht) getroffen sowie (4.) bei der Wiederangliederung an Frankreich Vorschriften für die Region Elsass-Mosel erlassen.[1557] Als die Wiederangliederung der Region an das Französische Staatsgebiet erfolgt, wurden – anders als dies etwa bei der Wiederangliederung von Savoyen ca. 60 Jahre zuvor der Fall war – keine Regelungen festgesetzt, die anstelle des im Elsass geltenden Rechts treten sollten.[1558] Damit wurde die Rechtsvielfalt im Staatsgebiet

---

[1553] Loi n° 85-30 du 9 janvier 1985 relative au développement et à la protection de la montagne vom 09.01.1985.

[1554] Conseil constitutionnel, 5.8.2011, Décision n° 2011-157 QPC.

[1555] Vgl. *Gueydan* Revue française de droit constitutionnel 2013, 857 (859); dies wurde auch bereits erwähnt in: *M. Lasserre* in Sydow (Hrsg.), Französisches Verfassungsrecht im 21. Jahrhundert, 2022, S. 23 (48); vgl. auch: *Imhof,* Staatskirchenrechtliche Regime Elsass-Lothringens in rechtsvergleichender Perspektive, 2022, S. 74ff.

[1556] *Gueydan* Revue française de droit constitutionnel 2013, 857 (858f.); *Faure,* Droit des collectivités territoriales, 6. Aufl. 2021, S. 315; vgl. auch: *Nacke* in Sydow (Hrsg.), Französisches Verfassungsrecht im 21. Jahrhundert, 2022, S. 59 (63); *Rohlfing* Zeitschrift für Europäisches Privatrecht 2000, 620 (630ff.).

[1557] *Gueydan* Revue française de droit constitutionnel 2013, 857 (858); *Holland,* Das lokale Recht Elsass-Lothringens, 2003, S. 7ff.; auch bereits zitiert in: M. Lasserre in Sydow (Hrsg.), Französisches Verfassungsrecht im 21. Jahrhundert, 2022, S. 23 (48).

[1558] *Gueydan* Revue française de droit constitutionnel 2013, 857 (859); auch bereits zitiert in: *M. Lasserre* in Sydow (Hrsg.), Französisches Verfassungsrecht im 21. Jahrhundert, 2022, S. 23 (48).

anerkannt und das Lokalrecht erlangte Geltung. Jedoch war es im Versailler Vertrag nicht angelegt, dass dieses Lokalrecht für längere Zeit gelten solle. Stattdessen wurde seine vorübergehende Wirkung betont, an dessen Stelle bald das französische Gemeinschaftsrecht (*droit commun*) treten solle. Die Übernahme der Sonderregelungen der Region Elsass-Mosel war mithin nicht darauf gerichtet langfristig von der Rechtseinheit abzuweichen.[1559] Zuletzt wurde der Übergangscharakter des Lokalrechts im Jahr 1951 betont, also noch vor Übernahme in die Verfassung der V. Republik.[1560] Die Übernahme in das geltende Recht wurde beim Erlass, der der neuen Verfassung nicht diskutiert. Dies könnte mit Unstimmigkeiten bei Erlass der Verfassung der IV. Republik zu begründen sein.[1561] Das Lokalrecht wurde damit endgültig in das Rechtssystem aufgenommen.[1562] Trotz der hierdurch erfolgenden Einschränkung der Rechtseinheit gilt es spätestens ab diesem Zeitpunkt dauerhaft. Die Eingliederung des Lokalrechts in das Rechtssystem wurde nicht über das Mittel einer fortschreitenden Angleichung an das nationale Recht erreicht, sondern über die Akzeptanz eines Sonderstatus des Rechts – entsprechend dem des Rechts der Überseekörperschaften.[1563] Das Recht ist jedoch anders als die übrigen lokalen Sonderregelungen, die durch lokale Entscheidungsträger erlassen wurden, nationales Recht und hierdurch „integraler Bestandteil der französischen Rechtsordnung."[1564]

bb) Die erste Entscheidung zur Verfassungsmäßigkeit des Lokalrecht: Décision n° 2011-157 QPC

Aktualität erhielt das Lokalrecht nach der Einführung der „*question prioritaire de constitutionnalité*" (QPC).[1565] Diese erlaubte es dem *Conseil constitutionnel* im Jahr 2011 eine Überprüfung der Verfassungsmäßigkeit des Lokalrechts vorzunehmen. Zuvor war eine Überprüfung von Gesetzen auf ihre Verfassungsmäßigkeit nur vor ihrem Inkrafttreten möglich, was eine Überprüfung des Lokalrechts verhinderte.[1566] Die Entscheidung ist demnach schon deswegen besonders, weil sie die erste

---

[1559] Vgl. *Gueydan* Revue française de droit constitutionnel 2013, 857 (859); *Imhof,* Staatskirchenrechtliche Regime Elsass-Lothringens in rechtsvergleichender Perspektive, 2022, S. 95; auch bereits zitiert in: *M. Lasserre* in Sydow (Hrsg.), Französisches Verfassungsrecht im 21. Jahrhundert, 2022, S. 23 (48); *Rhinn,* La formalisation du droit local alsacien-mosellan dans l'ordre juridique français (1914-1925), 2018, S. 194ff.; *Gueydan* Revue française de droit constitutionnel 2012, 158 (160); *Woehrling* Revue française d'administration publique 2012, 131 (134); *Jennequin* L'Actualité juridique Droit administratif 2012 (331).

[1560] Loi n°51-677 Journal Officiel de la République française 1951, 5785; auch zitiert in: *M. Lasserre* in Sydow (Hrsg.), Französisches Verfassungsrecht im 21. Jahrhundert, 2022, S. 23 (49).

[1561] *Nacke* in Sydow (Hrsg.), Französisches Verfassungsrecht im 21. Jahrhundert, 2022, S. 59 (65).

[1562] Vgl. auch bereits: *M. Lasserre* in Sydow (Hrsg.), Französisches Verfassungsrecht im 21. Jahrhundert, 2022, S. 23 (49).

[1563] *Gueydan* Revue française de droit constitutionnel 2013, 857 (860); auch bereits zitiert in: *M. Lasserre* in Sydow (Hrsg.), Französisches Verfassungsrecht im 21. Jahrhundert, 2022, S. 23 (49).

[1564] *Ortscheidt* Revue internationale de droit comparé 1990, 469 (476); ebenfalls zitiert in: *Imhof,* Staatskirchenrechtliche Regime Elsass-Lothringens in rechtsvergleichender Perspektive, 2022, S. 297.

[1565] Mit den Loi organique n° 2009-1523, Journal Officiel électronique authentifié n° 0287 2009, Text 1; vgl. *Preußler,* Question prioritaire de constitutionnalité, 2015, S. 31.

[1566] Vgl. *Preußler,* Question prioritaire de constitutionnalité, 2015, S. 15.

Entscheidung darstellt, in der sich das Gericht ausdrücklich zur Wirksamkeit des Lokalrechts verhält. Vor Einführung der *QPC* wäre eine Überprüfung der Verfassungsmäßigkeit des Lokalrechts nur sekundär möglich gewesen, durch die Kontrolle von Gesetzen, die das Lokalrecht modifizieren.[1567] Der *Conseil constitutionnel* verwies in seinen Entscheidungen jedoch darauf, dass die „Besonderheit des lokalen Vereinsrechts nicht aus dem, dem Verfassungsrat zur Prüfung vorgelegten Gesetz hervorgeht und dieses allein aufgrund seiner Folgen nicht verfassungswidrig sein kann". Es sei „Sache des Gesetzgebers zu beurteilen, ob diese Anomalie behoben werden muss."[1568] Das Gericht umging mithin eine Entscheidung zum Lokalrecht. Mit Einführung ein *ex post* Kontrolle von Gesetzen im Jahr 2010,[1569] ließ eine Entscheidung zu den normativen Besonderheiten in der Region Elsass-Mosel nicht lange auf sich warten.[1570] In Betracht kam insbesondere ein Verstoß gegen die Prinzipien der Einheit und Unteilbarkeit sowie der Gleichheit vor dem Gesetz.[1571]

(1) Die Vereinbarkeit des Lokalrechts mit dem Prinzip der Gleichheit vor dem Gesetz

Der *Conseil constitutionnel* stellte in seiner Entscheidung fest, dass das Lokalrecht – obwohl dieses die Rechtseinheit in der Metropolregion beeinträchtigt – mit der Verfassung vereinbar sei.[1572] Die Entscheidung, die sich mit dem Arbeitsverbot an Feiertagen beschäftigte, erwähnt das Prinzip der Unteilbarkeit nicht. Es stuft das Lokalrecht als „*principe fondamental reconnu par les lois de la République*" (PFRLR) ein,[1573] womit es in den Verfassungsrang erhoben wird. Über einen Verweis der Präambel der Verfassung von 1958 auf die Verfassungspräambel von 1946, zählt das Lokalrecht nunmehr zum *bloc de constitutionnalité*.[1574] Anders als normalerweise der Fall, führte die Subsumtion des Lokalrechts unter ein Verfassungsprinzip nicht zur Abwägung (*conciliation*) der widerstreitenden Verfassungsprinzipien.[1575] Eine Prüfung des Gleichheitsrechts wird stattdessen mit der Begründung abgelehnt, dass die infragestehende Maßnahme einem anderen Verfassungsrecht zugeordnet werde (hier

---

1567 *Jennequin* L'Actualité juridique Droit administratif 2012, 331 (332).

1568 Conseil constitutionnel, 14.1.1983, Décision n° 82-153 DC.

1569 Vgl. *Jennequin* L'Actualité juridique Droit administratif 2012, 331 (334).

1570 Vgl. *Jennequin* L'Actualité juridique Droit administratif 2012 (331).

1571 Vgl. in diesem Sinne auch: *Nacke* in Sydow (Hrsg.), Französisches Verfassungsrecht im 21. Jahrhundert, 2022, S. 59; *Jennequin* L'Actualité juridique Droit administratif 2012, 331 (332).

1572 Conseil constitutionnel, 5.8.2011, Décision n° 2011-157 QPC; so ähnlich auch: 2.8.1991, Décision n° 91-299 DC; vgl. hierzu auch: *Jennequin* L'Actualité juridique Droit administratif 2012 (331).

1573 Conseil constitutionnel, 5.8.2011, Décision n° 2011-157 QPC.

1574 *Gueydan* Revue française de droit constitutionnel 2013, 857 (867f.); *Nacke* in Sydow (Hrsg.), Französisches Verfassungsrecht im 21. Jahrhundert, 2022, S. 59 (66); *Imhof,* Staatskirchenrechtliche Regime Elsass-Lothringens in rechtsvergleichender Perspektive, 2022, S. 280ff.; auch bereits erwähnt in: *M. Lasserre* in Sydow (Hrsg.), Französisches Verfassungsrecht im 21. Jahrhundert, 2022, S. 23 (49).

1575 *Imhof,* Staatskirchenrechtliche Regime Elsass-Lothringens in rechtsvergleichender Perspektive, 2022, S. 280; so auch selbst: Conseil constitutionnel, 5.8.2011, Décision n° 2011-157 QPC; *Drago,* Contentieux constitutionnel français, 4. Aufl. 2016, S. 337f.; *Mathieu/Verpeaux,* Droit constituionnel, 2004, S. 731ff.

dem PFRLR).[1576] Somit limitiert der *Conseil constitutionnel* seine Kontrollmöglichkeit bezogen auf das Lokalrecht, indem er es als PFRLR einordnet.[1577]

Diese beispiellose Entscheidung des *Conseil constitutionnel* kann mit seiner Befürchtung begründet werden, eine Abwägung zwischen Gleichheit und PFRLR würde zu einem Überwiegen der Gleichheit führen. Wende man das Gleichheitsprinzip an, wäre die Annahme einer Ungleichbehandlung unumgänglich. Auch die Ausnahmetatbestände des Gleichheitssatzes, das Vorliegen einer besonderen Situation sowie ein Allgemeininteresse wären in der Metropolregion – so jedenfalls *Jennequin* – schwer zu rechtfertigen.[1578] Glaubhaft scheint es auch – wenn man der Feststellung *Janicots* zur Rechtsprechung des *Conseil constitutionnel* Glauben schenkt, dass dieser allein im Vorliegen verschiedener Gebietskörperschaften eine „unterschiedliche Situation" annimmt[1579] – dass das Gericht die Möglichkeit einer Prüfung von Verstößen des Lokalrechts gegen das Gleichheitsrecht ausräumen wollte. Wenn der Anwendungsbereich des Gleichheitsrecht durch Vorliegen eines PFRLR ausgeschlossen ist, kann das Gleichheitsrecht auch in künftigen Entscheidungen bezogen auf das Lokalrecht nicht herangezogen werden. Die gefestigte Rechtsprechung der Region Elsass-Mosel wäre ansonsten gefährdet und die Gerichtsbarkeit stünde einer Klageflut gegenüber, die – trotz Einordnung des Lokalrechts als PFRLR – zur schlussendlichen Unwirksamkeit der einzelnen Bestimmungen des Lokalrechts führen würde.[1580] Die Entscheidung des *Conseil constitutionnel* ist umso verwunderlicher, als dies der grundlegenden Dogmatik der Verfassungsauslegung zuwiderläuft, die auf dem Finden von Ausgleichen und Abwägungen zwischen Verfassungswerten basiert.[1581]

Der Zusammenhang zwischen den Prinzipien der Gleichheit (in seiner dominanter werdenden territorialen Auslegung[1582]) und der Unteilbarkeit des Staatsgebiets wird im Falle des Lokalrechts der Region Elsass-Mosel besonders deutlich. Die Einschränkung des Gleichheitsprinzips hat zwangsläufig die Einschränkung der Unteilbarkeit zur Folge.

[1576] *Imhof,* Staatskirchenrechtliche Regime Elsass-Lothringens in rechtsvergleichender Perspektive, 2022, S. 280.

[1577] *Jennequin* L'Actualité juridique Droit administratif 2012, 331 (332f.).

[1578] *Jennequin* L'Actualité juridique Droit administratif 2012, 331 (332).

[1579] *Janicot,* La décentralisation et l'expérimentation normative, https://www.conseil-constitutionnel.fr/publications/titre-vii/la-decentralisation-et-l-experimentation-normative.

[1580] *Jennequin* L'Actualité juridique Droit administratif 2012, 331.

[1581] *Imhof,* Staatskirchenrechtliche Regime Elsass-Lothringens in rechtsvergleichender Perspektive, 2022, S. 280; *Drago,* Contentieux constitutionnel français, 4. Aufl. 2016, S. 337f.; *Mathieu/Verpeaux,* Droit constituionnel, 2004, S. 731ff.

[1582] *Gründler* Revue du Droit Public 2007, 445 (462).

(2) Die Vereinbarkeit des Lokalrechts mit dem Prinzip der Unteilbarkeit

In diesem Sinne scheint es besonders auffälliger, dass das Unteilbarkeitsprinzip bei der Überprüfung des Lokalrechts auf seine Verfassungsmäßigkeit überhaupt nicht erwähnt wird.

Die Einschränkung der Anwendung des Prinzips der Gleichheit führt in diesem Fall – auch wenn das Unteilbarkeitsprinzip in der *Somodia*-Entscheidung zum nicht explizit herangezogen wird zu einer Einschränkung des Unteilbarkeitsprinzips. Denn die Gleichheit stellt als Zielbestimmung des Unteilbarkeitsprinzip in der Rechtsprechung den verbleibenden Restgehalt des Unteilbarkeitsprinzips dar. [1583] Nicht nur wird hier, wie dies mittlerweile gefestigte Rechtsprechung ist, dem Gleichheitsprinzip vor dem Unteilbarkeitsprinzip in territorialer Ausrichtung Vorrang eingeräumt. Obwohl das Unteilbarkeitsprinzip in der Entscheidung des *Conseil constitutionnel* zum Lokalrecht nicht genannt wird, kann jedenfalls ergänzend festgestellt werden, dass ein Zitieren des Unteilbarkeitsprinzips hier ganz und gar sinnlos gewesen wäre, da in aller Regel ein Ausschluss eines Verstoßes gegen die Gleichheit auch einen Verstoß gegen das Unteilbarkeitsprinzips verhindert. Das Gericht geht hier – in der Aushöhlung des Prinzips der Unteilbarkeit jedoch noch weiter – indem es das Unteilbarkeitsprinzip schon nicht erwähnt.

Jedenfalls macht die Rechtsprechung des *Conseil constitutionnel* deutlich, dass das Prinzip der Unteilbarkeit des Staatsgebiets nicht mehr die normative Einheit in diesem Bereich bedeuten kann. Vielmehr ist es Zeichen dafür, dass Frankreich – ob Metropol- oder Überseekörperschaft – tatsächlich als „*État pluri-législatif*" beschrieben werden kann, also mehrere Rechtsordnungen parallel angewendet werden können.[1584] Der Anwendungsbereich des Prinzips der Unteilbarkeit des Staatsgebiets ist maßgeblich verkürzt.[1585]

cc) Zwischenergebnis: Das Lokalrecht als Beschränkung der Rechtseinheit

Bei dem Lokalrecht der Region Elsass-Model handelt es sich um historische Besonderheit. Es handelt sich bei dem Sonderrecht um einen „integrale[n] Bestandteil der französischen Rechtsordnung"[1586] Da die Vorschriften durch die Übernahme

---

[1583] In diesem Sinne auch bereits: *M. Lasserre* in Sydow (Hrsg.), Französisches Verfassungsrecht im 21. Jahrhundert, 2022, S. 23 (50).

[1584] *Favoreu* in Moderne/Bon (Hrsg.), La Nouvelle décentralisation, 1983, S. 15; *Favoreu et al.,* Droit constitutionnel 2024, 26. Aufl. 2023, S. 536; *Gueydan* Revue française de droit constitutionnel 2013, 857 (858); *Avril,* L'État plurilégislatif et la République indivisible, 2004; vgl. in diesem Sinne auch schon: *M. Lasserre* in Sydow (Hrsg.), Französisches Verfassungsrecht im 21. Jahrhundert, 2022, S. 23 (49).

[1585] Vgl. auch bereits: *M. Lasserre* in Sydow (Hrsg.), Französisches Verfassungsrecht im 21. Jahrhundert, 2022, S. 23 (49).

[1586] *Ortscheidt* Revue internationale de droit comparé 1990, 469 (476); ebenfalls zitiert in: *Imhof,* Staatskirchenrechtliche Regime Elsass-Lothringens in rechtsvergleichender Perspektive, 2022, S. 297.

in die Rechtsordnung der V. Republik nationales Recht wurden,[1587] steht eine Beschränkung des Einheitsstaats vorliegend nicht in Frage. Jedoch verletzt das Lokalrecht die Unteilbarkeit des Staatsgebiets mit Blick auf seine Begründung: der Gleichheit aller Bürger:innen vor dem Gesetz.

Sowohl das Gleichheits- als auch das Unteilbarkeitsprinzip werden in der Entscheidung des *Conseil constitutionnel* zur Verfassungsmäßigkeit des Lokalrechts nicht angewendet. Dieses wird als *PFRLR* eingeordnet und erlangt hierdurch Verfassungsrang.[1588] Das Verfassungsgericht leitet daraus systemwidrig ab, es müsse keine Abwägung zwischen *PFRLR* und Gleichheitssatz stattfinden, da das Lokalrecht einem anderen Verfassungsprinzip zuzuordnen sei, dem *PFRLR* nicht dem Gleichheitssatz. Damit ignoriert es das üblicherweise auf Abwägung gerichtete Argumentationsvorgehen des Gerichts.[1589] Das Prinzip der Unteilbarkeit wird hingegen nichtmals erwähnt. Zwar ist davon auszugehen, dass eine Geltendmachung in gleicher Weise abgelehnt worden wäre, wie die Rüge des Gleichheitsrechts, jedoch spricht es Bände bzgl. der Stellung des Unteilbarkeitsprinzips in der Verfassungssystematik, dass dieses im Urteil zum Lokalrecht keine Erwähnung findet. Die Unteilbarkeit wird damit hinter dem Gleichheitsprinzip zurückgedrängt. Doch auch diesem fällt im Vergleich zur Rechtsvielfalt kein Anwendungsbereich zu. Die normative Einheit Frankreichs und damit die Unteilbarkeit des Staatsgebiets ist nach der Rechtsprechung des *Conseil constitutionnel* nicht mehr gesichert.[1590]

dd) Zwischenergebnis: Beschränkungen der Rechtseinheit

Neben den Einschränkungen im Bereich der *règlements*, welche das Hauptanwendungsfeld der Abweichungen von der Rechtseinheit im Staatsgebiet darstellen, sind auch legislative Abweichungen im Staatsgebiet möglich. Diese umfassen zum einen die lokalen Legislativbefugnisse der *lois du pays*[1591] und zum anderen nationale Abweichungen vom Einheitsrecht, durch die Anerkennung von Lokalrechten im Staatsgebiet.[1592] Lediglich letztere sowie das in Polynesien geltende Spezialitätsprinzip beeinträchtigen das Ziel der Unteilbarkeit, die Erreichung des Einheitsstaats.

Alle genannten Beschränkungen der Rechtseinheit machen hingegen deutlich, dass der Zusammenhang zwischen den Prinzipien der Unteilbarkeit des Staatsgebiets und dem der Gleichheit in seiner territorialen Interpretation beachtlich ist.

[1587] Vgl. auch bereits: *M. Lasserre* in Sydow (Hrsg.), Französisches Verfassungsrecht im 21. Jahrhundert, 2022, S. 23 (49).

[1588] *Imhof,* Staatskirchenrechtliche Regime Elsass-Lothringens in rechtsvergleichender Perspektive, 2022, S. 280.

[1589] *Imhof,* Staatskirchenrechtliche Regime Elsass-Lothringens in rechtsvergleichender Perspektive, 2022, S. 280; *Drago,* Contentieux constitutionnel français, 4. Aufl. 2016, S. 337f.; *Mathieu/Verpeaux,* Droit constituionnel, 2004, S. 731ff.

[1590] Vgl. auch bereits: *M. Lasserre* in Sydow (Hrsg.), Französisches Verfassungsrecht im 21. Jahrhundert, 2022, S. 23 (49).

[1591] Loi organique n° 99-209 Journal Officiel de la République française 1999, 4197.

[1592] Conseil constitutionnel, 5.8.2011, Décision n° 2011-157 QPC.

Die Rechtsprechung wendet Unteilbarkeit und Gleichheit so gemeinsam an, dass das Unteilbarkeitsprinzip nur dort gelten kann, wo die Ausnahmetatbestände des Gleichheitsrechts nicht wirken. Das bedeutet die Unteilbarkeit im Staatsgebiet ist nur da anwendbar, wo keine lokalen Besonderheiten gegeben sind, die eine vom nationalen *Status quo* abweichende Regelung rechtfertigen kann. Die weite Auslegung der Gleichheit vor dem Gesetz führt bezogen auf die Rechtseinheit zu einer immer weiter voranschreitenden Begrenzung des Anwendungsbereichs des Prinzips der Gleichheit vor dem Gesetz einerseits und des Prinzips der Unteilbarkeit des Staatsgebiets.

f) Zwischenergebnis: Frankreich ist mehr als nur ein État pluri-législatif

Die Interpretation der Unteilbarkeit des Staatsgebiets als Rechtseinheit ist nicht mehr haltbar. Lediglich der Anwendungsbereich der Unveränderlichkeit der Außengrenzen, der sich spätestens seit der Anerkennung der Sezessionsmöglichkeit durch den *Conseil constitutionnel*,[1593] nur noch auf die Metropolregion bezieht, kann aufrechterhalten werden. Stattdessen wurde auf eine Rechtseinheit verwiesen, die jedoch ebenfalls in Metropol- und Überseekörperschaft Einschränkungen erfuhr. Von Exekutivgesetzen kann nach Art. 72, 73 und 74 CF in der Metropolregion sowie in den Überseekörperschaften abgewichen werden, sofern die Verfassung dies vorsieht. Darüber hinaus sind auch nationale Gesetze zulässig, die regional abweichende Regelungen vorsehen – sei dies durch nationale Experimentiergesetze nach Art. 37-1 CF oder durch die Anerkennung von Lokalrecht im Rechtssystem.[1594] Hieraus wird regelmäßig das Vorhandensein eines *État pluri-législatif*, abgeleitet, in dem verschiedene also mehrere Rechtsordnungen parallel angewendet werden können.[1595] Dieser sei mit dem Einheitsstaat vereinbar, da dennoch nur ein Gesetzgeber im Land existiere. Diese Feststellung erklärt zwar die Fortentwicklung des einstigen Zentralstaats Frankreich hin zu einem dezentralen Einheitsstaat, in dem in der Tat verschiedene Rechtsordnungen koexistieren können. Es wird jedoch nicht erklärt, inwieweit das Vorhandensein lokaler Parlamente mit Legislativbefugnissen, wie demjenigen Neukaledoniens im Staatsgebiet existieren können.

Es lässt sich somit zweierlei feststellen: Zum einen ist Frankreich mehr als nur ein pluri-legislativer Einheitsstaat. Frankreich ist ein Staat, in dem durch verschiedene unabhängige Hoheitsträger Legislativakte erlassen werden können und in dem die Errichtung weiterer lokaler Legislativgremien nach Art. 34 CF n.F. zumindest

---

1593 Conseil constitutionnel., 30.9.1975, Décision n° 75-59 DC; 2.6.1987, Décision n° 87-226 DC; 4.5.2000, n° 2000-428 DC; auch bereits zitiert in: *M. Lasserre* in Sydow (Hrsg.), Französisches Verfassungsrecht im 21. Jahrhundert, 2022, S. 23 (44).

1594 Conseil constitutionnel, 5.8.2011, Décision n° 2011-157 QPC.

1595 *Favoreu* in Moderne/Bon (Hrsg.), La Nouvelle décentralisation, 1983, S. 15; *Favoreu et al.,* Droit constitutionnel 2024, 26. Aufl. 2023, S. 536; *Gueydan* Revue française de droit constitutionnel 2013, 857 (858); *Avril,* L'État plurilégislatif et la République indivisible, 2004; vgl. in diesem Sinne auch schon: *M. Lasserre* in Sydow (Hrsg.), Französisches Verfassungsrecht im 21. Jahrhundert, 2022, S. 23 (49).

möglich scheint.[1596] Zum anderen ist die Unteilbarkeit des Staatsgebiets heute beschränkt auf die Unveränderbarkeit der Außengrenzen der Metropolregion sowie die Übertragung von Legislativbefugnissen in der Metropolregion. Durch die grundsätzliche Anerkennung der Sezessionsmöglichkeit 1975,[1597] die Neuformulierung des Art. 34 CF sowie die generelle Modifikationsoffenheit der französischen Verfassung,[1598] erscheinen weitere Einschränkungen auch dieser Restbereiche jedenfalls denkbar.

2. Unteilbarkeit der „Staatsgewalt"

Die Verknüpfung von Unteilbarkeit und Staatsgewalt wurzelt in Frankreich im Absolutismus. Ausgehend von der Herrschaft *Ludwig IX* wurde ein absolutistisches Herrschaftsbild verbreitet, in dem der König das unteilbare Reich Gottes auf Erden verkörpert. Seine Herrschaftsmacht ist nicht unterteilbar.[1599] Im 16. Jahrhundert wurde der Zusammenhang offenkundig, als der Begriff der Staatsgewalt – insbesondere durch *Jean Bodin*[1600] – Eingang in die Staatslehre fand.[1601] Die Umdeutung der Unteilbarkeit in der Revolution tat der Lehre von der Unteilbarkeit der Staatsgewalt keinen Abbruch. Denn auch wenn, zu diesem Zeitpunkt die Gewaltenteilung eingeführt wurde, ging man – entgegen *Rousseau*[1602] davon aus – dass diese unteilbar sei und lediglich von verschiedenen Akteuren ausgeübt werde.[1603]

Mit der Einführung der Gewaltenteilung in Art. 16 DDHC wurde das Fundament für die heutige Unteilbarkeit der Staatsgewalt geschaffen.[1604] Es geht damit um die Verankerung der Ausübung der drei Gewalten durch einen einheitlichen Hoheitsträger. Einschränkungen der Unteilbarkeit der Staatsgewalt kommen nicht nur aufgrund der Übertragung von Hoheitsbefugnissen durch die Dezentralisierungsreform 2003 in Betracht, die *règlements*-befugnisse sowie ein Experimentierrecht (also Exekutivbefugnisse) auf die Gebietskörperschaften übertrug.[1605] Auch die Legislativgewalt könnte durch die Übertragung von Legislativbefugnissen beeinträchtigt worden sein.[1606]

Es wird deutlich, dass große Übereinstimmungen zwischen denjenigen Maßnahmen bestehen, die die Unteilbarkeit des Staatsgebiets in Ausprägung der

---

1596 *Faure* Revue française de droit administratif 2019 (937).

1597 Conseil constitutionnel., 30.9.1975, n° 75-59 DC; 2.6.1987, n° 87-226 DC; 4.5.2000, n° 2000-428 DC; auch bereits zitiert in: *M. Lasserre* in Sydow (Hrsg.), Französisches Verfassungsrecht im 21. Jahrhundert, 2022, S. 23 (44).

1598 Vgl. hierzu: A.I.2.b)aa)(2).

1599 *Debbasch,* Le principe révolutionnaire d'unité et d'indivisibilité de la République, 1988, S. 32.

1600 *Bodin,* Les six livres de la république, 1593.

1601 *Philipp* in Philipp (Hrsg.), Debatten um die Souveränität, 2016, S. 123.

1602 *Rousseau,* Du Contrat Social, 1896, S. 45ff.

1603 Vgl. *Lemaire,* Le principe d'indivisibilité de la République, 2010, S. 61.

1604 Vgl. *Lemaire,* Le principe d'indivisibilité de la République, 2010, S. 61.

1605 Loi constitutionnelle n°2003-276 Journal Officiel de la République française 2003, 5568.

1606 Vgl. den Fall Neukaledoniens: Loi organique n° 99-209 Journal Officiel de la République française 1999, 4197.

Rechtseinheit beeinträchtigen und denjenigen, die die Unteilbarkeit der Staatsgewalt betreffen. Der maßgebliche Unterschied besteht jedoch darin, dass die Perspektive bei der Frage der Unteilbarkeit der Staatsgewalt auf den jeweiligen Akteur gerichtet ist. Die Frage lautet hier: Werden mehrere autonome Hoheitsträger nebeneinander tätig? Bei der Überprüfung der Unteilbarkeit des Staatsgebiets hingegen, liegt der Fokus auf dem Erzeugnis eines hoheitlichen Tätigwerdens. Die Frage lautet also: Gilt im Hoheitsgebiet unterschiedliches Recht? Der Zusammenhang zwischen der Unteilbarkeit der Staatsgewalt und Einheitsstaatlichkeit ist demnach in diesem Abschnitt noch dringlicher. Denn für das Vorliegen eines Einheitsstaats dürfen Akteure, die die Staatsgewalt ausüben, im Staatsaufbau nicht in Erscheinung treten.[1607] Außerdem muss sich ihre Befugnis zur Ausübung von Staatsgewalt von einem nationalen Entscheidungsträger ableiten und diesem gegenüber weisungsgebunden sein[1608]

Bei der Beurteilung, ob eine Kompetenzübertragung die Unteilbarkeit der Staatsgewalt tangiert, ist also auf die Frage zu antworten, ob lediglich ein regionaler Akteur nationale Staatsgewalt ausübt, oder ob er aus eigener Souveränität tätig wird. Hierbei kommen Beschränkungen bei der Ausübung der Exekutiv- (b) sowie der Legislativgewalt (c) in Betracht. Einschränkungen der Judikativgewalt sind hingegen nicht ersichtlich. Um diese Analyse vorzunehmen, muss zunächst definiert werden, was Souveränität im Einzelnen bedeutet (a).

Anders als im Falle des Regelungserlasses durch Gebietskörperschaften, wird der Einheitsstaat nicht in Frage gestellt, wenn regional geltende Gesetze durch den nationalen Gesetzgeber erlassen werden – also im Falle eines Lokalrechts. Denn hierdurch werden keine Kompetenzen auf Gebietskörperschaften übertragen. Die Staatsgewalt verbleibt beim nationalen Entscheidungsträger. Der Fall der Lokalrechte wird hier folglich nicht behandelt.

a) Überblick: zum Begriff der Staatsgewalt

Die konstituierte Staatsgewalt (*pouvoir constitué*) nimmt „wesentliche Regelungsaufgaben wahr und ist [...] befugt, sich mit allen verfassungsgemäßen Mitteln selbst zu erhalten".[1609] Staatsgewalt ist – auch wenn sie keinen notwendigen Bestandteil einer Verfassung darstellt[1610] – dann gegeben, wenn der Staat das Monopol zur

---

1607 *Broschek* in Lauth/Kneuer/Pickel (Hrsg.), Handbuch Vergleichende Politikwissenschaft, 2016 (335f.); *Hamon/Troper,* Droit constitutionnel, 45. Aufl. 2025, S. 100; auch bereits erwähnt in: *M. Lasserre* in Sydow (Hrsg.), Französisches Verfassungsrecht im 21. Jahrhundert, 2022, S. 23 (35).

1608 *M. Lasserre* in Sydow (Hrsg.), Französisches Verfassungsrecht im 21. Jahrhundert, 2022, S. 23 (35); *Broschek* in Lauth/Kneuer/Pickel (Hrsg.), Handbuch Vergleichende Politikwissenschaft, 2016 (335f.); *Hamon/Troper,* Droit constitutionnel, 45. Aufl. 2025, S. 100; *Gaïa et al.,* Les grandes décisions du Conseil constitutionnel, 20. Aufl. 2022, S. 144.

1609 *Andersen et al.,* Handwörterbuch des politischen Systems der Bundesrepublik Deutschland, 8. Aufl. 2019, S. 865.

1610 *Troper/Chagnollaud,* Traité international de droit constitutionnel, 2012, S. 548.

zwanghaften Durchsetzung der Ordnung im Hoheitsgebiet innehat.[1611] Wonach sich diese Ordnung richtet, ist in der Verfassung geregelt.[1612] In demokratischen Staaten kommt die Staatsgewalt dem Volke zu.[1613]
Die französische Verfassung widmet ihren gesamten ersten Abschnitt der Regelung der Souveränität und betitelt ihn „*De la souveraineté*".[1614] Art. 3 der Verfassung regelt, dass das Volk Träger der Staatsgewalt ist, während Art. 4 CF die Parteien zur Achtung der Staatsgewalt verpflichtet. Darüber hinaus verweist die Präambel der Verfassung von 1958 auf die Regelungen zur Staatsgewalt in der *DDHC* (welche die Souveränität in Art. 3 an die Nation anknüpft) sowie in der Verfassung von 1946 (die bezogen auf die Regelung der Staatsgewalt im Wesentlichen der Verfassung von 1958 entspricht).[1615]

Zu unterscheiden ist die innere Staatsgewalt – bezogen auf hoheitliche Maßnahmen gegenüber natürlichen und juristischen Personen im Staatsgebiet – sowie die äußere Staatsgewalt in Beziehung zu anderen Staaten oder ausländischen Institutionen.[1616] Im demokratischen Verfassungsstaat liegt die Staatsgewalt – wie erwähnt – beim Volk.[1617] Es gibt keine ihr übergeordnete Macht im inneren des Staates. Jede Ausübung der Staatsgewalt unterliegt jedoch der Beurteilung durch die Verfassung.[1618] Die Gewaltenteilung führt bei der inneren Staatsgewalt – nach überwiegender Meinung[1619] – nicht zu einer Beeinträchtigung der Unteilbarkeit der Staatsgewalt. Die Staatsgewalt bleibt im Einheitsstaat unteilbar, wird jedoch von Akteuren der drei Gewalten, der Exekutive, der Legislative und der Judikative ausgeübt.[1620]

Staatsgewalt kann je nach Verfassungsordnung auf verschiedene Art und Weise ausgeübt werden. Sie kann innerhalb eines Staatsgebiets entweder von mehreren Hoheitsträgern, die nebeneinander agieren, im Sinne eines Föderalismus ausgeübt

---

1611 *Andersen et al.,* Handwörterbuch des politischen Systems der Bundesrepublik Deutschland, 8. Aufl. 2019, S. 865; *Breuer* Zeitschrift für Soziologie 1988 (315).

1612 *Troper/Chagnollaud,* Traité international de droit constitutionnel, 2012, S. 580f.

1613 Vgl. *Tocqueville/Raynaud,* De la démocratie en Amérique, 2023, S. 58; *Troper/Chagnollaud,* Traité international de droit constitutionnel, 2012, S. 581.

1614 Journal Officiel de la République française 1958, 9151; vgl. auch *Troper/Chagnollaud,* Traité international de droit constitutionnel, 2012, S. 548.

1615 Journal Officiel de la République française 1958, 9151; vgl. auch *Troper/Chagnollaud,* Traité international de droit constitutionnel, 2012, S. 548; Déclaration des Droits de l'Homme et du Citoyen de 1789 vom 26.08.1789, https://www.legifrance.gouv.fr/contenu/menu/droit-national-en-vigueur/constitution/declaration-des-droits-de-l-homme-et-du-citoyen-de-1789; Constitution de 1946, IVe République, https://www.conseil-constitutionnel.fr/les-constitutions-dans-l-histoire/constitution-de-1946-ive-republique.

1616 *Troper/Chagnollaud,* Traité international de droit constitutionnel, 2012, S. 584ff.

1617 *Troper/Chagnollaud,* Traité international de droit constitutionnel, 2012, S. 581; *Tocqueville/Raynaud,* De la démocratie en Amérique, 2023, S. 58.

1618 *Troper/Chagnollaud,* Traité international de droit constitutionnel, 2012, S. 580f.

1619 *Lemaire,* Le principe d'indivisibilité de la République, 2010, S. 62.

1620 *Troper/Chagnollaud,* Traité international de droit constitutionnel, 2012, S. 580f.; *Lemaire,* Le principe d'indivisibilité de la République, 2010, S. 61.

werden. In diesem Fall überträgt das Volk als Inhaber der Staatsgewalt in seiner jeweiligen Zusammensetzung auf nationaler oder regionaler Ebene die Hoheitsgewalt durch Wahlen auf den jeweiligen Hoheitsträger. Andererseits kann sie von einer einheitlichen Staatsgewalt mit evtl. nachgeordneten und im Staatsaufbau nicht in Erscheinung tretenden Behörden wahrgenommen werden. [1621] „Wenn man bedenkt, dass nur die Übertragung der Souveränität auf den Staat als abstrakte Form oder auf das Volk als fiktive Gesamtheit das Prinzip der Gewaltenteilung mit dem Prinzip der Souveränität vereinbaren kann, dann scheint die Situation der Bundesstaaten noch komplizierter zu sein.“[1622] Denn hier übt nicht nur ein einzelner Inhaber der Hoheitsgewalt die Staatsgewalt über verschiedene Organe aus, sondern es existieren verschiedene Gliedstaaten innerhalb desselben Territoriums, die eine eigene Staatsgewalt ausüben.[1623] Das Zuordnungssubjekt der Staatsgewalt, das Volk, ist in den Gliedstaaten nicht identisch mit dem Volk des Nationalstaats. Im Falle des Föderalismus kann die Staatsgewalt nicht mehr als unteilbar angesehen werden.[1624] Die Unteilbarkeit der Staatsgewalt kann also nur in einem Einheitsstaat bestehen, in dem diese allein einem (fiktiven) Zuordnungssubjekt zukommt.[1625]

Eine weitere Hürde bei der Einordnung einer Staatsgewalt als unteilbar stellt sich bezogen auf die externe Staatsgewalt. [1626] Hier wird teilweise insb. in Bezug auf die EU vertreten, dass die Übertragung von Befugnissen im Bereich aller drei Gewalten dazu führe, dass die Staatsgewalt nicht mehr als unteilbar angesehen werden könne.[1627] Einige Autor:innen sprechen sich auch bei der Übertragung von Kompetenzen auf supranationale Organisationen für die Unteilbarkeit der Staatsgewalt aus, da diese weiterhin bei den Nationalstaaten verbleibe. Diese seien „Herren der Verträge“ und übertragen nur Zuständigkeiten, nicht aber die Souveränität. Der EU steht keine Kompetenz-Kompetenz zu.[1628] Es wird sich also auf die Art und Weise der Errichtung des Primärrechts gestützt. Auf der anderen Seite wird eine geteilte Souveränität vertreten.[1629] Es wird angeführt, dass das Primärrecht der EU dem der Nationalstaaten im Sinne eines Anwendungsvorrangs vorgeht. Außerdem

---

1621 *Broschek* in Lauth/Kneuer/Pickel (Hrsg.), Handbuch Vergleichende Politikwissenschaft, 2016 (335f.); *Hamon/Troper,* Droit Constitutionnel, 45. Aufl. 2025, S. 100; vgl. in diesem Sinne auch schon: *M. Lasserre* in Sydow (Hrsg.), Französisches Verfassungsrecht im 21. Jahrhundert, 2022, S. 23 (34).

1622 *Troper/Chagnollaud,* Traité international de droit constitutionnel, 2012, S. 575, im Original lautet es hier: „Si l'on considère que seul le transfert de la souveraineté à l'État en tant que forme abstraite, ou, au peuple en tant qu'ensemble fictif, permet de concilier le principe de séparation des pouvoirs à celui de souveraineté, alors la situation des États fédéraux semble encore plus compliquée“.

1623 *Troper/Chagnollaud,* Traité international de droit constitutionnel, 2012, S. 575; in diesem Sinne wird es auch von: *Tocqueville/Raynaud,* De la démocratie en Amérique, 2023, S. 62ff. bezogen auf die Vereinigten Staaten dargestellt.

1624 Etwas anderes wurde zum Teil bezogen auf den Föderalismus der USA bei seiner Einführung vertreten, vgl.: *Troper/Chagnollaud,* Traité international de droit constitutionnel, 2012, S. 575f.

1625 Vgl. *Troper/Chagnollaud,* Traité international de droit constitutionnel, 2012, S. 575.

1626 *Troper/Chagnollaud,* Traité international de droit constitutionnel, 2012, S. 584ff.

1627 *Troper/Chagnollaud,* Traité international de droit constitutionnel, 2012, S. 597ff.

1628 *Troper/Chagnollaud,* Traité international de droit constitutionnel, 2012, S. 598.

1629 Vgl. *Günther* Kritische Justiz 2016 (321).

hängt auch die Übertragung von Kompetenzen auf die EU vom Gutdünken anderer Mitgliedsstaaten ab. Die Zusammenarbeit in den Unionsorganen macht allenfalls eine geteilte Souveränität der Nationalstaaten möglich.[1630] Dem entspricht auch die Rechtsprechung des BVerfG aus dem Jahr 2009, welche bzgl. des Vertrags von Lissabon annimmt, dass die Staatsgewalt durch die völkerrechtsfreundliche Auslegung des Grundgesetzes jedenfalls teilweise auf supranationale Organisationen übertragen werden könne.[1631]

Die vorliegende Arbeit befasst sich konkret mit der internen Unteilbarkeit Frankreichs. Denn die Zielsetzung der Unteilbarkeit ist aus der Perspektive ihrer Zielsetzung – der Erreichung des Einheitsstaats – eine rein nationale. Auch wenn die Frage der Souveränitätsübertragung auf die EU weitere interessante Reflektionen der Definition von Souveränität zulässt, sind diese nicht relevant für die Forschungsfrage, ob Frankreich eine einheitliche und unteilbare Republik ist. Auch wenn sich die Staatsgewalt durch Kompetenzübertragungen auf supranationale Institutionen wie die EU multipliziert hat,[1632] kann dennoch staatssintern festgestellt werden, dass sich Staatsgewalt im modernen Verfassungsstaat auf das Monopol nationaler Institutionen bezieht, die staatliche Ordnung notfalls zwangsweise herzustellen.[1633]

In Abgrenzung zu den Einschränkungen der Unteilbarkeit des Staatsgebiets liegt bei der Beurteilung der verbleibenden Bedeutung der Unteilbarkeit der Staatsgewalt der Fokus mithin auf der Frage, ob mehrere Akteure die Staatsgewalt nebeneinander innehaben, ob Frankreich also ein Einheits- oder ein Föderalstaat ist. [1634] Diese Perspektive macht auch deutlich, dass der ursprüngliche Zuschnitt der Unteilbarkeit auf eine unteilbare Staatsgewalt im Absolutismus[1635] auch heute noch die maßgebliche Ausprägung der Unteilbarkeit darstellt. Denn sie ist anders als die Komponenten der Unteilbarkeit des Staatsgebiets und des Staatsvolkes unmittelbar auf die Erreichung des Ziels Einheitsstaatlichkeit gerichtet.[1636]

1630 *Troper/Chagnollaud,* Traité international de droit constitutionnel, 2012, S. 598.

1631 Hier lautet es: „Das Grundgesetz ermächtigt den Gesetzgeber zwar zu einer weitreichenden Übertragung von Hoheitsrechten auf die Europäische Union. Die Ermächtigung steht aber unter der Bedingung, dass dabei die souveräne Verfassungsstaatlichkeit auf der Grundlage eines Integrationsprogramms nach dem Prinzip der begrenzten Einzelermächtigung und unter Achtung der verfassungsrechtlichen Identität als Mitgliedstaaten gewahrt bleibt und zugleich die Mitgliedstaaten ihre Fähigkeit zu selbstverantwortlicher politischer und sozialer Gestaltung der Lebensverhältnisse nicht verlieren.", vgl.: BVerfGE 123, 267 - 437 [2009].

1632 *Troper/Chagnollaud,* Traité international de droit constitutionnel, 2012, S. 597ff.

1633 *Andersen et al.,* Handwörterbuch des politischen Systems der Bundesrepublik Deutschland, 8. Aufl. 2019, S. 865; *Breuer* Zeitschrift für Soziologie 1988 (315); *Troper/Chagnollaud,* Traité international de droit constitutionnel, 2012, S. 597.

1634 *Broschek* in Lauth/Kneuer/Pickel (Hrsg.), Handbuch Vergleichende Politikwissenschaft, 2016 (335f.); *Hamon/Troper,* Droit Constitutionnel, 45. Aufl. 2025, S. 100; vgl. in diesem Sinne auch schon: *M. Lasserre* in Sydow (Hrsg.), Französisches Verfassungsrecht im 21. Jahrhundert, 2022, S. 23 (34).

1635 *Debbasch,* Le principe révolutionnaire d'unité et d'indivisibilité de la République, 1988, S. 32.

1636 Vgl.: B., IV., 1.

b) Unteilbarkeit der Exekutivgewalt

Anders als im Falle der Unteilbarkeit des Staatsgebiets ist die Unteilbarkeit der Staatsgewalt noch nicht beeinträchtigt, wenn im Hoheitsgebiet unterschiedliche Regelungen gelten. Zusätzlich zur Beeinträchtigung der Rechtseinheit muss hier mehr als eine Staatsgewalt tätig werden. Das ist der Fall, wenn die handelnden Akteure im Staatsaufbau eigens in Erscheinung treten.[1637] Außerdem darf sich ihre Handlungsbefugnis nicht von der eines nationalen Entscheidungsträgers ableiten und diesem gegenüber weisungsgebunden sein .[1638] Ob dies der Fall ist, ist in den bereits bei der Unteilbarkeit des Staatsgebiets angesprochenen Exekutivkompetenzen der Gebietskörperschaften zu ermitteln. Es geht konkret um die Frage, ob eine Kompetenzübertragung mit den Anforderungen, die an das Vorliegen eines Einheitsstaats zu stellen sind, vereinbar ist.

aa) Ermächtigung zum Erlass von règlements gem. Art. 72 Abs. 2, 3 CF

Die Konkretisierung des Prinzips der freien Selbstverwaltung durch Art. 72 Abs. 3 CF, ermöglicht es Gebietskörperschaften Exekutivgesetze zu erlassen,[1639] soweit sich dies im Umkehrschluss aus Art. 34 CF ergibt.[1640] Dieser gibt den Rahmen vor, in dem Legislativgesetze (*lois*) erlassen werden können. Der Erlass von *règlements* durch Gebietskörperschaften ist den Entscheidungen der übergeordneten Entscheidungsträger der:des Premierminister:in und der:des Präsident:in der Republik unterstellt.[1641] Den Gebietskörperschaften steht demnach keine Kompetenz-Kompetenz zu. *Règlements* können nur in den Bereichen erlassen werden, in denen dies von der Verfassung (Art. 34 CF) oder durch eine übergeordnete Exekutiveinheit (Premierminister:in oder Präsident:in) vorgesehen ist. Wie bereits festgestellt,[1642] liegt ein Einheitsstaat, der mit dem Mittel der Unteilbarkeit (des Staatsgebiets) erreicht werden soll, nur dort vor, wo sich die Existenz einer lokalen Zuständigkeit

---

[1637] *Broschek* in Lauth/Kneuer/Pickel (Hrsg.), Handbuch Vergleichende Politikwissenschaft, 2016 (335f.); *Hamon/Troper,* Droit constitutionnel, 45. Aufl. 2025, S. 591; auch bereits erwähnt in: *M. Lasserre* in Sydow (Hrsg.), Französisches Verfassungsrecht im 21. Jahrhundert, 2022, S. 23 (35).

[1638] *M. Lasserre* in Sydow (Hrsg.), Französisches Verfassungsrecht im 21. Jahrhundert, 2022, S. 23 (35); *Broschek* in Lauth/Kneuer/Pickel (Hrsg.), Handbuch Vergleichende Politikwissenschaft, 2016 (335f.); *Hamon/Troper,* Droit constitutionnel, 45. Aufl. 2025, S. 591; *Gaïa et al.,* Les grandes décisions du Conseil constitutionnel, 20. Aufl. 2022, S. 144.

[1639] Loi constitutionnelle n°2003-276 Journal Officiel de la République française 2003, 5568.

[1640] *Vie publique,* Qu'est-ce que le pouvoir réglementaire local ?, https://www.vie-publique.fr/fiches/20113-quest-ce-que-le-pouvoir-reglementaire-local#:~:text=Les%20collectivit%C3%A9s%20territoriales%20ont%20le,d'%C3%A9dicter%20des%20mesures%20r%C3%A9glementaires.

[1641] *Vie publique,* Qu'est-ce que le pouvoir réglementaire local ?, https://www.vie-publique.fr/fiches/20113-quest-ce-que-le-pouvoir-reglementaire-local#:~:text=Les%20collectivit%C3%A9s%20territoriales%20ont%20le,d'%C3%A9dicter%20des%20mesures%20r%C3%A9glementaires; *Haquet,* La loi et le règlement, 2007, S. 158f.

[1642] Vgl. hierzu oben: B., IV., 1.

aus der Kompetenz des nationalen Entscheidungsträgers ableitet und der lokale Hoheitsträger dem nationalen gegenüber weisungsgebunden ist.[1643] Somit schafft die Regelung des Art. 34 CF den Ausgleich zwischen der Übertragung von Exekutivbefugnissen und dem Prinzip der Einheit und Unteilbarkeit.[1644]

Auch in der Subsidiaritätszuständigkeit der Gebietskörperschaften nach Art. 72 Abs. 2 CF, wonach Gebietskörperschaften durch Erlass von *règlements* tätig werden können, wenn sie eine Materie „besser" regeln können, könnte ein Abweichen von der Einheitsstaatlichkeit gesehen werden. Demzufolge müssen sowohl gebietskörperschaftliche Exekutiv- als auch Legislativbefugnisse hierarchisch einem nationalen Hoheitsträger nachgeordnet sein.[1645] Jedoch entscheidet der nationale Gesetzgeber, in welchen Fällen eine Qualitätssicherung im Sinne des Art. 72 Abs. 2 CF auf gebietskörperschaftlicher Ebene gegeben ist. Zudem liegt beim *Conseil constitutionnel* ein Kontrollrecht bezüglich der Qualitätsentscheidung.[1646] Somit wird die Kompetenz der Gebietskörperschaft auch hier vom nationalen Entscheidungsträger abgeleitet. Eine Abweichung von den Voraussetzungen eines Einheitsstaats liegt nicht vor. Die Unteilbarkeit der Staatsgewalt wird durch Art. 72 Abs. 2, 3 CF nicht beeinträchtigt.

bb) Experimentierrecht

Das Experimentierrecht kann zum einen nach Art. 37-1 CF durch nationale Hoheitsträger wahrgenommen werden[1647] und zum anderen gem. Art. 74 Abs. 4 CF durch regionale Akteure.[1648] Das Experimentierrecht nach Art 37-1 CF betrifft ausschließlich die nationale Staatsgewalt und beeinträchtigt damit nicht die Unteilbarkeit der Staatsgewalt sowie die Einheitsstaatlichkeit.

Nach Art. 73 Abs. 4 CF ist es Gebietskörperschaften der Metropol- und der Überseegebiete seit der Verfassungsreform aus dem Jahr 2003 möglich, im Bereich

---

1643 *M. Lasserre* in Sydow (Hrsg.), Französisches Verfassungsrecht im 21. Jahrhundert, 2022, S. 23 (35); *Broschek* in Lauth/Kneuer/Pickel (Hrsg.), Handbuch Vergleichende Politikwissenschaft, 2016 (335 f.); *Hamon/Troper,* Droit constitutionnel, 45. Aufl. 2025, S. 100; *Gaïa et al.,* Les grandes décisions du Conseil constitutionnel, 20. Aufl. 2022, S. 144.

1644 *Vie publique,* Qu'est-ce que le pouvoir réglementaire local ?, https://www.vie-publique.fr/fiches/20113-quest-ce-que-le-pouvoir-reglementaire-local#:~:text=Les%20collectivit%C3%A9s%20territoriales%20ont%20le,d'%C3%A9dicter%20des%20mesures%20r%C3%A9glementaires.

1645 *M. Lasserre* in Sydow (Hrsg.), Französisches Verfassungsrecht im 21. Jahrhundert, 2022, S. 23 (35); *Broschek* in Lauth/Kneuer/Pickel (Hrsg.), Handbuch Vergleichende Politikwissenschaft, 2016 (335 f.); *Hamon/Troper,* Droit constitutionnel, 45. Aufl. 2025, S. 100; *Gaïa et al.,* Les grandes décisions du Conseil constitutionnel, 20. Aufl. 2022, S. 144.

1646 *Hamon/Troper,* Droit Constitutionnel, 45. Aufl. 2025, S. 485; auch bereits zitiert in: *M. Lasserre* in Sydow (Hrsg.), Französisches Verfassungsrecht im 21. Jahrhundert, 2022, S. 23 (52).

1647 Conseil constitutionnel, 28.7.1993, Décision n° 93-322 DC; Conseil d'État, 18.12.2002, 5 / 7 SSR - 234950.

1648 *Conseil d'État,* Les expérimentations : comment innover dans la conduite des politiques publiques ?, 2019, S. 15f.

der *lois* (nach Art. 34 CF) von nationalen Regelungen abzuweichen.[1649] Damit wird den Gebietskörperschaften keine Legislativbefugnis eingeräumt, denn der Erlass der Experimentiergesetze erfolgt durch *règlements*.[1650] Dennoch stellt sich die Frage, ob dieses (teilweise dauerhafte[1651]) Abweichen von Legislativgesetzen im staatlichen Herrschaftsgebiet die Einheitsstaatlichkeit stärker berührt, als dies bei der *règlement*-Befugnis nach Art. 72 Abs. 2,3 CF der Fall ist, die sich lediglich auf Bereiche nationalen Exekutivhandelns beschränkt.[1652] Einerseits liegt die Entscheidung, ob iRd Experimentierrechts gehandelt werden soll, anders als im Falle des Art. 72 Abs. 2 CF, bei der Gebietskörperschaft selbst.

Auf der anderen Seite ist für den Erlass eines Experimentiergesetzes gem. Art. 72 Abs. 4 CF eine Anfrage beim Parlament durchzuführen. Die Vorschrift verweist auf ein Umsetzungsgesetz (*loi organique*).[1653] Etwa unterliegen die lokalen Experimentiergesetze nach Art. LO1113-5 und LO1113-7 des *Code général des collectivités territoriales* der Aufsicht der nationalen Organe.[1654] Unabhängig davon, ob die Abweichungsbefugnis der Gebietskörperschaften in der Materie der *lois* als Legislativbefugnis zu werten sind, unterstehen diese Befugnisse jedenfalls der Aufsicht der nationalen Exekutive sowie des Parlaments (vgl. Art. LO1113-5 und LO1113-7 des Umsetzungsgesetzes).[1655] Damit sind sie vereinbar mit den Anforderungen eines Einheitsstaats (der mit dem Mittel der Unteilbarkeit der Staatsgewalt erreicht werden soll).[1656]

cc) Der Sonderstatus Korsikas

Durch die Verleihung der Kompetenzen, die mit dem Sonderstatus Korsikas einhergehen, wird der Körperschaft Korsikas keine eigene Staatsgewalt übertragen.

[1649] Vgl. Art. 5 des Verfassungsänderungsgesetzes von 2003: Loi constitutionnelle n°2003-276 Journal Officiel de la République française 2003, 5568; vgl. ebenfalls hierzu: *Gründler* Revue du Droit Public 2007, 445 (457); auch bereits erwähnt in: *M. Lasserre* in Sydow (Hrsg.), Französisches Verfassungsrecht im 21. Jahrhundert, 2022, S. 23 (46).

[1650] Vgl. *Janicot,* La décentralisation et l'expérimentation normative, https://www.conseil-constitutionnel.fr/publications/titre-vii/la-decentralisation-et-l-experimentation-normative.

[1651] Vgl. etwa: Conseil constitutionnel, 16.9.2016, Décision n° 2016-565 QPC; Loi organique n° 2021-467 Journal Officiel électronique authentifié n° 0093 2021, Text 1.

[1652] Vgl. *Gründler* Revue du Droit Public 2007, 445 (457); *Koç,* La concession d'un pouvoir législatif aux collectivités territoriales par le pouvoir central, ou les prémices d'une métamorphose de la République., http://res-juridica-fr.over-blog.com/2018/05/le-pouvoir-legislatif-des-collectivites.html; auch bereits erwähnt in: *M. Lasserre* in Sydow (Hrsg.), Französisches Verfassungsrecht im 21. Jahrhundert, 2022, S. 23 (46).

[1653] *Sénat,* Droit à l'expérimentation des collectivités - Question écrite n°05402 - 14e législature, https://www.senat.fr/questions/base/2013/qSEQ130305402.html; Code général des collectivités territoriales Journal Officiel électronique authentifié n° 0174 2024, Text 46.

[1654] Vgl. Code général des collectivités territoriales Journal Officiel électronique authentifié n° 0174 2024, Text 46.

[1655] Code général des collectivités territoriales Journal Officiel électronique authentifié n° 0174 2024, Text 46.

[1656] *Gaïa et al.,* Les grandes décisions du Conseil constitutionnel, 20. Aufl. 2022, S. 144.

Der Einheitsstaat wird mithin nicht beeinträchtigt. Denn sämtliche außerordentliche Kompetenzübertragungen unterliegen nach Art. L4422-16 des *Code général de collectivités territoriales* der Aufsicht des Premierministers und werden durch ein nationales Gesetz auf die Gebietskörperschaft übertragen. Sie leiten sich aus nationalen Kompetenzen ab und sind nationalen Entscheidungsträgern nachgeordnet. Handlungen der *Assemblée de Corse* treten im staatlichen Erscheinungsbild nicht in Erscheinung.

dd) „Adaptations législatives“ in den Überseekörperschaften

Gem. Art. 73 Abs. 1 S. 2 CF können Überseekörperschaften in den Bereichen der *lois* und der *règlements* von nationalen Regelungen abweichen sofern dies der „Berücksichtigung ihrer besonderen Merkmale“ dient.[1657] Betrachtet man diese Möglichkeit der Abweichung von der Rechtseinheit[1658] vor dem Hintergrund der Erreichung des Einheitsstaats, lässt sich hingegen feststellen, dass die Abweichungsbefugnisse des Art. 72 CF dem Einheitsstaat nicht entgegenstehen, da ihre Umsetzung der Aufsicht des nationalen Parlaments unterliegt.[1659] Das Handeln der gebietskörperschaftlichen Staatsorgane tritt also nicht selbstständig im Staatsaufbau zutage.[1660] Die Vorschrift entspricht also im Wesentlichen dem, was für Experimentiergesetze nach Art. 72 Abs. 4 CF geregelt ist. Es ändert sich jedoch, dass die Regelungen nicht vorerst zeitlich begrenzt sind.

ee) Der Fall Polynesiens

Auf Grundlage von Art. 74 Abs. 1 CF kann Gebietskörperschaften seit 2003 ein Autonomiestatus verliehen werden. Diesen Status erhielt im Jahr 2004 Polynesien durch das *loi organique* n° 2004-192.[1661] Es wird dazu befugt *règlements* zu erlassen die paradoxerweise als *lois du pays* betitelt werden, jedoch wie die *règlements*-Befugnis nach Art. 73 Abs. 1 S. 2 CF bloßes Exekutivhandeln umfasst. Diese Abweichungen von der normativen *uniformité* sind grundsätzlich mit den allgemeinen Anforderungen an einen Einheitsstaat vereinbar, sofern das Exekutivhandeln im nationalen Staatsaufbau einem nationalen Organ untergeordnet ist.[1662] Dies ist hier über den *Conseil d'État* der Fall.[1663] Zudem wird die Kompetenz der Gebietskörperschaft

---

[1657] Vgl.: B., IV., 2.
[1658] Vgl. B., IV., 1.
[1659] Vgl. Art. 2 und 4 des Loi organique n° 2011-883 Journal Officiel de la République française 2011, 173.
[1660] Vgl. zu dieser Voraussetzung des Einheitsstaats: *Favoreu et al.,* Droit constitutionnel 2024, 26. Aufl. 2023, S. 509; sie wurde auch bereits erwähnt in: *M. Lasserre* in Sydow (Hrsg.), Französisches Verfassungsrecht im 21. Jahrhundert, 2022, S. 23 (35).
[1661] Loi organique n° 2004-192 Journal Officiel de la République française 2004, 4183.
[1662] *Favoreu et al.,* Droit constitutionnel 2024, 26. Aufl. 2023, S. 509; auch bereits erwähnt in: *M. Lasserre* in Sydow (Hrsg.), Französisches Verfassungsrecht im 21. Jahrhundert, 2022, S. 23 (35).
[1663] Vgl. *Favoreu et al.,* Droit constitutionnel 2024, 26. Aufl. 2023, S. 618.

durch Übertragung einer nationalen Kompetenz vergeben.[1664] Der Einheitsstaat ist daher nicht betroffen.
Etwas anderes kann sich aber bezogen auf den in Art. 7 Abs. 1 des Umsetzungsgesetzes n°2004-192 verankerten Spezialitätsgrundsatz ergeben, wonach sowohl nationale *lois* als auch *règlements* im Gebiet Polynesiens lediglich Anwendung fänden, wenn dies ausdrücklich geregelt sei.[1665] Dieser könnte die Einheitsstaatlichkeit beeinträchtigen. Dagegen spricht, dass alle Rechtsakte, die von der polynesischen Volksvertretung in Ausübung des Spezialitätsgrundsatzes erlassen werden, als *lois du pays* der Staatsaufsicht des *Conseil d'État* unterliegen.[1666] Sie treten – trotz des anwendbaren Prinzips der Spezialität – also im Staatsaufbau nicht eigens in Erscheinung.[1667] Darüber hinaus müsste für das Vorliegen des Einheitsstaats für die Bereiche, in denen Polynesien ihre Kompetenz ausüben kann, ersichtlich sein, dass sich diese aus der Kompetenz des Nationalstaats ergibt.[1668] Das ist bei einer pauschalen Kompetenzübertragung wie der des Art. 13 des Umsetzungsgesetzes problematisch. Diese überträgt alle Kompetenzen auf Polynesien, die nicht nach Art. 14 allein dem Staat zuzuordnen sind (etwa Fragen der Nationalität oder die Würdigung von Grundrechten).[1669] Diese Umkehr der Kompetenzverteilung, bei der eine Kompetenz grundsätzlich bei der Gebietskörperschaft liegt, ausnahmsweise aber auf die nationalstaatlichen Organe übertragen wird, entspricht zwar genau dem, was Spezialität im Sinne des Art. 7 des Umsetzungsgesetzes meint, es läuft aber den Grundsätzen des Einheitsstaats zuwider. Denn diese Kompetenzumkehr entspricht einer Kompetenzverteilung von unten nach oben, von „föderaler" Ebene auf die nationale Ebene. Obwohl also keine Legislativbefugnisse auf Polynesien übertragen werden, liegt dennoch eine Beeinträchtigung der Unteilbarkeit der Staatsgewalt und damit eine Beschränkung der Einheitsstaatlichkeit vor. Es erscheint jedenfalls denkbar, diese Abweichungsmöglichkeit durch den Erlass weiterer *lois organiques* auch für andere autonome Regionen nach Art. 74 Abs. 1 CF einzuführen.

ff) Zwischenergebnis: Die Teilbarkeit der Exekutivgewalt

Die Einführung der *règlement*-Befugnisse nach Art. 72 Abs. 2, 3 CF, Art. 74 Abs. 4 CF und nach Art. 73 Abs. 1 S. 2 CF sind allesamt mit der Unteilbarkeit der

---

1664 *Broschek* in Lauth/Kneuer/Pickel (Hrsg.), Handbuch Vergleichende Politikwissenschaft, 2016 (335f.); *Hamon/Troper,* Droit constitutionnel, 45. Aufl. 2025, S. 100; auch bereits erwähnt in: *M. Lasserre* in Sydow (Hrsg.), Französisches Verfassungsrecht im 21. Jahrhundert, 2022, S. 23 (35).
1665 Loi organique n° 2004-192 Journal Officiel de la République française 2004, 4183; *Gründler* Revue du Droit Public 2007, 445 (454).
1666 *Thenault/Catta,* L'intelligibilité du droit en Polynésie française, 2019, S. 1.
1667 *Favoreu et al.,* Droit constitutionnel 2024, 26. Aufl. 2023, S. 509; auch bereits erwähnt in: *M. Lasserre* in Sydow (Hrsg.), Französisches Verfassungsrecht im 21. Jahrhundert, 2022, S. 23 (35).
1668 *Broschek* in Lauth/Kneuer/Pickel (Hrsg.), Handbuch Vergleichende Politikwissenschaft, 2016 (335f.); *Hamon/Troper,* Droit constitutionnel, 45. Aufl. 2025, S. 100; auch bereits erwähnt in: *M. Lasserre* in Sydow (Hrsg.), Französisches Verfassungsrecht im 21. Jahrhundert, 2022, S. 23 (35).
1669 Vgl. hierzu: *Thenault/Catta,* L'intelligibilité du droit en Polynésie française, 2019, S. 3.

Staatsgewalt und mithin mit den Anforderungen des Einheitsstaats vereinbar. Die Ermächtigung der Gebietskörperschaften nach Art. 72 Abs. 2, 3 CF *règlements*, ordnet ein Tätigwerden der lokalen Entscheidungsträger einem nationalen Hoheitsträger nach.[1670] Gleiches gilt für die im Rahmen des Sonderstatus auf Korsika übertragenen *règlement*-Kompetenzen.[1671] Auch durch die Einführung des Experimentierrechts wird von dem Ziel der Unteilbarkeit, den Einheitsstaats zu erreichen nicht abgewichen,[1672] denn der Erlass einer experimentellen Norm durch einen lokalen Entscheidungsträger untersteht der Aufsicht der nationalen Exekutivorgane sowie der des Parlaments.[1673] Auch die Überseekörperschaften sind bei der Wahrnehmung ihrer Abweichungsbefugnis nach Art. 73 Abs. 1 und 3 CF den nationalen Hoheitsträgern gegenüber weisungsgebunden. [1674] Der Einheitsstaat ist mithin grundsätzlich durch *règlements* nicht beeinträchtigt.[1675]

Zwar ergehen die *lois du pays* Polynesiens als Exekutivhandeln. Sie enthalten aber zum Teil Regelungen, die neben der Rechtseinheit auch dem Einheitsstaat zuwiderlaufen und damit der Zielsetzung des Unteilbarkeitsprinzips widersprechen. Auch wenn die *lois du pays* Polynesiens zu ihrem Gültigwerden der Aufsicht des *Conseil d'État* unterliegen, wird die Kompetenz hier nicht mehr – wie im Einheitsstaat üblich – von oben nach unten verteilt, sondern liegt standardmäßig bei der Gebietskörperschaft.[1676] Diese Möglichkeit ist auch für weitere Überseekörperschaften nach Art. 74 Abs. 1 CF gegeben.

c) Unteilbarkeit der Legislativgewalt: Die Neukaledonischen Legislativbefugnisse

Teilweise wird für die Definition einer unteilbaren Republik auf die „Existenz oder Inexistenz von Rechtsetzungsbefugnissen" abgestellt.[1677] Auch wenn hier davon ausgegangen wird, dass die Unteilbarkeit der legislativen Staatsgewalt nicht das einzige Element ist, das zur Teilbarkeit der Französischen Republik führen kann, scheint die Übertragung von autonomen Legislativbefugnissen auf

---

1670 *M. Lasserre* in Sydow (Hrsg.), Französisches Verfassungsrecht im 21. Jahrhundert, 2022, S. 23 (35); *Broschek* in Lauth/Kneuer/Pickel (Hrsg.), Handbuch Vergleichende Politikwissenschaft, 2016 (335 f.); *Hamon/Troper,* Droit constitutionnel, 45. Aufl. 2025, S. 100; *Gaïa et al.,* Les grandes décisions du Conseil constitutionnel, 20. Aufl. 2022, S. 144.

1671 Vgl. Art. L4422-16 Code général des collectivités territoriales Journal Officiel électronique authentifié n° 0174 2024, Text 46.

1672 Vgl. zur Definition des Einheitsstaats: B., IV., 1. b).

1673 Vgl. LO1113-5, LO1113-7 in: Code général des collectivités territoriales vom 23.07.2024.

1674 *M. Lasserre* in Sydow (Hrsg.), Französisches Verfassungsrecht im 21. Jahrhundert, 2022, S. 23 (35); *Broschek* in Lauth/Kneuer/Pickel (Hrsg.), Handbuch Vergleichende Politikwissenschaft, 2016 (335 f.); *Hamon/Troper,* Droit constitutionnel, 45. Aufl. 2025, S. 100; *Gaïa et al.,* Les grandes décisions du Conseil constitutionnel, 20. Aufl. 2022, S. 144.

1675 Vgl. zu den Voraussetzungen des Einheitsstaats im Detail: B., IV., 1. b).

1676 So argumentiert etwa: *Gründler* Revue du Droit Public 2007, 445 (454); allein zu Falle Neukaledoniens, vgl.: *Thenault/Catta,* L'intelligibilité du droit en Polynésie française, 2019, S. 1f.

1677 *Gaïa et al.,* Les grandes décisions du Conseil constitutionnel, 20. Aufl. 2022, S. 159; auch bereits zitiert in: *M. Lasserre* in Sydow (Hrsg.), Französisches Verfassungsrecht im 21. Jahrhundert, 2022, S. 23 (35).

Gebietskörperschaften einen entscheidenden Beitrag beim Abrücken vom Ideal des Einheitsstaats zu leisten.

Die Verfassungsänderung von 1998 überträgt erstmals über Art. 77 Abs. 1 CF Legislativbefugnisse auf eine Gebietskörperschaft (sog. *lois du pays*).[1678] Diese Änderung ist bis heute beispiellos. Keine andere Überseekörperschaft – geschweige denn eine Gebietskörperschaft der Metropole – hat seitdem ähnliche Befugnisse übertragen bekommen. Bei der Übertragung der Legislativbefugnisse auf die Überseekörperschaft Neukaledoniens stellt sich mehr denn je die Frage, ob diese mit den allgemeinen Voraussetzungen an einen Einheitsstaat vereinbar sind.[1679] Damit die Neukaledonische Volksvertretung bei der Wahrnehmung ihrer Legislativkompetenzen dem Einheitsstaat entspricht, darf diese zum einen im nationalen Staatsaufbau nicht in Erscheinung treten.[1680] Das bedeutet, die Volksvertretung darf den nationalen Parlamenten nicht gleichgeordnet sein. Zweitens müssen sich die auf die Versammlung Neukaledoniens übertragenen Kompetenzen aus einer Kompetenz des nationalen Entscheidungsträgers ableiten und diesem gegenüber weisungsgebunden sein.[1681]

aa) Übertragung der Kompetenzen durch einen nationalen Entscheidungsträger

Das Umsetzungsgesetz zu den *lois du pays* regelt in Art. 99 Abs. 1, dass die Gesetze durch den Kongress (das Neukaledonische Parlament) erlassen werden.[1682] Die Bereiche, in denen ein solches Gesetz erlassen werden kann, werden ebenfalls von Art. 99 des Umsetzungsgesetzes in dessen Abs. 2 genannt. Der Wortlaut der Vorschrift ergibt, dass einer Ausweitung der Kompetenzfülle eine Änderung des Umsetzungsgesetzes vorausgehen müsste („Die *lois du pays* finden Anwendung […] ab dem Zeitpunkt, in dem die Kompetenz durch dieses Gesetz übertragen wird."[1683]). Dieser Umstand spricht dafür, dass es sich bei den übertragenen Kompetenzen um abgeleitete Kompetenzen des nationalen Parlaments handelt. Eine Übertragung von Legislativbefugnissen vom nationalen auf den lokalen Entscheidungsträger kann demnach mit den Anforderungen an einen Einheitsstaat vereinbar sein, sofern seine weiteren Voraussetzungen erfüllt sind.

1678 Loi constitutionnelle n°98-610 Journal Officiel de la République française 1998, 11143.

1679 Vgl. hierzu im Detail: A.I.1.b)

1680 *Favoreu et al.,* Droit constitutionnel 2024, 26. Aufl. 2023, S. 509; auch bereits erwähnt in: *M. Lasserre* in Sydow (Hrsg.), Französisches Verfassungsrecht im 21. Jahrhundert, 2022, S. 23 (35).

1681 *M. Lasserre* in Sydow (Hrsg.), Französisches Verfassungsrecht im 21. Jahrhundert, 2022, S. 23 (35); *Broschek* in Lauth/Kneuer/Pickel (Hrsg.), Handbuch Vergleichende Politikwissenschaft, 2016 (335 f.); *Hamon/Troper,* Droit constitutionnel, 45. Aufl. 2025, S. 100; *Gaïa et al.,* Les grandes décisions du Conseil constitutionnel, 20. Aufl. 2022, S. 144.

1682 Loi organique n° 99-209 Journal Officiel de la République française 1999, 4197.

1683 Loi organique n° 99-209 Journal Officiel de la République française 1999, 4197.

bb) Weisungsgebundenheit des lokalen Parlaments

Etwas komplizierter stellt sich die Frage nach der Weisungsgebundenheit der neukaledonischen Volksvertretung dar. Abs. 1 und 2 des Art. 100 des Gesetzes legt außerdem fest, dass alle Gesetzesvorhaben des Kongresses durch seine:n Präsident:in dem *Conseil d'État* vorgelegt werden muss. Diese:r hat dazu eine Stellungnahme abzugeben, ohne die keine Abstimmung über das *lois du pays* im Kongress stattfinden kann. Der *Conseil d'État* als nationale Behörde ist demnach zwingend am Gesetzgebungsprozess beteiligt. Dies bedeutet aber nicht, dass der neukaledonische Kongress diesem auch weisungsgebunden ist. Auch wenn eine Stellungnahme des *Conseil d'État* zur Abstimmung über das Gesetz erfolgen muss (Art. 100 Abs. 2 des Umsetzungsgesetzes), und der Erlass des Gesetzes somit vom Tätigwerden eines nationalen Organs abhängt, hat dieser kein Prüfungsrecht und der Inhalt seiner Stellungnahme ist nach dem Wortlaut des Art. 100 Abs. 2 des Umsetzungsgesetzes nicht bindend. Dies entspricht auch der Anschauung zu den Stellungnahmen, die der Conseil d'État bei nationalen Gesetzen abgeben muss.[1684] Es erfolgt in beiden Fällen eine rein rechtliche Prüfung, keine politische. Das gesetzgebende Organ kann der Ansicht des *Conseil d'État* folgen, muss dies aber nicht.[1685] Die neukaledonische Volksvertretung ist also dem *Conseil d'État* gegenüber nicht weisungsgebunden. Auch gegenüber anderen nationalen Organen ergibt sich beim Erlass der lokalen Legislativakte keine Weisungsgebundenheit. Dies entspricht nicht den allgemeinen Anforderungen an einen Einheitsstaat.[1686]

cc) Inerscheinungtreten im Staatsaufbau

Hiermit in Zusammenhang steht die letzte Voraussetzung für das Vorliegen eines Einheitsstaats, nämlich die Frage, ob der Kongress beim Erlass von *lois du pays* im Staatsaufbau neben der *Assemblée nationale* und dem *Sénat* in Erscheinung tritt. [1687] Das wäre jedenfalls dann nicht der Fall, wenn – wie eben abgelehnt – der Kongress einer nationalen Instanz gegenüber weisungsgebunden und daher nachgeordnet wäre.

Für eine Unabhängigkeit der Gesetzgebung Neukaledoniens spricht auch, dass Art. 101, 106 des Umsetzungsgesetzes vorsehen, dass ein Gesetz allein durch Instanzen Neukaledoniens, beschlossen, verkündet und gegengezeichnet wird. Die hier tätig werdenden Institutionen sind zum einen die neukaledonische Volksvertretung. Zum anderen ist für die Verkündung des Beschlusses des Gesetzes, ihr:e hohe:r Kommissar:in (welche:r die Aufgaben des:der Präfekt:in erfüllt) zuständig.

[1684] *Conseil d'État,* Rendre des avis juridiques au Gouvernement et au Parlement, https://www.conseil-etat.fr/avis-consultatifs/rendre-des-avis-juridiques-au-gouvernement-et-au-parlement.

[1685] *Conseil d'État,* Rendre des avis juridiques au Gouvernement et au Parlement, https://www.conseil-etat.fr/avis-consultatifs/rendre-des-avis-juridiques-au-gouvernement-et-au-parlement.

[1686] Vgl. hierzu im Detail oben: B., IV., 1. b).

[1687] *Favoreu et al.,* Droit constitutionnel 2024, 26. Aufl. 2023, S. 509; auch bereits erwähnt in: *M. Lasserre* in Sydow (Hrsg.), Französisches Verfassungsrecht im 21. Jahrhundert, 2022, S. 23 (35).

Darüber hinaus ist es der:die Präsident:in der Regierung Neukaledoniens, der:die das Gesetz gegenzeichnet.[1688] Der Umstand, dass diejenigen Organe, die im Gesetzgebungsverfahren einen Einfluss auf den Inhalt des zu erlassenden Gesetzes bzw. auf sein Zustandekommen haben, spricht dafür, dass diese unabhängig agieren und im Staatsaufbau in eigenständig in Erscheinung treten. Zwar sind ihre Kompetenzen delegiert. Die Wahrnehmung dieser obliegt jedoch allein dem neukaledonischen Parlament. Damit wird auch hier der Anforderung des Einheitsstaats nicht entsprochen.

dd) Zwischenergebnis: Vom neukaledonischen Föderalismus zu einem gesamtfranzösischen Föderalismus?

Der Vertrag von *Nouméa* im Jahr 1998 und die ihr folgende Verfassungsänderung im selben Jahr führten zur Einführung eines neukaledonischen Parlaments (der Kongress) und damit einem bislang im französischen Staatsgebiet beispiellosen Föderalismus.[1689] Die Übertragung von Legislativbefugnissen auf die Gebietskörperschaft widerspricht in ihrer Ausgestaltung durch das *loi organique n° 99-209* in mehrfacher Hinsicht den allgemein an einen Einheitsstaat zu stellenden Anforderungen.[1690] Zwar leiten sich die Kompetenzen der Volksvertretung aus einem Gesetzgebungsakt des nationalen Gesetzgebers ab,[1691] der Kongress ist aber in seiner Entscheidungsfindung und beim Erlass von Lokalgesetzen nicht weisungsgebunden. Die Organe Neukaledoniens agieren im Gesetzgebungsprozess unabhängig von den nationalen Organen und treten damit im Staatsaufbau selbst in Erscheinung. Es handelt sich bei der Einführung einer neukaledonischen Volksvertretung mithin um eine föderale Struktur im Gebiet der Französischen Republik. Um der Besonderheit der Überseekörperschaft Neukaledoniens Rechnung zu tragen, wurde zusätzlich eine Gesetzgebungsinstanz eingeführt, die diese Rechtsvielheit vorantreibt und dem Einheitsstaat zuwiderläuft. Nicht umsonst stellt *Fabre* bereits 1982 fest, dass aufgrund der Kolonialerfahrung Frankreichs – also mit Blick auf die Überseekörperschaften – ein Abrücken vom Prinzip der Einheit notwendig wird.[1692]

Mit Blick auf die Änderung des Art. 34 CF, in dem der Verweis auf das nationale Parlament als Gesetzgeber wegfiel, scheint es künftig denkbar weitere Legislativkompetenzen auf Gebietskörperschaften zu übertragen.[1693] Wenn lokale

---

[1688] Vgl. Art. 101 und 106 des Loi organique n° 99-209 Journal Officiel de la République française 1999, 4197 (4208).

[1689] Loi constitutionnelle n°98-610 Journal Officiel de la République française 1998, 11143; vgl. hierzu auch: *Lemaire,* Le principe d'indivisibilité de la République, 2010, S. 159f.; vgl. in diesem Sinne *J.-Y. Faberon* Revue du Droit Public 1999, 113 (119).

[1690] Loi organique n° 99-209 Journal Officiel de la République française 1999, 4197.

[1691] Vgl. Art. 99 des Loi organique n° 99-209 Journal Officiel de la République française 1999, 4197 (4208).

[1692] *Fabre* Revue du Droit Public 1982, 603 (605); auch zitiert in: *Lemaire* Les Nouveaux Cahiers du Conseil constitutionnel 2012, 95 (98)

[1693] Loi constitutionnelle n° 2008-724 Journal Officiel électronique authentifié n° 0171 2008, Text 2; *Faure* Revue française de droit administratif 2019 (937).

Legislativbefugnisse im Sinne eines Föderalismus in der Französischen Republik in den Überseekörperschaften existieren können, ist eine solche Regelung perspektivisch auch in der Metropolregion denkbar.

d) Zwischenergebnis: Stand der Unteilbarkeit der Staatsgewalt

Im Ausgangspunkt meinte die Unteilbarkeit der Staatsgewalt die Wahrnehmung der Staatsaufgaben[1694] durch die drei Gewalten der Exekutive, der Legislative sowie der Judikative. Diese sollte von einem unteilbaren – das heißt nationalen – Inhaber der Staatsgewalt ausgehen. In einem unteilbaren Staat dürfen nicht mehrere unterschiedliche Zuordnungssubjekte für die Staatsgewalt existieren. Im demokratischen Verfassungsstaat stellt das Zuordnungssubjekt das Volk dar.[1695] Die Staatsgewalt darf demnach nicht an andere Subkategorien dieses Volkes angeknüpft werden. Um zu überprüfen, ob dies in der Französischen Republik der Fall ist, müssen die auf gebietskörperschaftliche Ebene übertragenen Kompetenzen darauf überprüft werden, ob sie im Staatsaufbau in Erscheinung treten[1696] und ob sich ihre Kompetenz aus der des nationalen Entscheidungsträger ableiten lässt. [1697]

Dies ist für die Einführung der *règlement*-Befugnisse nach Art. 72 Abs. 2, 3 CF, Art. 74 Abs. 4 CF und nach Art. 73 Abs. 1 S. 2 CF der Fall. Sie sind mithin allesamt mit der Unteilbarkeit der Staatsgewalt und mithin mit den Anforderungen des Einheitsstaats vereinbar. Anders als die *règlement*-Befugnisse nach Art. 72f. CF stellen die Sonderregelungen zu Neukaledonien und Polynesien Abweichungen vom Prinzip des Einheitsstaats dar. Die Erreichung des rechtlichen Ziels der Unteilbarkeit wird damit in Frage gestellt. Neukaledonien verfügt über ein Legislativorgan, welches weder weisungsgebunden ist noch im Staatsaufbau in Erscheinung tritt. Zwar ergehen die *lois du pays* Polynesiens als Exekutivhandeln. Sie enthalten aber zum Teil Regelungen, die neben der Rechtseinheit auch dem Einheitsstaat zuwiderlaufen und damit der Zielsetzung des Unteilbarkeitsprinzips widersprechen. Nach Art. 7 Abs. 1 des Umsetzungsgesetzes n° 2004-192 sind nationale Gesetze nur dann in Polynesien anwendbar, wenn dies durch ein *lois du pays* ausdrücklich beschlossen ist.[1698] Auch wenn die *lois du pays* Polynesiens zu ihrem Gültigwerden der Aufsicht des *Conseil d'État* unterliegen, liegt die Frage des Tätigwerdens in diesem Bereich

---

1694 *Andersen et al.,* Handwörterbuch des politischen Systems der Bundesrepublik Deutschland, 8. Aufl. 2019, S. 865; *Breuer* Zeitschrift für Soziologie 1988 (315).

1695 Vgl. *Tocqueville/Raynaud,* De la démocratie en Amérique, 2023, S. 58; *Troper/Chagnollaud,* Traité international de droit constitutionnel, 2012, S. 581.

1696 *Broschek* in Lauth/Kneuer/Pickel (Hrsg.), Handbuch Vergleichende Politikwissenschaft, 2016 (335f.); *Hamon/Troper,* Droit constitutionnel, 45. Aufl. 2025, S. 100; auch bereits erwähnt in: *M. Lasserre* in Sydow (Hrsg.), Französisches Verfassungsrecht im 21. Jahrhundert, 2022, S. 23 (35).

1697 *M. Lasserre* in Sydow (Hrsg.), Französisches Verfassungsrecht im 21. Jahrhundert, 2022, S. 23 (35); *Broschek* in Lauth/Kneuer/Pickel (Hrsg.), Handbuch Vergleichende Politikwissenschaft, 2016 (335f.); *Hamon/Troper,* Droit constitutionnel, 45. Aufl. 2025, S. 100; *Gaïa et al.,* Les grandes décisions du Conseil constitutionnel, 20. Aufl. 2022, S. 144.

1698 Loi organique n° 2004-192 Journal Officiel de la République française 2004, 4183; *Gründler* Revue du Droit Public 2007, 445 (454).

bei der Gebietskörperschaft. Die Kompetenz wird nicht mehr, wie im Einheitsstaat üblich von oben nach unten verteilt, sondern liegt standardmäßig bei der Gebietskörperschaft und anders als vor der Reform 2003 ist der Spezialitätsgrundsatz demnach nur dort anwendbar, wo dies für eine COM ausdrücklich geregelt ist.[1699]

Für die Unteilbarkeit der Staatsgewalt bedeutet dies, dass lediglich die Unteilbarkeit der Judikative weiter fortbesteht. Sowohl bezogen auf die Ausübung der Legislativ- als auch für die Wahrnehmung der Exekutivgewalt lassen sich hinsichtlich der Regelungen zu Neukaledonien und Polynesien föderalstaatliche Tendenzen ableiten. Diese sind aufgrund der Änderungen des Art. 34 Abs. 1 CF und 74 CF[1700] auch potenziell auf weitere Regionen ausweitbar, ohne dass eine Verfassungsänderung notwendig ist.

3. Unteilbarkeit des „Staatsvolkes"

Bis heute taucht die Unteilbarkeit des Staatsvolkes in Verfassungstexten nicht ausdrücklich auf. Zwar knüpften sowohl Art. 3 DDHC als auch Art. 1 des Titels III der Verfassung von 1791 an die Unteilbarkeit der Staatsgewalt der Nation an („*nation*" verweist in diesem Kontext auf das Volk Frankreichs).[1701] Jedoch wird hier auf die Unteilbarkeit der Staatsgewalt verwiesen, die in der konstitutionellen Monarchie erstmals dem Volke und nicht mehr dem Monarchen zukam.[1702] Die Unteilbarkeit des Volkes, Träger der Staatsgewalt, soll die Unteilbarkeit der Staatsgewalt sichern.[1703] Denn durch die Anknüpfung der Staatsgewalt an eine einzelne und dauerhaft bestehende Einheit,[1704] wurde das Volk als abstrakte Entität geschaffen und ist nicht mehr an individuelle Bewohner:innen gekoppelte.[1705] Der Begriff des Volkes ist damit eng mit der Verleihung eines Wahlrechts verbunden, durch welche die Staatsgewalt ausgeübt wird.

Das Prinzip der Unteilbarkeit des Volkes kommt in diesem Zusammenhang erstmals in der konstitutionellen Monarchie auf. Zu dieser Zeit gewannen auch die Begriffe der Gleichheit sowie der Brüderlichkeit an Popularität, zu deren Durchsetzung das Prinzip der Unteilbarkeit beitragen soll.[1706] Im Staatsgebiet sollten für

---

1699 Gründler Revue du Droit Public 2007, 445 (454); *Thenault/Catta,* L'intelligibilité du droit en Polynésie française, 2019, S. 1f.

1700 Vgl. Loi constitutionnelle n°2003-276 Journal Officiel de la République française 2003, 5568; *Faure* Revue française de droit administratif 2019 (937).

1701 Vgl. hierzu im Detail bereits oben: B., III., 2.; *Debbasch,* Le principe révolutionnaire d'unité et d'indivisibilité de la République, 1988, S. 50.

1702 Vgl. in diesem Sinne auch bereits: *M. Lasserre* in Sydow (Hrsg.), Französisches Verfassungsrecht im 21. Jahrhundert, 2022, S. 23 (30).

1703 *Favoreu et al.,* Droit constitutionnel 2024, 26. Aufl. 2023, S. 635.

1704 Vgl. dazu: *Mounier,* Remplacement du Président par M. Clermont-Tonnerre, lors de la séance du 2 octobre 1789, 2.10.1789, S. 237; auch: *Debbasch,* Le principe révolutionnaire d'unité et d'indivisibilité de la République, 1988, S. 52.

1705 *Carré de Malberg,* Contribution à la Théorie générale de l'État - II, 1922, S. 87; vgl. auch Gliederungspunkt A., II. und III.

1706 Vergleiche hierzu im Detail den Gliederungspunkt A., III., 5.

keinen Teil der Bevölkerung Privilegien gelten.[1707] Auch heute noch steht das Prinzip der Unteilbarkeit des Volkes in engem Zusammenhang mit dem Prinzip der Gleichheit. Dieses ist nach wie vor darauf gerichtet das französische Volk zu vereinheitlichen. Es schafft dabei keinen Raum für die Anerkennung von Minderheitenrechten.[1708] Durch die Neuschöpfung des Begriffs der *unicité* wurde diese Sichtweise argumentativ unterfüttert. Sie lenkte – fälschlicherweise – den Fokus bei der Auslegung von potenziell das Unteilbarkeitsprinzip betreffender Regelungen auf die Unteilbarkeit des Volkes.[1709] Damit erhob sie die Unteilbarkeit des Volkes in den Stand des vermeintlich wichtigsten Teilgehalts des Verfassungsprinzips der Unteilbarkeit.[1710] Es stellt sich jedoch die Frage, ob die Unteilbarkeit des Volkes tatsächlich noch eine maßgebliche Bedeutung hat, oder ob ihr diese über den Umweg des Prinzips der *unicité* fälschlicherweise zugeschrieben wird.[1711] Fragen zur Unionsbürgerschaft werden auch hier nicht beantwortet, da sich die Arbeit auf die Feststellung interner Beschneidungen des Unteilbarkeitsprinzips beschränkt.

a) Die Unteilbarkeit der Metropolbevölkerung

Die Unteilbarkeit des Volkes wurde bezogen auf die Metropolbevölkerung in mehreren Urteilen bestätigt.[1712] Diese werfen nicht nur Fragen bezüglich der Differenzierung zwischen Metropol- und Überseebevölkerungen auf, sondern geben auch Hinweise auf die Ausgestaltung des Minderheitenschutzes unter der Verfassung der V. Republik sowie das Zusammenspiel der Unteilbarkeit mit benachbarten Verfassungsprinzipien.

aa) Zum Status von Korsika

In seiner Entscheidung vom 9. Mai 1991 zum Status von Korsika entschied der *Conseil constitutionnel*, dass „das Prinzip der *unicité* des französischen Volkes die verfassungsrechtliche Anerkennung eines korsischen Volkes" ausschließe.[1713] Die *Assemblée nationale* hatte 1991 ein Gesetz erlassen, dessen Art. 1 lautete: „Die Französische Republik garantiert der geschichtlich und kulturell lebendigen Gemeinschaft, die das korsische Volk als Teil des französischen Volkes darstellt, die Rechte auf die Wahrung ihrer kulturellen Identität und auf die Wahrung ihrer spezifischen wirtschaftlichen und sozialen Interessen. Diese mit der Insellage verbundenen Rechte werden unter Wahrung der nationalen Einheit im Rahmen der Verfassung,

---

[1707] Vgl. *Jouët,* De l'Évolution de l'idée d'égalité dans le droit public français, 1909, S. 117.
[1708] *Levrat*, Minorités et organisation de l'Etat, S. 253; auch zitiert in: *V. Constantinesco* in Titiun/Dumaine (Hrsg.), La conscience des droits, 2011 (139); vgl. im Detail schon Gliederungspunkt B., IV., 3., b).
[1709] Vgl. hierzu Punkt B., VI., 3.
[1710] *Gründler* Revue du Droit Public 2007, 445 (465ff.); vgl. auch schon: *M. Lasserre* in Sydow (Hrsg.), Französisches Verfassungsrecht im 21. Jahrhundert, 2022, S. 23 (37).
[1711] Vgl. hierzu auch bereits: *Gründler* Revue du Droit Public 2007, 445 (465ff.).
[1712] Conseil constitutionnel, 9.5.1991, Décision n° 91-290 DC; 15.6.1999, Décision n° 99-412 DC.
[1713] Conseil constitutionnel, 9.5.1991, Décision n° 91-290 DC; *Gaïa et al.,* Les grandes décisions du Conseil constitutionnel, 20. Aufl. 2022, S. 162.

der Gesetze der Republik und des vorliegenden Statuts ausgeübt."[1714] Die problematische Formulierung zum „korsischen Volk" wurde als unvereinbar mit den Prinzipien der *unicité*, der *unité* sowie der Unteilbarkeit des Volkes angesehen.[1715] Obwohl der Art. 1 des in Frage stehenden Gesetzes ausdrücklich einschränkend vorsieht, dass die Interessen des korsischen Volkes nur im Rahmen der Verfassungsprinzipien und insbesondere der „Einheit" Geltung erlangen,[1716] wurde die Existenz einer Teilbevölkerung innerhalb Metropolfrankreichs als verfassungswidrig angesehen.[1717] Es wurde in der Folge des Erlasses diskutiert, dass die Formulierung des Artikels eher politische als rechtliche Bedeutung haben solle.[1718] In der Tat existieren seit den 1960er-Jahren Autonomiebestrebungen in Korsika, die sich besonders darauf richteten, die Nachteile auszugleichen, die sich aus der Insellage der Region begründen.[1719] Dennoch entschied sich der *Conseil constitutionnel* für einen Verstoß gegen Art. 2 CF a.F. (heutiger Art. 1).[1720] Auch hierin kann potenziell eine politische Entscheidung des *Conseil constitutionnel* erblickt werden. Etwa kann dies mit der Schöpfung des *unicité*-Begriffs begründet werden, welcher sich ebenso wie der Verfassungsbegriff des französischen Volkes aus einer Verfassungstradition ergebe.[1721] Ein Vorwurf einer politischen Entscheidung gegen mehr Autonomie im Staatsgebiet nicht fernliegend.

(1) Korsika und das „eine" Volk Frankreichs

Die Entscheidung zum Status von Korsika enthält zwei maßgebliche Aussagen bezüglich der Unteilbarkeit des Volkes der V. Republik. Zum einen gibt es nur ein Volk im Staatsgebiet. Argumentativ leitet der *Conseil constitutionnel* in Ziffer 11 und 12 des Urteils zunächst den Begriff des französischen Volkes aus der Präambel der Verfassung von 1958 ab, welche wiederum auf die DDHC sowie die Präambel der Verfassung von 1946 verweist.[1722] Er führt zudem in Ziffer 11 der Entscheidung

---

[1714] Loi n° 91-428 Journal Officiel de la République française 1991, 6318; im Original lautet Art. 1 des Gesetzes: „La République française garantit à la communauté historique et culturelle vivante que constitue le peuple corse, composante du peuple français, les droits à la préservation de son identité culturelle et à la défense de ses intérêts économiques et sociaux spécifiques. Ces droits liés à l'insularité s'exercent dans le respect de l'unité nationale, dans le cadre de la Constitution, des lois de la République et du présent statut".

[1715] Conseil constitutionnel, 9.5.1991, Décision n° 91-290 DC; vgl. hierzu im Detail auch: *Gaïa et al.,* Les grandes décisions du Conseil constitutionnel, 20. Aufl. 2022, S. 166ff.; auch bereits zitiert in: *M. Lasserre* in Sydow (Hrsg.), Französisches Verfassungsrecht im 21. Jahrhundert, 2022, S. 23 (53f.).

[1716] Loi n° 91-428 Journal Officiel de la République française 1991, 6318.

[1717] Conseil constitutionnel, 9.5.1991, Décision n° 91-290 DC.

[1718] *Favoreu et al.,* Droit constitutionnel 2024, 26. Aufl. 2023, S. 631; auch bereits zitiert in: *M. Lasserre* in Sydow (Hrsg.), Französisches Verfassungsrecht im 21. Jahrhundert, 2022, S. 23 (53).

[1719] *Vallet French Politics, Culture & Society 2004, 51 (*65).

[1720] Auch schon: *M. Lasserre* in Sydow (Hrsg.), Französisches Verfassungsrecht im 21. Jahrhundert, 2022, S. 23 (54).

[1721] Vgl. hierzu im Detail: *Favoreu et al.,* Droit constitutionnel 2024, 26. Aufl. 2023, S. 631f.

[1722] Conseil constitutionnel, 9.5.1991, Décision n° 91-290 DC; *Gaïa et al.,* Les grandes décisions du Conseil constitutionnel, 20. Aufl. 2022, S. 166.

erstmals den Begriff der „*unicité du peuple français*“[1723] ein. Dieser wird als historisches Prinzip beschrieben, tauchte jedoch in vorherigen verfassungsgerichtlichen Entscheidungen noch nicht auf.[1724] Hiermit verleiht der *Conseil constitutionnel* nicht nur dem Prinzip der Einheit (*unité*) mehr Einfluss, als dieses oft synonym mit dem Begriff der *unicité* verwendet wird.[1725] Auch erlangt der Teilgehalt der Unteilbarkeit des Volkes eine neue Dimension.[1726] Es existiert hiernach nur ein einziges französisches Volk.[1727]

Zweitens enthält die Entscheidung zum Status von Korsika die wichtige Aussage, dass zwar in der Metropolregion nur ein Volk besteht, dass aber der Bestand von Übersee-"Völkern" durch Abs. 2 der Präambel der Verfassung gesichert sei. Die Formulierung verweist auf das Selbstverwaltungsrecht der Überseegebiete. Der *Conseil constitutionnel* stellt in Ziffer 12 des Urteils fest, „dass die Verfassung von 1958 zwischen dem französischen Volk und den Völkern aus Übersee unterscheide“.[1728] Damit stärkt die Entscheidung zwar einerseits das Prinzip der Einheit und Unteilbarkeit in der Metropolregion. Allerdings schwächt es durch die widersprüchliche Argumentation eine einheitliche Anwendung des Prinzips auf das gesamte Staatsgebiet. Es drängt sich die Kritik auf, dass die Entscheidung für das Prinzip der *unicité* und seine Anwendung auf das „korsische Volk“ einer politischen Entscheidung entspringt, die bezüglich der Gebietskörperschaften in Übersee nicht haltbar scheint.[1729]

Da die Verfassung nur ein einziges (metropolfranzösisches) Volk kennt, wird auch der Zusammenhang zur Auslegung des Minderheitenschutzes in Frankreich deutlich.[1730] Denn, wenn nur ein Volk besteht und diesem Volk insgesamt dieselben Rechte zukommen sollen, können Minderheiten nicht gesondert geschützt sein.[1731]

Somit wird das Prinzip der Unteilbarkeit durch die Neuschöpfung des Begriffs der *unicité* und durch die Inbezugnahme in Zusammenhang mit diesem benachbarten Verfassungsprinzip gestärkt. Auf der anderen Seite wird deutlich, dass eine alleinige Stützung einer Verletzung auf das Prinzip der Unteilbarkeit nicht zu einer Rechtfertigung eines Verfassungsverstoßes genügen würde. Vielmehr müssen

---

1723 *Lemaire,* Le principe d'indivisibilité de la République, 2010, S.182.

1724 Conseil constitutionnel, 9.5.1991, Décision n° 91-290 DC; vgl. auch *Gaïa et al.,* Les grandes décisions du Conseil constitutionnel, 2022. Aufl. 2022, S. 166.

1725 Zu ihrer Unterscheidung vgl. oben: B., IV., 1., c).

1726 So schreibt er in seinem Urteil: „[L]a Constitution de 1958 qui postule l'unicité du « peuple français » “, Conseil constitutionnel, 9.5.1991, Décision n° 91-290 DC; *Gründler* Revue du Droit Public 2007, 445 (464); *M. Lasserre* in Sydow (Hrsg.), Französisches Verfassungsrecht im 21. Jahrhundert, 2022, S. 23.

1727 Conseil constitutionnel, 9.5.1991, Décision n° 91-290 DC.

1728 Conseil constitutionnel, 9.5.1991, Décision n° 91-290 DC, im Original lautet es hier: „que la Constitution de 1958 distingue le peuple français des peuples d'outre-mer auxquels est reconnu le droit à la libre détermination“.

1729 Vgl. hierzu im Detail unten: B., IV., 1. b).

1730 Vgl. hierzu : B., IV., 3., b).

1731 *Gaïa et al.,* Les grandes décisions du Conseil constitutionnel, 20. Aufl. 2022, S. 167; *Gründler* Revue du Droit Public 2007, 445 (476).

benachbarte Prinzipien der *unicité* und Gleichheit hinzugezogen werden, um „dem Prinzip der Unteilbarkeit einen Anwendungsbereich zu verschaffen.[1732]

(2) Macrons Rede vor der Assemblée de Corse: Korsika als autonome Gebietskörperschaft?

Erst 2023 rief *Emmanuel Macron* vor der *Assemblée* Korsikas dazu auf „den Mut [zu] haben, Korsika eine Autonomie in der Republik zu verschaffen."[1733] Es sollen „die Besonderheiten der korsischen Inselgemeinschaft in der Verfassung in einem eigenen Artikel anerkannt werden, nämlich die einer historischen, sprachlichen und kulturellen Inselgemeinschaft."[1734] Diese Autonomie wurde in einer Übereinkunft zwischen der korsischen *Assemblée* und der französischen Regierung im März 2024 in die Wege geleitet. Korsika solle über eine Verfassungsänderung ein Autonomiestatus eingeräumt werden.[1735] Wie jedoch auch im Falle Polynesiens deutlich wird, ist die Formulierung „Autonomie" in Art. 74 CF der Verfassung, bezogen auf die Überseekörperschaften[1736] nicht näher definiert und kann im Rahmen eines *lois organique* eigens ausgestaltet werden.[1737] Ob die Aufnahme eines korsischen Autonomiestatus in die Verfassung der Republik also tatsächlich weitere Kompetenzen auf die Gebietskörperschaft überträgt, die die Unteilbarkeit des Volkes oder andere Komponenten der Unteilbarkeit einschränken, oder ob eine solche Formulierung rein politischer Natur ist, um die Gemüter zu besänftigen, bleibt also abzuwarten. Betrachtet man die Ausgestaltung des Autonomierechts Polynesiens, ist jedoch festzustellen, dass dieses erhebliche – das Prinzip der Einheitsstaatlichkeit betreffende – Einschränkungen des Unteilbarkeitsprinzips zur Folge hatte.

[1732] Vgl. *Gründler* Revue du Droit Public 2007, 445 (465ff.); in diesem Sinne auch bereits: *M. Lasserre* in Sydow (Hrsg.), Französisches Verfassungsrecht im 21. Jahrhundert, 2022, S. 23 (54).

[1733] Im Original lautete es hier: „Au fond, ayons l'audace de bâtir une autonomie à la Corse, dans la République", vgl.: *Macron,* Déclaration de M. Emmanuel Macron, président de la République, sur l'inscription dans la Constitution de la Corse et sa future autonomie, à Ajaccio le 28 septembre 2023., 28.09.2023.

[1734] Im Original lautet es: „favorable à ce que les spécificités de la communauté insulaire corse soient reconnues dans la Constitution au sein d'un article propre, celle d'une communauté insulaire, historique, linguistique et culturelle", vgl.: *Macron,* Déclaration de M. Emmanuel Macron, président de la République, sur l'inscription dans la Constitution de la Corse et sa future autonomie, à Ajaccio le 28 septembre 2023., 28.09.2023.

[1735] Vgl. *Mastor,* L'autonomie pour la Corse, mais quelle autonomie ?, https://www.leclubdesjuristes.com/opinion/lautonomie-pour-la-corse-mais-quelle-autonomie-5288/; *Vignal,* ument] Autonomie de la Corse : le texte de l'accord entre le gouvernement et les élus, https://www.publicsenat.fr/actualites/politique/document-autonomie-de-la-corse-le-texte-de-laccord-entre-le-gouvernement-et-les-elus; *Vie publique,* Le statut de la Corse dans les discours publics, https://www.vie-publique.fr/discours-dans-lactualite/293585-le-statut-de-la-corse-dans-les-discours-publics#:~:text=Le%20texte%20pr%C3%A9voyant%20%22la%20reconnaissance,depuis%20la%20loi%20de%201975.

[1736] *Favoreu et al.,* Droit constitutionnel 2024, 26. Aufl. 2023, S. 744.

[1737] *J.-Y. Faberon* in Faberon (Hrsg.), L'avenir statutaire de la Nouvelle-Calédonie, 1997 (58); vgl. hierzu oben: B., VI., 1., d), bb), (2).

(3) Zwischenergebnis: Bestärkung der Unteilbarkeit des Staatsvolks durch die Entscheidung zum Status von Korsika

Betrachtet man die Rechtsprechung des *Conseil constitutionnel* zum Status von Korsika, [1738] stellt sich die Frage, ob diese das Prinzip der Unteilbarkeit gestärkt oder geschwächt hat. Einerseits eröffnet die erstmalige Auslegung des Unteilbarkeitsprinzips in Zusammenhang mit der sog. *unicité* des Volkes neue Anwendungsbereiche des Unteilbarkeitsprinzips des Volkes, bezogen auf die Unterteilung des Staatsvolks in Unterkategorien.[1739] Mithin wird der Anwendungsbereich des Unteilbarkeitsprinzips ausgeweitet. Auch die zeitgleiche Beschränkung auf die Metropolregion,[1740] lässt die Bestärkung des Unteilbarkeitsprinzips des Volkes für den Bereich Metropolfrankreichs nicht verschwinden. Der Vergleich der Autonomieübertragung auf Polynesien,[1741] lässt erwarten, dass die Unteilbarkeit des Staatsvolkes – oder der anderen Kategorien der Unteilbarkeit – durch eine Veränderung des Autonomiestatus Korsikas, weiter beeinträchtigt wird.[1742] Noch kann der These *Gründlers*, wonach der Unteilbarkeit des Volkes durch die Neuinterpretation der Einheit über das Prinzip der *unicité* ein neuer Aufschwung verschafft wurde, jedoch standgehalten werden.[1743]

bb) Urteil zur Europäischen Charta der Regional- und Minderheitensprachen: Unteilbarkeit und Gesetzesgleichheit

Dieselbe Argumentation, die sich zulasten von Minderheitenrechten für ein geeintes französisches Volk ausspricht, auf das uneingeschränkt die gleichen Rechte angewendet werden sollen, ließ sich in der Entscheidung des *Conseil constitutionnel* zur Europäischen Charta der Regional- und Minderheitensprachen finden. Hier wird zum einen besonders deutlich, wie nah die drei Teilbereiche der Unteilbarkeit beieinander liegen. Denn die Argumentation, nach der für Minderheiten keine anderen Rechte gelten können als für die übrige Bevölkerung, betrifft ebenso Fragen der Rechtseinheit – also der Unteilbarkeit des Staatsgebiets – sowie Fragen der

---

[1738] Conseil constitutionnel, 9.5.1991, Décision n° 91-290 DC.

[1739] Conseil constitutionnel, 9.5.1991, Décision n° 91-290 DC; *Gründler* Revue du Droit Public 2007, 445 (465).

[1740] Conseil constitutionnel, 9.5.1991, Décision n° 91-290 DC, im Original lautet es hier: „que la Constitution de 1958 distingue le peuple français des peuples d'outre-mer auxquels est reconnu le droit à la libre détermination".

[1741] *J.-Y. Faberon* in Faberon (Hrsg.), L'avenir statutaire de la Nouvelle-Calédonie, 1997 (58).

[1742] Vgl. *Mastor,* L'autonomie pour la Corse, mais quelle autonomie ?, https://www.leclubdesjuristes.com/opinion/lautonomie-pour-la-corse-mais-quelle-autonomie-5288/; *Vignal,* ument] Autonomie de la Corse : le texte de l'accord entre le gouvernement et les élus, https://www.publicsenat.fr/actualites/politique/document-autonomie-de-la-corse-le-texte-de-laccord-entre-le-gouvernement-et-les-elus; *Vie publique,* Le statut de la Corse dans les discours publics, https://www.vie-publique.fr/discours-dans-lactualite/293585-le-statut-de-la-corse-dans-les-discours-publics#:~:text=Le%20texte%20pr%C3%A9voyant%20%22la%20reconnaissance,depuis%20la%20loi%20de%201975.

[1743] Vgl. *Gründler* Revue du Droit Public 2007, 445.

Unteilbarkeit der Staatsgewalt, da die Unteilbarkeit des Volkes als Träger der Staatsgewalt diese stützen soll.[1744]

Außerdem wird in derselben Weise wie schon 1991 bzgl. Korsika die Unteilbarkeit des Volkes in Zusammenhang mit den Prinzipien der *unicité* sowie der Gleichheit angewendet. Auch hier scheint das Hinzuziehen dieser beiden Nachbarprinzipien eine Verletzung der Unteilbarkeit des Volkes erst begründen zu können. Hätte sich das Gericht allein auf die Unteilbarkeit des Volkes gestützt, die die Einung des Volkes erreichen soll, hätte dies allein zur Folge gehabt, dass das Volk geeint sein muss, nicht dass es nur „ein" Volk als Zuordnungssubjekt gibt. Gibt es jedoch nur „ein" Volk, das nicht unterteilbar ist, kann auch nicht auf Teilbereiche des Volkes unterschiedliches Recht anwendbar sein. Ein ähnliches Ergebnis ergibt sich aus der Hinzuziehung des Gleichheitsrechts in seiner territorialen Anwendung. Hiernach muss ein Rechtfertigungsgrund vorliegen (also eine lokale Besonderheit oder ein Gemeininteresse), um eine Anwendung unterschiedlicher Rechte zu rechtfertigen.[1745]

So wird in der Entscheidung von 1999 argumentiert, die Charta der Regional- oder Minderheitensprachen verstoße gegen die Prinzipien der Unteilbarkeit des Volkes, die „*unicité du peuple*" sowie gegen die Gesetzesgleichheit.[1746] Jede kollektive Verleihung von Rechten auf einen Teil der Bevölkerung stelle einen Verfassungsverstoß dar.[1747] Die Charta der Regional- und Minderheitensprachen regelt in Art. 7, dass es Personen, die eine Minderheitensprache sprechen, erleichtert werden muss, diese zu nutzen. Die Sprache darf gegenüber der geltenden Amtssprache nicht benachteiligt werden. Zudem werden die Vertragsparteien verpflichtet Lehrangebote für Minderheitensprachen zur Verfügung zu stellen.[1748] Damit überträgt die Charta Rechte an diejenigen Bevölkerungsteile innerhalb des französischen Volkes, in der die Minderheitensprache gebräuchlich ist.[1749] Der *Conseil constitutionnel* hält dies für nicht verfassungsgemäß. Er stellt fest, dass „[g]emäß Art. 11 DDHC iVm Art. 2 der Verfassung […] der Gebrauch der französischen Sprache für juristische Personen des öffentlichen Rechts und für Personen des Privatrechts bei der Ausübung eines öffentlichen Auftrags verbindlich [ist]. Privatpersonen können sich in ihren Beziehungen zu Behörden und öffentlichen Diensten weder auf ein Recht

---

1744 Vgl. in diesem Sinne auch bereits: *M. Lasserre* in Sydow (Hrsg.), Französisches Verfassungsrecht im 21. Jahrhundert, 2022, S. 23 (30).

1745 Hierzu: B., IV., 3.

1746 Conseil constitutionnel., 15.6.1999, Décision n° 99-412 DC; dazu: *Gaillet* in Marsch/Vilain/Wendel, Verfassungsrecht, 32; *Aubin/Roche*, Nouvelle Décentralisation, 58; Hamon/Troper, Droit constitutionnel, 45. Aufl. 2025, 539; *Gaïa et al.*, Les grandes décisions du Conseil constitutionnel, 20. Aufl. *2022,* 170f.; *Gründler*, Revue du droit public, 2007, 445 (466); *M. Lasserre* in Sydow (Hrsg.), Französisches Verfassungsrecht im 21. Jahrhundert, 2022, S. 23 (31f.).

1747 *Gaïa et al.,* Les grandes décisions du Conseil constitutionnel, 20. Aufl. 2022, 170.

1748 Europäische Charta der Regional- oder Minderheitensprachen vom 01.01.1999.

1749 *M. Lasserre* in Sydow (Hrsg.), Französisches Verfassungsrecht im 21. Jahrhundert, 2022, S. 23 (54).

auf den Gebrauch einer anderen Sprache als Französisch berufen, noch können sie zu einem solchen Gebrauch gezwungen werden."[1750]

Wie im Urteil zum Status von Korsika argumentiert das Gericht auch hier mit dem historisch gewachsenen Verständnis der Verfassung des Volkes bzw. der Nation.[1751] Dieses wird als abstraktes Zuordnungssubjekt für die Souveränität verstanden. Einzelne Bürger:innen seien austauschbar.[1752] Ein Anknüpfen an ein Individuum zur Verleihung spezifischer Rechte kann danach nicht möglich sein. Im gleichen Sinne führt auch die Anwendung des Gleichheitssatzes zu einem Ausschluss von Minderheitenrechten. Die territoriale Auslegung des Gleichheitsrechts macht es möglich, aus örtlichen Unterschieden eine „besondere Situation" abzuleiten, die zur Rechtfertigung einer Ungleichbehandlung führt. Eine in der Person liegende „besondere Situation" scheint hingegen von dem Ausnahmetatbestand nicht erfasst zu sein.[1753]

cc) Wandel der Beurteilung einer Geschlechterquote bei Parlamentswahlen

In engem Zusammenhang mit dem Wandel der Unteilbarkeit des Staatsvolks stehen die Entscheidungen, die der *Conseil constitutionnel* bezogen auf die Geschlechterquoten bei Parlamentswahlen traf.[1754] In den Entscheidungen von 1982 und 1999 verwies das Gericht noch insbesondere auf die Formulierung des Art. 3 Abs. 2 CF, wonach bezogen auf die Staatsgewalt „[w]eder ein Teil des Volkes noch eine Einzelperson [...] ihre Ausübung für sich in Anspruch nehmen" kann.[1755] Danach sei eine Unterteilung der Wähler :innen in jegliche Kategorien unmöglich.[1756] Art. 3

[1750] Conseil constitutionnel, 15.6.1999, Décision n° 99-412 DC, im Original lautet es hier: „En vertu des dispositions combinées des articles 11 de la Déclaration de 1789 et 2 de la Constitution, l'usage du français s'impose aux personnes morales de droit public et aux personnes de droit privé dans l'exercice d'une mission de service public. Les particuliers ne peuvent se prévaloir, dans leurs relations avec les administrations et les services publics, d'un droit à l'usage d'une langue autre que le français, ni être contraints à un tel usage".

[1751] Conseil constitutionnel, 15.6.1999, Décision n° 99-412 DC.

[1752] Vgl. dazu: *Mounier,* Remplacement du Président par M. Clermont-Tonnerre, lors de la séance du 2 octobre 1789, 2.10.1789, S. 237; auch: *Debbasch,* Le principe révolutionnaire d'unité et d'indivisibilité de la République, 1988, S. 52.

[1753] Vgl. hierzu auch: *M. Lasserre* in Sydow (Hrsg.), Französisches Verfassungsrecht im 21. Jahrhundert, 2022, S. 23 (50).

[1754] *Dollat* Revue française de droit administratif 2003 (673); Conseil constitutionnel, 18.11.1982, Décision n° 82-146 DC; 14.1.1999, Décision n° 98-407 DC; 30.5.2000, Décision n° 2000-429 DC.

[1755] Französische Verfassung in der deutschen Übersetzung unter der gemeinsamen Verantwortung der Abteilung Presse, Information und Kommunikation des Ministeriums für Auswärtige Angelegenheiten und der Abteilung europäische Angelegenheiten der Nationalversammlung vom 1958; vgl. hierzu auch: *Lauenstein,* Parität und Parité, 2025, S. 48.

[1756] *Lauenstein,* Parität und Parité, 2025, S. 19f; *Dollat* Revue française de droit administratif 2003 (673f.); vgl. auch: *Lépinard* Droit et société (53); *Chen,* Les politiques d'égalité: comparaison France - Taïwan, 2023, S. 123; *Bereni/Lépinard* Nouvelles Questions Féministes 2003 (19).

Abs. 2 CF ist als Konkretisierung des Prinzips der Unteilbarkeit zu sehen.[1757] Es sei nicht möglich, wie in der Wahlrechtsreform von 1982 vorgesehen, einen Maximalwert an Listenplätzen (75 %) an Vertreter:innen eines Geschlechts zu vergeben.[1758] Die Verfassung der Republik kannte demnach nur das Volk als abstraktes Gebilde, das „anhand keiner sozialen, religiösen, kulturellen oder sexuellen Eigenschaft definiert werden darf."[1759] Die Unteilbarkeit des Volkes hatte nach dieser Fassung der Verfassung in Bezug auf das französische Wahlvolk in jedem Fall.

Jedoch wird 1999 die Besonderheit der Möglichkeit von Verfassungsänderungen – in Frankreich vergleichbar mit dem deutschen Modell des Art. 79 Abs. 3 GG – erneut deutlich.[1760] Eine Ergänzung des Art. 3 CF um einen Absatz 5 führt – ohne Überprüfung seiner Vereinbarkeit mit dem Prinzip der Unteilbarkeit des Volkes – zu einer Zulässigkeit der Geschlechterquote.[1761] Danach setzt sich das Gesetz für „den gleichen Zugang von Frauen und Männern zu den Wahlmandaten und –ämtern" ein.[1762] Diese Teilbarkeit des Wahlvolks wurde in den Entscheidungen des *Conseil constitutionnel* aus den Jahren 2000[1763] und 2003[1764] zur Geschlechterquote bestätigt. Somit zeichnet sich eine Entwicklung der Auslegung der Unteilbarkeit des Volkes ab. Während das Prinzip in den Entscheidungen des letzten Jahrhunderts noch mit Blick auf Art. 3 Abs. 2 CF und das Prinzip der Unteilbarkeit verteidigt wurde,[1765] ist eine Einschränkung seit der Verfassungsänderung von 1999 durchaus möglich.

Dies wirft die Frage auf, ob künftig mit weiteren Aufspaltungen des Wahlvolks zu rechnen ist. Die Beantwortung dieser Frage kann insbesondere mit Blick auf die Argumentation zur Geschlechterquote vor Einführung der Verfassungsänderung 1999 erfolgen. Diese gibt Aufschluss darüber, wie die Geschlechterquote ohne Art. 3 Abs. 5 CF a.F. gesehen wurde. Hier wurde darauf verwiesen, dass die Ungleichbehandlung von Frauen – auf deren Auflösung die Geschlechterquote gerichtet

---

[1757] In diesem Sinne ist auch die Argumentation in *Chen,* Les politiques d'égalité: comparaison France - Taïwan, 2023, S. 123f. zu deuten.

[1758] Conseil constitutionnel, 18.11.1982, Décision n° 82-146 DC; vgl. hierzu auch: *Chen,* Les politiques d'égalité: comparaison France - Taïwan, 2023, S. 124.

[1759] *Chen,* Les politiques d'égalité: comparaison France - Taïwan, 2023, S. 123f.

[1760] Vgl. hierzu B., I., 2., b).

[1761] Loi constitutionnelle n°99-569 Journal Officiel de la République française 1999, 10175; vgl. hierzu auch: *Chen,* Les politiques d'égalité: comparaison France - Taïwan, 2023, S. 123; im Detail hierzu auch: *Lauenstein,* Parität und Parité, 2025, S. 193f.

[1762] Heute ist die Vorschrift in Art. 1 Abs. 2 CF normiert und um den Halbsatz „sowie zu den Führungspositionen im beruflichen und sozialen Bereich" ergänzt.

[1763] Conseil constitutionnel, 30.5.2000, Décision n° 2000-429 DC.

[1764] Conseil constitutionnel, 12.1.2002, Décision n° 2001-455 DC.

[1765] Teilweise wird hier auf die Unteilbarkeit der Staatsgewalt Bezug genommen, statt auf die Unteilbarkeit des Staatsvolks, vgl. etwa: *Lépinard* Droit et société (53), dies ist aber nicht vollends schlüssig, da durch die Einführung einer Geschlechterquote nicht die Staatsgewalt selbst aufgeteilt wird, sondern das Staatsvolk, welches die Staatsgewalt auf staatliche Einrichtungen überträgt; anders sieht es aber z.B. Chen, in: *Chen,* Les politiques d'égalité: comparaison France - Taïwan, 2023, S. 123f., hier nimmt er Bezug auf die Unteilbarkeit der Nation i.S.d. Staatsvolks.

war – nicht mit den Ungleichbehandlungen von Minderheiten vergleichbar sei.[1766] Das Geschlecht sei demnach das einzige zulässige Differenzierungskriterium. Diese Argumentation hat zur Folge, dass die Einführung der Parität auf Wahllisten zu Parlamentswahlen nicht als Ausnahme vom Prinzip der Einheit und Unteilbarkeit gesehen wird, sondern als „Verlängerung" des Universalismus.[1767] Andere wiederum sehen keinen Unterschied zwischen der Art der Diskriminierung. Unabhängig vom Charakter einer Bevölkerungsgruppe als Minderheit gehe aus dem Grundsatz der Unteilbarkeit und Einheit sowie aus Art. 3 Abs. 2 CF hervor, dass keine Gruppierung innerhalb des Wahlvolks vom Rest der Wählerschaft abgegrenzt werden könne.[1768] Für diese Argumentation spricht, dass Art. 3 Abs. 2 CF – als Konkretisierung der Unteilbarkeit des Volkes[1769] – in seinem Wortlaut keine Einschränkung auf Minderheiten vornimmt, sondern jegliche Differenzierungen ausschließt. In jedem Fall sind Änderungen der Auslegung des Unteilbarkeits- und Einheitsprinzips sowie von Art. 3 Abs. 2 CF durch Verfassungsänderungen möglich.[1770] So steht auch nichts einer künftigen Untergliederung des Wahlvolkes -etwa der Überseekörperschaften[1771] – und der damit einhergehenden weiteren Einschränkungen der Unteilbarkeit des Staatsvolks entgegen.[1772]

dd) Zwischenergebnis: Die Unteilbarkeit des Staatsvolks auf dem Abstieg

Die Entscheidungen des *Conseil constitutionnel* zum Status von Korsika stärken das Prinzip der Unteilbarkeit des Volkes.[1773] Sie machen deutlich, dass diese Ausprägung des Verfassungsprinzips – aufgrund der Inbezugnahme der *unicité du peuple* – denjenigen Teilbereich des Unteilbarkeitsprinzips ausmacht, dem heute die größte Bedeutung zukommt.[1774] Zeitgleich zeigt die Entwicklung der Anerkennung einer Geschlechterquote durch den *Conseil constitutionnel*, dass anfangs als Verstöße gegen das Unteilbarkeitsprinzip gedeutete Vorschriften durch eine Verfassungsänderung zulässig werden können.[1775] Dies ist damit zu begründen, dass im französischen Verfassungstext keine Normenhierarchie besteht.[1776]

Zudem werden Einschränkungen des Prinzips der Unteilbarkeit des Volkes zum Teil auch ohne eine entsprechende Verfassungsrevision, sondern in Form einer

---

1766 Vgl. hierzu *Bereni/Lépinard* Nouvelles Questions Féministes 2003 (19).
1767 *Bereni/Lépinard* Nouvelles Questions Féministes 2003 (19).
1768 Vgl. in diesem Sinne: *Chen,* Les politiques d'égalité: comparaison France - Taïwan, 2023, S. 126.
1769 Vgl. *Chen,* Les politiques d'égalité: comparaison France - Taïwan, 2023, S. 123.
1770 Vgl. hierzu: B., I., 2., b).
1771 Vgl. hierzu in diesem Abschnitt punkt b), bb) und cc).
1772 Vgl. in diesem Sinne auch: *Lauenstein,* Parität und Parité, 2025, S. 197f.
1773 Conseil constitutionnel, 9.5.1991, Décision n° 91-290 DC; 15.6.1999, Décision n° 99-412 DC.
1774 In diesem Sinne bereits: *M. Lasserre* in Sydow (Hrsg.), Französisches Verfassungsrecht im 21. Jahrhundert, 2022, S. 23 (56).
1775 Loi constitutionnelle n°99-569 Journal Officiel de la République française 1999, 10175; Conseil constitutionnel, 30.5.2000, Décision n° 2000-429 DC.
1776 Vgl. im Detail Gliederungspunkt B., I., 2., b).

auslegenden Entscheidung des *Conseil constitutionnel*, vorgenommen. Dies lässt sich etwa bei der Beschränkung der *unicité* auf die Überseekörperschaften in der Entscheidung zum Status von Korsika feststellen.[1777] Der Umstand, dass es sich sowohl bei dem Prinzip der *unicité* als auch bei dem Begriff eines überseeischen Volkes um Neuschöpfungen des *Conseil constitutionnel* handelt, lässt eine politische Wertung nicht ausschließen.[1778] Der Conseil scheint zwar gewillt zu sein, das Ziel der Einheitlichkeit in der Metropolregion durchzusetzen. Die Unterschiede zu den Überseegebieten hingegen scheinen zu groß, als dass eine Ausweitung noch gerechtfertigt werden kann.

Auch ist zu berücksichtigen, dass trotz aller Bestätigung des Unteilbarkeitsprinzips durch die Entscheidungen zum Status von Korsika und der Charta der Regional- und Minderheitensprachen, das Prinzip der Unteilbarkeit erst über die Inbezugnahme benachbarter Prinzipien, der *unicité* und der Gleichheit, Wirkung erlangt.[1779] Seine Wirkung ist mithin auch in Bezug auf die Metropolregion als schwach einzustufen.[1780]

b) Die Unteilbarkeit der Überseebevölkerung

Wie bereits in seiner Entscheidung zum Status von Korsika angerissen, können innerhalb der Metropolbevölkerung keine verschiedenen „Völker" bestehen. Dies sei aber anders für den Fall der Überseevölker, deren Recht zur freien Selbstbestimmung sich aus der Präambel der Verfassung von 1958 ergebe.[1781] Somit wird der verfassungsrechtliche Begriff der „*peuples outre-mer*" (Überseevölker) erschaffen, ohne jedoch darauf einzugehen, welche konkreten Folgen dies für die tatsächliche Selbstbestimmung der Regionen aus Übersee hat.[1782] Dieser Frage wurde erst in späteren Entscheidungen des *Conseil constitutionnel* nachgegangen, etwa 2000 bezogen auf Mayotte[1783] (aa), ergibt sich aus dem Sonderstatus Neukaledoniens (bb) und ist in der Überrepräsentation der Überseebevölkerung im französischen Parlament zu erblicken (cc).

aa) Die Entscheidung zur Bevölkerung von Mayotte (CC, n° 2000-428 DC, 4.05.2000): Das sog. Selbstbestimmungsrecht der Völker

In der Entscheidung zu Mayotte aus dem Mai 2000 äußerte sich das Verfassungsgericht zu der Frage der Zulässigkeit eines Konsultationsrechts der Bevölkerung Mayottes zur Annahme des Vertrags zwischen der französischen Regierung und

---

1777 Conseil constitutionnel, 9.5.1991, Décision n° 91-290 DC.
1778 Conseil constitutionnel, 9.5.1991, Décision n° 91-290 DC.
1779 Conseil constitutionnel, 9.5.1991, Décision n° 91-290 DC; 15.6.1999, Décision n° 99-412 DC; 30.5.2000, Décision n° 2000-429 DC.
1780 Vgl. *Gründler* Revue du Droit Public 2007, 445 (448); diesem Sinne auch: *M. Lasserre* in Sydow (Hrsg.), Französisches Verfassungsrecht im 21. Jahrhundert, 2022, S. 23 (27f.).
1781 Conseil constitutionnel, 9.5.1991, Décision n° 91-290 DC.
1782 Vgl. auch: *Gaïa et al.,* Les grandes décisions du Conseil constitutionnel, 22. Aufl. 2022, S. 168.
1783 Conseil constitutionnel, 4.5.2000, Décision n° 2000-428 DC.

der Föderation von Mayotte.[1784] Der Vertrag regelte die künftige Organisationsform der Gebietskörperschaft als DOM oder TOM, also die Frage, ob der Grundsatz der Spezialität im Gebiet von Mayotte gelten solle oder nicht.[1785] Das Gericht zog die Prinzipien der Unteilbarkeit sowie der *unicité* des französischen Volkes heran.[1786] Auch hier ging es um die Frage, ob ein unteilbares Volk bestehe, bzw. sich diese Annahme, die für Korsika getroffen wurde, auf die Überseekörperschaften ausweiten ließe. Ein Verstoß gegen die genannten Prinzipien wurde unter Hinweis auf Abs. 2 der Präambel der Verfassung und das dort normierte Selbstbestimmungsrecht der „*territoires outre-mer*" abgelehnt. Problematisch hieran scheint, dass nach Abschluss des Vertrags im Januar 2000, Mayotte keine TOM mehr darstellte. Eine Anwendung der Präambel hätte also jedenfalls näher erklärt werden müssen.

Noch anschaulicher wird die Tendenz des *Conseil constitutionnel*, für DOM-TOMs bzw. COM-DROMs einen einheitlichen Maßstab anzuwenden, der vom Maßstab der Metropolregionen abweicht, im Urteil aus dem Dezember 2000 zum *loi d'orientation pour l'outre-mer*.[1787] Unabhängig vom Wortlaut der Präambel der Verfassung wird für alle Übersee-Körperschaften ein eigenes Volk angenommen. Dieses hängt nicht von ihrer (damaligen) Einordnung als DOM oder TOM ab.[1788] Trotz der Neuschöpfung des Prinzips der *unicité*, welches sich nicht eindeutig aus dem Wortlaut der Verfassung ergibt, wird diese nicht auf die Überseekörperschaften angewendet. Auch wird wiederum losgelöst vom Wortlaut der Verfassung entschieden, der lediglich auf TOMs, nicht auf DOMs verweist. Diese beiden dogmatisch nicht stringenten Weichenstellungen machen den politischen Einschlag der Entscheidungen des *Conseil constitutionnel* deutlich.

Der Widerspruch zwischen dem Wortlaut der Verfassung und der Rechtsprechung des *Conseil constitutionnel* wird erst 2003 durch die Verfassungsreform aufgelöst. Hier wird in art. 72-3 CF eingefügt: „Die Republik erkennt innerhalb des französischen Volkes die überseeischen Bevölkerungen in einem gemeinsamen Ideal von Freiheit, Gleichheit und Brüderlichkeit an."[1789] Der Verweis auf das Prinzip der Gleichheit (als justiziables Prinzip des Dreiklangs der Freiheit, Gleichheit und Brüderlichkeit[1790]) macht deutlich, dass sich die Verfassungsänderung im Rahmen des Verfassungsprinzips der Gleichheit bewegt. Denn auch hier kann der

[1784] Conseil constitutionnel, 4.5.2000, Décision n° 2000-428 DC.

[1785] Accord du 27 janvier 2000 sur l'avenir de Mayotte vom 27.01.2000; vgl. im Detail auch Gliederungspunkt B., V.

[1786] Conseil constitutionnel, 4.5.2000, Décision n° 2000-428 DC.

[1787] Conseil constitutionnel, 7.12.2000, Décision n° 2000-435 DC.

[1788] Conseil constitutionnel, 7.12.2000, Décision n° 2000-435 DC; vgl. hierzu auch: *Gaïa et al.,* Les grandes décisions du Conseil constitutionnel, 20. Aufl. 2022, S. 168; hierzu auch: *Gründler* Revue du Droit Public 2007, 445 (467f.).

[1789] Loi constitutionnelle n°2003-276 Journal Officiel de la République française 2003, 5568; vgl. hierzu auch: *Gaïa et al.,* Les grandes décisions du Conseil constitutionnel, 2022. Aufl. 2022, S. 168; auch zitiert in: *M. Lasserre* in Sydow (Hrsg.), Französisches Verfassungsrecht im 21. Jahrhundert, 2022, S. 23 (55).

[1790] Vgl. hierzu A., III., 5.

Ausnahmetatbestand der „besonderen Situation“ Anwendung finden, der eine rechtliche Abweichung in den Überseekörperschaften rechtfertigt.[1791]

bb) Die neukaledonische Staatsbürgerschaft

Auch bei der Frage der Unteilbarkeit des Volkes stellt Neukaledonien einen Sonderfall dar. Dieser wurde über die Einräumung des Sonderstatus in Abschnitt XIII CF verfassungsgemäß. Art. 77 Abs. 1 CF stellt fest, dass ein Umsetzungsgesetz erlassen werden solle, welches Fragen zur Staatsbürgerschaft sowie zum Wahlsystem regle. In der Tat hat die Verleihung einer neukaledonischen Staatsbürgerschaft für die Auslegung des Prinzips der Unteilbarkeit des Volkes und der *unicité* bedeutsame Auswirkungen. Es stellt mehr fest als das bloße Vorhandensein verschiedener Bevölkerungsgruppen innerhalb des Staatsgebiets. Denn die neukaledonische Staatsbürgerschaft führt auch zu einem Vorrangsrecht, etwa im Arbeitsrecht. Ein neukaledonischer Staatsbürger:innen kann gegenüber einem französischen Staatsbürger in Neukaledonien bevorzugt werden.[1792] Zudem führt die Zusicherung der Staatsbürgerschaft in zweifacher Hinsicht zu einer Teilung der wählenden Bevölkerung. Zum einen können neukaledonische Staatsbürger bei regionalen Wahlen, losgelöst vom französischen Wahlsystem, ihre eigene Volksvertretung wählen. Zum anderen führt die neukaledonische Staatsbürgerschaft zu einer Aufspaltung der sonst verknüpften Begriffe von Nationalität (*nationalité*) und Staatsbürgerschaft (*citoyenneté*).[1793] Nicht alle Personen mit französischer Nationalität sind auch Staatsbürger Neukaledoniens und dürfen hier wählen. Die Staatsbürgerschaft leitet sich entweder nach dem Abstammungsprinzip von derjenigen der Eltern ab und kann nach 10 Jahren des dauernden Aufenthalts erworben werden.[1794]
Die Frage nach den Überschneidungen zwischen Träger:innen der Nationalität und Träger:innen der Staatsbürgerschaft bzw. zwischen dem gemein-französischen und dem neukaledonischen Wahlkörper führte jüngst zu Spannungen zwischen den Vertreter:innen einer Unabhängigkeitsbewegung und dem nationalen sowie lokalen Parlament, die an einer Annäherung der beiden abstrakten Personengruppen interessiert sind. Im Jahr 2024 führte der Versuch der Änderung des provinzialen Wahlsystems durch eine Verfassungsänderung zu Aufständen im neukaledonischen Gebiet mit mindestens 600 Verletzten und neun Todesopfern.[1795] Die geplante

---

[1791] Im Detail hierzu: B., IV., 3.
[1792] *Gründler* Revue du Droit Public 2007, 445 (474f.).
[1793] *Gründler* Revue du Droit Public 2007, 445 (474f.); vgl. auch *J.-Y. Faberon* Revue du Droit Public 1999, 113 (121ff.).
[1794] Vgl. Art. 188 des Loi organique n° 99-209 Journal Officiel de la République française 1999, 4197 (4217); *Gründler* Revue du Droit Public 2007, 445 (474f.).
[1795] *Libération/AFP,* Nouvelle-Calédonie : un neuvième mort, décédé des suites de ses blessures causées par un gendarme, https://www.liberation.fr/societe/nouvelle-caledonie-un-neuvieme-mort-decede-des-suites-de-ses-blessures-causees-par-un-gendarme-20240611_V7YIFHVDNVBADIFT4JGI6NNWJM/; *Guibert,* Nouvelle-Calédonie : l'insécurité persiste, les radicaux continuent de donner le tempo de la crise,

Verfassungsreform reiht sich in die Abfolge von Verfassungsänderungen und verfassungsgerichtlichen Entscheidungen bzgl. des Wahlrechts Neukaledoniens ein.[1796] Anfänglich wurde das Wahlrecht für den neukaledonischen Kongress sowie für die Wahlen innerhalb der drei Provinzen Neukaledoniens[1797] im Vertrag von Nouméa und der Verfassungsreform von 1998, die Art. 76f CF in die Verfassung einfügte, sowie über Art. 188 des Umsetzungsgesetzes von 1999[1798] geregelt. Danach sollten alle diejenigen wahlberechtigt sein, die seit mindestens zehn Jahren in Neukaledonien angesiedelt waren.[1799] Diese Regelung wurde bestätigt durch die Entscheidung des *Conseil constitutionnel* im Jahr 1999, die den Begriff des *„corp électoral glissant"* (gleitende Wählerschaft) einführte.[1800] Diese Interpretation wurde als nicht konform mit dem Vertrag von Nouméa angesehen und von Parlamentariern der *Assemblée nationale* kritisiert. Dennoch dauerte es bis 2007, dass Art. 77 CF einen neuen Absatz erhielt, wonach die Wahlberechtigung für Provinzwahlen und Kongresswahlen in Neukaledonien „eingefroren" (*„gelé"*) wird, also nur diejenigen wahlberechtigt sind, die zu einem bestimmten Zeitpunkt (1998) die Voraussetzungen für die Teilnahme an Wahlen erfüllt haben.[1801] Diese Änderung soll die Rechte der indigenen Bevölkerung Neukaledoniens (der Kanaks, die mit 41,2 % die größte Bevölkerungsgruppe in Neukaledonien darstellen[1802]) schützen und solche von einem Wahlrecht ausschließen, die erst später aus Metropolfrankreich in die Region gezogen sind.[1803] Es handelt sich um etwa 40 000 Wähler:innen (19 % der grundsätzlich

https://www.lemonde.fr/politique/article/2024/06/04/nouvelle-caledonie-des-troubles-demeurent-loin-du-retour-progressif-a-la-normale-vante-par-l-executif_6237304_823448.html.

1796 *Vie publique,* Les lois constitutionnelles sur la Nouvelle-Calédonie, https://www.vie-publique.fr/eclairage/268328-les-lois-constitutionnelles-sur-la-nouvelle-caledonie.

1797 *Gouvernement de la Nouvelle-Calédonie,* Les provinces, https://gouv.nc/gouvernement-et-institutions-les-autres-institutions/les-provinces; 3; *Molina/Makhzoum* Synthèse 2023, 1 (1).

1798 Loi organique n° 99-209 Journal Officiel de la République française 1999, 4197.

1799 Vgl. *Metzdorf,* Rapport sur le projet de loi constitutionnelle, adopté par le Sénat, portant modification du corps électoral pour les élections au congrès et aux assemblées de province de la Nouvelle-Calédonie (n°2424), n° 2611, déposé le mardi 7 mai 2024, S. 7.

1800 Conseil constitutionnel, 15.3.1999, Décision n° 99-410 DC; *Metzdorf,* Rapport sur le projet de loi constitutionnelle, adopté par le Sénat, portant modification du corps électoral pour les élections au congrès et aux assemblées de province de la Nouvelle-Calédonie (n°2424), n° 2611, déposé le mardi 7 mai 2024, S. 7.

1801 Loi constitutionnelle n° 2007-237 Journal Officiel électronique authentifié n° 0047 2007, Text 5; *Metzdorf,* Rapport sur le projet de loi constitutionnelle, adopté par le Sénat, portant modification du corps électoral pour les élections au congrès et aux assemblées de province de la Nouvelle-Calédonie (n°2424), n° 2611, déposé le mardi 7 mai 2024, S. 7; *Vie publique,* Nouvelle-Calédonie : un avenir institutionnel en question, https://www.vie-publique.fr/questions-reponses/289664-nouvelle-caledonie-quel-avenir-institutionnel.

1802 *Rivoilan* Institut national de la statistique et des études économiques Nouvelle-Calédonie - Synthèse 2019 (5).

1803 *Confavreux/Leblic/Pidjot,* Nouvelle-Calédonie : à l'origine des révoltes, https://www.radiofrance.fr/franceculture/podcasts/france-culture-va-plus-loin-le-samedi/nouvelle-caledonie-a-l-origine-des-revoltes-3858940.

wahlberechtigten[1804], bei einer Einwohnerzahl von ca. 270.000[1805]), die so bei neukaledonischen Wahlen berechtigt wären, sich auf einer Wahlliste einzutragen.[1806] Ihre Wahlbeteiligung birgt das Risiko, dass Interessen der Metropolbevölkerung stärker Rechnung getragen wird als den indigenen Bevölkerungsgruppen.[1807] Dies bedeutet eine klare Abgrenzung der Wählerschaft der Französischen Republik von derjenigen Neukaledoniens. Zwar betrifft das Wahlrecht nicht unmittelbar die neukaledonische Staatsbürgerschaft,[1808] jedoch macht die Auslegung des Volksbegriffs Frankreichs anhand eines Wahlrechts[1809] deutlich, dass die Beschränkung des Wahlrechts – entsprechend eines „eingefrorenen“ Wahlrechts – ein Volk schafft, das innerhalb des Volks der Französischen Republik besteht und von der übrigen Bevölkerung klar abgrenzbar ist. Die Verfassungsreform 2024 hatte zum Ziel von dem „eingefrorenen“ System abzuweichen und zu einem System zurückzukehren, in dem auch seit zehn Jahren in Neukaledonien angesiedelte Personen bei Provinz- und Kongresswahlen stimmberechtigt sein sollten.[1810] Im Grunde ging es also um die Frage der Teilbarkeit des Wahlvolkes. Die Bevölkerungen der Republik und des Überseegebiets sollten angenähert werden. Die Ausschreitungen führten jedoch zu einer „Aufschiebung“ der Verfassungsreform, obwohl diese bereits von *Sénat* und *Assemblée nationale* beschlossen worden war.[1811] Frankreichs ehemaliger Premierminister *Michel Barnier* teilte im Oktober 2024 in seiner ersten Rede zu den „politischen Grundsätzen“ seiner Regierung mit, dass die Verfassungsreform nicht zu Ende geführt werde und die anstehenden Regionalwahlen um ein Jahr verschoben werden.[1812] Was anfing als historische Verhandlungen zur Erneuerung des Vertrags von

---

1804 *Conseil d'État,* Le Gouvernement a décidé de rendre public l'avis du Conseil d'Etat relatif à la continuité des institutions en Nouvelle-Calédonie., https://conseil-etat.fr/avis-consultatifs/derniers-avis-rendus/au-gouvernement/avis-relatif-a-la-continuite-des-institutions-en-nouvelle-caledonie; auch zitiert in: *Koskas et al.* Revue française de droit constitutionnel 2024, 537 (559).

1805 *Rivoilan* Institut national de la statistique et des études économiques Nouvelle-Calédonie - Synthèse 2019

1806 *Koskas et al.* Revue française de droit constitutionnel 2024, 537 (558).

1807 Vgl. *Koskas et al.* Revue française de droit constitutionnel 2024, 537 (558).

1808 Vgl. *Vie publique,* Projet de loi constitutionnelle portant modification du corps électoral pour les élections au congrès et aux assemblées de province de la Nouvelle-Calédonie, https://www.vie-publique.fr/loi/292831-nouvelle-caledonie-projet-de-loi-constitutionnelle-degel-corps-electoral.

1809 *Carré de Malberg,* Contribution à la Théorie générale de l'État - II, 1922, S. 87; vgl. hierzu im Detail Gliederungspunkt A., II. und III.

1810 Vgl. *Metzdorf,* Rapport sur le projet de loi constitutionnelle, adopté par le Sénat, portant modification du corps électoral pour les élections au congrès et aux assemblées de province de la Nouvelle-Calédonie (n°2424), n° 2611, déposé le mardi 7 mai 2024, S. 7; Communiqué de la Première ministre relatif aux projets de loi sur la Nouvelle-Calédonie, 26.12.2023; *Koskas et al.* Revue française de droit constitutionnel 2024, 537 (558).

1811 *Le monde/AFP,* Nouvelle-Calédonie : Emmanuel Macron va « suspendre » la réforme constitutionnelle qui a mis le feu à l'archipel, https://www.lemonde.fr/politique/article/2024/06/12/nouvelle-caledonie-emmanuel-macron-affirme-suspendre-la-reforme-constitutionnelle-modifiant-le-corps-electoral_6239154_823448.html.

1812 *Barnier,* Déclaration de politique générale de Michel Barnier, 01.10.2024, https://www.vie-publique.fr/discours/295574-michel-barnier-01102024-declare-politique-generale-assemblee-nationale.

Nouméa zwischen dem Ministerium für Inneres und Übersee sowie Unabhängigkeits- und Anti-Unabhängigkeitskräften Neukaledoniens,[1813] endete in einer noch ausgeprägteren Abgrenzung der Bevölkerung der Überseekörperschaft und derjenigen der Republik. Anstelle der ursprünglich geplanten Verewigung des Überseegebiets „in der Republik“[1814], entsprechend der Ergebnisse der Referenden[1815], wurde die Frage nach dem Status Neukaledoniens und seiner Bevölkerung neu aufgerollt.[1816]

Es lässt sich feststellen, dass in Neukaledonien durch die Einführung einer Staatsbürgerschaft sowie durch das Festhalten am rigiden Wahlsystem seit 2007, eine vom Staatsvolk der Republik abgrenzbare Bevölkerungsgruppe geschaffen wurde. Mit Blick auf Neukaledonien ist das Staatsvolk Frankreichs somit nicht (mehr) unteilbar.

cc) Repräsentation der Überseebevölkerung in der Assemblée nationale

Betrachtet man die Verteilung der Sitze im aktuellen Parlament Frankreichs, fällt auf, dass die Körperschaften aus Übersee mit verhältnismäßig mehr Repräsentant:innen in der *Assemblée nationale* vertreten sind als die Körperschaften Metropolfrankreichs.[1817] Anders als der Senat stellt die *Assemblée nationale* keine Vertretung von Regionalinteressen dar. Bei solchen Vertretungen von Regionalinteressen erscheint es in der Regel sinnvoll, entsprechend eines ponderierten Schlüssels auf europäischer Ebene (Art. 14 Abs. 2 EUV), bestimmten Regionen ein stärkeres Gewicht einzuräumen.[1818] Dennoch sieht die *ordonnance* vom 29.07.2009, die seit den Parlamentswahlen 2010 gilt, vor, dass mindestens zwei Vertreter:innen einer Gebietskörperschaft in der *Assemblée* vertreten sein müssen.[1819] Konkret führt dies dazu, dass auf 2,7 Millionen Einwohner:innen der COM-DROMs 27 Abgeordnete in der *Assemblée nationale* entfallen.[1820] Dem gegenüber kommen auf in der

[1813] Geklärt werden sollte u.a. Fragen zum Status Neukaledoniens, also dem Verbleib in der französischen Republik, sowie zu seiner Autonomie und dem Wahlrecht sowie der Staatsbürgerschaft, vgl.: Réunion de travail relative à l'avenir de la Nouvelle-Calédonie : Gérald Darmanin et Philippe Vigier proposent un projet d'accord ambitieux, 06.09.2023; Zur Lage der Unabhängigkeit Neukaledoniens vor der angestrebten Verfassungsreform, vgl.: *Doumenge* Population & Avenir 2018, 14.

[1814] *Macron,* Discours de Nouméa, https://www.elysee.fr/emmanuel-macron/2023/07/26/discours-de-noumea; auch zitiert in: *Koskas et al.* Revue française de droit constitutionnel 2024, 537 (557).

[1815] Vgl. hierzu ebenfalls: *Koskas et al.* Revue française de droit constitutionnel 2024, 537 (557).

[1816] *Koskas et al.* Revue française de droit constitutionnel 2024, 537 (559).

[1817] Vgl. *Sydow* JuristenZeitung 2024, 313 (319).

[1818] Vgl. in diesem Sinne auch: *Sydow* JuristenZeitung 2024, 313 (319).

[1819] Ordonnance n° 2009-935 du 29 juillet 2009 portant répartition des sièges et délimitation des circonscriptions pour l'élection des députés vom 01.08.2009 Journal Officiel de la République française.

[1820] *Ministère de l'Intérieur et des Outre-Mer,* Le ministre chargé des Outre-mer, https://www.outre-mer.gouv.fr/#:~:text=Les%20outre%2Dmer%20fran%C3%A7aises%20ce,%2C%20Indien%2C%20Pacifique%20et%20Antarctique; *Assemblée nationale,* Délégation aux outre-mer, https://www.assemblee-nationale.fr/dyn/17/organes/delegations-comites-offices/dom; im Jahr 2023 verzeichnete INSEE 2 759 452 Einwohner in den Gebietskörperschaften aus Übersee, *Institut national de*

Metropolregion auf rund 66 Millionen Einwohner:innen 550 Abgeordnete.[1821] Damit ergeben sich 4,7 % der Mandate der Assemblée aus Übersee, bei einem Bevölkerungsanteil von nur 4,02 %.[1822]

Auch wenn sich die Regelung damit maßgeblich positiv für die Überseewahlbezirke auswirkt, entstammt dies keiner Sonderregelung für Übersee. Vielmehr wirkt sich die Zuteilung der Mandate, bei denen jedem Wahlbezirk unabhängig von der Einwohnerzahl mindestens ein Mandat zugeteilt wird und jede Gebietskörperschaft aus mindestens einem Wahlbezirk besteht, vorteilhaft für die Repräsentation aller kleineren Gebietskörperschaften aus. Beispielsweise entfielen auf Korsika vier Abgeordnete,[1823] was einem Anteil von 0,69 % entspricht. Dabei stellt die Region nur 0,52 % der Gesamtbevölkerung dar.[1824]

Es stehen sich damit die Repräsentation einerseits und die Wahrnehmung von Minderheiteninteressen andererseits gegenüber, entsprechend der Rechtfertigung einer solchen Regelung im europäischen Parlament. Entgegen der initialen Annahme lässt sich also in der Überrepräsentation der Mandate aus Übersee keine Teilbarkeit des Volkes ableiten. Vielmehr entspricht es schon der Anschauung der Revolution, dass die Übertragung der Souveränität auf das Volk durch Wahlen nicht zu einer Aufteilung des Volkes als Träger der Staatsgewalt führt. Anknüpfend an Rousseaus Theorie, die noch davon spricht, dass jeder Bürger ein 10.000stel der Staatsgewalt innehabe,[1825] adaptiert die Revolution die Übertragung der Staatsgewalt vom Volk auf die Volksvertretung anhand eines realistischeren Modells.[1826] Denn die Repräsentation des Volkes besteht auf Dauer, wie auch das Volk auf Dauer besteht. Unabhängig davon, wie die Staatsgewalt im System der Mehrheitswahl auf die Repräsentanten des Volkes übertragen wird, ist jedenfalls das Staatsvolk als abstraktes Konstrukt nicht teilbar.[1827] Eine Über- oder Unterrepräsentation einer Gruppe im Parlament führt daher nicht zur Unterteilung des Staatsvolkes, da dieses die Staatsgewalt auf ein einheitlich agierendes Organ überträgt, in dem

---

la statistique et des études économiques, La statistique publique dans les Outre-mer, https://www.insee.fr/fr/information/5387141.

1821 2023 wurden 65 925 961 in der Metropolregion gezählt, *Institut national de la statistique et des études économiques,* Population totale au 1er janvier - France métropolitaine, https://www.insee.fr/fr/statistiques/serie/000067670.

1822 *Institut national de la statistique et des études économiques,* Population totale au 1er janvier - France métropolitaine, https://www.insee.fr/fr/statistiques/serie/000067670; *Institut national de la statistique et des études économiques,* La statistique publique dans les Outre-mer, https://www.insee.fr/fr/information/5387141.

1823 *Assemblée nationale,* Liste des députés par région, https://www2.assemblee-nationale.fr/deputes/liste/regions.

1824 *Institut national de la statistique et des études économiques,* Évolution et structure de la population, https://www.insee.fr/fr/outil-interactif/5367857/territoires/20_DEM/21_POP.

1825 *Rousseau,* Du Contrat Social, 1896, S. 111; auch zitiert in: *Debbasch,* Le principe révolutionnaire d'unité et d'indivisibilité de la République, 1988, S. 50.

1826 Vgl. hierzu bereits im Detail oben: A., III.

1827 *Carré de Malberg,* Contribution à la Théorie générale de l'État - I, 1920, S. 87.

Abgeordnete nicht nur ihre eigenen Wähler:innen sondern die gesamte Bevölkerung vertreten (Art. 27 Abs. 1 CF).

dd) Zwischenergebnis: Die Teilbarkeit des Volkes der Überseegebiete

In den Überseekörperschaften sind unabhängig von ihrer rechtlichen Stellung als DROM-COM (bzw. ehemals DOM-TOM) abgrenzbaren Bevölkerungsgruppen innerhalb des französischen Volkes anerkannt. Diese zu den Feststellungen in der Metropolregion gegensätzliche Entwicklung war unabhängig von einer entsprechenden Verfassungsänderung.[1828] Diese Beurteilung der Unteilbarkeit des Staatsvolks, unabhängig vom Verfassungstext, macht deutlich, dass auch politische Erwägungen die Beurteilung eines überseeischen Staatsvolks beeinflussten. Untermauert wird diese Feststellung bei Betrachtung der rechtlichen Folgen, die die politische Bewegung in Neukaledonien hatte. Die Aufstände führten zu einem (vorläufigen) Abrücken von der geplanten Verfassungsänderung. Was geplant war als Annäherung zwischen dem Wahlvolk Neukaledoniens, als eigen abgrenzbare Bevölkerung, auf die die *unicité* des Volkes mithin nicht anwendbar ist, führte zu einer Beibehaltung des *Status quo.*[1829] Danach hat auch Neukaledonien ein eigenes Staatsvolk, welches innerhalb des französischen Volkes als abgrenzbare Entität besteht.[1830]

c) Zwischenergebnis: Unteilbarkeit des Volkes

Hinsichtlich der Unteilbarkeit des Volkes lassen sich vier Erkenntnisse anführen[1831]: Zum einen ist das Prinzip der Unteilbarkeit des Volkes der Metropolregion, der in der Rechtsprechung am meisten bestätigte Teilgehalt der Unteilbarkeit.[1832] Zum anderen ist zwischen der Unteilbarkeit der Metropolregion und der Teilbarkeit der Überseegebiete zu unterscheiden. Während das Prinzip der *unicité* und der Gleichheit in gemeinsamer Auslegung mit dem Prinzip der Unteilbarkeit des Volkes in der Metropolregion dazu führen, dass nur ein – nicht aufteilbares – Staatsvolk angenommen wird,[1833] ergibt sich für die Überseegebiete aus Abs. 2 der Präambel das Vorhandensein einer Überseebevölkerung.[1834]

1828 Vgl. Conseil constitutionnel, 9.5.1991, Décision n° 91-290 DC; 7.12.2000, Décision n° 2000-435 DC; Loi constitutionnelle n°2003-276 Journal Officiel de la République française 2003, 5568.

1829 *Le monde/AFP,* Nouvelle-Calédonie : Emmanuel Macron va « suspendre » la réforme constitutionnelle qui a mis le feu à l'archipel, https://www.lemonde.fr/politique/article/2024/06/12/nouvelle-caledonie-emmanuel-macron-affirme-suspendre-la-reforme-constitutionnelle-modifiant-le-corps-electoral_6239154_823448.html.

1830 Vgl. zu dieser Definition des Staatsvolks in Zusammenhang mit dem Wahlvolk *Carré de Malberg,* Contribution à la Théorie générale de l'État - II, 1922, S. 87.

1831 Anders noch: *M. Lasserre* in Sydow (Hrsg.), Französisches Verfassungsrecht im 21. Jahrhundert, 2022, S. 23 (55).

1832 Vgl. Conseil constitutionnel, 9.5.1991, Décision n° 91-290 DC; 15.6.1999, Décision n° 99-412 DC.

1833 Conseil constitutionnel, 9.5.1991, Décision n° 91-290 DC; 15.6.1999, Décision n° 99-412 DC; 18.11.1982, Décision n° 82-146 DC.

1834 Conseil constitutionnel, 4.5.2000, Décision n° 2000-428 DC.

Drittens zeigt die Entwicklung zur Geschlechterquote bei Parlamentswahlen sowie die Verfassungsänderung,[1835] welche Überseepopulationen ausdrücklich anerkennt,[1836] dass Abweichungen von der Unteilbarkeit des Staatsvolks in jedem Fall durch Verfassungsänderungen möglich sind. Auch künftige Differenzierungen zwischen Bevölkerungsgruppen ist in Metropol- wie Überseekörperschaften denkbar.[1837] Dies macht deutlich, dass nicht nur die Entscheidungen des Conseil constitutionnel betreffend der Unteilbarkeit des Staatsvolks teilweise politischer Natur sind.[1838]

Zudem macht die Rechtsprechung des *Conseil constitutionnel* deutlich, dass selbst in den Fällen, in denen ein Verstoß gegen das Prinzip der Unteilbarkeit des Volkes angenommen wird, nicht ohne Verweise auf die Prinzipien der *unicité* und der Gleichheit auskommt.[1839] Dies lässt darauf schließen, dass ein simpler Verweis auf das Prinzip der Unteilbarkeit nicht mehr genügt, um Verstöße gegen die Verfassung zu rechtfertigen.[1840] Die Rolle der Unteilbarkeit des Volkes ist demnach insgesamt rückgängig.[1841]

4. Zwischenergebnis: Einschränkungen der Teilbereiche

Die Analyse zeigt, dass alle drei Teilbereiche des Unteilbarkeitsprinzip haben seit Beginn der V. Republik Einschränkungen erfahren, die die rechtliche Geltung des Prinzips von Grund auf in Frage stellen. Die drei Komponenten des Unteilbarkeitsprinzips haben jeweils Entwicklungen überdauert, die ihr Verschwinden aus dem Verfassungsrecht gerechtfertigt hätten. Stattdessen wurde jedoch die Definition des jeweiligen Teilbereichs an das noch zulässige Maß angepasst und veränderte somit auch die Definition des Prinzips der Unteilbarkeit selbst.

Als erste Komponente unterlag die Unteilbarkeit des Staatsgebietes einem solchen Wandel. Mit der Anerkennung der Sezessionsmöglichkeit sowie der Unabhängigkeit mehrerer Überseegebiete konnte die Unteilbarkeit des Staatsgebiets nicht mehr ausschließlich als Unveränderbarkeit der Außengrenzen definiert werden. [1842] An die Stelle dieser Definition trat ein Verständnis der Unteilbarkeit des Staatsgebiets als Rechtseinheit, bezogen auf Exekutiv- und Legislativgesetze (*règlements* und *lois*). Jedoch wurde auch die Rechtseinheit im Verlauf der letzten

---

1835 Loi constitutionnelle n°99-569 Journal Officiel de la République française, 1999, 10175; Loi constitutionnelle
n°2003-276 Journal Officiel de la République française 2003, 5568.
1837 Zur Möglichkeit der Verfassungsänderungen vgl. Abschnitt B., I., 2. b).
1838 Als Beispiel dienen hier insbesondere die Entscheidungen bezüglich der Überseebevölkerung, welche sich nicht eindeutig auf einen Verfassungswortlaut beziehen, vgl.: Conseil constitutionnel, 9.5.1991, Décision n° 91-290 DC; 4.5.2000, Décision n° 2000-428 DC.
1839 Etwa Conseil constitutionnel, 9.5.1991, Décision n° 91-290 DC; 15.6.1999, Décision n° 99-412 DC..
1840 *Gründler* Revue du Droit Public 2007, 445 (448).
1841 Vgl. hierzu ebenfalls: *Gründler* Revue du Droit Public 2007, 445 (448).
1842 Conseil constitutionnel, 30.9.1975, Décision n° 75-59 DC; Conseil constitutionnel 2.6.1987, Décision n° 87-226 DC; Conseil constitutionnel, 4.5.2000, n° 2000-428 DC; bereits zitiert in: *M. Lasserre* in Sydow (Hrsg.), Französisches Verfassungsrecht im 21. Jahrhundert, 2022, S. 23 (44).

Jahrzehnte – und insbesondere seit der Dezentralisierungsreform aus dem Jahr 2003[1843] – wiederholt mit Blick auf die Exekutiveinheit sowie auf die Legislativeinheit beschnitten. Durch Art. 72 Abs.2 und 3 CF, Art. 72 Abs. 4 CF und Art. 73 Abs. 1 S. 2 CF wurde Gebietskörperschaften der Metropol- und Überseekörperschaft die Befugnis zum Erlass vom übrigen Recht abweichender *règlements* verliehen. Hinzukommt die Befugnis Neukaledoniens durch ihr eigenes Parlament (*Congrès*) Legislativgesetze zu erlassen,[1844] sowie die Zulässigkeit eines Lokalrechts in der Region Elsass-Mosel, welche jeweils die Legislativeinheit beeinträchtigen.[1845] Diese Übertragung von Rechtsetzungsbefugnissen hat teilweise auch Auswirkungen auf die Unteilbarkeit der Staatsgewalt. Zum einen wirkt sich die Befugnis zum Erlass eigener Legislativakte in Neukaledonien (*lois du pays*) hierauf aus. Es handelt sich bei dem Gesetzgebungsorgan Neukaledoniens um ein im Staatsaufbau eigens in Erscheinung tretendes, nicht weisungsgebundenes Staatsorgan. Dieses übt die Staatsgewalt des neukaledonischen Volkes aus. Die Staatsgewalt wird mithin geteilt. Außerdem führt auch die Einführung des Spezialitätsprinzips in Neukaledonien zu einer mehrfachen Wahrnehmung von Staatsgewalt. Denn Polynesien beschließt eigens, welche Gesetze auf ihr Hoheitsgebiet Anwendung finden.[1846] Die Rechtsetzungskompetenz liegt damit standardgemäß (durch *règlements*) bei der Gebietskörperschaft. Die Kompetenz des Nationalstaats hingegen muss ausdrücklich geregelt werden. Auch die Unteilbarkeit des Staatsvolkes hat Einschränkungen erfahren, bzw. lässt solche erwarten. Seit 1991 ist eine Überseebevölkerung verfassungsgerichtlich anerkannt.[1847] Es existiert eine Mehrheit an Völkern innerhalb des französischen Staatsvolks, welches an sich unteilbar sein sollte. Trotz dieser Feststellung wird das Prinzip der Unteilbarkeit des Staatsvolks über die Erschaffung des Prinzips der *unicité du peuple* in der Metropolregion weiterhin vertreten.[1848] Dies führt zu dem Ergebnis, dass trotz seiner wiederholten Einschränkung im Bereich der Überseekörperschaften, das Prinzip der Unteilbarkeit des Staatsvolkes, durch die Inbezugnahme des Nachbarprinzips der *unicité*, diejenige Ausprägung des Unteilbarkeitsprinzips ist, der heute das meiste Gewicht zukommt. Andererseits zeigt die Entwicklung bzgl. der Geschlechterquote bei Wahlen[1849] sowie die nationalen Autonomiebestrebungen zu Korsika, dass die Verfassung auch hier offen ist für inhaltliche Veränderungen des Prinzips.[1850]

[1843] Loi constitutionnelle n°2003-276 Journal Officiel de la République française 2003, 5568.

[1844] Vgl. Art. 99 des Loi organique n° 99-209 Journal Officiel de la République française 1999, 4208.

[1845] Conseil constitutionnel, 5.8.2011, Décision n° 2011-157 QPC.

[1846] Loi organique n° 2004-192 du 27 février 2004 portant statut d'autonomie de la Polynésie française vom 27.02.2004; *Gründler* Revue du Droit Public 2007, 445 (454).

[1847] Conseil constitutionnel, 9.5.1991, Décision n° 91-290 DC.

[1848] Vgl. Conseil constitutionnel, 9.5.1991, Décision n° 91-290 DC; 15.6.1999, Décision n° 99-412 DC.

[1849] Vgl. Loi constitutionnelle n°99-569 Journal Officiel de la République française 1999, 10175.

[1850] Vgl. *Mastor,* L'autonomie pour la Corse, mais quelle autonomie ?, https://www.leclubdesjuristes.com/opinion/lautonomie-pour-la-corse-mais-quelle-autonomie-5288/; *Vignal,* ument] Autonomie de la Corse : le texte de l'accord entre le gouvernement et les élus, https://www.publicsenat.fr/actualites/politique/document-autonomie-de-la-corse-le-texte-de-laccord-entre-le-gouvernement-et-les-elus;

Sämtliche dieser Einschränkungen dienen der Verwirklichung des Prinzips der freien Selbstverwaltung der Gebietskörperschaften nach Art. 72 Abs. 3 CF und der Herbeiführung der Gleichheit vor dem Gesetz, Art. 1 Abs. 1 S. 2 CF, Art. 6 DDHC. Sie sind jedoch durch die weite Auslegung der Ausnahmetatbestände der Gleichheit und insbesondere beim Vorliegen „besonderen örtlicher Gegebenheiten“ [1851] gerechtfertigt. Die ausgedehnte Anwendung dieses Ausnahmetatbestands schon beim Vorliegen einer Gebietskörperschaft führt dazu, dass für alle Fälle lokaler Abweichungen ein Rechtfertigungsgrund herangezogen werden kann.[1852] Anders formuliert: Alle Einschränkungen der Unteilbarkeit können unter Berufung auf ein Vorliegen besonderer örtlicher Gegebenheiten gerechtfertigt werden.

VII. Zwischenergebnis: die verbleibende normative Bedeutung der Unteilbarkeit

Der normative Gehalt des Unteilbarkeitsprinzips – das bedeutet der tatsächlich durchsetzbare Regelungsgehalt des Verfassungsprinzips[1853] – ist sehr begrenzt. Positiv formuliert gelten somit noch folgende Rechtsgehalte des Prinzips der Unteilbarkeit: Hinsichtlich. der Unteilbarkeit des Staatsgebiets besteht weiterhin eine Unveränderbarkeit der Außengrenzen der Metropolregion sowie eine Legislativeinheit (also das Vorhandenseins nur eines Legislativorgans) in der Metropolregion.[1854] Die Unteilbarkeit der Staatsgewalt besteht fort bzgl. der Judikative sowie der

---

Vie publique, Le statut de la Corse dans les discours publics, https://www.vie-publique.fr/discours-dans-lactualite/293585-le-statut-de-la-corse-dans-les-discours-publics#:~:text=Le%20texte%20pr%C3%A9voyant%20%22la%20reconnaissance,depuis%20la%20loi%20de%201975; *Macron,* Déclaration de M. Emmanuel Macron, président de la République, sur l'inscription dans la Constitution de la Corse et sa future autonomie, à Ajaccio le 28 septembre 2023., 28.09.2023.

1851 U.a.: Conseil constitutionnel, 9.5.1991, Décision n° 91-290 DC; 28.2.2020, Décision n° 2019-828/829 QPC; 1.12.2023, Décision n° 2023-1072 QPC; 19.3.2021, Décision n° 2020-890 QPC in den genannten Urteilen, lautet die Formulierung in etwa identisch: „Le principe d'égalité ne s'oppose ni à ce que le législateur règle de façon différente des situations différentes, ni à ce qu'il déroge à l'égalité pour des raisons d'intérêt général, pourvu que, dans l'un et l'autre cas, la différence de traitement qui en résulte soit en rapport direct avec l'objet de la loi qui l'établit“; vgl. zum Rechtfertigungsgrund der unterschiedlichen Situation auch: *Gründler* Revue du Droit Public 2007, 445 (446); dies wurde auch bereits erwähnt in: *M. Lasserre* in Sydow (Hrsg.), Französisches Verfassungsrecht im 21. Jahrhundert, 2022, S. 23 (38).

1852 *Janicot,* La décentralisation et l'expérimentation normative, https://www.conseil-constitutionnel.fr/publications/titre-vii/la-decentralisation-et-l-experimentation-normative; *Merland* La Revue administrative 2004 (370).

1853 *Mathieu Cahiers du Conseil Constitutionnel 2007, https://www.conseil-constitutionnel.fr/nouveaux-cahiers-du-conseil-constitutionnel/la-normativite-de-la-loi-une-exigence-democratique*; Conseil constitutionnel, 21.4.2005, Décision n° 2005-512 DC; *Obermeyer,* Integrationsfunktion der Verfassung und Verfassungsnormativität. Die Verfassungstheorie Rudolf Smends im Lichte einer transdisziplinären Rechtstheorie, 2008, S. 12.

1854 Vgl. schon: *M. Lasserre* in Sydow (Hrsg.), Französisches Verfassungsrecht im 21. Jahrhundert, 2022, S. 23 (56).

Legislativgewalt in der Metropolregion. Das Staatsvolk ist ebenfalls in der Metropolregion unteilbar, Abweichungen scheinen aber mit Blick auf Korsika möglich.[1855]

In den Überseekörperschaften ist mit Blick auf die *lois du pays* in Neukaledonien und Polynesien ein Föderalismus klar erkennbar.[1856] Auch wenn in der Metropolregion bislang noch an der Einheitsstaatlichkeit festgehalten wird, ist bzgl. der Überseekörperschaften schon längst von einem föderalistischen System zu sprechen.[1857] Der Umstand, dass Verfassungsänderungen nicht auf ihre Verfassungsmäßigkeit überprüft werden, lassen weitere Einschränkungen des Unteilbarkeitsprinzips auch für die Metropolregion möglich erscheinen[1858] und mit Blick auf Korsika sogar wahrscheinlich.[1859] Der Einfluss, den die föderale Entwicklung in Übersee auf die Metropolregion hat, ist dabei nicht zu unterschätzen.[1860] Diese föderalistischen Tendenzen spiegeln sich in der Auslegung der benachbarten Prinzipien von Gleichheit und der *unicité* durch den *Conseil constitutionnel* wider.[1861] Die limitierte Anwendung dieser Prinzipien im Kontext der Unteilbarkeit, verschiebt die Grenzen hin zur freien Selbstverwaltung nach Art. 34 CF.

Wenn das Prinzip der Unteilbarkeit jedoch normativ bereits jetzt zu vernachlässigen ist und potenziell künftig noch weiter beschränkt wird,[1862] stellt sich die Frage, wie sein Verbleib an erster Stelle der Verfassung in Art. 1 Abs. 1 S. 1 CF gerechtfertigt sein kann. Dem Prinzip kommt potenziell eine weitere nicht-normative Funktion zu, die seine Stellung in der Verfassung erklärt.

1855 Vgl. *Mastor,* L'autonomie pour la Corse, mais quelle autonomie ?, https://www.leclubdesjuristes.com/opinion/lautonomie-pour-la-corse-mais-quelle-autonomie-5288/; *Vignal,* ument] Autonomie de la Corse : le texte de l'accord entre le gouvernement et les élus, https://www.publicsenat.fr/actualites/politique/document-autonomie-de-la-corse-le-texte-de-laccord-entre-le-gouvernement-et-les-elus; *Vie publique,* Le statut de la Corse dans les discours publics, https://www.vie-publique.fr/discours-dans-lactualite/293585-le-statut-de-la-corse-dans-les-discours-publics#:~:text=Le%20texte%20pr%C3%A9voyant%20%22la%20reconnaissance,depuis%20la%20loi%20de%201975; *Macron,* Déclaration de M. Emmanuel Macron, président de la République, sur l'inscription dans la Constitution de la Corse et sa future autonomie, à Ajaccio le 28 septembre 2023., 28.09.2023.

1856 Vgl. hierzu: A.I.2.b)ee).

1857 Vgl. in diesem Sinne auch *F. Faberon* Revue française de droit constitutionnel 2015, 53.

1858 So auch schon: *M. Lasserre* in Sydow (Hrsg.), Französisches Verfassungsrecht im 21. Jahrhundert, 2022, S. 23 (56).

1859 Vgl. hierzu oben: B., I., 2.

1860 *Lemaire* Les Nouveaux Cahiers du Conseil constitutionnel 2012, 95 (97).

1861 *Gründler* Revue du Droit Public 2007, 445 (461, 465).

1862 Vgl. zur künftigen Einschränkbarkeit des Prinzips, oben: B., I., 2.

C. Meta-normative Bedeutung des Unteilbarkeitsprinzips: Integration als soziale Wirkung von Einheitsstaatlichkeit

Verfassungen haben verschiedene Funktionen. Die bereits behandelte normative Funktion einer Verfassung regelt und ordnet die staatliche Gewalt und enthält rechtlich durchsetzbare Bestimmungen.[1863] Sofern eine Vorschrift aber nicht mehr durchsetzbar ist (oder ihre inhaltliche Aushöhlung zeitlich absehbar ist)[1864], stellt sich die Frage, welche Funktion sie noch erfüllt. *Troper* nennt eine integrative Funktion, als Unterpunkt der politischen Funktion von Verfassungen.[1865] Diese kann der normativen Funktion einer Verfassung als Gegenbegriff oder „Fluchtpunkt" gegenübergestellt werden.[1866] Während es bei der Frage nach der Normativität einer Verfassungsnorm um ihre Wirksamkeit geht, geht es bei der Integration um die Wirkung einer Verfassung.[1867] Das Recht kann „als Verhaltenssteuerung"[1868] betrachtet werden, „als innere Intentionalität juristischen Denkens und Handelns"[1869], dessen Wirkung die Integration ist.[1870] Spricht man daher von den meta-normativen Funktionen von Verfassungen – ob in Deutschland oder in Frankreich – kommt man schnell zur Integrationsfunktion, als besondere Form der Wirkung von Verfassungen.[1871] Sie beschreibt „die nicht-juristische Wirkung eines juristischen Gegenstands".[1872]

1863 Vgl. Gliederungspunkt B., I., 1.

1864 Zur Veränderbarkeit des Unteilbarkeitsprinzips, vgl. oben: B., I., 2.

1865 *Hamon/Troper,* Droit constitutionnel, 45. Aufl. 2025, S. 62.

1866 *Obermeyer,* Integrationsfunktion der Verfassung und Verfassungsnormativität. Die Verfassungstheorie Rudolf Smends im Lichte einer transdisziplinären Rechtstheorie, 2008, S. 11.

1867 *Obermeyer,* Integrationsfunktion der Verfassung und Verfassungsnormativität. Die Verfassungstheorie Rudolf Smends im Lichte einer transdisziplinären Rechtstheorie, 2008, S. 34f.; *Grimm* Leviathan 2004, 448 (448).

1868 *Luhmann,* Ausdifferenzierung des Rechts, 2. Aufl. 2015, S. 73; *Obermeyer,* Integrationsfunktion der Verfassung und Verfassungsnormativität. Die Verfassungstheorie Rudolf Smends im Lichte einer transdisziplinären Rechtstheorie, 2008, S. 33.

1869 *Broekman,* Recht und Anthropologie, 1979, S. 36; auch zitiert in *Obermeyer,* Integrationsfunktion der Verfassung und Verfassungsnormativität. Die Verfassungstheorie Rudolf Smends im Lichte einer transdisziplinären Rechtstheorie, 2008, S. 34.

1870 Vgl. *Grimm* Leviathan 2004, 448 (448).

1871 *Obermeyer,* Integrationsfunktion der Verfassung und Verfassungsnormativität. Die Verfassungstheorie Rudolf Smends im Lichte einer transdisziplinären Rechtstheorie, 2008, S. 12.

1872 *Grimm* Leviathan 2004, 448 (448); zwar existieren auch Ansätze, die Integration als Indikator für das Vorliegen von Normativität sehen, vgl. *Obermeyer,* Integrationsfunktion der Verfassung und Verfassungsnormativität. Die Verfassungstheorie Rudolf Smends im Lichte einer transdisziplinären Rechtstheorie, 2008, S. 114 hier wird jedoch entsprechend *Smend*, *Obermeyer* und *Grimm* das Modell gewählt, in dem Integration und Normativität sich konzeptuell gegenüberstehen.

I. Zwei Integrationsdimensionen des Unteilbarkeitsprinzips

Besonders beim Unteilbarkeitsprinzip drängt sich eine integrative Funktion des Begriffs auf. Denn sein Ziel ist es nach wie vor, die Einheit der französischen Gesellschaf im Sinne des Einheitsstaats herbeizuführen (1.).[1873] Auch wenn seine integrative Funktion in der Literatur nicht explizit genannt wird, wird vielfach seine „symbolische" Bedeutung zitiert.[1874] So beschreibt es u.a. *Lemaire* in seinem Standardwerk zur Unteilbarkeit, in dem er dem „Mythos" des Verfassungsprinzips nachgeht.[1875] Auch andere Autor:innen wie *Daly* übernehmen die Einschätzung, dass das Unteilbarkeitsprinzip über seinen normativen Aussagegehalt hinaus auch einen identitätsprägenden Platz innerhalb der französischen Gesellschaft einnehme.[1876] Die Begriffe der Symbolik sowie der Identität stehen in engem Zusammenhang mit dem der Integration.[1877] Jedoch bleiben die Quellen weitgehend unkonkret, was den Inhalt dieser Funktionen betrifft.[1878] Eine symbolische Funktion scheint im Zusammenhang mit einer Identität der Verfassung zu stehen, auf die sich die Bevölkerung als Ganzes berufen kann. Es ist zu erörtern, wie genau eine solche Verfassungsidentität bzw. Symbolik zu definieren ist und welche soziologischen Auswirkungen das Unteilbarkeitsprinzip hat (2.).

1. Integration aufgrund des Inhalts des Unteilbarkeitsprinzips: Unteilbarkeit als Zementierung gesellschaftlicher Einheit in Abgrenzung zum Föderalismus

In Bezug auf das Prinzip der Unteilbarkeit kommen zwei Integrationsdimensionen in Betracht. Zum einen kann aus dem Inhalt des Prinzips (II.) eine integrative Wirkung hervorgehen. Denn das Prinzip ist unter Ausschluss eines gesellschaftlichen Pluralismus auf die Erschaffung von Universalismus also Einheitlichkeit gerichtet.[1879] Diese Interpretation des Prinzips ist besonders in der Revolution geschichtlich verwurzelt.[1880] Geht man davon aus, dass die normative Staatsform des Föderalismus darauf gerichtet ist die Autonomie in „Staaten mit ausgeprägter Autonomie zu fördern"[1881], ist Einheitsstaatlichkeit darauf gerichtet die Bevölkerung unter Ausschluss von Autonomie zu assimilieren. Die Begriffe der Einheitsstaatlichkeit und der Bundesstaatlichkeit stellen das rechtliche Mittel zur Erreichung eines soziologischen Zustands dar. So stellt auch *Favoreu* fest, dass „der Begriff des

---

[1873] Vgl. Gliederungspunkt B., IV., 1.

[1874] *Lemaire,* Le principe d'indivisibilité de la République, 2010, 11, 22.

[1875] *Lemaire,* Le principe d'indivisibilité de la République, 2010.

[1876] *Daly* European Constitutional Law Review 2015, 458 (459).

[1877] S.u. Punkt C., III., 2.

[1878] *Lemaire,* Le principe d'indivisibilité de la République, 2010, S. 12; etwa Daly spricht von einer „political unity": *Daly* European Constitutional Law Review 2015, 458 (459).

[1879] *Vilain* in Marsch/Vilain/Wendel (Hrsg.), Französisches und Deutsches Verfassungsrecht, 2015 (58).

[1880] Vgl. hierzu im Detail bereits oben: A., III.; außerdem: *Vilain* in Marsch/Vilain/Wendel (Hrsg.), Französisches und Deutsches Verfassungsrecht, 2015 (58ff.).

[1881] *Isensee* Archiv des öffentlichen Rechts 1990, 248 (249f.).

Föderalismus auf Ideen und Werte gegensätzlicher philosophischer Lehren verweist, die versuchen ein Gleichgewicht zwischen der nationalen Regierung und den lokalen Entscheidungsträgern zu finden, zwischen Zentralstaat und lokaler Gemeinschaft, zwischen Integration und Autonomie, Einheit und Diversität, Freiheit und Autorität."[1882] Insbesondere die faktische Existenz von Minderheiten im französischen Gebiet und das fortschreitende Zugeständnis von lokalen Entscheidungsbefugnissen lassen die Frage aufkommen, ob das soziologische Ziel der Integration, das durch die Auslegung von Einheit im Sinne der Gleichheit nach Art. 1 CF stattfindet, mit der Lebenswirklichkeit im französischen Staatsgebiet vereinbar ist.[1883]

2. Integration durch die Stellung des Unteilbarkeitsprinzips

Zum anderen kann sich eine integrative Wirkung des Unteilbarkeitsprinzips auch aufgrund der Stellung des Unteilbarkeitsprinzips in der Verfassung ergeben. Hierauf weist der Begriff der sog. Verfassungsintegration – unter Rückbezug auf *Smend* – hin. Er beschreibt den Umstand, dass Integration auch durch eine Inbezugnahme der Werte einer Verfassung durch die Bevölkerung erfolgen kann.[1884] Die Unteilbarkeit kann nämlich auch als Prinzip, das seit der ersten Verfassung Frankreichs 1791 sämtliche Verfassungsumbrüche überlebte und bis heute in Art. 1 CF, an erster Stelle der Verfassung verankert ist, allein durch das Wissen um ihre Präsenz, eine einende Wirkung innerhalb der Bevölkerung innehaben, da diese sich gemeinschaftlich auf die traditionsgeprägte Norm beruft. So kann das Unteilbarkeitsprinzip losgelöst von seinem inhaltlichen Wandel auch als „DNA des französischen Staats" bezeichnet werden.[1885] Ob das Prinzip aufgrund seiner Stellung in der Verfassung[1886] damit geeignet ist, die Einung Frankreichs herbeizuführen, bleibt zu klären (III.). Der Unterschied zwischen dem deutschen und dem französischen Umgang mit der Integrationsfunktion von Verfassungen ist, dass diese in Frankreich zwar erwähnt wird, jedoch nicht wie in Deutschland den Teil einer ausgereiften Doktrin darstellt. In Deutschland bildete sich diese aus dem Weimarer Methodenstreit heraus und stellt, basierend auf *Rudolph Smends* Theorie, die Grundlage der Grundgesetzauslegung durch das BVerfG dar.[1887] In Deutschland wurde die Integrationsfunktion der Verfassung also in einen unbestreitbaren Rang erhoben. Die damit einhergehenden detaillierten Ausführungen zur Integration durch Verfassung – wie sie auch noch heute u.a. durch *Dieter Grimm*[1888] – aufzufinden sind,

---

[1882] *Favoreu et al.,* Droit constitutionnel 2024, 26. Aufl. 2023, S. 536.
[1883] *V. Constantinesco* in Titiun/Dumaine (Hrsg.), La conscience des droits, 2011, S. 139 (140).
[1884] Vgl. *Grimm* Leviathan 2004, 448 (448).
[1885] *Faure,* Revue Française de Droit Administratif 2019, 937 (937); auch bereits zitiert in: *M. Lasserre* in Sydow (Hrsg.), Französisches Verfassungsrecht im 21. Jahrhundert, 2022, S. 23 (37).
[1886] Vgl. *Grimm* Leviathan 2004, 448 (448).
[1887] *van Ooyen,* Die Integrationslehre von Rudolf Smend und das Geheimnis ihres Erfolgs in Staatslehre und politischer Kultur nach 1945, S. 17.
[1888] Vgl. *Grimm* Archiv des öffentlichen Rechts 1972, 489; *Grimm* Leviathan 2004, 448.

fehlen in der französischen Literatur. Dies bedeutet aber nicht, dass die deutschen – durchaus offenen und von ihrer Intention her auf andere Länder übertragbaren[1889]– Ergebnisse zur Integrationsfunktion nicht auf Frankreich angewendet werden können.

Es stellt sich die Frage, ob das von *Smend*[1890] und bei Einführung der Verfassung der V. Republik formulierte Ziel, der Herbeiführung von Einheit[1891] durch Integration in einer pluralistischen Gesellschaft erstrebenswert ist.[1892] Es handelt sich vorliegend um eine Makroanalyse der französischen Verfassung, also um die Analyse eines Verfassungssystems als Ganzes.[1893] Von den Funktionen einer Verfassung, können Rückschlüsse auf die Funktionen der Prinzipien dieser Verfassung gezogen werden.

II. Integration als Ziel des Unteilbarkeitsprinzips

Vor allem *Lemaire* und *Daly* sprechen von der Symbolik des Unteilbarkeitsprinzips.[1894] Sie grenzen diese gerade von der normativen Wertung des Unteilbarkeitsprinzips ab. Es ist jedoch nicht zu vernachlässigen, dass das Prinzip der Unteilbarkeit es sich zum normativen Inhalt gemacht hat Einheit im Staatsgebiet herbeizuführen.[1895] Diese Einheit soll einerseits erreicht werden durch die Errichtung eines Einheitsstaats. Zum anderen sollen die Gesetzeseinheit im Land sowie die Einheit des Staatsvolks dazu führen, dass über ein hohes Maß an Assimilierung, Einheit im Staatsgebiet gegeben ist. Diese Auslegung des Einheitsprinzips in Zusammenhang mit einer territorialen Auslegung von Gleichheit,[1896] umschreibt das soziologische Konzept der Integration.[1897] Losgelöst von der Diskussion um eine identitätsstiftende Symbolik des Unteilbarkeitsprinzips[1898] und der deutschen Debatte um die Integrationskraft von Verfassungen und ihrer Prinzipien im Sinne von *Smend*[1899], kann also zunächst auf eine etwaige Integrationswirkung des Unteilbarkeitsprinzips

---

[1889] *Grimm* Leviathan 2004, 448 (453–459); vgl. auch *Vorländer* in Vorländer (Hrsg.), Integration durch Verfassung, 2002 (9f.); in *Gebhardt* in Melville (Hrsg.), Institutionalität und Symbolisierung, 2001 (585) ist die Rede von „modernen" Verfassungen im Allgemeinen.

[1890] *Smend,* Verfassung und Verfassungsrecht, 1928.

[1891] Vgl. hierzu im Detail: B., IV., 1.

[1892] Hierzu etwa: *Heitmeyer* in Heitmeyer (Hrsg.), Was hält die Gesellschaft zusammen?, 4. Aufl. 2015 (9ff.); *Weinacht* in Gebhardt/Lauermann/Schmalz-Bruns (Hrsg.), Demokratie, Verfassung und Nation, 1994, 102–122 (121); *Heitmeyer,* Desintegrationsprozesse, 2006, S. 160; *Höffe* ZfP 2023, 32 (42ff.); *Vorländer* in Vorländer (Hrsg.), Integration durch Verfassung, 2002, S. 9 (11).

[1893] So ähnlich auch *Gamper* Zeitschrift für öffentliches Recht 2008, 359 (362).

[1894] *Lemaire,* Le principe d'indivisibilité de la République, 2010, S. 10; *Daly* European Constitutional Law Review 2015, 458 (459).

[1895] Hierzu bereits: B., IV., 1; vgl. außerdem: *Gründler* Revue du Droit Public 2007, *445 (*446f.).

[1896] Vgl.: B., IV., 3.

[1897] Vgl. *Gebhardt/Lauermann/Schmalz-Bruns* (Hrsg.), Demokratie, Verfassung und Nation, S. 21.

[1898] *Daly* European Constitutional Law Review 2015 (458f.); in diesem Sinne auch: *Lemaire,* Le principe d'indivisibilité de la République, 2010, S. 11.

[1899] *Smend,* Verfassung und Verfassungsrecht, 1928.

selbst (d.h. seine soziologische Wirkung[1900]) aufgrund seines normativen Inhalts (d.h. seiner rechtlichen Wirksamkeit[1901]) eingegangen werden. Um zu ermitteln, inwiefern dieses Ziel der Einheit in Zusammenhang mit dem soziologischen Begriff der Integration steht, muss zunächst definiert werden, was Integration im soziologischen Sinne bedeutet (1.). Hier muss auch der aktuelle Stand der Forschung zur Thematik der Integration in Bezug genommen werden, etwa die Frage: Ist eine integrierte Verfassung nach heutigen Erkenntnissen immer noch erstrebenswert? Sodann können diese Erkenntnisse auf das Prinzip der Unteilbarkeit angewandt werden und es kann eine Bewertung seiner normativen Zielsetzung erfolgen (2.).

1. Ursprüngliche Begriffsbedeutung: Integration im soziologischen Sinne

Um zu erläutern, ob Integration mit Hinblick auf die Funktionen von Verfassungsnormen erstrebenswert ist, muss zunächst dargelegt werden, was Integration im soziologischen Sinne semantisch bedeutet, wie der ursprüngliche soziologische Begriff heute zu bewerten ist und welche Folgen hiermit (positiv wie negativ) im staatlichen und gesellschaftlichen Kontext[1902] einhergehen.

a) Semantischer Ursprung der „Integration"

Der Begriff der Integration stammt aus dem lateinischen und bedeutet so viel wie „die Herstellung eines Ganzen aus verschiedenen Teilen", also aus Segmenten.[1903] Dementsprechend findet sich auch in soziologischen Texten eine Definition dessen, was Integration umfasst – nämlich die „Einbeziehung, [die] Herstellung eines Ganzen, [der] Zusammenschluss, [die] Vereinigung" oder auch die „Eingliederung in eine Gemeinschaft [...] [oder die] Überwindung bestehender (gesellschaftlicher) Unterschiede."[1904] Bezugspunkte von Integration können Organisationen (etwa Unternehmen[1905]), Gruppen, die gesamte Gesellschaft[1906] oder auch Nationalstaaten[1907] oder Staatenverbunde[1908] sein.

1900 *Obermeyer,* Integrationsfunktion der Verfassung und Verfassungsnormativität. Die Verfassungstheorie Rudolf Smends im Lichte einer transdisziplinären Rechtstheorie, 2008, S. 34f.; *Grimm* Leviathan 2004, 448 (448).

1901 *Obermeyer,* Integrationsfunktion der Verfassung und Verfassungsnormativität. Die Verfassungstheorie Rudolf Smends im Lichte einer transdisziplinären Rechtstheorie, 2008, S. 34f.; *Grimm* Leviathan 2004, 448 (448).

1902 Anders etwa: *Jansen* in Rehberg (Hrsg.), Differenz und Integration, 1997 (673ff.) bezogen auf Integration in Unternehmen.

1903 *Gerhards/Lengfeld,* Wir, ein europäisches Volk?, 2013, S. 21.

1904 *Wahrig/Brockhaus/Wahrig-Burfeind,* Deutsches Wörterbuch, 9. Aufl. 2011, S. 775.

1905 *Jansen* in Rehberg (Hrsg.), Differenz und Integration, 1997 (673).

1906 *Gerhards/Lengfeld,* Wir, ein europäisches Volk?, 2013, S. 21.

1907 *Gebhardt/Lauermann/Schmalz-Bruns* (Hrsg.), Demokratie, Verfassung und Nation, S. 102ff.

1908 *Gerhards/Lengfeld,* Wir, ein europäisches Volk?, 2013, S. 21f.

Integration beschreibt nicht nur den Prozess einer Eingliederung, sondern auch das Ergebnis ebendieser Eingliederung.[1909] Bezüglich dieses Prozesses und Ergebnisses der Integration[1910] sind nach *Lockwoods* Konzept von 1964 einerseits die Sozialintegration und andererseits die Systemintegration zu unterscheiden. Während sich die Systemintegration mit dem Einfügen von Institutionen in das System beschäftigt, befasst sich die soziale Integration mit der Stellung Einzelner innerhalb der Gesellschaft.[1911] Autor:innen wie *Jansen* oder *Gebhard* zufolge stehen sich Sozial- und Systemintegration nicht widersprüchlich gegenüber.[1912] Stattdessen ist die Integration nur dann erfolgreich, wenn eine Integration der Teilsegmente – also die systemische Integration – durch die Integration der Individuen in die Gesellschaft – im Sinne des sozialen Integration – gestützt wird.[1913] Diese Unterscheidung wird insbesondere von *Lockwood* (1964[1914]) sowie von *Giddens* (1984[1915]) und *Habermas* (1987[1916]) verfolgt. *Lockwoods* Unterscheidung zwischen Sozial- und Systemintegration wird auch als der „wichtigste Forschungsbeitrag zur soziologischen Theorie" gesehen.[1917] Denn sie stellt besser als ihre Nachfolgetheorien, vertreten durch *Habermas* und *Giddens*, die beiden Blickwinkel dar, anhand derer die Gesellschaft – wie auch ihre Integration – analysiert werden kann.[1918] Dies kann einerseits durch eine Analyse der Individuen im Sinne des Sozialintegration erfolgen, oder aufgrund einer Betrachtung eines Kollektivs im Sinne der Systemintegration. Darüber hinaus schlägt *Lockwoods* Theorie die Brücke zwischen den beiden Perspektiven.[1919]

b) Sozialintegration

Der Prozess der Sozialintegration lässt sich in drei Dimensionen unterteilen: die kulturell-expressive soziale Integration (1.)[1920], bezogen auf die Zugehörigkeit zu

---

[1909] *Jansen* in Rehberg (Hrsg.), Differenz und Integration, 1997 (673); vgl. auch: *Boyer* Vie sociale et traitements 2013 (106).

[1910] *Jansen* in Rehberg (Hrsg.), Differenz und Integration, 1997 (673).

[1911] *Gerhards/Lengfeld,* Wir, ein europäisches Volk?, 2013, S. 21; *Heitmeyer* (Hrsg.), Was hält die Gesellschaft zusammen?, 4. Aufl. 2015, S. 24.

[1912] *Jansen* in Rehberg (Hrsg.), Differenz und Integration, 1997 (673f.); *Gerhards/Lengfeld,* Wir, ein europäisches Volk?, 2013, S. 21; anders: *Habermas,* Zur Kritik der funktionalistischen Vernunft, 3. Aufl. 1985, S. 293.

[1913] *Gerhards/Lengfeld,* Wir, ein europäisches Volk?, 2013, S. 21; *Khellil,* Sociologie de l'intégration, 2. Aufl. 2005, S. 104.

[1914] *Lockwood* in Zollschan/Hirsch (Hrsg.), Explorations in Social Change, 1964 (244ff.).

[1915] Insbesondere: *Giddens,* The Constitution of Society, 1984, 64 ff, 162ff.

[1916] *Habermas,* Theorie des kommunikativen Handelns, 1981, S. 171ff.; vgl. etwas später auch *Habermas,* Eine Art Schadensabwicklung, 1987, S. 173f.

[1917] *Mouzelis,* Back to Sociological Theory, Jan. 1991, S. 48.

[1918] *Mouzelis,* Back to Sociological Theory, Jan. 1991, S. 48; *Mouzelis* Sociology 1997, 111 (117f.). siehe *Habermas,* Theorie des kommunikativen Handelns, 1981, S. 171ff. der in seinen Erläuterungen weitaus abstrakter bleibt; siehe auch *Giddens,* The Constitution of Society, 1984, S. 162ff.

[1919] *Mouzelis,* Back to Sociological Theory, Jan. 1991, S. 48.

[1920] *Heitmeyer* in Heitmeyer (Hrsg.), Was hält die Gesellschaft zusammen?, 4. Aufl. 2015, S. 24; *Peters,* Die Integration moderner Gesellschaften, 1993, 96 und 100ff.

einer Gruppe wie etwa „soziale Milieus“ [1921], die kommunikativ-interaktive[1922] oder moralische Sozialintegration[1923] (2.), bei welcher auf die Teilhabe an Kommunikation bezüglich Werten und moralischer Vorstellungen abgestellt wird, sowie die sog. „funktionale Systemintegration“ (3.)[1924], bezogen auf Zugang zu Systemteilen (Segmenten) wie „Arbeit, Politik, Recht [oder] Bildung“.[1925] Zu dieser Integration durch Zugang zu Systemen kann auch die Integration durch die Verfassung bzw. durch Rechtsnormen gezählt werden.[1926] In allen drei Kategorien erfolge Integration – so *Heitmeyer* – über eine „universalistische oder partikularistische Moral“ (Prinzipien)[1927], welche in kulturell vielfältigen Gesellschaften auch in der Abwesenheit einer gemeinsamen Moral gesehen werden könne.[1928] Gemeinsame Werte und Merkmale – oder die Berufung auf ihre Abwesenheit – führen danach zu einer kollektiven Identität.[1929] Etwa kann gesellschaftlicher Pluralismus in einer Verfassung kodifiziert sein und der Gesellschaft damit als Anknüpfungspunkt für eine gemeinsame Moral wirken.[1930] Die Abwesenheit einer gemeinsamen Moral stellt mithin einen eigenständigen Wert dar.[1931]

Peters unterscheidet die drei Dimensionen der sozialen Integration anhand der Parameter der Problemdimension, des Bewertungsstandards (also Erfolgs) sowie ihrer negativen Merkmale.[1932] Anhand des Bewertungsstandards bzw. der negativen Merkmale ist somit messbar, ob eine Integration innerhalb einer Gesellschaft oder Gruppe erfolgreich war. So sei etwa die kulturell-expressive Integration auf die individuellen und kollektiven Bedürfnisse innerhalb der Gesellschaft gerichtet, die einzelnen oder einer Gruppe eine individuelle oder kollektive Identität zuweisen.[1933] Als Bewertungsmaßstab für eine geglückte Integration werden Glück und eine gelungene Identität genannt (sog. expressive Rationalität). Risiken bilden hingegen Orientierungslosigkeit und Sinnverlust.[1934] Die moralische Integration, welche widerstreitende Interessen ausgleichen soll, ist eingetreten, wenn soziale Gerechtigkeit gemessen werden kann, also ein gleicher Zugang zu Rechten gegeben ist

---

1921 *Heitmeyer* in Heitmeyer (Hrsg.), Was hält die Gesellschaft zusammen?, 4. Aufl. 2015, S. 24.
1922 *Heitmeyer* in Heitmeyer (Hrsg.), Was hält die Gesellschaft zusammen?, 4. Aufl. 2015, S. 24.
1923 *Peters,* Die Integration moderner Gesellschaften, 1993, 96 und 100ff.
1924 *Heitmeyer* in Heitmeyer (Hrsg.), Was hält die Gesellschaft zusammen?, 4. Aufl. 2015, S. 24; *Peters,* Die Integration moderner Gesellschaften, 1993, S. 96ff.
1925 *Heitmeyer* in Heitmeyer (Hrsg.), Was hält die Gesellschaft zusammen?, 4. Aufl. 2015, S. 24.
1926 *Heitmeyer* in Heitmeyer (Hrsg.), Was hält die Gesellschaft zusammen?, 4. Aufl. 2015, S. 24, hier ist ausdrücklich die Integration durch den sog. Verfassungspatriotismus genannt.
1927 *Heitmeyer* in Heitmeyer (Hrsg.), Was hält die Gesellschaft zusammen?, 4. Aufl. 2015, S. 24.
1928 *Herzinger,* Republik ohne Mitte, 2001, S. 7; vgl. hierzu auch das Beispiel der USA, in *Tibi* Aus Politik und Zeitgeschichte 1996, 27 (28f).
1929 *Peters,* Die Integration moderner Gesellschaften, 1993, S. 104.
1930 Dazu vertieft 2.: „Integration und Verfassung“.
1931 Vgl. hierzu: *Tibi* Aus Politik und Zeitgeschichte 1996, 27 (31f.), wo „Multikultur als Ersatz für fehlende Werte“ beschrieben wird sowie dies in Zusammenhang mit einer „Krise der Demokratie“ gebracht wird.
1932 *Peters,* Die Integration moderner Gesellschaften, 1993, S. 105.
1933 *Peters,* Die Integration moderner Gesellschaften, 1993, S. 105.
1934 *Peters,* Die Integration moderner Gesellschaften, 1993, S. 105.

(moralische Rationalität). Soziale Konflikte und Gewalt drängen sich hier als Risiken auf.[1935] Im Rahmen der funktionalen Integration sollen Aktivitäten der objektiven Welt zweckmäßig koordiniert werden.[1936] Bewertungsmaßstab bildet eine effiziente (ökonomisch rationale) Verteilung. Als Risiko ergibt sich eine Desorganisation innerhalb der Gesellschaft.[1937] Die Faktoren bzw. Risiken, die bei einer nicht gelungenen Integration deutlich werden, scheinen – jedenfalls bei der expressiven und moralischen Integration – leichter messbar als die positiven Bewertungsmaßstäbe.

Betrachtet man die Handelnden innerhalb eines sozialen Systems im Sinne der Sozialintegration, führt dies zur Beurteilung von „geordneten oder konfliktgeladenen"[1938] Beziehungen zwischen einzelnen Handelnden, die jeweils ihre Interessen vertreten und hierzu Strategien entwerfen.[1939] Eine geordnete Integration wird erreicht, wenn ein Konsens durch Kommunikation erreicht wird.[1940] Für eine gelungene Integration braucht es „Mechanismen", die meist rechtlicher Natur sind und zu einem Ausgleich zwischen widerstreitenden Interessen führen.[1941]

c) Systemintegration

Systemintegration umfasst die „geordneten oder konfliktgeladenen Beziehungen zwischen den Teilen eines sozialen Systems" und nicht wie bei der sozialen Integration die „geordneten oder konfliktgeladenen Beziehungen der Handelnden eines sozialen Systems."[1942] Innerhalb eines Verfassungsstaats – welcher in diesem Fall das System darstellt – erfolgt die Integration über Institutionen, die innerhalb der Grenzen des Staatsgebiets – auf welche sich die Verfassung bezieht – Macht über die Staatsbevölkerung ausüben.[1943] Institutionen umfassen neben Administrativ- und Legislativeinheiten auch das Militär, eine einheitliche Währung sowie ein nationales Rechts- und Schul- bzw. Universitätssystem.[1944]

Sowohl *Lockwood* als auch *Habermas* unterscheiden eine geordnete oder konfliktgeladene Beziehung zwischen Teilen eines Systems bezogen auf *Parsons* und *Durkheim*.[1945] Nach *Lockwoods* Theorie – die auch *Habermas* mit leichten

---

1935 *Peters,* Die Integration moderner Gesellschaften, 1993, S. 105; vgl. auch: *Heitmeyer* in Heitmeyer (Hrsg.), Was hält die Gesellschaft zusammen?, 4. Aufl. 2015, S. 25.

1936 *Peters,* Die Integration moderner Gesellschaften, 1993, S. 105.

1937 *Peters,* Die Integration moderner Gesellschaften, 1993, S. 105.

1938 *Lockwood* in Zapf (Hrsg.), Theorien des sozialen Wandels, 3. Aufl. 1971, S. 124 (125).

1939 *Mouzelis* Sociology 1997 (111).

1940 *Habermas,* Theorie des kommunikativen Handelns, 1981, S. 9f.; *Mouzelis* Sociology 1997, 111 (114).

1941 *Gerhards/Lengfeld,* Wir, ein europäisches Volk?, 2013, S. 24f.

1942 *Lockwood* in Zapf (Hrsg.), Theorien des sozialen Wandels, 3. Aufl. 1971, S. 124 (125); so ähnlich auch: *Mouzelis* Sociology 1997 (111).

1943 Vgl. *Gerhards/Lengfeld,* Wir, ein europäisches Volk?, 2013, S. 23.

1944 Vgl. *Gerhards/Lengfeld,* Wir, ein europäisches Volk?, 2013, S. 23.

1945 *Mouzelis* Sociology 1997, 111 (112).

Abwandlungen[1946] bei komplexen modernen Gesellschaften vornimmt[1947] –, liegt eine geordnete Integration vor, sofern die Werte innerhalb der Systemteile übereinstimmen.[1948] Hier wird auf die Unterteilung *Parsons* rekurriert, wonach es vier Formen von gesellschaftlichen Systemen gibt, die folgende Funktionen einnehmen: Anpassung (*adaptation*), Zielerreichung (*goal achievement*), Integration (*integration*) und Aufrechterhaltung (*latency*) – kurz AGIL:[1949] Teile des Sozialsystems die anpassend wirken sind ökonomische Institutionen (A), zur Zielerreichung dienen politische Institutionen (G). Rechtliche Institutionen sorgen für Integration (I) und familiäre oder religiöse Institutionen sorgen für Latenz (L).[1950] Gibt es ein Auseinanderfallen der Wertevorstellungen zwischen den Systemen – vorstellbar wäre etwa eine Divergenz zwischen eher langsam veränderbaren Werten religiöser Verbände und schnell veränderbaren Werten wirtschaftlicher Institutionen – ist eine konfliktgeladene Integration (bzw. eine Desintegration) anzunehmen.[1951] *Habermas* ergänzt 1987, dass mit dem Rückgang traditioneller Normen die gesellschaftliche Unsicherheit wachse, was neue Risiken für eine konfliktgeladene Integration schaffe.[1952]

Die Erkenntnis, dass sowohl eine geordnete als auch eine konfliktgeladene Integration möglich sei, ist wichtig für die Beurteilung, ob das Ziel der sozialen, wie systemischen Integration im Verfassungsstaat überhaupt wünschenswert ist.[1953] Es ist weiterhin wichtig zu verstehen, dass nicht nur Integration sowohl konfliktgeladen als auch geordnet bestehen kann. Auch kann eine konfliktarme desintegrierte Gesellschaft existieren.[1954] Wenn man davon ausgeht, dass das Ziel der Integration das gewaltfreie Zusammenleben der Teile des sozialen Systems ist,[1955] könnte dieses Ziel gefährdet sein, wenn in einem System nur eine konfliktgeladene Integration möglich wäre. Bei der Frage, ob ein rechtlicher Mechanismus für die Erreichung von Integration im sozialen System erstrebenswert ist, ist demnach zu ermitteln, ob dieser Konflikte schafft oder auflöst.[1956] Zudem setzt nach *Giddens* die systemische Integration eine soziale Integration voraus. Dies beweist, dass Integration durch den Zugang zu gemeinsamen Räumen erfolgt, also durch Sozialisation.[1957] Denn

---

1946 Vgl. *Mouzelis* Sociology 1997, 111 (114ff.) so unterscheidet *Habermas* zusätzlich zwischen den System-Subkategorien unterscheidet und das A und G etwa als das System und das I und L als Teil der „Lebenswelt“ definiert, womit er auch die Definition dieser beiden „Subsysteme“ nach *Lockwood* verändert.

1947 *Mouzelis* Sociology 1997, 111 (114f.); *Habermas,* Eine Art Schadensabwicklung, 1987, S. 117.

1948 *Mouzelis* Sociology 1997, 111 (112).

1949 *Mouzelis* Sociology 1997, 111 (112); *Künzler* System Familie 1990, 157 (158).

1950 *Mouzelis* Sociology 1997, 111 (112).

1951 *Mouzelis* Sociology 1997, 111 (112).

1952 *Mouzelis* Sociology 1997, 111 (115); *Habermas,* Eine Art Schadensabwicklung, 1987, S. 117.

1953 Dazu Punkt d) in diesem Abschnitt.

1954 *Heitmeyer* in Heitmeyer (Hrsg.), Was hält die Gesellschaft zusammen?, 4. Aufl. 2015, S. 26; Vgl. hierzu Punkt d) in diesem Abschnitt.

1955 *Heitmeyer* in Heitmeyer (Hrsg.), Was hält die Gesellschaft zusammen?, 4. Aufl. 2015, S. 25.

1956 Bezogen auf das Unteilbarkeitsprinzip in Frankreich vgl. hierzu Gliederungspunkt 2. hierunter.

1957 *Khellil,* Sociologie de l'intégration, 2. Aufl. 2005, S. 104; zum Begriff der "Räume" (space), vgl. *Giddens,* The Constitution of Society, 1984, S. 110ff.

damit ein System als solches bestehen kann, müssen die Individuen, die das System bilden oder sich auf dieses berufen und es anerkennen, sozial integriert sein. [1958]

d) Integration zur Lösung von Konflikten in einer pluralistischen Gesellschaft

In Deutschland wie in Frankreich wird der Begriff der Integration zunehmend inflationär verwendet.[1959] Nicht nur die Integration zugewanderter Personen in die Mehrheitsgesellschaft ist politisch immer präsenter.[1960] In Deutschland haben auch Staatsorgane wie das Bundesverfassungsgericht sowie der Bundespräsident eine integrierende Funktion inne.[1961] Dies macht deutlich, dass der Begriff der Integration einen Platz im Verfassungsrecht hat. In Frankreich hingegen wurde der Begriff der Integration als Assimilierung der französischen Gesellschaft – insbesondere betreffend der Zuwanderung aus den ehemaligen Kolonien in die Metropolregion[1962] – in den 1980er-Jahren institutionalisiert.[1963] Dies führte 1989 unter dem sozialdemokratischen Premierminister *Michel Rocard* zur Einführung des hohen Rates zur Integration (*Haut Conseil à l'intégration*), welcher bis 2012 jährliche Berichte zum Stand der Integration in Frankreich abfasste.[1964] Er legt den Schwerpunkt seiner „Integrationspolitik [...] auf Ähnlichkeiten und Konvergenzen, um bei gleichen Rechten und Pflichten die verschiedenen ethnischen und kulturellen Komponenten unserer Gesellschaft zu solidarisieren, und jedem, unabhängig von seiner Herkunft, die Möglichkeit zu geben, in d[er] Gesellschaft zu leben, deren regeln er akzeptiert hat und deren Bestandteil er wird."[1965] In Deutschland wie in Frankreich wird die Integration auch unter dem Blickwinkel der europäischen Union diskutiert.[1966] Je pluraler eine Gesellschaft wird, desto stärker rücken Integrationsfragen in den Vordergrund der gesellschaftlichen Debatte. Denn mit der Pluralisierung der Gesellschaft, etwa durch die EU oder Zuwanderung, gehen Integrationschancen einerseits und Desintegrationsgefahren andererseits einher. „Noch nie waren in der Entwicklung

---

1958 *Münch* in Heitmeyer (Hrsg.), Was hält die Gesellschaft zusammen?, 4. Aufl. 2015 (66).

1959 In diesem Sinne auch: *Bühler,* Das Integrative der Verfassung, 2011, S. 13; *Bouquet* Vie sociale 2015 (15).

1960 Vgl. *Khellil,* Sociologie de l'intégration, 2. Aufl. 2005, S. 3.

1961 Vgl. *van Ooyen,* Integration, 2014, S. 15; so auch: *van Ooyen/Möllers* (Hrsg.), Das Bundesverfassungsgericht im politischen System, S. 133; *Stein,* Staatsrecht, 1991, S. 63.

1962 *Bessone* Archives de Philosophie 2022, 13 (14).

1963 *Bessone* Archives de Philosophie 2022, 13 (24).

1964 *Bessone* Archives de Philosophie 2022, 13 (24); Décret n°89-912 du 19 décembre 1989 portant création d'un Haut Conseil à l'intégration Journal officiel de la République française 1989, 15978; *Boyer* Vie sociale et traitements 2013 (106).

1965 *Haut Conseil à l'intégration,* Pour un modèle français d'intégration : premier rapport annuel au Premier ministre du Haut conseil à l'intégration, 1991, S. 18; auch zitiert in: *Boyer* Vie sociale et traitements 2013 (106); *Bessone* Archives de Philosophie 2022, 13 (24).

1966 Vgl. *Thiemeyer,* Europäische Integration, 2010; *Korioth* in Bogdandy/Burgi/Heintzen u. a. (Hrsg.), Leistungsgrenzen des Verfassungsrechts. Öffentliche Gemeinwohlverantwortung im Wandel, Reprint 2013 2003, S. 117; *Saurugge* Politique européenne 2008, 5; *Bartonili* Politique européenne 2001, 15.

der modernen Gesellschaft die Integrationschancen so groß wie heute, gleichzeitig aber sind die Desintegrationsgefahren größer denn je."[1967]

Zwar ist der Begriff der Integration weitgehend positiv konnotiert,[1968] jedoch wird er zunehmend kritisch vom Begriff der Inklusion abgegrenzt.[1969] Durch Integration werden Normen vorgegeben, die von einer hinzutretenden Person angenommen werden sollen. Sie ist somit geprägt von „Mechanismen der sozialen Kontrolle", die mit Zwang durchgesetzt werden.[1970] Diese Machtmechanismen wirken etwa über die Bezugspunkte der vorherrschenden Religion oder Ideologie.[1971] Ob der soziologische Begriff der Integration sowie seine Adaptation im rechtswissenschaftlichen Diskurs heute noch standhält, wird im Folgenden geklärt.

aa) (Positive) Integration und (negative) Desintegration – ein zweischneidiges Schwert

Aber was hält „moderne Gesellschaften in ihrer sozialen und ethnisch-kulturellen Vielgestaltigkeit, in ihren Differenzen und Ungleichheiten noch zusammen?", lautet die Frage die, sich *Heitmeyer et al* stellen.[1972] Dies kann mit einem gesteigerten Differenzierungsgrad innerhalb der Gesellschaften begründet werden, der in der Öffentlichkeit Bestrebungen nach dem Einfügen „andersartiger" Individuen und Gruppen in die Gesellschaft der „Leitkultur"[1973] anschürt. Integration wird hier oft als positive Zielvorstellung eingeleitet.[1974] Problematisch sind jedoch insbesondere zwei Punkte: Zum einen wird die Zweischneidigkeit des Begriffs der Integration, die ein Ganzes (wieder-)herstellen soll,[1975] spätestens dann deutlich, wenn beachtet wird, dass Integration im Grunde Konsens innerhalb eines Systems erreichen möchte. Integration will daher über soziale Kontrolle – etwa mit rechtlichen Mitteln – Einheit schaffen.[1976] Die Marginalisierung von Gruppen, die etwa einer nicht konsensfähigen Religion angehören, führt bei „gelungener Integration" zum

---

1967 *Heitmeyer* in Heitmeyer (Hrsg.), Was hält die Gesellschaft zusammen?, 4. Aufl. 2015, S. 23.

1968 *Heitmeyer* in Heitmeyer (Hrsg.), Was hält die Gesellschaft zusammen?, 4. Aufl. 2015, S. 25.

1969 Vgl. *Bessone* Archives de Philosophie 2022 (13f.); *Bouquet* Vie sociale 2015, 15 (16ff.); *Hafen* Journal der dgssa, 75 (76); *Georgi* Ethnic and Racial Studies 2015, 25 (26f.).

1970 *Heitmeyer* in Heitmeyer (Hrsg.), Was hält die Gesellschaft zusammen?, 4. Aufl. 2015, S. 26.

1971 *Heitmeyer* in Heitmeyer (Hrsg.), Was hält die Gesellschaft zusammen?, 4. Aufl. 2015, S. 26.

1972 *Heitmeyer* in Heitmeyer (Hrsg.), Was hält die Gesellschaft zusammen?, 4. Aufl. 2015, S. 25; mit ähnlichem Wortlaut auch: *Frankenberg* in Schuppert/Bumke (Hrsg.), Bundesverfassungsgericht und gesellschaftlicher Grundkonsens, 2000 (31).

1973 Vgl. hierzu: *Tibi,* Europa ohne Identität?, 1998, S. 51; *Tibi* Aus Politik und Zeitgeschichte 1996, 27 (28).

1974 Vgl. *Anderson,* The imperative of integration, 2010, S. 2; *Schnapper* in Schnapper (Hrsg.), La communauté des citoyens: sur l'idée moderne de nation, 2003, S. 12 (24); *Heitmeyer* in Heitmeyer (Hrsg.), Was hält die Gesellschaft zusammen?, 4. Aufl. 2015, S. 23 (25); kritisch hingegen: *Bessone* Archives de Philosophie 2022, 13 (24f.); *Frankenberg* in Schuppert/Bumke (Hrsg.), Bundesverfassungsgericht und gesellschaftlicher Grundkonsens, 2000 (31).

1975 So ähnlich: *Heitmeyer* in Heitmeyer (Hrsg.), Was hält die Gesellschaft zusammen?, 4. Aufl. 2015, S. 23 (25).

1976 *Heitmeyer* in Heitmeyer (Hrsg.), Was hält die Gesellschaft zusammen?, 4. Aufl. 2015, S. 23 (25f.).

Verschwinden der Religion, bei Festhalten an der Religion, zu einem Fehlschlag der Integration.[1977] Wird Integration in ihrem eigentlichen Sinne verstanden, also als Gleichschaltung der „Integrationsmodi wie Ideologien [oder] Religion“[1978], ist sie durchaus kritikwürdig.

Zum anderen muss Integration nicht für gesellschaftliche Stabilität stehen.[1979] So gibt es Fälle, wie bei einer stabilen Zweidrittelgesellschaft, in der kein gegenseitiges Anerkenntnis erfolgt.[1980] Geht mit gesellschaftlicher Angleichung etwa auch die soziale Gleichheit einher, führt dies historisch betrachtet eher zur Konfliktbelastung einer Gesellschaft,[1981] denn die Ausweitung sozialer Teilhabe wird durch die dominierende Bevölkerungsgruppe vielfach als Umverteilung wahrgenommen, während die Gruppe, der ihre vormalige oder in Teilen noch bestehende Ungleichbehandlung bewusst wird, diese nicht mehr dulden möchte.[1982] Autoritäre Regierungssysteme können überdies dazu führen, dass eine desintegrierte Gesellschaft aufgrund von staatlicher Repressionen in sich stabil und äußerlich konfliktfrei erscheint.[1983]

Sowohl Integration als auch Desintegration enthalten somit gesellschaftlich positive wie negative Elemente. Für eine integrierte Gesellschaft sprechen etwa „Stabilität [und] Sicherheit der Dazugehörigkeit“. Dagegen sprechen jedoch „Zwang [und] Kontrolle“[1984]. Positive Aspekte einer desintegrierten Gesellschaft sind auf der anderen Seite die Möglichkeit sozialen Wandels sowie individueller Abweichung. Risiken bilden das Abnehmen gemeinschaftlichen Agierens, soziale Ausgrenzung (die gesellschaftlich negativ behaftet ist) und hierdurch entstehende Gewalt.[1985] Während eine ausgeprägte Integration in einer Gesellschaft zu nachteiliger „Starrheit“ führen kann, kann eine selbstbestimmt desintegrierte Gesellschaft sozialen Wandel herbeiführen und Unterschiede annehmen.[1986]

[1977] *Esser* Zeitschrift für Soziologie 2009, 358 (359); *Wierzbicki* in Bean/Stevens (Hrsg.), America's Newcomers and the Dynamics of Diversity, 2003, S. 94 (96ff.).

[1978] *Heitmeyer* in Heitmeyer (Hrsg.), Was hält die Gesellschaft zusammen?, 4. Aufl. 2015, S. 26.

[1979] *Heitmeyer* in Heitmeyer (Hrsg.), Was hält die Gesellschaft zusammen?, 4. Aufl. 2015, S. 23 (25).

[1980] *Heitmeyer* in Heitmeyer (Hrsg.), Was hält die Gesellschaft zusammen?, 4. Aufl. 2015, S. 26.

[1981] *Heitmeyer* in Heitmeyer (Hrsg.), Was hält die Gesellschaft zusammen?, 4. Aufl. 2015, S. 26; mit Blick hierauf spricht *El-Mafaalani,* Das Integrationsparadox: Warum gelungene Integration zu mehr Konflikten führt, 2020 auch von einem Integrationsparadox.

[1982] Zum Zusammenhang zwischen dem Wissen um die eigene Diskriminierung und dem Ergreifen von Handlungen, um gegen eine solche Diskriminierung vorzugehen, vgl. auch *Anon* Migraciones Internacionales 2016, 221 (241); in diesem Sinne auch *Heinemann/Mecheril* in Scherr/El-Mafaalani/Yüksel (Hrsg.), Handbuch Diskriminierung, 2017, S. 117 (128); zu der Frage welche Teile einer marginalisierten Gruppe eher wahrnimmt (und demnach die Möglichkeit hat hierauf zu reagieren), vgl. *El-Mafaalani/Waleciak/Weitzel* in Scherr/El-Mafaalani/Yüksel (Hrsg.), Handbuch Diskriminierung, 2017, S. 173 (175).

[1983] *Heitmeyer* in Heitmeyer (Hrsg.), Was hält die Gesellschaft zusammen?, 4. Aufl. 2015, S. 26.

[1984] *Heitmeyer* in Heitmeyer (Hrsg.), Was hält die Gesellschaft zusammen?, 4. Aufl. 2015, S. 27; vgl. hierzu auch *Bessone* Archives de Philosophie 2022, 13 (16f.); befürwortende hierzu *Anderson,* The imperative of integration, 2010, S. 112ff.

[1985] *Heitmeyer* in Heitmeyer (Hrsg.), Was hält die Gesellschaft zusammen?, 4. Aufl. 2015, S. 27.

[1986] *Heitmeyer* in Heitmeyer (Hrsg.), Was hält die Gesellschaft zusammen?, 4. Aufl. 2015, S. 26.

Jedoch greift diese Einstufung zu kurz. Denn Integration und Desintegration stehen nicht unbeeinflusst nebeneinander. Vielmehr lässt sich eine „wechselseitige Integrations-Desintegrationsdynamik" ausmachen.[1987] Die Inbezugnahme gemeinsamer Integrationsmodi (etwa eine gemeinsame Sprache) kann für eine Teilgruppe integrativ wirken (etwa bei der Zugehörigkeit zu einer Gruppe an Muttersprachler:innen), für eine andere Gruppe jedoch entfremdende oder ausschließende Wirkung haben (etwa beim Vorhandensein von Minderheitensprachen, wie in der Bretagne oder im Baskenland, ganz zu schweigen von den dominanten Sprachen zugewanderter Personen). Negative Integration kann zudem in einer zwanghaften Rigidität liegen, während „selbstgewählte […] Desintegration von Individuen und Gruppen"[1988] Auslöser für eine positive gesellschaftliche Veränderung sein kann.[1989]

bb) Integration als untaugliches Mittel der Konfliktlösung

Die Frage nach dem Interesse von Integration kann nicht gestellt werden, ohne den Diskurs um die „Integration von Ausländer:innen" zu beleuchten.[1990] In Frankreich bildet insbesondere die Integration von Bewohner:innen ehemaliger Kolonien den Gegenstand der Debatte.[1991] Hier werden die Unterschiede zwischen der integrierten Gesellschaft und „zu integrierende[n]" Teilen der Gesellschaft, bezogen auf spezifische Integrationsmodi (Sprache, Religion etc.), besonders offensichtlich.

Im Fokus der Integrationsproblematik stehen die Zielvorstellungen von Gleichheit und Gewaltfreiheit.[1992] Das Vorliegen gesellschaftlicher Gewalt durch staatliche Kontrolle, soziale Gruppen oder politische Parteien, die etwa gegen Minderheiten argumentieren, wird also oft als ein Indikator für die Desintegration einer Gesellschaft beschrieben.[1993] Je diverser eine Gesellschaft ist, umso größer scheint das Potenzial für Gewalt – so jedenfalls die Theorie. Beispielhaft könnte die Bildung der *Banlieues* nördlich der französischen Hauptstadt herangezogen werden, in der Diversität und Gewalt – aufgrund sozialer Ungleichheiten – zusammentreffen.[1994]

Diese Argumentation hält jedoch den Fakten nicht stand. Beachtlich ist nämlich, dass die Ablehnung von Andersartigkeit umso stärker ausgeprägt ist, je weniger Personen Abweichungen von ihren Identitätsmerkmalen gewohnt sind.[1995] Vielmehr scheint die politische Forderung von „mehr Integration"[1996] davon

---

[1987] *Heitmeyer* in Heitmeyer (Hrsg.), Was hält die Gesellschaft zusammen?, 4. Aufl. 2015, S. 26.
[1988] *Heitmeyer* in Heitmeyer (Hrsg.), Was hält die Gesellschaft zusammen?, 4. Aufl. 2015, S. 26.
[1989] *Heitmeyer* in Heitmeyer (Hrsg.), Was hält die Gesellschaft zusammen?, 4. Aufl. 2015, S. 26.
[1990] Vgl. hierzu kritisch: *van Ooyen* Recht und Politik 2001 (97f.).
[1991] *Bessone* Archives de Philosophie 2022, 13 (14); *van Ooyen,* Integration, 2014, S. 89.
[1992] *Heitmeyer* in Heitmeyer (Hrsg.), Was hält die Gesellschaft zusammen?, 4. Aufl. 2015, S. 25.
[1993] *Heitmeyer* in Heitmeyer (Hrsg.), Was hält die Gesellschaft zusammen?, 4. Aufl. 2015, S. 30f.
[1994] *Heitmeyer* in Heitmeyer (Hrsg.), Was hält die Gesellschaft zusammen?, 4. Aufl. 2015, S. 30; *Juhem* Revue française de science publique 2000 (53); *Joly* Espace, populations, sociétés 1995 (323).
[1995] *van Ooyen* Recht und Politik 2001, 97 (98); *El-Mafaalani/Waleciak/Weitzel* in Scherr/El-Mafaalani/Yüksel (Hrsg.), Handbuch Diskriminierung, 2017, S. 173 (176f.).
[1996] *Baumann* Vierteljahrshefte für Zeitgeschichte 2022 (63); kritisch hierzu *Georgi* Ethnic and Racial Studies 2015 (25); ebenfalls kritisch *Bessone* Archives de Philosophie 2022 (13).

abzuhängen, wie stark die kollektive Identität einer Gruppe ausfällt, etwa der Bewohner:innen einer Region.[1997] *Van Ooyen* bringt hierzu (überzeugend) zwei Argumente an. Zum einen seien diejenigen, die verdeckt oder nicht verdeckt rechtsextreme Thesen unterstützen, meist nicht Teil einer sozial benachteiligten Gruppe. Sie gehören also in der Regel der Mehrheitsgesellschaft an und sind demnach integriert.[1998] Zum anderen ergebe sich Ausländer:innen-Feindlichkeit daraus, dass die Bevölkerung wenig Berührungspunkte zu Ausländer:innen haben. So liegt etwa in den neuen Bundesländern der Ausländer:innen-Anteil nur zwischen 1,5 und 2,3 %, während er in den alten Bundesländern zwischen 8 und 15 % liegt, wobei die Anzahl der gewalttätigen Übergriffe auf Ausländer:innen in den Ländern der ehemaligen DDR deutlich höher ist (so sind die Städte in denen die meisten Übergriffe auf Asylbewerber:innen stattfinden alle in den östlichen Bundesländern).[1999] Integration ist also dann gefragt, wenn eine besonders starke „kollektive Identität" in einer Gesellschaftsgruppe besteht, unabhängig davon wie diese ausgestaltet ist. „Je fremder [...] Fremde subjektiv erschein[en]", desto stärker spielt „die Angst vor dem Fremden eine [...] Rolle".[2000]

Somit ist der fortwährende Appell an die Integration der Ausländer:innen[2001] ungeeignet, um Ausländer:innen-Hass zu bekämpfen.[2002] Zwar fordern Rechtsextreme selten Integration und häufiger Abschiebung, die These *van Ooyens* überzeugt dennoch: Denn das Problem einer desintegrierten Gesellschaft besteht in den meisten Fällen von Ausländer:innen-Hass bereits nicht. Denn der Ausländer:innen-Hass ist am größten, wo die Ausländer:innen-Quote am geringsten ist.[2003]

Die Zirkelschlussargumentation bei der Integration von Ausländer:innen zeigt exemplarisch für weitere, von der Staatsangehörigkeit unabhängige, Integrationsmodi, dass Gewalt nicht durch Integration bekämpft werden kann. Egal ob es wie im Nationalsozialismus um die „Verfolgung von J[ü]d[:innen][2004], Kommunist[:inn]en, [Sinti:zze und]Rom[:nj]a, [h]omosexuellen" [2005] Menschen oder

---

[1997] *van Ooyen,* Integration, 2014, S. 90.

[1998] *van Ooyen,* Integration, 2014, S. 90; vgl. auch *Bessone* Archives de Philosophie 2022, 13 (26).

[1999] *Entorf/Lange,* Discussion Paper - Refugees Welcome?, S. 9; *van Ooyen,* Integration, 2014, S. 90; *van Ooyen* Recht und Politik 2001 (97).

[2000] *van Ooyen,* Integration, 2014, S. 90.

[2001] Vgl. hierzu *Bessone* Archives de Philosophie 2022, 13 (24f.); *Schnapper* in Schnapper (Hrsg.), La communauté des citoyens, 1991, S. 12ff.; *Baumann* Vierteljahrshefte für Zeitgeschichte 2022 (63); *Georgi* Ethnic and Racial Studies 2015 (25).

[2002] *van Ooyen,* Integration, 2014, S. 91; *van Ooyen* Recht und Politik 2001 (97f.).

[2003] *Entorf/Lange,* Discussion Paper - Refugees Welcome?, 2019, S. 9; *van Ooyen,* Integration, 2014, S. 90.

[2004] In *Czollek* in Aydemir/Yaghoobifarah (Hrsg.), Eure Heimat ist unser Albtraum, 4. Aufl. 2020, S. 167 (168f.), verwendet der Autor zwei Begriffe, um die Gruppe von Menschen jüdischen Glaubens zu beschreiben, den der „Juden" als „zugewiesene oder: konstruierte Gruppe, hinter der bestimmte Erwartungen und Zuschreibungen stehen" sowie eine gegenderte Form des Begriffs, um auf die „empirische Gruppe" zu verweisen. Da es hier nicht um bestimmte Zuweisungen geht, wird die inklusive Form verwendet.

[2005] *van Ooyen,* Integration, 2014, S. 91.

Menschen mit Behinderung geht,[2006] oder, ob es sich um die Benachteiligung von Minderheitensprachen in der französischen Metropolregion[2007] handelt: In beiden Fällen sind keine Ausländer:innen betroffen. In beiden Fällen soll aber Integration im Sinne einer Angleichung als Mittel eingesetzt werden, um Assimilation zu erreichen. Dies geschieht ohne Indikation für drohende Gewalt aufgrund der Desintegration innerhalb der Gesellschaft.

Damit ist schon die Anfangsthese vieler Abhandlungen fragwürdig: Gewalt entsteht nicht zwingend bei Desintegration. Integration führt nicht zur Abnahme von Gewalt, sondern zu ihrer Zunahme, ausgelöst durch Angst vor Fremdheit. Gewalt, etwa durch staatliche Repression, entsteht hingegen erst, so *Heitmeyer*, um gesellschaftlich den Anschein von Stabilität hervorzurufen[2008] – also beim Versuch Integration zu fördern. Gewalt entsteht nicht mangels Integration, sondern aufgrund des Willens zur Integration, zur Gleichmachung der Gesellschaft.

Smend selbst setzte voraus, dass eine identitäre Gemeinschaft bestehe, damit Integration – so flexibel der Begriff auch sein mag – erfolgen könne. Dass eine Gemeinschaft vorausgesetzt wird, „in die hinein integriert werden kann [‚ist] […] – bewusst oder unbewusst – selbst immer schon Ausdruck einer fremdenfeindlichen Haltung, da sie die Differenz des Fremden nicht zulassen kann, sondern vielmehr durch Integration aus ihm das Identische, das vermeintlich Homogene machen und das Fremde austreiben, vernichten will.“[2009] Damit ist der Begriff der Integration im Sinne, wie er in der Soziologie und der auf *Smend* basierenden Diskussion der Rechtswissenschaft verstanden wird, nicht mehr tragfähig.[2010] Eine Anpassung des Begriffs auf die heutige Gesellschaft ist notwendig.

cc) Umdeutung von Integration in einer pluralistischen Gesellschaft: Widerspruch zwischen dem Ziel der Integration und der Realität pluralistischer Gesellschaften

Zu beachten ist aber, dass sowohl in Deutschland als auch in Frankreich gesellschaftliche Tendenzen zur Beschwörung nationaler Verwurzelung stärker kritisch gesehen werden,[2011] als dies noch bei der Entstehung ihrer Verfassungen der Fall war. Somit sind auch Vorstellungen von Einheit und verfassungsstaatlicher

---

2006 *van Ooyen,* Integration, 2014, S. 91.

2007 Vgl. Conseil constitutionnel, 15.6.1999, Décision n° 99-412 DC.

2008 *Heitmeyer* in Heitmeyer (Hrsg.), Was hält die Gesellschaft zusammen?, 4. Aufl. 2015, S. 31.

2009 *van Ooyen,* Integration, 2014, S. 93.

2010 Vgl. in diesem Sinne auch *Bessone* Archives de Philosophie 2022, 13; etwas zaghafter *Georgi* Ethnic and Racial Studies 2015, 25 (27); außerdem: *Bouquet* Vie sociale 2015, 15 (16ff.); *Hafen* Journal der dgssa, 75 (76).

2011 *Korioth* in Bogdandy/Burgi/Heintzen (Hrsg.), Leistungsgrenzen des Verfassungsrechts. Öffentliche Gemeinwohlverantwortung im Wandel, 2002, S. 119; nicht zu vernachlässigen ist jedoch auch der sog. „Rechtsruck“, der in ganz Europa, besonders aber Frankreich und Deutschland in den letzten Jahren zu verzeichnen ist und nationale Identitäten wieder stärker betont, vgl. *Keskinkilic* in Boehnke/Thran/Wunderwald (Hrsg.), Rechtspopulismus im Fokus, 2019 (51).

Identität am Schwinden. Diese Entwicklung ist mit der Reflektion nationalistischer Einflüsse zu begründen, sowie mit Globalisierungs- und Europäisierungsentwicklungen.[2012] Ehemals weit verbreitete Werte wie Tradition wurden verdrängt durch Individualismus.[2013] So müssen „offene Gesellschaften [...] ohne substanzielle Mitte, ohne eindeutig definierbaren ethischen, moralischen, kulturellen oder religiösen Identitätskern auskommen.“[2014] Es wird behauptet, modernen pluralistischen Gesellschaften fehle ein Sinnkern,[2015] ein Bezugspunkt der die Identität eines Landes über ihre Verfassung präge. Jedoch kann gerade in diesem Mangel eines gemeinsamen Sinnes kultureller, politischer oder religiöser Art, ein gesellschaftlicher Zusammenhalt gesehen werden.[2016] Somit wird das Ziel gesellschaftlicher Einheit deutlich konsensfähiger, wenn sich unabhängig von spezifischen Integrationsmodi und Integrationsinstitutionen, auf die Andersartigkeit der Glieder der Gesellschaft berufen wird.

In Betracht kommt eine Neuinterpretation des Einheitsbegriffs im Sinne einer Einung unter Ausschluss der Angleichung.[2017] Während Integration auf die Assimilierung aller innerhalb eines sozialen Kontexts gerichtet ist,[2018] zielt Inklusion darauf ab, gesellschaftliche Vielfalt zu akzeptieren.[2019] Ende des 20. Jahrhunderts ist in der soziologischen Literatur ein Wandel zu erblicken, der mit der Pluralisierung westlicher Gesellschaft zusammenhängt. Der Begriff der Integration wird langsam von dem Begriff der Inklusion abgelöst.[2020] Bei Inklusion geht es um die Ermöglichung der Teilhabe Einzelner durch Anpassung bestehender Strukturen und Institutionen, die Minderheiten Raum geben sollen.[2021]

In Europa schlug *Luhmann* bereits 1995 vor, den Begriff der sozialen Integration mit dem der Inklusion bzw. der Exklusion – als Gegenbegriff zur Inklusion – zu ersetzen.[2022] In den USA tauchte der Begriff bereits früher auf, als *Young* in ihrem Werk zur Inklusion und Demokratie vorschlug das „Ideal der Integration“ mit dem

---

2012 *Korioth* in Bogdandy/Burgi/Heintzen (Hrsg.), Leistungsgrenzen des Verfassungsrechts. Öffentliche Gemeinwohlverantwortung im Wandel, 2002, S. 119.

2013 *Korioth* in Bogdandy/Burgi/Heintzen (Hrsg.), Leistungsgrenzen des Verfassungsrechts. Öffentliche Gemeinwohlverantwortung im Wandel, 2002, S. 119.

2014 *Herzinger,* Republik ohne Mitte, 2001, S. 7.

2015 *Herzinger,* Republik ohne Mitte, 2001, S. 7.

2016 *Herzinger,* Republik ohne Mitte, 2001, S. 7.

2017 Die in Zusammenhang mit der Inklusion bestehende Diskussion bezüglich ihrer Relevanz und Abgrenzung von der Integration wird gesehen, jedoch nicht vertieft, da hier eine Alternative für ein Integrationsmodell vorgestellt werden soll, das ebenfalls von weiten Teilen der soziologischen Wissenschaft vertreten wird, vgl. *Hafen* Journal der dgssa, 75 (76–77); anders etwa *Esser* Zeitschrift für Soziologie 2009, 358; *Esser* Journal für Konflikt- und Gewaltforschung 1999, 5.

2018 Vgl. *Esser* Zeitschrift für Soziologie 2009, 358 (359).

2019 *Georgi* Ethnic and Racial Studies 2015, 25 (27).

2020 Vgl. *Bessone* Archives de Philosophie 2022 (13f.); *Bouquet* Vie sociale 2015, 15 (16ff.); *Hafen* Journal der dgssa, 75ff (76).

2021 *Georgi* Ethnic and Racial Studies 2015, 25 (27).

2022 *Lenzen* Zeitschrift für Erziehungswissenschaft 1999 (546); *Hafen* Journal der dgssa, 75 (76); *Luhmann,* Soziologische Aufklärung 6, 4. Aufl. 2018, S. 237ff.

„Ideal sozialer und politischer Inklusion" zu ersetzen.[2023] Inklusion – vom lateinischen Wort *inclusio*[2024] – kann definiert werden als „Zustand von etwas, das in ein Ganzes eingegliedert wird."[2025] Inklusion ist danach gemeint, wenn Menschen „für relevant gehalten werden"[2026], also im sozialen System in Erscheinung treten.[2027] Es geht danach nicht um die Assimilierung innerhalb eines Systems, wie bei der Integration, sondern um die Anerkennung von Unterschieden sowie die Sichtbarmachung von Ungleichheiten.[2028] *Young* beschreibt das neue Ideal der Inklusion daher auch als „*differentiated solidarity*"[2029]. Entgegen dem französischen Gleichheitsverständnis, dass Minderheitenrechte nicht anerkennt,[2030] sollen diese – so die Entwicklung in der soziologischen Forschung – in Erscheinung treten und die Unterschiedlichkeit innerhalb sozialer Gruppen dem „Ideal der Gemeinschaft"[2031] gegenübergestellt werden.[2032] Inklusion kann daher auch als ein „Ideal differenzierter Solidarität" beschrieben werden.[2033] Dabei stellt Inklusion nicht nur eine semantische Abweichung im Vergleich zum Begriff der Integration dar. Die Entwicklung in der Soziologie hin zur Inklusion anstelle der Integration wurde von völkerrechtlichen Organisationen[2034] sowie von der EU in ihre Politik aufgenommen.[2035] Sie kann beschrieben werden als Ausdruck der „politischen Orientierung eines Landes. [...] Sie ist untrennbar von der Art und Weise, wie [...] eine Gesellschaft [..] zusammen lebt."[2036] Aufgrund dieser wissenschaftlichen und praktischen Entwicklung scheint es angemessen, den Wandel des Integrationsziels auch auf das im französischen Verfassungsrecht verankerte Ziel der Einheit und Unteilbarkeit zu übertragen.

2023 *Young,* Inclusion and Democracy, 2000, S. 216; auch zitiert in: *Bessone* Archives de Philosophie 2022 (13).

2024 *Bouquet* Vie sociale 2015, 15 (16).

2025 *Bouquet* Vie sociale 2015, 15 (16).

2026 *Hafen* Journal der dgssa, 75 (77); *Luhmann,* Soziologische Aufklärung 6, 4. Aufl. 2018, S. 237ff.

2027 *Hafen* Journal der dgssa, 75 (77).

2028 Vgl. *Hafen* Journal der dgssa, 75 (77f.); *Bessone* Archives de Philosophie 2022 (13f.).

2029 *Young,* Inclusion and Democracy, 2000, S. 221.

2030 *Levrat,* Minorités et organisation de l'Etat, S. 253; auch zitiert in: *V. Constantinesco* in Titiun/Dumaine (Hrsg.), La conscience des droits, 2011 (139).

2031 *Young,* Justice and the Politics of Difference, 1990, S. 227; auch zitiert in: *Bessone* Archives de Philosophie 2022, 13 (14).

2032 *Bessone* Archives de Philosophie 2022, 13 (14).

2033 *Bessone* Archives de Philosophie 2022, 13 (21).

2034 *Unesco,* International Conference on Education, 48th session, Geneva, Switzerland, 25-28 November 2008,

2035 Vgl. *Europäisches Parlament,* Conseil Européen Lisbonne 23 et 24 Mars 2000, https://www.europarl.europa.eu/summits/lis1_fr.htm, hier ist die Rede davon ein "Europa der Inklusion" zu schaffen; vgl. auch *Bouquet* Vie sociale 2015, 15 (17); *Ministre du travail, de l'emploi et de l'insertion,* Document de politique transversale, 2021, S. 9; *Lebrun,* Cohésion et inclusion sociale, 2009.

2036 *Unesco,* International Conference on Education, 48th session, Geneva, Switzerland, 25-28 November 2008; zitiert in: *Bouquet* Vie sociale 2015, 15 (16).

2. Integration im Sinne der Unteilbarkeit

Bezieht man die erarbeitete soziologische Theorie auf den Fall des Unteilbarkeitsprinzips, stellt sich zunächst die Frage, inwiefern dieses in Zusammenhang mit den soziologischen Konzepten der Integration und Soziologie steht (a). Darüber hinaus ist es sinnvoll anhand der dargelegten soziologischen Parameter einerseits zu klären, ob das meta-normative Ziel des Unteilbarkeitsprinzips einer integrierten Gesellschaft erreicht wird (b). Andererseits drängt sich die Frage auf, ob dieses Ziel der Einung durch Integration realistisch den Bedürfnissen des pluralistischen Staats Frankreichs entsprechen kann (c).

a) Integration als nicht-normatives Ziel des Unteilbarkeitsprinzips: Identität von Einheit und Integration

Geht man davon aus, dass die Politiken bzgl. Integration und Inklusion einen Einfluss auf die politische Organisation eines Landes haben,[2037] stellt sich die Frage, welche Aussagen dies bzgl. der Organisation eines Landes als Einheits- oder Föderalstaat zulässt. Das Prinzip der Unteilbarkeit ist darauf gerichtet, einen Einheitsstaat zu schaffen, in dem regionale Entscheidungsträger sowie Minderheiten nicht in Erscheinung treten.[2038]

Ordnet man demnach die soziologischen Begriffe von Integration und Inklusion als Zielvorstellungen ein, die mithilfe eines rechtlichen Mechanismus erreicht werden sollen,[2039] lässt sich die auf Assimilation gerichtete Einheitsstaatlichkeit als normative Entsprechung der Integration einordnen. Diejenigen Normen, die auf die Erreichung des französischen Einheitsstaats gerichtet sind,[2040] dienen somit der Integration Frankreichs. Ein auf die Anerkennung von Diversität gerichteter Föderalismus kann hingegen der Zielvorstellung von Inklusion gleichgesetzt werden. *Isensee* stellt hierzu 1990 bereits fest, dass ein Föderalstaat zwar rechtfertigungsbedürftig sei – weil er als weniger effizient als der Einheitsstaat angesehen werde[2041] – jedoch sei er in Staaten mit starker regionaler Identität vorzugswürdig.[2042] Wie das soziologische Modell der Inklusion „blickt" Föderalismus „auf die regionale Besonderheit und auf das Räumlich-Konkrete."[2043] So stellt auch *Young* bei ihrer Analyse des Inklusionsbegriffs in Lichte der Demokratie unter Bezugnahme auf *Dahl* fest, dass in stark diversifizierten Gesellschaften kleinere Entscheidungseinheiten besser

---

2037 *Unesco,* International Conference on Education, 48th session, Geneva, Switzerland, 25-28 November 2008; zitiert in: *Bouquet* Vie sociale 2015, 15 (16).

2038 *Levrat,* Minorités et organisation de l'Etat, S. 253; auch zitiert in: *V. Constantinesco* in Titiun/Dumaine (Hrsg.), La conscience des droits, 2011 (139); *Broschek* in Lauth/Kneuer/Pickel (Hrsg.), Handbuch Vergleichende Politikwissenschaft, 2016 (591); vgl. hierzu: B., IV., 3., b).

2039 *Gerhards/Lengfeld,* Wir, ein europäisches Volk?, 2013, S. 24f.

2040 Hierzu im Detail: B., IV., 1., b).

2041 *Isensee* Archiv des öffentlichen Rechts 1990 (248).

2042 *Isensee* Archiv des öffentlichen Rechts 1990, 248 (249ff.).

2043 *Isensee* Archiv des öffentlichen Rechts 1990, 248 (252).

geeignet seien auf lokale Besonderheiten einzugehen und die Inklusion zu fördern.[2044] Inklusion ist danach im staatsorganisatorischen Kontext gleichbedeutend mit „territorialer Gliederung" und korporativer Vielfalt."[2045] Anders formuliert: Integration ist für den Einheitsstaat was Inklusion für den Föderalstaat ist. Es kommt die Frage auf, ob aufgrund der Diversität Frankreichs – insbesondere mit Blick auf die Bedürfnisse der Überseekörperschaften – eine Organisation entsprechend des soziologischen Ziels der Inklusion nicht sinnvoller wäre als eine Organisation anhand des Integrationsmodells.[2046]

b) Sozial- und Systemintegration aufgrund des Unteilbarkeitsprinzips

Bei der Integration der Bevölkerung und der staatlichen Systeme in einen Verfassungsstaat, erscheinen sowohl die System- als auch die Sozialintegration bedeutsam.[2047] Die Integration kann über kodifizierte Verfassungsprinzipien erfolgen. Das Unteilbarkeitsprinzip etwa, soll systematisch die Institutionen Frankreichs in das Staatssystem im Sinne des Einheitsstaats eingliedern (und betrifft damit insbesondere die Unteilbarkeit des Staatsgebiets und der Staatsgewalt). Diese institutionelle Eingliederung soll die soziale Eingliederung der Bevölkerung in den Verfassungsstaat stützen – ein Ziel, das schlussendlich auch mit dem Prinzip der Unteilbarkeit verfolgt wird, indem Unterschiede eingeebnet werden sollen, um soziale Einheit zu erreichen.[2048] Somit sind beide Dimensionen der Integration in dieser Arbeit zu berücksichtigen.

Auch bei der Beurteilung der Integrationsfunktion des Unteilbarkeitsprinzips gilt es seine Auswirkungen auf die Individuen im Sinne der Sozialintegration (etwa bei der Unteilbarkeit des Volkes) sowie auf die staatlichen Institutionen im Sinne der Systemintegration (stärker relevant bei der Unteilbarkeit von Staatsgewalt und Staatsgebiet) zu analysieren. Eine Sichtbarkeit der beiden Perspektiven von Integration bei der Analyse der Unteilbarkeit ist daher sinnvoll.

aa) Die Sozialintegration und das Prinzip der Unteilbarkeit

Die Sozialintegration weist drei Dimensionen auf.[2049] Für alle Dimensionen gibt es sowohl Chancen als auch Risiken. Es würde über den Rahmen dieser Arbeit hinausgehen, im Einzelnen zu überprüfen, ob Frankreich im soziologischen Sinne eine integrierte Gesellschaft darstellt. Jedoch können für alle drei Dimensionen der Sozialintegration bestimmte Risiken aufgezeigt werden, die sich aus der normativen

---

2044 *Young,* Inclusion and Democracy, 2000, S. 228f.; *Dahl* Am Polit Sci Rev 1967, 953 (954).

2045 *Isensee* Archiv des öffentlichen Rechts 1990, 248 (252).

2046 Für einen französischen Föderalsismus sprechen sich auch andere Autoren aus, vgl. *F. Faberon* Revue française de droit constitutionnel 2015, 53; *Michalon Revue du Droit Public 1982, 623.*

2047 Hierzu im Detail: V., II., 1., a) und b).

2048 Vgl. hierzu: B., IV., 1.

2049 *Heitmeyer* in Heitmeyer (Hrsg.), Was hält die Gesellschaft zusammen?, 4. Aufl. 2015, S. 24; *Peters,* Die Integration moderner Gesellschaften, 1993, 96, 100-104.

Umsetzung des Unteilbarkeitsprinzips ergeben und die einer erfolgreichen Integration innerhalb des französischen Staatsgebiets – und damit einer Einheit und Unteilbarkeit der Republik – im Wege stehen können.
Bezüglich der kulturell-expressiven Integration,[2050] die auf die Bildung von Gruppen bezogen ist,[2051] können mehrere Risiken für eine integrierte Gesellschaft gesehen werden. Es geht hier um die Integration der französischen Gesellschaft also um die Bildung einer Gruppe an Französ:innen – einem französischen Volk. Zwar erkennt die französische Auslegung des Gleichheitssatzes in Verbindung mit dem Unteilbarkeitsprinzip Minderheiten nicht an.[2052] Die weite Auslegung der Ausnahmetatbestände des Gleichheitssatzes, insbesondere der Komponente der besonderen örtlichen Gegebenheiten, verhindern jedoch die Entstehung einer gesamtfranzösischen Gruppenbildung.[2053] Auch die Existenz überseeischer Bevölkerungen nach Art. 72-3 Abs. 1 CF[2054] kann einer Integration der französischen Bevölkerung im Wege stehen. Diese normative Ausgestaltung von Einheit und Unteilbarkeit stellt eine Abweichung von der Einheit und Unteilbarkeit des Staatsvolks dar.[2055] Während das Prinzip der *unicité* und der Gleichheit in gemeinsamer Auslegung mit dem Prinzip der Unteilbarkeit des Volkes in der Metropolregion dazu führen, dass nur ein – nicht aufteilbares – Staatsvolk existiert,[2056] ergibt sich für die Überseegebiete aus Abs. 2 der Präambel das Vorhandensein einer Überseebevölkerung.[2057] Die Existenz von Untergruppierungen innerhalb der französischen Bevölkerung stellt ein Risiko für die gesamtfranzösische Integration dar, da die Identifikation mit der lokalen Gruppe stärker ausgeprägt sein kann, als die Identifikation mit der Gruppe der französischen Bevölkerung.

Die zweite Ausprägung der Sozialintegration betrifft die moralische Integration[2058] und ist bezogen auf die Anerkennung bestimmter Werte. Zwar entfachen Debatten über das Erfordernis oder den Mangel an Integration vielfach aufgrund einer angenommenen Werteungleichheit zwischen Personen der ehemaligen Kolonien – also auch der Überseegebiete – und den Bewohner:innen der

---

[2050] *Heitmeyer* in Heitmeyer (Hrsg.), Was hält die Gesellschaft zusammen?, 4. Aufl. 2015, S. 24; *Peters,* Die Integration moderner Gesellschaften, 1993, 96, 100-104.
[2051] *Heitmeyer* in Heitmeyer (Hrsg.), Was hält die Gesellschaft zusammen?, 4. Aufl. 2015, S. 24.
[2052] *Oberdorff,* Droits de l'homme et libertés fondamentales, 9. Aufl., S. 484.
[2053] U.a.: Conseil constitutionnel, 9.5.1991, Décision n° 91-290 DC; 28.2.2020, Décision n° 2019-828/829 QPC; 1.12.2023, Décision n° 2023-1072 QPC; 19.3.2021, Décision n° 2020-890 QPC; *Gründler* Revue du Droit Public 2007, 445 (446); dies wurde auch bereits erwähnt in: *M. Lasserre* in Sydow (Hrsg.), Französisches Verfassungsrecht im 21. Jahrhundert, 2022, S. 23 (38).
[2054] Erstmals anerkannt in: Conseil constitutionnel, 9.5.1991, Décision n° 91-290 DC.
[2055] Vgl. B., VI., 3.
[2056] Conseil constitutionnel, 9.5.1991, Décision n° 91-290 DC; 15.6.1999, Décision n° 99-412 DC; 18.11.1982, Décision n° 82-146 DC.
[2057] Conseil constitutionnel, 4.5.2000, Décision n° 2000-428 DC.
[2058] *Peters,* Die Integration moderner Gesellschaften, 1993, 96, 100-104.

Metropolregion.[2059] Eine solche moralische Ungleichheit ist quantitativ wie qualitativ schwer messbar. Es geht jedoch über die Zielrichtung dieser Arbeit hinaus, zu überprüfen, ob diese subjektive Wahrnehmung von Fremdheit, eine tatsächlich mangelnde moralische Integration innerhalb Frankreichs bedeutet.

Die letzte Ausprägung der sozialen Integration, die funktionale Integration[2060], beschäftigt sich mit dem gleichen Zugang von Individuen einer Gesellschaft zu Systemteilen und ist damit insbesondere auf die Herstellung sozialer Gerechtigkeit gerichtet.[2061] Soziale Gerechtigkeit kann grundlegend verstanden werden als eine „angemessene Verteilung von Gütern und Lasten"[2062]. Hierzu zählt auch der Ausgleich sozialer Härten für bestimmte Bevölkerungsgruppen. Zu nennen ist vor allem die Anerkennung der Überseekörperschaften als Teil der Französischen Republik im Jahr 1946 und der damit verbundenen Ausweitung des Gleichheitsrechts auf die Bevölkerung der Überseegebietskörperschaften.[2063] Hierdurch wurde zwar die Rechtsstellung der dortigen Bevölkerung in erheblichem Maße verbessert, da sich diese nun auch auf weitere Grundrechte und aus der Verfassung und dem einfachen Recht geltende Normen berufen kann. Jedoch wurde durch die Verpflichtung Frankreichs zur Gleichbehandlung auch deutlich, dass erhebliche Entwicklungsunterschiede zwischen der Metropol- und den Überseekörperschaften bestehen. So stehen bis heute der Lebensstandard[2064], die Arbeitslosigkeit[2065], die Kindersterblichkeit[2066] und die Lebenshaltungskosten[2067] deutlich hinter denen der Metropolregion zurück.[2068] Güter und Lasten sind mithin nicht gerecht verteilt. Dies stellt ein erhebliches Risiko für eine funktionale Integration dar.

Die soziale Integration Frankreichs ist somit in all ihren Ausprägungen gefährdet. Das Prinzip der Unteilbarkeit kann damit nicht uneingeschränkt zu einer integrierten und geeinten Gesellschaft beitragen.

2059 Vgl. *Bessone* Archives de Philosophie 2022, 13 (14); vgl. hierzu auch im Detail *Schaub/Sebestiani,* Race et historie dans les sociétés occidentales (XVe-XVIIIe siècle), 2021, S. 172.

2060 *Heitmeyer* in Heitmeyer (Hrsg.), Was hält die Gesellschaft zusammen?, 4. Aufl. 2015, S. 24; *Peters,* Die Integration moderner Gesellschaften, 1993, S. 96ff.

2061 *Heitmeyer* in Heitmeyer (Hrsg.), Was hält die Gesellschaft zusammen?, 4. Aufl. 2015, S. 24.

2062 *Ebert,* Soziale Gerechtigkeit, 2. Aufl. 2015, S. 38.

2063 *J.-Y. Faberon* Pouvoirs 2005, 5 (6).

2064 *Geradin,* Produits intérieurs bruts régionaux de 2000 à 2020, https://www.insee.fr/fr/statistiques/6440639#titre-bloc-6.

2065 *Audoux/Mallemanche,* Emploi et chômage dans les DOM : l'écart avec la métropole reste marqué, https://www.insee.fr/fr/statistiques/4175314.

2066 *Papon,* La mortalité infantile est stable depuis dix ans après des décennies de baisse, https://www.insee.fr/fr/statistiques/3560308.

2067 *Jaluzot/Malaval/Rateau,* En 2015, les prix dans les DOM restent plus élevés qu'en métropole, https://www.insee.fr/fr/statistiques/1908163.

2068 Vgl. hierzu im Detail bereits: B., II., 2.

bb) Die Systemintegration und das Prinzip der Unteilbarkeit

Die Systemintegration beruht auf der Sozialintegration.[2069] Der Umstand, dass in Frankreich bereits Risiken für eine gelungene Sozialintegration vorliegen, könnte ein Anhaltspunkt dafür sein, dass auch die rechtlichen und politischen Institutionen des Landes nicht systemisch integriert sind.[2070] Systemintegration meint, dass „[d]urch den Aufbau dieser Institutionen [...] der nationalstaatliche Herrschaftsraum durchdrungen und vereinheitlicht [wird], lokale und regionale Besonderheiten [...] in aller Regel eingeebnet und national integriert [werden].“[2071] Dieses Ziel ist dem der Unteilbarkeit zum Verwechseln ähnlich[2072] und zeigt die Bedeutung einer Diskussion von Integration im Kontext der Unteilbarkeit. Im Verfassungsstaat ist eine Integration von Institutionen anzunehmen, wenn diese Wirkung über den gesamten Staat entfalten und somit die soziale Integration unterstützen.[2073]

Institutionen, die die Integration der Gesellschaft voranführen sollen sind einerseits solche der Legislative und andererseits solche der Exekutive. Als Legislativorgan existiert grundsätzlich nur das nationale Parlament, wobei die Aufhebung des Abschnitts in Art. 34 CF,[2074] der diesen als einzigen Gesetzgeber anerkennt, ein Risiko für eine künftige Integration darstellt. Auch das neukaledonische Parlament mit autonomen Rechtsetzungsbefugnissen[2075] entspricht nicht nur den Anforderungen des Einheitsstaats nicht, es stellt auch keine integrierte Institution dar. Auch die Exekutivbefugnisse, die seit der Dezentralisierungsreform 2003 im französischen Staatsgebiet ausgeweitet wurden,[2076] beeinträchtigen die einheitliche Ausübung von Staatsgewalt und fördern lokale Besonderheiten. Gleiches gilt für die Möglichkeit der Zuerkennung eines Sonderstatus gem. Art. 72-1 CF. Dieser fördert regionale Besonderheiten durch regionale Institutionen und läuft damit der systemischen Integration des französischen Staats zuwider.

c) Zwischenergebnis: Offensichtliche Überholung der Konzeption der Erreichung von Einheitsstaatlichkeit durch Integration im soziologischen und rechtswissenschaftlichen Diskurs

Mithin lässt sich festhalten, dass die systemische, also institutionelle Ausgestaltung Frankreichs, dem Ziel der Integration in vielen Fällen nicht Rechnung trägt. Dies ist damit zu begründen, dass das Prinzip der Unteilbarkeit seit Beginn der

---

[2069] *Khellil,* Sociologie de l'intégration, 2. Aufl. 2005, S. 104.

[2070] Vgl. *Münch* in Heitmeyer (Hrsg.), Was hält die Gesellschaft zusammen?, 4. Aufl. 2015 (66).

[2071] Vgl. *Gerhards/Lengfeld,* Wir, ein europäisches Volk?, 2013, S. 23.

[2072] Vgl. oben Gliederungspunkt B., II.

[2073] Vgl. *Khellil,* Sociologie de l'intégration, 2. Aufl. 2005, S. 104.

[2074] Loi constitutionnelle n° 2008-724 Journal Officiel électronique authentifié n° 0171 2008, Text 2; *Faure* Revue française de droit administratif 2019 (937).

[2075] Loi constitutionnelle n°98-610 Journal Officiel de la République française 1998, 11143; vgl. hierzu auch: *Lemaire,* Le principe d'indivisibilité de la République, 2010, S. 159f.; *J.-Y. Faberon* Revue du Droit Public 1999 (113).

[2076] Loi constitutionnelle n°2003-276 Journal Officiel de la République française 2003, 5568.

V. Republik vielfach eingeschränkt wurde.[2077] Dasselbe lässt sich für die soziale Integration insbesondere bezogen auf die kulturell-expressive Integration feststellen.[2078] Sowohl die normative Zielsetzung der Unteilbarkeit (die Erreichung des Einheitsstaats[2079]) als auch die nicht-normative, soziologische Zielsetzung (die Integration des Staats) sind damit nicht mehr gegeben.
Zudem lässt sich feststellen, dass das nicht-normative, also soziologische Ziel des Unteilbarkeitsprinzips nicht mehr dem aktuellen Stand der Forschung entspricht[2080] und zudem mit der Lebenswirklichkeit Frankreichs einer zunehmend pluralistisch geprägten Gesellschaft nicht vereinbar ist.[2081] So kann das Konzept der Integration insbesondere bzgl. seiner Behandlung von Minderheiten kritisiert werden, die bei gelungener Integration zu verschwinden drohen.[2082] Frankreich ist aufgrund seiner Kolonialgeschichte kulturell vielfältig geprägt,[2083] aber auch in Metropolfrankreich existieren Minderheitensprachen und Autonomiewünsche.[2084] Soll im Staat ein gewalt- und konfliktarmes Zusammenleben erreicht werden, könnte die Zielsetzung einer Integration hiermit nicht vereinbar sein.[2085]

Es lässt sich somit die Hypothese aufstellen, dass es für eine Rechtfertigung der Beibehaltung des Unteilbarkeitsprinzips an erster Stelle der Verfassung sinnvoll wäre, die Zielsetzung der Unteilbarkeit umzuformulieren. So könnte man aufgrund der ausgeprägten Diversität im französischen Staatsgebiet, eine unteilbare Republik dadurch schaffen, Vielheit im Staatsgebiet anzuerkennen. Eine solche Umformulierung der Zielsetzung des Unteilbarkeitsprinzips ist nicht abwegig. Denn sie würde einen Rückbezug auf die Ursprünge des Unteilbarkeitsprinzips in der Antike sowie des monarchischen Frankreichs darstellen.[2086] *Platon* erkannte, dass Einheit auch im Anerkenntnis sozialer Vielheit liegen kann.[2087] Die Heterogenität der Teilelemente des Systems – also des Verfassungsstaats – kann hier als Vorteil der sozialen Gruppe verstanden werden.[2088] Werden also das Prinzip der Einheit und die Anerkennung von Diversität im Sinne des soziologischen Konzepts von Inklusion

---

2077 Im Detail hierzu : B., VI.

2078 Vgl. Hierzu auch bereits : C., II., 1.

2079 Vgl. B., IV., 1.

2080 Vgl. *Bessone* Archives de Philosophie 2022 (13f.); *Bouquet* Vie sociale 2015, 15 (16ff.); *Hafen* Journal der dgssa, 75 (76); *Young,* Inclusion and Democracy, 2000, S. 216; *Luhmann,* Soziologische Aufklärung 6, 4. Aufl. 2018, S. 237ff.

2081 Vgl. zu diesem Thema *Herzinger,* Republik ohne Mitte, 2001, S. 7.

2082 *Esser* Zeitschrift für Soziologie 2009, 358 (359); *Wierzbicki* in Bean/Stevens (Hrsg.), America's Newcomers and the Dynamics of Diversity, 2003, S. 94 (96ff.).

2083 Vgl. *J.-Y. Faberon* Pouvoirs 2005, 5 (6); *Vie publique,* Outre-mer : inégalités et retards de développement, https://www.vie-publique.fr/eclairage/19624-outre-mer-inegalites-et-retards-de-developpement.

2084 Vgl. *Vallet French Politics, Culture & Society 2004, 51* (65).

2085 *Heitmeyer* in Heitmeyer (Hrsg.), Was hält die Gesellschaft zusammen?, 4. Aufl. 2015, S. 26.

2086 *Debbasch,* Le principe révolutionnaire d'unité et d'indivisibilité de la République, 1988, S. 31; *Plato/Rufener/Szlezák,* Der Staat, 2011, S. 932.

2087 *Debbasch,* Le principe révolutionnaire d'unité et d'indivisibilité de la République, 1988, S. 30; vgl. hierzu im Detail schon: A., I., 1.

2088 Vgl. *Debbasch,* Le principe révolutionnaire d'unité et d'indivisibilité de la République, 1988, S. 30.

verknüpft, kann dem Unteilbarkeitsprinzip sowohl in soziologischer – also meta-normativer Hinsicht – als auch in normativer Hinsicht, durch das Zugeständnis eines begrenzten Föderalismus im Staatsgebiet ein neues Ziel und damit eine Rechtfertigung verliehen werden.

III. Verfassungsintegration durch das Prinzip der Unteilbarkeit: Die Unteilbarkeit als DNA der Verfassung[2089]

Neben der Integration aufgrund des Inhalts des Unteilbarkeitsprinzips[2090] kann vom Unteilbarkeitsprinzip auch durch die sog. Verfassungsintegration ein integrativer Effekt ausgehen. Auch wenn innerhalb der französischen Verfassung keine Normenhierarchie besteht, kann es dennoch identitätsprägende Verfassungsprinzipien geben, die eine integrierende Wirkung innerhalb des französischen Staats wahrnehmen. Eine solche identitätsstiftende Rolle wird in der Literatur dem Unteilbarkeitsprinzip zugeschrieben.[2091]

Was aber bedeutet Integration im verfassungsrechtlichen Kontext? Und haben alle Verfassungen eine integrative Funktion, oder beschränkt sich diese auf Länder mit einem sog. „*constitutional moment*"[2092] wie die USA oder Deutschland?[2093] Während die Debatte der Verfassungsintegration in Deutschland gehäuft unter dem Schlagwort des Verfassungspatriotismus geführt wird,[2094] taucht ein vergleichbarer französischer Begriff in Frankreich (*„amour de la constitution"*) nur vereinzelt auf.[2095] Dennoch ist es nicht fernliegend, dass das Unteilbarkeitsprinzip identitätsprägend und integrierend wirkt.[2096] Immerhin ist es seit der ersten französischen Verfassung als positiviertes Verfassungsrecht vorhanden und wurde durch die Revolution als elementarer Teil des Republikprinzips interpretiert.[2097]

Jedenfalls ist auch in Frankreich vereinzelt von einer integrativen Funktion der Verfassung die Rede.[2098] Die Diskussion ist in Deutschland jedoch um ein

---

2089 So auch schon: *M. Lasserre* in Sydow (Hrsg.), Französisches Verfassungsrecht im 21. Jahrhundert, 2022, S. 23 (27).

2090 Vgl. A.II.

2091 *Daly* European Constitutional Law Review 2015 (458f.); in diesem Sinne auch: *Lemaire,* Le principe d'indivisibilité de la République, 2010, S. 11.

2092 *Ackerman* The Yale Law Journal 1989, 453 (489); *Grimm* Leviathan 2004, 448 (455–456).

2093 *Grimm* Leviathan 2004, 448 (450, 456); *Gerkrath* Forum für Politik, Gesellschaft und Kultur in Luxemburg 2009, 23 (24).

2094 *Obermeyer,* Integrationsfunktion der Verfassung und Verfassungsnormativität. Die Verfassungstheorie Rudolf Smends im Lichte einer transdisziplinären Rechtstheorie, 2008, S. 23; im Überblick auch: *Pache,* Deutsches Verwaltungsblatt 2002 (1154ff.).

2095 *Hamon/Troper,* Droit constitutionnel, 45 Aufl. 2025, S. 62.

2096 Vgl. *Lemaire,* Le principe d'indivisibilité de la République, 2010, S. 11ff.; *Daly* European Constitutional Law Review 2015 (458f.); *Auber* La Revue administrative 2009, 491 (496).

2097 *Lemaire,* Le principe d'indivisibilité de la République, 2010, S. 49.

2098 *Hamon/Troper,* Droit constitutionnel, 45. Aufl. 2025, S. 62; *Gerkrath* Forum für Politik, Gesellschaft und Kultur in Luxemburg 2009, 23 (24ff.).

Vielfaches ausgeprägter und erfolgt nicht wie in Frankreich nur am Rande, als Teil einer Aufzählung im Rahmen der „politischen Funktion“ von Verfassungen.[2099] Vielmehr lassen sich in Deutschland eine Vielzahl an älteren und aktuellen Abhandlungen zum Thema der Integration von Verfassungen und ihrer Normen finden.[2100] Diese stehen zum Teil im Zusammenhang mit dem Europarecht,[2101] zum Teil sind sie nur auf die deutsche Verfassung und ihre nationalen Wirkungen beschränkt.[2102] In Frankreich ist dies nicht der Fall.[2103]

Es ergibt sich somit die Frage, ob die symbolische oder identitätsstiftende Funktion des französischen Unteilbarkeitsprinzips – anhand der intersubjektiv-interkulturellen Methode[2104] – dem Prinzip der Verfassungsvergleichung entspricht. Sodann ist zu klären, ob dem Unteilbarkeitsprinzip tatsächlich, wie in der Literatur behauptet, eine symbolische, identitätsstiftende Rolle zukommt.[2105]

1. Der Zweck der Verfassungsintegration: Einheitswirkung einer Verfassung

Spricht man von „Integration durch Verfassung [...], geht es um die nicht-juristische Wirkung eines juristischen Gegenstands.“[2106] Somit müssen „Gegenstand und Wirkung [...] also auseinandergehalten werden.“[2107] Der juristische Gegenstand ist dabei die Verfassung. Die Wirkung stellt – unter Berücksichtigung des soziologischen Ursprungs des Begriffs[2108] – die Integration dar. Wie dargelegt, „bezeichnet der Begriff Integration“ im soziologischen Sinne, „einen Vorgang, der eine Einheit durch Einbeziehung oder Eingliederung einzelner Elemente in ein größeres Ganzes herstellt.“[2109] Im verfassungsrechtlichen Kontext bedeutet Integration dementsprechend die „Fähigkeit einer Verfassung, ein Gemeinwesen und eine Gesellschaft mit

---

2099 *Hamon/Troper,* Droit constitutionnel, 45. Aufl. 2025, S. 62; *Gerkrath* Forum für Politik, Gesellschaft und Kultur in Luxemburg 2009, 23 (24ff.).

2100 Vgl. u.a.: *Obermeyer,* Integrationsfunktion der Verfassung und Verfassungsnormativität. Die Verfassungstheorie Rudolf Smends im Lichte einer transdisziplinären Rechtstheorie, 2008; *Peters,* Die Integration moderner Gesellschaften, 1993; *Bühler,* Das Integrative der Verfassung, 2011; *Grimm* Leviathan 2004, 448; *Korioth,* Integration und Bundesstaat, 2019; *Schaal,* Integration durch Verfassung und Verfassungsrechtsprechung?, 2021; *van Ooyen,* Integration, 2014; *Vorländer* (Hrsg.), Integration durch Verfassung.

2101 Etwa: *Grimm* Leviathan 2004, 448.

2102 Vgl. *Obermeyer,* Integrationsfunktion der Verfassung und Verfassungsnormativität. Die Verfassungstheorie Rudolf Smends im Lichte einer transdisziplinären Rechtstheorie, 2008; *Walter* Zeitschrift für ausländisches öffentliches Recht und Völkerrecht, 177; *Vorländer* (Hrsg.), Integration durch Verfassung; *Dreier* in Hufen (Hrsg.), Verfassungen - Zwischen Recht und Politik, 2008, S. 70.

2103 Etwa: *Vorländer* (Hrsg.), Integration durch Verfassung.

2104 *Baer* Zeitschrift für ausländisches öffentliches Recht und Völkerrecht 2004, 735 (750); im Detail hierzu: Einleitung, II., 3.

2105 *Daly* European Constitutional Law Review 2015 (458f.); in diesem Sinne auch: *Lemaire,* Le principe d'indivisibilité de la République, 2010, S. 11.

2106 *Grimm* Leviathan 2004, 448 (448).

2107 *Grimm* Leviathan 2004, 448 (448).

2108 Vgl.: C., II., 1.

2109 *Obermeyer,* Integrationsfunktion der Verfassung und Verfassungsnormativität. Die Verfassungstheorie Rudolf Smends im Lichte einer transdisziplinären Rechtstheorie, 2008, S. 21.

den Mitteln des Rechts zusammenzuhalten."[2110] Gesellschaftliche Einheit ergibt sich danach nicht aus bestimmten Merkmalen von Teilen einer Gesellschaft (ethnischer, religiöser oder sprachlicher Art), sondern aus einer kollektivgesellschaftlichen Berufung auf dieselbe Verfassung im Sinne eines Verfassungspatriotismus in Deutschland oder einer „*amour de la constitution*"[2111] in Frankreich. Da der Begriff der Verfassungsintegration auf den soziologischen Integrationsbegriff zurückgeht, muss die Analyse auch hier vor dem Hintergrund einer Kritik am Integrationsziel erfolgen.[2112]

Im Verfassungsrecht erfolgt Integration durch die Inbezugnahme der Werte einer Verfassung durch die Bevölkerung. Teilweise haben diese Werte eine vorwiegend symbolische Bedeutung. Die kodifizierten Verfassungswerte verleihen der Bevölkerung eines Verfassungsstaats somit ihre kollektive Identität. Die Begriffe der Integration, der Identität und der Symbolik sind also zwingend zusammenzudenken. Integration ruft ein „Zusammengehörigkeitsgefühl" sowie eine „kollektive Identität"[2113] hervor und dient damit der Abgrenzung von anderen Gemeinschaften.[2114] Eine Inbezugnahme integrativer Momente einer Verfassung wird zum Teil als zwingend notwendig angesehen, um nicht „in normativer Versponnenheit [zu] versinken".[2115] Denn im Verhältnis zur Bevölkerung eines Verfassungsstaats erfüllt die Verfassung eine Doppelfunktion. Zum einen dient sie (normativ) dem Schutz ihrer Rechte und Freiheiten und zum anderen der Integration der Gruppe.[2116] Die Verfassung spiegelt damit auf meta-normativer Ebene die soziologische Realität ihres Bezugssubjekts wider.[2117]

2. Mythos einer symbolischen Funktion der Unteilbarkeit

Der Zusammenhang zwischen den Begriffen der Identität, der Symbolik und der Integration werden beim Prinzip der Unteilbarkeit besonders deutlich.

a) Symbolik und Identität im Verfassungsrecht: Konvergenz mit der Feststellung von Integration durch die Verfassung

Begriffe wie Identität, Symbolik oder Integration haben einen gemeinsamen Kern: Im verfassungsrechtlichen Kontext scheinen sie auf die Wechselwirkungen

---

2110 *Korioth* in Bogdandy/Burgi/Heintzen (Hrsg.), Leistungsgrenzen des Verfassungsrechts. Öffentliche Gemeinwohlverantwortung im Wandel, 2002, S. 118.

2111 *Hamon/Troper,* Droit constitutionnel, 45. Aufl. 2025, S. 62; vlg. auch: *Troper,* Pour une théorie juridique de l'État, 2015, S. 213.

2112 Hierzu im Detail schon: C., II., 1., d).

2113 *Grimm* Leviathan 2004, 448 (448).

2114 *Grimm* Leviathan 2004, 448 (448).

2115 *Korioth* in Bogdandy/Burgi/Heintzen (Hrsg.), Leistungsgrenzen des Verfassungsrechts. Öffentliche Gemeinwohlverantwortung im Wandel, 2002, S. 118.

2116 *Gerkrath* Forum für Politik, Gesellschaft und Kultur in Luxemburg 2009, 23.

2117 *Smend,* Verfassung und Verfassungsrecht, 1928, S. 131f.; auch zitiert in *Obermeyer,* Integrationsfunktion der Verfassung und Verfassungsnormativität. Die Verfassungstheorie Rudolf Smends im Lichte einer transdisziplinären Rechtstheorie, 2008, S. 49.

zwischen „Verfassungsrecht [und] Kultur, Politik, Lebenseinstellung und Mentalitäten“[2118] hinzuweisen.[2119]

Das Wort Symbol stammt vom altgriechischen Begriff „Erkennungszeichen“. Es wird definiert als ein „einen tieferen Sinn andeutendes Zeichen“. Ein Symbol ist also ein „Sinnbild“, ein „Ding od[er] ein Bild als Zeichen, das für ein Ding, eine Vorstellung od[er] ein Gefühl usw. steht“.[2120] Symbolisch wirkt all das, was einen Sinngehalt repräsentiert.[2121] Damit ein bestimmter Personenkreis einem abstrakten Gegenstand Symbolkraft zuschreiben kann, ist in der Regel ein Ereignis notwendig, das sich etwa in einer Norm, einer Flagge[2122], in einer Repräsentation oder einer Hymne, widerspiegeln kann.[2123] Der abstrakte Gegenstand steht dann „symbolisch“ für die „Repräsentation von Sinngehalten“.[2124] Das Symbolisieren einer Person, eines Objekts oder einer Norm führt dazu, dass „die vielen Aspekte, die den jeweiligen Staat ausmachen, in einem Moment zusammengedrängt werden, der diesen Gehalt repräsentiert und den sich die Bürger aneignen können.“[2125] Die kollektive Berufung auf die Symbolik des Ereignisses wirkt gesellschaftlich und politisch integrierend.[2126] Symbole entfalten also integrative Kraft.[2127] Sie führen außerdem dazu, dass die Diskrepanz zwischen den Bürger:innen sowie dem Inhalt eines Symbols überwunden wird. Etwa wird der Zweck eines nationalen Fests durch den symbolischen Gehalt den Bürger:innen nähergebracht.[2128] Wird einer Norm eine symbolische Bedeutung zugesprochen, kann mithin auch davon ausgegangen werden, dass die Diskrepanz zwischen dem Inhalt der Norm und der Bevölkerung überwunden wird und die Norm durch ihren Symbolgehalt integrativ wirkt.[2129] Die Symbolkraft kann der Norm neben ihrer normativen Bedeutung zukommen.[2130] Da die Integration durch ein Symbol in einer Norm an das in ihr verkörperte Ereignis

2118 *Korioth* in Bogdandy/Burgi/Heintzen (Hrsg.), Leistungsgrenzen des Verfassungsrechts. Öffentliche Gemeinwohlverantwortung im Wandel, 2002, S. 118.

2119 *Korioth* in Bogdandy/Burgi/Heintzen (Hrsg.), Leistungsgrenzen des Verfassungsrechts. Öffentliche Gemeinwohlverantwortung im Wandel, 2002, S. 118.

2120 *Wahrig/Brockhaus/Wahrig-Burfeind,* Deutsches Wörterbuch, 9. Aufl. 2011, S. 1447.

2121 *Vorländer* in Vorländer (Hrsg.), Integration durch Verfassung, 2002, S. 9 (17); vgl. in diesem Sinne auch: *Troper/Chagnollaud,* Traité international de droit constitutionnel, 2012, S. 773.

2122 *Vorländer* in Vorländer (Hrsg.), Integration durch Verfassung, 2002, S. 9 (16); *Smend,* Verfassung und Verfassungsrecht, 1928, S. 28.

2123 *Vorländer* in Vorländer (Hrsg.), Integration durch Verfassung, 2002, S. 9 (17f.); *Smend,* Verfassung und Verfassungsrecht, 1928, S. 28.

2124 *Vorländer* in Vorländer (Hrsg.), Integration durch Verfassung, 2002, S. 9 (17).

2125 *Obermeyer,* Integrationsfunktion der Verfassung und Verfassungsnormativität. Die Verfassungstheorie Rudolf Smends im Lichte einer transdisziplinären Rechtstheorie, 2008, S. 67.

2126 Vgl. *Vorländer* in Vorländer (Hrsg.), Integration durch Verfassung, 2002, S. 9 (17); *Smend,* Verfassung und Verfassungsrecht, 1928, S. 28.

2127 *Vorländer* in Vorländer (Hrsg.), Integration durch Verfassung, 2002, S. 9 (18).

2128 *Smend,* Verfassung und Verfassungsrecht, 1928, S. 49; auch zitiert in: *Obermeyer,* Integrationsfunktion der Verfassung und Verfassungsnormativität. Die Verfassungstheorie Rudolf Smends im Lichte einer transdisziplinären Rechtstheorie, 2008, S. 67f.

2129 Vgl. *Troper/Chagnollaud,* Traité international de droit constitutionnel, 2012, S. 773.

2130 Vgl. *Troper/Chagnollaud,* Traité international de droit constitutionnel, 2012, S. 773.

geknüpft ist, kann die Integration nicht erfolgen, wenn ein solches Symbol künstlich erschaffen wird.[2131] Es braucht die kollektive Erinnerung an das Ereignis, die zur Norm führte (teilweise wird dies im Verfassungskontext auch als *constitutional moment* bezeichnet[2132]), um eine integrative Wirkung einer Verfassung zu begründen.

Der Begriff der Integration durch Verfassungen wird vor allem in der deutschen Literatur im selben Atemzug mit der Verfassungsidentität genannt.[2133] Hat eine Verfassung eine solche symbolische Verfassungsidentität, wirken die Normen integrativ für die Gesellschaft, in der die Verfassung Geltung entfaltet. In Frankreich werden die Begriffe der Integration und der Identität nur vereinzelt zusammengedacht.[2134] Dies scheint aber vor allem daran zu liegen, dass der Diskurs um die Verfassungsidentität in Frankreich vornehmlich im Zusammenhang mit dem Anwendungsvorrang des EU-Rechts praktische Relevanz hat.[2135] Die deutsche Debatte zur Integrationsfunktion von Verfassungen entwickelte sich hingegen aus dem Weimarer Methodenstreit und ist damit tief verwurzelt in der deutschen Verfassungsrechtswissenschaft.[2136] Diese Entwicklung fehlt in der französischen Verfassungsgeschichte. Der Umstand, dass in Frankreich kein dogmatischer Unterbau gegeben ist, wie dies infolge des Weimarer Methodenstreits in Deutschland der Fall ist, bedeutet nicht, dass symbolische Wirkungen dem französischen Verfassungsrecht gänzlich unbekannt sind.[2137] Zwar stellt das Grundgesetz eine wohl besonders wertoffene Verfassung dar, die außerrechtlichen Belangen unter der Interpretationshoheit des Bundesverfassungsgerichts viel Raum gibt.[2138] Aus der deutschen Verfassungslehre lassen sich aber allgemeingültige Annahmen zur Integrationsfunktion von Verfassungen ableiten, die auch auf das französische Verfassungsrecht übertragen werden könnten.[2139] Bereits *Smend* bezog seine Stellungnahmen zur Symbolik von Verfassungen nicht ausschließlich auf eine deutsche Verfassung.[2140] Insbesondere modernere Abhandlungen zur Verfassungssymbolik und Integration

---

[2131] *Smend,* Verfassung und Verfassungsrecht, 1928, S. 48; dem entspricht auch die Aussage in *Grimm* Leviathan 2004, 448 (453), dass die Symbolik der EU, etwa durch eine Hymne, nur begrenzt zur Integration Europas führt.

[2132] Im Ausgang, vgl. *Ackerman* The Yale Law Journal 1989, 453 (489); *Grimm* Leviathan 2004, 448 (455); im Detail darüber hinaus auch: *Ackerman,* We The People - 2, 1998, S. 32ff., ohne jedoch den Begriff des „constitutional moment" zu verwenden.

[2133] Vgl. Dieter Grimm

[2134] Z.B.: *Dubout* Revue française de droit constitutionnel 2010, 451.

[2135] Vgl. hierzu im Ansatz bereits beim Begriff der supra-constitutionnalité : B., I., 2., b).

[2136] Vgl. u.a. *Obermeyer,* Integrationsfunktion der Verfassung und Verfassungsnormativität. Die Verfassungstheorie Rudolf Smends im Lichte einer transdisziplinären Rechtstheorie, 2008, S. 41ff.; *van Ooyen,* Integration, 2014, S. 25ff.

[2137] *Hamon/Troper,* Droit constitutionnel, 45. Aufl. 2025, S. 62; *Troper/Chagnollaud,* Traité international de droit constitutionnel, 2012, S. 773ff.

[2138] Vgl. *Henne* in van Ooyen/Möllers (Hrsg.), Das Bundesverfassungsgericht im politischen System, 2006, S. 141 (142); Bundesverfassungsgericht, 1 BvR 400/51.

[2139] Zu dieser Frage der Übertragbarkeit nichtpositivistischer Aspekte auf das französische Verfassungsrecht vgl. Gliederungspunkt 4. In diesem Abschnitt.

[2140] Vgl. etwa *Smend,* Verfassung und Verfassungsrecht, 1928, S. 28.

verweisen auf rechtsvergleichende und europäische Annahmen und beziehen sich selbst auf die ausländische Lehre und nutzen eine rechtsvergleichende Methodik.[2141] Gleiches gilt für die französischen Quellen, die sich zu einer Symbolik von Verfassungen äußern.[2142] *Brodocz* etwa stellt fest, dass „[e]s [...] Verfassungen [gibt], die integrieren. Und es gibt Verfassungen, die integrieren nicht."[2143] Es gilt zu klären, zu welchem Typ Verfassung die französische Verfassung und das Prinzip der Unteilbarkeit zählen.[2144]

b) Die Symbolik des Unteilbarkeitsprinzips

Mehrere Autoren schreiben dem Unteilbarkeitsprinzip Frankreichs eine identitätsprägende, symbolische Funktion zu.[2145] *Daly* etwa stellt fest, dass „das Unteilbarkeitsprinzip als zentraler Pfeiler der republikanischen Identität Frankreichs" verstanden werden kann.[2146] Er weist darauf hin, dass – anders als in anderen europäischen Verfassungen – das Unteilbarkeitsprinzip nicht nur eine Ausformung eines modernen Souveränitätskonzepts sei, sondern stattdessen aufgrund seiner Verknüpfung mit den Werten der Revolution einen identitätsprägenden Kern aufweise, der losgelöst sei von seiner normativen Wirkung.[2147] *Daly* geht sogar so weit, festzustellen, dass die „Krise" des „republikanischen Universalismus" – insbesondere bezogen auf die Dezentralisierungsreformen[2148] – dazu geführt habe, dass die „Besonderheit [des Unteilbarkeitsprinzips in Frankreich] nur noch in seiner sozialen und symbolischen Dimension" läge.[2149] In diesem Sinne äußert sich auch *F. Lemaire*, indem er die hervorgehobene Rolle des Unteilbarkeitsprinzips allein in seiner symbolischen Wertigkeit sieht.[2150] Auch er macht dies als die Besonderheit des Unteilbarkeitsprinzips Frankreichs aus, welches anders als die Bekundung von Unteilbarkeit in anderen europäischen Verfassungen wie die Italiens, Spaniens, Portugals oder Finnlands[2151], seine Prägung während der französischen Revolution erfahren

---

2141 Etwa *Grimm* Leviathan 2004, 448; vgl. auch explizit *Obermeyer,* Integrationsfunktion der Verfassung und Verfassungsnormativität. Die Verfassungstheorie Rudolf Smends im Lichte einer transdisziplinären Rechtstheorie, 2008, S. 29; *Brodocz* in Vorländer (Hrsg.), Integration durch Verfassung, 2002, S. 101; *Vorländer* in Vorländer (Hrsg.), Integration durch Verfassung, 2002, S. 9; *Brodocz* in Lhotta (Hrsg.), Die Integration des modernen Staates, 2005, S. 191.

2142 Etwa *Troper/Chagnollaud,* Traité international de droit constitutionnel, 2012, S. 778.

2143 *Brodocz* in Lhotta (Hrsg.), Die Integration des modernen Staates, 2005 (191).

2144 Hierzu im Detail unten.

2145 Vgl. *Lemaire,* Le principe d'indivisibilité de la République, 2010, S. 11ff.; *Daly* European Constitutional Law Review 2015 (458f.); *Auber* La Revue administrative 2009, 491 (496).

2146 *Daly* European Constitutional Law Review 2015 (458).

2147 *Daly* European Constitutional Law Review 2015, 458 (459).

2148 Vgl. B., V.

2149 *Daly* European Constitutional Law Review 2015, 458 (459).

2150 *Lemaire,* Le principe d'indivisibilité de la République, 2010, S. 11.

2151 Hierzu auch *Daly* European Constitutional Law Review 2015, 458 (459); *Lemaire,* Le principe d'indivisibilité de la République, 2010, S. 11; *Faure* Revue française de droit administratif 2019, 937.

hat.[2152] Über etwaige normative Bedeutungen hinaus kommt dem Prinzip – so die Autoren – maßgeblich eine symbolische, „mythische“[2153] nicht-normative Funktion zu. Diese sei aufgrund der Entwicklungen während der V. Republik stärker als die heute noch bestehende normative Funktion.[2154]

Die Symbolik des Unteilbarkeitsprinzips kann also entsprechend *Smend* an ein kollektives Erlebnis angeknüpft werden.[2155] Diese Symbolik des Unteilbarkeitsprinzips wird, ebenfalls wie in der deutschen Rechtslehre üblich, gleichgesetzt mit einem identitätsprägenden Wert der Verfassung.[2156] Die Berufung auf die identitätsprägende bzw. symbolische Funktion des Unteilbarkeitsprinzips könnte folglich zur Integration Frankreichs über das Prinzip der Unteilbarkeit führen.[2157]

3. Herleitung und Inhalte der Integrationsfunktion von Verfassungen

Wie bereits erwähnt, sprechen sowohl die deutsche als auch die französische Verfassungslehre von einer integrativen Funktion der Verfassung.[2158] Um dem Unteilbarkeitsprinzip eine Integrationswirkung zuzusprechen kann dargelegt werden, woraus sich die Integrationslehre in Deutschland ergibt (a), was ihre Aussagen sind (b) und schlussendlich überprüft werden, ob diese auf die französische Verfassung und das Unteilbarkeitsprinzip übertragbar sind (4.).

a) Der Ursprung der Integrationsfunktion von Verfassungen in Deutschland

Um herauszufinden, ob das deutsche Modell der Integrationslehre auf das französische Verfassungsrecht übertragbar ist, scheint es sinnvoll die Ursprünge dieser

---

[2152] Hierzu auch *Daly* European Constitutional Law Review 2015, 458 (459); *Lemaire,* Le principe d'indivisibilité de la République, 2010, S. 11; *Debbasch* in Mathieu/Verpeaux (Hrsg.), La République en droit français, 1996 (69); vgl. im Detail schon: A., III.

[2153] *Lemaire,* Le principe d'indivisibilité de la République, 2010; *Lemaire* Civitas Europa 2003, 59 (60); *Daly* European Constitutional Law Review 2015 (458).

[2154] Vgl. Gliederungspunkt B., VI.; sowie: *Daly* European Constitutional Law Review 2015, 458 (459).

[2155] *Smend,* Verfassung und Verfassungsrecht, 1928, S. 28; *Vorländer* in Vorländer (Hrsg.), Integration durch Verfassung, 2002 (9).

[2156] *Daly* European Constitutional Law Review 2015 (458f.); in diesem Sinne auch: *Lemaire,* Le principe d'indivisibilité de la République, 2010, S. 11.

[2157] *Daly* European Constitutional Law Review 2015 (458f.); in diesem Sinne auch: *Lemaire,* Le principe d'indivisibilité de la République, 2010, S. 11.

[2158] *Hamon/Troper,* Droit constitutionnel, 45. Aufl. 2025, S. 62; *Obermeyer,* Integrationsfunktion der Verfassung und Verfassungsnormativität. Die Verfassungstheorie Rudolf Smends im Lichte einer transdisziplinären Rechtstheorie, 2008; *Vorländer* in Vorländer (Hrsg.), Integration durch Verfassung, 2002, S. 9; *Walter* Zeitschrift für ausländisches öffentliches Recht und Völkerrecht 2012, 177; *Grimm* Leviathan 2004, 448; *Smend* in Kunst/Herzog/Schneemelcher u. a. (Hrsg.), Evangelisches Staatslexikon, 2. Aufl. 1975, S. 1024; *Dreier* in Hufen (Hrsg.), Verfassungen - Zwischen Recht und Politik, 2008, S. 70; *van Ooyen,* Integration 2014, 15ff.; *Smend,* Verfassung und Verfassungsrecht, 1928; zur Ausweitung des Integrationsbegriffs auf andere Verfassungen vgl. außerdem: *Obermeyer,* Integrationsfunktion der Verfassung und Verfassungsnormativität. Die Verfassungstheorie Rudolf Smends im Lichte einer transdisziplinären Rechtstheorie, 2008; *Grimm* Leviathan 2004, 448; *Hamon/Troper,* Droit constitutionnel, 45. Aufl. 2025, S. 62.

Lehre aufzuzeigen. Auch im Kontext der verfassungsrechtlichen Integrationslehre nahm ihr Begründer *Rudolph Smend* im Ausgang Bezug auf den soziologischen Begriff.[2159] „Die Integrationslehre ist eine vom juristischen Standpunkt aus unternommene staatstheoretische Grundlegung der Verfassungslehre und Staatsrechtslehre."[2160]

Der Begriff der Integration ist im deutschen Verfassungsstaat omnipräsent.[2161] Nicht nur die Integration minorisierter Gruppen in politischer und sozialer Hinsicht wird diskutiert,[2162] auch Verfassungsorgane wie das Bundesverfassungsgericht sowie der:die Bundespräsident:in sollen eine integrierende Funktion ausüben.[2163] In der europäischen Union ist das höchste Ziel eine transnationale Integration.[2164]

Trotz dieser unablässigen Inbezugnahme der Integrationsfunktion einzelner Verfassungswerte in Deutschland beziehen sich nur wenige – oder jedenfalls nur am Rande – auf den Ursprung des Integrationsbegriffs in Deutschland.[2165] Im Ausgangspunkt stammt der Begriff der Integration im Verfassungsrecht aus Zeiten des Methodenstreits der Weimarer Staatsrechtslehre, der insbesondere zwischen *Hans Kelsens* „radikal-positivistischer" Schule[2166] und einer naturalistischen Schule ausgetragen wurde, die unter *Rudolph Smends* Feder insbesondere die Integrationslehre hervorbrachte. Diese Integrationslehre ist maßgeblich entscheidend für die rechtsphilosophische Grundausrichtung des Grundgesetzes.[2167]

Es stellt sich die Frage, ob die Lehren verfassungsrechtlicher Integration, die im Rechtsnaturalismus wurzeln, auf Frankreich übertragbar sind. Das wäre nicht der Fall, wenn Frankreichs Verfassung maßgeblich rechtspositivistisch geprägt wäre und die Verfassungsinterpretation der Berücksichtigung naturrechtlicher bzw. außerrechtlicher Momente gänzlich unzugänglich wäre. Es ergibt sich also die Frage, ob es sich bei der Nennung des Integrationsbegriffs in der französischen Literatur um den gleichen Begriff handelt, der in der deutschen Staatsrechtslehre entwickelt und vom Bundesverfassungsgericht in den 60er-Jahren aufgegriffen wurde und dieser Begriff in Frankreich nur weniger dogmatisch eingeordnet wurde. So ließen sich

---

2159 Vgl. *Smend,* Verfassung und Verfassungsrecht, 1928, S. 5ff.

2160 *Badura* Der Staat 1977, 305 (310).

2161 In diesem Sinne auch: *Bühler,* Das Integrative der Verfassung, 2011, S. 13.

2162 Vgl. hierzu: C., II., 1., d); sowie: *van Ooyen,* Integration, 2014, S. 45ff.

2163 *van Ooyen,* Die Integrationslehre von Rudolf Smend und das Geheimnis ihres Erfolgs in Staatslehre und politischer Kultur nach 1945, S. 15; *van Ooyen* in van Ooyen/Möllers (Hrsg.), Das Bundesverfassungsgericht im politischen System, 2006, S. 95 (117).

2164 Vgl. *Fischer* Integration 2000 (149); *Thiemeyer,* Europäische Integration, 2010, S. 71ff.; *Kohler-Koch/Conzelmann/Knodt,* Europäische Integration — Europäisches Regieren von, 2004, S. 25.

2165 *van Ooyen,* Die Integrationslehre von Rudolf Smend und das Geheimnis ihres Erfolgs in Staatslehre und politischer Kultur nach 1945, S. 15.

2166 *van Ooyen,* Die Integrationslehre von Rudolf Smend und das Geheimnis ihres Erfolgs in Staatslehre und politischer Kultur nach 1945, S. 16.

2167 *van Ooyen,* Die Integrationslehre von Rudolf Smend und das Geheimnis ihres Erfolgs in Staatslehre und politischer Kultur nach 1945, S. 19f.; *Henne* in van Ooyen/Möllers (Hrsg.), Das Bundesverfassungsgericht im politischen System, 2006, S. 141 (148).

die hier ausgemachten Schlüsse auf französische Verfassungsprinzipien übertragen.[2168]

aa) Rechtsnaturalismus in Deutschland: Smend und Kelsens Erbe

Kelsen beschrieb zwei Unterschiede zwischen dem Naturrecht und dem von ihm vertretenen positiven Recht: Zum einen sei Naturrecht vernünftiges, aus der Natur hervorgehendes Recht, welches eine „natürliche Ordnung" widerspiegle, die unveränderbar sei. Das positive Recht auf der anderen Seite sei von Menschen Hand „künstlich" gesetzt und somit veränderbar.[2169] Zweitens müsse Naturrecht als „anarchische Ordnung"[2170] nicht mit Zwang durchgesetzt werden, wohingegen positives Recht eine „Zwangsordnung" darstelle.[2171] Diese extreme Gegenüberstellung von Rechtsnaturalismus und Rechtspositivismus wird heute wohl nicht mehr vertreten. So war auch bei der Entstehung des Grundgesetzes im parlamentarischen Rat ein parteipolitisches Gleichgewicht zwischen Befürworter:innen naturrechtlicher Tendezen (CDU/CSU, die Zentrumspartei sowie die DP) sowie positivistischer Strömungen zu beobachten (insb. SPD, FDP und KPD) vorhanden.[2172] Jedoch ist eine Gegenüberstellung der beiden Extreme notwendig, um zu begreifen, weshalb in Deutschland die naturalistischen Einflüsse zur Herausbildung der dogmatischen Integrationslehre *Smends* geführt haben, während in Frankreich die Integrationsfunktion der Verfassung zwar vereinzelt anerkannt wird,[2173] dieser aber keine vertiefte Beachtung geschenkt wird.

In Deutschland kamen die Gegenbegriffe von Rechtspositivismus und Rechtsnaturalismus in der Mitte des 19. Jahrhunderts auf.[2174] In Zusammenhang mit der Revolution von 1848 nahmen konservative Einflüsse ab, die sich in der historischen Rechtsschule *Savignys* widerspiegelten und ein wissenschaftlicher Rechtspositivismus entstand, der auf formalen Strukturen beruhte und nicht mehr an einen „Volksgeist" als Ursprung des Rechts anknüpfte.[2175] Der frühe Positivismus stützte sich auf die *Kantsche* Rechtsethik[2176] und war insbesondere im Straf- und im Prozessrecht vorhanden.[2177] So versuchte er die Brücke zwischen Rechtsschule und Praxis zu schlagen, indem insb. partikularrechtliche Kodifizierungen forciert

---

[2168] Vgl. unten Punkt 4 in diesem Abschnitt.

[2169] *Kelsen,* Die philosophischen Grundlagen der Naturrechtslehre und des Rechtspositivismus, 1928, S. 8f.

[2170] *Kelsen,* Die philosophischen Grundlagen der Naturrechtslehre und des Rechtspositivismus, 1928, S. 10.

[2171] *Kelsen,* Die philosophischen Grundlagen der Naturrechtslehre und des Rechtspositivismus, 1928, S. 9; *Kelsen,* Reine Rechtslehre, S. 224.

[2172] *Rosenbaum,* Naturrecht und positives Recht, 1972, S. 116.

[2173] *Hamon/Troper,* Droit constitutionnel, 45. Aufl. 2025, S. 62.

[2174] *Rosenbaum,* Naturrecht und positives Recht, 1972, S. 52.

[2175] *Rosenbaum,* Naturrecht und positives Recht, 1972, S. 53f.

[2176] *Rosenbaum,* Naturrecht und positives Recht, 1972, S. 53.; auch: *Smend,* Verfassung und Verfassungsrecht, 1928, S. 2

[2177] *Rosenbaum,* Naturrecht und positives Recht, 1972, S. 53.

wurden.[2178] Der Fokus wurde – auch unter den Einflüssen der Revolution von 1848 – auf „logische[...] Richtigkeit und Systemgerechtigkeit" nicht auf das Naturrecht, das „aus dem Volksgeist hervorgegangen" sei, gelegt.[2179] Auch bereits vor dem Aufkommen von *Kelsens* Staatstheorie war somit der Rechtspositivismus – unter *Paul Laband*, *Karl von Gerber* und *Georg Jellinek* – als herrschende Lehre anzusehen.[2180] Eine naturrechtliche Tradition gab es bis dato in Deutschland also nicht.[2181]

Intensiviert wurde der Streit zwischen Rechtspositivismus und Rechtsnaturalismus erst später, nämlich zum einen im Weimarer Methodenstreit und erneut in den 1950er und 1960er-Jahren, als eine bewusste Abkehr der deutschen Staatsrechtslehre, von der mit dem Nationalsozialismus in Verbindung gesetzten rechtspositivistischen Praxis verfolgt wurde. Somit kann insbesondere in der Nachkriegszeit von einer naturrechtlichen Renaissance gesprochen werden.[2182] Hier wurden die Lehren der Weimarer Zeit erneut aufgegriffen und auf die neue Bundesrepublik umgemünzt.[2183] Naturrecht wird somit auch als Bewältigungsmechanismus in der deutschen Nachkriegszeit gesehen. Nicht nur konnten sich individuelle Rechtswissenschaftler:innen so durch die Abgrenzung vom Rechtspositivismus von einer belastenden Rolle während der Zeit des Nationalsozialismus exkulpieren,[2184] auch galt es als Mittel der kollektiven Vergangenheitsbewältigung, indem positives Recht kritisch beurteilt werden konnte.[2185] Von überlagernden menschlichen Moralvorstellungen losgelöste Gesetzestreue der staatlichen Justiz des Nationalsozialismus wurde zum Feindbild erklärt,[2186] womit das Naturrecht in der jungen Bundesrepublik einen Aufschwung erlebte.[2187] So können auch in der Entstehung des Grundgesetzes naturrechtliche Tendenzen wiedergefunden werden, insbesondere mit Blick auf die Ausgestaltung des Ehe- und Familienrechts (Art. 6 und 7 GG) sowie des Eigentumsrechts (Art. 14 GG), in denen sich christlich-naturrechtliche sowie bürgerliche und liberale naturrechtliche Grundgedanken finden lassen.[2188] „Im Naturrecht suchte man nun absolute, von den Entscheidungen des Gesetzgebers unabhängige sittliche Fundamente eines jeden Rechts, auf die die Richter verpflichtet

---

2178 *Rosenbaum,* Naturrecht und positives Recht, 1972, S. 53.

2179 *Rosenbaum,* Naturrecht und positives Recht, 1972, S. 53.

2180 R. *Christian van Ooyen,* Der Staat der Moderne, 2003, S. 40; vgl. zum Rechtspositivismus Labands und Gerbers auch: *Schmidt* in Schmidt (Hrsg.), Rechtspositivismus, C 2014 (63ff.); zum Rechtspositivismus Jellineks, vgl. auch: *Lembcke* in Schmidt (Hrsg.), Rechtspositivismus, C 2014 (83ff.).

2181 *Rosenbaum,* Naturrecht und positives Recht, 1972, S. 9.

2182 *Rosenbaum,* Naturrecht und positives Recht, 1972, S. 9.

2183 Vgl. *van Ooyen,* Integration, 2014, S. 19.

2184 *van Ooyen,* Die Integrationslehre von Rudolf Smend und das Geheimnis ihres Erfolgs in Staatslehre und politischer Kultur nach 1945, S. 16.

2185 *Rosenbaum,* Naturrecht und positives Recht, 1972, S. 9.

2186 *Rosenbaum,* Naturrecht und positives Recht, 1972, S. 9.

2187 *Rosenbaum,* Naturrecht und positives Recht, 1972, S. 9; *van Ooyen,* Die Integrationslehre von Rudolf Smend und das Geheimnis ihres Erfolgs in Staatslehre und politischer Kultur nach 1945, S. 18.

2188 *Rosenbaum,* Naturrecht und positives Recht, 1972, S. 118f.

seien."[2189] Positivismus kann nach diesem Verständnis mit „bedingungslosem [...] Gesetzesgehorsam"[2190] gleichgesetzt werden.

bb) Die Integrationslehre setzt sich durch – zufällige Wahl einer „Staatsdoktrin"[2191] der Einheit im Föderalstaat

In Deutschland setzte sich *Rudolph Smends* sog. Integrationslehre[2192] als naturrechtliche Doktrin durch.[2193] Dies sei u.a. den Verfassungsrichtern *Leibholz* und *Hesse* zu verdanken, die der Lehre *Smends* nahestanden.[2194]

Jedoch scheint die Durchsetzung dieser naturalistischen Schule, in Anknüpfung an den westlichen Konstitutionalismus, eher zufällig zu sein. Denn zu Zeiten ihrer Entstehung knüpfte *Smends* Lehre der Integration noch an Begriffe wie „Staat" und „Volk" an und weniger an eine „politische Einheit",[2195] welche heute mit dem Integrationsmodell verfolgt wird.[2196] Sie war in ihrer Ursprungsform antidemokratisch und antipluralistisch[2197] und entwickelte sich dennoch zur leitenden „Staatsdoktrin"[2198] der nachkriegsdeutschen Staatslehre heraus.[2199] *Kelsens* rechtspositivistische Ideen hingegen stellten schon damals die Konstrukte von „Staat" und „Volk" in Frage und wurden somit als zu radikal angesehen.[2200] Seine Auswanderung in die USA machten den Weg für Rechtsnaturalisten wie *Smend* – der sich anders als der sozialdemokratische *Kelsen* nicht eindeutig von Nazideutschland distanzierte – und NS-Sympathisant *Carls Schmitt* frei. Als auch letzterer nach dem Krieg Ächtung erfuhr, setzte sich schlussendlich *Smends* Theorie durch.[2201]

2189 *Rosenbaum,* Naturrecht und positives Recht, 1972, S. 9.

2190 *Rosenbaum,* Naturrecht und positives Recht, 1972, S. 10.

2191 *van Ooyen,* Die Integrationslehre von Rudolf Smend und das Geheimnis ihres Erfolgs in Staatslehre und politischer Kultur nach 1945, 17, 20.

2192 Vgl. *Smend,* Verfassung und Verfassungsrecht, 1928; *Smend,* Staatsrechtliche Abhandlungen und andere Aufsätze, 2010, S. 482ff.

2193 *van Ooyen,* Die Integrationslehre von Rudolf Smend und das Geheimnis ihres Erfolgs in Staatslehre und politischer Kultur nach 1945, S. 17; vgl. *Günther,* Denken vom Staat her, 2004, S. 159ff.

2194 *van Ooyen,* Die Integrationslehre von Rudolf Smend und das Geheimnis ihres Erfolgs in Staatslehre und politischer Kultur nach 1945, S. 17.

2195 *van Ooyen,* Die Integrationslehre von Rudolf Smend und das Geheimnis ihres Erfolgs in Staatslehre und politischer Kultur nach 1945, S. 19.

2196 Etwa, wenn es um eine Integration durch die:den Bundespräsident:in geht, vgl.: *van Ooyen,* Die Integrationslehre von Rudolf Smend und das Geheimnis ihres Erfolgs in Staatslehre und politischer Kultur nach 1945, S. 15.

2197 *van Ooyen,* Die Integrationslehre von Rudolf Smend und das Geheimnis ihres Erfolgs in Staatslehre und politischer Kultur nach 1945, S. 15.

2198 *van Ooyen,* Die Integrationslehre von Rudolf Smend und das Geheimnis ihres Erfolgs in Staatslehre und politischer Kultur nach 1945, 17, 20.

2199 *van Ooyen,* Die Integrationslehre von Rudolf Smend und das Geheimnis ihres Erfolgs in Staatslehre und politischer Kultur nach 1945, S. 17.

2200 *van Ooyen,* Die Integrationslehre von Rudolf Smend und das Geheimnis ihres Erfolgs in Staatslehre und politischer Kultur nach 1945, S. 16.

2201 *van Ooyen,* Integration, 2014, S. 32ff.

Smend entnahm den in der Soziologie verbreiteten Begriff der Integration und interpretierte ihn 1928 für die Verfassungslehre um.[2202] Aufgabe der Verfassung sei die Herstellung staatlicher Einheit.[2203] „Integration" war hiernach ein „dynamischer Prozess", kein statischer Zustand.[2204] Als normatives Gebot war damit die Erreichung staatlicher Einheit oberstes Gebot „konstitutioneller Spielregeln"[2205] und stark abzugrenzen von seinem heutigen Verständnis in pluralistischer Form.[2206] *Smends* Lehre erfuhr auch durch ihre Flexibilität großen Einfluss, da sie sich sowohl auf die Wertmaßstäbe des Nationalsozialismus als auch auf ein pluralistischer werdendes Nachkriegsdeutschland übertragen ließ.[2207] Das Bundesverfassungsgericht, welches in weiten Teilen die Staatsrechtslehre in der neuen Bundesrepublik ersetzte, kam die *Smend'sche* „Lehrformel[n] von „Integration", „Einheit, „Bundestreue", „Wertordnung" usw." entgegen, da so „genau das entschieden und (juristisch) camoufliert werden konnte, was (rechtspolitisch) gefiel"[2208].

Obwohl *Smends* Theorie im Ursprung also nicht an die aktuelle politische Wirklichkeit anknüpft, ist sie aufgrund ihrer Flexibilität auf die heutige Zeit übertragbar[2209] und schafft es damit, die „Wechselwirkung zwischen Verfassung und politischer Wirklichkeit" offenzulegen.[2210]

(1) Integrationslehre und Antiparlamentarismus und -pluralismus

Smends Integrationslehre scheint zwar den Ausgangspunkt der heutigen Integrationsdimension der deutschen Verfassung zu bilden. Seine Lehren sind aber vor dem Hintergrund antisemitischer, antiparlamentaristischer und antipluralistischer

---

2202 *Smend,* Staatsrechtliche Abhandlungen und andere Aufsätze, 2010, S. 482; *Korioth* in Bogdandy/Burgi/Heintzen (Hrsg.), Leistungsgrenzen des Verfassungsrechts. Öffentliche Gemeinwohlverantwortung im Wandel, 2002, S. 123.

2203 Vgl. *Smend,* Verfassung und Verfassungsrecht, 1928, S. 9f. *Bogdandy/Bagchi,* Approaches to Comparative Public Law in Germany, https://www.mpil.de/de/pub/forschung/nach-rechtsgebieten/oeffentliches-recht/approaches-to-comparative.cfm; *Korioth* in Bogdandy/Burgi/Heintzen (Hrsg.), Leistungsgrenzen des Verfassungsrechts. Öffentliche Gemeinwohlverantwortung im Wandel, 2002, S. 123.

2204 *van Ooyen,* Integration, 2014, S. 26; vgl. auch: *Smend,* Verfassung und Verfassungsrecht, 1928, S. 18.

2205 *Korioth* in Bogdandy/Burgi/Heintzen (Hrsg.), Leistungsgrenzen des Verfassungsrechts. Öffentliche Gemeinwohlverantwortung im Wandel, 2002, S. 123; *Smend,* Staatsrechtliche Abhandlungen und andere Aufsätze, 2010, S. 485.

2206 *van Ooyen,* Die Integrationslehre von Rudolf Smend und das Geheimnis ihres Erfolgs in Staatslehre und politischer Kultur nach 1945, S. 15; *Korioth* in Bogdandy/Burgi/Heintzen (Hrsg.), Leistungsgrenzen des Verfassungsrechts. Öffentliche Gemeinwohlverantwortung im Wandel, 2002, S. 123.

2207 *van Ooyen,* Die Integrationslehre von Rudolf Smend und das Geheimnis ihres Erfolgs in Staatslehre und politischer Kultur nach 1945, S. 19.

2208 *van Ooyen,* Die Integrationslehre von Rudolf Smend und das Geheimnis ihres Erfolgs in Staatslehre und politischer Kultur nach 1945, S. 19f.

2209 So wird sie auch als „inhaltsleer" beschrieben, in: *van Ooyen,* Die Integrationslehre von Rudolf Smend und das Geheimnis ihres Erfolgs in Staatslehre und politischer Kultur nach 1945, S. 19.

2210 *Korioth* in Bogdandy/Burgi/Heintzen (Hrsg.), Leistungsgrenzen des Verfassungsrechts. Öffentliche Gemeinwohlverantwortung im Wandel, 2002, S. 123.

Tendenzen seiner Werke nicht unkritisch zu sehen.[2211] Seine Fixierung auf den Staat und das Volk kann – in Abgrenzung zu *Kelsens* fortschrittlichen Demokratietheorie[2212] – als antiparlamentaristisch und antipluralistisch bzw. als dem Faschismus nicht abgeneigt interpretiert werden.[2213] So spiegelt auch die Kategorisierung von Staatsformen in liberalen Parlamentarismus gegenüber der demokratischen Staatsform[2214] (ausgehend von dem Gedanken *Smitts*, dass Liberalismus und Demokratie unvereinbar seien) und die Kritik an der parlamentarischen Verfassung Weimars[2215] einen klaren Antiparlamentarismus wider.[2216] *Smend* stellte fest: Die „liberale Staatsform, d. h. Parlamentarismus, ist keine Staatsform, weil auf funktionelle Integration allein kein Staat gegründet werden kann, ebenso wenig, wie auf sachliche allein nach korrekter sozialistischer Verfassungstheorie“[2217]. Er verneint damit die Staatsqualität der Weimarer Republik.[2218] So stellte *Smend* in demokratiegefährdender Weise durch die Bezugnahme auf die naturrechtliche Verwurzelung einer integrativen Verfassung – auch im Titel seines Hauptwerks „Verfassung und Verfassungsrecht“ – die Geltung der positivierten Verfassung in Frage, da dahinter noch eine nicht-positivierte das Volk integrierende – also naturrechtliche Verfassung – stünde.[2219] Dieses Narrativ verfolgte er jedenfalls bis 1933 und stellte sich somit nicht auf die Seite einer parlamentarischen Demokratie im Gegensatz zur nationalsozialistischen Herrschaft.[2220]

Smend stellt sich damit gegen die Kompromissbereitschaft pluralistischer Gesellschaftsordnungen und macht aus, dass hier eine Integration nicht möglich sei. „Versteht man sie [die Weimarer Verfassung] im bourgeoisen Sinne als die Ordnung einer Lage, in der jeder nur das Seine und nicht das Ganze sucht, sich nicht dem Ganzen verpflichtet weiß, dann ist sie eine Organisation des Pluralismus, d. h. des letzten Endes anarchischen Nebeneinanders der politischen Gruppen, ein *modus vivendi* zwischen ihnen, ein Waffenstillstand oder eine taktische Lage im Klassenkampf, wie sie oft charakterisiert wird. [...] Es bedarf keines Worts näherer Begründung, da[ss] die Beurkundung eines solchen Handelsgeschäfts zwischen

---

[2211] So nennt *Smend* etwa als Beispiel für ein unmögliches Führungssubjekt Deutschlands die „Ostjuden“ und beruft sich hierbei zwar auf Max Weber, distanziert sich aber auch nicht hiervon, vgl.: *Smend,* Verfassung und Verfassungsrecht, 1928, S. 29; vlg. auch: *van Ooyen,* Integration, 2014, S. 31.

[2212] *Troper* in Herrera (Hrsg.), Le droit, le politique autour de Max Weber, Hans Kelsen, Carl Schmitt, 1995 (157ff.); *Kelsen,* Théorie générale du droit et de l'état, 1997, S. 166f.

[2213] *Kelsen,* Der Staat als Integration. Unrecht und Unrechtsfolge im Völkerrecht. Rechtsgeschichte gegen Rechtsphilosophie?, 1971, S. 58.

[2214] *Smend,* Staatsrechtliche Abhandlungen und andere Aufsätze, 2010, S. 111.

[2215] *Smend,* Verfassung und Verfassungsrecht, 1928, S. 24.

[2216] Vgl. *van Ooyen,* Integration, 2014, S. 32.

[2217] *Smend,* Staatsrechtliche Abhandlungen und andere Aufsätze, 2010, S. 112.

[2218] Vgl. *van Ooyen,* Integration, 2014, S. 32.

[2219] Vgl. *van Ooyen,* Integration, 2014, S. 32.

[2220] *Smend,* Staatsrechtliche Abhandlungen und andere Aufsätze, 2010, S. 323; so auch: *van Ooyen,* Integration, 2014, S. 32f.

Interessentenhaufen keine Verfassung wäre, nichts, dem man Treue schwören kann, wie Beamte und Soldaten es tun müssen."[2221]

(2) Flexibilität als Vorteil der Integrationslehre

Dennoch setzte sich die Theorie *Smends* durch. Denn trotz der in ihren Ursprüngen der Bundesrepublik entgegenstehenden Kernaussagen zeichnet sie sich insbesondere durch ihre Flexibilität aus.[2222] *Brodocz* bezeichnet sie auch als „*blackbox*"[2223]. *Kelsen* kritisiert ihre „Zauberkraft"[2224], da sie in ihrer Anwendung so veränderbar ist.[2225] Anfangs war die Theorie ein Werkzeug zur Umstürzung Weimars Parlamentarismus – nach ihr sind auch Demokratie und Diktatur vereinbar[2226] – und heute wird sie als Mittel zur Einung einer Gesellschaft herangezogen, die sich selbst als plural begreift.[2227] Auch *Smend* selbst unterläuft diesen Wandel – entsprechend *Kelsens* Kritik[2228] – und bezeichnet seine Theorie später als „den Einzelmenschen voranstell[endes] […] Modell streng demokratischen Denkens"[2229]. Bezugssubjekt der Integration sei stets das Individuum. Ziel der Verfassung sei nicht schlicht die Organisation des Staats, sondern darüber hinaus eine Beteiligung der Bürger:innen am Staatsleben durch die Erteilung politischer Rechte.[2230] *Smend* betont, dass „die Verfassung [...] nicht lediglich ein Organisationsstatut [ist], das den Staat als eine feste Gegebenheit voraussetzt und ihn organisiert, sein Handeln regelt, anordnet und begrenzt, sondern zugleich eine Lebensordnung, die auch den grundlegenden politischen Lebensvorgang des Staates ergreift, in dem er durch die ständige fließende Einbeziehung der Einzelnen überhaupt wirklich wird."[2231] Die Einbeziehung erfolge durch verschiedene Integrationsprozesse, die zur Teilhabe der Bürger:innen

---

2221 *Smend,* Staatsrechtliche Abhandlungen und andere Aufsätze, 2010, S. 323.

2222 *van Ooyen,* Integration, 2014, S. 19.

2223 *Brodocz* in Lhotta (Hrsg.), Die Integration des modernen Staates, 2005, S. 191 (191, 192).

2224 *Kelsen,* Der Staat als Integration. Unrecht und Unrechtsfolge im Völkerrecht. Rechtsgeschichte gegen Rechtsphilosophie?, 1971, S. 7.

2225 *Brodocz* in Lhotta (Hrsg.), Die Integration des modernen Staates, 2005, S. 191 (191, 192).

2226 *Kelsen,* Der Staat als Integration. Unrecht und Unrechtsfolge im Völkerrecht. Rechtsgeschichte gegen Rechtsphilosophie?, 1971, S. 83

2227 *Häberle,* Verfassungsinterpretation als öffentlicher Prozeß, 3. Aufl. 1998, S. 122; auch zitiert in: *Obermeyer,* Integrationsfunktion der Verfassung und Verfassungsnormativität. Die Verfassungstheorie Rudolf Smends im Lichte einer transdisziplinären Rechtstheorie, 2008, S. 100.

2228 Vgl. *Kelsen,* Der Staat als Integration. Unrecht und Unrechtsfolge im Völkerrecht. Rechtsgeschichte gegen Rechtsphilosophie?, 1971; Vgl. auch: *R. Chr van Ooyen,* Hans Kelsen und die offene Gesellschaft, 2. Aufl. 2017; später dem entsprechend auch: *Steffani* in: Nuscheler/Steffani (Hrsg.), Pluralismus; Konzeptionen und Kontroversen. (Hrsg.), 1972, S. 9 (26).

2229 *Smend* in Kunst/Herzog/Schneemelcher u. a. (Hrsg.), Evangelisches Staatslexikon, 2., vollst. neu bearb. und erw. Aufl. 1975, S. 1024; auch: *van Ooyen,* Integration, 2014, S. 34.

2230 *Smend* in Kunst/Herzog/Schneemelcher u. a. (Hrsg.), Evangelisches Staatslexikon, 2., vollst. neu bearb. und erw. Aufl. 1975, S. 1026.

2231 *Smend,* Staatsrechtliche Abhandlungen und andere Aufsätze, 2010, S. 484.; so ähnlich auch: *Smend* in Kunst/Herzog/Schneemelcher u. a. (Hrsg.), Evangelisches Staatslexikon, 2. Aufl. 1975, S. 1026.

am Verfassungsleben führen, wie etwa Wahlen oder öffentliche Parlamentsdebatten.[2232]

In Abgrenzung zu *Schmitts* offener Ablehnung des heutigen Pluralismusverständnisses – als „Protagonist des totalitären Führerstaates, in dem es [...] nur die politische Einheit [...] des Führers gab"[2233] – äußerte sich *Smend*, dass sein Fokus auch zu Weimarer Zeiten auf einem „Personalismus" basierte, das Individuum und nicht der Staat als Herrschaft integriert werden sollte.[2234]

Somit stellt sich aber die Frage, ob *Smends* Theorie trotz ihrer Flexibilität einen eigenen Aussagegehalt hat oder ob sie tatsächlich „inhaltsleer"[2235] ist. Oder wie *van Ooyen* es ausdrückt: „Dass sich die Dinge verändern und das Gemeinwesen irgendwie auch mit dem Engagement von Bürger[:innen] zu tun hat – ist das wirklich schon eine Verfassungs- bzw. politische Theorie oder nicht ganz einfach banal [...] ?"[2236]

Der ursprüngliche Widerspruch zwischen einer – mangels gemeinsamer Bezugswerte – pluralistischen und einer integrierten Gesellschaft, kann gerade mit der Flexibilität der Theorie *Smends* gelöst werden. Nur weil auch widersprüchliche gesellschaftliche Tendenzen wie Zusammenhalt durch Vaterlandsliebe und Zusammenhalt durch Vielfalt mit einer Theorie erklärt werden können, wird die Theorie nicht „banal"[2237]. Gemein ist beidem die Berufung auf Werte, die zur Einung der Gesellschaft führt. Auch wenn die Integration nicht bewusst, sondern stattdessen unbewusst erfolgt,[2238] ist die Erkenntnis hierüber, dass die Kodifikation von Verfassungswerten den Zusammenhalt in einer Gesellschaft stärken kann. Ob diese Kodifizierung gemeinsamer Werte zu einer sich endlos erneuernden Staatsgründung führt, ist nebensächlich. Welcher politischen Vorstellung oder Staatsform diese Werte entsprechen, ist für die Erkenntnis unerheblich. Bereits die Betrachtung, dass die Verfassung selbst zu einer nationalen Identität führen kann, ohne dass hiermit undemokratische Werte vertreten werden, stellt einen Mehrwert dar und ist keinesfalls banal. Das zeigt auch der Umstand, dass nicht alle Verfassungen eine integrative Wirkung entfalten.[2239] Durch die Integrationsfunktion wird eine Verfassung mehr als eine bloß juristische Formelsammlung, sondern sie entfaltet für einzelne Bürger:innen einen Identifikationswert. Liegt eine integrative Verfassung vor, ist

---

2232 *Smend,* Staatsrechtliche Abhandlungen und andere Aufsätze, 2010, S. 484.

2233 *Steffani* in: Nuscheler/Steffani (Hrsg.), Pluralismus; Konzeptionen und Kontroversen. (Hrsg.), 1972, S. 9 (26).

2234 Vgl. *Steffani* in: Nuscheler/Steffani (Hrsg.), Pluralismus; Konzeptionen und Kontroversen. (Hrsg.), 1972, S. 9 (26f.).

2235 *van Ooyen,* Integration, 2014, S. 19.

2236 *van Ooyen,* Integration, 2014, S. 41.

2237 *van Ooyen,* Integration, 2014, S. 41.

2238 *Smend,* Staatsrechtliche Abhandlungen und andere Aufsätze, 2010, S. 476.

2239 *Brodocz* in Lhotta (Hrsg.), Die Integration des modernen Staates, 2005 (191); *Grimm* Leviathan 2004, 448 (453–457).

die Antwort auf *Heitmeyers* Frage „was hält die Gesellschaft zusammen?“ – die Verfassung selbst.[2240]

b) Inhalte der Integrationslehre Smends: rechtliche Kernaussagen

Die Integrationslehre *Smends* ist im Ausgangspunkt offen formuliert und in ihrer Anwendung nicht auf die deutsche Verfassung beschränkt.[2241] Um sie aber auf eine andere Verfassungsordnung anzuwenden, ist es sinnvoll, ihre Kernaussagen sowie Voraussetzungen herzuleiten.
Bis heute ist die Integrationslehre *Smends* die wohl wirkmächtigste Theorie, die aus der Weimarer Staatsrechtslehre hervorgegangen ist und übt ihren Einfluss bis zur Rechtsprechung des Bundesverfassungsgerichts aus.[2242] Sie inspirierte die Aussagen von *Hesse*, *Häberle*, *Leibholz* und *Scheuner*, um nur einige zu nennen.[2243] Seit 1952 setzte sich *Rudolf Smend* unabhängig von einer politischen Gesinnung als „Hausgott“ durch.[2244] Der Weimarer Richtungsstreit zwischen Positivismus und Anti-Positivismus unter *Kaufmann*, *Smend*, *Schmitt* und *Heller* wirkt lange in die Bundesrepublik fort.[2245] Die Interpretationshoheit über die Verfassung ging in der neuen Bundesrepublik von der Staatsrechtslehre an das Bundesverfassungsgericht über.[2246] Da „[d]as Grundgesetz [...] nunmehr praktisch so [gilt], wie das BVerfG es auslegt, und die Literatur [...] es in diesem Sinn [kommentiert]“[2247], konnte die herrschende Integrationslehre insbesondere unter den *Smend*-nahen Verfassungsrichtern *Hesse* und *Leibholz* Fuß fassen.[2248]

Die anfängliche anti-parlamentaristische Integrationslehre ist selbstverständlich heute nicht mehr tragbar. Ihre ursprünglichen Thesen müssen also, sofern man sie heute weiterhin anwenden möchte, umformuliert werden. So wurde sie auch später

---

[2240] Hierbei ist die Kritik, der mangelnden Normativität der Verfassung nicht relevant, denn sie hat keinen Einfluss auf die Frage, ob eine Verfassung integrative Wirkungen entfaltet oder nicht, vgl. *Obermeyer,* Integrationsfunktion der Verfassung und Verfassungsnormativität. Die Verfassungstheorie Rudolf Smends im Lichte einer transdisziplinären Rechtstheorie, 2008, S. 11f.

[2241] Vgl. etwa *Smend,* Verfassung und Verfassungsrecht, 1928, S. 28; später auch: *Grimm* Leviathan 2004, 448; vgl. auch explizit *Obermeyer,* Integrationsfunktion der Verfassung und Verfassungsnormativität. Die Verfassungstheorie Rudolf Smends im Lichte einer transdisziplinären Rechtstheorie, 2008, S. 29; *Brodocz* in Vorländer (Hrsg.), Integration durch Verfassung, 2002, S. 101; *Vorländer* in Vorländer (Hrsg.), Integration durch Verfassung, 2002, S. 9; *Brodocz* in Lhotta (Hrsg.), Die Integration des modernen Staates, 2005, S. 191; vgl. auch schon: C., III., 2., b).

[2242] *van Ooyen,* Integration, 2014, S. 39; *van Ooyen/Möllers* (Hrsg.), Das Bundesverfassungsgericht im politischen System, S. 133.

[2243] *Badura* Der Staat 1977 (305).

[2244] *Hennis* JuristenZeitung 1999, 485 (486).

[2245] *Hennis* JuristenZeitung 1999, 485 (486); später erneut: *Hennis* in Vorländer (Hrsg.), Integration durch Verfassung, 2002, 267-290 (268).

[2246] *Hennis* JuristenZeitung 1999, 485 (486); *van Ooyen,* Integration, 2014, S. 19; *Günther* in van Ooyen/Möllers (Hrsg.), Handbuch Bundesverfassungsgericht im politischen System, 2 Aufl. 2015 (205).

[2247] *Smend,* Staatsrechtliche Abhandlungen und andere Aufsätze, 2010, S. 582.

[2248] *van Ooyen,* Integration, 2014, S. 17.

in der Literatur verändert und kritisiert,[2249] stets wird jedoch auf *Smends* Werk zurückverwiesen.[2250] Hierbei fällt auf, dass sich selten im Detail mit den Grundthesen der Integrationslehre beschäftigt wird.[2251] Integration ist in aller Munde, was diese konkret bedeutet, jedoch nicht. [2252] Um die Anwendbarkeit der Theorie auf ein anderes Rechtssystem zu überprüfen, wird ein tieferes Verständnis der Theorie gefordert.

Smend rekurriert auf den soziologischen Ursprung des Integrationsbegriffs[2253] und wendet eine geisteswissenschaftliche Methodik, als „verstehende Wissenschaft", an, die ein Verständnis Einzelner von Gemeinschaften in ihrem Zusammenspiel als Gegenstände des „geistigen Lebens" beschreiben.[2254] Integration sei danach elementare Voraussetzung eines Staats, in dem durch ein Kollektiv gemeinsame Werte weitergebildet und in Gesetze, Urteile oder Verwaltungshandeln umgesetzt werden.[2255] Staatsrecht stellt eine Verschriftlichung der „Wertgesetzlichkeit des Geistes" dar, also von Naturrecht, weshalb der Fokus der Theorie auf dieser Grundlage der positiven Gesetzlichkeit liegt.[2256] Das „überempirisch aufgegebene Wesen des Staats [ist] sein Charakter als souveräner Willensverband und seine dauernde Integration zur Wirklichkeit."[2257]

Nach *Smends* Lehre besteht der Staat also zwingend und originär.[2258] So wird auch kritisiert, dass *Smend* lediglich den Begriff der Integration zum bestehenden Verfassungsrecht hinzufügt, welcher aber selbst keine Mehrbedeutung habe.[2259] Denn eine Argumentation, wonach eine Gesellschaft bzw. ein Staat, welcher bereits besteht, durch fortlaufende Integrationsprozesse erneut geschaffen werde, führe zum Zirkelschluss.[2260]

2249 Siehe in diesem Abschnitt Punkte aa) und bb).

2250 *Badura* Der Staat 1977, 305 (306); *Bühler,* Das Integrative der Verfassung, 2011, S. 7; *Brodocz* in Lhotta (Hrsg.), Die Integration des modernen Staates, 2005 (191); *Hennis* in Vorländer (Hrsg.), Integration durch Verfassung, 2002 (267–270); *Henne* in van Ooyen/Möllers (Hrsg.), Das Bundesverfassungsgericht im politischen System, 2006, S. 141.

2251 Vgl. *Vorländer* in Vorländer (Hrsg.), Integration durch Verfassung, 2002, S. 9 (14f.).

2252 *Khellil,* Sociologie de l'intégration, 2. Aufl. 2005, S. 3; vgl. *van Ooyen,* Integration, 2014, S. 15; so auch: *van Ooyen/Möllers* (Hrsg.), Das Bundesverfassungsgericht im politischen System, S. 133; *Stein,* Staatsrecht, 1991, S. 63.

2253 *Smend,* Staatsrechtliche Abhandlungen und andere Aufsätze, 2010, S. 482; *Korioth* in Bogdandy/Burgi/Heintzen (Hrsg.), Leistungsgrenzen des Verfassungsrechts. Öffentliche Gemeinwohlverantwortung im Wandel, 2002, S. 123.; *Vorländer* (Hrsg.), Integration durch Verfassung, S. 283; *Badura* Der Staat 1977, 305 (313).

2254 *Smend,* Verfassung und Verfassungsrecht, 1928, S. 7.; *Vorländer* (Hrsg.), Integration durch Verfassung, S. 283; *Badura* Der Staat 1977, 305 (313).

2255 *Smend,* Verfassung und Verfassungsrecht, 1928, S. 18.

2256 *Smend,* Verfassung und Verfassungsrecht, 1928, S. 21.

2257 *Smend,* Verfassung und Verfassungsrecht, 1928, S. 22.

2258 *van Ooyen,* Integration, 2014, S. 27.

2259 Vgl. dazu auch: *Hennis* in Vorländer (Hrsg.), Integration durch Verfassung, 2002, 267-290 (285).

2260 *Korioth,* Integration und Bundesstaat, 2019, S. 142.

Smend zufolge ist Verfassung „die Rechtsordnung des Staats [...], in dem der Staat seine Lebenswirklichkeit hat, nämlich seine[n] Integrationsprozess[...].“[2261] Verfassung ist also gleich Integration und „die Qualität verfassungsrechtlicher Regelungen wird allein nach dem Integrationswert für das Staatsleben bemessen“[2262]. Der rechtsnaturalistische Ansatz der Theorie spiegelt sich darin wider, dass *Smend* aufgrund der originären Existenz des Staates auch von einer Verfassung ausgeht, die über dem positiven Recht steht.[2263] „[D]ie geschriebene Verfassung [ist] überhaupt überflüssig.“[2264] Somit sind auch die Verfassung und das Verfassungsrecht nicht zwingend deckungsgleich und verfassungswidrige „Verfassungsnormen“ können über den Umweg der „Integration“ Verfassungsrang erreichen.[2265]

Differenziert wird zwischen Integration durch Führung (sog. persönlicher Integration),[2266] Integration durch die Bildung von Gemeinschaft wie Parlamenten (sog. funktionelle Integration)[2267] und der Integration durch politische Symbole (sog. sachliche Integration)[2268]. *Smend* war der Meinung diese Integrationstypen seien in verschiedenen Ausprägungen in unterschiedlichen Staatsformen gegeben, seien aber in der Regel als Mischformen vorhanden.[2269] So stützen sich Demokratie und Monarchie stärker auf eine sachliche Integration und parlamentarische Systeme eher auf eine funktionelle Integration.[2270]

aa) Die sachliche Integration: der integrierende Charakter von Verfassungssymbolen

Im Zusammenhang mit der Integration durch Verfassungsprinzipien scheint besonders die sachliche Integration relevant zu sein.[2271] Hierbei sind zwei Begriffe näher zu beleuchten: der des Symbols[2272] und der der Identität[2273]. Die sachliche

2261 *Smend,* Verfassung und Verfassungsrecht, 1928, S. 78.
2262 *van Ooyen,* Integration, 2014, S. 30.
2263 *Smend,* Staatsrechtliche Abhandlungen und andere Aufsätze, 2010, S. 78; *van Ooyen,* Integration, 2014, S. 30.
2264 *van Ooyen,* Integration, 2014, S. 30.
2265 Dies lässt auch der Titel von *Smend,* Staatsrechtliche Abhandlungen und andere Aufsätze, 2010 vermuten; vgl. *van Ooyen,* Integration, 2014, S. 30.
2266 *Smend,* Verfassung und Verfassungsrecht, 1928, S. 25ff.
2267 *Smend,* Verfassung und Verfassungsrecht, 1928, S. 32ff.
2268 *Smend,* Verfassung und Verfassungsrecht, 1928, S. 45ff.
2269 *van Ooyen,* Integration, 2014, S. 31.
2270 *van Ooyen,* Integration, 2014, S. 31f.; diese Feststellung macht deutlich, dass *Smend* zu diesem Zeitpunkt nicht von einer Vereinbarkeit von Parlamentarismus und Demokratie ausging.
2271 Vgl. hierzu *Smend,* Verfassung und Verfassungsrecht, 1928, S. 45ff.
2272 Vgl. z.B. *Smend,* Verfassung und Verfassungsrecht, 1928, S. 33.
2273 Zwar spricht Smend in seinem Text „Verfassung und Verfassungsrecht“ noch nicht ausdrücklich von „Identität“, da das Wort zu diesem Zeitpunkt noch mit individualistischen Ideen verknüpft war, jedoch verwendet er den Begriff der „objektiven Wertgesetzlichkeit“, mit dem er das meint, was heute im Kontext der Verfassungsintegration als „Identität“ verstanden wird, vgl. *Smend,* Verfassung und Verfassungsrecht, 1928, S. 47; das auch von Smend verwendete Gemeinschaftsgefühl, wird in heutiger Zeit ebenfalls mit dem Begriff der gemeinsamen Identität gleichgesetzt, vgl. *Grimm* Leviathan 2004, 448 (448).

Integration bezieht sich auf die Gemeinschaftsbildung aufgrund rationaler sowie irrationaler Werte, auf die sich die Bevölkerung gemeinschaftlich beruft.[2274] Die Differenzierung zwischen rationalen und irrationalen Werten zieht sich durch die Abhandlung *Smends* zur Verfassungsintegration.[2275] Sie führen im Ergebnis beide dazu, die staatliche Herrschaft zu rechtfertigen. Diese finde über den gemeinschaftlichen Wert gesellschaftliche Akzeptanz.[2276] Dabei schreibt *Smend* den irrationalen Werten einen ausgeprägteren Integrationswert zu als denjenigen Werten, die rational hergeleitet werden können.[2277] Eine sachliche Integration könne danach nicht künstlich erschaffen werden, sondern setze eine Gleichartigkeit der Gemeinschaft voraus, die meist in der Staatsangehörigkeit läge, die durch verbindende Momente zu einem Gemeinschaftsgefühl führen, also integrierend wirken.[2278]

(1) Sachliche Integration: der Begriff des Symbols

Die Relevanz der Integrationslehre für die Bedeutung des Unteilbarkeitsprinzips wird mit Blick auf den von *Smend* verwendeten Begriff der „Symbolisierung"[2279] deutlich. Dieser wird auch bezogen auf das Unteilbarkeitsprinzip verwendet, um seine nicht-normative Wirkung zu beschreiben.[2280] Der gemeinschaftsbildende Wert ergibt sich für *Smend* dann, wenn ein Wert „in eine Form gebracht wird, die sie für die Staatsbürger erfahrbar macht."[2281] Dieses „erfahrbar machen" erfolgt über die Bildung von Symbolen, die oftmals nicht rational sind, aber den sachlichen Gehalt eines Integrationsmoments überschatten und somit die Gemeinschaft einen.[2282] Im Verfassungskontext entstehen Symbole durch die Positivierung von

---

2274 *Smend,* Verfassung und Verfassungsrecht, 1928, 42f, 49; *Obermeyer,* Integrationsfunktion der Verfassung und Verfassungsnormativität. Die Verfassungstheorie Rudolf Smends im Lichte einer transdisziplinären Rechtstheorie, 2008, S. 63.

2275 *Smend,* Verfassung und Verfassungsrecht, 1928, S. 42f.; *Obermeyer,* Integrationsfunktion der Verfassung und Verfassungsnormativität. Die Verfassungstheorie Rudolf Smends im Lichte einer transdisziplinären Rechtstheorie, 2008, S. 63.

2276 *Smend,* Verfassung und Verfassungsrecht, 1928, S. 43.

2277 *Smend,* Verfassung und Verfassungsrecht, 1928, S. 49; so auch *Obermeyer,* Integrationsfunktion der Verfassung und Verfassungsnormativität. Die Verfassungstheorie Rudolf Smends im Lichte einer transdisziplinären Rechtstheorie, 2008, S. 63.

2278 *Smend,* Verfassung und Verfassungsrecht, 1928, S. 50f.; *Obermeyer,* Integrationsfunktion der Verfassung und Verfassungsnormativität. Die Verfassungstheorie Rudolf Smends im Lichte einer transdisziplinären Rechtstheorie, 2008, S. 65.

2279 Vgl. z.B. *Smend,* Verfassung und Verfassungsrecht, 1928, S. 33.

2280 Vgl. hierzu: C.

2281 *Obermeyer,* Integrationsfunktion der Verfassung und Verfassungsnormativität. Die Verfassungstheorie Rudolf Smends im Lichte einer transdisziplinären Rechtstheorie, 2008, S. 67.

2282 *Smend,* Verfassung und Verfassungsrecht, 1928, S. 49; *Obermeyer,* Integrationsfunktion der Verfassung und Verfassungsnormativität. Die Verfassungstheorie Rudolf Smends im Lichte einer transdisziplinären Rechtstheorie, 2008, S. 67f.

Normen,[2283] als „politische Werteordnung […], an die die Gesellschaft sich hält" [2284]. Sie verleihen dem Verfassungstext „auf symbolische Weise Gestalt."[2285]

Im Unterschied zur funktionalen Integration handelt es sich bei der sachlichen Integration über die Symbolik eines Integrationsmoments um einen automatischen, „sinnlichen"[2286] Vorgang, nicht um einen „geistigen" Prozess wie bei der funktionalen Integration.[2287] *Smend* stellt gegenüber, dass „[d]er Vorgang [der Integration] selbst […] an sich auf dem sinnlichen Gebiet liegen [kann] und den geistigen Gehalt begleiten, anregen und symbolisieren" kann.[2288] Somit können sachliche und funktionale Integration sich verstärken. Etwa kann die Erschaffung eines gemeinsamen symbolischen Wappens, einer Fahne (sachliche Integration), die integrative Wirkung des Parlaments (funktionale Integration) unterstützen. Grundsätzlich sind die Gehalte jedoch voneinander zu trennen. Im Folgenden wird insbesondere die symbolische, also sachliche Bedeutung des Unteilbarkeitsprinzips behandelt.

(2) Verfassungsintegration und Verfassungsidentität

Der Reihenfolge nach entsteht in *Smends* sachlicher Integration zunächst ein verbindender Moment, der – im Verfassungsrecht – zur Symbolisierung einer Norm führt. Diese Symbolik führt zur Stärkung der gemeinsamen Identität der Bevölkerung und hierdurch zu ihrer Einung, also Integration. Dem Unteilbarkeitsprinzip wird neben seiner symbolischen Kraft auch eine identitätsstiftende Rolle zugeschrieben.[2289] Hier wird erneut der Zusammenhang zwischen der Rolle des Prinzips im französischen Verfassungssystem und der Integrationswirkung von Verfassungsnormen deutlich. *Grimm* zufolge ist Integration „ein tatsächlicher Vorgang, in dem die Mitglieder eines Gemeinwesens ein Zusammengehörigkeitsgefühl entwickeln und eine kollektive Identität ausbilden"[2290]. Identität wird gemeinhin als „Existenz als etwas Bestimmtes, als jmd. Bestimmter [,] […] das bzw. der von allem bzw. allen anderen eindeutig unterscheidbar ist"[2291] beschrieben. Dem entspricht auch die Definition im verfassungsrechtlichen Kontext, wonach „Identität das Einigsein […] einer Gesellschaft mit sich selbst [beschreibt] und das daraus folgende Bewusstsein eigener Besonderheit in Abgrenzung zu anderen; es geht um die

---

2283 Vgl. *Habermas,* Zwischen Naturalismus und Religion, 2005, S. 106.

2284 *Béal-Long/Chambardon/Malblanc,* Les indispensables du droit constitutionnel, 2016, S. 45ff.

2285 *Béal-Long/Chambardon/Malblanc,* Les indispensables du droit constitutionnel, 2016, S. 45ff.

2286 *Smend,* Verfassung und Verfassungsrecht, 1928, S. 33.

2287 *Smend,* Verfassung und Verfassungsrecht, 1928, S. 33; auch zitiert in: *Obermeyer,* Integrationsfunktion der Verfassung und Verfassungsnormativität. Die Verfassungstheorie Rudolf Smends im Lichte einer transdisziplinären Rechtstheorie, 2008, S. 68.

2288 *Smend,* Verfassung und Verfassungsrecht, 1928, S. 33.

2289 *Daly* European Constitutional Law Review 2015 (458f.); in diesem Sinne auch: *Lemaire,* Le principe d'indivisibilité de la République, 2010, S. 11.

2290 *Grimm* Leviathan 2004, 448 (448); auch Korioth sieht die Begriffe Identität und Integration im Zusammenhang, vgl. *Korioth* in Bogdandy/Burgi/Heintzen u. a. (Hrsg.), Leistungsgrenzen des Verfassungsrechts. Öffentliche Gemeinwohlverantwortung im Wandel, Reprint 2013 2003, S. 117 (118).

2291 *Wahrig/Brockhaus/Wahrig-Burfeind,* Deutsches Wörterbuch, 9. Aufl. 2011, S. 757.

Übereinstimmung, die von einer Verfassung vorausgesetzt wird und ihre Wirksamkeit ermöglicht."[2292] Wenn Integration entsprechend *Grimm* über die kollektive Berufung auf gemeinsame Werte erfolgt, die eine Identität bilden,[2293] so könnte man es auch andersherum formulieren: Eine gemeinsame Identität führt zur Integration. Die Begriffe der Integration und der Identität stehen somit in einem engen Zusammenhang zueinander, denn auch Identität – als „das Bewusstsein eigener Besonderheit in Abgrenzung zu anderen"[2294] – führt zur Einung einer Gesellschaft.[2295]

Eine Identifikation mit einer Verfassung, lässt sich durch die Kodifizierung gemeinsamer Werte sowie durch staatliche Institutionen hervorrufen, denen eine symbolische Bedeutung beigemessen wird.[2296] Ob eine solche Identität der Verfassung aber innewohnt, steht getrennt von der Frage, ob Verfassungsidentitäten grundsätzlich möglich sind. Anders formuliert: Nicht jede Verfassung führt zur Formung einer gesellschaftlichen Identität und damit einer Verfassungsintegration.[2297] Insbesondere gesellschaftlicher Pluralismus wird als identitätsbedrohend gesehen und kann einer gesellschaftlichen Einung durch Verfassungssymbolik entgegenstehen.[2298] Ob im Falle des französischen Prinzips der Unteilbarkeit dennoch von einem identitätsstiftenden Verfassungsprinzip gesprochen werden kann, ist im Folgenden zu klären.

bb) Zu den Voraussetzungen einer sachlich integrativen Verfassung im Einzelnen: Verfassungsintegration als Statut

Anknüpfend an die Integrationslehre *Smend*, lassen sich aus der sachlichen Integration Parameter ableiten, anhand derer die Integrationskraft einer Verfassung oder einer Verfassungsnorm gemessen werden kann.

Im Unterschied zur Integrationslehre zu Zeiten *Smends* wird dies heute nicht mehr als zwingende Voraussetzung für das Vorliegen einer geglückten Verfassung gesehen.[2299] Stattdessen werden – etwa durch *Dieter Grimm* – abstrakte Voraussetzungen aufgestellt, die das Vorliegen einer integrativen Wirkung in einer Verfassung

---

2292 *Korioth* in Bogdandy/Burgi/Heintzen u. a. (Hrsg.), Leistungsgrenzen des Verfassungsrechts. Öffentliche Gemeinwohlverantwortung im Wandel, Reprint 2013 2003, S. 117 (118).

2293 *Grimm* Leviathan 2004, 448 (448).

2294 *Korioth* in Bogdandy/Burgi/Heintzen (Hrsg.), Leistungsgrenzen des Verfassungsrechts. Öffentliche Gemeinwohlverantwortung im Wandel, 2002, S. 118.

2295 *Korioth* in Bogdandy/Burgi/Heintzen (Hrsg.), Leistungsgrenzen des Verfassungsrechts. Öffentliche Gemeinwohlverantwortung im Wandel, 2002, S. 118.

2296 *Smend,* Verfassung und Verfassungsrecht, 1928, S. 33.

2297 *Grimm* Leviathan 2004, 448 (450); *Brodocz* in Lhotta (Hrsg.), Die Integration des modernen Staates, 2005 (191).

2298 *Korioth* in Bogdandy/Burgi/Heintzen u. a. (Hrsg.), Leistungsgrenzen des Verfassungsrechts. Öffentliche Gemeinwohlverantwortung im Wandel, Reprint 2013 2003, S. 117 (118); *Vorländer* in Vorländer (Hrsg.), Integration durch Verfassung, 2002, S. 9 (11); vgl. zum demokratischen Pluralismus auch *Habermas,* Zwischen Naturalismus und Religion, 2005, S. 106ff.

2299 Vgl. *Obermeyer,* Integrationsfunktion der Verfassung und Verfassungsnormativität. Die Verfassungstheorie Rudolf Smends im Lichte einer transdisziplinären Rechtstheorie, 2008, S. 44.

ergeben sollen. Danach gibt es Verfassungen, die integrativ wirken und solche, die dies nicht tun.[2300] *Grimm* stellt fest, dass die „Integrationswirkung der Verfassung im Unterschied zu ihrer juristischen Funktion nicht mit Notwendigkeit eintritt. Das verweist auf die Frage, wann Verfassungen denn integrative Wirkungen entfalten und wann sie dies verfehlen."[2301] Auch wenn demnach der Ausgangspunkt der Verfassungsintegration nach *Grimm* ebenfalls derjenige *Smends* ist, geht es heute nicht mehr um die Frage, wie eine Integrationswirkung erreicht werden kann, sondern darum, ob eine solche vorliegt.[2302] Die Ausführungen entsprechen in weiten Teilen denen *Smends* zur sachlichen Integration. Diese können ergänzt werden um Erkenntnisse aus der Verfassungsvergleichung (insbesondere mit Blick auf die amerikanische Verfassung)[2303] und der gesellschaftlichen Veränderungen hin zu einem pluralistischen Idealbild einer Gesellschaft.[2304]

Auch wenn im deutschen Recht eine Vielzahl an Quellen besteht, die sich mit der integrativen Wirkung von Verfassungen befassen, ist dennoch festzustellen, dass diese stark auseinandergehen und sich keine einheitlichen Voraussetzungen ableiten lassen, die eine integrative Funktion ergeben.[2305] Dennoch stehen alle Auseinandersetzungen mit der Integrationsfunktion in Zusammenhang mit der Normativität von Verfassungen.[2306] Die integrative Wirkung einer Verfassung ist losgekoppelt von ihrer normativen Funktionsweise.[2307] Denn der Umstand, dass eine Verfassung rechtlich effektiv ist, führt nicht dazu, dass ihren Vorschriften ein darüber hinausgehender Wert zuerkannt wird.[2308] Auch lassen sich aus der Zusammenschau der Literatur zur heutigen Auslegung der Integrationslehre – und insbesondere mit Blick auf *Dieter Grimms* Abhandlungen zur Integration und Verfassung[2309] – abstrakte Leitlinien folgern, anhand derer die Integrationskraft einer Verfassung

---

2300 *Grimm* Leviathan 2004, 448 (453).

2301 *Grimm* Leviathan 2004, 448 (453).

2302 *Grimm* Leviathan 2004, 448 (453–455).

2303 Vgl. etwa *Ackerman,* We The People - 2, 1998, S. 32ff.

2304 Vgl. *Vorländer* in Vorländer (Hrsg.), Integration durch Verfassung, 2002, S. 9 (11).

2305 *Obermeyer,* Integrationsfunktion der Verfassung und Verfassungsnormativität. Die Verfassungstheorie Rudolf Smends im Lichte einer transdisziplinären Rechtstheorie, 2008, S. 113ff.; *Grimm* Leviathan 2004, 448 (454); vgl. auch *Frankenberg,* Autorität und Integration, 2003, S. 163ff.; *Schaal* in Vorländer (Hrsg.), Integration durch Verfassung, 2002 (71ff.); *Frankenberg* in Schuppert/Bumke (Hrsg.), Bundesverfassungsgericht und gesellschaftlicher Grundkonsens, 2000 (31ff.).

2306 *Grimm* Leviathan 2004, 448 (454); Obermeyer etwa stellt fest: „Mit gesellschaftlicher Integration in Zusammenhang gebrachte Verfassungsentwicklungen können dadurch – nach wie vor – nur als Mangel an Rechtlichkeit in einem engen Sinne erörtert werden, wenn auch als Zugewinn „zusätzlicher", insbesondere kultureller Bedeutung und damit „tieferer" Geltung der Verfassung im Rahmen eines Verfassungsverständnisses, welches insbesondere die irrationalen Gehalte der Verfassung erschließen hilft.", vgl. *Obermeyer,* Integrationsfunktion der Verfassung und Verfassungsnormativität. Die Verfassungstheorie Rudolf Smends im Lichte einer transdisziplinären Rechtstheorie, 2008, S. 116; *Häberle,* Europäische Verfassungslehre, 7. Aufl. 2011, S. 203ff.

2307 *Grimm* Leviathan 2004, 448 (454).

2308 *Grimm* Leviathan 2004, 448 (454).

2309 *Grimm* Leviathan 2004, 448.

bemessen werden kann.[2310] Somit kann ein noch wertungsbedürftiges Bild erschaffen werden, das Hinweise auf die Integrationswirkung einer Verfassung gibt.[2311]

(1) Erste Voraussetzung: Symbolismus einer Verfassungsnorm

Wie schon *Smend* geht auch *Grimm* von einer integrativen Verfassung aus, wenn diese Symbolkraft entfaltet.[2312] Von der Symbolik einer Verfassungsnorm kann ausgegangen werden, wenn diese „für mehr steht, als das, was sie juristisch betrachtet ist“[2313]. Wenn sie also für mehr steht, als nur für den Text einer Norm. Dieser Symbolismus wird im Zusammenhang mit dem Unteilbarkeitsprinzip jedenfalls des Öfteren in Bezug genommen.[2314] Es geht bei der Symbolik nach *Grimm*, wie bereits bei *Smend*, um die Frage, ob eine Gesellschaft in einer Verfassungsnorm ihre spezifischen Eigenschaften, also ihre Identität wiedererkennt.[2315] Symbolismus und Identität sind also auch hier zusammenzudenken. Die Symbolkraft eines kodifizierten gesellschaftlichen Werts spiegelt die Identität dieser Gesellschaft wider und formt diese gleichzeitig. Man könne davon ausgehen, dass eine Verfassung umso integrativer wirkt, je stärker die Symbolkraft ausgeprägt sei. Ist eine Norm besonders offen formuliert, steigert dies die Symbolkraft.[2316] Je deutungsoffener eine Verfassungsnorm aber formuliert ist, desto höher also die Symbolik für die Gesellschaft ist, desto niedriger kann ihre normative „Determinationskraft“ eingeschätzt werden.[2317] Den modernen Ansätzen zur Integrationsverfassung und *Smend* ist gemein, dass symbolische Wirkungen eines kodifizierten Werts als eher irrationale eingeschätzt werden, während die normative Wirkung einer Norm als eher rational eingeordnet wird. Von irrationalen Werten geht also eine höhere Integrationskraft aus.[2318]

Auf der anderen Seite darf eine Norm aber auch nicht als „schlecht“ oder „ungerecht“ angesehen werden. Denn auch wenn die normative Wirkkraft einer Norm tendenziell ihrer Integrationskraft entgegensteht,[2319] verläuft die Grenze dort, wo sich Bürger:innen von einer Norm nicht mehr repräsentiert fühlen oder sie gar

---

[2310] Vgl. *Grimm* Leviathan 2004, 448 (453–459).
[2311] *Grimm* Leviathan 2004, 448 (454); Vorländer bezeichnet den Forschungsstand als „schwarzes Loch“, vgl. *Vorländer* in Vorländer (Hrsg.), Integration durch Verfassung, 2002, S. 9 (13).
[2312] *Grimm* Leviathan 2004, 448 (454); vgl. auch *Vorländer* in Vorländer (Hrsg.), Integration durch Verfassung, 2002, S. 9 (11) *Obermeyer,* Integrationsfunktion der Verfassung und Verfassungsnormativität. Die Verfassungstheorie Rudolf Smends im Lichte einer transdisziplinären Rechtstheorie, 2008, S. 115.
[2313] *Grimm* Leviathan 2004, 448 (454).
[2314] *Lemaire,* Le principe d'indivisibilité de la République, 2010, S. 10; *Daly* European Constitutional Law Review 2015, 458 (459).
[2315] *Grimm* Leviathan 2004, 448 (454).
[2316] *Grimm* Leviathan 2004, 448 (455).
[2317] *Grimm* Leviathan 2004, 448 (455).
[2318] *Obermeyer,* Integrationsfunktion der Verfassung und Verfassungsnormativität. Die Verfassungstheorie Rudolf Smends im Lichte einer transdisziplinären Rechtstheorie, 2008, S. 114; *Smend,* Verfassung und Verfassungsrecht, 1928, S. 42f.; *Häberle,* Verfassungslehre als Kulturwissenschaft, 2019, S. 399ff.
[2319] *Grimm* Leviathan 2004, 448 (454).

überflüssig wird.[2320] Es braucht also ein Mindestmaß an (symbolischer) Anwendung einer Verfassungsnorm, in der Regel durch ein Verfassungsgericht,[2321] damit die symbolische Kraft einer Vorschrift weiter Anwendung findet.

Verfassungsintegration über die Symbolik verfassungsrechtlich normierter Werte, macht es so möglich, der Kritik am soziologischen Integrationsbegriff entgegenzulenken und Integration über die gemeinsame Inbezugnahme pluralistischer Werte zu schaffen.[2322] Ob dies in Frankreich der Fall ist, bleibt jedoch zu klären.[2323]

(2) Zweite Voraussetzung: constitutional moment als Identifikationsmoment

Entsprechend *Smends* Lehre zur sachlichen Integration bedarf es auch nach *Grimm* eines einenden Moments, der zu der Symbolkraft der Verfassung führt.[2324] Gerade aus der amerikanischen Literatur – zurückgehend auf *Ackermann* – bedarf es eines Gründungsmoments (eines „*constitutional moments*"[2325]), der einer Verfassungsnorm aufgrund ihrer historischen Wichtigkeit eine meta-normative Bedeutung verleiht.[2326] Die Theorie *Ackermanns* bezieht sich dabei auf den Gründungsmoment der Verfassung selbst, welche „die identitätsstiftende Kraft" der Verfassung als Ganze beschreibt.[2327] Gemeint sind Situationen des Umbruchs bezogen auf Ordnung und Herrschaft eines Landes,[2328] etwa durch eine Revolution oder das Ende eines Bürgerkriegs.[2329] Es geht darum, dass sich die während der Umbruchssituation manifestierenden Werte in der Verfassung niederschlagen und damit die Identität des neuen Verfassungsstaats widergespiegelt wird.[2330] Zwar ist das Fehlen eines ausgeprägten Gründungsmoments nicht immer ein Zeichen gegen eine integrative Verfassung (so wird eine solche Integrationskraft etwa der Schweizer Verfassung zugeschrieben, ohne dass ein *constitutional moment* vorhanden war),[2331] sie kann jedoch als starkes Indiz hierfür angesehen werden. Denn sofern „sich die Gesellschaft nach wie vor in" dem Moment „wiedererkennt und die aus diesem Moment hervorgegangene Verfassung so die Verbindung zwischen Vergangenheit und Gegenwart

---

2320 *Grimm* Leviathan 2004, 448 (455).
2321 *Grimm* Leviathan 2004, 448 (455).
2322 *Vorländer* in Vorländer (Hrsg.), Integration durch Verfassung, 2002, S. 9 (11).
2323 Vgl. Gliederungspunkt 4. hierunter.
2324 Vgl. *Smend,* Verfassung und Verfassungsrecht, 1928, S. 33; *Denninger* Der Staat 2021, 495 (499).
2325 *Ackerman* The Yale Law Journal 1989, 453 (489); im Detail zum Konzept „Reframing the Founding", vgl. *Ackerman,* We The People - 2, 1998, S. 32ff.
2326 *Ackerman* The Yale Law Journal 1989, 453; *Ackerman* Virginia Law Review 1997, 771; *Grimm* Leviathan 2004, 448 (455–457).
2327 *Grimm* Leviathan 2004, 448 (456).
2328 *Grimm* Leviathan 2004, 448 (456).
2329 Vgl. *Henkin* Louisiana Law Review 1989, 1023 (1024); zum Beispiel von Deutschland vgl. auch *Ackerman* Virginia Law Review 1997, 771 (778ff.).
2330 *Grimm* Leviathan 2004, 448 (455–456); vgl. auch *Ackerman* The Yale Law Journal 1989, 453 (488); bezogen auf Deutschland, vgl. *Ackerman* Virginia Law Review 1997, 771 (778); kritisch hingegen *Klarman* Standford Law Review 1992, 759 (760ff.).
2331 *Grimm* Leviathan 2004, 448 (456).

herstellt"[2332], kann auch von einer Integration durch diese Verfassung ausgegangen werden. Als Standardbeispiel können hierfür sowohl die Deutsche als auch die amerikanische Verfassung angeführt werden.[2333]

(a) Verfassungspatriotismus als „constitutional moment": Eine extreme Form der sachlichen Integration

Damit aus dem deutschen Verfassungspatriotismus herrührende Vorannahmen nicht auf das französische System übertragen werden, ist eine Einordnung des deutschen Gründungsmoments, der zum heutigen Verständnis der Verfassungsintegration führt, sinnvoll.[2334] Zwar wurde die Deutsche Verfassung unter einer Besatzungsherrschaft auf Probe erschaffen. Sie hätte damit auch nicht als „Neuanfang"[2335] sondern, wie der Versailler Vertrag als „nationale Demütigung" in die Geschichte eingehen können.[2336] Der historische Moment des Erlasses des Grundgesetzes wurde zwar im Nachhinein mit der Abgrenzung vom Nationalsozialismus begründet,[2337] die symbolische Bedeutung wurde diesem aber erst später zugeschrieben, als die neue Ordnung zu einem wirtschaftlichen Aufschwung führte und gerade in den 1950er-Jahren nationalen Beifall erfuhr.[2338] Wie schon *Ackerman* erkannte, wird einer Gründungssituation oft im Nachhinein ein symbolischer und idealisierter Charakter verliehen.[2339]
Gerade am Beispiel des selbsterklärt „anti-patriotischen" Lands Deutschland lassen sich „jetzt mehr denn je"[2340] Tendenzen zu einer nationalen Verfassungsidentität entdecken. Diese Identifikation mit vermeintlich dem Grundgesetz zugrundeliegenden Werten wird auch als „Verfassungspatriotismus" bezeichnet. So wird das Grundgesetz als Symbol für „einen weitgehend geglückten Vorgang der Vergangenheitsbewältigung"[2341] gesehen. Somit wird eine Art des Patriotismus erlaubt, gerade weil vormalige patriotische und antidemokratische Ereignisse abgelehnt werden. Die Integration erfolgt in Deutschland in besonderem Maße über das

---

2332 *Grimm* Leviathan 2004, 448 (456).
2333 Anders sieht dies bezüglich Deutschlands *Gebhardt* in Gebhardt/Lauermann/Schmalz-Bruns (Hrsg.), Demokratie, Verfassung und Nation, 1994 (25), dort wird vertreten, dass „primordiale Merkmale" seit Ende des 2. Weltkriegs mit dem Nationalsozialismus diskreditiert seien und ihre Wirkung allein auf den Gründungsmoment eines Nationalstaats zu begrenzen ist.
2334 Vgl. zu diesem Vorgehen Gliederungspunkt II., 3. der Einleitung.
2335 *Ackerman* Virginia Law Review 1997, 771 (779).
2336 *Ackerman* Virginia Law Review 1997, 771 (779).
2337 *Ackerman* Virginia Law Review 1997, 771 (778f.).
2338 *Ackerman* Virginia Law Review 1997, 771 (779f.); *Bundeszentrale für politische Bildung,* Die Entwicklung des deutschen Wirtschaftswachstums, https://www.bpb.de/system/files/dokument_pdf/Die_Entwicklung_des_deutschen_Wirtschaftswachstums.pdf.
2339 Mit Blick auf die Idolisierung der „Gründerväter" Amerikas, vgl. *Ackerman,* We The People - 2, 1998, S. 32.
2340 *Collings* JuristenZeitung 2019 (1109).
2341 *Collings* JuristenZeitung 2019 (1109); vgl. hierzu auch: *Ackerman* Virginia Law Review 1997, 771 (778ff.).

Grundgesetz als Symbol für das „bessere Selbst“[2342]. Das Beispiel Deutschlands kann dazu dienen, die *Smend'sche* Theorie, die im Ausgang offen auf Verfassungen im Allgemeinen und nicht nur spezifisch auf Deutschland ausgerichtet war, auf das französische System anzuwenden.

Die Diskussion des Verfassungspatriotismus knüpft – wenn auch nicht explizit – an die Integrationslehre *Smends* an.[2343] Die Flexibilität des *Smend*'schen Integrationsbegriffs macht es möglich, eine einstmalige Integration über einen gemeinsamen Nationalismus mit dem Verfassungspatriotismus zu ersetzen.[2344] Auch wenn der ursprüngliche auf *Sternberger* zurückgehende Gehalt eines Verfassungspatriotismus,[2345] auf der Vaterlandsliebe als „patriotisches Bekenntnis zur Freiheit der Republik“[2346] stützt und dieser mit den Werten des wiedervereinigten Deutschlands nicht mehr vollends vereinbar scheint, ist eine symbolische Einordnung der Verfassung dennoch bis heute präsent.[2347] Der Begriff rekurriert auf ein Identitätsgefühl, welches geschichtlich durch die „Schicksals- und Erlebnisgemeinschaft“ Deutschlands – insbesondere mit Blick auf die Schuldfrage nach dem Zweiten Weltkrieg[2348] – erwachsen ist und „staatliche Einheit“ durch die „Symbolkraft der Verfassung“ erschafft.[2349] Dem „diskreditierten Nationalstaat“ wird neue „Mystik“ verliehen.[2350] Geprägt durch *Habermas*, werden eine „ethisch-kulturelle“ und eine „politisch-rechtliche“ Integration unterschieden.[2351] Nur so sei es möglich den Nationalismus zu überwinden, denn Verfassungspatriotismus, sei der einzig vertretbaren Patriotismus.[2352]

Es geht beim Verfassungspatriotismus darum, dass die Bevölkerung sich abstrakte Begriffe zu eigen macht[2353] und diese in einen konkreten gesellschaftlichen Kontext setzt, der als Wertorientierung dient.[2354] Wie bei *Smends* Ausführungen zur Sachintegration über Symbole, wird hier aufgrund eines historischen Moments

---

[2342] *Collings* JuristenZeitung 2019 (1109).

[2343] Vgl. *Obermeyer,* Integrationsfunktion der Verfassung und Verfassungsnormativität. Die Verfassungstheorie Rudolf Smends im Lichte einer transdisziplinären Rechtstheorie, 2008, S. 23.

[2344] *Vesting* Der Staat 2021, 507 (517); Vgl. auch: Bundesverfassungsgericht, Verfassungsbeschwerde v. 22.10.1986, 2 BvR 197/83; vgl. zu dieser Kritik auch *Thiele,* Der gefräßige Leviathan, 2019, S. 290.

[2345] *Sternberger,* Verfassungspatriotismus, 1982.

[2346] *Molt* Zeitschrift für Politikwissenschaft 2006 (875).

[2347] *Schölderle,* Verfassungspatriotismus - Zum 50. Geburtstag einer Wortschöpfung, 2020, S. 5; zum national-patriotischen Ursprung des Verfassungspatriotismus nach Sternberger, vgl. *Sternberger,* Verfassungspatriotismus, 1982, S. 5.

[2348] Vgl. *Müller,* Verfassungspatriotismus, 2010, S. 22.

[2349] *Schölderle,* Verfassungspatriotismus - Zum 50. Geburtstag einer Wortschöpfung, 2020, S. 5.

[2350] *Denninger* Der Staat 2021, 495 (496f.).

[2351] *Denninger* Der Staat 2021, 495 (497); *Müller,* Verfassungspatriotismus, 2010, S. 10; *Thiele,* Der gefräßige Leviathan, 2019, S. 290; *Habermas,* Eine Art Schadensabwicklung, 1987, S. 173.

[2352] *Denninger* Der Staat 2021, 495 (497); vgl. in diesem Sinne auch: *Habermas,* Eine Art Schadensabwicklung, 1987, S. 134f.

[2353] *Denninger* Der Staat 2021, 495 (497ff.).

[2354] *Denninger* Der Staat 2021, 495 (499); *Habermas,* Eine Art Schadensabwicklung, 1987, S. 135; *Habermas,* Zwischen Naturalismus und Religion, 2005, S. 111.

unter Berufung auf das Integrationssubjekt einer Verfassungsnorm – wie etwa Demokratie – Einheit geschaffen.[2355] Es formt sich also, anknüpfend an *Smends* Theorie, eine einende Identität der Gesellschaft. Der Vorteil der Theorie: Es kann – anders als grundsätzlich bzgl. des Integrationsbegriffs kritisiert[2356] – anhand der Verfassungsintegration gerade Pluralismus gefördert werden. Denn die gemeinschaftliche Berufung auf ein pluralistisches Gesellschaftsbild, welches sich in der Verfassung insbesondere im Schutz von Freiheit und Gleichheit widerspiegelt, kann einend, also integrativ wirken.[2357] So kann der Verfassungspatriotismus auch als „inklusiver Patriotismus" beschrieben werden.[2358] Wie auch bei *Smends* Integrationsbegriff, kann die Kommunikation innerhalb eines Verfassungsstaats bezüglich Grundrechten und Demokratie divergieren, was dazu führt, dass nicht jedem Verfassungsstaat ein solcher Patriotismus gemein ist.[2359]

Es lässt sich feststellen, dass der Verfassungspatriotismus in Deutschland aus einem Gründungsmoment herrührt, der die gesamte Verfassung zum Gegensymbol nationalistischer Ideologien macht. Dieser Begriff des Gründungsmoments der Verfassungen wurde zwar in *Smends* Lehre noch nicht explizit angesprochen, jedoch deutete auch dieser die Integrationskraft eines verbindenden Moments, der der Gesellschaft die Bedeutung eines Symbols verinnerlicht.[2360] In Frankreich verwendet *Troper* den Begriff der *„amour de la constitution"* [2361], der wohl an den des Verfassungspatriotismus angelehnt ist. Zwar ist eine solche Dimension der Symbolik der gesamten Verfassung – insbesondere mit Blick auf die vielfachen Änderungen der Verfassungen Frankreichs[2362] und die ständige Diskussion über eine VI. Republik[2363] – nicht zu verzeichnen. Eventuell lässt sich aber ein Kern identitätsstiftender Normen aus der Verfassung ableiten, etwa weil diese auf einen historisch besonders

---

2355 Vgl. *Smend,* Verfassung und Verfassungsrecht, 1928, S. 33; *Denninger* Der Staat 2021, 495 (499).

2356 Vgl. kritisch zum Integrationskonzept: C., II., d).

2357 *Denninger* Der Staat 2021, 495 (500); *Korioth* in Bogdandy/Burgi/Heintzen u. a. (Hrsg.), Leistungsgrenzen des Verfassungsrechts. Öffentliche Gemeinwohlverantwortung im Wandel, Reprint 2013 2003, S. 117 (118f.); Habermas Schadensabwicklung, S. 7f, 100, S. 167, S. 174

2358 *Thiele,* Der gefräßige Leviathan, 2019, S. 290; *Mounk,* Der Zerfall der Demokratie, 2018, S. 240ff.

2359 *Thiele,* Der gefräßige Leviathan, 2019, S. 291.

2360 *Smend,* Verfassung und Verfassungsrecht, 1928, S. 50f.; *Obermeyer,* Integrationsfunktion der Verfassung und Verfassungsnormativität. Die Verfassungstheorie Rudolf Smends im Lichte einer transdisziplinären Rechtstheorie, 2008, S. 65.

2361 *Hamon/Troper,* Droit constitutionnel, 45. Aufl. 2025, S. 62; vlg. auch: *Troper,* Pour une théorie juridique de l'État, 2015, S. 213.

2362 *Vie publique,* Histoire constitutionnelle de la France, de la Révolution à la Ve République, https://www.vie-publique.fr/fiches/268934-histoire-constitutionnelle-de-la-france-depuis-la-revolution-intro#:~:text=Ainsi%2C%20depuis%201789%2C%20la%20France,part%20les%20constitutions%20non%20appliqu%C3%A9es.

2363 Vgl. etwa *Roussillon,* Demain, la sixième République ?, 2007; *Roussillon* Revue française de droit constitutionnel 2002, 707; *Melenchon2022.fr,* Comment nous allons passer à la 6e République, https://melenchon2022.fr/plans/6e-republique/; *Braibant* in Mathieu/Verpeaux (Hrsg.), La République en droit français, 1996 (57).

wichtigen Gründungsmoment zurückgehen und daher etwa in bisher allen französischen Verfassungen vorhanden waren.[2364]

(b) Der amerikanische Gründungsmoment

Der Begriff des Gründungsmoments geht auf *Ackermann* und somit den Fall der USA zurück, weshalb eine Herleitung des Ursprungsbegriffs für seine Übertragung auf das französische System sinnvoll erscheint. In den USA auf der anderen Seite kann zum einen in der *Declaration of Independence* (1776)[2365] ausgehend von der *Boston Tea Party*[2366] ein *constitutional moment* gesehen werden. Die Unabhängigkeitserklärung steht bis heute für die Freiheit und Selbstbestimmung der Vereinigten Staaten.[2367] Auch hier ging es um die Abwendung von einer vorherigen Herrschaftsordnung. Der Text unterstützt dabei die Erschaffung der neuen Identität der amerikanischen Nation. Die sachliche Integration im Sinne *Smends* erfolgt einerseits durch die Festschrift der Werte der Unabhängigkeitsbewegung und wird unterstützt durch die Erinnerungskultur in Form eines Feiertags.[2368] Andererseits trägt auch die Bundesstaatsverfassung von 1787 zur sachlichen Integration bei.[2369] Der Untergang des britischen Kolonialreichs sowie die Konflikte innerhalb der Amerikanischen Union leiteten die USA dazu, eine dem Volk gemeinsame Verfassung zu erlassen, die die Prinzipien der Revolution niederschrieb.[2370]

Die offenen, seit ihrem Erlass wenig geänderten Formulierungen, stärken die Integrationskraft der amerikanischen Verfassung.[2371] Ihr Rang in der Gesellschaft wird auch dadurch deutlich, dass im Verlauf der über 200 Jahre seit ihrem Erlass nur 27 Änderungsgesetze verabschiedet wurden.[2372] Wie im Fall von Deutschland wurde der identitäre Gründungsmoment des Erlasses der Verfassung nach einer über ein Jahrzehnt andauernden Revolution, erst zeitverzögert, nach dem Ersten Weltkrieg zum Gegenstand amerikanischer Identität.[2373] Zwar stimmt es, so *Ackerman*, dass in der amerikanischen Geschichte die Gründung der Verfassung eine wichtige Rolle beim gesellschaftlichen Wandel gespielt hatte.[2374] „Problematisch wird es erst dann, wenn […] die Art und Weise betrachte[t] [wird], wie der

---

[2364] Vgl. hierzu im Detail: C., III., 4.

[2365] *Grimm* Leviathan 2004, 448 (456).

[2366] Vgl. *Thomas,* Tea party to independence: the third phase of the American Revolution, 1773-1776. Oxford University Press, 1991., 1991, S. 1f.

[2367] *Grimm* Leviathan 2004, 448 (456).

[2368] Vgl. *Grimm* Leviathan 2004, 448 (457).

[2369] *Grimm* Leviathan 2004, 448 (456).

[2370] *Murrin* in Beeman/Botein/Carter (Hrsg.), Beyond Confederation, S. 333 (346).

[2371] *Grimm* Leviathan 2004, 448 (457).

[2372] *Ackerman,* We The People - 2, 1998, S. 383; *National Archives Foundation,* Amendments to the U.S. Constitutions, https://archivesfoundation.org/amendments-u-s-constitution/#:~:text=More%20than%2011%2C000%20amendments%20to,Rights%2C%20were%20ratified%20in%201791.

[2373] *Katz* in Beeman/Botein/Carter (Hrsg.), Beyond Confederation, S. 23 (24f.).

[2374] *Ackerman,* We The People - 2, 1998, S. 41.

[juristische] Berufsstand diese selektive Chronologie in eine sinnvolle Erzählung umgewandelt hat, die das moderne Zeitalter in der tiefen Vergangenheit verwurzelt."[2375] Erzählt wird eine Mär von der radikalen Umwälzung, die die Kodifizierung bis heute gültiger Verfassungsprinzipien zur Folge hatte, die die Revolution als Lehre aus der Unrechtsordnung der Konföderation zog.[2376]

Die sich aus der Revolution ergebenden Prinzipien wurden in offener, aber damit auch umdeutungsgefährdeter Weise kodifiziert.[2377] Etwa war die Auslegung von Freiheit, Demokratie und Gleichheit im Jahr 1787 noch nicht diejenige, auf die sich heute, 200 Jahre später, die nationale Identität stützen möchte.[2378]

Auf der anderen Seite wird in den USA die Symbolkraft und Deutungsoffenheit der Verfassung auch dadurch deutlich, dass der Vorwand, sie zu schützen zur Rechtfertigungsfloskel rechter sowie undemokratischer Ideologien wird.[2379] So wurde der Sturm auf das Kapitol am 06. Januar 2021 durch Anhänger des ehemaligen (und designierten) Präsidenten *Donald Trumps* einerseits zur Verteidigung der Verfassung in Schutz genommen, andererseits – und weitaus überzeugender – als „Angriff auf die Verfassung" gesehen.[2380] Gleiches galt für die Ku Klux Klan-Bewegung der 1860er- und 70er-Jahre, die schwarze Wähler:innen vom Gang zur Urne abhalten sollten sowie bei der Bestrebung 1882, chinesische Immigrant:innen, Katholik:innen und Jüd:innen[2381] des Landes zu verweisen.[2382] Beides wurde begründet mit der „Verteidigung der Verfassung"[2383]. Es wird deutlich, dass das, was hier verteidigt wird, kein normativer Gehalt sein kann, denn sonst könnte der Inhalt der zu verteidigenden Verfassung nicht so diametral gegensätzlich ausgelegt werden. Es geht um das nicht-normative, symbolische Element der Verfassung, also um das, was von der Bevölkerung mit den Gründungsmomenten verbunden wird. Für manche mag dies ein freiheitlich, demokratisches Ordnungsmodell sein, für andere eine vorwiegend *weiße*[2384] und christlich geprägte Gesellschaftsordnung,[2385] die es zu verteidigen gilt. Die Offenheit der Formulierungen der amerikanischen

---

[2375] *Ackerman,* We The People - 2, 1998, S. 41; in diesem Sinne auch *Klarman* Standford Law Review 1992, 759 (761).

[2376] *Ackerman,* We The People - 2, 1998, S. 41ff.

[2377] Vgl. *Murrin* in Beeman/Botein/Carter (Hrsg.), Beyond Confederation, S. 333 (344f.).

[2378] Vgl. bezogen auf das Wahlrecht schwarzer Menschen sowie von Frauen, *Ackerman,* We The People - 2, 1998, S. 316.

[2379] Vgl. *Goldstein,* Real Americans, 2022, S. 1f.

[2380] *Goldstein,* Real Americans, 2022, S. 1.

[2381] In *Czollek* in Aydemir/Yaghoobifarah (Hrsg.), Eure Heimat ist unser Albtraum, 4. Aufl. 2020, S. 167 (168f.), verwendet der Autor zwei Begriffe, um die Gruppe von Menschen jüdischen Glaubens zu beschreiben, den der "Juden" als "zugewiesene oder: konstruierte Gruppe, hinter der bestimmte Erwartungen und Zuschreibungen stehen" sowie eine gegenderte Form des Begriffs, um auf die "empirische Gruppe" zu verweisen.

[2382] *Goldstein,* Real Americans, 2022, S. 1f.

[2383] *Goldstein,* Real Americans, 2022, S. 1f.

[2384] *Goldstein,* Real Americans, 2022, S. 29ff.

[2385] *Goldstein,* Real Americans, 2022, S. 76ff.

Verfassung[2386] erleichtert ein Auseinanderfallen der Symbolik, die der Verfassung beigemessen wird bzw. der Identität, die sich aus der Verfassung für die Gesellschaft ergibt.[2387] Der Fall der USA macht außerdem deutlich, dass eine integrationsstarke Verfassung wie die der USA durch ihre Interpretation in einer pluralismusfeindlichen Weise[2388] das Risiko sozialer Ausgrenzung birgt – ein Risiko, welches die soziologische Autor:innen der Integration seit mehreren Jahrzehnten zum Vorwurf machen.[2389]

c) Zwischenergebnis: Inhalte und Voraussetzungen der Integrationslehre Smends

Laut *Smend* handelt es sich bei der Integration um eine elementare Voraussetzung für die Begründung eines Staats. Innerhalb einer Gesellschaft werden gemeinsame Werte herausgebildet. Diese Berufung auf gemeinsame Werte führt einerseits zur Gründung einer Nation und andererseits bildet sich hieraus eine sog. Verfassungsidentität. Neben der geschriebenen Verfassung existiert also auch eine Verfassung, die mit dieser nicht zwingend übereinstimmt, welche aber über dem geschriebenen Recht steht. Über die Integration können diese Werte wiederum Verfassungsrang erlangen. Zu unterscheiden sind drei Arten der Integration: die der persönlichen Integration (durch Führung), die funktionelle Integration (etwa über Parlamente) und die sachliche Integration durch politische Symbole.[2390] Ursprünglich wurde Integration als anti-parlamentaristische sowie als anti-pluralistische Tendenz begriffen.[2391] Denn die funktionelle Integration alleine konnte nicht dazu führen, dass ein integrierter Staat bzw. eine Nation entstehe. Eine auf unterschiedlichen Individuen basierende pluralistische Gesellschaft führte nach damaliger Anschauung zu einem *modus vivendi*.[2392] In der jungen Bundesrepublik wurde stattdessen ein Ansatz vertreten, wonach es Ziel der Verfassung sei, zur Teilhabe der Bürger:innen am Staatsleben beizutragen (im Sinne der funktionellen Integration).[2393] Diese Wandelbarkeit der Integration, anhand der aktuellen Werte einer Gesellschaft, machen den Vorteil der Integrationslehre offenkundig. Unabhängig von den konkreten politischen Anschauungen, welche bewusst oder unbewusst Eingang in die kodifizierte Verfassung findet, kann (nicht muss) eine Verfassung integrative Wirkung entfalten, was anhand der drei Ausprägungen der Integrationslehre dargelegt werden kann. Aus den moderneren Abhandlungen zur Integrationsfunktion einer Verfassung lassen

2386 *Grimm* Leviathan 2004, 448 (457).
2387 Vgl. *Goldstein,* Real Americans, 2022, S. 2.
2388 Vgl. *Goldstein,* Real Americans, 2022, S. 1f.
2389 *Heitmeyer* in Heitmeyer (Hrsg.), Was hält die Gesellschaft zusammen?, 4. Aufl. 2015, S. 27.
2390 *Smend,* Verfassung und Verfassungsrecht, 1928, S. 25ff.; vgl. C., III., 3., b). aa).
2391 *Smend,* Verfassung und Verfassungsrecht, 1928, S. 29; *van Ooyen,* Integration, 2014, S. 31; vgl., C., III., 3. a).
2392 *Smend,* Staatsrechtliche Abhandlungen und andere Aufsätze, 2010, S. 323; vgl. auch beriets: C., III., 3., a).
2393 *Smend,* Verfassung und Verfassungsrecht, 1928, S. 32ff.

sich zwei Voraussetzungen für eine sachliche Integration durch eine Verfassungsnorm ableiten. Zum einen führt eine Wertoffenheit der Verfassung, also seine Symbolkraft zur Integration durch eine Verfassung.[2394] Zum anderen kann ein verfassungsgeschichtlicher Gründungsmoment,[2395] durch eine diesem später zugeschriebenen Bedeutung, aufgrund seiner Präsenz in der kollektiven Erinnerung eines Landes zu einer Integration führen (wie dies etwa für das Grundgesetz der Fall ist).[2396] Die Symbolik einer Norm aufgrund eines *constitutional moments* führen zur Entstehung einer Verfassungsidentität, die sodann integrativ wirkt. Damit besteht auch eine Offenheit für eine Integration über pluralistische Werte einer Verfassung.[2397]

4. Übertragbarkeit der Integrationslehre auf das französische Prinzip der Unteilbarkeit der Republik: Zur Verfassungsintegration und dem Einheitsstaat

Fraglich ist, ob es sich bei der Integrationslehre um ein deutsches Prinzip handelt,[2398] oder ist die Theorie entsprechend *Hamon/Tropers* Hinweis[2399] auch auf andere Länder – und spezifisch auf Frankreich – übertragbar ist.

a) Offenheit der französischen Verfassung für außerrechtliche Funktionen: Rechtsnaturalismus und Rechtspositivismus in Frankreich

In Frankreich bildete sich der Gegensatz zwischen Naturrecht und Rechtspositivismus in Zusammenhang mit dem zunehmenden Einfluss „bürgerlich-aufklärerischer" Tendenzen (etwa propagiert durch *Rousseau*[2400]), denen der französische Monarch nicht gerecht werden konnte. Der Widerspruch zwischen natürlichem Recht, im Sinne der Aufklärung und dem geltenden positiven Recht wurde immer deutlicher.[2401] „Im Kampf des Bürgertums gegen das *Ancien Régime* bekam dieses Naturrecht die Funktion, das politische Ziel der bürgerlichen Bewegung zu formulieren."[2402] Das Naturrecht Frankreichs sollte also die Gesellschaft verändern und nicht wie etwa in den USA eine existierende Gesellschaftsordnung zementieren.[2403]

2394 *Grimm* Leviathan 2004, 448 (454).

2395 *Ackerman* The Yale Law Journal 1989, 453 (489); im Detail zum Konzept „Reframing the Founding", vgl. *Ackerman,* We The People - 2, 1998, S. 32ff.

2396 *Ackerman* Virginia Law Review 1997, 771 (779f.); *Bundeszentrale für politische Bildung,* Die Entwicklung des deutschen Wirtschaftswachstums, https://www.bpb.de/system/files/dokument_pdf/Die_Entwicklung_des_deutschen_Wirtschaftswachstums.pdf.

2397 *Vorländer* in Vorländer (Hrsg.), Integration durch Verfassung, 2002, S. 9 (11).

2398 So beschreibt van Ooyen etwa die Besonderheit der deutschen Gesellschaft, indem er von „ihrem Impetus nach „Harmonie" (statt Konflikt), nach „Gemeinschaft" (statt Gesellschaft), nach „Homogenität" (statt pluralistischer Heterogenität), nach „Staat" als „Gottesdienst" und „Religionsersatz"„ spricht, sieht: *van Ooyen,* Integration, 2014, S. 40.

2399 *Hamon/Troper,* Droit constitutionnel, 45. Aufl. 2025, S. 62.

2400 Vgl. etwa: *Rousseau,* Discours sur l'origine et les fondements de l'inégalité parmi les hommes, 2002.

2401 *Rosenbaum,* Naturrecht und positives Recht, 1972, S. 284.

2402 *Rosenbaum,* Naturrecht und positives Recht, 1972, S. 285.

2403 *Rosenbaum,* Naturrecht und positives Recht, 1972, S. 285.

Das Naturrecht musste also durch die Kodifizierung der revolutionären Werte in die Realität umgesetzt werden, um den Wandel der politischen Ordnung und Gesellschaft herbeizuführen.[2404] Naturrecht wirkt damit in Frankreich zum einen als „politische Maxime" und zum anderen als „Grundlage für das Staatsrecht"[2405]. Heute ist immer noch umstritten, ob die Erklärung der Menschen- und Bürgerrechte einen vollständigen Bestandteil des positiven Rechts darstellt.[2406] Zwar ist sie im Sinne der Lehre *Favoreus* Teil des *bloc de constitutionnalité*.[2407] Dennoch wird, anknüpfend an den Streit unter der Verfassung von 1946, diskutiert, ob die Prinzipien der Erklärung von 1789 als naturrechtliche Doktrin unabänderbar und unabhängig vom aktuell geltenden positiven Recht Wirkung entfalten.[2408] Die Frage nach einer naturrechtlichen Wertigkeit von Verfassungsnormen ist auch eng verbunden mit der Frage einer *supra-constitutionnalité* – also eines Rangverhältnisses – innerhalb der französischen Verfassung.[2409] Denn hieraus könnte sich eine Abänderbarkeit bestimmter Verfassungsnormen ergeben, die unabhängig von ihrer Normierung (also als Naturrecht), stets gelten.[2410] Auch heute wird demnach der Gegensatz zwischen Rechtsnaturalismus und Rechtspositivismus noch wahrgenommen, obwohl die Grenzen zum Teil verschmelzen.[2411] Auch wenn die mehrheitliche Ablehnung einer *supra-constitutionnalité*[2412] für eine positivistische Auslegung des Verfassungsrechts spricht (das *pouvoir constitué* ist danach nicht durch Naturrecht begrenzbar),[2413] gerade die Behandlung des Unteilbarkeitsprinzips sowie des Republikprinzips in der Literatur macht deutlich, dass außerrechtliche Momente das französische Verfassungsrecht mitbestimmen. Denn hier ist von der historischen und symbolischen Bedeutung des der Prinzipien die Rede.[2414] In seinen Entscheidungen zur *normativité* stellt der *Conseil constitutionnel* fest, dass eine Vorschrift normativ (also präskriptiv oder deskriptiv) wirken muss, um gültig zu sein.[2415] Wenn eine Verfassungsnorm

---

2404 *Rosenbaum,* Naturrecht und positives Recht, 1972, S. 285f.

2405 *Rosenbaum,* Naturrecht und positives Recht, 1972, S. 286.

2406 *Etien* La Revue administrative 1989 (334).

2407 Vgl. etwa *Denizeau-Lahaye* Titre VII 2022 (11); kritisch eher *Boda* Revue française de droit constitutionnel 2022, 292.

2408 *Etien* La Revue administrative 1989, 334 (336f.).

2409 Vgl. *Etien* La Revue administrative 1989, 334; hierzu vertieft Punkt B., II, 2, c).

2410 Vgl. hierzu den obigen Gliederungspunkt B., I., 2. b).

2411 *Quiviger* Archives de philosophie du droit 2023, 583 (585); auch Dubout geht davon aus, dass noch beide Theorien vertreten werden, vgl. *Dubout* Revue française de droit constitutionnel 2010 (451).

2412 *Favoreu et al.,* Droit constitutionnel 2024, 26. Aufl. 2023, S. 115; *Dubout* Revue française de droit constitutionnel 2010 (451); *Ofuji* Revue française de droit constitutionnel 2004, 619 (622); vgl. hierzu im Detail: B., I., 2., b), bb).

2413 Vgl. *Troper/Chagnollaud,* Traité international de droit constitutionnel, 2012, S. 22; *Favoreu et al.,* Droit constitutionnel 2024, 26. Aufl. 2023, S. 142f.

2414 *Lemaire,* Le principe d'indivisibilité de la République, 2010; *Daly* European Constitutional Law Review 2015, 458 (459, 466, 467, 481); *Vilain* in Marsch/Vilain/Wendel (Hrsg.), Französisches und Deutsches Verfassungsrecht, 2015 (54ff.).

2415 Conseil constitutionnel, 27.7.1982, Décision n° 82-142 DC; 8.8.1985, Décision n° 85-196 DC; 20.12.1994, Décision n° 94-350 DC; 13.3.2003, Décision n° 2003-467 DC; 7.12.2000, Décision n° 2000-435 DC; *Löhrer* Revue de la Recherche Juridique - Droit prospectif 2009 (1397); *Mathieu Cahiers du Conseil*

auch einen normativen Gehalt innehaben muss, sind meta-normative Elemente daneben jedenfalls möglich.[2416] Darüber hinaus ist die Wirkung der DDHC im *bloc de constitutionnalité* als geltendes Verfassungsrecht mittlerweile weit überwiegend anerkannt.[2417] In diesem Sinne bezieht sich der *Conseil constitutionnel* in seinen Entscheidungen – etwa zur Gleichheit – auf Regelungen der DDHC.[2418] Es wird offenkundig, dass das französische Verfassungsrecht – trotz einer stärkeren Verbreitung eines strengen Positivismus – naturrechtlicher Überlegungen nicht gänzlich verschlossen ist.[2419]

b) Die Integrationswirkung einzelner Prinzipien: ein „Prinzipienpatriotismus"?

Betrachtet man die symbolische Bedeutung, die im Zusammenhang mit dem Ende des Zweiten Weltkriegs oder der Unabhängigkeit Amerikas der deutschen und der amerikanischen Verfassung zugesprochen wird, fällt auf, dass ein solcher symbolischer Gründungsmoment für die Verfassung der V. Republik Frankreichs zu fehlen scheint.[2420] Der Fall Frankreichs scheint hierbei ein besonderer zu sein, da jedenfalls nicht von einem einenden Gründungsmoment bzgl. der gesamten Verfassung gesprochen werden kann. Ein integrativer Moment bzgl. einzelner historisch gewachsener Prinzipien, ist damit aber nicht ausgeschlossen.[2421] Zwar scheint hier eine integrative Wirkung nicht von der gesamten Verfassung der V. Republik auszugehen, denn diese hat sich nicht aus einer Revolution oder einem Kriegsmoment ergeben. Es stellt sich aber die Frage, ob die auf *Smend* zurückgehende Theorie der Integrationsfunktion von Verfassungen nicht auch auf eine solche Wirkung einzelner Prinzipien ausgeweitet werden kann. Die französische Verfassung bietet hier ein interessantes Beispiel. Denn auch wenn die Verfassung an sich veränderbar oder gar ersetzbar scheint, gilt dies nicht für einzelne aus der Revolution hervorgegangene Verfassungsprinzipien. Zu nennen ist hier insbesondere das Republikprinzip sowie seine Komponenten. Dem Republikprinzip wird in Frankreich über eine formale Tragweite in Abgrenzung zu einer monarchischen Ordnung des Landes auch ein symbolischer, identitätsprägender Wert zugesprochen wird.[2422]

Constitutionnel 2007, https://www.conseil-constitutionnel.fr/nouveaux-cahiers-du-conseil-constitutionnel/la-normativite-de-la-loi-une-exigence-democratique; *Portalis,* Discours préliminaire du premier projet de Code civil, 21.01.1801, S. 26; vgl. im Detail: B., I., 1. a).

2416 Vgl. in diesem Sinne auch: *Mathieu Cahiers du Conseil Constitutionnel 2007, https://www.conseil-constitutionnel.fr/nouveaux-cahiers-du-conseil-constitutionnel/la-normativite-de-la-loi-une-exigence-democratique*.

2417 Vgl. etwa *Denizeau-Lahaye* Titre VII 2022 (11); kritisch eher *Boda* Revue française de droit constitutionnel 2022, 292.

2418 Vgl.: Conseil constitutionnel, 18.11.1982, Décision n° 82-146 DC; 14.1.1999, Décision n° 98-407 DC; *Nacke* in Sydow (Hrsg.), Französisches Verfassungsrecht im 21. Jahrhundert, 2022, S. 59 (71).

2419 So auch Dubout in seinem Text: *Dubout* Revue française de droit constitutionnel 2010, 451.

2420 Vgl. *Grimm* Leviathan 2004, 448 (456).

2421 Anders hierzu *Grimm* Leviathan 2004, 448 (456).

2422 *Vilain* in Marsch/Vilain/Wendel (Hrsg.), Französisches und Deutsches Verfassungsrecht, 2015 (54ff.).

Es ist zu klären, ob die Aussagen *Smends* sowie ihre Adaptationen[2423] entsprechend eines *argumentum a maiore ad minus* nicht nur auf Verfassungen als Ganze, sondern auf Verfassungsprinzipien anwendbar sind.[2424] Hierfür spricht auch, dass selbst in den Fällen, in denen der gesamten Verfassung eine Integrationsfunktion zugeschrieben wird, diese im Einzelnen auf identitätsprägende Normen der Verfassung zurückgeführt wird, wie etwa die der Menschenwürde sowie der Demokratie und Rechtsstaatlichkeit in Deutschland (vgl. Art. 79 Abs. 3 GG) sowie der *ammendments* in der amerikanischen Verfassung.

5. Zur französischen Verfassungsintegration: Anwendung der Voraussetzungen einer integrativen Verfassung auf das Prinzip der Unteilbarkeit

Obwohl die französische Verfassung nicht nur offener für Verfassungsänderungen scheint,[2425] sondern auch für die Einführung gänzlich neuer Verfassungen (immerhin handelt es sich bei der Verfassung zur V. Republik bereits um die 14. Verfassung Frankreichs[2426] und Debatten zu einer neuen Verfassung einer VI. Republik kommen immer wieder[2427]), bedeutet dies nicht, dass kein Kern der Verfassung bestehen kann, welcher zu einer gemeinsamen Verfassungsidentität führen kann. Denn die Verfassungen verweisen jeweils aufeinander. Beispielsweise lässt sich in der Präambel der Verfassung zur heutigen Republik die Formulierung finden: „Das französische Volk verkündet feierlich seine Verbundenheit mit den Menschenrechten und den Grundsätzen der nationalen Souveränität, wie sie in der Erklärung von 1789 niedergelegt wurden, welche durch die Präambel der Verfassung von 1946 bestätigt und ergänzt wurde [...].[2428] Neben diesem augenscheinlich die Verfassungen seit 1789 überdauernden Kern, welcher bereits in der Erklärung der Menschen- und Bürgerrechte niedergelegt wurde, gibt es auch eine Liste an Verfassungsprinzipien, die nicht in der Erklärung von 1789 geschützt sind, die aber in den meisten Verfassungen Frankreichs enthalten sind und denen aus diesem Grunde – jedenfalls potenziell – eine kulturelle bzw. identitäre Bedeutung beigemessen werden kann, die auf einen verfassungsrechtlichen Gründungsmoment zurückgeht. Diese

---

2423 Vgl. C., III., 3., b).

2424 Vgl. zum Ursprung der Argumentation in Rom durch Schluss vom Größeren auf das Kleinere: *Kraus* Argumentation 2007, 3 (12); *Fellmeth/Horwitz,* Guide to Latin in international law, 2009, S. 2f.

2425 Vgl. oben: B., I., 2., b).

2426 https://www.vie-publique.fr/fiches/268934-histoire-constitutionnelle-de-la-france-depuis-la-revolution-intro#:~:text=Ainsi%2C%20depuis%201789%2C%20la%20France,part%20les%20constitutions%20non%20appliqu%C3%A9es.

2427 Vgl. etwa *Roussillon,* Demain, la sixième République ?, 2007; *Roussillon* Revue française de droit constitutionnel 2002, 707; *Melenchon2022.fr,* Comment nous allons passer à la 6e République, https://melenchon2022.fr/plans/6e-republique/; *Braibant* in Mathieu/Verpeaux (Hrsg.), La République en droit français, 1996 (57).

2428 Im Original lautet es: „Le peuple français proclame solennellement son attachement aux Droits de l'homme et aux principes de la souveraineté nationale tels qu'ils ont été définis par la Déclaration de 1789, confirmée et complétée par le préambule de la Constitution de 1946 [...]."

Verfassungsprinzipien stehen in Zusammenhang mit dem republikanischen Charakter Frankreichs. Es handelt sich demnach um die Laizität, Demokratie, Sozialstaatlichkeit und um die Unteilbarkeit.

Betrachtet man den französischen Verfassungstext, wird in der Formulierung des Art. 1 Abs. 1 S. 1 CF deutlich, dass das Unteilbarkeitsprinzip der Verwirklichung der Republik dienen soll. Denn die „Republik ist unteilbar". Eine in Betracht kommende symbolische Bedeutung des Unteilbarkeitsprinzips nach Art. 1 CF muss also im Zusammenhang mit einer Symbolfunktion des Republikprinzips betrachtet werden.

a) Die integrative Wirkung des Republikprinzips

Der normative Inhalt des französischen Republikprinzips entspricht dem deutschen: Er geht auf *Machiavelli* zurück und grenzt die Republik von der Monarchie ab.[2429] Fraglich ist aber, welche meta-normative Bedeutung dahinter noch auffindbar ist. Denn auf die Flucht des Königs 1791,[2430] folgte eine Umdeutung des Republikbegriffs im französischen System. Über seine formelle Bedeutung hinaus erhielt er einen „materiell-positiver Gehalt"[2431] als „politischen Kampfbegriff"[2432]. Auf das Republikprinzip wird auch als „Grund- und Werteordnung" [2433] oder „Tradition" [2434] Frankreichs mit emotionaler,[2435] nicht aber normativer Wirkkraft verwiesen. Explizit stellte dies der *Conseil constitutionnel* etwa in seiner Entscheidung im Jahr 2008 zum gleichen Zugang von Männern und Frauen zum Mandat des *conseiller général* fest, indem er der „republikanischen Tradition" keinen normativ einklagbaren Gehalt zuerkannte.[2436] Es stellen sich die folgenden Fragen: Welche ist die symbolische Bedeutung einer solchen „republikanischen Tradition"? Was genau meint dieses „Mehr"[2437], das hinter der normativ-formalen Aussage des Republikprinzips stehen soll und welchen Zusammenhang hat dies mit dem Prinzip der Unteilbarkeit?

2429 *Macchiavelli,* Il principe, 1802, S. 6; ebenfalls zitiert in: *Marsch/Vilain/Wendel* (Hrsg.), Französisches und Deutsches Verfassungsrecht, S. 50f.; B., III., 1.

2430 *Debbasch,* Le principe révolutionnaire d'unité et d'indivisibilité de la République, 1988, S. 68.

2431 *Yoan* in Marsch/Vilain/Wendel (Hrsg.), Französisches und Deutsches Verfassungsrecht, S. 51.

2432 *Yoan* in Marsch/Vilain/Wendel (Hrsg.), Französisches und Deutsches Verfassungsrecht, S. 51; vgl. hierzu auch oben: A., III. und IV.

2433 *Yoan* in Marsch/Vilain/Wendel (Hrsg.), Französisches und Deutsches Verfassungsrecht, S. 54; vgl. auch: *Favoreu et al.,* Droit constitutionnel, 24. Aufl. 2022, S. 116f.

2434 *Stirn* in Mathieu/Verpeaux (Hrsg.), La République en droit français, 1996 (213f.); so auch schon: *Yoan* in Marsch/Vilain/Wendel (Hrsg.), Französisches und Deutsches Verfassungsrecht, S. 55; vertieft hierzu: *Vimbert,* La Tradition républicaine en droit public français, 1992 insbesondere S. 193ff.

2435 *Yoan* in Marsch/Vilain/Wendel (Hrsg.), Französisches und Deutsches Verfassungsrecht, S. 54f.; *Favoreu et al.,* Droit constitutionnel, 24. Aufl. 2022, S. 116f.

2436 Conseil constitutionnel, 21.2.2008, Décision n° 2008-563 DC; vgl. zu diesem Thema auch: *Stirn* in Mathieu/Verpeaux (Hrsg.), La République en droit français, 1996 (213f.); zu der Entscheidung des Conseils vgl. außerdem *Vilain* in Marsch/Vilain/Wendel (Hrsg.), Französisches und Deutsches Verfassungsrecht, 2015 (55).

2437 *Grimm* Leviathan 2004, 448 (454).

aa) Symbolik des Republikprinzips

Im verfassungsrechtlichen Kontext erfolgt die sachliche Integration – also die Bildung von Symbolen – durch Normsetzung.[2438] Diese können im Wege der funktionalen Integration – durch Institutionen (etwa den Parlamenten der Republik) – verstärkt werden.[2439] Das Republikprinzip wurde an erster Stelle der Verfassung in Art. 1 Abs. 1 S. 1 CF in den Verfassungstext integriert. Die Formulierung stellt den Dreh- und Angelpunkt der Vorschrift dar, denn die weiteren Prinzipien, der Unteilbarkeit, Demokratie, Laizität und Sozialstaatlichkeit sind semantisch an den Bestand der „Republik" angeknüpft.[2440] So lautet die Formulierung nicht: „Frankreich ist eine Republik, ein Einheitsstaat, eine Demokratie" etc., sondern: „Frankreich ist eine Republik, die unteilbar, demokratisch [...] ist". Diese Formulierung ändert rein normativ nichts an der Auslegung der einzelnen Verfassungsprinzipien des Art. 1 CF. Symbolisch ordnet es aber, nach der herrschenden extensiv-substanziellen Meinung, alle Verfassungsprinzipien als Unterprinzipien des Republikprinzips.[2441] Es hebt die Republik als Klammerbegriff symbolisch über die übrigen Bestimmungen der Verfassung, auch wenn rein normativ hieraus keine Hierarchie innerhalb der Verfassungsnormen entsteht.[2442] Das Republikprinzip liegt somit rein symbolisch als „Grund- und Werteordnung"[2443] den französischen Staatsprinzipien zugrunde, ohne, dass dies eine normative, rechtlich sichtbare Folge hat.[2444]

Symbolik bedeutet im verfassungsrechtlichen Kontext, dass mit einem normierten Begriff weitere Werte verknüpft sind, die im Normtext auftauchen. Der Begriff, also hier die „Republik" steht für weitere Prinzipien, die bei seiner Einführung in den Verfassungstext, oder im Laufe der Zeit in der gesellschaftlichen Wahrnehmung mit ihm verbunden wurden.[2445] Mit dem Republikprinzip werden neben seiner formellen, normativen Funktion auch eine gefühls- und ethische Ebene zugesprochen.[2446] Gemäß *Smend* müssen diese Werte nicht rational – also normativ

2438 Vgl. *Habermas,* Zwischen Naturalismus und Religion, 2005, S. 106.

2439 *Smend,* Verfassung und Verfassungsrecht, 1928, S. 33.

2440 *Yoan* in Marsch/Vilain/Wendel (Hrsg.), Französisches und Deutsches Verfassungsrecht, S. 55f.

2441 *Yoan* in Marsch/Vilain/Wendel (Hrsg.), Französisches und Deutsches Verfassungsrecht, S. 55f.

2442 Vgl. B., I., 2., b).

2443 *Yoan* in Marsch/Vilain/Wendel (Hrsg.), Französisches und Deutsches Verfassungsrecht, S. 54; vgl. auch: *Favoreu et al.,* Droit constitutionnel, 24. Aufl. 2022, S. 116f.

2444 Vgl. Conseil constitutionnel, 21.2.2008, Décision n° 2008-563 DC.

2445 *Obermeyer,* Integrationsfunktion der Verfassung und Verfassungsnormativität. Die Verfassungstheorie Rudolf Smends im Lichte einer transdisziplinären Rechtstheorie, 2008, S. 67.

2446 *Vimbert,* La Tradition républicaine en droit public français, 1992, S. 20.

greifbar[2447] – sondern durch die Bevölkerung eines Landes „erfahrbar" sein.[2448] Der Umstand, dass eine Wertevorstellung nicht rational ist, steigert seine Integrationsoffenheit.[2449] Welche Werte mit dem Begriff der Republik noch verknüpft werden und ob diese rationaler oder irrationaler Natur sind, muss mit Blick auf die Einführung des Republikprinzips in die Verfassungstexte Frankreichs überprüft werden.

bb) Die Erschaffung der ersten Republik als constitutional moment

Zur Symbolkraft der Normierung[2450] des Republikprinzips in Art. 1 Abs. 1 S. 1 CF könnte die Erschaffung der ersten republikanischen Verfassung 1793[2451] Frankreichs geführt haben.[2452] Diese könnte, die sich während der vorangegangenen Revolution manifestierten Werte als meta-normative Wertigkeit in die Verfassung mitaufgenommen haben, ohne dass diese ausdrücklich im Text auftauchen.[2453] Diese Werte könnten mit dem Republikprinzip untrennbar verknüpft sein, als *constitutional moment.*

Ohne Zweifel handelte es sich bei Erlass der ersten Republik um eine Umbruchssituation, im Sinne der Theorie zum *constitutional moment*,[2454] die mit dem alten monarchischen Herrschaftsmodell abschließen sollte. Zwar verlief die Abwendung von der Monarchie, über die Einführung einer Verfassung der konstitutionellen Monarchie, die bereits mit tradierten Werten des *Ancien Régimes* abschloss (etwa die Staatsgewalt dem Volke zusprach, vgl. Art. 2 des Titels III der Verfassung von 1791), schleichend und ggf. nicht so radikal[2455], wie in der Erinnerungskultur an den Sturm auf die Bastille oft verstanden wird.[2456] Dennoch wurde jedenfalls im Nachhinein – wie dies bei der Erschaffung von identitätsstiftenden

[2447] Beispiele für irrationale Werte bilden etwa die Begriffe des Vaterlands oder der Heimat, vgl. *Smend,* Verfassung und Verfassungsrecht, 1928, S. 55f.; vgl. hierzu auch *Obermeyer,* Integrationsfunktion der Verfassung und Verfassungsnormativität. Die Verfassungstheorie Rudolf Smends im Lichte einer transdisziplinären Rechtstheorie, 2008, S. 56.

[2448] *Smend,* Verfassung und Verfassungsrecht, 1928, S. 49; *Obermeyer,* Integrationsfunktion der Verfassung und Verfassungsnormativität. Die Verfassungstheorie Rudolf Smends im Lichte einer transdisziplinären Rechtstheorie, 2008, S. 67f.

[2449] *Obermeyer,* Integrationsfunktion der Verfassung und Verfassungsnormativität. Die Verfassungstheorie Rudolf Smends im Lichte einer transdisziplinären Rechtstheorie, 2008, S. 67.

[2450] Vgl. *Smend,* Verfassung und Verfassungsrecht, 1928, S. 33; *Denninger* Der Staat 2021, 495 (499).

[2451] Zurückgehend auf das Décret du 21 septembre 1792, vgl. Constitution du 24. juin 1793.

[2452] Vgl. zur Symbolkraft der aus der Revolution entstandenen Werte, *Grimm* Leviathan 2004, 448 (457).

[2453] *Ackerman* The Yale Law Journal 1989, 453; *Ackerman* Virginia Law Review 1997, 771; *Grimm* Leviathan 2004, 448 (455–457).

[2454] Vgl. *Henkin* Louisiana Law Review 1989, 1023 (1024); zum Beispiel von Deutschland vgl. auch *Ackerman* Virginia Law Review 1997, 771 (778ff.); *Grimm* Leviathan 2004, 448 (456).

[2455] Vgl. hierzu auch *Verpeaux* in Mathieu/Verpeaux (Hrsg.), La République en droit français, 1996 (19).

[2456] *Lemaire,* Le principe d'indivisibilité de la République, 2010, S. 41; *Grimm* Leviathan 2004, 448 (357); vgl. A., III.

Gründungsmomenten in der gesamtgesellschaftlichen Erinnerung oft der Fall ist[2457] – eine Ordnung geschaffen, die symbolisch für den Abschluss mit der Werteordnung der Monarchie steht und für die Aneignung der Werteordnung der Revolution.[2458] Sie hat damit bis heute Einfluss auf die Konzeption des Republikbegriffs im französischen Verfassungsrecht.[2459]

Chronologisch zeichnete sich die schleichende Abwendung von den Werten des *Ancien Régimes* ab der Flucht des Königs im Juni 1791 ab, die republikanische und monarchische Kräfte stärker denn je gegeneinander aufbrachte.[2460] Dies führte zunächst zum Kompromiss der Verfassung der konstitutionellen Monarchie, in der einerseits die Macht des Königs, als Repräsentant bestätigt wurde,[2461] andererseits – und im Widerspruch hierzu – auch die Staatsgewalt des Volkes erstmals verkündet wurde.[2462] Erst als eine territoriale Invasion von außen drohte,[2463] wurde der König als Symbol für die Einung der Nation – also als Integrationsfaktor – nicht mehr benötigt.[2464] Die gemeinschaftliche Abgrenzung der französischen Bevölkerung von der Gefahr, die von außen drohte, genügte, um die integrative Wirkung des Königs, mit der der Nation, also des Volkes der Republik zu ersetzen.[2465] Die Verkündung der Verfassung der ersten Republik am 21. September 1792 ersetzte mithin zunächst die Symbolkraft des Königs mit der Symbolkraft der Nation.[2466] Die Republik selbst hingegen wurde noch nicht mit einer solchen Kraft behaftet, die für die Werte der Revolution stand. So war bei Erlass der Verfassung der ersten Republik der Ausruf „*vive la nation*" zu hören, nicht „*vive la République*".[2467] Auch in den vorbereitenden Texten zum Erlass der Verfassung ist der Begriff „Republik" nur selten aufzufinden.[2468] „Die Republik [...] existiert nur automatisch,

---

2457 *Katz* in Beeman/Botein/Carter (Hrsg.), Beyond Confederation, S. 23 (24f.); vgl., C., III., 3., b), bb), (2).

2458 Vgl. hierzu *Verpeaux* in Mathieu/Verpeaux (Hrsg.), La République en droit français, 1996 (19).

2459 *Verpeaux* in Mathieu/Verpeaux (Hrsg.), La République en droit français, 1996 (19).

2460 *Verpeaux* in Mathieu/Verpeaux (Hrsg.), La République en droit français, 1996 (19).

2461 *Conseil constitutionnel,* Constitution de 1791, https://www.conseil-constitutionnel.fr/les-constitutions-dans-l-histoire/constitution-de-1791, im Original lautet die Formulierung: „La Constitution française est représentative : les représentants sont le Corps législatif et le roi".

2462 *Lemaire,* Le principe d'indivisibilité de la République, 2010, S. 41.

2463 *Verpeaux* in Mathieu/Verpeaux (Hrsg.), La République en droit français, 1996 (19).

2464 *Lemaire,* Le principe d'indivisibilité de la République, 2010, S. 45.

2465 Vgl. *Verpeaux* in Mathieu/Verpeaux (Hrsg.), La République en droit français, 1996 (19); *Lemaire,* Le principe d'indivisibilité de la République, 2010, S. 46.

2466 *Lemaire,* Le principe d'indivisibilité de la République, 2010, S. 45.

2467 *Verpeaux* in Mathieu/Verpeaux (Hrsg.), La République en droit français, 1996, S. 19 (28).

2468 *Verpeaux* in Mathieu/Verpeaux (Hrsg.), La République en droit français, 1996, S. 19 (27f.); so wurde etwa bei der Parlamentsdebatte um die Einführung einer Republik auf über 700 Seiten nur sieben Mal der Begriff "Republik" verwendet, vgl. *Mavidal/Laurent,* Archives Parlementaires, 29.01.1793-18.02.1793.

weil es keine Monarchie mehr gibt."[2469] Dem Begriff kommt also bei seinem Erlass eine normative Bedeutung im Sinne des formellen Republikbegriffs zu.[2470]

Interessant ist, dass im französischen Verfassungsrecht einerseits von „den Republiken", bezogen auf jede einzelne Republik (von der ersten bis zur fünften) gesprochen werden kann und andererseits von „der Republik", als symbolisches und abstraktes Konzept, welches alle fünf Republiken umfasst.[2471] Auch wenn, bei Erlass der ersten Republik dieser noch keine meta-normative Bedeutung zuerkannt wurde, und der einende Faktor vielmehr im Nationsbegriff gesehen wurde,[2472] ist die Republik retrospektiv mit einer symbolischen Bedeutung behaftet, die mit bestimmten Werten einhergeht, die nicht alle kodifiziert sind.[2473] Es existieren also auf der einen Seite die tatsächlichen Verfassungen der ersten bis zur vierten Republik, die zwar teilweise einen ähnlichen Kern haben – etwa weil sie sich allesamt von der Monarchie abgrenzen – die jedoch mit Blick auf ihre institutionelle und normative Ausgestaltung deutliche Unterschiede aufweisen.[2474] Es fällt mithin schwer aus „den Republiken"[2475] einen gemeinsamen Kern abzuleiten von dem ein allen Republiken gemeiner Symbolismus ausgeht.[2476] So stellt auch *Vimbert* in seiner Arbeit zu ebendieser Frage des gemeinsamen Kerns der fünf Republiken fest, dass „die angenommene republikanische Tradition [...] historisch nicht [existiert]"[2477]. Relevant ist stattdessen der Begriff „der Republik"[2478] als nicht historisch, nicht rational fundierter Begriff, der alle Republiken überspannt und diesen eine gemeinsame Tradition zuschreibt.[2479] Der Umstand, dass diese Zuschreibung erst später erfolgt und nicht rational fundiert ist, kann – so *Smend* – die integrative Wirkung der republikanischen Symbolik noch verstärken.[2480] Damit knüpft der Begriff „der Republik" bei der späteren Zuschreibung bestimmter revolutionären Werte an den Moment des

---

2469 *Verpeaux* in Mathieu/Verpeaux (Hrsg.), La République en droit français, 1996, S. 19 (28).

2470 *Macchiavelli,* Il principe, 1802, S. 6; ebenfalls zitiert in: *Yoan* in Marsch/Vilain/Wendel (Hrsg.), Französisches und Deutsches Verfassungsrecht, S. 50f.; vgl. auch *Verpeaux* in Mathieu/Verpeaux (Hrsg.), La République en droit français, 1996, S. 19 (29); vgl. B., III., 1.

2471 Vgl. *Verpeaux* in Mathieu/Verpeaux (Hrsg.), La République en droit français, 1996, S. 19 (34f.); vgl. zu dieser Problematik auch *Vimbert,* La Tradition républicaine en droit public français, 1992, S. 20f.

2472 Vgl. *Verpeaux* in Mathieu/Verpeaux (Hrsg.), La République en droit français, 1996, S. 19 (28).

2473 *Fabre* in Mathieu/Verpeaux (Hrsg.), La République en droit français, 1996, S. 37 (39); *Vimbert,* La Tradition républicaine en droit public français, 1992, S. 20.

2474 *Vimbert,* La Tradition républicaine en droit public français, 1992, S. 20.

2475 Vgl. *Verpeaux* in Mathieu/Verpeaux (Hrsg.), La République en droit français, 1996, S. 19 (34f.); vgl. zu dieser Problematik auch *Vimbert,* La Tradition républicaine en droit public français, 1992, S. 20f.

2476 Vgl. *Vimbert,* La Tradition républicaine en droit public français, 1992, S. 21.

2477 *Vimbert,* La Tradition républicaine en droit public français, 1992, S. 193.

2478 Vgl. *Verpeaux* in Mathieu/Verpeaux (Hrsg.), La République en droit français, 1996, S. 19 (34f.); vgl. zu dieser Problematik auch *Vimbert,* La Tradition républicaine en droit public français, 1992, S. 20f.

2479 Vgl. *Vimbert,* La Tradition républicaine en droit public français, 1992, S. 20.

2480 *Smend,* Verfassung und Verfassungsrecht, 1928, 42f, 49; *Obermeyer,* Integrationsfunktion der Verfassung und Verfassungsnormativität. Die Verfassungstheorie Rudolf Smends im Lichte einer transdisziplinären Rechtstheorie, 2008, S. 63.

Erlasses der ersten Republik an und steht symbolisch für die Abwendung von der Unrechtsherrschaft des *Ancien Régimes.*[2481]

Für diese Auslegung spricht auch, dass der *Conseil constitutionnel* seit 1971, mit Verweis auf die Präambel der Verfassung von 1946, als Teil des *bloc de constitutionnalité* auf nicht normierte „*principes fondamentaux reconnus par les lois de la République*" (also republikanische Grundprinzipien) verweist, die sich aus der dem abstrakten Konzept der Republik ergeben können.[2482] Diese werden durch den *Conseil constitutionnel* abgeleitet und umfassen etwa das Recht zur Vereinigung,[2483] auf Amnestie[2484] sowie ein Lokalrecht in der Region Elsass-Mosel.[2485] Darüber hinaus werden mit der Französischen Republik, aber auch in der juristischen Literatur, Prinzipien in Zusammenhang gebracht, die nicht aus dem formellen Begriff der Republik hervorgehen, sondern mit den während der Revolution erarbeiteten Werten in Zusammenhang stehen. Diese umfassen die Bekundung von Freiheit, Gleichheit und Brüderlichkeit (mit einem Fokus auf der Gleichheit[2486]) sowie die Werte, die in der *DDHC* bekundet sind,[2487] der Einheit und der Unteilbarkeit,[2488] das Prinzip der Volkssouveränität und der Demokratie,[2489] die Philosophie der Aufklärung[2490] sowie die weiteren Prinzipien des Art. 1 Abs. 1 S. 1 CF, der Sozialstaatlichkeit und der Laizität.[2491] Kurzum: Mit dem Begriff der Republik werden aufgrund der heutigen tradierten Lehre und verfassungsgerichtlichen Rechtsprechung diejenigen Werte mit dem Begriff der Republik verknüpft, die in Abgrenzung zum alten Regime der Monarchie stehen. Diese wurden in der Revolution erarbeitet, aber kamen in der ersten Republik erstmals zum Tragen. Es handelt sich um eine Mischung aus rationalen Werten (etwa die Gleichheit, Sozialstaatlichkeit und Demokratie) und irrationalen Werten (etwa Brüderlichkeit).[2492] Der Umstand, dass der Republikbegriff im Jahr 1792 noch keine Symbolkraft hatte, steht der Feststellung eines symbolträchtigen Gründungsmoments nicht entgegen. Diese Symbolkraft wurde der Gründung der Republik jedenfalls im Nachhinein verliehen.

2481 Vgl. *Verpeaux* in Mathieu/Verpeaux (Hrsg.), La République en droit français, 1996 (19).

2482 Conseil constitutionnel, 16.7.1971, Décision n° 71-44 DC; *Verpeaux* in Mathieu/Verpeaux (Hrsg.), La République en droit français, 1996, S. 19 (32f.).

2483 Conseil constitutionnel, 16.7.1971, Décision n° 71-44 DC.

2484 Conseil constitutionnel, 20.7.1988, Décision n° 88-244 DC.

2485 Conseil constitutionnel, 5.8.2011, Décision n° 2011-157 QPC.

2486 Vgl. *Fabre* in Mathieu/Verpeaux (Hrsg.), La République en droit français, 1996, S. 37 (41ff.).

2487 *Fabre* in Mathieu/Verpeaux (Hrsg.), La République en droit français, 1996, S. 37 (39); *Vimbert,* La Tradition républicaine en droit public français, 1992, S. 20.

2488 *Verpeaux* in Mathieu/Verpeaux (Hrsg.), La République en droit français, 1996, S. 19 (31f.).

2489 *Brunet in Krulic (Hrsg.), La République en perspective, 2009, S. 99*102ff.

2490 *Vimbert,* La Tradition républicaine en droit public français, 1992, S. 20.

2491 *Brunet in Krulic (Hrsg.), La République en perspective, 2009, S. 99*109ff.

2492 Vgl. hierzu *Obermeyer,* Integrationsfunktion der Verfassung und Verfassungsnormativität. Die Verfassungstheorie Rudolf Smends im Lichte einer transdisziplinären Rechtstheorie, 2008, S. 67.

cc) Zwischenergebnis: Eine republikanische Identität

Der Gründungsmoment verleiht einem Symbol, also hier der Normierung der Republik in der französischen Verfassung, eine „identitätsstiftende Kraft“ [2493] Das Symbol, also der Umstand, dass „Republik“ für mehr steht, als eine formale Staatsordnung, verschafft der französischen Bevölkerung eine eigene Identität entsprechend der psychologischen Definition der Identität als „unveränderbar[e] und charakteristische Eigenschaften“ [2494] Durch die für den französischen Staat besondere Gründungserfahrung der Schaffung der Republik nach der Revolution, entsteht ein Zusammengehörigkeitsgefühl[2495] innerhalb der französischen Bevölkerung, durch die Abgrenzung zu anderen Republiken mit einer anderen Gründungserfahrung.[2496] Einer republikanischen Identität Frankreichs spricht auch keine mangelnde Determinationskraft des Verfassungsbegriffs entgegen. Zwar lässt der *Conseil constitutionnel* eine republikanische Tradition nicht ausreichen, um staatliches Handeln für verfassungswidrig zu erkennen – spricht ihm also keine normative Kraft zu[2497]– jedoch führt die Kombination von rationalen wie irrationalen Werten, die mit dem Begriff der Republik verknüpft sind, dazu, dass die Symbolik und Integrationskraft der Formulierung fortbestehen.[2498] Die Geltendmachung etwa der „*principes fondamentaux reconnus par les lois de la République*“[2499] bzw. Des Rechts auf Gleichheit in verfassungsrechtlichen Entscheidungen,[2500] sowie die ununterbrochene Verwendung des Republikprinzips in politischen Reden, die an das Volk gerichtet sind,[2501] zeigen auf, dass das Republikprinzip in seiner Wirkkraft nicht überflüssig ist,[2502] auch wenn die Wiedereinführung einer Monarchie im Sinne des formellen Republikbegriffs fernliegend ist. Es lässt sich also schlussfolgern, dass das Republikprinzip eine übernormative Wirkung entfaltet, die die Identität der französischen Bevölkerung prägt und darüber integrativ, also einend wirkt. Anders könnte es jedoch für das mit dem Republikprinzip eng verknüpfte und mit seiner Symbolwirkung in Zusammenhang stehende Unteilbarkeitsprinzip aussehen. Seine Symbolkraft könnte daran scheitern, dass es in normativer Hinsicht einen zu beschränkten Anwendungsbereich innehat und damit keine subjektive Repräsentation mehr ausüben kann.[2503]

2493 *Grimm* Leviathan 2004, 448 (456).

2494 *Dubout* Revue française de droit constitutionnel 2010, 451 (455).

2495 *Wahrig/Brockhaus/Wahrig-Burfeind,* Deutsches Wörterbuch, 9. Aufl. 2011, S. 757.

2496 *Korioth* in Bogdandy/Burgi/Heintzen u. a. (Hrsg.), Leistungsgrenzen des Verfassungsrechts. Öffentliche Gemeinwohlverantwortung im Wandel, Reprint 2013 2003, S. 117 (118).

2497 *Grimm* Leviathan 2004, 448 (455).

2498 *Grimm* Leviathan 2004, 448 (455).

2499 Conseil constitutionnel, 16.7.1971, Décision n° 71-44 DC; *Verpeaux* in Mathieu/Verpeaux (Hrsg.), La République en droit français, 1996, S. 19 (32f.).

2500 Vgl. Conseil constitutionnel, 15.6.1999, Décision n° 99-412 DC; 16.9.2016, Décision n° 2016-565 QPC.

2501 Vgl. *Barnier,* Déclaration de politique générale, 01.10.2024.

2502 *Grimm* Leviathan 2004, 448 (455).

2503 *Grimm* Leviathan 2004, 448 (455).

b) Die symbolische und identitätsstiftende Verbindung zwischen dem Republik- und dem Unteilbarkeitsprinzip

In Anknüpfung an den aus heutiger Perspektive identitätsprägenden Gründungsmoment der Republik ist eine mögliche symbolische Bedeutung des Unteilbarkeitsprinzips selbst als Teilprinzip der Republik zu beleuchten. Republik und Unteilbarkeit wurden von Beginn an – seit Ausruf der ersten Republik am 22. September 1792 – zusammengedacht.[2504] Eine Republik besteht nur, wenn diese unteilbar ist. Unteilbar ist die Republik. Es überrascht daher nicht, dass bis heute das Prinzip der Unteilbarkeit als „Leitmotiv" der Republik bezeichnet wird.[2505] In der Tat war die Unteilbarkeit in allen republikanischen Verfassungstexten, bis auf den der dritten Republik,[2506] explizit genannt und semantisch auf die Republik bezogen.[2507] Auch wenn 1791 noch die Unteilbarkeit des Königsreichs verfassungsrechtlich festgeschrieben wurde, wurden die Begriffe von Einheit und Unteilbarkeit schnell von der Monarchie gelöst, da sichergestellt werden sollte, dass die Staatsform der Republik nicht mit einem Föderalismus in Zusammenhang gebracht werde.[2508] Somit hat das Unteilbarkeitsprinzip zu diesem Zeitpunkt – als Mittel zur Abgrenzung zum mit dem Königreich verknüpften Föderalismus – zwar noch eine normative Funktion. Hinzu tritt aber rasch eine Symbolik: Die Normierung der Unteilbarkeit wird zum „Emblem"[2509] der Republik.[2510]

Betrachtet man die Debatten der Nationalversammlung zwischen Girondisten und Bergpartei, wird deutlich, dass auch bzgl. der normativen Ausgestaltung der Unteilbarkeit keine Einigkeit bestand.[2511] Inwiefern Föderalismus und Einheit miteinander vereinbar waren, war unklar.[2512] Vielmehr ging es schon damals – anders als beim Republikprinzip – um einen Abschluss mit dem *Ancien Régime*, für den das Unteilbarkeitsprinzip symbolisch stand.[2513] Mit der Schaffung der Republik wurde auch das Unteilbarkeitsprinzip neu erschaffen, ohne ihm aber einen normativen Inhalt zu geben.[2514] Mehr als das Republikprinzip selbst wurde die Unteilbarkeit zum Sinnbild für revolutionäre Werte und zum Abgrenzungsmarker zur

---

2504 *Debbasch,* Le principe révolutionnaire d'unité et d'indivisibilité de la République, 1988, S. 118.
2505 *Brunet in Krulic (Hrsg.), La République en perspective, 2009, S. 9999.*
2506 Constitution de 1875, IIIe République.
2507 Vgl. Déclaration du 25 septembre 1792: Constitution du 24. juin 1793; in der Präambel in Constitution de 1848, IIe République; in Art. 1 in Constitution de 1946, IVe République, https://www.conseil-constitutionnel.fr/les-constitutions-dans-l-histoire/constitution-de-1946-ive-republique.
2508 *Debbasch,* Le principe révolutionnaire d'unité et d'indivisibilité de la République, 1988, S. 118.
2509 *Debbasch,* Le principe révolutionnaire d'unité et d'indivisibilité de la République, 1988, S. 115.
2510 Vgl. A., IV., 3., a).
2511 *Godechot,* La pensée révolutionnaire en France et en Europe, 1964, S. 26; *Debbasch,* Le principe révolutionnaire d'unité et d'indivisibilité de la République, 1988, S. 132ff.; *Lemaire,* Le principe d'indivisibilité de la République, 2010, S. 47; vgl. auch schon A., IV.
2512 *Lemaire,* Le principe d'indivisibilité de la République, 2010, S. 47.
2513 *Burdeau,* Liberté, Libertés Locales Chéries !, 1983, S. 34ff.
2514 *Lemaire,* Le principe d'indivisibilité de la République, 2010, S. 48.

Monarchie.[2515] Es steht, ab Einführung der ersten Republik,[2516] symbolisch für die Werte der Revolution, für die Möglichkeit der Freiheit des Volks[2517] und insbesondere für die Abschaffung von mit der Monarchie verknüpften Ungleichheiten zwischen Bürgern[2518] im Hoheitsgebiet.[2519]

Der Symbolismus der revolutionären Werte, die sich im Prinzip der Unteilbarkeit widerspiegeln, wirkt bis heute fort. So orientiert sich seine Auslegung auch heute maßgeblich an der Erreichung der Gleichheit der Bürger:innen. Jedoch könnte das Unteilbarkeitsprinzip an seiner Symbolkraft verloren haben. Immer noch wird es stark mit dem Republikprinzip assoziiert, kann also von der Symbolik der Republik profitieren. Seine zunehmende Infragestellung in normativer Sicht kann jedoch auch seine nicht-normative, also identitätsprägende und dadurch integrative Funktion in Frage stellen. Das ist – so *Smends* Lehre – jedenfalls dann der Fall, wenn es der Verfassung – oder in unserem Fall dem Verfassungsprinzip – an eigener „Determinationskraft" fehle.[2520] Zwar können, wie erläutert, deutungsoffene Formulierungen die Symboloffenheit und dadurch auch die Integrationskraft einer Bestimmung steigern.[2521] Damit eine Vorschrift für die Gesellschaft eines Verfassungsstaats aber noch identitätsstiftend wirken kann, muss sich die Bevölkerung mit einer Bestimmung noch identifizieren können, sich von dieser subjektiv repräsentiert sehen.[2522] Ob dies für das Prinzip der Unteilbarkeit noch der Fall ist, ist äußerst fraglich.

Denn, wie bereits dargelegt[2523], erfährt das Unteilbarkeitsprinzip weder in der Rechtsetzung noch in der Rechtsprechung Bestätigung. Beispielhaft kann die Dezentralisierungsreform genannt werden, die erhebliche Rechtsetzungsbefugnisse auf die Überseekörperschaften übertrug,[2524] die Zuerkennung einer neukaledonischen Volksvertretung[2525] sowie die Rechtsprechung des *Conseil constitutionnel* zu einem Lokalrecht der Region Elsass- Mosel.[2526] Unter anderem hierdurch wird seine gesellschaftliche Akzeptanz in Frage gestellt. Auch wenn dem

---

[2515] *Burdeau,* Liberté, Libertés Locales Chéries !, 1983, S. 36ff. zum Abgrenzungswillen der Revolutionäre und später Republikaner gegenüber dem Ancien Régime, vgl. außerdem S. 34ff.; außerdem: *Lemaire,* Le principe d'indivisibilité de la République, 2010, S. 50; vgl. insb., A., III.

[2516] Vgl. A., III., 5.

[2517] *Lemaire,* Le principe d'indivisibilité de la République, 2010, S. 49.

[2518] Die inklusive Form wird auch hier nicht verwendet, da die Assemblée im Sommer 1789 beschloss die Gleichheit nicht auf Frauen auszuweiten, vgl.: *Caporal,* L'affirmation du principe d'égalité dans le droit public de la Révolution française (1789-1799), 1995, S. 54 f; siehe oben : A., III., 4.

[2519] S.o. Punkt c), cc) zur Gleichheit als Ziel der Unteilbarkeit.

[2520] *Grimm* Leviathan 2004, 448 (455).

[2521] *Grimm* Leviathan 2004, 448 (455).

[2522] *Grimm* Leviathan 2004, 448 (455).

[2523] Vgl. Gliederungspunkt B., VI.

[2524] Loi constitutionnelle n°2003-276 Journal Officiel de la République française 2003, 5568.

[2525] Loi organique n° 99-209 Journal Officiel de la République française 1999, 4197.

[2526] Conseil constitutionnel, 5.8.2011, Décision n° 2011-157 QPC.

Unteilbarkeitsprinzip, wie so oft, ein symbolischer Gehalt zugesprochen wird,[2527] beschränkt sich dieser auf die Auslegung anhand des revolutionären Werts der Gleichheit der Bürger:innen. Auch die Gleichheit in territorialer Auslegung tritt immer stärker hinter dem Recht auf gebietskörperschaftliche Selbstverwaltung nach Art. 34 CF zurück und wird anhand seiner Ausnahmetatbestände bestimmt.[2528]

Verstärkt wird dies noch durch den Umstand, dass auch in den Fällen, in denen dem Unteilbarkeitsprinzip durch die Rechtsprechung oder die Rechtsetzung Rechnung getragen wird, Widerstände in den regionalen Bevölkerungen zu verzeichnen sind. Etwa führte die geplante Wahlrechtsreform in Neukaledonien,[2529] mit dem Ziel der Einung von Wahl- und Staatsvolk in Einklang mit der Unteilbarkeit des Staatsvolkes, zu noch nie dagewesenen Aufständen in der neukaledonischen Bevölkerung.[2530] Auch die Entscheidung zum Status von Korsika aus dem Jahr 1991 konnte ein Referendum im Jahr 2003 zur Erweiterung der Kompetenzen der korsischen Gebietskörperschaft[2531] sowie neuerliche Autonomiebekundungen im Jahr 2023 nicht vorbeugen.[2532] Hierdurch schwindet die Symbolik des Unteilbarkeitsprinzips, die einst ausgeprägter war als die der Republik. Denn sie stimmt nicht mehr mit der Lebensrealität in der Übersee- und Metropolgesellschaft überein. Trotz der Verknüpfung des Unteilbarkeitsprinzips bis heute mit dem Republikprinzip fällt die Begründung eines gesellschaftlichen Widerfindens im Prinzip der Unteilbarkeit schwer, betrachtet man die dargelegten Entwicklungen. Selbst die staatlichen Institutionen der Judikative und Legislative scheinen sich in der Bekundung von Unteilbarkeit in Art. 1 Abs. 1 S. 1 CF nicht mehr wiederzufinden.

2527 *Daly* European Constitutional Law Review 2015 (458); *Lemaire,* Le principe d'indivisibilité de la République, 2010, S. 11.

2528 *Janicot,* La décentralisation et l'expérimentation normative, https://www.conseil-constitutionnel.fr/publications/titre-vii/la-decentralisation-et-l-experimentation-normative; *Merland* La Revue administrative 2004 (370).

2529 *Le monde/AFP,* Nouvelle-Calédonie : Emmanuel Macron va « suspendre » la réforme constitutionnelle qui a mis le feu à l'archipel, https://www.lemonde.fr/politique/article/2024/06/12/nouvelle-caledonie-emmanuel-macron-affirme-suspendre-la-reforme-constitutionnelle-modifiant-le-corps-electoral_6239154_823448.html.

2530 *Libération/AFP,* Nouvelle-Calédonie : un neuvième mort, décédé des suites de ses blessures causées par un gendarme, https://www.liberation.fr/societe/nouvelle-caledonie-un-neuvieme-mort-decede-des-suites-de-ses-blessures-causees-par-un-gendarme-20240611_V7YIFHVDNVBADIFT4JGI6NNWJM/; *Guibert,* Nouvelle-Calédonie : l'insécurité persiste, les radicaux continuent de donner le tempo de la crise, https://www.lemonde.fr/politique/article/2024/06/04/nouvelle-caledonie-des-troubles-demeurent-loin-du-retour-progressif-a-la-normale-vante-par-l-executif_6237304_823448.html.

2531 Loi n° 2003-486 Journal Officiel de la République française 2003, 9815; *Pellegrinetti* Cahiers de la Méditerranée 2004, 169 (170).

2532 *Eryeh-Fort/Gasser,* La Corse peut-elle devenir autonome ? Comprendre en trois minutes, https://www.lemonde.fr/comprendre-en-3-minutes/article/2023/10/05/la-corse-va-t-elle-devenir-autonome-comprendre-en-trois-minutes_6192555_6176282.html.

c) Zwischenergebnis: Keine Integrations- und Einheitswirkung durch das Unteilbarkeitsprinzip

Es lässt sich somit zusammenfassen, dass eine integrative Wirkung durch einzelne Verfassungsprinzipien möglich ist. Ein verfassungsgeschichtlicher Gründungsmoment spiegelt sich in der Symbolik einer Verfassungsnorm wider und trägt damit zur Identitätsbildung innerhalb der Gesellschaft bei, die eine bestimmte tradierte Norm gemeinschaftlich in Bezug nimmt. Diese Wirkung hat im französischen Staat der Republikbegriff, der in Abgrenzung zur alten Werteordnung des *Ancien Régime* gesehen wird und repräsentativ für die Werte der Revolution steht.

Anders gestaltet sich hingegen die Bedeutung des Unteilbarkeitsprinzips. Zwar ging von diesem bei seiner Einführung in der Verfassung von 1793 eine identitätsprägende Rolle aus, die integrativ wirkte. Diese manifestiert sich heute allerdings nicht mehr in der Verfassungsrealität, da das Prinzip durch staatliche Gewalten zu oft in Frage gestellt wurde, sodass eine Identitätsprägung verneint werden muss. Obwohl das Unteilbarkeitsprinzip in vier von fünf republikanischen Verfassungen explizit erwähnt war, kann ihm heute keine hinreichende „Determinationskraft“[2533] mehr zugesprochen werden. Eine gesellschaftliche Identifikation mit dem Prinzip der Unteilbarkeit ist aufgrund der staatlichen Entwicklungen und der gesellschaftlichen Widerstände fernliegend.[2534]

6. Zwischenergebnis: Der Widerspruch zwischen dem Ziel der Integration und der Realität einer pluralistischen Gesellschaft Frankreichs

Smends Integration durch die Verfassung scheint der aufgezeigten Kritik am Integrationsprinzip zu trotzen.[2535] Denn die integrative Wirkung einer auf pluralistischen Werten beruhenden Verfassung führt nicht zur Ausgrenzung aufgrund von Sprache, Herkunft oder Religion. Allenfalls führt sie zur Ausgrenzung derer, die sich diese pluralistischen Werte nicht zu eigen machen.[2536] Jedoch lässt sich auch hier als Gegenargument anbringen, dass es die Eigenschaft einer pluralistischen Verfassung auch beinhaltet, andersdenkende subjektiv als Teil des Ganzen zu sehen, sie

---

2533 *Grimm* Leviathan 2004, 448 (455).

2534 *Libération/AFP,* Nouvelle-Calédonie : un neuvième mort, décédé des suites de ses blessures causées par un gendarme, https://www.liberation.fr/societe/nouvelle-caledonie-un-neuvieme-mort-decede-des-suites-de-ses-blessures-causees-par-un-gendarme-20240611_V7YIFHVDNVBADIFT4JGI6NNWJM/; *Guibert,* Nouvelle-Calédonie : l'insécurité persiste, les radicaux continuent de donner le tempo de la crise, https://www.lemonde.fr/politique/article/2024/06/04/nouvelle-caledonie-des-troubles-demeurent-loin-du-retour-progressif-a-la-normale-vante-par-l-executif_6237304_823448.html.

2535 *van Ooyen,* Die Integrationslehre von Rudolf Smend und das Geheimnis ihres Erfolgs in Staatslehre und politischer Kultur nach 1945, S. 19; *van Ooyen,* Integration, 2014, S. 90; *Bessone* Archives de Philosophie 2022, 13 (26).

2536 Vgl. *Denninger* Der Staat 2021, 495 (500); *Korioth* in Bogdandy/Burgi/Heintzen u. a. (Hrsg.), Leistungsgrenzen des Verfassungsrechts. Öffentliche Gemeinwohlverantwortung im Wandel, Reprint 2013 2003, S. 117 (118f.); *Habermas* Schadensabwicklung, S. 7 f, 100, S. 167, S. 174.

also als Teil der pluralistischen Bevölkerung anzuerkennen, auch wenn sie zu dieser nicht gehören wollen.

Trotz dieser Möglichkeit einer für pluralistische Strömungen offenen Integration über einzelne Verfassungsnormen, kann eine Integration über die gemeinsame gesellschaftliche Inbezugnahme des Unteilbarkeitsprinzips mit pluralistischen Werten nicht in Einklang gebracht werden. Die Auslegung der Unteilbarkeit – in Anknüpfung an die revolutionäre Tradition – in Zusammenhang mit einem territorialen Verständnis des Gleichheitssatzes führt dazu, dass eine Anwendung spezifischer Rechte auf einzelne Bevölkerungsgruppen zur Förderung gleicher Teilhabe ausgeschlossen ist.[2537] Der soziologische Wandel kann, bei einem Festhalten an der Auslegung des Unteilbarkeitsprinzips entsprechend einer Assimilation der Bevölkerung, nicht berücksichtigt werden.[2538] Auch den Bedürfnissen einer pluralistischen Gesellschaft zur Vermeidung sozialer Gewalt kann nicht entsprochen werden.[2539]

Obwohl im französischen System zum Teil noch an der alten Integrationsdogmatik festgehalten wird – etwa beim Ausschluss der Zuerkennung von Minderheitenrechten[2540] –, wird in der Rechtsprechung des *Conseil constitutionnel* zum Prinzip der Unteilbarkeit sowie in der Rechtsetzung insbesondere bezüglich der Dezentralisierungsmaßnahmen deutlich, dass auch in Frankreich ein Umdenken stattgefunden hat, das mehr auf die Pluralisierung der Gesellschaft gerichtet ist und weniger auf ihre Assimilierung. Grund dafür, dass eine Wirkung des Unteilbarkeitsprinzips sowohl in normativer als auch in meta-normativer Perspektive zu verneinen ist, ist damit zu begründen, dass die staatlichen Organe Frankreichs auf die Lebenswirklichkeit im Staatsgebiet – und insbesondere in den Überseekörperschaften – reagiert haben.[2541] Hierdurch wird das Prinzip der Unteilbarkeit nicht nur in seiner normativen Reichweite erheblich eingeschränkt, auch sein Ziel der Einung, also Integration der Gesellschaft sowie seine symbolische Dimension verschwinden durch den normativen Bedeutungsverlust des Unteilbarkeitsprinzips. Die Unteilbarkeit ist ein an sich pluralismusfeindlicher Rechtsbegriff. Er ist unvereinbar mit den Entwicklungen in der soziologischen Forschung zur Abwendung vom Ziel der Integration hin zur Inklusion einer Gesellschaft.

IV. Ausblick: Ein Rückgriff auf den Ursprung des Unteilbarkeitsprinzips

Etwas anderes könnte sich jedoch ergeben, wenn man das Unteilbarkeitsprinzip von seinem Gründungsmoment löst. Sieht man das Prinzip nicht mehr in

---

2537 Vgl. B., IV., 3.
2538 *Pastorel* Nouveaux Cahiers du Conseil constitutionnel 2012, 73 (82).
2539 *van Ooyen,* Integration, 2014, S. 91.
2540 *Levrat*, Minorités et organisation de l'Etat, S. 253; auch zitiert in: *V. Constantinesco* in Titiun/Dumaine (Hrsg.), La conscience des droits, 2011 (139); vgl. auch B., IV., 3., b).
2541 Vgl., B., II.

Zusammenhang mit der Verwirklichung der Gleichheit als Assimilation der Gesellschaft, entstehen neue Möglichkeiten für die Vereinbarkeit von gesellschaftlicher Einheit und Pluralismus. Nicht nur *Platon* ging davon aus, dass auch die Anerkennung von Vielheit im Ganzen zur Einung eines Gesamtsystems führen kann.[2542] Auch die Anfänge der Prinzipien von Einheit und Unteilbarkeit im französischen Gebiet unter König *Chlodwig I* lassen auf eine Anerkennung von kulturellem Pluralismus schließen.[2543] Unter anderem *Thomas von Aquin* folgerte eine Vereinbarkeit von Unteilbarkeit und kultureller Differenzierung.[2544] Damals ging es bei der Unteilbarkeit darum, die Macht in der Hand des Königs zu zentrieren, nicht aber rechtliche oder faktische Differenzierungen zu verhindern.[2545] Damit wurde zwar die Möglichkeit mehrerer unabhängiger Staatsgewalten verneint, also eine Einheitsstaatlichkeit bekundet, ihre konkrete Ausgestaltung sowie die Anerkennung kultureller und rechtlicher Unterschiede wurde jedoch offengehalten.

Noch klarer wird der Umstand, dass Unteilbarkeit nicht unbedingt den Ausschluss lokaler Differenzierungen bedeuten muss, bei der Vorbereitung der Verfassung zur ersten Republik. Hier wurde intensiv über eine Vereinbarkeit von Föderalismus und Unteilbarkeit der Republik diskutiert. Diese Möglichkeit wurde wohl von den Girondisten bejaht,[2546] die vor der Missbrauchsgefahr einer einzelnen Pariser Staatsgewalt warnten, ohne dabei von den Prinzipien der Einheit und Unteilbarkeit abzuweichen.[2547] Der wichtige Umbruch in der französischen Verfassungsgeschichte hin zur ersten Republik hätte – bei einem anderen Verlauf der politischen Diskussion zwischen Bergpartei und Girondisten – eventuell zu einem unteilbaren, föderalen Frankreich geführt.

Will man das Unteilbarkeitsprinzip also im französischen Verfassungstext beibehalten, wäre es sinnvoll, das Prinzip entsprechend seiner verfassungsrechtlichen Ursprünge umzuinterpretieren, es zu lösen von seinem veralteten Gleichheitsbild der Revolution und es zu vereinen mit den Erkenntnissen der Soziologie[2548] und den evidenten Autonomiebedürfnissen der überseeischen Bevölkerung sowie der Metropolbevölkerung.[2549] Diese meta-normative Umgestaltung des

---

[2542] *Debbasch,* Le principe révolutionnaire d'unité et d'indivisibilité de la République, 1988, S. 30; *Plato/Rufener/Szlezák,* Der Staat, 2011, S. 932; vgl. auch : A., I., 1.

[2543] *Becher,* Chlodwig I, 2011, S. 9.

[2544] *Pègues,* Commentaire français littéral de la Somme théologique de saint Thomas-d'Aquin, 1907-1931, S. 301.

[2545] *Pègues,* Commentaire français littéral de la Somme théologique de saint Thomas-d'Aquin, 1907-1931, S. 300ff.; *Aquin,* Somme théologique, 1984, S. 125ff.

[2546] Vgl. hierzu bezogen auf den Montagnard Saint-Just: *Godechot,* La pensée révolutionnaire en France et en Europe, 1964, S. 30; zum Versuch der Bergbartei die Girondisten unglaubwürdig erscheinen zu lassen vgl. außerdem: *Debbasch,* Le principe révolutionnaire d'unité et d'indivisibilité de la République, 1988, S. 132ff.

[2547] *Gorsas* Le Courrier des Départements 1792 (79); zitiert in: *Debbasch,* Le principe révolutionnaire d'unité et d'indivisibilité de la République, 1988, S. 133.

[2548] Siehe: C., II., 1.

[2549] Vgl., B., II.

Unteilbarkeitsprinzips würde mit der normativen Wirkung eines föderalen Systems übereinstimmen.

Ergebnis

Sowohl in normativer – also tatsächlich durchsetzbarer[2550] – als auch in meta-normativer Hinsicht unterlag das Unteilbarkeitsprinzip unter der Verfassung der V. Republik einem erheblichen Wandel.

Es steht hierbei beispielhaft für eine Regelung, in der Normativität und Integrationsfunktion im Verfassungsrecht deutlich werden. Normativität in diesem Sinne meint die Regelungswirkung einer Norm sowie ihre Durchsetzbarkeit.[2551] Auf der anderen Seite ist auch die französische Verfassung einer Anreicherung anhand einer symbolischen und identitätsprägenden Funktion nicht verschlossen. Kodifizierte Verfassungswerte wie die Unteilbarkeit können auch im französischen Verfassungsrecht ein „Zusammengehörigkeitsgefühl" sowie eine „kollektive Identität"[2552] auslösen und damit zur Integration der staatlichen Gemeinschaft beitragen.[2553]

Die normative Unteilbarkeit hat in allen drei Teilbereichen des Verfassungsprinzips (der Unteilbarkeit des *territoire*, der *souveraineté* sowie des *peuple*) starke Einschränkungen erfahren. Die Unteilbarkeit des Staatsgebiets, welche ursprünglich auf die Unveränderbarkeit der nationalen Außengrenzen gerichtet war, beschränkt sich heute auf die unveränderbaren Außengrenzen des metropolfranzösischen Staatsgebiets, nicht mehr hingegen auf die Außengrenzen der Überseekörperschaften.[2554] Von einer Gesetzeseinheit, die nach der Unabhängigkeitsbewegung der ehemaligen Kolonien in den 1960er-Jahren, mit der Unteilbarkeit des Staatsgebiets assoziiert wurde, um seinen Anwendungsbereich zu erweitern, kann im französischen Staatsgebiet heute keine Rede mehr sein. Insbesondere die Dezentralisierungsreform im Jahr 2003 führte mit der Einführung des Art. 72 Abs. 2 und 3 CF (der Möglichkeit zum Erlass gebietskörperschaftlicher *règlements*), sowie – und noch wichtiger – durch das Experimentierrecht in Art. 72 Abs. 4 CG zu maßgeblichen Abweichungen von einer gesetzlichen Einheit im französischen Staatsgebiet. Das Experimentierrecht ermöglicht es Gebietskörperschaften dauerhaft von der

---

2550 *Mathieu Cahiers du Conseil Constitutionnel 2007, https://www.conseil-constitutionnel.fr/nouveaux-cahiers-du-conseil-constitutionnel/la-normativite-de-la-loi-une-exigence-democratique*; Conseil constitutionnel, 21.4.2005, Décision n° 2005-512 DC; *Obermeyer,* Integrationsfunktion der Verfassung und Verfassungsnormativität. Die Verfassungstheorie Rudolf Smends im Lichte einer transdisziplinären Rechtstheorie, 2008, S. 12.

2551 *Mathieu Cahiers du Conseil Constitutionnel 2007, https://www.conseil-constitutionnel.fr/nouveaux-cahiers-du-conseil-constitutionnel/la-normativite-de-la-loi-une-exigence-democratique*; Conseil constitutionnel, 21.4.2005, Décision n° 2005-512 DC; *Obermeyer,* Integrationsfunktion der Verfassung und Verfassungsnormativität. Die Verfassungstheorie Rudolf Smends im Lichte einer transdisziplinären Rechtstheorie, 2008, S. 12.

2552 *Grimm* Leviathan 2004, 448 (448).

2553 Vgl. *Korioth* in Bogdandy/Burgi/Heintzen u. a. (Hrsg.), Leistungsgrenzen des Verfassungsrechts. Öffentliche Gemeinwohlverantwortung im Wandel, Reprint 2013 2003, S. 117 (118); *Hamon/Troper,* Droit constitutionnel, 45. Aufl. 2025, S. 62.

2554 Vgl. schon: *M. Lasserre* in Sydow (Hrsg.), Französisches Verfassungsrecht im 21. Jahrhundert, 2022, S. 23 (56).

Rechtseinheit auch im Bereich der *lois* abzuweichen.[2555] Daneben steht die Anerkennung eines Lokalrechts in der Region Elsass-Mosel, welches vom französischen Gemeinschaftsrecht in zulässiger Weise abweicht.[2556] Auch die *lois du pays* Polynesiens, machen Abweichung von im Übrigen im französischen Staatsgebiet geltenden Gesetzen möglich.[2557] Zudem muss die Geltung nationalfranzösischen Rechts in der Gebietskörperschaft Polynesiens explizit festgestellt werden.[2558] Die gravierendste Abweichung von territorialer Rechtseinheit ist jedoch in der Übertragung von autonomen Legislativbefugnissen auf den Neukaledonischen Kongress zu sehen.[2559] Der französische Staat kann also als *État pluri-législatif* beschrieben werden, in dem mehrere Rechtsordnungen parallel angewendet werden.[2560]

Dies hat auch Auswirkungen auf die Unteilbarkeit der Staatsgewalt Frankreichs (als zweite Komponente des Unteilbarkeitsprinzips) und mithin auf die Existenz eines Einheitsstaats. Die Ausrichtung der Unteilbarkeit auf die Erreichung des Einheitsstaats macht deutlich, dass die Staatsgewalt nicht von verschiedenen autonom agierenden Entscheidungsträgern nebeneinander ausgeübt werden darf. Ein unteilbarer Einheitsstaat kann jedenfalls nicht mehr vorliegen, wenn die Ausübung von Staatsgewalt durch die Übertragung von Kompetenzen auf gebietskörperschaftliche Ebene im Staatsaufbau in Erscheinung tritt[2561] und wenn sich ihre Kompetenz nicht aus der des nationalen Entscheidungsträgers ableiten lässt.[2562] Dies ist der Fall für die *lois du pays* Neukaledoniens, welche unabhängig vom nationalen Parlament agiert und seine Existenz nicht von der Existenz des nationalen Parlaments ableitet. Auch die Entscheidung zum Erlass von *lois du pays* in Polynesien obliegt ausschließlich den regionalen Entscheidungsträgern und ist keiner nationalen Aufsichtsbehörde nachgeordnet.[2563] In beiden Fällen der *lois du pays* liegt die Kompetenz zum Erlass von Gesetzen standardgemäß bei den Gebietskörperschaften. Hierin ist ein

---

2555 *Janicot,* La décentralisation et l'expérimentation normative, https://www.conseil-constitutionnel.fr/publications/titre-vii/la-decentralisation-et-l-experimentation-normative.

2556 Conseil constitutionnel, 5.8.2011, Décision n° 2011-157 QPC.

2557 Loi organique n° 2004-192 du 27 février 2004 portant statut d'autonomie de la Polynésie française vom 27.02.2004.

2558 Vgl. Art. 7 in Loi organique n° 2004-192 du 27 février 2004 portant statut d'autonomie de la Polynésie française vom 27.02.2004.

2559 Vgl. Art. 99 des Loi organique n° 99-209 Journal Officiel de la République française 1999, 4197 (4208).

2560 *Favoreu* in Moderne/Bon (Hrsg.), La Nouvelle décentralisation, 1983, S. 15; *Favoreu et al.,* Droit constitutionnel 2024, 26. Aufl. 2023, S. 536; *Gueydan* Revue française de droit constitutionnel 2013, 857 (858); *Avril,* L'État plurilégislatif et la République indivisible, 2004; vgl. in diesem Sinne auch schon: *M. Lasserre* in Sydow (Hrsg.), Französisches Verfassungsrecht im 21. Jahrhundert, 2022, S. 23 (49).

2561 *Broschek* in Lauth/Kneuer/Pickel (Hrsg.), Handbuch Vergleichende Politikwissenschaft, 2016 (335 f.); *Hamon/Troper,* Droit constitutionnel, 45. Aufl. 2025, S. 100; auch bereits erwähnt in: *M. Lasserre* in Sydow (Hrsg.), Französisches Verfassungsrecht im 21. Jahrhundert, 2022, S. 23 (35).

2562 *M. Lasserre* in Sydow (Hrsg.), Französisches Verfassungsrecht im 21. Jahrhundert, 2022, S. 23 (35); *Broschek* in Lauth/Kneuer/Pickel (Hrsg.), Handbuch Vergleichende Politikwissenschaft, 2016 (335 f.); *Hamon/Troper,* Droit constitutionnel, 45. Aufl. 2025, S. 100; *Gaïa et al.,* Les grandes décisions du Conseil constitutionnel, 20. Aufl. 2022, S. 144.

2563 Loi organique n° 2004-192 du 27 février 2004 portant statut d'autonomie de la Polynésie française vom 27.02.2004; *Gründler* Revue du Droit Public 2007, 445 (454).

eindeutiges Abweichen von der Einheitsstaatlichkeit Frankreichs zu sehen. Dem steht auch nicht entgegen, dass die Unteilbarkeit der Exekutivgewalt durch die Übertragung der *règlement*-Befugnisse nach Art. 72 Abs. 2, 3 CF, Art. 74 Abs. 4 CF und nach Art. 73 Abs. 1 S. 2 CF nicht beeinträchtigt wird.

Auch die Unteilbarkeit des Staatsvolks hat maßgebliche Einschnitte erfahren. So existiert nicht mehr ein unteilbares Staatsvolk innerhalb des französischen Staatsgebiets. Seit 1991 ist die Existenz einer Überseebevölkerung verfassungsgerichtlich anerkannt.[2564] In der Metropolregion wird der Unteilbarkeit des Staatsvolks durch die Neuschöpfung des Prinzips der *unicité du peuple* eine neue Dimension zugesprochen.[2565] Trotz der wiederholten Einschränkung der Unteilbarkeit des Staatsvolks im Bereich der Überseekörperschaften kann die Unteilbarkeit des Volkes als diejenige Ausprägung des Unteilbarkeitsprinzips beschrieben werden, der heute das meiste Gewicht zukommt. Andererseits zeigt die Entwicklung bzgl. der Geschlechterquote bei Wahlen[2566] sowie die nationalen Autonomiebestrebungen zu Korsika, dass die Verfassung auch hier offen ist für inhaltliche Veränderungen des Prinzips.[2567]

Insgesamt beschränkt sich die normative Wirkung des Unteilbarkeitsprinzips also auf folgende Bereiche: Die Unteilbarkeit des Staatsgebiets besteht weiterhin mit Blick auf eine Unveränderbarkeit der Außengrenzen der Metropolregion.[2568] Die Unteilbarkeit der Staatsgewalt besteht fort bzgl. der Judikativgewalt sowie der Legislativgewalt in der Metropolregion. Auch in der Metropolregion scheint die Einführung mehrerer Legislativgewalten seit der Änderung des Art. 34 CF jedoch denkbar, wonach *lois* nicht mehr zwingend von einem nationalen Parlament erlassen werden müssen.[2569] Das Staatsvolk ist lediglich in der Metropolregion unteilbar, eventuelle Änderungen scheinen aber für Korsika möglich.[2570]

2564 Conseil constitutionnel, 9.5.1991, Décision n° 91-290 DC.

2565 Vgl. Conseil constitutionnel, 9.5.1991, Décision n° 91-290 DC; 15.6.1999, Décision n° 99-412 DC.

2566 Vgl. Loi constitutionnelle n°99-569 Journal Officiel de la République française 1999, 10175.

2567 Vgl. *Mastor,* L'autonomie pour la Corse, mais quelle autonomie ?, https://www.leclubdesjuristes.com/opinion/lautonomie-pour-la-corse-mais-quelle-autonomie-5288/; *Vignal,* ument] Autonomie de la Corse : le texte de l'accord entre le gouvernement et les élus, https://www.publicsenat.fr/actualites/politique/document-autonomie-de-la-corse-le-texte-de-laccord-entre-le-gouvernement-et-les-elus; *Vie publique,* Le statut de la Corse dans les discours publics, https://www.vie-publique.fr/discours-dans-lactualite/293585-le-statut-de-la-corse-dans-les-discours-publics#:~:text=Le%20texte%20pr%C3%A9voyant%20%22la%20reconnaissance,depuis%20la%20loi%20de%201975; *Macron,* Déclaration de M. Emmanuel Macron, président de la République, sur l'inscription dans la Constitution de la Corse et sa future autonomie, à Ajaccio le 28 septembre 2023., 28.09.2023.

2568 Vgl. schon: *M. Lasserre* in Sydow (Hrsg.), Französisches Verfassungsrecht im 21. Jahrhundert, 2022, S. 23 (56).

2569 Vgl. *Faure* Revue française de droit administratif 2019 (937).

2570 Vgl. *Mastor,* L'autonomie pour la Corse, mais quelle autonomie ?, https://www.leclubdesjuristes.com/opinion/lautonomie-pour-la-corse-mais-quelle-autonomie-5288/; *Vignal,* ument] Autonomie de la Corse : le texte de l'accord entre le gouvernement et les élus, https://www.publicsenat.fr/actualites/politique/document-autonomie-de-la-corse-le-texte-de-laccord-entre-le-gouvernement-et-les-elus; *Vie publique,* Le statut de la Corse dans les discours publics, https://www.vie-publique.fr/discours-dans-

Diese Beschränkungen des Unteilbarkeitsprinzips haben auf normativer Ebene zwei Ursachen. Einerseits ermöglicht der eingeschränkte Kompetenzrahmen des *Conseil constitutionnel*, anders als dies im deutschen Recht nach Art. 79 Abs. 3 GG der Fall ist, eine faktisch grenzenlose Einschränkung des bestehenden Verfassungsrechts. Art. 89 Abs. 5 CF, aus dem sich eine Unabänderbarkeit bestimmter Verfassungsprinzipien, wie dem Unteilbarkeitsprinzip ableiten könnte, enthält keine Kompetenzzuschreibung für das Verfassungsgericht.[2571] Es entspricht dem französischen Verständnis von Demokratie, dass das *pouvoir constitué*, auch bezogen auf strukturgebende Verfassungsprinzipien, nicht beschränkt werden kann.[2572] Auf der anderen Seite führt eine Überlagerung des Prinzips der Unteilbarkeit durch die benachbarten Verfassungsprinzipien der Gleichheit und der Einheit zu einem Bedeutungsverlust des Unteilbarkeitsprinzips selbst. Sowohl Gleichheit als auch Einheit sind seit der Revolution untrennbar mit dem Prinzip der Unteilbarkeit verbunden.[2573] Nicht grundlos werden die drei Begriffe vom *Conseil constitutionnel* oft gemeinsam in einem Satz zitiert.[2574] Während die Einheit das Ziel der Unteilbarkeit darstellt, ist die Gleichheit seine Rechtfertigung. Ein Wandel in der gerichtlichen Auslegung der Begriffe von Einheit und Gleichheit beeinflusst damit auch die Unteilbarkeit. Die Neuschöpfung der *unicité du peuple* lenkt den Fokus des Prinzips der Unteilbarkeit einerseits auf seine Ausprägung der Unteilbarkeit des Volkes,[2575] andererseits wird der Blick stärker auf das Prinzip der Einheit gelenkt. Dem Prinzip der Unteilbarkeit kommt damit in der Rechtsprechung des *Conseil constitutionnel* eine insgesamt geringere Bedeutung zu.[2576] Das Prinzip der Gleichheit wird hingegen in der Rechtsprechung des *Conseil constitutionnel* territorial begriffen. Das bedeutet, dass im gesamten Staatsgebiet die gleichen Rechte gelten sollen. Die territoriale Auslegung des Gleichheitssatzes geht so weit, dass diese in der Auslegung des *Conseil*

---

lactualite/293585-le-statut-de-la-corse-dans-les-discours-publics#:~:text=Le%20texte%20pr%C3%A9voyant%20%22la%20reconnaissance,depuis%20la%20loi%20de%201975; *Macron,* Déclaration de M. Emmanuel Macron, président de la République, sur l'inscription dans la Constitution de la Corse et sa future autonomie, à Ajaccio le 28 septembre 2023., 28.09.2023.

2571 Conseil constitutionnel, 26.3.2003, Décision n° 2003-469 DC; vgl. auch *Vilain* in Marsch/Vilain/Wendel (Hrsg.), Französisches und Deutsches Verfassungsrecht, 2015 (56f.); *Favoreu et al.,* Droit constitutionnel 2024, 26. Aufl. 2023, S. 145.

2572 Vgl. *Troper/Chagnollaud,* Traité international de droit constitutionnel, 2012, S. 22; *Favoreu et al.,* Droit constitutionnel 2024, 26. Aufl. 2023, S. 142f.

2573 Vgl. *Debbasch* in Mathieu/Verpeaux (Hrsg.), La République en droit français, 1996 (42). *Debbasch,* Le principe révolutionnaire d'unité et d'indivisibilité de la République, 1988, S. 37

2574 Vgl. Conseil constitutionnel, 9.5.1991, Décision n° 91-290 DC hier lautet es im Original "la France est, ainsi que le proclame l'article 2 de la Constitution de 1958, une République indivisible, laïque, démocratique et sociale qui assure l'égalité devant la loi de tous les citoyens quelle que soit leur origine", das Urteil verweis im Folgenden aber schwerpunktmäßig auf die Gleichheit der Bürger:innen und weniger auf die Unteilbarkeit; vgl. auch 13.1.1994, Décision n° 93-329 DC; 15.6.1999, Décision n° 99-412 DC; die Prinzipien wurden zudem gemeinsam als Prinzipien „von Unteilbarkeit und Gleichheit" in Bezug genommen in: 26.6.1995, Décision n° 94-358 DC; 5.8.1993, Décision n° 93-323 DC.

2575 Conseil constitutionnel, 9.5.1991, Décision n° 91-290 DC.

2576 *Gründler* Revue du Droit Public 2007, 445 (465ff.).

constitutionnel die Demarkationslinie zur Wahrnehmung des Prinzips der freien Selbstverwaltung aus Art. 34 CF darstellt. Ein Eingriff in das Recht der Gleichheit aufgrund der freien Selbstverwaltung der Gebietskörperschaften ist danach gerechtfertigt, wenn besondere örtliche Gegebenheiten vorliegen, die eine unterschiedliche Behandlung von Personengruppen im Hoheitsgebiet notwendig machen.[2577] Dies führt dazu, dass über das Prinzip der Gleichheit auch die Grenzen der Einschränkbarkeit der Unteilbarkeit bestimmt werden. Auch Einschränkungen der Unteilbarkeit sind möglich, wenn eine ungleiche Behandlung von Personen aufgrund besonderer örtlicher Gegebenheiten gerechtfertigt ist. Damit verleiht das Prinzip der Grundrechtsgleichheit dem Unteilbarkeitsprinzip bezogen auf die Rechtseinheit seinen normativen Restgehalt.[2578] Eine extensive Auslegung des Ausnahmetatbestands des Gleichheitssatzes macht weitreichende Einschränkungen auch für das Unteilbarkeitsprinzip möglich.[2579]

Bezogen auf die „nicht-juristische Wirkung" des „juristischen Gegenstands"[2580] der Unteilbarkeit lässt sich festhalten, dass das Prinzip nicht geeignet ist die Integration des Staats herbeizuführen. Das meta-normative Ziel der Unteilbarkeit, die Integration des Verfassungsstaats durch Assimilierung der Bevölkerung zu erreichen, entspricht weder dem aktuellen Stand der soziologischen Forschung,[2581] noch ist das Ziel einer Integration mit der Lebenswirklichkeit Frankreichs, die von einer zunehmend pluralistischen Gesellschaft geprägt ist, vereinbar.[2582] Gelungene Integration führt zum Verschwinden von Minderheiten, da diese durch rechtliche Gleichordnung an die Mehrheitsgesellschaft angeglichen werden sollen.[2583] Frankreich ist aufgrund seiner Kolonialgeschichte kulturell vielfältig geprägt,[2584] aber auch in Metropolfrankreich existieren Minderheitensprachen und Autonomiewünsche[2585]. Diesem Umstand trägt der französische Gesetzgeber bei den genannten Abweichungen vom Prinzip der Unteilbarkeit Rechnung, mit dem Ergebnis, dass die sich aus dem Inhalt der Unteilbarkeit ergebende

---

2577 Conseil constitutionnel, 9.5.1991, Décision n° 91-290 DC; *Gründler* Revue du Droit Public 2007, 445 (446); *M. Lasserre* in Sydow (Hrsg.), Französisches Verfassungsrecht im 21. Jahrhundert, 2022, S. 23 (38).

2578 In diesem Sinne auch bereits: *M. Lasserre* in Sydow (Hrsg.), Französisches Verfassungsrecht im 21. Jahrhundert, 2022, S. 23 (50).

2579 *Janicot,* La décentralisation et l'expérimentation normative, https://www.conseil-constitutionnel.fr/publications/titre-vii/la-decentralisation-et-l-experimentation-normative.

2580 *Grimm* Leviathan 2004, 448 (448).

2581 Vgl. *Bessone* Archives de Philosophie 2022 (13f.); *Bouquet* Vie sociale 2015, 15 (16ff.); *Hafen* Journal der dgssa, 75 (76); *Young,* Inclusion and Democracy, 2000; *Vanderstraeten* Acta Sociologica 2015, 173; *Young,* Justice and the politics of difference, 1990; *Esser* Journal für Konflikt- und Gewaltforschung 1999, 5; *Luhmann,* Soziologische Aufklärung 6, 4. Aufl. 2018; *Bohmeyer* Jahrbuch für Christliche Sozialwissenschaften 2009, 63.

2582 Vgl. zu diesem Thema *Herzinger,* Republik ohne Mitte, 2001, S. 7.

2583 Vgl. C., II., 1. auf meta-normativer sowie B., IV., 3, b) auf normativer Ebene.

2584 Vgl. *J.-Y. Faberon* Pouvoirs 2005, 5 (6); *Vie publique,* Outre-mer : inégalités et retards de développement, https://www.vie-publique.fr/eclairage/19624-outre-mer-inegalites-et-retards-de-developpement.

2585 Vgl. *Vallet French Politics, Culture & Society 2004, 51 (*65).

Integrationskraft – entsprechend der zurückgestellten normativen Wirkkraft des Prinzips – sehr beschränkt ist.

Als letzte Möglichkeit, dem Unteilbarkeitsprinzip eine verfassungsrechtliche Bedeutung zuzuerkennen, kommt eine Integrationsfunktion des Unteilbarkeitsprinzips aufgrund einer ihr zugeschriebenen republikanischen Symbolik in Betracht, die für den französischen Staat identitätsprägend und damit gemeinschaftsbegründend wirkt. [2586] Die französische Gesellschaft müsste dafür einen ihr spezifischen Wert in der Verfassungsnorm der Unteilbarkeit wiederfinden.[2587] In Abgrenzung zu anderen Verfassungsstaaten (wie etwa Spanien, Italien oder Norwegen[2588]), in denen ein normiertes Unteilbarkeitsprinzip nicht in Zusammenhang mit den Errungenschaften der Revolution und dem Ende des *Ancien Régime* steht, ergibt sich die spezifische Identität Frankreichs.[2589] Diese integrative Wirkung kann durch einen verfassungshistorischen Gründungsmoment verfestigt werden (einem sog. *constitutional moment*). Gemeint ist eine Umbruchssituation,[2590] wie etwa die Französische Revolution,[2591] die mit der alten Herrschaft eines Landes abschließt und deren Werte sich in einer neuen Verfassung widerspiegeln.[2592] Der Gründungsmoment liegt dann in der Niederschrift der neuen Verfassung. Zwar kann eine solche Umbruchssituation nicht im Erlass der Verfassung von 1958 gesehen werden. Dieser Verfassung geht jedoch eine lange Tradition republikanischer Verfassungen voraus, in denen – bis auf die Ausnahme der Verfassung der III. Republik – die „unteilbare Republik" stets präsent war.[2593] Nicht umsonst wird die Unteilbarkeit als „Leitmotiv"[2594] der Republik bezeichnet, als identitätsprägender Faktor,[2595] der seit dem Gründungsmoment der ersten republikanischen Verfassung bis in die V. Republik fortwirkt.[2596] Zwar lässt sich feststellen, dass sich aus dem *constitutional moment* der Erschaffung der Verfassung der ersten Republik im Jahr 1793 eine republikanische Identität Frankreichs ableiten lässt. Diese erstreckt sich aber unter der Verfassung der

---

2586 *Daly* European Constitutional Law Review 2015 (458); zur Identitätsfunktion eines französischen Föderalismus, vgl. *Carrier/Barillé* Revue interdisciplinaire d'études juridiques 2021, 327 (349)

2587 *Grimm* Leviathan 2004, 448 (454).

2588 *Lemaire, Le principe d'indivisibilité de la République, 2010, S.* 11; *Daly*, European Constitutional Law Review 2015, 458 (459).

2589 *F. Lemaire,* Le principe d'indivisibilité de la République, 2010, S. 11; *Daly* European Constitutional Law Review 2015, 458 (459); *Debbasch,* Le principe révolutionnaire d'unité et d'indivisibilité de la République, 1988, S. 115.

2590 *Grimm* Leviathan 2004, 448 (456).

2591 Vgl. *Henkin* Louisiana Law Review 1989, 1023 (1024); zum Beispiel von Deutschland vgl. auch *Ackerman* Virginia Law Review 1997, 771 (778ff.).

2592 *Grimm* Leviathan 2004, 448 (455–456); vgl. auch *Ackerman* The Yale Law Journal 1989, 453 (488); bezogen auf Deutschland, vgl. *Ackerman* Virginia Law Review 1997, 771 (778); kritisch hingegen *Klarman* Standford Law Review 1992, 759 (760ff.).

2593 *Debbasch,* Le principe révolutionnaire d'unité et d'indivisibilité de la République, 1988, S. 118.

2594 *Brunet* in Krulic (Hrsg.), La République en perspective, 2009, S. 9999.

2595 *Daly* European Constitutional Law Review 2015 (458).

2596 Vgl. *Verpeaux* in Mathieu/Verpeaux (Hrsg.), La République en droit français, 1996, S. 19 (34f.); vgl. zu dieser Problematik auch *Vimbert,* La Tradition républicaine en droit public français, 1992, S. 20f.

V. Republik nicht (mehr) auf das Prinzip der Unteilbarkeit. Zu präsent sind seit den 1960er-Jahren die gesetzgeberischen und verfassungsgerichtlichen Abweichungen vom Prinzip der Unteilbarkeit sowie die Widerstände in der Bevölkerung gegen einen unteilbaren Einheitsstaat.[2597] Damit eine Verfassungsnorm für die Gesellschaft identitätsstiftend wirken kann, muss sich die Bevölkerung mit einer Bestimmung noch identifizieren können, sich von dieser subjektiv repräsentiert sehen.[2598] Die normativen Einschränkungen des Verfassungsprinzips und sein Mangel an „Determinationskraft“ nehmen ihm auch seine meta-normative Wirkung.[2599] Die Bekundungen einer symbolischen Funktion des Unteilbarkeitsprinzips greifen somit ins Leere. Zwar lässt sich sagen, dass das Prinzip seit jeher semantisch mit dem Begriff der Republik verknüpft wurde, gleiches galt aber bis 1958 auch für das Prinzip der Einheit, das mit der Verfassung zur V. Republik aus dem positivierten Recht verschwand.[2600] Die symbolische Bedeutung des Unteilbarkeitsprinzips beschränkt sich auf die Affirmation der Republik in Abwendung vom Unrechtsregime der Monarchie. Es genügt damit, die symbolische Funktion des Republikprinzips zu bemerken.[2601] Dem Unteilbarkeitsprinzip selbst kommt keine eigene Symbolik zu.

Es stellt sich damit die Frage, ob die Verfassung einer VI. Republik[2602] einer Bekundung der Unteilbarkeit bedarf. Möchte der Gesetzgeber einer solchen Verfassung aufgrund der historischen Verankerung des Begriffs dennoch an diesem festhalten, wäre es sinnvoll den Begriff entsprechend seiner theoretischen und verfassungsrechtlichen Ursprünge abzuwandeln. Eine solche Uminterpretation würde den Kreis schließen, der von *Platons polis*-Begriff ausgeht,[2603] und über die Anerkennung von kultureller Vielheit unter den Frankenkönigen[2604] sowie im französischen Absolutismus, bis hin zu den Föderalismustendenzen der Girondisten reicht. So könnte das Unteilbarkeitsprinzip losgelöst von dem territorialen Gleichheitsbild der Revolution, welches zu einer gesellschaftlichen Assimilation führt, für die Einheit der pluralen Bevölkerung Frankreichs stehen. Das Unteilbarkeitsprinzip könnte mithin als Symbol für die Bevölkerung Frankreichs funkgieren, die gerade durch ihre gemeinschaftliche Berufung auf soziale, kulturelle und rechtliche Differenzen

---

2597 *Libération/AFP,* Nouvelle-Calédonie : un neuvième mort, décédé des suites de ses blessures causées par un gendarme, https://www.liberation.fr/societe/nouvelle-caledonie-un-neuvieme-mort-decede-des-suites-de-ses-blessures-causees-par-un-gendarme-20240611_V7YIFHVDNVBADIFT4JGI6NNWJM/; *Macron,* Déclaration de M. Emmanuel Macron, président de la République, sur l'inscription dans la Constitution de la Corse et sa future autonomie, à Ajaccio le 28 septembre 2023., 28.09.2023.

2598 *Grimm* Leviathan 2004, 448 (455).

2599 *Grimm* Leviathan 2004, 448 (455).

2600 Dazu auch: *Gründler* Revue du Droit Public 2007, 445 (447).

2601 *Yoan* in Marsch/Vilain/Wendel (Hrsg.), Französisches und Deutsches Verfassungsrecht, S. 51.

2602 Vgl. etwa *Roussillon,* Demain, la sixième République ?, 2007; *Roussillon* Revue française de droit constitutionnel 2002, 707; *Melenchon2022.fr,* Comment nous allons passer à la 6e République, https://melenchon2022.fr/plans/6e-republique/; *Braibant* in Mathieu/Verpeaux (Hrsg.), La République en droit français, 1996 (57).

2603 *Plato/Rufener/Szlezák,* Der Staat, 2011, S. 932.

2604 *Becher,* Chlodwig I, 2011, S. 9.

geeint ist.[2605] Das Unteilbarkeitsprinzip stünde sodann im Einklang mit der bereits begonnenen Föderalismusentwicklungen Frankreichs.[2606]

2605 Vgl. *Denninger* Der Staat 2021, 495 (500); *Korioth* in Bogdandy/Burgi/Heintzen u. a. (Hrsg.), Leistungsgrenzen des Verfassungsrechts. Öffentliche Gemeinwohlverantwortung im Wandel, Reprint 2013 2003, S. 117 (118f.). Habermas Schadensabwicklung, S. 7f, 100, S. 167, S. 174

2606 Vgl. hierzu auch bereits *F. Faberon* Revue française de droit constitutionnel 2015, 53; *Michalon Revue du Droit Public 1982, 623.*

Résumé : Indivisibilité dans la constitution de la Vème République – Vers un fédéralisme français

A. Point de départ et méthodologie

Depuis le début de la Vème République, un fédéralisme se manifeste dans l'État constitutionnel français.[2607] Que ce soit par le transfert de pouvoirs législatifs au Congrès de Nouvelle-Calédonie,[2608] par le transfert extensif de pouvoirs exécutifs aux collectivités territoriales[2609] ou par la reconnaissance d'une « autonomie » corse,[2610] la France répond à un besoin d'autonomie régionale accrue, qui s'exprime plus que jamais sous la Constitution de la Vème République, tant en métropole qu'en outre-mer.[2611] L'État français a connu des violences inédites en Nouvelle-Calédonie en 2024,[2612] à l'occasion d'une réforme du mode de scrutin qui, aux yeux des insurgés, pourrait nuire à la prise de décision autonome dans le territoire néo-calédonien.[2613] En Métropole aussi, les velléités d'indépendance et d'autonomie sont permanentes. On peut citer les régions de Corse, de Bretagne, d'Alsace ou encore le Pays Basque où des tensions avec l'État unitaire français émergent en raison de circonstances historiques différentes.[2614] Ce n'est qu'en septembre 2023 qu'*Emmanuel Macron* a appelé à avoir « l'audace de bâtir une autonomie à la Corse, dans la République».[2615] Mais comment concilier cette évidente mutation sociale, politique et normative avec les dispositions de la Constitution française, qui en 1958 et

---

[2607] Cf. *F. Faberon* Revue française de droit constitutionnel 2015 (53); *Michalon* Revue du Droit Public 1982 (623ff.); *Carrier/Barillé* Revue interdisciplinaire d'études juridiques 2021, 327 (346); *Heraud* dans Moderne (éd.), La nouvelle décentralisation, 1983 (429ff.).

[2608] Loi constitutionnelle n°98-610 Journal Officiel de la République française 1998, 11143.

[2609] Loi constitutionnelle n°2003-276 Journal Officiel de la République française 2003, 5568.

[2610] *Macron,* Déclaration de M. Emmanuel Macron, président de la République, sur l'inscription dans la Constitution de la Corse et sa future autonomie, à Ajaccio le 28 septembre 2023., 28.09.2023.

[2611] Cela s'explique notamment par le fait que le droit à l'égalité n'est applicable à l'ensemble du territoire français, y compris les anciennes colonies, que depuis la Constitution de 1946, cf. Constitution de 1946, IVe République, https://www.conseil-constitutionnel.fr/les-constitutions-dans-l-histoire/constitution-de-1946-ive-republique; *J.-Y. Faberon* Pouvoirs 2005, 5 (6); seule la Constitution de la Vème République crée la possibilité de se détacher territorialement du territoire français, sur la base de l'al. 2 du préambule de la Constitution et des articles 53, 76 et 86, 91 CF, cf. *Gründler* Revue du Droit Public 2007, 445 (449); cf. déjà *M. Lasserre* dans Sydow (éd.), Französisches Verfassungsrecht im 21. Jahrhundert, 2022, p. 23 (43).

[2612] *Libération/AFP,* Nouvelle-Calédonie : un neuvième mort, décédé des suites de ses blessures causées par un gendarme, https://www.liberation.fr/societe/nouvelle-caledonie-un-neuvieme-mort-decede-des-suites-de-ses-blessures-causees-par-un-gendarme-20240611_V7YIFHVDNVBADIFT4JGI6NNWJM/; *Guibert,* Nouvelle-Calédonie : l'insécurité persiste, les radicaux continuent de donner le tempo de la crise, https://www.lemonde.fr/politique/article/2024/06/04/nouvelle-caledonie-des-troubles-demeurent-loin-du-retour-progressif-a-la-normale-vante-par-l-executif_6237304_823448.html.

[2613] *Le monde/AFP,* Nouvelle-Calédonie : Emmanuel Macron va « suspendre » la réforme constitutionnelle qui a mis le feu à l'archipel, https://www.lemonde.fr/politique/article/2024/06/12/nouvelle-caledonie-emmanuel-macron-affirme-suspendre-la-reforme-constitutionnelle-modifiant-le-corps-electoral_6239154_823448.html.

[2614] Cf. *Vallet French Politics, Culture & Society 2004, 51 (*65).

[2615] *Macron,* Déclaration de M. Emmanuel Macron, président de la République, sur l'inscription dans la Constitution de la Corse et sa future autonomie, à Ajaccio le 28 septembre 2023., 28.09.2023, "Au fond, ayons l'audace de bâtir une autonomie à la Corse, dans la République.".

jusqu'à aujourd'hui affirme encore du principe d'un État unitaire centralisé ? L'art. 1, al. 1 de la Constitution française (CF) reste aujourd'hui encore inchangé : « La France est une République indivisible [...] ». Cette formulation, qui représentait autrefois également le centralisme de la France, constitue encore aujourd'hui l'ancrage normatif de l'État unitaire (décentralisé) de la France.[2616] Elle montre que, lors de la promulgation de la Constitution de la Vème République, le pouvoir constituant a pris une décision fondamentale en optant pour le principe d'indivisibilité. Il continue en 1958 à le considérer comme faisant partie du droit positif conformément à la tradition constitutionnelle. Au cours des dernières décennies plusieurs auteurs se sont toutefois penchés sur le fait que le principe d'indivisibilité aurait perdu sa portée normative sous la Constitution de la Vème République.[2617] Par conséquent, il faut s'interroger le contenu normatif du principe constitutionnel après le mouvement d'indépendance des collectivités d'outre-mer des années 1960,[2618] le transfert de pouvoirs législatifs aux autorités régionales[2619] et la décision du Conseil constitutionnel sur la constitutionnalité d'un droit local d'Alsace-Moselle.[2620] Quelles en sont les conséquences pour l'organisation de la France en tant qu'État unitaire ?

La littérature constate que le principe d'indivisibilité a perdu une partie de sa portée normative et dans certains cas arrive jusqu'à lui attribuer une fonction purement mythologique[2621] ou symbolique,[2622] faute de force normative. Cette fonction symbolique peut être déduite de la tradition révolutionnaire et républicaine.[2623] Attribuer une fonction mythologique et symbolique au principe d'indivisibilité signifie que celui-ci incarne la tradition révolutionnaire française.[2624] La « représentation symbolique de sens »[2625] peut, comme l'avait déjà reconnu *Smend*,[2626] conduire dans le contexte constitutionnel à ce que l'appropriation collective de certaines valeurs constitutionnelles historiquement enracinées exerce un effet d'intégration sociale et

---

2616 Droit constitutionnel, 10. éd. 2007, 525; *Gründler*, Revue du droit public 2007, 445 (455).

2617 Cf. entre autres : *Gründler* Revue du Droit Public 2007*, 445.*

2618 Cf. *Gründler* Revue du Droit Public 2007, 445.

2619 Loi constitutionnelle n°2003-276 Journal Officiel de la République française 2003, 5568.

2620 Conseil constitutionnel, 5.8.2011, Décision n° 2011-157 QPC.

2621 *Lemaire,* Le principe d'indivisibilité de la République, 2010; cf. également : *Lemaire* Civitas Europa 2003, 59 (61).

2622 *Lemaire,* Le principe d'indivisibilité de la République, 2010; concernant le principe d'unité, cf. *Lemaire* Civitas Europa 2003, 59 (61).

2623 *Gueydan* Revue française de droit constitutionnel 2013 (857); *Daly* European Constitutional Law Review 2015, 458 (459); *Lemaire,* Le principe d'indivisibilité de la République, 2010, p. 11.

2624 *Burdeau,* Liberté, Libertés Locales Chéries !, 1983, p.36ff; sur la volonté de démarcation des révolutionnaires puis des républicains par rapport à l'Ancien Régime, cf. en outre 34ff.; d'ailleurs *Lemaire,* Le principe d'indivisibilité de la République, 2010, p. 50.

2625 *Vorländer* dans Vorländer (éd.), Integration durch Verfassung, 2002, p. 9 (17).

2626 *Smend,* Verfassung und Verfassungsrecht, 1928, p. 28.

politique.[2627] Une valeur normée par le droit constitutionnel devient part de l'« identité »[2628] d'un État constitutionnel et contribue ainsi à créer un sentiment de communauté.[2629] Le symbolisme principe d'indivisibilité pourrait aussi produire un tel effet intégrateur.
En effet, le principe constitutionnel de « l'indivisibilité de la République » apparaît dans les textes constitutionnels républicains depuis 1792[2630] et est considéré comme un aspect identitaire,[2631] un « leitmotiv »[2632] des différentes Républiques françaises[2633]. Cela s'explique également par le fait que le principe d'indivisibilité est un symbole de la tradition jacobine.[2634] Il symbolise la forme d'État républicaine et de l'abandon de l'ordre des valeurs de l'Ancien Régime.[2635] Il n'est pas évident de savoir dans quelle mesure les valeurs de la Révolution liées au principe d'indivisibilité sont encore viables sous la constitution actuelle.[2636] Il se pose aussi la question de savoir si le symbolisme du principe d'indivisibilité peut conduire (en France aussi) à un effet identitaire et intégrateur correspondant au développement des doctrines de *Smend*.[2637]
Dans l'ensemble, ce travail adopte une perspective de droit comparé où l'intérêt scientifique réside dans la compréhension d'un principe directeur d'un ordre

---

2627 *Obermeyer,* Integrationsfunktion der Verfassung und Verfassungsnormativität. Die Verfassungstheorie Rudolf Smends im Lichte einer transdisziplinären Rechtstheorie, 2008, p. 67; *Vorländer* dans Vorländer (éd.), Integration durch Verfassung, 2002, p. 9 (17).

2628 *Daly* European Constitutional Law Review 2015 (458f.); *Lemaire,* Le principe d'indivisibilité de la République, 2010, p. 11.

2629 *Grimm* Leviathan 2004, 448 (448); également dans *Korioth* dans Bogdandy/Burgi/Heintzen u. a. (éd.), Leistungsgrenzen des Verfassungsrechts. Öffentliche Gemeinwohlverantwortung im Wandel, Reprint 2013 2003, p. 117 (118) les notions d'idenité et d'intégration sont associées.

2630 Cf. Déclaration du 25 septembre 1792: Constitution du 24. juin 1793; dans le préambule de la Constitution de 1848, IIe République; dans l'article 1 de la Constitution de 1946, IVe République, https://www.conseil-constitutionnel.fr/les-constitutions-dans-l-histoire/constitution-de-1946-ive-republique.

2631 *Daly* European Constitutional Law Review 2015 (458).

2632 *Brunet* in Krulic (éd.), La République en perspective, 2009, p. 9999.

2633 Cf. par rapport à la notion des « républiques », *Verpeaux* dans Mathieu/Verpeaux (éd.), La République en droit français, 1996, p. 19 (34f.).

2634 *Gueydan* Revue française de droit constitutionnel 2013 (857).

2635 *Lemaire,* Le principe d'indivisibilité de la République, 2010, p. 11; *Daly* European Constitutional Law Review 2015, 458 (459); *Debbasch,* Le principe révolutionnaire d'unité et d'indivisibilité de la République, 1988, p. 115.

2636 *Burdeau,* Liberté, Libertés Locales Chéries !, 1983, p. 34ff; *Lemaire,* Le principe d'indivisibilité de la République, 2010, p. 50.

2637 *Smend,* Verfassung und Verfassungsrecht, 1928; dans la littérature moderne, les auteur·e·s suivant·e·s abordent le sujet de l'effet intégratoire d'une constitution: *Obermeyer,* Integrationsfunktion der Verfassung und Verfassungsnormativität. Die Verfassungstheorie Rudolf Smends im Lichte einer transdisziplinären Rechtstheorie, 2008; *Grimm,* Die Verfassung und die Politik, 2001; *Korioth* dans Bogdandy/Burgi/Heintzen u. a. (éd.), Leistungsgrenzen des Verfassungsrechts. Öffentliche Gemeinwohlverantwortung im Wandel, 2003, p. 117; dans la littérature française on peut d'ailleurs citer *Hamon/Troper,* Droit constitutionnel, 45. éd.. 2025, p. 62.

juridique étranger.[2638] En l'espèce, le principe d'indivisibilité et la notion d'État unitaire n'existent pas en Allemagne. Le droit comparé permet de mettre en évidence les différences et les points de vue communs entre les deux États nationaux (par exemple en ce qui concerne le principe de la République ou la Cour constitutionnelle comparé au *Bundesverfassungsgericht*). La distance que le droit comparé crée par rapport à son propre ordre juridique permet de réfléchir (indirectement) à ce dernier.[2639] La comparaison peut en outre indirectement venir enrichir des connaissances scientifiques d'autres disciplines, comme l'histoire constitutionnelle (en ce qui concerne l'enracinement historique de l'indivisibilité dans la révolution[2640]), la sociologie du droit (en ce qui concerne l'effet d'intégration des constitutions[2641]) ou la théorie générale de l'État *(Allgemeinen Staatslehre)*.[2642]

B. L'évolution de l'indivisibilité au cours de l'histoire constitutionnelle de l'Antiquité à la IVème République – mise en perspective du discours historique

La réponse à la problématique de cette thèse, à savoir si la France constitue encore un État unitaire qui est indivisible, doit être cherchée en prenant en compte l'émergence historique du principe. Depuis la fin de l'Ancien Régime, le principe d'indivisibilité apparaît, le plus souvent explicitement, dans les textes constitutionnels de la France. Le principe a survécu à de nombreux bouleversements gouvernementaux.[2643] Comme il est difficile de le définir, même sous la Constitution de la Vème République, en raison de ses multiples évolutions,[2644] le principe d'indivisibilité peut paraître difficile à définir. Pour analyser la signification de l'indivisibilité d'un point de vue normatif, il convient donc de se placer avant la promulgation de la Constitution de 1958 et avant l'indépendance des régions d'outre-mer et avant sa

2638 *Starck* JuristenZeitung 1997, 1021 (1023); *Weber,* Europäische Verfassungsvergleichung, 2010, p. 5f.

2639 *Starck* JuristenZeitung 1997, 1021 (1023).

2640 *Gueydan* Revue française de droit constitutionnel 2013, 857 (857); *Yoan* in Marsch/Vilain/Wendel, Verfassungsrecht, 81; *Brard,* Revue Juridique Polynésienne 2001, 47 (56).

2641 Cf. entre autres: *Smend,* Verfassung und Verfassungsrecht, 1928; *Obermeyer,* Integrationsfunktion der Verfassung und Verfassungsnormativität. Die Verfassungstheorie Rudolf Smends im Lichte einer transdisziplinären Rechtstheorie, 2008; *Hennis* JuristenZeitung 1999, 485.

2642 *Starck* JuristenZeitung 1997, 1021 (1023f.); *Gamper* Zeitschrift für öffentliches Recht 2008, 359 (361); *Weber,* Europäische Verfassungsvergleichung, 2010, p. 5f.; *Morlok,* Was heißt und zu welchem Ende studiert man Verfassungstheorie?, 1988, p. 23ff. nottament p. 28.

2643 Cf. en ce sens déjà : *M. Lasserre* dans Sydow (éd.), Französisches Verfassungsrecht im 21. Jahrhundert, 2022, p. 23 (27), le principe est explicitement mentionné dans les constitutions de 1791 (monarchie), 1793 (I. république), 1795, 1799 (consulat), 1848 (II. république), 1946 (IV. république) und 1958 (V. république); cf. : https://www.conseil-constitutionnel.fr/la-constitution/les-constitutions-de-la-france.

2644 *Debbasch,* Principe Révolutionnaire, 15; *Lemaire* par exemple, tente d'expliquer le principe constitutionnel à l'aide du mot-valise indivisibilité du dictionnaire de la langue générale de l'*Académie Française* : „L'indivisibilité exprime l'état ou la qualité de ce qui ne peut être divisé"; cf. *Lemaire, Le principe d'indivisibilité de la République, 2010, S.*14.

restriction répétée sous la Ve République. Une perspective historique permet aussi de faire apparaître la dimension méta-normative du principe d'indivisibilité. La transformation du principe d'indivisibilité par la Révolution jusqu'à l'instauration de la première République est particulièrement éclairante pour comprendre l'évolution de l'identité constitutionnelle.[2645] En effet, les principes d'unité et d'indivisibilité ont été considérés jusqu'à aujourd'hui comme des acquis importants de la Révolution.[2646] Déjà à l'époque révolutionnaire le principe d'indivisibilité, en raison de son lien avec le principe de la République, n'exerce pas seulement un rôle normatif, mais il a aussi un contenu symbolique.[2647]
Si l'on considère les nombreux bouleversements gouvernementaux et les changements qui les ont accompagnés dans l'histoire de l'État français, on peut donc constater que le principe d'indivisibilité, bien que soumis à des changements importants au niveau de son contenu, peut être qualifié d'ADN de l'État français.[2648]
Les premières réflexions sur le principe d'indivisibilité actuel remontent aux enseignements de philosophes antiques tels que *Platon* et *Aristote*, selon lesquels l'unité dans un tout délimité[2649] peut être atteinte par l'acceptation de la multiplicité.[2650] À partir du XIIème siècle, le morcellement du pouvoir et du territoire lié au féodalisme a été perçu comme un risque par la monarchie, qui a donc eu recours au principe d'indivisibilité pour conserver son pouvoir.[2651] Le recours au théorème chrétien de la Trinité et à l'unité de Dieu qui en découle, ainsi qu'à sa transposition sur terre, ont été utilisés par les rois français pour justifier l'accumulation du pouvoir en leur personne et pour faire naître le mythe du pouvoir d'État indivisible entre les mains du roi selon la volonté de Dieu.[2652]
La conception de l'unité et de l'indivisibilité républicaines a ensuite évolué pendant la monarchie constitutionnelle. Ainsi ces deux idées fondamentales ont été associées aux principes clés de la Révolution, que l'unité et l'indivisibilité de la nation doivent contribuer à réaliser.[2653] Ces principes fondamentaux de la Révolution sont

---

2645 *Daly* European Constitutional Law Review 2015 (458).
2646 *Debbasch* dans Mathieu/Verpeaux (éd.), La République en droit français, 1996 (59); *Lemaire,* Le principe d'indivisibilité de la République, 2010, p. 11; *Daly* European Constitutional Law Review 2015 (458f.).
2647 *Daly* European Constitutional Law Review 2015, 458 (459).
2648 *Faure,* Revue Française de Droit Administratif 2019, 937 (937); déjà: *M. Lasserre* dans Sydow (éd.), Französisches Verfassungsrecht im 21. Jahrhundert, 2022, p. 23 (37).
2649 Cf. à ce sujet : *Pradeau,* Platon et la cité, 2014.
2650 *Plato/Rufener/Szlezák,* Der Staat, 2011, p. 299 *Debbasch,* Le principe révolutionnaire d'unité et d'indivisibilité de la République, 1988, p. 30.
2651 *Boussard* dans Queneau (éd.), La France et les français, 1972 (967); *Mousnier* dans Queneau (éd.), La France et les français, 1972, p. 1022 (1061); *Debbasch,* Le principe révolutionnaire d'unité et d'indivisibilité de la République, 1988, p. 32.
2652 *Debbasch,* Le principe révolutionnaire d'unité et d'indivisibilité de la République, 1988, p. 32; zurückgehend auf *Alexandrien et al.,* Contre Julien, p. 433; sowie bestärkt durch*Aquin,* La théologie de saint Thomas ou Exposition de la "Somme théologique" en français / par l'abbé Georges Malé, 1857, p. 123ff.; cf. *Pègues* dans Pègues (éd.), Commentaire Français Littéral de la Somme théologique de saint Thomas d'Aquin, 1908 (309ff.).
2653 *Debbasch,* Le principe révolutionnaire d'unité et d'indivisibilité de la République, 1988, p. 39.

la démocratie par la souveraineté de la nation, l'égalité et la liberté.[2654] Dans la République, ces idées ont été mises en œuvre et chargées d'un symbolisme qui distingue également la France des autres pays ayant un principe d'indivisibilité. La façon spécifique à la France de mettre en œuvre ces principes consiste à insister sur la dimension de la sécurité à l'intérieur et à l'extérieur[2655] et sur le rôle de modèle de la libération de l'absolutisme par la République indivisible.[2656] En plus, en associant l'unité à l'égalité, l'unité est donc interprétée comme une uniformité et pas comme la tolérance de la diversité, comme c'était le cas avant.
Le véritable renforcement juridique du principe s'est surtout produit pendant la période napoléonienne même si à cette époque les principes d'unité et d'indivisibilité n'ont été utilisés explicitement que dans des sociétés secrètes qui œuvraient pour le retour de la République.[2657]
L'arrivée de *Napoléon Bonaparte* au pouvoir marque l'histoire du principe d'indivisibilité. L'unité et l'indivisibilité poursuivies sous la République avaient surtout pour objectif la sécurité intérieure et extérieure.[2658] C'est lors de la première République que la nation, conçue comme l'union du peuple français, a été fondée. Mais les valeurs de la République, notamment la démocratie, n'étaient pas encore assez puissante pour éviter l'émergence d'un nouveau règne absolutiste, comme l'empire napoléonien. Les principes d'unité et d'indivisibilité ont continué à s'appliquer à l'intérieur comme à l'extérieur même à l'époque napoléonienne. Cela peut être constaté dans une perspective symbolique mais aussi normative car le peuple s'imposait à l'intérieur et à l'extérieur contre les agresseur e s de la nation unifiée. Sous Napoléon le centralisme et l'unification juridique ont aussi été renforcés.[2659] Mais paradoxalement ce principe avait disparu des textes de l'Empire[2660] parce qu'il était considéré

2654 Cf. *Debbasch,* Le principe révolutionnaire d'unité et d'indivisibilité de la République, 1988, p. 39; *Lemaire,* Le principe d'indivisibilité de la République, 2010, p. 44; cf. *Clere,* L'emploi des mots nation et peuple dans le langage politique de la Révolution Française (1789-1799), 51; *Sillery/Sieyès,* Reprise de la discussion sur l'organisation du pouvoir législatif et la sanction royale, lors de la séance du 7 septembre 1789, 07.09.1789, p. 593; *Carré de Malberg,* Contribution à la Théorie générale de l'État - II, 1922, p. 13; *Rousseau,* Du Contrat social, 1896, p.3ff.

2655 *Lemaire,* Le principe d'indivisibilité de la République, 2010, p. 49; *Bodin,* Les six livres de la république, 1593, p. 168; *Picot,* Cardin le Bret (1588-1655) et la Doctrine de la Souveraineté, 1948, p.141ff.; *Fréteau de Saint-Just et al.,* Suite de la discussion sur la question du droit de paix et de guerre, lors de la séance du 20 mai 1790, 20.5.1790, p. 613f.

2656 *Lemaire,* Le principe d'indivisibilité de la République, 2010, p. 49.

2657 *Prélot,* Institutions politiques et droit constitutionnel, 5. éd. 1972, p. 587; *Debbasch,* Le principe révolutionnaire d'unité et d'indivisibilité de la République, 1988, p. 393.

2658 *Debbasch,* Le principe révolutionnaire d'unité et d'indivisibilité de la République, 1988, p. 383; cf. auch *Zieseniss* dans Le Bourhis (éd.), The Age of Napoleon, 1989, p. 1 (6).

2659 *Debbasch,* Le principe révolutionnaire d'unité et d'indivisibilité de la République, 1988, p. 391.

2660 Cf. *Debbasch,* Le principe révolutionnaire d'unité et d'indivisibilité de la République, 1988, p. 388f, l'empire a été créé officiellement en 1809, même s'il existait de fait déjà avant.

comme trop lié à la République. Mais en pratique, il continua à s'appliquer pendant cette période et fut même réaffirmé dans son contenu.[2661]
Dans les républiques suivantes, en 1848, 1875 et 1946, le principe est réintroduit dans le droit constitutionnel écrit et non écrit.[2662] En 1875, il est aussi étendu aux colonies de la France. Le principe d'indivisibilité a été affirmé, de manière positivée ou non, de toutes les constitutions républicaines.[2663] Cela permet d'en déduire les principaux éléments qui correspondent au contenu contemporain du principe.
On peut distinguer deux dimensions du principe constitutionnel d'indivisibilité existant avant l'instauration de la Ve République : une dimension symbolique et une dimension normative.
La dimension symbolique fait référence à la cohésion interne contre les attaques contre la République (c'est-à-dire contre la démocratie) de l'extérieur et de l'intérieur. Il en résulte un lien socio-mental entre la République et l'indivisibilité.[2664]
Sur le plan normatif, le principe d'indivisibilité était lié au centralisme et à l'unité juridique, qui existaient déjà en partie depuis l'époque prérévolutionnaire et ont été particulièrement renforcés par *Napoléon.* On peut également reconnaître les prémices de la souveraineté indivisible. On pourrait penser que la séparation des pouvoirs serait incompatible avec l'indivisibilité de la souveraineté., Lors du discours sur la compatibilité entre la souveraineté et la séparation des pouvoirs, celle-ci a été décrite comme indivisible, car elle était exercée par différentes institutions, mais elle était en soi uniforme, c'est-à-dire qu'elle était due au même détenteur de la souveraineté, le pouvoir législatif en particulier ne pouvant être divisé.[2665] L'indivisibilité du territoire, qui s'est étendue aux colonies à partir de 1875, suit la même logique.[2666] L'unité juridique doit s'appliquer à l'ensemble du territoire.[2667] Par ailleurs, la nation, c'est-à-dire le peuple français, n'est pas divisible. Cet aspect est notamment lié au fait que le pouvoir de l'État est rattaché à la nation, qui à son tour ne peut pas être

---

2661 *Gründler* Revue du Droit Public 2007, 445 (447); *Lemaire,* Le principe d'indivisibilité de la République, 2010, p. 51.

2662 *Lemaire,* Le principe d'indivisibilité de la République, 2010, p. 51; *Debbasch* dans Mathieu/Verpeaux (éd.), La République en droit français, 1996 (71ff.).

2663https://www.conseil-constitutionnel.fr/la-constitution/les-constitutions-de-la-france (dernièr consultation 06.08.2021).

2664 *Lemaire,* Le principe d'indivisibilité de la République, 2010, p. 48; Cf. article 1 Constitution du 5 Fructidor An III du 22.08.1795; Article 1 Constitution du 22 Frimaire An VIII du 13.12.1799; Titel II der Präambel dans Constitution de 1848, IIe République du 28.10.1848; *Deslandres,* Histoire constitutionnelle de la France de 1789 à 1870, 1932, p. 347; cf. également *Chevallier,* Histoire des institutions et des régimes politiques de la France de 1789 à nos jours, 6. éd. 1981, p. 69.

2665 *Lemaire,* Le principe d'indivisibilité de la République, 2010, p. 52; *Beaud* dans Beaud (éd.), Fédéralisme et fédération en France, 1999, p. 7 (44); *Montesquieu,* De l'Esprit des loix, 1748-1750, p.353ff.; encore différent : *Rousseau,* Du Contrat social, 1896, p. 49f.

2666 *Lemaire,* Le principe d'indivisibilité de la République, 2010, p. 51; *Debbasch* dans Mathieu/Verpeaux (éd.), La République en droit français, 1996 (72).

2667 *Debbasch,* Le principe révolutionnaire d'unité et d'indivisibilité de la République, 1988, p. 78f.; *Thouret,* Lecture de l'article 1er du titre II du projet de Constitution, lors de la séance du 9 août 1791, 09.08.1791, p. 301f.

divisée.[2668] La conception d'un peuple indivisible est renforcée par le principe de l'égalité des citoyens, même s'il faut noter que cette égalité ne s'appliquait qu'à une partie de la société.
On peut donc déjà dégager ici la catégorisation en trois parties des contenus normatifs du principe d'indivisibilité, qui sera mentionnée explicitement seulement dans les textes juridiques plus récents. Il s'agit l'indivisibilité de la souveraineté, du territoire et du peuple (ou de la nation),[2669] trois catégories qui rappellent « doctrine des trois éléments » de *Jellinek*.[2670]
Avant la promulgation de la Constitution de la Ve République, l'indivisibilité avait donc sans aucun doute un contenu normatif. On peut aussi affirmer que les éléments essentiels du principe d'indivisibilité existaient déjà dans une perspective normative et symbolique depuis la Révolution et au moins depuis les influences *napoléoniennes*. Par l'application de l'objectif révolutionnaire de l'égalité des droits, le principe d'indivisibilité acquiert un effet adaptatif. Les notions d'unité et de multiplicité deviennent ainsi contradictoires. Aucune dérogation n'est possible sur le plan juridique, sans que l'indivisibilité territoriale ne soit pas mise en question. Sous la IVème République, et inévitablement sous la Vème, cette interprétation du principe est source de tensions, car les différences entre les régions de métropole et celles de l'outre-mer, et même les différences au sein de la région métropolitaine, sont trop importantes pour qu'un droit unique puisse s'appliquer. Il se pose donc la question du contenu résiduel du principe de l'indivisibilité sous la constitution de la Ve République.

C. La portée normative de l'indivisibilité

Par opposition à sa fonction extra-normative, le principe constitutionnel d'indivisibilité de la République pourrait avoir une portée normative. Afin de clarifier dans quelle mesure le principe d'indivisibilité remplit encore cette fonction normative, il faut d'abord expliquer ce que signifie la normativité par rapport à la fonction sociale ou intégrative de la constitution (I.).[2671] Après avoir donné une définition générale de la normativité des principes constitutionnels (II.) il faut clarifier quelle signification normative concrète doit être attribuée au principe d'indivisibilité. Cela doit être déterminé par le biais d'une analyse des limitations déjà apportées au principe d'indivisibilité (III.- IV.) et les limitations potentiellement envisageables (V.).

[2668] *Carré de Malberg,* Contribution à la Théorie générale de l'État - I, 1920, p. 87.
[2669] *Favoreu et al.,* Droit constitutionnel, 24. éd. 2022, p. 525; *Gründler* Revue du Droit Public 2007, 445 (448); déjà : *M. Lasserre* dans Sydow (éd.), Französisches Verfassungsrecht im 21. Jahrhundert, 2022, p. 23 (28).
[2670] *Herdegen*, Völkerrecht, 2024, p. 105.
[2671] Cf. *Obermeyer,* Integrationsfunktion der Verfassung und Verfassungsnormativität. Die Verfassungstheorie Rudolf Smends im Lichte einer transdisziplinären Rechtstheorie, 2008, p. 11f.; *Mohnhaupt/Grimm,* Verfassung, 1995, p. 140; *Grimm* Leviathan 2004, 448 (448).

I. La fonction normative des principes constitutionnels

La fonction que peut avoir un principe constitutionnel peut être déduite de la fonction que remplit une constitution elle-même. De la fonction abstraite de la Constitution française, on peut déduire, au sens d'un *argumentum a maiore ad minus*, la fonction potentielle du principe d'indivisibilité. Pour savoir si cette fonction est effectivement remplie, il faut se baser sur des exemples concrets tirés de la jurisprudence et de la législation.
Selon la conception allemande, il faudrait, lors de l'évaluation de la validité résiduelle du principe d'indivisibilité, déterminer tout d'abord quelle est la fonction « normative » de ce « Staatsstrukturprinzip » (principe directeur). Les notions juridiques de la normativité du « Staatsstrukturprinzip » ne peuvent cependant pas être appliquées sans réflexion au droit constitutionnel français. En revanche, il faut d'abord clarifier la manière dont ces notions sont utilisées selon la méthodologie conceptuelle-dogmatique du droit comparé et se demander si ces deux notions existent fonctionnellement dans le système constitutionnel français ou quelles différences peuvent être identifiées par rapport aux notions allemandes.[2672]
Pour mesurer l'importance normative du principe d'indivisibilité dans la Constitution de la Vème République, il ne suffit pas de constater les restrictions que le principe a déjà subies du point de vue normatif. Il faut également déterminer quelles restrictions normatives semblent encore possibles à l'avenir.[2673] La normativité dans ce sens signifie ici l'effet réglementaire d'une norme ainsi que son applicabilité.[2674] En principe, les dérogations au droit constitutionnel en vigueur ne sont possibles que par le biais de modifications constitutionnelles. Le cadre de compétences restreint du Conseil constitutionnel a pour conséquence que de telles modifications constitutionnelles sont possibles dans tous les domaines du droit constitutionnel, y compris en ce qui concerne les principes constitutionnels de l'art. 89 al. 5 et art. al. 1 CF.[2675] Ainsi, le principe d'indivisibilité, en tant que composante du principe républicain selon l'art. 89 al. 5 CF, peut de facto être limité à l'infini. Au vu des modifications constitutionnelles déjà effectuées, notamment depuis la réforme de la décentralisation en 2003,[2676] la question se pose de savoir si le principe

---

[2672] *Starck* JuristenZeitung 1997, 1021 (1027); *Weber,* Europäische Verfassungsvergleichung, 2010, p. 11.
[2673] Cf. : *M. Lasserre* dans Sydow (éd.), Französisches Verfassungsrecht im 21. Jahrhundert, 2022, p. 23 (39).
[2674] *Mathieu* Cahiers du Conseil Constitutionnel 2007, *https://www.conseil-constitutionnel.fr/nouveaux-cahiers-du-conseil-constitutionnel/la-normativite-de-la-loi-une-exigence-democratique*; Conseil constitutionnel, 21.4.2005, Décision n° 2005-512 DC; *Obermeyer,* Integrationsfunktion der Verfassung und Verfassungsnormativität. Die Verfassungstheorie Rudolf Smends im Lichte einer transdisziplinären Rechtstheorie, 2008, p. 12.
[2675] Conseil constitutionnel, 26.3.2003, Décision n° 2003-469 DC; cf. *Vilain* dans Marsch/Vilain/Wendel (éd.), Französisches und Deutsches Verfassungsrecht, 2015 (56f.); *Favoreu et al.,* Droit constitutionnel 2024, 26. éd. 2023, p. 145.
[2676] Loi constitutionnelle n°2003-276 Journal Officiel de la République française 2003, 5568.

d'indivisibilité a encore une fonction normative ou si sa signification est uniquement symbolique et liée à la tradition révolutionnaire.[2677]

II. L'enjeu normatif de l'indivisibilité de la République : La France en État unitaire et État fédéral

L'observation du rôle négligeable du principe d'indivisibilité trouve aussi un écho dans la littérature.[2678] Cela soulève non seulement la question de savoir comment un tel changement de l'importance accordée à l'indivisibilité a pu se produire, mais permet également d'émettre des hypothèses quant à la nature véritablement unitaire de l'État français.

Le fait que les trois expressions du principe d'indivisibilité aient connu des restrictions sous la Vème République et que de telles restrictions soient susceptibles d'être imposées sans limitations à l'avenir, permet d'émettre l'hypothèse que la France n'est plus une République une et indivisible.

Il convient de distinguer, à l'appui de cette thèse, la situation dans les régions d'outre-mer de celle de la métropole.

Dans les premières, la rupture de l'État unitaire s'explique par les fortes inégalités qui résultent majoritairement de la domination coloniale – qui visait à traiter de manière inégale les populations des régions colonisées.[2679] Ces différences ne peuvent pas être résolues si les acteurs régionaux n'ont pas la compétence pour déroger aux dispositions du droit commun (y compris sur le plan législatif).

En revanche, la situation se présente différemment dans la région métropolitaine, où les sentiments d'autonomie et d'indépendance se sont développés au fil du temps de manières divergentes entre les régions. Tandis qu'en Corse, par exemple, les velléités d'autonomie ne se sont manifestées que dans les années 1960,[2680] en Bretagne, elles remontent à une situation historique, liée à la position particulière qu'occupait la région dans l'Empire franc en vertu du traité d'union de 1532.[2681] Ces évolutions divergentes justifient en France métropolitaine la volonté d'une plus grande autodétermination régionale,[2682] par exemple en ce qui concerne les pouvoirs de décision ou la pratique des langues régionales.[2683]

[2677] Cf. : *M. Lasserre* dans Sydow (éd.), Französisches Verfassungsrecht im 21. Jahrhundert, 2022, p. 23 (39).

[2678] Cf. entre autres : *Gründler* Revue du Droit Public 2007; *F. Lemaire,* Le principe d'indivisibilité de la République, 2010; *Daly* European Constitutional Law Review 2015, 458 (459).

[2679] Cf. *J.-Y. Faberon* Pouvoirs 2005, 5 (6); *Vie publique,* Outre-mer : inégalités et retards de développement, https://www.vie-publique.fr/eclairage/19624-outre-mer-inegalites-et-retards-de-developpement.

[2680] *Vallet French Politics, Culture & Society 2004, 51 (*65).

[2681] *Galand* Wellesley College Digital Scholarship and Archive 2008, 147 (148).

[2682] Cf. Loi n° 2003-486 Journal Officiel de la République française 2003, 9815; *Pellegrinetti* Cahiers de la Méditerranée 2004, 169 (170).

[2683] Conseil constitutionnel, 15.6.1999, Décision n° 99-412 DC.

III. L’indivisibilité supplantée par des principes connexes

Une superposition du principe d'indivisibilité par les principes constitutionnels voisins d'égalité et d'unité conduit à une perte de pertinence du principe d'indivisibilité. Depuis la Révolution, l'égalité et l'unité sont toutes deux indissociables du principe d'indivisibilité.[2684] Ce n'est pas sans raison que les trois termes sont souvent cités ensemble dans une même phrase par le Conseil constitutionnel.[2685] Alors que l'unité est l'objectif de l'indivisibilité, l'égalité en est la justification. Un changement dans l'interprétation judiciaire des notions d'unité et d'égalité influence donc également le contenu de l’indivisibilité. Le néologisme « unicité du peuple » oriente d'une part le principe d'indivisibilité vers sa composante d'indivisibilité du peuple,[2686] d'autre part il donne plus d’importance au principe d'unité. Le principe d'indivisibilité revêt ainsi une importance globalement moindre dans la jurisprudence du Conseil constitutionnel.[2687] Le principe d'égalité est en revanche appréhendé sous une perspective territoriale dans la jurisprudence du Conseil constitutionnel. Cela signifie que les mêmes droits doivent s'appliquer uniformément sur l'ensemble du territoire national. L'interprétation territoriale du principe d'égalité va si loin qu'elle constitue, dans l'interprétation du Conseil constitutionnel, la ligne de démarcation de l'exercice du principe de libre administration des collectivités territoriales de l'article 34 CF. Une atteinte au droit à l'égalité découlant de la libre administration des collectivités territoriales est ainsi justifiée lorsqu'il existe des circonstances locales particulières qui rendent nécessaire un traitement différencié de catégories de personnes sur le territoire.[2688] Il en résulte que le principe d'égalité détermine également les limites de la possibilité de restreindre l'indivisibilité. Des restrictions de l'indivisibilité sont possibles lorsqu'un traitement inégal des personnes est justifié par des circonstances locales particulières. Le principe de l'égalité des droits fondamentaux confère ainsi au principe d'indivisibilité son contenu normatif résiduel.[2689] Une interprétation extensive de l'exception au principe d'égalité rend possibles des restrictions étendues au principe d'indivisibilité.[2690]

2684 Cf. *Debbasch* dans Mathieu/Verpeaux (éd.), La République en droit français, 1996 (42); *Debbasch,* Le principe révolutionnaire d'unité et d'indivisibilité de la République, 1988, p. 37.

2685 Cf. Conseil constitutionnel, 9.5.1991, Décision n° 91-290 DC : "la France est, ainsi que le proclame l'article 2 de la Constitution de 1958, une République indivisible, laïque, démocratique et sociale qui assure l'égalité devant la loi de tous les citoyens quelle que soit leur origine", la décision renvoie princippalement à l'égalité des citoyen·ne·s et moins à l'indivisibilité; cf. 13.1.1994, Décision n° 93-329 DC; 15.6.1999, Décision n° 99-412 DC; les principes ont d'ailleurs été cité en tant que principes « d'ndivisibilité et d'égalité » dans : 26.6.1995, Décision n° 94-358 DC; 5.8.1993, Décision n° 93-323 DC.

2686 Conseil constitutionnel, 9.5.1991, Décision n° 91-290 DC.

2687 *Gründler* Revue du Droit Public 2007, 445 (465ff.).

2688 Conseil constitutionnel, 9.5.1991, Décision n° 91-290 DC; *Gründler* Revue du Droit Public 2007, 445 (446); *M. Lasserre* dans Sydow (éd.), Französisches Verfassungsrecht im 21. Jahrhundert, 2022, p. 23 (38).

2689 En ce sens déjà : *M. Lasserre* dans Sydow (éd.), Französisches Verfassungsrecht im 21. Jahrhundert, 2022, p. 23 (50).

2690 *Janicot,* La décentralisation et l'expérimentation normative, https://www.conseil-constitutionnel.fr/publications/titre-vii/la-decentralisation-et-l-experimentation-normative.

IV. Indivisibilité comme contrepoids au fédéralisme naissant ? Indivisibilité et État unitaire

Les États unitaires et fédéraux existent à différents degrés, allant de l'État unitaire central sans délégation de pouvoir ni subdivision territoriale (comme la version la plus unitaire d'un État), à des alliances (étant la version la plus souple entre des États alliés). Les États peuvent présenter de caractéristiques de plusieurs de ces catégories en même temps. Il est donc difficile de classer un État en tant que État fédéral ou État unitaire.[2691]

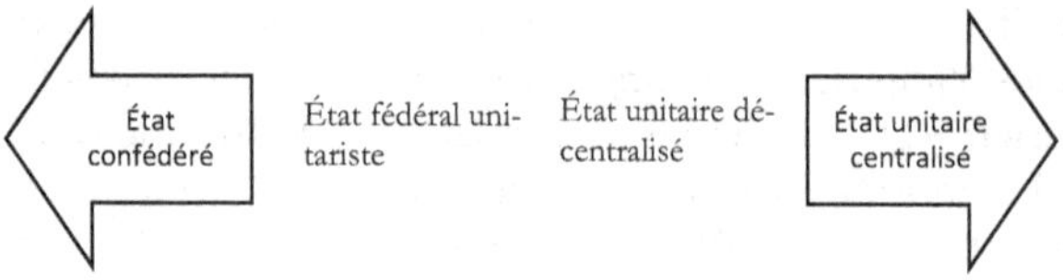

Division de la souveraineté[2692]

Cependant, il existe deux lignes de démarcation entre les États fédéraux et les États unitaires, qui permettent de définir l'État unitaire. Si ces deux éléments ne sont pas réunis, on ne peut plus parler d'un État unitaire. Premièrement, il n'y a pas d'État unitaire quand, lors d'un transfert de compétences au niveau local, l'acteur régional apparaît dans l'organisation de l'État.[2693] Deuxièmement, un État ne peut pas être qualifié comme État unitaire si l'existence de ses compétences découle de la compétence d'un acteur national et que ces compétences sont subordonnées à cet acteur national par des directives.[2694] Ainsi, la mise en place d'un pouvoir législatif équivalent à celui du niveau national et la dotation d'un acteur régional de compétences qui ne découlent pas de celles de l'instance décisionnelle centrale et qui ne lui sont pas directement subordonnées sur le plan hiérarchique excluent la qualification d'un État unitaire (décentralisé).[2695]

En droit français, il y a un consensus sur le fait qu'il n'existe plus d'État unitaire jacobin au sens d'une unité juridique. Celle-ci ne peut plus être maintenue après la

---

[2691] *Broschek* dans Lauth/Kneuer/Pickel (éd.), Handbuch Vergleichende Politikwissenschaft, 2016 (337).

[2692] Cf. : *Broschek* in Lauth/Kneuer/Pickel (Hrsg.), Handbuch Vergleichende Politikwissenschaft, 2016 (335).

[2693] *Broschek* dans Lauth/Kneuer/Pickel (éd.), Handbuch Vergleichende Politikwissenschaft, 2016 (335f.); *Hamon/Troper,* Droit constitutionnel, 45. éd. 2025, p. 100; *M. Lasserre* dans Sydow (éd.), Französisches Verfassungsrecht im 21. Jahrhundert, 2022, p. 23 (35).

[2694] *M. Lasserre* dans Sydow (éd.), Französisches Verfassungsrecht im 21. Jahrhundert, 2022, p. 23 (35); *Broschek* dans Lauth/Kneuer/Pickel (éd.), Handbuch Vergleichende Politikwissenschaft, 2016 (335f.); *Hamon/Troper,* Droit constitutionnel, 45. éd. 2025, p. 100; *Gaïa et al.,* Les grandes décisions du Conseil constitutionnel, 20. éd. 2022, p. 144.

[2695] *Gaïa et al.,* Les grandes décisions du Conseil constitutionnel, 20. éd. 2020, p. 144.

reconnaissance juridictionnelle d'un droit local[2696] d'un droit à l'expérimentation[2697] ainsi qu'après la délégation de certaines compétences législatives[2698] et dérogatoires (c'est-à-dire exécutifs)[2699] au niveau régional.
En France, un fédéralisme semble être possible. Ainsi *Michalon* constate : « [L]'idée fédérale n'est pourtant pas étrangère à nos institutions. Elle perce clairement, depuis le début des années soixante, dans le statut de maints de nos territoires d'outre-mer et s'affirme au fil du temps que ce soit par les percées du législateur, par l'acquiescement du juge constitutionnel ou par la volonté du constituant, récemment réitérée lors de la substitution de la loi organique à la loi ordinaire pour l'adoption des statuts particuliers de TOM »[2700] Si l'on applique la définition précitée de l'État unitaire au cas de la France, il faut en tout cas voir un élément fédéral dans le transfert du pouvoir législatif à la Nouvelle-Calédonie.
L'État fédéral unitariste et l'État unitaire décentralisé sont en fait des formes mixtes entre l'État unitaire et l'État fédéral. La question de savoir si, dans le cas de la République française, l'accent est plutôt mis sur la division ou l'unification de la souveraineté doit faire l'objet d'une analyse plus approfondie des modifications constitutionnelles et des décisions du Conseil constitutionnel.

V. L'évolution de l'indivisibilité dans la Vème République : « [U]ne fédération qui s'ignore »

Dès la IVe République, l'incompatibilité entre l'interprétation de l'unité et de l'indivisibilité d'un côté et la réalité dans les régions d'outre-mer de l'autre côté, devient évidente.[2701] Pourtant, en 1958, *Marc Lauriol* affirme au sein du Comité consultatif pour la mise en place de la nouvelle Constitution que « [L]'unité, c'est l'uniformité, c'est-à-dire la République une est indivisible où que ce soit : à Lille, à Bastia, à Bordeaux ou à Strasbourg, on parle la même langue, on applique le même droit et tout

---

2696 Conseil constitutionnel, 5.8.2011, Décision n° 2011-157 QPC.

2697 *Gründler* Revue du Droit Public 2007, 445 (457); Conseil constitutionnel, 17.1.2002, Décision n° 2001-454 DC; *M. Lasserre* dans Sydow (éd.), Französisches Verfassungsrecht im 21. Jahrhundert, 2022, p. 23 (46).

2698 *Favoreu et al.,* Droit constitutionnel 2024, 26. éd. 2023, p. 525; auch bereits zitier in: *M. Lasserre* dans Sydow (éd.), Französisches Verfassungsrecht im 21. Jahrhundert, 2022, p. 23 (47).

2699 *Gründler* Revue du Droit Public 2007, 445 (454); *Favoreu et al.,* Droit constitutionnel 2024, 26. éd. 2023, p. 536; *Koç,* La concession d'un pouvoir législatif aux collectivités territoriales par le pouvoir central, ou les prémices d'une métamorphose de la République., http://res-juridica-fr.over-blog.com/2018/05/le-pouvoir-legislatif-des-collectivites.html; Conseil constitutionnel, 22.5.2013, Décision n° 2013-313 QPC; cf. déjà: *M. Lasserre* dans Sydow (éd.), Französisches Verfassungsrecht im 21. Jahrhundert, 2022, p. 23 (46).

2700 *Michalon* dans Faberon (éd.), L'avenir statutaire de la Nouvelle-Calédonie, 1997, p. 221 (241).

2701 Cf. *Koç,* La concession d'un pouvoir législatif aux collectivités territoriales par le pouvoir central, ou les prémices d'une métamorphose de la République., http://res-juridica-fr.over-blog.com/2018/05/le-pouvoir-legislatif-des-collectivites.html; und *Chicot* plc 2000, 175 (176).

le monde est soumis à la même règle. »[2702] Mais quelle est la raison qui justifie l'inscription de l'indivisibilité à cet endroit éminent de la Constitution ? Le principe conserve-t-il un contenu normatif propre, malgré son caractère indéfiniment limité, les limitations déjà apportées par les révisions constitutionnelles et le Conseil constitutionnel et son interaction avec d'autres principes constitutionnels ?
L'indivisibilité normative a connu de fortes restrictions dans les trois composantes du principe constitutionnel (l'indivisibilité du territoire, de la souveraineté et du peuple). L'indivisibilité du territoire national visait à l'origine l'immuabilité des frontières nationales extérieures. Aujourd'hui, sa portée est limitée à l'immuabilité des frontières du territoire métropolitain, et non plus à celles des collectivités d'outre-mer.[2703]
Après le mouvement d'indépendance des anciennes colonies dans les années 1960, l'indivisibilité du territoire national a été associée à une unité législative sur le territoire français. Le principe d'indivisibilité s'est ainsi vu conférer un nouveau champ d'application. Mais il n'est plus question aujourd'hui de cette unité législative sur le territoire français. En particulier, la réforme de la décentralisation de 2003 a conduit à des écarts importants par rapport à l'unité législative du territoire français, avec l'introduction de l'article 72, paragraphes 2 et 3 CF (la possibilité d'édicter des règlements territoriaux), ainsi que, l'aspect encore plus important, avec le droit d'expérimentation de l'article 72, paragraphe 4 CG. Le droit à l'expérimentation permet aux collectivités territoriales de déroger durablement à l'unité normative, même dans le domaine des lois.[2704] Par ailleurs, la reconnaissance d'un droit local en Alsace-Moselle permet de déroger au droit commun français.[2705] Les lois du pays polynésien permettent également de déroger aux lois qui sont en vigueur sur le reste du territoire français.[2706] En outre, l'application du droit national français dans la collectivité territoriale de Polynésie doit être explicitement constatée par les représentants polynésiens.[2707] Mais la dérogation la plus grave à l'unité juridique territoriale réside dans le transfert de compétences législatives autonomes au Congrès de

---

[2702] « L'unité, c'est l'uniformité, c'est-à-dire la République une est indivisible où que ce soit : à Lille, à Bastia, à Bordeaux ou à Strasbourg, on parle la même langue, on applique le même droit et tout le monde est soumis à la même règle », cf.: *Maus/Passelecq*, Témoignages, 104; *M. Lasserre* dans Sydow (éd.), Französisches Verfassungsrecht im 21. Jahrhundert, 2022, p. 23 (43).
[2703] Cf. : *M. Lasserre* dans Sydow (éd.), Französisches Verfassungsrecht im 21. Jahrhundert, 2022, p. 23 (56).
[2704] *Janicot,* La décentralisation et l'expérimentation normative, https://www.conseil-constitutionnel.fr/publications/titre-vii/la-decentralisation-et-l-experimentation-normative.
[2705] Conseil constitutionnel, 5.8.2011, Décision n° 2011-157 QPC.
[2706] Loi organique n° 2004-192 Journal Officiel de la République française 2004, 4183.
[2707] Cf. Article 7 dans Loi organique n° 2004-192 Journal Officiel de la République française 2004, 4183.

la Nouvelle-Calédonie.[2708] L'État français peut donc être décrit comme un *État plurilégislatif*, dans lequel plusieurs ordres juridiques sont appliqués en parallèle. [2709] Cela a également des conséquences sur l'indivisibilité de la souveraineté de la France (en tant que deuxième composante du principe d'indivisibilité) et donc sur l'existence d'un État unitaire. L'orientation de l'indivisibilité vers la réalisation d'un État unitaire montre clairement que la souveraineté ne peut pas être exercée par différents acteurs agissant de manière autonome. En tout état de cause, il ne peut plus y avoir d'État unitaire indivisible lorsque l'exercice de la souveraineté au niveau des collectivités territoriales est visible dans l'organisation étatique.[2710] Deuxièmement on ne peut plus parler d'un état unitaire lorsque la compétence d'un acteur territorial ne se déduit pas de celle de l'acteur du niveau national.[2711] Ceci est néanmoins le cas pour les lois du pays de Nouvelle-Calédonie, où le parlement néo-calédonien agit indépendamment du parlement national. Les lois du pays en Nouvelle-Calédonie ne tirent pas leur existence de celle du Parlement national. De même, la décision d'édicter des lois du pays en Polynésie relève exclusivement des acteurs régionaux et n'est subordonnée à aucune tutelle nationale.[2712] Dans les deux cas de *lois du pays*, la compétence d'édicter des lois appartient donc par défaut aux collectivités territoriales. Il s'agit là d'une dérogation évidente au principe de l'unité étatique de la France. Le fait que l'indivisibilité du pouvoir exécutif ne soit pas affectée par le transfert des compétences réglementaires en vertu de l'article 72, paragraphes 2 et 3 CF, de l'article 74, paragraphe 4 CF et de l'article 73, paragraphe 1 CF n'y fait pas non plus obstacle.

L'indivisibilité du peuple a également subi des modifications importantes. Ainsi, il n'existe plus de peuple indivisible sur le territoire français. Depuis 1991, l'existence d'une population d'outre-mer est reconnue par la Constitution.[2713] En métropole, l'indivisibilité du peuple prend une nouvelle dimension avec la création du principe d'unicité du peuple.[2714] Malgré les restrictions répétées de l'indivisibilité du peuple de l'État dans le domaine des régions d'outre-mer, l'indivisibilité du peuple peut

---

[2708] Cf. Article 99 de la Loi organique n° 99-209 Journal Officiel de la République française 1999, 4197 (4208).

[2709] *Favoreu dans* Moderne/Bon (éd.), La Nouvelle décentralisation, 1983, p. 15; *Favoreu et al.,* Droit constitutionnel 2024, 26e éd. 2023, p. 536; *Gueydan* Revue française de droit constitutionnel 2013, 857 (858); *Avril,* L'État plurilégislatif et la République indivisible, 2004; Cf. : *M. Lasserre* dans Sydow (éd.), Französisches Verfassungsrecht im 21. Jahrhundert, 2022, p. 23 (49).

[2710] *Broschek* dans Lauth/Kneuer/Pickel (éd.), Handbuch Vergleichende Politikwissenschaft, 2016 (335f.); *Hamon/Troper,* Droit constitutionnel, 45. éd. 2025, p. 100; *M. Lasserre* dans Sydow (éd.), Französisches Verfassungsrecht im 21. Jahrhundert, 2022, p. 23 (35).

[2711] *M. Lasserre* dans Sydow (éd.), Französisches Verfassungsrecht im 21. Jahrhundert, 2022, p. 23 (35); *Broschek* dans Lauth/Kneuer/Pickel (éd.), Handbuch Vergleichende Politikwissenschaft, 2016 (335f.); *Hamon/Troper,* Droit constitutionnel, 45. éd. 2025, p. 100; *Gaïa et al.,* Les grandes décisions du Conseil constitutionnel, 20. éd. 2020, p. 144.

[2712] Loi organique n° 2004-192 Journal Officiel de la République française 2004, 4183; *Gründler* Revue du Droit Public 2007, 445 (454).

[2713] Conseil constitutionnel, 9.5.1991, Décision n° 91-290 DC.

[2714] Cf. Conseil constitutionnel, 9.5.1991, Décision n° 91-290 DC; 15.6.1999, Décision n° 99-412 DC.

être décrite comme l'expression du principe d'indivisibilité à laquelle on accorde aujourd'hui le plus de poids. D'autre part, l'évolution du quota de femmes et d'hommes lors des élections[2715] ainsi que les aspirations nationales à l'autonomie de la Corse montrent que la Constitution sera désormais ouverte à des modifications du contenu du principe.[2716]
Toutes ces restrictions visent à mettre en œuvre le principe de libre administration des collectivités territoriales, conformément à l'article 72, paragraphe 3 CF, et à instaurer l'égalité devant la loi, article 1, paragraphe 1 CF, article 6 de la DDHC. Elles sont toutefois justifiées par l'interprétation extensive des exceptions à l'égalité et notamment en présence de circonstances locales particulières.[2717] L'application étendue de cette dernière exception, qui est appliquée lors de la présence d'une collectivité territoriale, a pour conséquence qu'un motif justificatif peut être invoqué pour tous les cas de dérogation locale.[2718] En d'autres termes, toutes les restrictions à l'indivisibilité peuvent être justifiées par l'existence de circonstances locales particulières.

VI. La conception du pouvoir constituant rend possible un fédéralisme français

Le contenu normatif du principe d'indivisibilité – c'est-à-dire le contenu réglementaire effectivement applicable de ce principe constitutionnel[2719] – est très limité. Sur

[2715] Cf. Loi constitutionnelle n°99-569 Journal Officiel de la République française 1999, 10175.
[2716]Cf. *Mastor,* L'autonomie pour la Corse, mais quelle autonomie ?, https://www.leclubdesjuristes.com/opinion/lautonomie-pour-la-corse-mais-quelle-autonomie-5288/; *Vignal,* ument] Autonomie de la Corse : le texte de l'accord entre le gouvernement et les élus, https://www.publicsenat.fr/actualites/politique/document-autonomie-de-la-corse-le-texte-de-laccord-entre-le-gouvernement-et-les-elus; *Vie publique,* Le statut de la Corse dans les discours publics, https://www.vie-publique.fr/discours-dans-lactualite/293585-le-statut-de-la-corse-dans-les-discours-publics#:~:text=Le%20texte%20pr%C3%A9voyant%20%22la%20reconnaissance,depuis%20la%20loi%20de%201975; *Macron,* Déclaration de M. Emmanuel Macron, président de la République, sur l'inscription dans la Constitution de la Corse et sa future autonomie, à Ajaccio le 28 septembre 2023., 28.09.2023.
[2717] Entre autres: Conseil constitutionnel, 9.5.1991, Décision n° 91-290 DC; 28.2.2020, Décision n° 2019-828/829 QPC; 1.12.2023, Décision n° 2023-1072 QPC; 19.3.2021, Décision n° 2020-890 QPC, qui contiennent la formulation : « Le principe d'égalité ne s'oppose ni à ce que le législateur règle de façon différente des situations différentes, ni à ce qu'il déroge à l'égalité pour des raisons d'intérêt général, pourvu que, dans l'un et l'autre cas, la différence de traitement qui en résulte soit en rapport direct avec l'objet de la loi qui l'établit. »; cf. d'ailleurs: *Gründler* Revue du Droit Public 2007, 445 (446); déjà cité dans: *M. Lasserre* dans Sydow (éd.), Französisches Verfassungsrecht im 21. Jahrhundert, 2022, p. 23 (38).
[2718] *Janicot,* La décentralisation et l'expérimentation normative, https://www.conseil-constitutionnel.fr/publications/titre-vii/la-decentralisation-et-l-experimentation-normative; *Merland* La Revue administrative 2004 (370).
[2719] *Mathieu Cahiers du Conseil Constitutionnel 2007, https://www.conseil-constitutionnel.fr/nouveaux-cahiers-du-conseil-constitutionnel/la-normativite-de-la-loi-une-exigence-democratique*; Conseil constitutionnel, 21.4.2005, Décision n° 2005-512 DC; *Obermeyer,* Integrationsfunktion der Verfassung und Verfassungsnormativität. Die Verfassungstheorie Rudolf Smends im Lichte einer transdisziplinären Rechtstheorie, 2008, p. 12.

le plan normatif, le principe d'indivisibilité couvre encore les contenus suivants : en ce qui concerne l'indivisibilité du territoire, il existe toujours une immuabilité des frontières extérieures de la région métropolitaine ainsi qu'une unité législative dans la région métropolitaine.[2720] L'indivisibilité de la souveraineté est maintenue en ce qui concerne le pouvoir judiciaire et le pouvoir législatif dans la région métropolitaine. D'ailleurs, le peuple est indivisible dans la région métropolitaine. Pourtant des dérogations semblent possibles, ce que montre l'exemple de la Corse.[2721]

Dans les régions d'outre-mer, des tendances fédéralistes sont clairement identifiables au regard des lois du pays en Nouvelle-Calédonie et en Polynésie. Même si la région métropolitaine s'en tient encore à l'État unitaire, on peut parler depuis longtemps d'un système fédéraliste en ce qui concerne les régions d'outre-mer.[2722]

Le fait que les modifications de la Constitution ne soient pas soumises à un contrôle de constitutionnalité (comparable à celui de l'art. 79 al. 3 *Grundgesetz* (loi fondamentale)) laisse entrevoir la possibilité de nouvelles restrictions du principe d'indivisibilité pour la région métropolitaine[2723] et même la probabilité d'une telle restriction en ce qui concerne la Corse. L'influence que l'évolution fédérale en outre-mer exerce sur la région métropolitaine ne doit pas être sous-estimée.[2724]

Ces limitations du principe d'indivisibilité ont deux causes sur le plan normatif. D'une part, le cadre limité des compétences du Conseil constitutionnel, contrairement au droit allemand en vertu de l'art. 79 al. 3 *Grundgesetz*, permet de fait une limitation sans limites du droit constitutionnel existant. L'art. 89 al. 5 CF, dont on pourrait déduire l'immuabilité de certains principes constitutionnels, comme le principe d'indivisibilité, ne contient pas d'attribution de compétence pour la Cour constitutionnelle.[2725] Il est conforme à la conception française de la démocratie que le pouvoir constitué ne puisse pas être limité, même en ce qui concerne les principes directeurs de la constitution : une réalité inimaginable pour les jurist·e·s

---

2720 Cf. : *M. Lasserre* dans Sydow (éd.), Französisches Verfassungsrecht im 21. Jahrhundert, 2022, p. 23 (56).

2721 Cf. *Mastor,* L'autonomie pour la Corse, mais quelle autonomie ?, https://www.leclubdesjuristes.com/opinion/lautonomie-pour-la-corse-mais-quelle-autonomie-5288/; *Vignal,* ument] Autonomie de la Corse : le texte de l'accord entre le gouvernement et les élus, https://www.publicsenat.fr/actualites/politique/document-autonomie-de-la-corse-le-texte-de-laccord-entre-le-gouvernement-et-les-elus; *Vie publique,* Le statut de la Corse dans les discours publics, https://www.vie-publique.fr/discours-dans-lactualite/293585-le-statut-de-la-corse-dans-les-discours-publics#:~:text=Le%20texte%20pr%C3%A9voyant%20%22la%20reconnaissance,depuis%20la%20loi%20de%201975; *Macron,* Déclaration de M. Emmanuel Macron, président de la République, sur l'inscription dans la Constitution de la Corse et sa future autonomie, à Ajaccio le 28 septembre 2023., 28.09.2023.

2722 Cf. *F. Faberon* Revue française de droit constitutionnel 2015, 53.

2723 *M. Lasserre* dans Sydow (éd.), Französisches Verfassungsrecht im 21. Jahrhundert, 2022, p. 23 (56).

2724 *Lemaire* Les Nouveaux Cahiers du Conseil constitutionnel 2012, 95 (97).

2725 Conseil constitutionnel, 26.3.2003, Décision n° 2003-469 DC; cf. auch *Vilain* dans Marsch/Vilain/Wendel (éd.), Französisches und Deutsches Verfassungsrecht, 2015 (56f.); *Favoreu et al.,* Droit constitutionnel 2024, 26. éd. 2023, p. 145.

allemand·e·s.[2726] Une superposition du principe d'indivisibilité par les principes constitutionnels voisins d'égalité et d'unité conduit à une perte de pertinence du principe d'indivisibilité.

D. La portée méta-normative de l'indivisibilité

Des constitutions ont des fonctions différentes. La fonction normative d'une constitution, déjà traitée ci-dessus, « règle et ordonne »[2727]. Elle contient des dispositions juridiquement applicables. Pourtant dans la mesure où une disposition n'est plus applicable (ou que l'on peut prévoir que son contenu sera limité dans le temps), la question se pose de savoir quelle fonction elle remplit encore. *Troper* cite une fonction intégrative, comme sous-point de la fonction politique des constitutions.[2728] Celle-ci peut être opposée à la fonction normative d'une constitution.[2729] Alors que la question de la normativité d'une disposition constitutionnelle porte sur son efficacité, l'intégration porte sur l'effet réel d'une constitution.[2730] Le droit peut être considéré « comme un contrôle du comportement »[2731], « comme une intentionnalité interne de la pensée et de l'action juridiques »[2732], dont l'effet est l'intégration.[2733] C'est pourquoi, si l'on parle des fonctions méta-normatives des constitutions – que ce soit en Allemagne ou en France – on arrive rapidement à la fonction d'intégration.[2734] Celle-ci peut être considérée comme « l'effet non juridique d'un objet juridique »[2735].

2726 Cf. *Troper/Chagnollaud,* Traité international de droit constitutionnel, 2012, p. 22; *Favoreu et al.,* Droit constitutionnel 2024, 26. éd. 2023, p. 142f.

2727« La loi permet ou elle défend, elle ordonne, elle établit, elle corrige, elle punit ou elle récompense », *Mazeaud* Cahiers du Conseil Constitutionnel 2005; cf. : *Mathieu* Cahiers du Conseil Constitutionnel 2007, https://www.conseil-constitutionnel.fr/nouveaux-cahiers-du-conseil-constitutionnel/la-normativite-de-la-loi-une-exigence-democratique; Löhrer Revue de la Recherche Juridique - Droit prospectif 2009, 1397 (2); Mathieu, La loi, 2004, p. 72.

2728 *Hamon/Troper,* Droit constitutionnel, 45. éd.. 2025, p. 62.

2729 *Obermeyer,* Integrationsfunktion der Verfassung und Verfassungsnormativität. Die Verfassungstheorie Rudolf Smends im Lichte einer transdisziplinären Rechtstheorie, 2008, p. 11.

2730 *Obermeyer,* Integrationsfunktion der Verfassung und Verfassungsnormativität. Die Verfassungstheorie Rudolf Smends im Lichte einer transdisziplinären Rechtstheorie, 2008, p. 34f.; *Grimm* Leviathan 2004, 448 (448).

2731 *Luhmann,* Ausdifferenzierung des Rechts, 2. éd. 2015, p. 73; *Obermeyer,* Integrationsfunktion der Verfassung und Verfassungsnormativität. Die Verfassungstheorie Rudolf Smends im Lichte einer transdisziplinären Rechtstheorie, 2008, p. 33.

2732 *Obermeyer,* Integrationsfunktion der Verfassung und Verfassungsnormativität. Die Verfassungstheorie Rudolf Smends im Lichte einer transdisziplinären Rechtstheorie, 2008, p. 34; *Broekman,* Recht und Anthropologie, 1979, pp. 36ff.

2733 Cf. *Grimm* Leviathan 2004, 448 (448).

2734 *Obermeyer,* Integrationsfunktion der Verfassung und Verfassungsnormativität. Die Verfassungstheorie Rudolf Smends im Lichte einer transdisziplinären Rechtstheorie, 2008, p. 12.

2735*Grimm* Leviathan 2004, 448 (448); *Obermeyer,* Integrationsfunktion der Verfassung und Verfassungsnormativität. Die Verfassungstheorie Rudolf Smends im Lichte einer transdisziplinären Rechtstheorie, 2008, p. 114.

I. L'enjeu méta-normatif de l'indivisibilité : les deux dimensions d'intégration du principe d'indivisibilité

En ce qui concerne le principe d'indivisibilité, deux dimensions d'intégration doivent être prises considération. D'une part, le contenu du principe peut avoir un effet intégrateur. En effet, le principe vise à créer l'universalisme, c'est-à-dire l'unité, excluant un pluralisme social.[2736] Cette interprétation du principe est enracinée dans l'histoire de la révolution.[2737] Si l'on part du principe qu'un État qui est organisé de manière fédérale, vise à promouvoir l'autonomie dans les « États à forte autonomie »[2738], un État unitaire vise à assimiler la population à l'exclusion de l'autonomie. On peut donc constater que les notions d'État unitaire et d'État fédéral constituent le moyen juridique d'atteindre un état sociologique. Ainsi, *Favoreu* notait que les concepts de l'unitarisme et du fédéralisme renvoyaient « aux idées, aux valeurs, aux philosophies parfois différentes, voire opposées [...] qui se sont efforcés de rechercher un équilibre entre gouvernement national et autorités locales, entre l'État central et les communautés de base, entre intégration et autonomie, unité et diversité, liberté et autorité. »[2739] En particulier, l'existence de fait de minorités sur le territoire français et la concession progressive de compétences locales, soulèvent la question de de la compatibilité de l'objectif sociologique d'intégration, qui passe par l'interprétation de l'unité au sens de l'égalité selon l'article 1 CF, avec la réalité de la vie sur le territoire français.[2740]

D'autre part, un effet intégrateur du principe d'indivisibilité peut résulter du positionnement du principe constitutionnel dans la constitution. C'est ce qu'indique la notion d'« intégration constitutionnelle » *(Verfassungsintegration)*, en référence à *Smend*. Elle décrit le fait que l'intégration peut aussi se faire par une prise en compte des valeurs d'une constitution par la population.[2741] En effet, l'indivisibilité, en tant que principe qui a survécu à tous les bouleversements constitutionnels depuis la première Constitution française en 1791 et qui est encore aujourd'hui ancré dans l'article 1 CF, en première place de la Constitution, peut également avoir un effet unificateur au sein de la population par le simple fait de sa présence dans la constitution. La population d'un pays se réfère collectivement à une norme qui est marquée par la tradition. Ainsi, le principe d'indivisibilité, indépendamment de l'évolution concrète de son contenu, peut également être qualifié d'« ADN de l'État français ».[2742] Il reste à déterminer si le principe, en raison de sa position dans la

---

2736 *Vilain* dans Marsch/Vilain/Wendel (éd.), Französisches und Deutsches Verfassungsrecht, 2015 (58).

2737 *Vilain* dans Marsch/Vilain/Wendel (éd.), Französisches und Deutsches Verfassungsrecht, 2015 (58ff.).

2738 *Isensee* Archiv des öffentlichen Rechts 1990, 248 (249f.).

2739 *Favoreu et al.,* Droit constitutionnel 2024, 26. éd. 2023, p. 536.

2740 *V. Constantinesco* dans Titiun/Dumaine (éd.), La conscience des droits, 2011, p. 139 (140).

2741 Cf. *Grimm* Leviathan 2004, 448 (448).

2742 *Faure,* Revue Française de Droit Administratif 2019, 937 (937); déjà cité dans : *M. Lasserre* dans Sydow (éd.), Französisches Verfassungsrecht im 21. Jahrhundert, 2022, p. 23 (37).

Constitution[2743], est ainsi susceptible d'entraîner l'unification de la France. La différence entre l'approche allemande et française de la fonction d'intégration des constitutions est que celle-ci est certes mentionnée en France, mais n'est pas, comme en Allemagne, particulièrement répandue dans la doctrine. En Allemagne, cette doctrine s'est formée à partir de la querelle méthodologique de Weimar *(Weimarer Methodenstreit)* et constitue, sur la base de la théorie de *Rudolph Smend*, le fondement de l'interprétation de la *Grundgesetz* par le *Bundesverfassungsgericht.*[2744] En Allemagne, la fonction d'intégration de la Constitution a donc été élevée à un rang incontestable. Les explications détaillées sur l'intégration par la constitution qui en découlent – telles qu'on les trouve encore aujourd'hui, notamment grâce à *Dieter Grimm*[2745] – sont absentes de la littérature française. Cela ne signifie pas pour autant que les constatations allemandes sur la fonction d'intégration ne peuvent pas être appliquées au système français. En effet, la doctrine allemande sur l'intégration constitutionnelle est tout à fait ouverte à une transposition dans d'autres systèmes juridiques.[2746]
La doctrine de *Smend* et le concept d'invisibilité et d'unité de la République renvoient au même objectif : l'unification sociétale par le souci d'assimilation.[2747] En droit comme en sociologie, une nouvelle problématique se présente : Cet objectif d'intégration, c'est-à-dire d'assimilation, est-il encore souhaitable dans une société pluraliste ?[2748]

II. **<u>L'intégration comme objectif du principe d'indivisibilité : L'évolution vers le concept d'inclusion en sociologie comme équivalent d'une évolution vers le fédéralisme en droit</u>**

Il faut constater que l'objectif méta-normatif de l'indivisibilité, à savoir l'intégration de l'État constitutionnel par l'assimilation de la population, ne correspond pas à l'état actuel de la recherche sociologique.[2749] D'ailleurs, l'objectif de l'intégration

---

2743; Cf. *Grimm* Leviathan 2004, 448 (448).
2744 *Van Ooyen,* Die Integrationslehre von Rudolf Smend und das Geheimnis ihres Erfolgs dans Staatslehre und politischer Kultur nach 1945, p. 17.
2745 Cf. *Grimm* Archiv des öffentlichen Rechts 1972, 489; *Grimm* Leviathan 2004, 448.
2746 *Grimm* Leviathan 2004, 448 (453–459); cf. *Vorländer* dans Vorländer (éd.), Integration durch Verfassung, 2002 (9f.); *Gebhardt* dans Melville (éd.), Institutionalität und Symbolisierung, 2001 (585).
2747 *Smend,* Verfassung und Verfassungsrecht, 1928.
2748 À ce propos, cf. : *Heitmeyer* dans Heitmeyer (éd.), Was hält die Gesellschaft zusammen?, 4. éd 2015 (9ff.); *Weinacht* dans Gebhardt/Lauermann/Schmalz-Bruns (éd.), Demokratie, Verfassung und Nation, 1994, 102–122 (121); *Heitmeyer,* Desintegrationsprozesse, 2006, p. 160; *Höffe* ZfP 2023, 32 (42ff.); *Vorländer* dans Vorländer (éd.), Integration durch Verfassung, 2002, p. 9 (11).
2749 Cf. *Bessone* Archives de Philosophie 2022 (13f.); *Bouquet* Vie sociale 2015, 15 (16ff.); *Hafen* Journal der dgssa, 75 (76); *Young,* Inclusion and Democracy, 2000; *Vanderstraeten* Acta Sociologica 2015, 173; *Young,* Justice and the politics of difference, 1990; *Esser* Journal für Konflikt- und Gewaltforschung 1999, 5; *Luhmann,* Soziologische Aufklärung 6, 4. éd. 2018; *Bohmeyer* Jahrbuch für Christliche Sozialwissenschaften 2009, 63.

n'est pas compatible avec la réalité de vie en France, caractérisée par une société de plus en plus pluraliste.[2750] L'intégration réussie conduit à la disparition des minorités, car celles-ci sont assimilées à la société majoritaire par le biais de l'application d'une égalité juridique. La France est marquée par la diversité culturelle en raison de son histoire coloniale.[2751] En plus, aussi en France métropolitaine, il existe des langues minoritaires et des mouvements d'autonomie.[2752] L'objectif sociétal d'une cohabitation sans violence et sans conflit au sein de l'État français, ne pourrait donc pas être compatible avec l'orientation du concept d'intégration vers l'assimilation au sein du territoire français.[2753] Le législateur français en tient compte dans les dérogations mentionnées au principe d'indivisibilité depuis le début de la Vème République.[2754] Ainsi, la limitation de la portée normative de l'indivisibilité a pour conséquence une portée intégrative tout aussi limitée. Cela concerne notamment l'intégration culturelle et expressive. Si l'on se réfère à l'« effet non juridique » de l' « objet juridique »[2755] de l'indivisibilité, on peut donc affirmer que le principe n'est pas susceptible de provoquer l'intégration de l'État.

Cependant, depuis la fin du 20ème siècle, un nouveau principe est apparu en sociologie lié à la pluralisation de la société occidentale : celui de l'inclusion. [2756] La notion d'intégration est peu à peu remplacée par celle d'inclusion. L'inclusion consiste à permettre la participation des individus en adaptant les structures et les institutions existantes dans une société afin de laisser une place aux minorités.[2757] Si l'on part du principe que le droit crée une réalité sociologique, on peut d'établir un lien entre le principe sociologique de l'intégration et le moyen juridique de l'État unitaire, ainsi qu'entre l'inclusion et le fédéralisme. Car si l'intégration vise l'assimilation de toutes les personnes au sein d'un contexte social,[2758] l'inclusion vise l'acceptation de la diversité sociale.[2759]

On peut donc émettre l'hypothèse que, pour justifier le maintien du principe d'indivisibilité en tête de la Constitution, il serait utile de reformuler l'objectif d'indivisibilité. Ainsi, en raison de la forte diversité sur le territoire français, il pourrait être judicieux de créer une République indivisible en reconnaissant la pluralité sur le territoire national. Une telle reformulation de l'objectif du principe d'indivisibilité n'est pas absurde. Elle constituerait en effet un retour aux origines du principe

---

2750 Voir à ce sujet : *Herzinger,* Republik ohne Mitte, 2001, p. 7.

2751 Cf. *J.-Y. Faberon* Pouvoirs 2005, 5 (6); *Vie publique,* Outre-mer : inégalités et retards de développement, https://www.vie-publique.fr/eclairage/19624-outre-mer-inegalites-et-retards-de-developpement.

2752 Cf. *Vallet* French Politics, Culture & Society 2004, 51 (65).

2753 *Heitmeyer* (éd.), Was hält die Gesellschaft zusammen?, p. 26.

2754 Cf. C., V.

2755 *Grimm* Leviathan 2004, 448 (448).

2756 Cf. *Bessone* Archives de Philosophie 2022 (13f.); *Bouquet* Vie sociale 2015, 15 (16ff.); *Hafen* Journal der dgssa, 75 (76).

2757 *Georgi* Ethnic and Racial Studies 2015, 25 (27).

2758 Vgl. *Esser* Zeitschrift für Soziologie 2009, 358 (359).

2759 *Georgi* Ethnic and Racial Studies 2015, 25 (27).

d'indivisibilité dans l'Antiquité et dans la France monarchique.[2760] *Platon* a reconnu que l'unité pouvait aussi résider dans la reconnaissance de la diversité sociale.[2761] L'hétérogénéité des éléments partiels d'un système – donc en l'occurrence de l'État constitutionnel – peut être comprise comme un avantage du groupe social.[2762] Si l'on associe le principe d'unité et la reconnaissance de la diversité au sens du concept sociologique d'inclusion, il est possible de conférer un nouvel objectif et alors une justification au principe d'indivisibilité. Ce nouvel objectif serait atteint – tant du point de vue sociologique, c'est-à-dire méta-normatif comme du point de vue normatif – par la concession d'un fédéralisme limité sur le territoire français.

III. L'intégration constitutionnelle par le principe d'indivisibilité : L'indivisibilité comme ADN de la Constitution[2763]

Outre l'intégration découlant du principe d'indivisibilité,[2764] le principe d'indivisibilité peut également avoir un effet intégrateur par le biais de ce que l'on appelle l'intégration constitutionnelle. Même s'il n'existe pas de hiérarchie des normes au sein de la Constitution française dans les sens d'une supra-constitutionnalité,[2765] il peut néanmoins y avoir des principes constitutionnels qui marquent l'identité et qui exercent un effet intégrateur au sein de l'État français. La littérature attribue un tel rôle identitaire au principe d'indivisibilité.[2766]
Mais que signifie l'intégration dans le contexte du droit constitutionnel ? Toutes les constitutions ont-elles une fonction d'intégration ou celle-ci se limite-t-elle aux pays ayant un « *constitutional moment* »[2767] comme les États-Unis ou l'Allemagne ?[2768] Alors qu'en Allemagne, le débat sur l'intégration constitutionnelle est souvent mené sous le slogan du patriotisme constitutionnel *(Verfassungspatriotismus)*,[2769] un terme français comparable (l'amour de la constitution) n'apparaît que de manière isolée en

---

[2760]*Debbasch,* Le principe révolutionnaire d'unité et d'indivisibilité de la République, 1988, p. 31; *Plato/Rufener/Szlezák,* Der Staat, 2011, p. 932.
[2761] *Debbasch,* Le principe révolutionnaire d'unité et d'indivisibilité de la République, 1988, p. 30.
[2762] Cf. *Debbasch,* Le principe révolutionnaire d'unité et d'indivisibilité de la République, 1988, p. 30.
[2763] Ainsi déjà *M. Lasserre* dans Sydow (éd.), Französisches Verfassungsrecht im 21. Jahrhundert, 2022, p. 23 (27).
[2764] Cf. Integration als Ziel des Unteilbarkeitsprinzips.
[2765] Cf. Conseil constitutionnel Journal Officiel de la République française 2006; *Ofuji* Revue française de droit constitutionnel 2004, 619 (631); *Troper/Chagnollaud,* Traité international de droit constitutionnel, 2012, p. 59ff.
[2766] *Daly* European Constitutional Law Review 2015 (458f.); dans diesem Sinne auch: *Lemaire,* Le principe d'indivisibilité de la République, 2010, p. 11.
[2767] *Ackerman* The Yale Law Journal 1989, 453 (489); *Grimm* Leviathan 2004, 448 (455–456).
[2768] *Grimm* Leviathan 2004, 448 (450, 456); *Gerkrath* Forum für Politik, Gesellschaft und Kultur dans Luxemburg 2009, 23 (24).
[2769] *Obermeyer,* Integrationsfunktion der Verfassung und Verfassungsnormativität. Die Verfassungstheorie Rudolf Smends im Lichte einer transdisziplinären Rechtstheorie, 2008, p. 23; *Habermas,* Staatsbürgerschaft und nationale Identität, p. 632, et comme aperçu *Pache,* Deutsches Verwaltungsblatt 2002 (1154ff.).

France.[2770] Néanmoins, il n'est pas injustifié de penser que le principe d'indivisibilité dégage un effet identitaire[2771] et donc intégrateur. Cela pourrait découler du fait que depuis la première constitution française l'indivisibilité occupe une place au sein du droit constitutionnel positif et qu'il ait été interprété par la Révolution comme une partie élémentaire du principe républicain.[2772]
En matière d'intégration constitutionnelle, on distingue selon *Smend* l'intégration par direction (dite intégration personnelle),[2773] l'intégration par la création de communautés telles que les parlements (dite intégration fonctionnelle)[2774] et l'intégration par les symboles politiques (dite intégration matérielle). Dans le contexte de l'intégration par les principes constitutionnels, l'intégration matérielle semble être particulièrement pertinente.[2775] Les conditions d'une intégration matérielle sont, d'une part, le symbolisme d'une norme constitutionnelle. D'autre part, il doit exister un *« constitutional moment »*,[2776] qui confère à une norme constitutionnelle une signification méta-normative en raison de son importance historique.[2777] On peut partir de la première condition, le symbolisme d'une norme constitutionnelle, lorsque celle-ci « représente plus que ce qu'elle est du point de vue juridique »[2778]. Ce symbolisme est en tout cas souvent évoqué dans le contexte du principe d'indivisibilité.[2779] Toutefois, une norme ne doit pas non plus être considérée comme « mauvaise » ou « injuste ». Car même si la portée normative d'une norme tend à s'opposer à sa portée intégrative,[2780] la limite se situe là où la population ne se sentent plus représentés par une norme, voire où celle-ci devient superflue.[2781] Il faut donc un niveau minimum d'application (symbolique) d'une norme constitutionnelle, en général par une cour constitutionnelle,[2782] pour que la portée symbolique d'une disposition soit reconnue. Selon le point de vue extensif-substantiel dominant, le principe républicain français a une signification symbolique forte.[2783] Outre la codification d'une forme d'État formellement républicaine par opposition à la monarchie, le principe républicain est à la base des principes constitutionnels français de manière

---

2770 *Hamon/Troper,* Droit constitutionnel, 45. éd. 2025, p. 62.
2771 Cf. *Lemaire,* Le principe d'indivisibilité de la République, 2010, p.11ff.; *Daly* European Constitutional Law Review 2015 (458f.); *Auber* La Revue administrative 2009, 491 (496).
2772 *Lemaire,* Le principe d'indivisibilité de la République, 2010, p. 49.
2773 *Smend,* Verfassung und Verfassungsrecht, 1928, p.25ff.
2774 *Smend,* Verfassung und Verfassungsrecht, 1928, p.32ff.
2775 Cf. hierzu *Smend,* Verfassung und Verfassungsrecht, 1928, p.45ff.
2776 *Ackerman* The Yale Law Journal 1989, 453 (489); im Detail zum Konzept "Reframing the Founding", Cf. *Ackerman,* We The People - 2, 1998, p.32ff.
2777 *Ackerman* The Yale Law Journal 1989, 453; *Ackerman* Virginia Law Review 1997, 771; *Grimm* Leviathan 2004, 448 (455–457).
2778 *Grimm* Leviathan 2004, 448 (454).
2779 *Lemaire,* Le principe d'indivisibilité de la République, 2010, p. 10; *Daly* European Constitutional Law Review 2015, 458 (459).
2780 *Grimm* Leviathan 2004, 448 (454).
2781 *Grimm* Leviathan 2004, 448 (455).
2782 *Grimm* Leviathan 2004, 448 (455).
2783 *Yoan* dans Marsch/Vilain/Wendel (éd.), Französisches und Deutsches Verfassungsrecht, p. 55f.

purement symbolique, en tant qu'« ordre fondamental et système de valeurs ».[2784] On pourrait en déduire la même chose pour l'indivisibilité. En effet, la République et l'indivisibilité ont été citées ensemble dès la proclamation de la première République en septembre 1792.[2785] Cependant, le principe d'indivisibilité a perdu une partie de sa portée symbolique, car les restrictions normatives lui ont fait perdre son pouvoir de détermination. Cette évolution est encore renforcée par le fait que même dans les cas où le principe d'indivisibilité est pris en compte par la jurisprudence et la législation, on constate des résistances au sein des populations régionales. Par exemple, le projet de réforme du droit électoral en Nouvelle-Calédonie,[2786] visant à unifier le corps électoral et le corps politique conformément à l'indivisibilité du corps politique, a provoqué des soulèvements sans précédent au sein de la population néo-calédonienne.[2787] Le principe d'indivisibilité est ainsi privé de sa portée symbolique. Il ne conduit pas à une intégration de la France par l'invocation collective du principe car le principe n'est plus soutenu par la population.

L'intégration par le biais de la constitution de *Smend* semble défier la critique du principe d'intégration qui a été exposée.[2788] En effet, l'effet intégrateur d'une constitution fondée sur des valeurs pluralistes ne conduit pas à l'exclusion en raison de la langue, de l'origine ou de la religion. Le contraire peut être le cas : Si une constitution se fonde sur des valeurs pluralistes, l'intégration constitutionnelle conduit à l'exclusion de ceux qui n'adhèrent pas à ces valeurs pluralistes.[2789] Toutefois, on peut avancer comme contre-argument que la nature d'une constitution pluraliste est aussi de considérer subjectivement les personnes qui pensent différemment comme faisant partie de l'ensemble étatique, donc de les reconnaître comme faisant partie de la population pluraliste, même si elles ne veulent pas en faire partie.

Malgré cette possibilité d'intégration ouverte aux courants pluralistes par le biais de normes constitutionnelles pluralistes, une intégration par une référence sociale

---

[2784] *Yoan* dans Marsch/Vilain/Wendel (éd.), Französisches und Deutsches Verfassungsrecht, p. 54; Cf. auch: *Favoreu et al.,* Droit constitutionnel, 24. éd. 2022, p. 116f.

[2785] *Debbasch,* Le principe révolutionnaire d'unité et d'indivisibilité de la République, 1988, p. 118.

[2786] *Le monde/AFP,* Nouvelle-Calédonie : Emmanuel Macron va « suspendre » la réforme constitutionnelle qui a mis le feu à l'archipel, https://www.lemonde.fr/politique/article/2024/06/12/nouvelle-caledonie-emmanuel-macron-affirme-suspendre-la-reforme-constitutionnelle-modifiant-le-corps-electoral_6239154_823448.html.

[2787] *Libération/AFP,* Nouvelle-Calédonie : un neuvième mort, décédé des suites de ses blessures causées par un gendarme, https://www.liberation.fr/societe/nouvelle-caledonie-un-neuvieme-mort-decede-des-suites-de-ses-blessures-causees-par-un-gendarme-20240611_V7YIFHVDNVBADIFT4JGI6NNWJM/; *Guibert,* Nouvelle-Calédonie : l'insécurité persiste, les radicaux continuent de donner le tempo de la crise, https://www.lemonde.fr/politique/article/2024/06/04/nouvelle-caledonie-des-troubles-demeurent-loin-du-retour-progressif-a-la-normale-vante-par-l-executif_6237304_823448.html.

[2788] *Van Ooyen,* Die Integrationslehre von Rudolf Smend und das Geheimnis ihres Erfolgs dans Staatslehre und politischer Kultur nach 1945, p. 19; *van Ooyen,* Integration, 2014, p. 90; *Bessone* Archives de Philosophie 2022, 13 (26).

[2789] Cf. *Denninger* Der Staat 2021, 495 (500); *Korioth* dans Bogdandy/Burgi/Heintzen u. a. (éd.), Leistungsgrenzen des Verfassungsrechts. Öffentliche Gemeinwohlverantwortung im Wandel, Reprint 2013 2003, p. 117 (118f.). Habermas Schadensabwicklung, p. 7 s, 100, p. 167, p. 174.

commune au principe d'indivisibilité ne peut pas être conciliée avec des valeurs pluralistes. L'interprétation de l'indivisibilité – liée à la tradition révolutionnaire – en relation avec une compréhension territoriale du principe d'égalité, conduit à exclure l'application de droits spécifiques à certains groupes de population pour promouvoir l'égalité territoriale. Les évolutions dans la recherche sociologique, notamment dans le courant qui voit l'inclusion comme étant le concept conciliable avec une société pluraliste, ne peuvent pas être prises en compte si l'on s'en tient à une interprétation du principe d'indivisibilité correspondant à une assimilation de la population.[2790] Il n'est pas non plus possible de répondre aux besoins d'une société pluraliste pour éviter des violences sociales.[2791]
Bien que le système français s'en tienne encore en partie à l'ancienne dogmatique de l'intégration – par exemple en ce qui concerne l'exclusion de l'attribution de droits aux minorités[2792] – la jurisprudence du *Conseil constitutionnel* relative au principe d'indivisibilité ainsi que la législation, notamment en ce qui concerne les mesures de décentralisation, montrent clairement qu'en France aussi, un changement d'attitude a eu lieu. La jurisprudence ainsi que le législateur français visent davantage la pluralisation de la société et moins son assimilation. La raison pour laquelle il faut nier l'effet du principe d'indivisibilité, tant dans une perspective normative que méta-normative, est que les organes de l'État français ont réagi à la réalité de vie sur le territoire français, et notamment dans les collectivités d'outre-mer. Non seulement la portée normative du principe s'en trouve considérablement réduite, mais son objectif d'unification, c'est-à-dire d'intégration de la société, ainsi que la dimension symbolique disparaissent du fait de la perte de signification normative du principe d'indivisibilité. L'indivisibilité est une notion intrinsèquement hostile au pluralisme. Elle est incompatible avec l'état de la recherche sociologique visant à passer de l'objectif d'intégration à celui d'inclusion de la société.

2790 *Pastorel* Nouveaux Cahiers du Conseil constitutionnel 2012, 73 (82).
2791 *Van Ooyen,* Integration, 2014, p. 91.
2792 *Levrat,* Minorités et organisation de l'État, p. 253; auch zitiert in: *V. Constantinesco* dans Titiun/Dumaine (éd.), La conscience des droits, 2011 (139).

E. Perspectives : Un retour à l'origine du principe d'indivisibilité

Si l'on ne considère plus le principe d'indivisibilité en relation avec la réalisation de l'égalité en tant qu'assimilation de la société, de nouvelles possibilités de conciliation entre l'unité sociale et pluralisme apparaissent. *Platon* n'était pas le seul à partir du principe que la reconnaissance de la pluralité dans une unité pouvait conduire à l'unification d'un système social.[2793] Les débuts des principes d'unité et d'indivisibilité sur le territoire français sous le roi *Clovis Ier* suggèrent également une reconnaissance du pluralisme culturel.[2794] *Thomas d'Aquin*, entre autres, a conclu à la compatibilité de l'indivisibilité et de la différenciation culturelle.[2795] À l'époque, l'indivisibilité avait pour but de centraliser le pouvoir entre les mains du roi, et non d'empêcher les différenciations de droit ou de fait.[2796] Dans cette configuration, l'idée d'une séparation des pouvoirs était certes niée, mais la reconnaissance des différences culturelles et normatives restait possible.

Lors de la rédaction de la Constitution de la première République, il n'était pas évident que l'indivisibilité devait signifier l'exclusion des différences locales. La question de la compatibilité entre le fédéralisme et l'indivisibilité de la République a fait l'objet d'intenses discussions. Cette possibilité a été approuvée par les Girondins,[2797] qui mettaient en garde contre le risque d'abus d'un seul souverain parisien. Pourtant ils ne s'écartaient pas des principes d'unité et d'indivisibilité.[2798] Le tournant important dans l'histoire constitutionnelle française vers la première République aurait éventuellement conduit – si la discussion politique entre le parti des Montagnards et les Girondins avait suivi un autre cours – à une France indivisible et fédérale.

Si l'on souhaite donc maintenir le principe d'indivisibilité dans le texte constitutionnel français, il serait judicieux de réinterpréter le principe conformément à ses origines constitutionnelles, de le détacher de son image d'égalité dépassée, héritée de la Révolution, et de le concilier avec les enseignements de la sociologie et les besoins évidents des populations d'outre-mer et des populations métropolitaines. Cette transformation méta-normative du principe d'indivisibilité est envisageable par un système fédéral.

[2793] *Debbasch,* Le principe révolutionnaire d'unité et d'indivisibilité de la République, 1988, p. 30; *Plato/Rufener/Szlezák,* Der Staat, 2011, p. 932.

[2794] *Becher,* Chlodwig I, 2011, p. 9.

[2795] *Pègues,* Commentaire français littéral de la Somme théologique de saint Thomas-d'Aquin, 1907-1931, p. 301.

[2796] *Pègues,* Commentaire français littéral de la Somme théologique de saint Thomas-d'Aquin, 1907-1931, p. 300ff.; *Aquin,* Somme théologique, 1984, p. 125ff.

[2797] Cf. : *Godechot,* La pensée révolutionnaire en France et en Europe, 1964, p. 30 ; cf. außerdem: *Debbasch,* Le principe révolutionnaire d'unité et d'indivisibilité de la République, 1988, p.132ff.

[2798] *Gorsas* Le Courrier des Départements 1792 (79); *Debbasch,* Le principe révolutionnaire d'unité et d'indivisibilité de la République, 1988, p. 133.

La question se pose donc de savoir si la constitution d'une VIe République[2799] aura besoin d'une déclaration d'indivisibilité. Si le législateur d'une telle constitution souhaite malgré tout maintenir cette notion en raison de son ancrage historique, il serait judicieux de modifier la notion en fonction de ses origines théoriques et constitutionnelles – en partant de la notion de *polis* de *Platon,*[2800] en passant par la reconnaissance de la pluralité culturelle sous les rois francs[2801] et dans l'absolutisme français jusqu'aux tendances fédéralistes des Girondins. Ainsi, le principe d'indivisibilité, détaché de l'image d'égalité territoriale de la Révolution qui conduit à une assimilation sociale, pourrait représenter l'unité de la population plurielle de la France, unie précisément par son appel communautaire aux différences sociales, culturelles et juridiques.[2802] Celui-ci serait alors ouvert aux évolutions fédéralistes déjà amorcées en France.[2803]

[2799] Cf. etwa *Roussillon,* Demain, la sixième République ?, 2007; *Roussillon* Revue francaise de droit constitutionnel 2002, 707; *Melenchon2022.fr,* Comment nous allons passer à la 6e République, https://melenchon2022.fr/plans/6e-republique/; *Braibant* dans Mathieu/Verpeaux (éd.), La République en droit français, 1996 (57).

[2800] *Plato/Rufener/Szlezák,* Der Staat, 2011, p. 932.

[2801] *Becher,* Chlodwig I, 2011, p. 9.

[2802] Cf. *Denninger* Der Staat 2021, 495 (500); *Korioth* dans Bogdandy/Burgi/Heintzen u. a. (éd.), Leistungsgrenzen des Verfassungsrechts. Öffentliche Gemeinwohlverantwortung im Wandel, Reprint 2013 2003, p. 117 (118f.). Habermas Schadensabwicklung, p. 7f, 100, p. 167, p. 174

[2803] Cf. hierzu auch bereits *F. Faberon* Revue française de droit constitutionnel 2015, 53; *Michalon Revue du Droit Public 1982, 623.*

Literaturverzeichnis

Aberdam, Serge, Fête Parisienne et fêtes provinviales pour le dix août 1793: fédérer autour de la constitution, in: Les Fédéralismes: Réalités et représentations 1789-1874, Aix-en-Provence 1995, 229ff.

Accetti, Carlo, L'idée d'ordre dynamique et la théorie de la Grundnorm. Une interprétation du fondement de la validité du droit chez Hans Kelsen, Droit et société (2016), 181ff.

Ackerman, Bruce, Constitutional Politics/Constitutional Law, The Yale Law Journal (1989), 453ff.

–, The Rise of World Constitutionalism, Virginia Law Review (1997), 771ff.

–, We The People - 2, Cambridge, Massachusetts 1998.

Alexandrien, Kyrill von/Boulnois, Marie-Odile/Riedweg, Christoph/Bouffartigue, Jean/Castan, Pastan, Contre Julien, Paris 2016.

Andersen, Uwe/Bogumil, Jörg/Marschall, Stefan/Woyke, Wichard, Handwörterbuch des politischen Systems der Bundesrepublik Deutschland, 8. Aufl., Wiesbaden 2019.

Anderson, Elizabeth, The imperative of integration, Princeton 2010.

Anon, Maria, The Fight Against Discrimination and Access to Justice, Migraciones Internacionales (2016), 221ff.

Aquin, Thomas von, La théologie de saint Thomas ou Exposition de la "Somme théologique" en français / par l'abbé Georges Malé, Paris/Lyon 1857.

Archives parlementaires, Appel nominal sur la proposition du Président de statuer par appel nominal sur la question de l'inviolabilité de la personne du roi et de l'indivisibilité du trône, lors de la séance du 17 septembre 1789, Paris 1789.

–, Séance du mardi 25 Septembre 1792, 25.09.1792, Paris 1792.

–, Suite de la discussion sur la permanence et l'organisation du pouvoir législatif et sur la sanction royale, lors de la séance du 5 septembre 1789, Paris 1789.

–, Suite de la discussion du projet de décret concernant les événements relatifs à l'évasion du roi et de la famille royale, lors de la séance du 15 juillet 1791, Paris 1791.

–, Discussion du titre III du projet de Constitution, lors de la séance du 10 août 1791, Paris 1791.

–, Suite de la discussion sur l'organisation judiciaire, sur le tribunal de cassation ou de grands-juges, lors de la séance du 8 mai 1790, Paris 1790.

–, Motion de M. le comte de Mirabeau tendant à proroger les municipalités existantes, lors de la séance du 3 novembre 1789, Paris 1789.

–, Projet de décret de M. Rabaud de Saint-Etienne sur la constitution de l'Assemblée, lors de la séance du 15 juin 1789, Paris 1789.

–, Réflexions sur la nouvelle division du royaume par M. Rabaud de Saint-Etienne, en annexe de la séance du 12 novembre 1789, Paris 1789.

–, Instructions envoyées par S. A. S. monseigneur le duc d'Orléans, à ses représentans aux bailliages 1789, Paris 1789.

–, Communes : motion de M. l'abbé Sieyès pour que la Chambre prenne le titre d'Assemblée des représentants, lors de la séance du 15 juin 1789, Paris 1789.

–, Reprise de la discussion sur l'organisation du pouvoir législatif et la sanction royale, lors de la séance du 7 septembre 1789, Paris 1789.
–, Discussion sur la nouvelle division territoriale du royaume, lors de la séance du 3 novembre 1789, Paris 1789.
–, Lecture de l'article 1er du titre II du projet de Constitution, lors de la séance du 9 août 1791, Paris 1791.
Assemblée nationale, Déclaration des Droits de l'Homme et du Citoyen de 1789, https://www.legifrance.gouv.fr/contenu/menu/droit-national-en-vigueur/constitution/declaration-des-droits-de-l-homme-et-du-citoyen-de-1789, 12.12.2024.
Assemblée nationale, Etats généraux, Cahiers des sénéchaussées et bailliages 1789, https://www.persee.fr/doc/arcpa_0000-0000_1879_num_1_1_1417, 05.06.2024.
Auber, Emmanuel, L'indivisibilité du territoire à l'épreuve des particularismes juridiques d'outre-mer, La Revue administrative 2009, 491ff.
Aubert, Jean-François/Delpérée, Fracis/Fritz, Gérard/Fromont, Michel/Gélard, Patrice, Les Républiques dans d'autres états: Allemagne, Belgique, États-Unis d'Amérique, Républiques de l'est de l'Europe, Suisse, in: Mathieu, Bertrand/Verpeaux, Michel (Hrsg.), La République en droit français: Actes du colloque de Dijon, 10 et 11 décembre 1992, Paris 1996, 311ff.
Aubin, Bernhard/Zweigert, Konrad, Rechtsvergleichung im Deutschen Hochschulunterricht Tübingen 1952.
Aubin, Emmanuel/Roche, Catherine, Droit de la nouvelle décentralisation, Paris 2005.
Aulard, Alphonse, Études et Leçons sur la Révolution Française, Paris 1913.
–, Histoire Politique de la Révolution Française, Paris 1903.
Avril, Claude, L'État plurilégislatif et la République indivisible, Avignon 2004.
Bacot, Guillaume, Carré de Malberg et l'origine de la distinction entre souveraineté du peuple et souveraineté nationale, Paris 1985.
–, Rousseau et l'établissement de l'égalité in: Guilielmi, Gilles/Koubi, Geneviève (Hrsg.), L'égalité des chances, Analyses, évolutions, perspectives, Paris 2000, 11ff.
Badura, Peter, Staat, Recht und Verfassung in der Integrationslehre: Zum Tode von Rudolf Smend (15. Januar 1882 - 5. Juli 1975), Der Staat (1977), 305ff.
Baer, Susanne, Verfassungsvergleichung und reflexive Methode: Interkulturelle und intersubjektive Kompetenz, Zeitschrift für ausländisches öffentliches Recht und Völkerrecht (2004), 735ff.
Baguenard, Jacques, La décentralisation, Paris 2004.
Baker, Keith, Constitution, in: Furet, François/Ozouff, Mona (Hrsg.), Dictionnaire critique de la révolution française: Institutions et créations, Paris 1992, 179ff.
Barnier, Michel, Déclaration de politique générale 01.10.2024, https://www.vie-publique.fr/discours/295574-michel-barnier-01102024-declare-politique-generale-assemblee-nationale, 02.10.2024.
Bart, Jean, Aspects constitutionnels du cheminement de l'idée républicaine, in: Vovelle, Michel (Hrsg.), Révolution et République: L'exception française, Paris 1994, 121ff.
Barthélemy, Joseph/Duez, Paul, Traité de droit constitutionnel, Paris 1985.

Bartonili, Stefano, La structure des clivages nationaux et la question de l, Politique européenne (2001), 15ff.

Baumann, Ansbert, Mehr Integration?, Vierteljahrshefte für Zeitgeschichte 70 (2022), 63ff.

Béal-Long, Julien/Chambardon, Nicolas/Malblanc, Matthias, Les indispensables du droit constitutionnel, Paris 2016.

Beaud, Olivier, Fédéralisme et fédération en France: Histoire d'un concept impossible ?, in: Beaud, Olivier (Hrsg.), Fédéralisme et fédération en France: Histoire d'un concept impossible?, Strasbourg 1999, 7ff.

–, Théorie de la Fédération, 2. Aufl., Paris 2009.

Becher, Matthias, Chlodwig I, München 2011.

Bereni, Laure/Lépinard, Éléonore, La parité, contresens de l'égalité? Cadrage discursif et pratiques d'une réforme, Nouvelles Questions Féministes (2003), 12ff.

Bernard, Michel, Les statuts de la Corse, Cahiers du Conseil Constitutionnel 2002, https://www.conseil-constitutionnel.fr/nouveaux-cahiers-du-conseil-constitutionnel/les-statuts-de-la-corse, 12.12.2024.

Bernhardt, Rudolf, Eigenheiten und Ziele der Rechtsvergleichung im öffentlichen Recht, Zeitschrift für ausländisches öffentliches Recht und Völkerrecht (1964), 431ff.

Bessone, Magali, Le concept d'intégration, effet essentiellement secondaire de la déségrégation raciale ?, Archives de Philosophie (2022), 13ff.

Blériot, Laurent, Les départements et régions d'outre-mer : un statut à la carte, Pouvoirs (2005), 57ff.

Boda, Jean-Sébastien, Bloc de constitutionnalité ou désordre constitutionnel ?, Revue française de droit constitutionnel (2022), 292ff.

Bodin, Jean, Les six livres de la république, Lyon 1593.

Bohmeyer, Axel, Inklusion und Exklusion in systemtheoretischer Perspektive, Jahrbuch für Christliche Sozialwissenschaften (2009), 63ff.

Bosc, Yannick, Liberté, Égalité, Fraternité : Citoyenneté, in: Belot (Hrsg.), Tous républicains ! 2011, 153ff.

Bouquet, Brigitte, L'inclusion : approche socio-sémantique, Vie sociale (2015), 15ff.

Boussard, Jacques, La France féodale, in: Queneau, Raymond (Hrsg.), La France et les français, Brügge 1972, 967ff.

Boyer, Hervé, Acceuillir, intégrer, assimilier définitions et éthique, Vie sociale et traitements (2013), 106ff.

Braibant, Guy, La nature de la République, in: Mathieu, Bertrand/Verpeaux, Michel (Hrsg.), La République en droit français: Actes du colloque de Dijon, 10 et 11 décembre 1992, Paris 1996, 57f.

Breuer, Stefan, Max Webers Herrschaftssoziologie, Zeitschrift für Soziologie (1988), 315ff.

Brissot de Warville/Jacques-Pierre (1754-1793). Auteur du texte, Oeuvres posthumes de M. Turgot, ou Mémoire de M. Turgot sur les administrations provinciales , mis en parallèle avec celui de M. Necker, suivi d'une Lettre sur ce plan et des Observations d'un républicain sur ces mémoires et en général sur le bien qu'on doit attendre de ces administrations dans les monarchies, Lausanne 1787.

Brodocz, André, Chancen konstitutioneller Identitätstiftung: Zur symbolischen Integration durch eine deutungsoffene Verfassung, in: Vorländer, Hans (Hrsg.), Integration durch Verfassung, Wiesbaden 2002, 101ff.

–, Neue Integrationslehre: Über Rudolf Smend und die symbolische Dimension der Verfassung, in: Lhotta, Roland (Hrsg.), Die Integration des modernen Staates Baden-Baden 2005, 191ff.

Broekman, Jan, Recht und Anthropologie, Freiburg/München 1979.

Broschek, Jörg, Staatsstrukturen in der Vergleichenden Politikwissenschaft: Föderal- und Einheitsstaat, in: Lauth, Hans-Joachim/Kneuer, Marianne/Pickel, Gert (Hrsg.), Handbuch Vergleichende Politikwissenschaft, Wiesbaden 2016.

Brunet, Pierre, Le concept de république dans le droit public français, in: Krulic, Brigitte (Hrsg.), La République en perspective, Laval 2009, 99ff.

Bühler, Joachim, Das Integrative der Verfassung, Baden-Baden 2011.

Buonarroti, Philippe, Conspiration pour l'égalité dite de Babeuf, Paris 2015.

Burdeau, François, Liberté, Libertés Locales Chéries !, Paris 1983.

Camus, Armand/Des Balbes comte de Crillon, François, Vote de l'Assemblée relatif à l'institution d'une Chambre unique, lors de la séance du 10 septembre 1789, https://www.persee.fr/doc/arcpa_0000-0000_1875_num_8_1_4963_t2_0607_0000_4, 10.09.1789, 06.06.2024.

Caporal, Stéphane, L'affirmation du principe d'égalité dans le droit public de la Révolution française (1789-1799), Paris/Aix-en-Provence 1995.

Carré de Malberg, Raymond, Contribution a la Théorie générale de l'État - I, Paris 1920.

–, Contribution a la Théorie Générale de l'Etat: Spécialement d'après les Données Fournies par le Droit Constitutionnel Francais, Paris 1920.

–, Contribution a la Théorie générale de l'État - II, Paris 1922.

Carrier, Lucien/Barillé, Pierre, Le mythe fédéral en France, Revue interdisciplinaire d'études juridiques (2021), 327ff.

Castor, Catherine, L'égalité devant le suffrage, Revue française de droit constitutionnel (2012), 1ff.

Causse, Lionel/Wufranc, Hubert, Mission « flash » sur le bilan de l'expérimentation d'une tarification sociale de l'eau 23.02.2022, https://www2.assemblee-nationale.fr/content/download/462096/4509300/version/1/file/SYNTHESE_MI_flash_tarification_eau.pdf, 12.12.2024.

Cazaneuve, Jean-René/Courson, Charles de/Jerretie, Christophe/Ciala, Arnaud, Missions flash sur la réforme des institutions: Expérimentation et différenciation territoriale, Paris 2018.

Chadwick, Henry, Die Kirche in der antiken Welt, 2019. Aufl., Berlin/Boston 1972.

Champion, Edme, Esprit de la Révolution Française, Paris 1887.

Chapeil-Desplats, Véronique, N'est pas normatif qui peut. L'exigence de normativité dans la jurisprudence du Conseil constitutionnel, Cahiers du Conseil Constitutionnel 2007, https://www.conseil-constitutionnel.fr/nouveaux-cahiers-du-conseil-constitutionnel/n-est-pas-normatif-qui-peut-l-exigence-de-normativite-dans-la-jurisprudence-du-conseil, 12.12.2024.

Chen, Ying-Hsueh, Les politiques d'égalité: comparaison France - Taïwan, Paris 2023.

Chevallier, Jacques, Histoire des idées politiques, Paris 1953.

–, Les Régimes Constitutionnelles, in: Queneau, Raymond (Hrsg.), La France et les français, Brügge 1972, 1068ff.

–, Histoire des institutions et des régimes politiques de la France de 1789 à nos jours, 6. Aufl., Paris 1981.

–, L'État post-moderne : retour sur une hypothèse, Droits (2004), 107ff.

–, Présentation par Jacques Chevallier, Cahiers du Conseil Constitutionnel 2007, https://www.conseil-constitutionnel.fr/nouveaux-cahiers-du-conseil-constitutionnel/presentation-par-jacques-chevallier, 12.12.2024.

–, L'État post-moderne, 6. Aufl., Issy-les-Moulineaux 2023.

Chevillard, Jules, Etudes d'administration, Paris 1862.

Chicot, Pierre-Yves, Le principe d'indivisibilité de la République et la question des minorités en Guyane française, à la lumière du cas amérindien, Pouvoirs à la Caraïbe (2000), 175ff.

Chopelin-Blanc, Caroline, Le «baiser Lamourette» (7 juillet 1792), Annales historiques de la Révolution française (2009), 73ff.

Clere, Jean-Jacques, L'emploi des mots nation et peuple dans le langage politique de la Révolution Française (1789-1799), in: Gazin, Michel (Hrsg.), Nation et République: Les éléments d'un débat, Marseille 1994, 51ff.

Clermont-Lodève, Charles marquis de/Le Franc de Pompignan, Jean-George/Sieyès, Emmanuel-Joseph/Mirabeau, Honoré-Gabriel comte de/Clermont-Tonnerre, Stanislas comte de, Discussion des motions relatives aux mandats impératifs, lors de la séance du 8 juillet 1789, https://www.persee.fr/doc/arcpa_0000-0000_1875_num_8_1_4637_t2_0207_0000_3, 8.7.1789, 05.06.2024.

Clermont-Tonnerre/Stanislas, Analyse raisonnée de la constitution française, Paris 1795.

Collings, Justin, Verfassungspatriotismus und Verfassungsgedächtnis: Das Grundgesetz als deutscher Erinnerungsort, JuristenZeitung (2019), 1109.

Condorcet/Jean, Sentimens d'un républicain sur les assemblées provinciales et les États généraux, Philadelphia 1788.

Constantinesco, Leontin-Jean, Die rechtsvergleichende Methode, Köln 1972.

Constantinesco, Vlad, L'indivisibilité de la République au prisme du phénomène minoritaire, in: Titiun, Patrick/Dumaine, Patricia (Hrsg.), La conscience des droits: Mélanges en l'honneur de Jean-Paul Costa, Paris 2011, 139ff.

Constituion de 1791, https://www.conseil-constitutionnel.fr/les-constitutions-dans-l-histoire/constitution-de-1791, 12.12.2024.

Cornette, Joëlle, Histoire de la Bretagne et des Bretons, Paris 2005.

Couderce, Michel, Les fonctions de la loi sous le regard du commandeur, Pouvoirs (2005), 21ff.

Crawford, James, The creation of states in international law, 2. Aufl., Oxford/New York 2007.

Croisat, Maurice, Le Fédéralisme dans la constitution européenne, Paris 2009.
Crook, Malcolm, Le fédéralisme et le vote sur la constitution de 1793, in: Les Fédéralismes: Réalités et représentations 1789-1874, Aix-en-Provence 1995.
Crouzatier-Durand, Florence, Réflexions sur le concept d'expérimentation législative, Revue française de droit constitutionnel n° 56 (2003), 675ff.
Custos, Dominique, Le Droit d'outre-mer, mort, résurrection ou transfiguration ?, in: Études en l'honneur de Georges Dupuis: Droit public, Paris 1997.
Cyr, Hugo, Fédéralisme et concept du politique chez Carl Schmitt, in: Seymour, Michel/Laforest, Guy (Hrsg.), Le fédéralisme multinational 2012, 37ff.
Czollek, Max, Gegenwartsbewältigung, in: Aydemir, Fatma/Yaghoobifarah, Hengameh (Hrsg.), Eure Heimat ist unser Albtraum, 4. Aufl., Berlin 2020, 167ff.
Dahl, Robert A., The City in the Future of Democracy, Am Polit Sci Rev 61 (1967), 953ff.
Daly, Eoin, Reframing the Universalist Republic, Social & Legal Studies 24 (2015), 531ff.
–, The Indivisibility of the French republic as political theory an constitutional doctrine, European Constitutional Law Review (2015), 458ff.
–, The indivisibility of the French republic as political theory and constitutional doctrine, European Constitutional Law Review (2015), 458ff.
Daugeron, Bruno, Droit constitutionnel, Paris 2023.
Daunou, Pierre, Essai sur la constitution, Paris 1793.
Debbasch, Roland, Le principe révolutionnaire d'unité et d'indivisibilité de la République, Paris 1988.
–, L'indivisibilité de la République, in: Mathieu, Bertrand/Verpeaux, Michel (Hrsg.), La République en droit français: Actes du colloque de Dijon, 10 et 11 décembre 1992, Paris 1996.
Denizeau-Lahaye, Charlotte, La genèse du bloc de constitutionnalité, Titre VII (2022), 11ff.
Denninger, Erhard, Verfassungspatriotismus und Integration, Der Staat (2021), 495ff.
Denquin, Jean-Marie, Gaullisme et décentralisation, in: Boutin, Christophe/Rouvillois, Frédéric (Hrsg.), Décentraliser en France: Idéologies, histoire et prospective, Paris 2003.
Desjardins, Xavier/Estèbe, Philippe, La décentralisation : comment faire revivre le projet émancipateur ?, Revue d'économie financière (2019), 21ff.
Deslandres, Maurice, Histoire constitutionnelle de la France de 1789 à 1870, Paris 1932.
–, Histoire constitutionnelle de la France de 1789 à 1870, Paris 1932.
Deswarte, Marie-Pauline, Essai sur la nature juridique de la République, Paris 2003.
Dhoquois, Régine, Peut-on imaginer un contrat social au féminin ?, Les cahiers du CEDREF (1993), 91ff.
Diémert, Stéphane, L'histoire constitutionnelle de l'outremer sous la Ve République, Les Nouveaux Cahiers du Conseil constitutionnel (2012), 7ff.

Dollat, Patrick, Le principe d'indivisibilité et la loi constitutionnelle relative à l'organisation décentralisée de la République française : de l'Etat unitaire à l'Etat uni ?, Revue française de droit administratif (2003), 670ff.

Dördelmann, Gabriele, Rechtsethische Rechtfertigung der Sezession von Staaten 2002.

Doumenge, Jean-Pierre, Nouvelle-Calédonie : quelle géopolitique des populations ?, Population & Avenir (2018), 14ff.

Drago, Guillaume, Contentieux constitutionnel français, 4. Aufl., Paris 2016.

Dreier, Horst, Art. 20 (Einführung), in: Dreier, Horst (Hrsg.), Grundgesetz Kommentar: Band II, 3. Aufl., Tübingen 2018.

–, Integration durch Verfassung? Rudolf Smend und die Grundrechtsdemokratie, in: Hufen, Friedhelm (Hrsg.), Verfassungen - Zwischen Recht und Politik 2008, 70ff.

Dubout, Édouard, « Les règles ou principes inhérents à l'identité constitutionnelle de la France » : une supra-constitutionnalité ?, Revue française de droit constitutionnel (2010), 451ff.

Ducoudray, Gustave, Les origines du parlement de Paris et la justice aux XIIIe et XIVe siècles, New York 1902.

Duguit, Léon, L'état, les gouvernants et les agents, Paris 2005.

Ebert, Thomas, Soziale Gerechtigkeit, 2. Aufl., Bonn 2015.

Edel, Frédéric, Le principe d'égalité dans la Convention européenne des droits de l'homme – Contribution à une théorie générale du principe d'égalité, Straßburg 2003.

El-Mafaalani, Aladin, Das Integrationsparadox: Warum gelungene Integration zu mehr Konflikten führt, Köln 2020.

El-Mafaalani, Aladin/Waleciak, Julian/Weitzel, Gerrit, Tatsächliche, messbare und subjektiv wahrgenommene Diskriminierung, in: Scherr, Albert/El-Mafaalani, Aladin/Yüksel, Gökçen (Hrsg.), Handbuch Diskriminierung, Wiesbaden 2017, 173ff.

Entorf, Horst/Lange, Martin, Discussion Paper - Refugees Welcome?, 02. Aufl., Frankfurt am Main 2019.

Esser, Hartmut, Inklusion, Integration und ethnische Schichtung, Journal für Konflikt- und Gewaltforschung (1999), 5ff.

–, Pluralisierung oder Assimilation?, Zeitschrift für Soziologie (2009), 358ff.

Etien, Robert, La nature juridique de la déclaration de 1789 en 1989, La Revue administrative (1989), 334ff.

Faberon, Florence, Le fédéralisme, solution française de décolonisation : le cas de la Nouvelle-Calédonie, Revue française de droit constitutionnel (2015), 53ff.

Faberon, Jean-Yves, Le statut d'autonomie de la Polynésie française, in: Faberon, Jean-Yves (Hrsg.), L'avenir statutaire de la Nouvelle-Calédonie: L'évolution des liens de la France avec ses collectivités périphériques, Paris 1997, 58ff.

–, Nouvelle-Calédonie et Constitution : La révision constitutionnelle du 20 juillet 1998, Revue du Droit Public (1999), 113ff.

–, La France et son outre-mer : un même droit ou un droit différent ?, Pouvoirs (2005), 5.

Fabre, Michel-Henri, L'unité et l'indivisibilité de la République, réalité ? Fiction ?, Revue du Droit Public (1982), 603ff.

–, Le concept de république dans les constitutions françaises, in: Mathieu, Bertrand/Verpeaux, Michel (Hrsg.), La République en droit français: Actes du colloque de Dijon, 10 et 11 décembre 1992, Paris 1996, 37ff.

Fallon, Damien, Légitimité et normativité de la Constitution, Poitiers 2023.

Faure, Bertrand, L'inutile Principe d'indivisibilité, Revue française de droit administratif (2019), 937ff.

–, Droit des collectivités territoriales, 6. Aufl., Paris 2021.

Favoreu, Louis, Les bases constitutionnelles du droit des collectivités locales, in: Moderne, Franck/Bon, Pierre (Hrsg.), La Nouvelle décentralisation, Paris 1983, 15ff.

Favoreu, Louis/Gaïa, Patrick/Ghevontian, Richard/Mestre, Jean-Louis, Droit constitutionnel, 24. Aufl., Paris 2022.

Favoreu, Louis/Gaïa, Patrick/Ghevontian, Richard/Mestre, Jean-Louis/Pfersmann, Otto/Roux, André/Scoffoni, Guy, Droit constitutionnel 2024, 26. Aufl., Paris 2023.

Fellmeth, Aaron/Horwitz, Maurice, Guide to Latin in international law, Oxford 2009.

Fischer, Joschka, Vom Staatenverbund zur Föderation – Gedanken über die Finalität der europäischen Integration, Integration (2000), 149ff.

Fortunet, Françoise, La Révolution, la déférence et l'égalité, Communications (2000), 105ff.

Frankenberg, Günter, Tocquevilles Frage: Zur Rolle der Verfassung im Prozeß der Integration, in: Schuppert, Gunnar/Bumke, Christian (Hrsg.), Bundesverfassungsgericht und gesellschaftlicher Grundkonsens, Baden-Baden 2000, 31ff.

–, Autorität und Integration, Berlin 2003.

Fréteau de Saint-Just, Emmanuel/Bengy Puyvallée, Philippe de/Boussay, Jacques-François baron de/Regnaud de Saint-Jean d'Angély, Michel/La Galissonnière, Augustin comte de/Mirabeau, Honoré-Gabriel comte de, Suite de la discussion sur la question du droit de paix et de guerre, lors de la séance du 20 mai 1790, https://www.persee.fr/doc/arcpa_0000-0000_1883_num_15_1_6928_t1_0609_0000_8, 20.5.1790, 05.06.2024.

Friedrich, Carl J., Trends of federalism in theory and practice, London 1968.

Gaïa, Patrick/Ghevontian, Richard/Mélin-Soucramanien, Ferdinand/Oliva, Éric/Roux, André, Les grandes décisions du Conseil constitutionnel, 20. Aufl., Paris 2022.

Galand, René, Le Combat pour la Survie de la Nation Bretonne, Wellesley College Digital Scholarship and Archive (2008), 147ff.

Gamper, Anna, Verfassungsvergleichung und "gemeineuropäischer" Verfassungsstaat, Zeitschrift für öffentliches Recht (2008), 359ff.

Garaud, Marcel, La Révolution et l'égalité civile, Toulouse 1953.

Gauchet, Marcel, La révolution des droits de l' homme, Paris 1989.

Gaulle, Charle de, Discours de Brazzaville, Brazzaville 30.01.1944, https://mjp.univ-perp.fr/textes/degaulle30011944.htm, 12.12.2024.

–, Discours prononcé par le général de Gaulle, président du Conseil, à Brazzaville (Congo)., Brazzaville 24.08.1958, https://www.elysee.fr/charles-de-

gaulle/1958/08/24/discours-prononce-par-le-general-de-gaulle-president-du-conseil-a-brazzaville-congo-24-aout-1958, 12.12.2024.
Gaxotte, Pierre, La Révolution française, Paris 2014.
Gebhardt, Jürgen, Was hält heutige Gesellschaften politisch zusammen?, in: Gebhardt, Jürgen/Lauermann, Manfred/Schmalz-Bruns, Rainer (Hrsg.), Demokratie, Verfassung und Nation: Die politische Integration moderner Gesellschaften, Baden-Baden 1994, 25ff.
–, Verfassung und Symbolizität, in: Melville, Gert (Hrsg.), Institutionalität und Symbolisierung: Verstetigung kultureller Ordnungsmuster in Vergangenheit und Gegenwart, Köln/Weimar/Wien 2001, 585ff.
Georgi, Viola, Integration, diversity, Inklusion, Ethnic and Racial Studies (2015), 25ff.
Gerhards, Jürgen/Lengfeld, Holger, Wir, ein europäisches Volk?, Wiesbaden 2013.
Gerkrath, Jörg, Signification et fonctions d'une constitution, Forum für Politik, Gesellschaft und Kultur in Luxemburg (2009), 23ff.
Giddens, Anthony, The Constitution of Society, Cambridge 1984.
Girollet, Anne, Spécialité législative et discrimination : une application inégale des principes républicains dans les colonies françaises (XIXe-XXe siècles), Actes des colloques internationaux des 2 et 3 septembre 2010 et des 6 et 7 juin 2012, 2014, 289ff.
Godechot, Jacques, Mémoires inédits de E.-L.-H. Dejoly sur la Journée du 10 Août 1792, Nancy 1947.
–, La pensée révolutionnaire en France et en Europe : 1780-1799, Paris 1964.
Gohin, Olivier, La nouvelle décentralisation et la réforme de l'Etat en France, L'Actualité juridique. Droit administratif (2003), 522ff.
Goldstein, Jared, Real Americans, Kansas 2022.
Gorsas, Antoine, Correspondance Étrangère, Le Courrier des Départements, Paris 1792.
Gottlieb, Gunther, Die Nachrichten des Agathias aus Myrina über das Christentum bei Franken und Alamannen, Jahrbuch des römisch-germanischen Zentralmuseums Mainz (2017), 149ff.
Grimm, Dieter, Verfassungsfunktion und Grundgesetzreform, Archiv des öffentlichen Rechts (1972), 489ff.
–, Integration durch Verfassung, Leviathan (2004), 448ff.
Gründler, Tatiana, La République française, une et indivisible?, Revue du Droit Public (2007), 445ff.
Gueydan, Céline, Dispositions particulières en Alsace-Moselle, Revue française de droit constitutionnel (2012), 158ff.
–, La constitutionnalisation du droit local d'Alsace-Moselle et la question prioritaire de constitutionnalité, Revue française de droit constitutionnel (2013), 857ff.
Guilhaumou, Jacques, Nation, individu et société chez Sieyès, Genèses (1997), 4ff.
Guiomar, Jean-Yves, L'idéologie nationale, Rennes 1974.
Günther, Frieder, Denken vom Staat her, München 2004.
–, Wer beeinflusst hier wen ?: Die westdeutsche Staatsrechtslehre und das Bundesverfassungsgericht während der 1950er und 1960er Jahre, in: van Ooyen,

Robert./Möllers, Martin (Hrsg.), Handbuch Bundesverfassungsgericht im politischen System, 2. Aufl., Wiesbaden 2015, 205ff.
Günther, Klaus, Geteilte Souveränität, Nation und Rechtsgemeinschaft, Kritische Justiz (2016), 321ff.
Häberle, Peter, Verfassungsinterpretation als öffentlicher Prozeß, 3. Aufl., Berlin 1998.
–, Funktion und Bedeutung der Verfassungsgerichte in vergleichender Perspektive, Europäische Grundrechte-Zeitschrift (2005), 685ff.
–, Europäische Verfassungslehre, 7. Aufl., Baden-Baden 2011.
–, Verfassungslehre als Kulturwissenschaft, Berlin 2019.
Habermas, Jürgen, Theorie des kommunikativen Handelns, Frankfurt am Main 1981.
–, Zur Kritik der funktionalistischen Vernunft, 3. Aufl., Frankfurt am Main 1985.
–, Eine Art Schadensabwicklung, Frankfurt am Main 1987.
–, Zwischen Naturalismus und Religion, Frankfurt am Main 2005.
Hafen, Martin, Inklusion und soziale Ungleichheit, Journal der dgssa (2011), 75ff.
Halfwassen, Jens, Plotin und der Neuplatonismus, München 2004.
Halpérin, Jean-Louis, L'histoire de la fabrication du code le code: Napoléon?, Pouvoirs (2003), 11ff.
Hammerstaedt, Jürgen, Hypostasis, in: Dassmann, Ernst (Hrsg.), Reallexikon für Antike und Christentum - Band XVI: Sachwörterbuch zur Auseinandersetzung des Christentums mit der antiken Welt, Stuttgart 1994, 986ff.
Hamon, Francis/Troper, Michel, Droit constitutionnel, 45. Aufl., Paris 2025.
–, Droit constitutionnel, 43. Aufl., Paris 2022.
Haquet, Arnaud, La loi et le règlement, Paris 2007.
–, Le Conseil constitutionnel garant du caractère unitaire de l'État ?, Titre VII (2022), https://www.conseil-constitutionnel.fr/publications/titre-vii/le-conseil-constitutionnel-garant-du-caractere-unitaire-de-l-etat, 12.12.2024.
Hauriou, Maurice, Études constitutionnelles, Paris 1912.
–, Précis de droit constitutionnel, 2. Aufl., Paris 2015.
Haut Conseil à l'intégration, Pour un modèle français d'intégration : premier rapport annuel au Premier ministre du Haut conseil à l'intégration, Paris 1991.
Heinemann, Alisha/Mecheril, Paul, Erziehungswissenschaftliche Diskriminierungsforschung, in: Scherr, Albert/El-Mafaalani, Aladin/Yüksel, Gökçen (Hrsg.), Handbuch Diskriminierung, Wiesbaden 2017, 117ff.
Heinzel, Carolin/Lasserre, Caroline, Sensibel Zitieren, in: Aberkane, Nora/Dewey, Anne/Heinzel, Carolin/Lasserre, Caroline/Longin, Katharina/Mayr, Annalena/MElzer, Jacqueline/Menzel, Anna/Nachtigall, Rhea/Oerke, Sophie/Rabe-Rosendahl, Cathleen/Reuter, Marie-Louise/Runkowski, Nele/Witazak, Clara/Wulfen, Vanessa (Hrsg.), Gendern in der Dissertation: Ein Leitfaden für gender- und diskrimierungssensiblisierte Sprache 2023, https://openrewi.pubpub.org/gendern-in-der-dissertation, 12.12.2024.
Heitmeyer, Wilhelm, Desintegrationsprozesse, Bielefeld 2006.
–, Einleitung: Sind individualisierte und ethnisch-kulturell vielfältige Gesellschaften noch integrierbar?, in: Heitmeyer, Wilhelm (Hrsg.), Was hält die Gesellschaft

zusammen?: Bundesrepublik Deutschland: Auf dem Weg von der Konsens- zur Konfliktgesellschaft, 4. Aufl., Frankfurt am Main 2015, 9ff.

–, Gibt es eine Radikalisierung des Integrationsproblems?, in: Heitmeyer, Wilhelm (Hrsg.), Was hält die Gesellschaft zusammen?: Bundesrepublik Deutschland: Auf dem Weg von der Konsens- zur Konfliktgesellschaft, 4. Aufl., Frankfurt am Main 2015, 23ff.

Henkin, Louis, Revolution and Constitution, Louisiana Law Review (1989), 1023ff.

Henne, Thomas, „Smend oder Hennis" — Bedeutung, Rezeption und Problematik der ‚Lüth-Entscheidung' des Bundesverfassungsgerichts von 1958, in: van Ooyen, Robert./Möllers, Martin (Hrsg.), Das Bundesverfassungsgericht im politischen System, Wiesbaden 2006, 141ff.

Hennis, Wilhelm, Integration durch Verfassung? Rudolf Smend und die Zugänge zum Verfassungsproblem nach 50 Jahren unter dem Grundgesetz, JuristenZeitung 1999 (1999), 485ff.

–, Integration durch Verfassung?: Rudolf Smend und die Zugange zum Verfassungsproblem nach 50 Jahren unter dem Grundgesetz, in: Vorländer, Hans (Hrsg.), Integration durch Verfassung, Wiesbaden 2002, 267-290.

Heraud, Guy, De la décentralisation au fédéralisme, in: Moderne, Franck (Hrsg.), La nouvelle décentralisation, Paris 1983, 429ff.

Herdegen, Matthias, Völkerrecht, 23. Aufl., München 2024.

Herzinger, Richard, Republik ohne Mitte, Berlin 2001.

Hess, Hendrik, "Es erhebt sich Vater gegen Sohn, Sohn gegen Vater, Bruder gegen Bruder, Verwandte gegen Verwandte", Das Mittelalter (2015), 80ff.

Hintze, Hedwig, Staatseinheit und Föderalismus im alten Frankreich und in der Revolution, Berlin/Leipzig 1928.

Hochmann, Thomas, § 7 Grundrechte, in: Marsch, Nikolaus/Vilain, Yoan/Wendel, Mattias (Hrsg.), Französisches und Deutsches Verfassungsrecht, Berlin, Heidelberg 2015, 323ff.

Höffe, Otfried, Was hält unsere Gesellschaft noch zusammen?, Zeitschrift für Politik (2023), 32ff.

Holland, Hubert, Das lokale Recht Elsass-Lothringens, Duisburg 2003.

Hôtel de Matignon, Communiqué de la Première ministre relatif aux projets de loi sur la Nouvelle-Calédonie, Paris 26.12.2023, https://www.nouvelle-caledonie.gouv.fr/Actualites/Communique-de-la-Premiere-ministre-relatif-aux-projets-de-loi-sur-la-Nouvelle-Caledonie#:~:text=%E2%80%93%20Un%20projet%20de%20loi%20organique,assembl%C3%A9es%20concern%C3%A9es%20seront%20donc%20prolong%C3%A9s, 12.12.2024.

Imhof, Anna, Staatskirchenrechtliche Regime Elsass-Lothringens in rechtsvergleichender Perspektive, Berlin 2022.

Isensee, Josef, Der Föderalismus und der Verfassungsstaat der Gegenwart, Archiv des öffentlichen Rechts (1990), 248ff.

Jansen, Dorothea, Gibt es einen Widerspruch zwischen Sozial- und Systemintegration? Theoretische Überlegungen und eine empirische Illustration, in: Rehberg, Karl-Siegbert (Hrsg.), Differenz und Integration, Opladen 1997.
Jennequin, Anne, Le contrôle du droit local alsacien-mosellan au regard des droits et libertés constitutionnellement garantis, L'Actualité juridique Droit administratif (2012), 331ff.
–, Le contrôle du droit local alsacien-mosellan au regard des droits et libertés constitutionnellement garantis, L'Actualité juridique Droit administratif 2012 (2012), 331ff.
Jestaedt, Matthias, Politische Parteien und Verfassungstheorie, in: Krüper, Julian/Merten, Heike/Poguntke, Thomas (Hrsg.), Parteienwissenschaften, Baden-Baden 2015, 83ff.
Joly, Jacques, Géographie de la violence urbaine en banlieue, Espace, populations, sociétés (1995), 323ff.
Jouanjan, Olivier, Le Conseil constitutionnel, gardien de l'égalité ?, Revue du Droit Public (1982), 295ff.
–, Le principe d'égalité devant la loi en droit allemand, Paris 1992.
–, Le Conseil constitutionnel, gardien de l'égalité ?, Jus Politicum (2012), 1ff.
Jouët, Gaston, De l'Évolution de l'idée d'égalité dans le droit public français, Paris 1909.
Juhem, Philippe, « CIVILISER » LA BANLIEUE: Logiques et conditions d'efficacité des dispositifs étatiques de régulation de la violence dans les quartiers populaires, Revue française de science publique (2000), 53ff.
Jung, Laura Magdalena, Verfassungsvergleichung als Postulat, Tübingen 2022.
Jussen, Bernhard, Die Franken, München 2014.
Katz, Stanley, The American Constitution: A Revolutionalry Interpretation, in: Beeman, Richard/Botein, Stephen/Carter, Edward (Hrsg.), Beyond Confederation: Origins of the Constitution and American National Identity, Williamsburg 1987, 23ff.
Kelsen, Hans, Die philosophischen Grundlagen der Naturrechtslehre und des Rechtspositivismus, Charlottenburg 1928.
–, Der Staat als Integration, in: Kelsen, Hans (Hrsg.), Der Staat als Integration. Unrecht und Unrechtsfolge im Völkerrecht. Rechtsgeschichte gegen Rechtsphilosophie?, Aalen 1971, 7ff.
–, Reine Rechtslehre, Aalen 1985.
–, Théorie générale du droit et de l'état, Paris 1997.
Keskinkilic, Leoni, Die „Europäisierung" rechter Nationalparteien. Der Front National, die Alternative für Deutschland und die Idee von Europa, in: Boehnke, Lukas/Thran, Malte/Wunderwald, Jacob (Hrsg.), Rechtspopulismus im Fokus, Wiesbaden 2019, 51ff.
Khellil, Mohand, Sociologie de l'intégration, 2. Aufl., Paris 2005.
Kinh, Buu, Union Française et Commonwealth, Politique étrangère (1954), 463ff.
Kißler, Leo, Recht und Gesellschaft: Einführung in die Rechtssoziologie, Wiesbaden 1984.

Klarman, Michael, Constitutional Fact/Constitutional Fiction: A Critique of Bruce Ackerman's Theory of Constitutional Moments, Standford Law Review (1992), 759ff.

Koch, Camille, Les Origines françaises de la prohibition du mandat impératif, Nancy 1905.

Koch, Josef, Augustinischer und dionysischer Neuplatinismus und das Mittelalter, Kant-Studien (1957), 117ff.

Kohler-Koch, Beate/Conzelmann, Thomas/Knodt, Michèle, Europäische Integration — Europäisches Regieren von, Wiesbaden 2004.

Korioth, Stefan, Europäische und nationale Identität: Integration durch Verfassungsrecht?, in: Bogdandy, Armin von/Burgi, Martin/Heintzen, Markus/Herdegen, Matthias/Korioth, Stefan/Morlok, Martin/Oebbecke, Janbernd/Voßkuhle, Andreas (Hrsg.), Leistungsgrenzen des Verfassungsrechts. Öffentliche Gemeinwohlverantwortung im Wandel: Berichte und Diskussionen auf der Tagung der Vereinigung der Deutschen Staatsrechtslehrer in St. Gallen vom 1. bis 5. Oktober 2002, 2013. Aufl., Berlin/Boston 2003, 117ff.

–, Integration und Bundesstaat, Berlin 2019.

Koskas, Michael/Rabita, Emma/Séébold, Nicolas/Talon, Mélissandre/Turi, Samuel, Actualité politique et constitutionnelle de l'année 2023, Revue française de droit constitutionnel (2024), 537ff.

Kraus, Manfred, From Figure to Argument: Contrarium in Roman Rhetoric, Argumentation (2007), 3ff.

Krüger, Hartmut, Eigenart, Methode und Funktion der Rechtsvergleichung im öffentlichen Recht, in: Ziemske, Burkhardt (Hrsg.), Staatsphilosophie und Rechtspolitik: Festschrift für Martin Kriele zum 65. Geburtstag, München 1997, 1393ff.

Krulic, Brigitte (Hrsg.), La République en perspective 2009.

Künzler, Jan, Interpenetration bei Parsons und Luhmann : Von der Integration zur Produktion von Unordnung, System Familie (1990), 157ff.

Charles IV, La Bulle d'Or, Luxemburg 1741.

Laferrière, Édouard, Traité de la juridiction administrative et des recours contentieux, Nancy 1887.

Laferrière, Julien, Manuel de droit constitutionnel, Paris 1943.

Lally-Tollendal, Trophime-Gérard, Mention de l'adresse de la ville de Nantes dans le procès-verbal de la séance du 7 juillet 1789, https://www.persee.fr/doc/arcpa_0000-0000_1875_num_8_1_4630_t2_0204_0000_6, 7.7.1789, 05.06.2024.

Lanquetin, Marie-Thérèse, Égalité, diversité et discriminations multiples, Travail, genre et sociétés (2009), 91ff.

Lasserre, Caroline, „Rasse"-Begriff der Grundrechtecharta, Neue Zeitschrift für Arbeitsrecht (2022), 302ff.

Lasserre, Madeleine, Die Unteilbarkeit der V. Republik als politisches Prinzip, in: Sydow, Gernot (Hrsg.), Französisches Verfassungsrecht im 21. Jahrhundert: Innovationen und Reformfelder, Tübingen 2022, 23ff.

Lauenstein, Jytte, Parität und Parité, Tübingen 2025.

Le Bret, Cardin, Les œuvres de messire C. Le Bret, Paris 1643.
Le Comité consultatif constitutionnel de l'avant-projet du 29 Juillet 1958 au Projet du 21 Août 1958, Documents pour servir à l'histoire de l'élaboration de la Constitution du 4 octobre 1958, Paris 1988.
–, Documents pour servir à l'histoire de l'élaboration de la Constitution du 4 octobre 1958, Paris, 1991.
Le Divellec, Armel/ Villiers, Michel, Dictionnaire du droit constitutionnel, 11. Aufl., Paris 2017.
Lebrun, Nicolas, Cohésion et inclusion sociale, Bruxelles 2009.
Lemaire, André, Les Lois Fondamentales de la monarchie Française, Paris 1907.
Lemaire, Félicien, Existe-t-il un principe constitutionnel d'unité de la République ?, Civitas Europa (2003), 59ff.
–, Le principe d'indivisibilité de la République, Rennes 2010.
–, L'outre-mer, l'unité et l'indivisibilité de la République, Les Nouveaux Cahiers du Conseil constitutionnel (2012), 95ff.
Lembcke, Oliver, Staats(rechts)lehre oder Rechts(staats)lehre? Zum Rechtspositivismus bei Jellinek und Kelsen, in: Schmidt, Rainer (Hrsg.), Rechtspositivismus: Ursprung und Kritik : zur Geltungsbegründung von Recht und Verfassung, Baden-Baden 2014, 83ff.
Lentz, Thierry, Napoléon a trahi la Révolution, Idées reçues (2001), 11ff.
Lenzen, Dieter, Jenseits von Inklusion und Exklusion. Disklusion durch Entdifferenzierung der Systemcodes, Zeitschrift für Erziehungswissenschaft (1999), 545ff.
Lépinard, Éléonore, Faire la loi, faire le genre: conflits d'interprétations juridiques sur la parité, Droit et société (2006), 45ff.
Levrat, Minorités et organisation de l'Etat, Brüssel 2000.
Lockwood, David, Social Integration and System Integration, in: Zollschan, George/Hirsch, Walter (Hrsg.), Explorations in Social Change, London 1964, 244ff.
–, Soziale Integration und Systemintegration, in: Zapf, Wolfgang (Hrsg.), Theorien des sozialen Wandels, 3. Aufl., Köln 1971, 124ff.
Locré, Jean, Ésprit du code Napoléon, Paris 1805.
Löhrer, Dimitri, L'exigence de normativité de la loi dans la jurisprudence du Conseil constitutionnel, Revue de la Recherche Juridique - Droit prospectif (2009), 1397ff.
Louis, Paul, Histoire du socialisme français, Paris 1901.
Luchaire, François, Le Conseil Constitutionnel, 2. Aufl., Paris 1999.
Luchaire, François/Luchaire, Yves, Le droit de la décentralisation, 2. Aufl., Paris 1989.
Luchaire, François, Les fondements constitutionnels de la décentralisation, Revue de Droit Public (1982), 1543ff.
Luhmann, Niklas, Ausdifferenzierung des Rechts, 2. Aufl., Frankfurt am Main 2015.
–, Soziologische Aufklärung 6, 4. Aufl., Wiesbaden 2018.
Macchiavelli, Niccolo, Il principe, Italien 1802.
Machalon, Jean-Pierre, Pouvoir municipal et pouvoir central sous la Troisième République:, La Revue administrative (1996), 150ff.

Macron, Emmanuel, Déclaration de M. Emmanuel Macron, président de la République, sur l'inscription dans la Constitution de la Corse et sa future autonomie, à Ajaccio le 28 septembre 2023., Ajaccio 28.09.2023, https://www.vie-publique.fr/discours/291274-emmanuel-macron-28092023-autonomie-de-la-corse, 12.12.2024.

Marat, Jean-Paul, Aperçu de la convention nationale, Journal de la république française (1792), 1ff.

Marquis de Ferrières, Charles, Opinion de M. de Ferrières sur la situation présente du roi et du royaume, en annexe de la séance du 13 juillet 1791, https://www.persee.fr/doc/arcpa_0000-0000_1887_num_28_1_11650_t1_0243_0000_5, 13.7.1791, 05.06.2024.

Marsch, Nikolaus, § 6 Verfassungsgerichtsbarkeit, in: Marsch, Nikolaus/Vilain, Yoan/Wendel, Mattias (Hrsg.), Französisches und Deutsches Verfassungsrecht, Berlin, Heidelberg 2015, 275ff.

Mathieu, Bertrand, La loi, Paris 2004.

–, La normativité de la loi : une exigence démocratique, Cahiers du Conseil Constitutionnel (2007), https://www.conseil-constitutionnel.fr/nouveaux-cahiers-du-conseil-constitutionnel/la-normativite-de-la-loi-une-exigence-democratique, 14.12.2024.

Mathieu, Bertrand/Verpeaux, Michel, Droit constitutionnel, Paris 2004.

Mathiez, Albert, Sur la présidence de la République, Annales révolutionnaires (1922), 150ff.

Maus, Didier/Passelecq, Olivier, Témoignages sur l'écriture de la constitution de 1958, Paris 1997.

Mavidal, Jérôme/Laurent, Emile, Cahier de la noblesse du bailliage de Château-Thierry, Paris1787-1860.

–, Cahier du tiers-état de la sénéchaussée du Puy-en-Veley, Paris 1787-1860.

–, Cahier du tiers-état du bailliage de Saint-Pierre-le-Moutier, Paris 1787-1799.

Mazeaud, Pierre, Voeux du président du Conseil constitutionnel, Les Cahiers du Conseil constitutionnel (2005), 3ff.

Mélin, Ferdinand, Les collectivités territoriales régies par l'article 73, Nouveaux Cahiers du Conseil constitutionnel (2012), https://www.conseil-constitutionnel.fr/nouveaux-cahiers-du-conseil-constitutionnel/les-collectivites-territoriales-regies-par-l-article-73, 12.12.2024.

Mélin-Soucramanien, Ferdinand, Le principe d'égalité dans la jurisprudence du Conseil constitutionnel, Aix-en-Provence/Paris 1997.

Mélin-Soucramanien, Ferdinand/Pactet, Pierre, Droit constitutionnel, 41. Aufl., Paris 2023.

Merland, Guillaume, Le principe d'égalité, La Revue administrative (2004), 370ff.

Mestre, Jean-Louis, La "Science du gouvernement" de Gaspard de Real, in: L'association française des historiens des idées politiques (Hrsg.), Actes du second colloque de Toulouse (22-23 Octobre 1982): État et pouvoir - la réception des idéologies dans le midi, Toulouse 1982, 101ff.

Méthivier, Hubert, L'Ancien Régime, Paris 2002.

Metzdorf, Rapport sur le projet de loi constitutionnelle, adopté par le Sénat, portant modification du corps électoral pour les élections au congrès et aux assemblées de province de la Nouvelle-Calédonie (n°2424), n° 2611, déposé le mardi 7 mai 2024, https://www.assemblee-nationale.fr/dyn/16/rapports/cion_lois/l16b2611_rapport-fond, 11.12.2024.

Miaille, Michel, L'évolution politique de la Nouvelle-Calédonie sous la souveraineté française, in: Faberon, Jean-Yves (Hrsg.), L'avenir statutaire de la Nouvelle-Calédonie: L'évolution des liens de la France avec ses collectivités périphériques, Paris 1997, 27ff.

Michalon, Thierry, La République française, une fédération qui s' ignore?, Revue du Droit Public (1982), 623ff..

–, Pour la Nouvelle-Calédonie, l'hypothèse fédérale, in: Faberon, Jean-Yves (Hrsg.), L'avenir statutaire de la Nouvelle-Calédonie: L'évolution des liens de la France avec ses collectivités périphériques, Paris 1997, 221ff.

Michelet, Jules, Histoire de la révolution française, Paris 1952.

Ministère de la cohésion des territoires et des relations avec les collectivités territoriales, Instruction du Gouvernement du 12 mai 2021 relative à la mise en œuvre des expérimentations engagées sur le fondement du quatrième alinéa de l'article 72 de la Constitution, 12.05.2021.

Ministère de l'Intérieur et des Outre-Mer, Réunion de travail relative à l'avenir de la Nouvelle-Calédonie : Gérald Darmanin et Philippe Vigier proposent un projet d'accord ambitieux 06.09.2023, https://www.interieur.gouv.fr/actualites/communiques-de-presse/reunion-de-travail-relative-a-lavenir-de-nouvelle-caledonie-gerald, 12.12.2024.

Ministre du travail, de l'emploi et de l'insertion, Document de politique transversale 2021, https://www.budget.gouv.fr/documentation/documents-budgetaires/exercice-2022-anterieurs/exercice-2021/projet-loi-finances-les/documents-politique-transversale, 12.12.2024.

Mirabeau, Honoré-Gabriel, Un agrégat de peuples désunis, in: Goubert, Pierre/Denis, Michel (Hrsg.), 1789. Les Français ont la parole: Cahiers de doléances des États généraux suivi d'un Glossaire pratique de la langue de quatre-vingt-neuf, 3. Aufl., Paris 2013, 65ff.

– in Hérissay (Hrsg.), Les Grands Orateurs Républicains, 1949, 150ff

Moderne, Franck, Avant-propos, Problématique d'une réforme, in: Moderne, Franck (Hrsg.), La nouvelle décentralisation, Paris 1983, 1ff.

Mohnhaupt, Heinz/Grimm, Dieter, Verfassung, Berlin 1995.

Molina, Véronique/Makhzoum, Sonia, En Nouvelle-Calédonie, la pauvreté revêt des dimensions différentes selon les territoires, Institut de la statistique et des études économiques Nouvelle Calédonie, https://www.isee.nc/component/phocadownload/category/226-niveaux-de-vie-pauvrete?download=2196:pauvrete-et-inegalites-en-2020, 12.12.2024.

Molt, Peter, Dolf Sternbergers Verfassungspatriotismus, Zeitschrift für Politikwissenschaften (2006), 875ff.

Monera, Fédéric, L'idée de République et la jurisprudence du Conseil constitutionnel, Paris 2004.

Montesquieu, Charles-Louis, De l'Esprit des loix, Genf 1748-1750.

Moreau-Reibel, Jean, Jean Bodin et le droit public comparé dans ses rapports avec la philosophie de l'histoire, Poitiers 1933.

Morlok, Martin, Was heißt und zu welchem Ende studiert man Verfassungstheorie?, Berlin 1988.

Mounier, Jean, Remplacement du Président par M. Clermont-Tonnerre, lors de la séance du 2 octobre 1789, https://www.persee.fr/doc/arcpa_0000-0000_1877_num_9_1_5089_t1_0237_0000_3, 2.10.1789, 05.06.2024.

Mounier, Jean-Joseph, Rapport de M. Mounier chargé de préparer le travail de la constitution, lors de la séance du 9 juillet 1789, https://www.persee.fr/doc/arcpa_0000-0000_1875_num_8_1_4645_t2_0214_0000_3, 09.07.1789, 05.06.2024.

Mounk, Yascha, Der Zerfall der Demokratie, München 2018.

Mousnier, Roland, L'unité monarchique, in: Queneau, Raymond (Hrsg.), La France et les français, Brügge 1972, 1022ff.

Mouzelis, Nicos, Back to Sociological Theory, New York/Secaucus 1991.

–, Social and System Integration: Lockwood, Habermas, Giddens, Sociology (1997), 111ff.

Müller, Jan-Werner, Verfassungspatriotismus, Berlin 2010.

Müller, Konrad/Seibt, Ferdinand, Die Goldene Bulle, Dortmund 1978.

Münch, Fritz, Einführung in die Verfassungsvergleichung, Zeitschrift für ausländisches öffentliches Recht und Völkerrecht (1973), 126ff.

Münch, Richard, Elemente einer Theorie der Integration moderner Gesellschaften: Eine Bestandsaufnahme, in: Heitmeyer, Wilhelm (Hrsg.), Was hält die Gesellschaft zusammen?: Bundesrepublik Deutschland: Auf dem Weg von der Konsens- zur Konfliktgesellschaft. Band 2. Herausgegeben von Wilhelm Heitmeyer, 4. Aufl., Frankfurt am Main 2015, 66ff.

Murrin, John, A Roof without Walls: The Dilemma of American National Identity, in: Beeman, Richard/Botein, Stephen/Carter, Edward (Hrsg.), Beyond Confederation: Origins of the Constitution and American National Identity, 333ff.

Nacke, Caroline, Das droit local als geltendes Partikularrecht in Alsace-Moselle, in: Sydow, Gernot (Hrsg.), Französisches Verfassungsrecht im 21. Jahrhundert: Innovationen und Reformfelder, Tübingen 2022, 59ff.

Newman in Earnest/Tracey (Hrsg.), John Henry Newman: Fifteen Sermons Preached Before the University of Oxford, Oxford 2006.

Nicolet, Claude, Histoire, Nation, République, Paris 2000.

Noiriel, Gérard, Population, immigration et identité nationale en France, Paris 2005.

Nora, Pierre, République, in: Furet, François/Ozouf, Mona (Hrsg.), Dictionnaire critique de la Révolution Française: Idées, Paris 1992, 391ff.

Oberdorff, Henri, Droits de l'homme et libertés fondamentales, 9. Aufl., Paris 2023.

Obermeyer, Sandra, Integrationsfunktion der Verfassung und Verfassungsnormativität. Die Verfassungstheorie Rudolf Smends im Lichte einer transdisziplinären Rechtstheorie, Berlin 2008.
Ofuji, Noriko, Tradition constitutionnelle et supra-constitutionnalite : y a-t-il une limite a la revision constitutionnelle ?, Revue française de droit constitutionnel (2004), 619ff.
Olivier-Martin, François, Histoire du droit français, 2. Aufl., Paris 1951.
Ortscheidt, Pierre, Le bijuridisme dans un système fédéral ou d'autonomie locale, Revue internationale de droit comparé (1990), 469ff.
Ozouf, Mona, La fête révolutionnaire : 1789-1799, Paris 1976.
–, Fraternité, in: Furet, François/Ozouf, Mona (Hrsg.), Dictionnaire critique de la Révolution Française: Idées, Paris 1992, 199ff.
Pache, Eckehard, Europäische und nationale Identität, in DeutschesVerwaltungsblatt (2002), 1154ff.
Pastorel, Jean-Paul, Le principe d'égalité en outre-mer, Nouveaux Cahiers du Conseil constitutionnel (2012), 73ff.
Pègues, Thomas, Commentaire français littéral de la Somme théologique de saint Thomas-d'Aquin, Toulouse 1907-1931.
–, Commentaire Français Littéral de la Somme théologique de saint Thomas d'Aquin: II, in: Pègues, Thomas (Hrsg.), Commentaire Français Littéral de la Somme théologique de saint Thomas d'Aquin, Toulouse 1908.
Péguy, Charles, Œuvres en prose, Paris 1961.
Pellegrinetti, Jean-Paul, Langue et identité : l'exemple du corse durant la troisième république, Cahiers de la Méditerranée (2003), 265ff.
–, Au nom de la modernité : le référendum du 6 juillet 2003 en Corse, Cahiers de la Méditerranée (2004), 169ff.
Peters, Bernhard, Die Integration moderner Gesellschaften, Frankfurt am Main 1993.
Petit, Étienne, Les institutions administratives en tableau 2021.
Pfersmann, Otto, Norme, in: Alland, Dennis/Rials, Stéphane (Hrsg.), Dictionnaire de la culture juridique, Paris 2003, 1079ff.
Philipp, Michael in: Philipp, Michael (Hrsg.), Debatten um die Souveränität. Jean Bodins Staatsverständnis und seine Rezeption seit dem 17. Jahrhundert, Frankfurt am Main 2016, 123ff.
Picot, Gilbert, Cardin le Bret (1588-1655) et la Doctrine de la Souveraineté, Nancy 1948.
Pierson-Mathy, La Communauté « Française », Chronique de politique étrangère 1961, 7ff.
Plato/Rufener, Rüdiger/Szlezák, Thomas Alexander, Der Staat, Berlin 2011.
Pontier, Jean-Marie, Diversité, égalité, unité, L'Actualité Juridique du Droit Administratif (2021), 233.
Portalis, Jean-Étienne-Marie, Discours préliminaire du premier projet de Code civil 21.01.1801.
Pradeau, Jean-François, Platon et la cité, Paris 2014.

Prélot, Marcel, Institutions politiques et droit constitutionnel, 5. Aufl., Paris 1972.

Preußler, Lukas, Question prioritaire de constitutionnalité, Essen 2015.

Proelß, Alexander, Völkerrecht, 9. Aufl., Berlin 2024.

Puigelier, Catherine/Bottini, Fabien/Chaumet, Pierre-Olivier/Denis, Charlotte/Hérin, Jean-Louis/Hérin, Marie-France/Jarlot, Antoine, Dictionnaire juridique, 3. Aufl., Brüssel 2020.

Quiviger, Pierre-Yves, Méta-jusnaturalisme. Essai de typologie, Archives de philosophie du droit (2023), 583ff.

Raiser, Thomas, Grundlagen der Rechtssoziologie - Das lebende Recht, 5. Aufl., Tübingen 2009.

Réal de Curban, Gaspard, La science du gouvernement, Paris 1762.

Rehbinder, Manfred, Rechtssoziologie, 2. Aufl., Berlin 1989.

Rehm, Hermann, Allgemeine Staatslehre, Freiburg (Breisgau) 1899.

Reimer, Franz, Verfassungsprinzipien, Berlin 2001.

Renan, Qu'est-ce qu'une nation?, Paris 1882.

Renaut, Alain, L'individu, Paris 1995.

Rhinn, Emilien, La formalisation du droit local alsacien-mosellan dans l'ordre juridique français (1914-1925), Straßburg 2018.

Richard, Bernard, Les emblèmes de la république, Paris 2012.

Ris, Catherine, Les inégalités ethniques dans l'accès à l'emploi en Nouvelle-Calédonie, Économie et Statistique (2013), 464ff.

Rivoilan, Pascal, Recensement de la population 2019 - Nouvelle-Calédonie, Institut national de la statistique et des études économiques Nouvelle-Calédonie, Synthèse (2019), https://www.insee.fr/fr/statistiques/4924021#:~:text=En%202019%2C%20271%20400%20habitants,augment%C3%A9%20de%202%20600%20personnes, 12.12.2024.

Röhl, Klaus, Rechtssoziologie, Bochum 2013.

Rohlfing, Stephanie, Das lokale elsässisch-moselsche Recht, Zeitschrift für Europäisches Privatrecht (2000), 620ff.

Rosenbaum, Wolf, Naturrecht und positives Recht, Neuwied/Darmstadt 1972.

Rossi, Piercarlo/Sacco, Rodolfo, Einführung in die Rechtsvergleichung, 3. Aufl., Baden-Baden 2017.

Rousseau, Jean-Jacques, Discours sur l'origine et les fondements de l'inégalité parmi les hommes, suivi de La reine fantasque, Genf 1755.

–, Du Contrat social, Paris 1896.

–, Discours sur l'origine et les fondements de l'inégalité parmi les hommes, Chicoutimi 2002.

Roussillon, Henry, Le mythe de la VIe République, Revue française de droit constitutionnel (2002), 707ff.

–, Demain, la sixième République ?, Toulouse 2007.

Rouvillois, Frédéric, Droit constitutionnel, 7. Aufl, Paris 2023.

Rudelle, Odile, Le vote des femmes et la fin de "l'exception française", Vingtième Siècle, revue d'histoire (1994), 52ff.

Saidi, Hedi, Le protectorat et le droit. La Régence de Tunis entre la Charte de 1861 et le système colonial français, insaniyat (2014), 239ff.
Saint-Étienne, Rabaud de, Projet du comité de Constitution de deux articles supplémentaires au décret sur l'organisation de la force publique, lors de la séance du 6 décembre 1790, Paris 1790.
Saint-Just, Louis, V. sur la constitution de la France: Discours pronocé à la convention 24 Avril 1793, in: Soboul, Albert (Hrsg.), Saint-Just: Discours et Rapports, Paris 1988.
Sanson, Rosemonde, La "Fête de Jeanne d'Arc" en 1894: controverse et célébration, Revue d'histoire moderne et contemporaine, Paris 1973.
Saurugge, Sabine, Une sociologie de l'intégration européenne?, Politique européenne (2008), 5ff.
Schaal, Gary S., Vier normative Konzelpte von Integration qua Verfassung, in: Vorländer, Hans (Hrsg.), Integration durch Verfassung, Wiesbaden 2002, 71ff.
–, Integration durch Verfassung und Verfassungsrechtsprechung?, Berlin 2021.
Schaub, Jean-Frédéric/Sebestiani, Silicia, Race et historie dans les sociétés occidentales (XVe-XVIIIe siècle), Paris 2021.
Scheuner, Ulrich, Einführung, in: Scheuner, Ulrich (Hrsg.), Die staatliche Einwirkung auf die Wirtschaft: Band 2, Frankfurt am Main 1971, 9ff.
Schmidt, Rainer, Der Staatsrechtspositivismus Gerbers und Labands, in: Schmidt, Rainer (Hrsg.), Rechtspositivismus: Ursprung und Kritik : zur Geltungsbegrundung von Recht und Verfassung, Baden-Baden 2014, 63ff.
Schmitt, Carl, Théorie de la Constitution, Paris 2013.
–, Verfassungslehre, 11. Aufl., Berlin 2017.
Schnapper, Dominique, La France de l'intégration, in: Schnapper, Dominique (Hrsg.), La communauté des citoyens: sur l'idée moderne de nation, Paris 1991, 12ff.
–, La communauté des citoyens: sur l'idée moderne de nation, Paris 2003.
Schölderle, Thomas, Verfassungspatriotismus - Zum 50. Geburtstag einer Wortschöpfung, Tutzing 2020.
Schramm, Michael, Platonikerzitate in Kyrill von Alexandrias "Contra Iulianum", Museum Helveticum (2017), 66ff.
Schütrumpf, Eckart, Politische Theorie, in: Corcilius, Klaus/Rapp, Christof (Hrsg.), Aristoteles-Handbuch: Leben, Werk, Wirkung, 2. Aufl., Stuttgart 2021, 61ff.
Shennan, Joseph, The Parlement of Paris, New York 1968.
Sieyès, Emmanuel, Mémoire préliminaire à la Constitution, lu le 21 juillet 1789 : exposition des droits de l'homme et du citoyen par Sieyès, Paris 1789.
–, Qu'est-ce que le Tiers-état ?, 3. Aufl., Paris1789.
Simien, Côme, Comment faire une République une et indivisible ? Centralisation, décentralisation, Révolution, Humanisme (2022), 38ff.
Smend, Rudolf, Verfassung und Verfassungsrecht, Leipzig/München 1928.
–, Integration, in: Kunst, Hermann/Herzog, Roman/Schneemelcher, Wilhelm/Grundmann, Siegfried (Hrsg.), Evangelisches Staatslexikon, 2. Aufl., Stuttgart/Berlin 1975, 1024ff.

–, Staatsrechtliche Abhandlungen und andere Aufsätze, Berlin 2010.
Soboul, Albert/Suratteau, Jean-René/Gendron, François, Dictionnaire historique de la Révolution Française, Paris 2005.
Sommermann, Karl-Peter, Art. 20, in: Mangoldt, Herrmann/Klein, Friedrich/Starck, Christian (Hrsg.), Grundgesetz: Band 2, 7. Aufl., München 2018.
Starck, Christian, Rechtsvergleichung im öffentlichen Recht, JuristenZeitung (1997), 1021ff.
Steffani, Einleitung, in: Nuscheler/Steffani (Hrsg.), Pluralismus; Konzeptionen und Kontroversen. (Hrsg.), 1972 München, 9ff.
Stein, Ekkehart, Staatsrecht, Tübingen 1991.
Sternberger, Dolf, Verfassungspatriotismus, Hannover 1982.
Stirn, Bernard, La tradition Républicaine dans la jurisprudence du Conseil d'État, in: Mathieu, Bertrand/Verpeaux, Michel (Hrsg.), La République en droit français: Actes du colloque de Dijon, 10 et 11 décembre 1992, Paris 1996, 213ff.
Stone, Bailey, The French Parlement and the Crisis of the Old Regime, Chapell Hill/London 1986.
–, The Parlement of Paris, 1774-1789, Chapell Hill 2011.
Sydow, Gernot, "In Deutschland gewählte" statt "deutsche" Abgeordnete, JuristenZeitung (2024), 313ff.
Talleyrand Périgord, Charles de, Motion de M. Talleyrand, évêque d'Autun sur les mandats impératifs, lors de la séance du 7 juillet 1789, https://www.persee.fr/doc/arcpa_0000-0000_1875_num_8_1_4629_t2_0200_0000_8, 7.7.1789, 05.06.2024.
Teboul, Gérard, Art. 6, in: Debène, Marc/Teboul, Gérard/Conac, Gérard (Hrsg.), La déclaration des droits de l'homme et du citoyen de 1789: Histoire, analyse et commentaires, Paris 1993.
Terré, François, La "crise de la Loi", Archives de philosophie du droit (1980), 17ff.
Thenault, Michel/Catta, Elisabeth, L'intelligibilité du droit en Polynésie française, Paris 2019.
Thiele, Alexander, Der gefräßige Leviathan, Tübingen 2019.
Thiemeyer, Guido, Europäische Integration, Köln/Weimar/Wien 2010.
Thomas, Mannaig, Une littérature en dépendances, La Bretagne Linguistique (2014), 178ff.
Thomas, Peter, Tea party to independence: the third phase of the American Revolution, 1773-1776, Oxford 1991.
Thoral, Marie-Cecile, The Limits of Napoleonic Centralization: Notables and Local Government in the Department of the Isere from the Consulate to the beginning of the July Monarchy, French History (2005), 463ff.
Thuillier, Guy, Comment Napoléon voyait la centralisation du pouvoir en février 1811, La Revue administrative (2008), 429ff.
Tibi, Bassam, Multikultureller Werte-Relativismus und Werte-Verlust, Aus Politik und Zeitgeschichte (1996), 27ff.
–, Europa ohne Identität?, München 1998.

Tocqueville, Alexis de, L'Ancien Régime et la Révolution, Chicoutimi 2002.
Tocqueville, Alexis de/Raynaud, Philippe, De la démocratie en Amérique, Paris 2023.
Tommaseo, Niccolò, Relations des ambassadeurs vénitiens sur les affaires de France au XVIe siècle, Paris 1838.
Torrent, Mélanie, Interprétations et transpositions du Commonwealth : L. S. Senghor et la tentation d'un 'Commonwealth à la française', Cahiers Charles V (2010), 95ff.
Tours, Grégoire de, Histoire des Francs, Nyon 2009.
Trantas, Georgios, Die Anwendung der Rechtsvergleichung bei der Untersuchung des öffentlichen Rechts, Dresden 1998.
Troper, Michel, Kelsen et le contrôle de constitutionnalité, in: Herrera, Carlos-Miguel (Hrsg.), Le droit, le politique autour de Max Weber, Hans Kelsen, Carl Schmitt, Paris 1995, 157ff.
–, Normativisme, in: Alland, Dennis/Rials, Stéphane (Hrsg.), Dictionnaire de la culture juridique, Paris 2003, 1074ff.
–, L'histoire du droit, le droit comparé et la théorie générale du droit, Revue internationale de droit comparé (2015), 331ff.
–, Pour une théorie juridique de l'État, Paris 2015.
Troper, Michel/Chagnollaud, Dominique, Traité international de droit constitutionnel, Paris 2012.
–, Traité international de droit constitutionnel - Tome III, Paris 2012.
Tulard, Jean/Tulard, Marie-José, Napoléon et quarante millions de sujets, Paris 2014.
Unesco, International Conference on Education, 48th session, Genf 2008, https://unesdoc.unesco.org/ark:/48223/pf0000182999, 12.12.2024.
Vallet, Élisabeth, L'Autonomie Corse Face À l'Indivisibilité de la République, French Politics, Culture & Society (2004), 51ff.
Vyver, André, La victoire contre les Alamans et la conversion de Clovis, Revue belge de philologie et d'histoire (1936), 859ff.
van Ooyen, Robert, „Volksdemokratie" und nationalliberaler Etatismus: Das Bundesverfassungsgericht aus Sicht der politischen Theorie am Beispiel von Richter-Vorverständnissen (Böckenförde und Kirchhof), in: van Ooyen, Robert./Möllers, Martin (Hrsg.), Das Bundesverfassungsgericht im politischen System, Wiesbaden 2006, 95ff.
–, Integration, Wiesbaden 2014.
–, Hans Kelsen und die offene Gesellschaft, 2. Aufl., Wiesbaden 2017.
–, Der Staat der Moderne, Berlin 2003.
Vanderstraeten, Raf, Inclusion ideals and inclusion problems: Parsons and Luhmann on religion and secularization, Acta Sociologica (2015), 173ff.
Vedel, Georges, Souveraineté et supra-constitutionnalité, Pouvoirs 67 (1993), 79ff.
Vedel, Georges/Belloubet-Frier, Nicole/Bouvier, Michel/Boyon, Michel/Braibant, Guy/Chevalier, Jacques/Costa, Jean-Paul/Custos, Dominique/Dubois, Jean-Pierre/Georgel, Jacques, Guédon, Marie-José/Guglielmi, Gilles/Helin, Jean-Claude/Heymann-Doat, Arlette/Hostiou, René/Koubi, Geneviève/Legendre, Pierre/Le Pourhiet, Anne-Marie/Corruption, Yves/oiroud Réchard, Cécile/Mény, Yves/Moreau, Jacques/Pellas, Jean-Raphael/Stirn, Bernard/Timist,

Gérard/Troper, Michel/Vincent, Jean-Yves, Etudes en l'honneur de Georges Dupuis, Paris 1997.

Verpeaux, Michel, La proclamation de la 1ère République, in: Mathieu, Bertrand/Verpeaux, Michel (Hrsg.), La République en droit français: Actes du colloque de Dijon, 10 et 11 décembre 1992, Paris 1996, 19ff.

–, L'unité et la diversité dans la République, Les Nouveaux Cahiers du Conseil constitutionnel (2014), 7ff.

Vesting, Thomas, Buchbesprechungen, Der Staat (2021), 507ff.

Vilain, Yoan, §3 Verfassungsprinzipien, in: Marsch, Nikolaus/Vilain, Yoan/Wendel, Mattias (Hrsg.), Französisches und Deutsches Verfassungsrecht, Berlin, Heidelberg 2015, 45ff.

Vimbert, Christophe, La Tradition républicaine en droit public français, Mont-Sant-Aignan/Paris 1992.

Viola, André, "La loi doit être la même pour tous" : vers la fin d'un principe républicain ?, in: Hecquard-Théron, Maryvonne/Krynen, Jacques (Hrsg.), Regards critiques sur quelques (r)évolutions récentes du droit: Tome 1 : Bilans et Tome 2 : Réformes-Révolutions, Erscheinungsort nicht ermittelbar 2005, 601ff.

Vorländer, Hans, Integration durch Verfassung?: Die symbolische Bedeutung der Verfassung im politischen Integrationsprozess, in: Vorländer, Hans (Hrsg.), Integration durch Verfassung, Wiesbaden 2002, 9ff.

Wachsmann, Patrick, Libertés publiques, 9. Aufl., Paris 2021.

Wahrig, Gerhard/Brockhaus/Wahrig-Burfeind, Renate, Deutsches Wörterbuch, 9. Aufl., Gütersloh 2011.

Walter, Maja, Integrationsgrenze Verfassungsidentität, Zeitschrift für ausländisches öffentliches Recht und Völkerrecht (2012), 177ff.

Weber, Albrecht, Europäische Verfassungsvergleichung, München 2010.

Webert, Franncine, Unité de l'État et diversité régionale en droit constitutionnel français, Civitas Europa (1999), 173ff.

Weill, Georges, Histoire du parti républicain en France (1814-1870), Paris 1928.

Weinacht, Paul-Ludwig, Nation als Integral moderner Gesellschaft, in: Gebhardt, Jürgen/Lauermann, Manfred/Schmalz-Bruns, Rainer (Hrsg.), Demokratie, Verfassung und Nation: Die politische Integration moderner Gesellschaften, Baden-Baden 1994, 102–122.

Wendel, Mattias, § 8 Verfassungsrecht – Völkerrecht – Europarecht, in: Marsch, Nikolaus/Vilain, Yoan/Wendel, Mattias (Hrsg.), Französisches und Deutsches Verfassungsrecht, Berlin, Heidelberg 2015, 373ff.

Wierzbicki, Susan, The New Immigrants and Theories of Incorporation, in: Bean, Frank/Stevens, Gilian (Hrsg.), America's Newcomers and the Dynamics of Diversity (2003), 94ff.

Woehrling, Jean-Marie, La décision du Conseil constituionnel sur le droit local alsacien-mosellan : consécration ou restrition?, Revue française d'administration publique (2012), 131ff.

Wrase, Michael, Rechtsinterpretation als soziale Praxis – eine rechtssoziologische Perspektive auf juristische Methodik, in: Frick, Verena/Lembcke, Oliver W./Lhotta, Roland (Hrsg.), Politik und Recht: Umrisse eines politikwissenschaftlichen Forschungsfeldes, Baden-Baden 2017, 63ff.

Young, Iris, Justice and the politics of difference, Princeton 1990.

–, Inclusion and Democracy, Oxford 2000.

Zachaire, Clémence, Napoléon et les règles de dévolution de la couronne, Napoleonica.La Revue (2010), 3ff.

Zajtay, Imre, Aus der rechtsvergleichenden Arbeit in Frankreich: Fünfzehn Jahre "Revue internationae de droit comparé", in: Caemmerer, Ernst/Nikisch, Arthur/Zweigert, Konrad (Hrsg.), Vom Deutschen zum Europäischen Recht: Festschrift für Hans Dölle, Tübingen 1963, 451ff.

Zarca, Alexis, Egalité et territorialisation du pouvoir normatif, Civitas Europa 35 (2015), 55.

Ziesenis, Charles, Introduction, in: Le Bourhis, Katell (Hrsg.), The Age of Napoleon: Costume from Revolution to Empire, 1789-1815, New York 1989, 1ff.

Zweigert, Konrad, Zur Methode der Rechtsvergleichung, Studium Generale (1960), 193ff.

–, Rechtsvergleichung, in: Schlochauer, Hans-Jürgen (Hrsg.), Wörterbuch des Völkerrechts, Berlin 1962, 79ff.

FSC
www.fsc.org
MIX
Papier | Fördert
gute Waldnutzung
FSC® C083411

Kolibri 360 GmbH
Ferdinand-Jühlke-Straße 7
99095 Erfurt, Deutschland
produktsicherheit@kolibri360.de

Druck:
CPI Druckdienstleistungen GmbH
im Auftrag der
Kolibri 360 GmbH
Ferdinand-Jühlke-Str. 7
99095 Erfurt